KB071620

노인을 위한, 노인에 관한, 노인에 의한 교육

노인교육론

한정란 저

Educational Gerontology

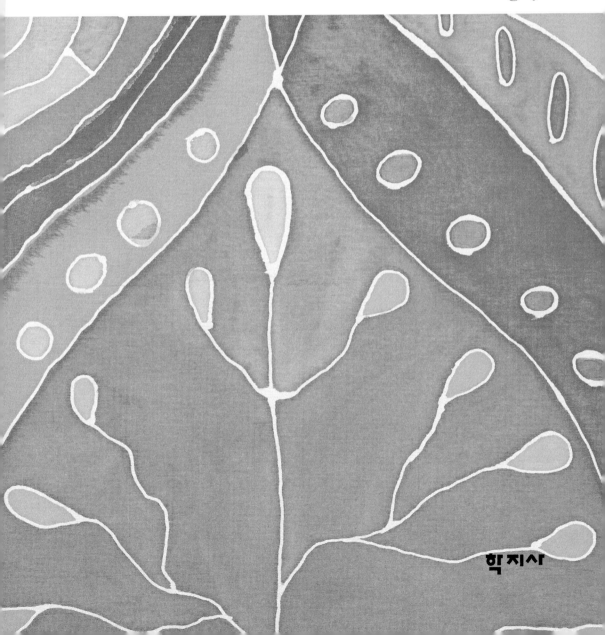

학지사

노년교육학에 입문한 지 벌써 20년이 지났다. 20대 중반에 처음 접한 노년교육은 먼 미래의 그들의 문제였고, 박사학위를 마치고 본격적인 연구를 시작할 즈음 노년교육은 내 부모의 문제였으며, 50대 문턱에 선 지금 노년교육은 바로 나 자신의 문제가 되었다. 내가 노년교육을 연구하면서 보람을 느끼는 가장 큰 이유가 바로 여기에 있다. 시간이 지날수록 그 주제가 학문의 대상만이 아니라 내 삶이 되어 간다는 것은 노년교육학에서만 느낄 수 있는 큰 매력이 아닐 수 없다. 이 책을 접하는 독자들도 나처럼 이런 노년교육학의 매력에 깊숙이 빠져들기를 바라는 마음으로 이 책을 써 내려갔다.

아무것도 모르는 상태에서 젊은 패기와 열정 하나로 시작했던 20여 년의 노년교육학자로서의 길이 그리 녹록했던 것만은 아니다. 하지만 그 사이 우리나라는 예상대로 고령화 사회를 지나 고령사회의 문 앞에 서게 되었고 노인복지나 평생교육 영역에서 노년교육의 위치도 제법 견고해졌기에 그동안의 어려움을 충분히 보상하고도 남음이 있다. 또한 20여 년 동안 처음에는 혼자 출발했던 그 길에 힘이 되어 준 많은 소중한 인연들을 만나게 된 것도 노년교육을 연구하면서 누리는 기쁨이다.

2001년 『교육노년학』(학지사), 2005년 『노인교육의 이해』(학지사)의 집필 작업을 거치면서 노년교육에 대한 나의 견해와 철학도 많이 성장하고 변화해 왔다. 학문을 바라보는 관점과 철학은 고정된 채 변하지 않는 영구적인 것이 아니라, 학자의 발달과 성장을 통해 그리고 사회적 요구와 사회의 변화와 더불어 성장하고 변화한다. 특히 현장과 유리될 수 없는 실천학문이자 인간의 발달과 밀접하게 관련된 생활학문으로서의 노년교육에서는 더더욱 그러하다. 노년교육에 대한 내 생각과 견해 역시 나의 노화와 성장을 통해 그리고 노년교육 현장의 변화와 더불어 지금까지 변화하고 성장해 왔으며, 또 앞으로도 계속 발전하고 성숙해 갈 것이다.

『노인교육의 이해』를 출판한 지 벌써 9년이 지났다. 그동안 개정 작업에 대한 많은 요구가 있었지만 이런저런 일들에 밀려 긴 시간이 지났다. 지난해 맞이하게 된 1년간의 연구년은 마음 한구석을 짓누르고 있던 그 오랜 짐을 내려놓을 수 있는 기회를 허락해 주었다. 앞의 두 책에 관심을 가져 준 많은 독자에게 감사하는 마음으로 이번 책에서는 가능한 한 최신의 자료들과 현장의 다양한 모습들을 담아내고자 노력하였다. 노년교육에 관심을 갖고 공부를 시작하는 젊은 미래의 학자들과 노년교육 현장으로 뻗어 나갈 미래의 평생교육사 및 사회복지사, 그리고 열악한 노년교육 현장을 지켜 내고 있는 현장 전문가들에게 작은 도움이 되었으면 하는 바람을 담았다. 또한 고령화가 결코 남의 문제가 아닌 언젠가는 자신의 문제가 될 모든 독자를 염두에 두고 탈고를 하였다.

무엇보다도 뜻깊은 일은 이 책의 마지막 교정을 마칠 때쯤 오랫동안 소원하고 준비해 왔던 한국노년교육학회 설립의 꿈을 이루게 되었다는 점이다. 원고 마지막 장을 덮으면서 고마운 얼굴들이 하나씩 스쳐간다. 먼저, 평생의 은사이신 이성호 교수님을 비롯하여 학자로서 나를 성장시켜 주신 故 윤진 교수님과 많은 은사님들께 머리 숙여 감사와 존경을 전한다. 또 학문의 거울이 되어 준 선후배와 동료들, 대학원과 학부에서 부족한 스승을 믿고 따라 주

는 사랑하는 제자들, 그리고 매달 함께 모여 오직 노년교육에 대한 열정만으
로 열심히 공부하고 있는 한국노년교육학회 식구들에게 특별한 고마움을 전
한다. 매번 기꺼이 출판을 맡아 주시는 학지사의 김진환 사장님과 최임배 부
사장님, 편집부의 하시나 선생님께도 다시 한번 감사를 전한다. 마지막으로
항상 내 삶의 이유가 되어 주는 남편과 정연, 용민 그리고 몸소 노년의 모범
을 보여 주시는 부모님께 사랑과 고마움을 전한다.

2015년 1월
저자 한정란

이 책은 총 5부, 15개 장으로 구성되어 있다. 책의 구성은 노년교육을 처음 접하는 독자들도 쉽게 노년교육에 대해 이해할 수 있도록 기초부터 각론으로 구성되어 있다

제1부는 노년교육의 초석으로서 노년교육을 이해하기 위한 준비운동에 해당하는 내용들이다. 제1장은 인구 고령화의 정확한 의미와 특징을 이해하기 위한 내용으로, 특히 인구 고령화의 일반적인 특징 외에도 우리나라 고령화의 특수한 현상을 설명하였다. 제2장 노년에 관한 연구에서는 노년학의 의미와 범위, 그리고 노년학의 역사적 발전에 대해 소개하였으며, 노년교육의 등장 배경을 설명하였다. 제3장 노년교육학의 이해에서는 노년교육의 필요성과 정의, 성격 및 범위, 그리고 노년교육학의 기본 모형을 설명하였다.

제2부는 노년교육의 역사적 기초로 주요국들과 우리나라의 노년교육 역사 및 현황을 소개하였다. 제4장에서는 우리보다 앞서 고령화를 경험한 프랑스, 영국, 독일, 미국, 일본 다섯 나라의 노년교육 역사 및 현황 그리고 프로그램 사례들을 소개하였다. 제5장에서는 우리나라의 노년교육을 소개하면

서, 노년교육의 법적 근거와 관련 정책 그리고 실제 프로그램 현황을 기술하였다.

　제3부는 학습자로서 노인에 대한 이해를 돕기 위한 내용으로, 제6장에서는 기본적인 노인과 노화의 개념 및 관점, 특히 전생애 발달의 관점에서 바라본 노화의 개념에 대해 설명하였다. 제7장은 다양한 노화 이론을 소개하고, 외모, 기능, 감각, 수면 등 노년기의 신체적 특성을 설명하였다. 제8장에서는 노년기 발달을 다루는 다양한 이론들을 소개하고, 노년기의 성격, 욕구, 지능, 기억력 등 심리적 변화들을 설명하였다. 제9장 노년기의 사회적 특성에서는 노년사회학의 기본적인 이론들에 대한 소개와 더불어 시대에 따른 노년기 역할 변화와 노년기 가족관계를 설명하였다.

　제4부는 이 책의 가장 핵심적인 부분으로 노년교육의 분야들을 하나씩 설명하였다. 제10장은 노인 학습자를 대상으로 하는 노년교육 실천 및 연구인 노인을 위한 교육의 필요성과 목적, 내용, 방법, 평가방법, 그리고 실제 국내외 프로그램 사례를 소개하였다. 제11장은 노인과 노화에 관한 노년교육 실천 및 연구인 노인에 관한 교육의 필요성과 목적, 내용, 방법, 평가방법, 그리고 실제 국내외 프로그램 사례를 소개하였다. 제12장은 노인에 의해 주도되는 노년교육에 대한 실천 및 연구인 노인에 의한 교육으로 역시 필요성과 목적, 내용, 방법, 평가방법, 그리고 실제 국내외 프로그램 사례를 소개하였다. 제13장은 최근 노후설계에 대한 관심을 반영하여 노인에 관한 교육 중 퇴직준비 교육을 별도의 장으로 독립시켜 자세히 다루었다. 일과 퇴직의 의미와 퇴직 적응의 여러 요인, 그리고 퇴직준비 교육의 필요성과 내용 및 국내외 사례를 다루었다. 제14장은 노년교육의 궁극적인 목표이자 이상이라 할 수 있는 세대공동체 교육으로서 세대와 세대갈등의 개념과 세대공동체의 의미, 세대공동체 교육 실천의 원리와 실제 국내외 프로그램 사례들을 소개하였다.

　마지막으로 제5부는 노년교육의 미래를 전망하고 향후 과제를 살피기 위하여 노년교육의 현 주소를 진단하고 미래 노년교육의 과제를 기술하였다.

이 책은 이론의 열거에 머물지 않고, 저자 나름대로 독자들에게 실제 강의를 하듯이 하나하나 설득하고 설명하는 데 주력하였다. 따라서 독자들도 이 책을 읽으면서 단순히 지식을 습득하거나 외우기보다는 저자가 이 책을 통해 말하고자 하는 행간의 의미를 읽어 내는 노력을 기울여 주기를 바란다.

차 례

◆ 머리말 3

◆ 책을 읽기에 앞서 7

제1부 노년교육 이해의 기초

제1장 인구 고령화 ⸺⸺⸺⸺⸺⸺ 19

　　1. 고령화의 의의와 특징 / 19

　　2. 우리나라 고령화의 특징 / 37

제2장 노년에 관한 연구 ⸺⸺⸺⸺⸺⸺ 47

　　1. 노년학 / 47

　　2. 노년 연구의 역사 / 52

　　3. 노년교육학의 등장 / 58

제3장　노년교육학의 이해　　63

1. 노년교육학의 필요성 / 63
2. 노년교육의 정의 / 69
3. 노년교육학의 성격 / 71
4. 노년교육의 범위 / 75
5. 노년교육학의 기본 모형 / 78

제2부　　**노년교육의 역사적 기초**

제4장　주요국 노년교육의 역사 및 현황　　83

1. 프랑스 / 84
2. 영 국 / 91
3. 독 일 / 101
4. 미 국 / 105
5. 일 본 / 115

제5장　우리나라 노년교육의 역사 및 현황　　125

1. 노년교육의 법적 근거 / 127
2. 노년교육 관련 정책 / 138
3. 노년교육 프로그램 현황 / 145

제3부 노인 학습자의 이해

제6장 노인과 노화의 이해   161

1. 노인의 개념 / 161
2. 노인을 보는 새로운 시각: 전생애 발달 / 167
3. 노화의 개념 / 173
4. 성공적 노화 / 178

제7장 노년기의 신체적 특성   183

1. 노화 이론 / 183
2. 외모의 노화 / 187
3. 기능의 노화 / 190
4. 감각의 노화 / 194
5. 수면의 변화 / 198
6. 노년기 신체적 특성의 노년교육적 의미 / 199

제8장 노년기의 심리적 특성   201

1. 심리적 노화의 기본 가정 / 201
2. 노년기 발달이론 / 204
3. 노년기 성격 변화 / 212
4. 노년기 욕구 변화 / 221
5. 노년기 지능 변화 / 225
6. 노년기 기억력 변화 / 232
7. 노년기 학습능력 변화 / 235
8. 노년기 심리적 특성의 노년교육적 의미 / 239

제9장 노년기의 사회적 특성   243

　　1. 노년사회학 이론 / 243

　　2. 시대에 따른 노년기 역할의 변화 / 250

　　3. 노년기 가족관계 / 260

　　4. 노년기 사회적 특성의 노년교육적 의미 / 272

제4부   노년교육의 분야별 이해

제10장 노인을 위한 교육   277

　　1. 노인을 위한 교육의 필요성 / 277

　　2. 노인을 위한 교육의 목적 / 280

　　3. 노인을 위한 교육의 내용 / 286

　　4. 노인을 위한 교육의 방법 / 297

　　5. 노인을 위한 교육의 평가 / 312

　　6. 노인을 위한 교육의 사례 / 315

제11장 노인에 관한 교육   335

　　1. 노인에 대한 사회적 편견 / 335

　　2. 노인에 관한 교육의 필요성 / 341

　　3. 노인에 관한 교육의 목적 / 345

　　4. 노인에 관한 교육의 내용 / 348

　　5. 노인에 관한 교육의 방법 / 351

　　6. 노인에 관한 교육의 평가 / 368

　　7. 노인에 관한 교육의 사례 / 377

제12장 노인에 의한 교육   **389**

1. 노인에 의한 교육의 필요성 / 389

2. 노인에 의한 교육의 목적 / 392

3. 노인에 의한 교육의 내용 / 394

4. 노인에 의한 교육의 방법 / 397

5. 노인에 의한 교육의 평가 / 408

6. 노인에 의한 교육의 사례 / 411

제13장 퇴직준비 교육   **419**

1. 일과 퇴직 / 419

2. 퇴직에의 적응 / 437

3. 퇴직준비 교육의 필요성 / 444

4. 퇴직준비 교육의 내용 / 447

5. 퇴직준비 교육의 사례 / 454

6. 퇴직준비 교육의 과제와 전망 / 466

제14장 세대공동체 교육   **469**

1. 세대와 세대갈등 / 469

2. 세대공동체 / 477

3. 세대공동체 교육의 실천 / 483

4. 세대공동체 교육의 사례 / 500

제5부 노년교육의 전망과 과제

제15장 미래 사회의 변화와 노년교육의 과제   515

1. 노년교육의 자리 / 515
2. 노년교육의 특성 / 518
3. 노년교육의 현재 / 521
4. 노년교육의 미래 / 526
5. 미래 노년교육의 과제 / 530

◆ 참고문헌   540
◆ 찾아보기   553

제1부

노년교육 이해의 기초

제1장 인구 고령화
제2장 노년에 관한 연구
제3장 노년교육학의 이해

제1장

인구 고령화

1. 고령화의 의의와 특징

독자들 중에 '고령화'라는 말을 처음 들어 보거나 그 뜻이 무엇인지 모르는 사람은 아마 없을 것이다. 하지만 '고령화'의 정확한 의미에 대하여 알고 있는 사람 역시 별로 없을 것이다.

일반적으로 '고령화'란 고령인구, 즉 노인이 증가하여 사회에서 고령인구가 차지하는 비율이 증가하는 현상을 의미한다. 그러나 고령화는 그렇게 단순하고 평면적인 변화가 아니다. 고령화는 훨씬 더 다면적이고 입체적이며 총체적인 변화다. 따라서 고령화를 올바로 이해하기 위해서는 고령화가 갖는 양적 측면과 질적 측면, 사회적 측면과 개인적 측면, 그리고 더 나아가 긍정적 측면과 부정적 측면 모두를 입체적으로 조망해 보아야 한다. 고령화에 대한 논의에서 주목해야 할 점은 크게 두 가지다.

첫째, 고령화는 자연스러운 현상이다. 시간이 지나면 어린아이가 자라 성인이 되듯이, 사회도 시간이 지나면서 점차 발전하고 경제적으로 안정됨에 따라 사회 구성원들의 건강 상태가 호전되고 수명이 길어짐으로써 고령화가 진행된다. 사회가 후퇴하지 않는 한 고령화는 사회의 자연스러운 발전 형태인 셈이다.

둘째, 고령화는 막을 수도 없고 또 막아서도 안 되는 변화일 뿐 아니라, 그 자체로서는 긍정적인 현상도 부정적인 현상도 아닌 자연스러운 현상일 뿐이다. 그동안 우리 사회에서는 고령화의 부정적 효과만이 지나치리만큼 강조되어 왔지만, 사실 고령화의 긍정성이나 부정성을 결정짓는 것은 바로 고령화를 받아들이는 우리의 시각에 달려 있다.

셋째, 고령화는 입체적인 현상이다. 고령화의 정확한 의미와 그로 인한 다양한 영향을 이해하기 위해서는 좀 더 입체적인 시각에서 고령화를 조명해 볼 필요가 있다. 입체적 시각이란 마치 편광안경을 끼고 3D 영화를 볼 때처럼 두 개의 다른 렌즈를 겹쳐 봄으로써 평면적인 고령화가 아닌 입체적인 고령화를 바라보는 것이다. 즉, 전체 사회와 개인 중 어떤 차원에서 고령화라고 하는 변화를 바라볼 것인가 하는 하나의 렌즈와 양적 현상과 질적 현상 중 어떤 측면의 고령화에 집중할 것인가 하는 또 다른 렌즈를 통해 고령화를 입체

표 1-1 고령화의 입체적 분석

	양적 고령화		질적 고령화	
	긍정적 측면	부정적 측면	긍정적 측면	부정적 측면
사회적 고령화	사회적-양적 고령화		사회적-질적 고령화	
	장수사회의 실현	사회의 노인부양부담 증가	고령인구의 역량 증가	고령층의 집단이기주의
개인적 고령화	개인적-양적 고령화		개인적-질적 고령화	
	제2인생의 기회	노후비용의 증가	노후생활의 여유	역할 없는 역할과 무위의 고통

적으로 분석해 볼 수 있다. 그 결과는 〈표 1-1〉에서 보는 것처럼 사회적-양적 고령화, 사회적-질적 고령화, 개인적-양적 고령화, 개인적-질적 고령화의 네 가지 양상으로 나타나며, 그 각각은 긍정적 측면과 부정적 측면을 동시에 지닌다.

1) 사회적 고령화

사회적 고령화는 사회 전체 수준에서 고령화의 영향력이 어떻게 작용하고 있는가에 관한 논의로, 일반적으로 전개되고 있는 고령화에 관한 논의와 일맥상통하는 측면이 있을 것이다. 사회 전체 수준에서 볼 때 고령화는 노인인구의 양적 증가와 노년층의 질적 변화라는 두 측면으로 다시 나누어 볼 수 있다.

(1) 사회적-양적 고령화

사회적-양적 고령화는 가장 일반적으로 알려져 있는 고령화의 측면이다. 즉, 한 사회에서 전체 인구 중 고령인구가 차지하는 비율이 증가해 가는 현상과 그에 따른 영향에 대한 논의를 포함한다. 고령화로 인한 전체 사회의 측면에서 가장 두드러지게 나타나는 변화는 인구구조의 변화다. [그림 1-1]에서 보는 것과 같이 1970년대 유년층이 가장 많고 청장년층이 그다음의 인구집단을 구성하며 노년층이 가장 적은 비중을 차지하던 전통적인 피라미드형 인구구조에서 탈피하여, 점차 노년층이 유소년층보다 비대해지는 종형(鐘形) 인구구조로 이동하고 있으며, 2050년 경에는 역피라미드형으로 바뀔 것으로 예측된다. 이는 고령화 사회에서 인구의 증가가 새로운 성원들의 출생에 의해 이루어지기보다 위로의 확대, 즉 노인들의 수명 연장에 따른 고령인구의 증가에 의해 일어나기 때문이다.

사회적-양적 고령화는 그 결과를 바라보는 시각에 따라 긍정적 측면과 부정적 측면을 갖게 된다.

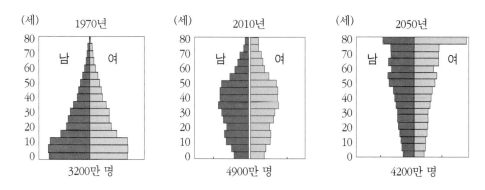

[그림 1-1] 우리나라의 인구피라미드 변화

출처: 통계청(2009b)에서 재구성.

① 사회적-양적 고령화의 긍정적 측면: 장수사회의 실현

사회적-양적 고령화의 긍정적 의미는 무엇보다도 인간의 오랜 열망이었던 장수의 꿈을 실현시켜 주었다는 점이다. 로마시대의 평균수명은 어림잡아 25세 정도였으며, 우리나라 역시 해방 당시만 해도 국민들의 평균수명이 50세에도 못 미쳤다. 생후 100일을 넘기기도 어려웠던 시절에는 아이의 건강을 기원하며 이웃과 백일 떡을 나누기도 했고, 만 60세인 회갑(回甲)까지 살아남는다는 것이 워낙 힘든 일이었기에 회갑연을 성대히 치르기도 했다. 그러나 오늘날 우리는 장수가 당연시되는 고령화 사회에 살고 있다. 그야말로 우리 조상들이 꿈에 그려 왔던 장수가 현실이 된 것이다.

실제로 〈표 1-2〉에서 보는 바와 같이, 우리나라 사람들의 평균수명은 해방 전후만 해도 40대에 불과했다. 그러나 보건의료 수준의 향상과 영양 상태의 개선, 건강에 대한 관심 증가와 더불어 수명은 급격히 증가하였고, 1970년 61.9세, 1980년 65.7세, 1990년 71.3세, 2000년에 76세, 그리고 2013년 현재 우리나라 인구의 평균수명은 남성 78세, 여성 84.6세로 전체 평균 81.4세까지 연장되었다. 또한 이와 같은 현상은 앞으로도 지속되어 2060년에는 여성의 기대수명은 90세를 넘어설 것으로 예측되며, 전체적으로도 기대수명이 88.6세에 이를 것으로 전망된다. 말 그대로 인생 100세 시대가 현실이 될 날이 머지

표 1-2   **한국인의 평균 기대수명(0세 기대여명)**

(단위: 년)

연도	전체	여자	남자	차이(여자 - 남자)
1926~1930	33.6	35.0	32.4	2.6
1931~1935	37.4	38.5	36.3	2.2
1936~1940	42.6	44.7	40.6	4.1
1955~1960	52.6	53.7	51.1	2.6
1960~1965	55.1	57.7	52.7	5.0
1970	61.9	65.6	58.7	6.9
1975	63.8	67.9	60.2	7.7
1980	65.7	70.0	61.8	8.3
1985	68.4	72.8	64.4	8.4
1990	71.3	75.5	67.3	8.2
1995	73.5	77.4	69.6	7.8
2000	76.0	79.6	72.3	7.3
2005	78.6	81.9	75.1	6.8
2010	80.8	84.1	77.2	6.9
2011	81.2	84.5	77.7	6.8
2012	81.4	84.6	78.0	6.6
2013	81.4	84.6	78.0	6.6
2014	81.5	84.8	78.0	6.8
2015	81.7	85.0	78.2	6.8
2016	81.8	85.1	78.4	6.7
2017	82.0	85.2	78.7	6.5
2018	82.2	85.4	78.9	6.5
2019	82.4	85.5	79.1	6.5
2020	82.6	85.7	79.3	6.4
2030	84.3	87.0	81.4	5.6
2040	86.0	88.2	83.4	4.8
2050	87.4	89.3	85.1	4.2
2060	88.6	90.3	86.6	3.7

출처: 2012년까지는 각 연도 생명표, 2013년 이후는 장래인구추계 자료.

않은 것이다.

요컨대, 고령화는 인류의 오랜 염원이었던 장수의 꿈을 실현한, 우리 모두가 소원하고 바라던 시대의 도래를 의미한다는 점을 잊어서는 안 될 것이다.

② 사회적-양적 고령화의 부정적 측면: 사회의 노인부양 부담 증가

고령화의 긍정적 측면들은 우리 사회가 고령인구의 증가에 현명하게 대응해 나갈 때에만 가능한 것이다. 만일 그런 전제 조건이 보장되지 않는다면, 고령화는 희망이 아닌 재앙으로 다가올 수도 있다. 고령화에 대하여 가장 염려되는 측면은 노인복지의 양적 수요 증가를 가져온다는 점이다. 즉, 고령인구 증가로 사회의 노인부양 부담과 비용이 증가하고, 고령인구에 비하여 생산연령인구가 상대적으로 줄어듦으로써 노동력 부족과 사회의 생산성 저하로 이어질 수 있다.

고령인구의 증가와 유년인구 및 생산연령인구의 상대적 감소로 인한 인구구조 변화는 사회의 노인부양 부담을 가중시킨다. 〈표 1-3〉에서 보는 것과 같이 출생률은 감소하는 반면 수명은 연장됨에 따라 유년부양비에 비하여 노년부양비가 증가할 뿐 아니라, 경제활동인구의 감소로 경제활동인구 대비 노년부양 부담을 가중시키는 결과를 초래한다. 노년부양비는 1970년에 5.7%로 경제활동인구 17.5명이 노인 1명을 부양했지만, 2000년에는 10.1%로 경제활동인구 9.9명이 노인 1명을 부양해야 하는 것으로 거의 두 배 가까이 증가하였다. 게다가 이러한 부양 부담은 시간이 갈수록 더 심각해져서 2013년에는 6명, 2020년에는 4.5명, 2030년에는 2.6명, 2040년에는 1.7명, 2050년에는 1.4명, 2060년에는 1.2명의 생산인구가 노인 1명을 부양해야 할 만큼 노년부양 부담이 가중될 것으로 전망된다. 또한 2017년 이후에는 노령화지수가 100%를 넘어섬으로써 사회의 유년부양 부담보다 노년부양 부담이 더 커져 노년부양 부담이 유년부양 부담을 역전할 것으로 전망된다.

고령인구의 증가는 노인복지에 대한 양적 수요 증가뿐 아니라 다양한 서비스에 대한 요구의 증가를 불러올 것이다. 즉, 각종 노인복지시설, 수용시설,

| 표 1-3 | 연도별 부양비 및 노령화지수

(단위: %)

연도	부양비(생산가능인구 1백 명당)			노령화지수[4)
	합계[1)	유소년[2)	노년[3)	
1960	82.6	77.3	5.3	6.9
1965	88.3	82.5	5.8	7.0
1970	83.8	78.2	5.7	7.2
1975	72.5	66.6	6.0	8.9
1980	60.7	54.6	6.1	11.2
1985	52.5	46.0	6.5	14.2
1990	44.3	36.9	7.4	20.0
1995	41.4	33.0	8.3	25.2
2000	39.5	29.4	10.1	34.3
2005	39.4	26.8	12.6	47.3
2010	37.3	22.2	15.2	68.4
2011	36.9	21.4	15.6	72.8
2012	36.8	20.7	16.1	77.9
2013	36.8	20.1	16.7	83.3
2014	36.9	19.5	17.3	88.7
2015	37.0	19.0	17.9	94.1
2016	37.2	18.6	18.5	99.5
2017	37.7	18.5	19.2	104.1
2018	38.5	18.5	20.0	108.5
2019	39.4	18.4	21.0	113.7
2020	40.7	18.6	22.1	119.1
2030	58.6	20.0	38.6	193.0
2040	77.0	19.8	57.2	288.6
2050	89.8	18.9	71.0	376.1
2060	101.0	20.5	80.6	394.0

1) 총부양비: [유년인구(0~14세) 수＋노년인구(65세 이상) 수]÷생산활동인구(15~64세) 수×100
2) 유년부양비: 유년인구 수÷생산활동인구 수×100
3) 노년부양비: 노년인구 수÷생산활동인구 수×100
4) 노령화지수: 노년인구 수÷유년인구 수×100
출처: 통계청(2011b).

의료시설, 요양시설, 소득지원 방안, 서비스시설 등에 대한 다양한 요구가 증가하고, 이에 따라 노인 관련 예산의 증가와 다양한 노인복지 서비스의 확충과 개선이 요구될 것이다. 또한 고령인구의 증가는 그만큼 사회 도처에서 노인과 부딪히고 함께 상호작용할 기회와 필요성이 증가함을 의미한다. 앞으로 공원, 쇼핑센터, 극장, 도서관, 지하철이나 버스 안, 거리 등에서 더 많은 노인과 부딪히며 살아가게 될 것이다.

(2) 사회적-질적 고령화

고령화는 고령인구의 수나 양만 증가하는 것이 아니라 사회에서 고령층이 차지하는 지위나 역할을 바꾸는 변화이기도 하다. 전체 인구 중 5%에 불과하던 고령층이 15%의 거대 인구층으로 증가한다는 것은 그들이 사회에서 차지하는 지위나 권력, 파워 면에서도 커다란 변화를 가져옴을 의미한다. 소수자로서의 고령층은 사회에서 자기 목소리를 낼 수 없지만 이들이 거대 인구집단이 된다면 사회에서 어느 누구도 그들의 목소리를 무시할 수 없게 된다.

또한 고령화의 중요한 특징 중 하나는 증가하는 고령인구의 질, 즉 수준이 과거 노인들과 매우 다르다는 점이다. 경제적 지위, 교육수준, 생활수준, 의식, 생활습관 등 여러 가지 측면에서 고령화 시대의 노인들은 과거의 노인들과 다르다. 우선 [그림 1-2]에서 보는 것과 같이 우리나라 65세 이상 고령인구 중 국민연금 등 공적연금 수급자 비율은 2005년 16.1%에서 2007년 22.4%, 2009년 27.3%, 2011년 31.8%로 해마다 꾸준히 증가하고 있다. 이는 고령인구의 노후 경제적 안정성이 점차 높아지고 있음을 의미한다.

고령인구의 교육수준 역시 꾸준히 향상되고 있다. 65세 이상 고령자 중 무학의 비율은 2000년 44.3%에서 2005년 33.5%, 2010년 25%로 크게 감소하였다. 반면 고등학교 이상 학력자 비율이 2000년 13.4%에서 2005년에는 18.6%로, 그리고 2010년에는 23.2%로 크게 증가하였다.

이러한 사회적-질적 고령화는 그 결과를 바라보는 시각에 따라 긍정적 측면과 부정적 측면을 갖는다.

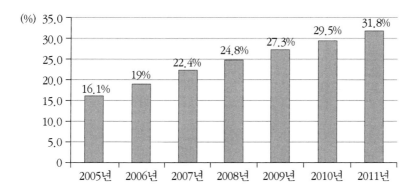

[그림 1-2] 65세 이상 공적연금 수급률 추이

출처:통계청(2010a); 통계청(2012a)에서 재구성.

① 사회적-질적 고령화의 긍정적 측면: 고령인구의 역량 증가

고령인구의 교육수준 향상은 그들의 일상적인 삶의 방식에도 커다란 변화를 가져온다. 한 예로, 인터넷 등 정보화 사용인구의 증가와 함께 노인의 생활방식에도 커다란 변화가 초래될 것이다. [그림 1-3]에서 보듯이 60세 이상 고령인구 중 지난 1개월 동안 인터넷 이용자의 비율은 2009년 13.7%에서 2010년 21.8%, 2011년 22.9%로 점차 증가하였다. 이는 고령인구들도 정보화

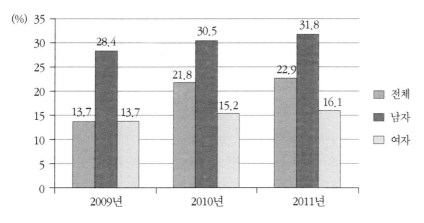

[그림 1-3] 60세 이상 중 인터넷 이용 비율(%) 추이

출처: 한국인터넷진흥(각 연도).

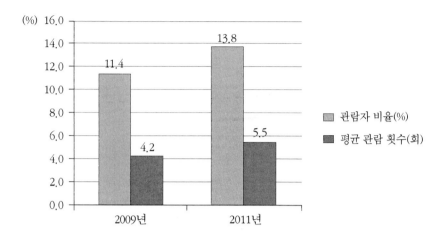

[그림 1-4] 65세 이상 중 문화예술 및 스포츠 관람(지난 1년) 비율 및 횟수 추이

출처: 통계청(2009a); 통계청(2011a)에서 재구성.

에 적응하여 정보기술을 활용함으로써 생활양식이 바뀌고 있다는 방증이라 할 수 있다.

　고령인구의 교육수준 향상은 그들의 문화적 수준에도 커다란 변화를 가져올 것이다. [그림 1-4]에서 보는 바와 같이, 65세 이상 고령인구 중 지난 1년 동안 문화예술 공연 및 스포츠 경기를 관람한 비율을 살펴보면, 2009년 11.4%에서 2011년에는 13.8%로 증가하였고, 1인당 평균 관람 횟수도 2009년 4.2회에서 2011년 5.5회로 증가하였다. 한편, 고령인구의 자원봉사활동 참여는 2009년 5.3%에서 2011년 5.5%로 미미한 변화가 있었지만, 2011년 50대의 자원봉사 참여율은 65세 이상의 3배 가까운 14.6%로 이들이 고령인구에 편입되는 10년 후쯤에는 고령인구의 자원봉사활동이 크게 늘어날 것으로 예측된다.

② 사회적-질적 고령화의 부정적 측면: 고령층의 집단이기주의

　고령인구의 증가는 자연스럽게 고령층의 힘을 증대시키고 세력화할 것으로 예측된다. 더욱이 유소년층과 달리 고령층은 정치적 권리와 능력, 즉 투표권, 선거권, 단체결성권 등을 가지고 있다. 따라서 고령자들은 자신들의 이익을 위하여 정치적인 세력을 규합하거나 사회적인 압력단체를 구성할 수 있으며, 자신들의 의견을 표현하고 그것을 관철시키기 위하여 다양한 정치적 행동을 실천할 수도 있다.

　더군다나 [그림 1-5]에서 보는 것처럼 60세 이상 고령층은 가장 높은 투표율을 보이는 인구집단인 만큼 고령화가 진전될수록 노인의 정치적 영향력은 무시할 수 없게 될 것이다. 선거를 앞두고 정치인들이 가장 먼저 노인단체를 찾는 것도 이런 이유다. 따라서 고령층의 이해관계에 따라 여론이 휘둘릴 수 있는 위험도 간과할 수 없을 것이다. 고령층의 집단이기주의가 본격화되면 고령층 유권자의 눈치를 살피느라 노인복지 예산은 계속 증가하는 반면, 보육이나 교육 등 다른 연령층의 복지를 위해 꼭 필요한 예산조차 마음대로 집행하지 못하는 문제가 발생할 수 있다. 또한 이러한 고령층의 세력 **강화**는 한정된 사회자원을 분배하는 과정에서 사회갈등을 더욱 심화시키는 문제로 비화될 가능성도 있다.

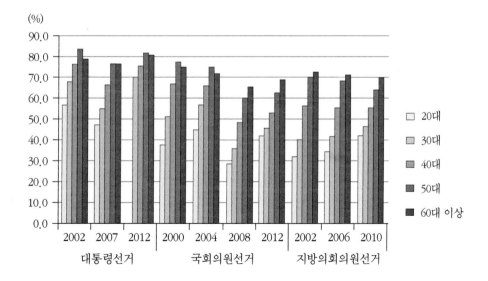

[그림 1-5] 연령별 투표율 추이

출처: 통계청(2012b).

2) 개인적 고령화

고령화를 개인의 차원에서 바라보면 개개인의 삶에서도 중요한 변화 요인이 된다. 개인적 고령화라 함은 개개인의 삶에서 고령화의 영향력이 어떻게 작용하고 있는가에 관한 논의로, 우리 사회에서 간과되고 있는 고령화 논의이기도 하다. 개인 수준에서 볼 때 고령화는 노년기의 양적 증가와 노년기의 질적 중요성 증가라는 두 측면으로 다시 나누어 볼 수 있다.

(1) 개인적-양적 고령화

개인적-양적 고령화는 장수와 깊은 관련을 갖는다. 즉, 수명이 길어지고 개인의 삶에서 노년기가 길어지는 변화로서 고령화에 따라 개개인이 누릴 인생의 시기가 과거보다 더 길어짐을 의미한다.

오늘날 한국인들은 평균 80년 이상의 삶을 누릴 수 있게 되었다. 이는 단순히 평균적으로 우리나라 국민의 수명이 늘었다는 것을 넘어서 〈표 1-4〉에서 보듯이 65세에 이른 개인에게 과거보다 훨씬 더 긴 여생이 놓여 있음을 의미

표 1-4 연도별 기대여명

(단위: 년)

연도	전체	남자	여자	연도	전체	남자	여자
1971	12.47	10.17	14.64	2003	17.35	15.12	18.96
1975	12.63	10.27	14.85	2004	17.75	15.46	19.43
1981	12.97	10.62	15.13	2005	18.15	15.80	19.90
1985	13.44	11.24	15.44	2006	18.41	16.08	20.13
1991	14.66	12.58	16.44	2007	18.72	16.33	20.52
1995	15.42	13.30	16.95	2008	19.15	16.60	21.02
1999	16.35	14.06	17.96	2009	19.62	17.05	21.51
2000	16.60	14.34	18.18	2010	19.74	17.16	21.63
2001	16.83	14.57	18.43	2011	20.00	17.42	21.93
2002	17.11	14.88	18.72	2012	20.08	17.54	21.98

출처: 통계청. 생명표 각 연도로부터 재구성.

한다. 1971년에 65세였던 남성은 약 10년의 여생을 기대할 수 있었지만, 2010년에 65세 남성은 그보다 7년 더 긴 약 17년을 더 살 수 있게 되었다. 여성 역시 1971년에는 14년 더 살 것으로 기대했지만, 2010년에는 그보다 7년 더 긴 21년 이상을 살 것으로 기대할 수 있게 되었다.

① 개인적-양적 고령화의 긍정적 측면: 제2인생의 기회

개인의 삶에 있어서도 수명의 연장 및 장수의 실현, 오래 살게 되었다는 것은 기쁜 소식이 아닐 수 없다. 아마도 한 번 태어난 인생을 제대로 살아 보지도 못한 채 짧게 마무리하고 싶은 사람은 없을 것이다. 주어진 시간을 열심히 살고 열심히 산 노력의 대가를 충분히 맛보고 누리고 싶은 것이 대부분 사람들의 바람일 것이다. 그런 면에서 개인적-양적 고령화는 반가운 변화가 아닐 수 없다. 태어나 백일을 넘기기가 어려웠던 시절, 부모들의 간절한 바람은 생후 백일을 건강하게 넘기는 것이었고, 그 바람은 백일 떡을 만들어 이웃에 돌리고 기쁨을 함께 나누는 풍습으로 자리하였다. 환갑을 맞는 일이 드물 만큼 수명이 짧았던 시절, 부모님의 환갑은 자녀들은 물론 온 집안의 경사였다. 그러나 평균수명 100세를 바라보는 고령화 시대인 지금 장수는 당연한 일이 되었고 백일이나 환갑의 의미도 퇴색되어 버렸다.

수명이 길어짐에 따라 제2의 인생 기회가 허락된다는 점도 개인적-양적 고령화의 긍정적 측면이다. 연습 없는 인생, 너무 짧은 인생이 아니라, 다시 고쳐 새롭게 출발할 수 있는 후반전이 있는 인생, 잘 준비하지 않으면 안 될 만큼 너무 긴 인생으로 바뀌었다. 고령화 사회에서 '노후'라고 하는 시간은 자녀 양육과 생산활동에 얽매여 살았던 그 이전의 삶에서 벗어나 또 다른 새로운 삶을 꿈꿀 수 있는 기회인 셈이다. 노년기의 연장은 생산의 의무로부터 좀 더 자유로운 상태에서 자신이 가진 자원을 가지고 사회에 봉사하고 공헌하며 여가를 즐기고 자신의 잠재력을 실현할 수 있는 기회, 젊어서는 가족과 직장에 얽매여 할 수 없었던 자신을 찾기 위한 다양한 여러 시도들을 하며, 일생을 통해 쌓은 지혜와 지식을 가지고 사회와 타인을 위해 봉사할 기회를 허락해 준다.

② 개인적-양적 고령화의 부정적 측면: 노후비용의 증가

　수명의 연장은 곧 한 인간이 일생 중 노인으로 살아가야 하는 기간의 연장을 의미하기도 한다. 수명이 길어진다고 해서 청년기나 성인기가 늘어나는 것은 결코 아니다. 수명의 연장이 청춘의 연장으로 이어진다면 얼마나 좋겠는가? 그러나 수명의 연장은 과거에는 기대하기 힘들었던 90대, 100대를 살 수 있음을, 나아가 한 개인의 일생 중에 노년기가 상대적으로 길어짐을 의미한다. 노년기가 인생의 1/4에서 1/3로, 또 인간의 한계 수명이라고 하는 120세 시대가 펼쳐질 경우에는 인생의 절반을 차지하게 될 수도 있다.

　한편, 노년기가 연장되었다는 것은 그만큼 노년기를 위한 개인적 비용과 자원이 늘어난다는 것을 의미한다. 특히 노인의료비와 요양비용의 증가는 전체 사회뿐 아니라 개별 가정과 개인의 노인부양 부담까지 가중시키며, 그 비용은 자녀부양 부담을 능가하게 될 것으로 예측된다. 게다가 자녀부양의 경우에는 자녀가 일정 연령에 도달하여 스스로 독립할 때까지 20여 년 동안 한시적으로 부모가 부양의 책임을 지는 것임에 반하여, 부모부양은 일단 부양이 시작되면 정해진 기간 없이 20년, 30년 혹은 40년 후 부모가 사망하여 부양이 종료되는 시점까지 자녀가 책임을 안게 된다는 점에서 그 부담이 더 크다고 할 수 있다. 그리고 자녀부양의 경우는 자녀가 성장함에 따라 적어도 육체적으로는 부담이 점차 경감되는 데 반하여, 부모부양의 경우는 시간이 지날수록 육체적 · 경제적으로 그 부담이 더욱 가중된다는 점에서 어려움이 있다.

　또한 노년기가 길어지고 인생에서 노년기가 차지하는 비중이 늘어날수록 개인의 노인부양 부담뿐 아니라 자신의 길어진 노후를 위한 자금도 증가한다. 노년기의 중요한 특징 중 하나는 어떤 이유로든 생산활동으로부터 멀어져야 한다는 것이다. 따라서 노년기의 연장은 퇴직 이후에 연금이나 자산 혹은 자녀나 사회와 같은 외부의 도움에 의지하여 살아가는 기간의 연장을 의미하기도 한다. 이와 같이 퇴직 후 25년 이상의 오랜 시간을 일정한 근로소득이 없는 채로 살아가야 하므로 젊어서부터 노후를 대비해야 하는 것은 이제 필수적인 일이라 하지 않을 수 없다.

　기본적인 노후자금은 기본 생활비만 하더라도 부부 동거 시 최소 월 100만 원 이상이 필요하다(노년교육연구회 편, 2012). 게다가 질병에 대처할 수 있는 의료비나 여가를 즐길 수 있는 여가비, 기타 예비자금까지 합친다면 생활의 질에 따라 달라지긴 하겠지만 약 3~4억 이상의 노후자금이 필요하다. 국민연금 등 공적 연금제도가 시행되고 있으나 수령 연금액은 기존 소득액의 1/3 정도에 그치기 때문에 나머지는 사적 연금이나 기타 투자 및 저축 등을 통하여 마련해야 하므로 상당히 부담스럽지 않을 수 없다.

　한편 100세 장수 시대를 눈앞에 둔 현 시점에서 오래 산다는 것이 마냥 달갑지만은 않은 이유는 노후 삶의 질이 얼마나 보장될 수 있는가에 대한 불안감 때문일 것이다. 건강하고 활기차게 100세를 누린다면 문제가 없겠지만, 침대에 누워 독립된 인간으로서 존엄감과 자존심을 지키지 못한 채로 100세를 살아야 한다면 과연 행복하다고 말할 수 있을 것인가. 장수 이전에 무병(無病)이 보장되어야 노후 삶의 질이 확보된다고 할 것이다. 2012년 생명표(통계청, 2012e)에 의하면, 우리나라 사람들이 아프지 않고 건강하게 살아가는 기간인 건강수명은 66세로 기대수명인 81.2세보다 15년 이상 짧아 평균 15년 이상을 질병의 고통 속에서 살아가는 것으로 나타났다.

(2) 개인적-질적 고령화

　개인의 삶에 있어 질적 차원에서 볼 때 고령화는 노년기의 의미와 깊은 관련을 갖는다. 즉, 수명이 길어지고 개인의 삶에서 노년기가 연장됨에 따라 과거에 비해 개개인의 일생에서 노년기가 차지하는 의미와 중요성이 더 커진다.

　과거 반세기 전만 해도 노년기는 많은 사람에게 꿈의 시기일 뿐이었다. 인생에서 노년을 누린다는 것은 축복받은 일부의 이야기였으며, 그 축복받은 일부 사람에게조차도 노년은 불과 몇 년 혹은 10여 년에 불과한 짧은 기간이었다. 그러나 이제 노년은 누구에게나 주어지는 시기이며, 몇십 년이라는 인생의 1/4 혹은 1/3에 해당하는 기간이 되었다. 따라서 노년은 그저 편히 쉬며

누워 있기에는 너무 긴 기간이며, 인생에서 차지하는 의미 또한 매우 중요해졌다. 노년을 아무런 의미 없이 지낸다면 자신에게 주어진 인생의 1/3을 모두 낭비해 버리는 것이 되기 때문이다. 다시 말해, 노년을 어떻게 보내느냐에 따라 인생 성패가 좌우될 수도 있다는 것이다. 노년은 인생의 마지막 지점에 위치해 있으며 전생애의 의미를 통합하고 평가하는 시기이기도 하다. 인생의 출발점에서는 미래가 보이지 않지만 종착점에서는 살아온 삶의 여정과 모습이 한눈에 들어온다. 그리고 누구나 그 종착점에 섰을 때 자신이 걸어온 삶의 발자취가 아름답고 성공적으로 평가되기를 바랄 것이다.

따라서 고령사회에서 노년은 인생에서 중요한 의미를 지니는 시기로 그 중요성은 수명이 길어지면 길어질수록 더욱 증가할 것이다.

① 개인적–질적 고령화의 긍정적 측면: 노후생활의 여유

노년기는 생산과 양육의 의무로부터 자유로우며 여가시간이 증대되는 시기다. 우리나라 속담에 '젊어서 고생은 사서도 한다.'고 하지만, 사실상 수명이 짧았던 과거에는 고생만 하다 생을 마감하게 되는 경우가 많을 수밖에 없었다. 즉, 젊은 시절 삶의 기반을 일구기 위해 노력하지만, 정작 그 노력의 결실을 누리기에는 삶의 시간이 짧았던 것이다. 그러나 고령화 시대에는 젊어서 한 고생의 결실을 누릴 수 있는 충분한 시간적 여유가 노년에 허락된다. 실제로 연금제도와 노후복지제도가 일찍 정착된 선진국들에서는 여유롭게 노후생활을 즐기는 노인들을 어렵지 않게 찾아볼 수 있다. 고령화는 개인의 삶에서 긴 노년의 시간에 걸쳐 삶의 여유를 즐길 수 있도록 해 주는 변화다.

또한 수명의 연장은 은퇴 후 노년기 동안 새로운 인생의 꿈을 펼칠 수 있는 기회를 허락한다. 은퇴 후 여가의 증가는 젊어서 이런저런 이유들로 인해 미루어 두어야 했던 꿈에 새롭게 시도할 수 있게 해 준다는 점에서 개인적–질적 고령화의 긍정적인 측면이다.

② 개인적-질적 고령화의 부정적 측면: 역할 없는 역할과 무위의 고통

그러나 긴 노년의 시간도 아무런 대비 없이 맞이하게 된다면 재앙이 아닐 수 없다. 준비 없는 노후는 새로운 인생의 기회가 아니라 역할 없는 역할과 할 일 없어 무료하고 힘든 무위(無爲)로 인한 고통의 시기가 될 수도 있다. 준비되지 않은 노후는 제2의 인생이자 새로운 삶의 기회가 되기보다는 오히려 노년의 그늘과 고독 속에서 살아가야 하는 고통의 시기가 될 수도 있다는 점에서 개인적-질적 고령화의 부정적인 측면이라 할 수 있다.

이와 같이 고령화는 어느 방향에서 바라보느냐에 따라 긍정적인 변화가 될 수도, 또 부정적인 변화가 될 수도 있다. 그리고 그 결정권은 바로 언젠가는 노년을 맞이하게 될 우리 모두가 노년을 어떤 시각으로 바라보고 노화를 받아들이며, 또 그 노화를 위하여 어떻게 준비하고 대비해 나가느냐에 달려 있다. 또한 고령화는 단순히 노인인구의 증가만이 아니라 우리 사회구조 전체 혹은 개인의 삶 전체에 지대한 영향을 미치는 변화다. 그리고 이미 고령화로 인하여 여러 가지 변화와 사회문제들이 나타나고 있다. 흔히 이러한 고령화에 따른 사회적·개인적 변화를 일컬어 '노인문제'라고 부른다. 그러나 이는 적절하지 못한 표현이다. 왜냐하면 '노인문제' 속에는 그 문제의 본질과 무관한 잘못된 전제들이 깔려 있기 때문이다.

우선, 노인문제 속에는 '노인이 문제다. 즉, 노인 때문에 문제가 일어난다.'라는 가정이 숨어 있다. 그러나 이 가정은 잘못된 것이다. 분명 이 모든 문제의 가장 중요한 원인은 노인인구의 증가지만, 노인인구의 증가가 노인 자신의 탓은 아니며, 또 그 증가가 반드시 이런 문제들을 초래하는 것도 아니다. 노인인구가 증가하더라도 사회적 구조가 적합하게 갖추어져 있다면 전혀 문제되지 않을 수 있기 때문이다. 흔히 말하는 현대사회의 노인문제인 4고(苦)를 예로 살펴보자.

첫 번째는 빈고(貧苦)로 노년기의 경제적 어려움은 인간의 수명이 길어지고 노년기가 길어졌기 때문만은 아니다. 수명의 연장은 인류의 오랜 꿈이었지만, 그 오랜 꿈을 꾸면서도 우리는 노년기의 경제적 문제를 해결할 만한 대안을 마련하지 못했다. 고령화에 대비하여 연금제도를 확립하고 노동시장의 유연성을 높여 노후 경제생활에 대한 준비와 교육을 실시하였다면, 장수의 꿈을 이룬 지금 풍요로움 속에서 길어진 노년기를 즐길 수 있지 않았을까?

두 번째는 병고(病苦)로 인간이 더 오래 살면서 자연스럽게 빚어지는 문제인 듯하지만, 사실 그 책임이 노인에게 있는 것은 아니다. 고령화에 대비한 정기적인 건강검진 및 교육 실시, 일상적인 운동의 습관화, 식이요법과 노년기 건강에 대한 교육 확대와 함께 의학기술을 꾸준히 발전시켜 나갔다면, 이러한 문제는 최소화할 수 있었을 것이다.

세 번째는 무위고(無爲苦)로 노년기의 역할 상실과 할 일 없음으로 인해 오는 문제다. 이 역시 노인들이 노후 준비를 제대로 하지 못하고, 능력이 부족하여 제 역할을 다하지 못해서 생기는 문제가 아니다. 그보다는 연령차별 사회에서 고령화의 진전에도 불구하고 일정 연령에 이르면 강제적으로 퇴직을 시키고, 노년기에 적합한 사회적 역할을 부여하지 못함으로써 생겨나는 문제다. 노년기가 연장되고 노인의 사회참여 욕구가 증가하는데도 여전히 노인을 여가 일변도의 삶으로 몰아넣고 있는 사회체제가 무위고의 주범이다.

마지막 고독고(孤獨苦) 역시 노인의 괴팍한 성격이나 우울 경향 때문에 혼자 있기를 즐기고 다른 세대와 어울리지 못하는 것이 아니다. 빠른 사회 변화에 적응하도록 생애단계에 적절한 교육을 받지 못하고, 노인이 동년배나 다른 세대와 한데 어울릴 수 있는 다양한 프로그램을 제공하지 못한 사회에 더 큰 책임이 있다. 그리고 핵가족화와 부양의식의 변화에도 불구하고 일차적인 노인부양을 가족에게 그대로 남겨 둔 사회체제의 잘못이라 할 수 있다.

따라서 '노인문제'라고 일컬어지는 문제는 노인 때문에 일어난 문제가 아닌 고령화로 인한 것이다. 더 정확히 말하자면 그 고령화에 사회체제가 적절히 대응하지 못해서 일어난 사회구조적·환경적 원인에서 비롯된 문제다.

두 번째로 '노인문제' 속에는 그 문제가 노인의 문제며, 노인에게만 영향을 미친다는 가정이 깔려 있다. 그러나 고령화 사회의 진전으로 우리가 직면하게 될 문제는 노인에 국한된 것도 아니고, 또 그런 문제가 노인에게만 영향을 미치는 것도 아니다. 노인의 경제적 어려움은 전반적인 국가 경제에도 영향을 미치고 복지비용의 증가를 요구하게 되며 나아가 담세율의 증가도 가져온다. 또한 노인의 건강문제는 전반적인 국민보건의료 수준에도 영향을 미칠 뿐 아니라, 노인 의료비의 증가와 장기적인 요보호 노인에 대한 요구를 증가시킨다. 무위고나 고독고 역시 세대 간의 갈등을 확대하고 자살률 증가나 가정불화 등으로 발전함으로써 전체 사회에 부정적인 영향을 미칠 수 있다. 결국 노인문제는 노인에게만 국한된 문제가 아닌 사회 전체와 관련된 모든 세대의 문제인 것이다.

따라서 '노인문제'라는 표현보다는 '고령화 문제'라고 명명하는 것이 더 적합하다. 어쨌든 고령화는 선택의 문제가 아닌 이미 우리 앞에 던져진 문제이고, 미래의 문제가 아닌 지금 당면한 현실의 문제다. 이제 우리에게 남겨진 것은 고령화를 맞이하느냐 마느냐가 아닌 우리에게 현실로 다가온 고령화에 어떻게 대응해 나가는가 하는 것이다.

2. 우리나라 고령화의 특징

여기서는 전 세계적 변화인 고령화 중에서도, 특히 우리나라의 고령화 진행과정에서 나타나는 몇 가지 주요 특징을 살펴보고자 한다.

1) 압축적 고령화

선진국은 이미 오래전부터 고령화를 겪어 왔다. 그러나 이제 고령화는 선진국만의 변화가 아닌 전 세계적인 변화로 자리하고 있다. 이러한 추세를 반영하듯이, UN에서는 사회의 고령화 정도를 기준으로 그 사회의 발전 정도를 측정하기도 한다. 일반적으로 전체 인구 중 65세 이상의 고령인구가 7%를 넘

연도	2000 (고령화 사회)	2010	2017 (고령사회)	2020	2026 (초고령사회)	2030
총인구(천 명)	47,008	49,410	50,977	51,435	52,042	52,160
65세 이상 (천 명)	3,395	5,452	7,119	8,084	10,840	12,691
구성비(%)	7.2	11.0	14.0	15.7	20.8	24.3

표 1-5   우리나라의 65세 이상 고령인구 추이

출처: 통계청(2011b)에서 재구성.

어서면 '고령화 사회(aging society)', 14%를 넘어서면 '고령사회(aged society)', 20%를 넘어서면 '초고령사회(super-aged society)'로 분류한다.

이 분류에 근거할 때 우리나라는 〈표 1-5〉에서 알 수 있듯이 이미 2000년에 전체 인구 4,700만 8,000명 중 65세 이상 고령인구가 339만 5,000명으로 7.2%를 넘어섬으로써 고령화 사회에 도달하였다. 그리고 당초 예상보다도 빨리 2017년에는 14%를 넘어서 고령사회에, 2026년경에는 20%에 이르러 초고령사회에 들어설 것으로 예측된다(통계청, 2011b).

[그림 1-6]과 같이, 2010년 현재 우리나라의 고령인구 비율은 11.0%로 세계 평균인 7.6%와 선진국 평균인 15.9% 사이에 있다. 그러나 2050년 경에는 우리나라의 고령인구 비율이 38.2%로 크게 증가하여 선진국 평균인 26.2%를 크게 상회할 것으로 예측된다. 또한 노년부양비 역시 [그림 1-7]에서처럼 2010년 한국의 노년부양비는 15로 선진국(24)보다 낮지만, 2030년 이후에는 선진국보다 높아질 것으로 전망된다(통계청, 2009b).

우리 사회가 갖고 있는 가장 큰 문제는 대비할 시간을 갖지 못한 채 급격한 인구 고령화의 파도를 맞게 되었다는 점이다. 〈표 1-6〉에서처럼 한국의 고령화 속도는, 1864년에 세계에서 가장 먼저 고령화 사회가 된 프랑스가 고령화 사회에서 고령사회가 되는 데 126년, 가장 빠른 속도의 인구 고령화를 경험한 일본이 24년 소요된 것과 비교해 볼 때, 그 속도가 매우 빠른 것으로 '압축적 고령화'라고 명명할 만하다(변재관, 2004). 게다가 이러한 압축적 고령화로

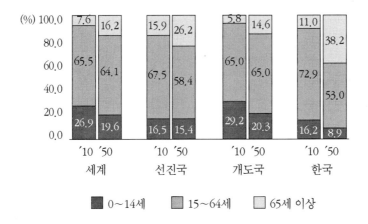

[그림 1-6] 인구구조 변화 비교(2010년, 2050년)

출처: 통계청(2009b).

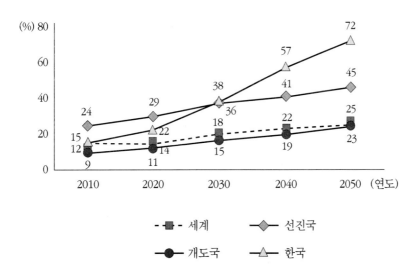

[그림 1-7] 노년부양비* 비교(2010~2050년)

* 노년부양비: 15~64세 인구 100명당 65세 이상 인구 비율
출처: 통계청(2009b).

표 1-6   인구 고령화 속도 국제 비교

국가 \ 노령인구 비율	도달년도			증가소요년수	
	7%	14%	20%	7%~14%	14%~20%
프랑스	1864	1990	2020	126	30
미국	1942	2014	2031	72	17
캐나다	1945	2010	2024	65	14
이탈리아	1927	1988	2008	61	20
영국	1929	1975	2027	46	52
독일	1932	1972	2009	40	37
일본	1970	1994	2005	24	11
중국	2000	2025	2035	25	10
한국*	2000	2017	2026	17	9

*는 통계청(2011b)의 인구추계를 반영함.
출처: 日本 國立社會保障, 人口問題硏究所(2013)에서 재구성.

인하여 2050년에는 일본, 이탈리아 등 대표적인 고령국을 모두 제치고 전 세계에서 고령화율이 가장 높은 최고령국(37.3%)이 될 것이라는 예측이 나오고 있다.

2) 초저출산

현재 우리나라가 당면해 있는 고령화의 사실상 가장 주된 원인이자 문제는 출산율의 급격한 하락이다. 〈표 1-7〉에서 보듯이 세계의 합계출산율은 2005~2010년 기간 중 연평균 2.56명으로 1970~1975년의 합계출산율 4.32명보다 1.76명이 감소하였다. 이 기간 중 개도국의 합계출산율은 2.73명으로 선진국 1.64명보다 1.09명 높으며, 이 기간 중 우리나라의 합계출산율은 1.13명으로 유럽(1.50명)이나 선진국(1.64명)보다 낮은 수준이다. 이와 같은 저출산 현상이 지속될 경우 고령화와 맞물려 노동인력 감소와 부양인구 증가 등으로 이

표 1-7	세계 및 한국의 합계출산율		(단위: 15~49세 여자인구 1명당 명)
	1970~1975년(A)	2005~2010년(B)	차이(B-A)
세계	4.32	2.56	-1.76
선진국	2.17	1.64	-0.53
개도국	5.18	2.73	-2.45
아프리카	6.69	4.61	-2.08
아시아	4.76	2.35	-2.41
유럽	2.19	1.50	-0.69
라틴아메리카	5.01	2.26	-2.75
북아메리카	2.07	2.04	-0.03
오세아니아	3.29	2.44	-0.85
한국	4.01	1.13	-2.88
북한	3.72	1.86	-1.86

출처: 통계청(2009b).

어지고, 결과적으로 일본과 같은 장기 불황의 덫에 걸릴 우려가 높다는 지적도 나오고 있다.

또한 이러한 초저출산 현상은 인구 감소로 이어져, 2050년 우리나라 인구는 4234만 3천 명 정도로 추정되어 2009년(4874만 7천 명) 대비 13.1% 감소할 것으로 전망된다. 이러한 인구감소율은 OECD 국가 중 일본(-20.1%), 폴란드(-15.9%), 독일(-14.2%)에 이어 네 번째다.

〈표 1-8〉에서 보는 바와 같은 우리나라의 초저출산 추세에는 결혼관의 변화와 여성의 사회진출 확대로 인한 비혼 및 만혼의 증가(2012년 현재 초혼연령은 남성 32.13세, 여성 29.41세임)(통계청, 2012b), 자녀관의 변화와 개인주의 가치관의 확산으로 인한 소(少)자녀 혹은 무(無)자녀 가정 증가, 장기적인 경제불황과 취업난으로 인한 결혼 및 출산 기피 현상 등이 작용한 것으로 분석된다.

| 표 1-8 | 우리나라 합계출산율 추이 |

연도	1955	1960	1970	1980	1990	2000	2005	2010	2015	2020	2030	2040	2050
합계 출산율	5.05	6.33	4.71	2.92	1.60	1.51	1.22	1.22	1.26	1.29	1.39	1.49	1.59

출처: 통계청(각 연도)와 통계청(2010b)에서 재구성.

3) 지역 간 고령화 격차

우리나라의 고령화가 안고 있는 또 다른 문제는 지역 간에 고령화 격차가 매우 크다는 것이다. 즉, 도시 지역에 비하여 농촌 지역의 고령화 속도가 훨씬 빠르게 진행되고 있다. [그림 1-8]에서 알 수 있듯이 장래인구추계 결과 2013년 현재 전국의 고령인구 비율은 평균 12.2%인 데 반해, 전남(21.4%), 경북 · 전북(17.5%), 강원(16.4%), 충남(16.0%), 충북(14.5%) 등 농촌 비율이 높은 지역의 고령인구 비율은 이미 고령사회 수준인 14%를 넘어섰다. 반면, 울산(7.8%), 인천 · 경기 · 대전(9.7%), 광주(10.1%), 서울(10.9%) 등 대도시 및 도시 비율이 높은 지역의 고령인구 비율은 상대적으로 낮은 편이다. 2010년 인구총조사(통계청, 2010a) 결과를 살펴봐도 2010년 전국의 고령인구 비율 평균은

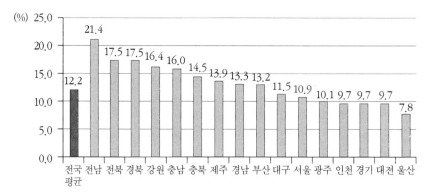

[그림 1-8] 시도별 65세 이상 고령인구 비율(2013년 기준)

출처: 통계청(2012c).

11%이고 도시 지역인 동(洞)부의 고령인구 비율은 9%인 반면, 농촌 지역인 읍(邑)부와 면(面)부는 그보다 훨씬 높은 13%와 28%로 각각 나타나 농촌 지역의 고령화가 심각한 것을 알 수 있다.

이러한 지역 간의 고령화 차이는 어느 나라나 공통적으로 겪는 현상이다. 예를 들어, 미국의 경우 2010년 인구센서스 결과 미국 전체의 고령인구 비율은 13.0%, 고령인구 비율이 가장 높은 플로리다(Forida)주 17.3%, 웨스트버지니아(West Virginia)주 16.0%인 반면, 알래스카(Alaska)주 7.7%, 유타(Utah)주 9.0%로 나타났다. 이는 도농지역의 차이보다는 기후와 환경의 차이에서 기인한 결과로, 기후가 온화하고 계절에 따른 기온차가 크지 않은 지역에 고령인구 비율이 높다(U.S. Census Bureau, 2010). 또한 도시 외곽보다는 편의시설이 잘 갖추어진 도시 안에 고령인구 비율이 더 높아 우리와는 대조를 이룬다. 반면, 우리나라의 경우 고령화 격차가 도농 간에 극심하며, 이러한 고령화 격차가 지역 간 경제적 발전 정도와 깊은 관련이 있다는 점에서 사회문제로 발전될 소지를 지니고 있다.

4) 성별 · 연령별 고령화 격차

마지막으로 우리나라의 고령화 특성은 성별, 연령계층별로 고령화 정도에서 차이가 크다는 점이다. [그림 1-9]에서 보는 바와 같이, 2013년 현재 전체 인구 대비 65세 이상 남성의 비율은 10.1%이고 여성 비율은 14.3%로 여성 100명당 남성의 수를 나타내는 성비가 70.7에 이른다. 물론 이러한 남녀 간의 격차는 향후 점차 줄어들 전망이지만, 이러한 성비는 연령계층별로 차이가 커서 〈표 1-9〉에서 보는 바와 같이 2020년에도 85세 이상 초고령층의 성비는 37.0으로 65세에서 74세 연령층의 성비 88.9에 비해 월등히 낮을 것으로 전망된다. 즉, 고령층으로 갈수록 여성 편중 현상이 심해지는데, 이는 경제력 면에서 상대적으로 취약한 상태에 있는 고령의 여성 노인들이 사회문제화 될수 있다는 점에서 향후 주목해 보아야 할 문제다.

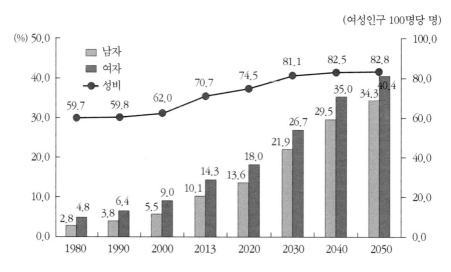

(여성인구 100명당 명)

[그림 1-9] 성별 고령인구 구성비 추이

출처: 통계청(2013a).

표 1-9 연령계층별 성비, 1960~2060년

(단위: 여성인구 100명당 명)

연도	1960	1970	1980	1990	2000	2010	2020	2030	2040	2050	2060
65세＋	66.0	70.0	59.7	59.8	62.0	69.1	74.5	81.1	82.5	82.8	87.0
65~74세	66.6	75.3	68.2	68.5	70.0	81.1	88.9	92.9	93.4	96.5	106.8
75~84세	–	–	–	–	51.3	56.6	66.1	75.2	80.9	83.4	88.0
85세＋ (75세＋)	(63.9)	(56.0)	(41.3)	(43.9)	30.0	34.9	37.0	43.9	53.2	59.8	62.6

출처: 통계청(2011b)에서 재구성.

또 다른 문제는 65세 이상 고령인구 중에서도 특히 장기요양이나 의료비 등 복지비용이 상대적으로 많이 소요되는 85세 이상의 초고령층이 더 빠르게 증가하고 있다는 점이다. 〈표 1-10〉에서 보는 바와 같이 65세 이상 전체 고령 인구는 2000년 7.2%에서 2013년 12.2%로 약 1.7배 증가하는 동안, 65세에서 74세의 젊은 고령층은 4.9%에서 7.3%로 1.5배 증가하였고 75세부터 84세 사이의 중간층은 2.0%에서 4.0%로 2배, 그리고 85세 이상의 초고령층은 0.4%에

| 표 1-10 | 연령계층별 고령인구 | | | | | | | (단위: %) |

연도	1970	1990	2000	2013	2020	2030	2040	2050
총인구	100.0	100.0	100.0	100.0	100.0	100.0	100.0	100.0
0~14	42.5	25.6	21.1	14.7	13.2	12.6	11.2	9.9
15~64	54.4	69.3	71.7	73.1	71.1	63.1	56.5	52.7
65세 이상	3.1	5.1	7.2	12.2	15.7	24.3	32.3	37.4
65~74세	2.3	3.5	4.9	7.3	9.0	14.6	15.8	15.3
75~84세 (75세 이상)	(0.8)	(1.6)	2.0	4.0	5.1	7.2	12.4	14.4
85세 이상	–	–	0.4	0.9	1.6	2.5	4.1	7.7

출처: 통계청(2011b).

서 0.9%로 2.3배 증가하였다. 이 같은 현상은 향후 더욱 급격히 전개될 것으로 전망된다. 유병률이 높고 자립이 어려운 고령 노인층의 급속한 증가는 사회보장 및 의료비 등 노인복지 비용의 부담을 더욱 가중시킬 것으로 보인다.

5) 세대 간 차이 심화

우리나라는 오랜 식민지 기간과 전쟁으로 인하여 뒤늦게 산업화와 현대화의 급물결을 탔고, 급속한 산업화의 결과 세대 간의 의식이나 가치, 교육수준 등에 커다란 괴리가 형성되었다. 1960년대 이후 급속하게 진행된 산업화와 개인주의적 가치관의 확산, 정서적 핵가족화, 양성 평등사회로의 변화 등과 같은 사회문화적 변화로 인하여 연령군별 제 특성과 가치관에 큰 차이가 나타나고 있다. 이는 연령층별 차이로 인한 세대 간 갈등의 가능성을 높이는 것으로 사회 통합이라는 측면에서 관심이 요구된다. 또한 현재 노년층과 미래 노년층은 상이한 특성을 가질 것이므로 노인인구의 양적 증대와 더불어 질적 변화를 염두에 둔 사회정책 마련이 요구된다(변재관, 2004).

특히 삶의 기회와 양식을 결정하는 중요한 요인인 교육수준은 연령군별 차이가 매우 크다. 노인의 경우 대다수가 초등학교 이하의 학력인 데 반해, 30대 이상의 경우 초등학교 의무교육 시행으로 인하여 초등학교 이하 학력을 가진 사람은 극소수에 불과하며, 80% 이상이 고등학교 이상의 학력을 갖고 있다. 이는 인적 자원 개발이라는 점에서 현 세대 노인이 구조적으로 불리함을 보여 주는 것이다. 이러한 연령별 교육수준의 차이는 다양한 일상적인 삶의 방식에 서도 차이를 가져옴으로써 심각한 세대차를 넘어서 세대 갈등으로도 발전될 소지가 있다.

한편, 세대 간 가치관의 차이도 매우 크다. 한 예로 2012년 사회조사(통계청, 2012f) 결과를 보면, 결혼과 관련한 가치관에서 60세 이상의 81.7%가 결혼은 반드시 해야 한다고 생각하는 반면, 10대와 20대의 56%, 30대의 52.5%, 그리 고 40대도 55.2%만이 결혼을 필수라고 생각하고 있어서 세대 간에 결혼관 차 이가 심각함을 보여 준다. 이혼에 대한 생각도 60세 이상은 71%가 이혼은 절 대 안 된다고 생각하지만, 10대와 20대의 38.7%, 30대의 40%, 40대의 42.7%만 이 이혼을 해서는 안 된다고 생각하는 것으로 나타났다. 이러한 세대 간의 가 치관 차이는 서로의 공감대를 좁히고 세대 간의 갈등으로까지 발전될 수 있다.

제2장 노년에 관한 연구

1. 노년학

노년학을 의미하는 'Gerontology'는 노인이라는 뜻의 'geron'과 무엇에 대한 연구나 서술이라는 뜻의 'logos'의 합성어다. 즉, 이러한 어원에서 알 수 있듯이 노년학은 노인이나 노령을 연구하는, 인간의 노화 원인과 결과에 관하여 과학적으로 연구하는 학문이라 할 수 있다. 'Gerontology'라는 용어를 처음으로 제안한 것은 1903년 러시아의 생물학자 메치니코프(E. Metchnikoff)였다. 그러나 과학적인 학문 분야로서 한동안 관심을 받지 못하다가, 의학기술의 발전으로 수명이 연장되고 노인인구가 크게 증가하기 시작한 1940년경부터 관심을 받기 시작하였다(Harris, 1998).

사실 노년학은 단일 학문이 아니라, 노화와 노인의 삶과 사회를 이해하는데 관련되는 모든 학문 간의 교류와 공동의 노력으로 만들어지는 학제적(學濟

的, interdicsiplinary) 연구 분야라 할 수 있다. 즉, 노년학은 의학, 생리학, 사회학, 심리학, 복지학, 행정학, 간호학, 교육학 등 다양한 학문들의 연계가 요구되는 학제적 분야다. 노년학에 포함되는 학문들은 노인의학, 노년사회학, 노인심리학, 노인복지학, 노인간호학, 노년교육학 등의 독립된 영역을 갖고 있는 동시에 하나의 주제, 곧 노인이라는 주제를 구심점으로 한곳에서 만난다. 학제적 접근의 가장 큰 장점은 연구 대상을 다양한 시각과 방법을 이용하여 폭넓게 이해할 수 있다는 것이다. 따라서 학제적 접근은 인간이나 사회에 관련된 주제에서 하나의 연구방법론에 의존할 때 범할 수 있는 편견이나 불완전한 주제에 대한 탐색을 예방할 수 있기 때문에 더 각광을 받는다. 그런 면에서 볼 때 노인이라는 주제는 어느 한 가지 학문이나 방법론만으로는 완전하게 이해될 수 없는 주제이며, 노인 삶의 다양한 측면들을 모두 이해해야만 하는 주제다. 이런 이유에서 노인과 노화라는 주제를 널리 이해하기 위하여 관련 학문 간에 상호 협력하고 소통하는 대표적인 학제적 연구 분야인 노년학이 자리할 수 있는 것이다.

노년학의 대표적인 학문 분야는 다음 다섯 가지로 요약될 수 있다.

1) 노인의학

노인의학(Geriatrics)은 노인을 의미하는 'geros'와 내과의사를 뜻하는 'iatros'의 합성어로 이루어진 용어다. 노인에 대한 생물학적·사회심리학적 문제를 임상적·역사적·사회학적 관점에서 과학적으로 광범위하게 연구하는 노년학 중에서도 노인의학은 연령이 증가함에 따라 나타나는 질병과 노화현상을 연구하여 건강하게 오랫동안 노년기를 보낼 수 있는 방법을 모색하는 학문이라고 할 수 있다. 노인에 관한 인류의 첫 관심은 인간의 불로장생(不老長生)의 열망에서 출발했다고 할 수 있다. 수많은 신화나 전설, 고전들이 말해주듯이 늙는 것과 죽음 그리고 노화에 따른 여러 가지 질병의 위험과 공포에서 벗어나고자 했던 것이 고대부터 최근에 이르기까지 인류의 가장 오랜 염원이었다고 해도 과언이 아닐 것이다. 이러한 건강과 장수에 대한 관심은 자연스럽게 인간의 노화 과정에 대한 의학적 관심과 노인병의 예방 및 치료에 대한 관심으로 옮겨 가게 되었다. 노인에 대한 의학적 관심은 각종 성인병의 정복 및 치료기술의 발달과 더불어 고령화의 원동력이 되었으며, 노년을 더 건강하게 살아갈 수 있는 기반을 마련해 주었다는 점에서 의의가 크다.

2) 노년사회학

노년사회학(Social Gerontology)은 한마디로 연령 증가에 따른 발달 및 집단행동과 노인인구의 존재로 인하여 일어나는 사회적 현상을 연구하는 분야다. 노년사회학에서는 전체 사회를 구성하는 인구집단으로서 노인을 다룬다. 즉, 연령의 증가에 따른 사회적 역할과 지위의 변화 과정과 이러한 변화에 대한 노인들의 적응과 적응의 결과에 관심을 갖고 연구한다. 또한 사회가 노인에게 미치는 영향과 노인인구의 증가, 즉 고령화가 사회에 미치는 영향에도 관심을 갖는다. 학자에 따라서는 노인과 노화에 관련된 학문을 '노인의학'과 넓은 의미의 노년사회학으로서의 '노년학'으로 양분하기도 하지만, 이 책에서는 노년학이라고 하는 넓은 학제적 분야 속에 노인의학과 노년사회학을 비롯한 여러 학문이 모두 포함되는 것으로 보고자 한다.

노년사회학은 기본적으로 '문제(problem) 중심적인' 시각을 견지하고 있다. 노년사회학에서는 마치 청소년, 성, 빈곤, 인종, 민족, 사회계급과 계층 등 여타 사회문제와 마찬가지로 노인문제 역시 사회의 구조적 특징에서 비롯되는 일종의 사회문제라고 규정하고, 거시적인 관점에서 노인문제의 발생 원인과 그 영향을 밝히는 데 주력한다. 노년사회학에서 진단하는 노인문제의 원인은 주로 인구구조의 변화(노인인구 증가와 출산율 감소 등), 사회 변화(산업화와 도시화 등), 가족제도의 변화(핵가족화 등), 가치관의 변화(부양의식의 감소나 개인주의의 확대 등)와 같은 현대 고령화 사회의 특징들이며, 이러한 고령화의 사회적 영향 과정 및 그 결과를 연구한다.

3) 노인심리학

노인에 대한 심리학적 접근은 거시적인 사회학적 접근과는 달리 미시적인 노인 개인의 특성과 노화에 따른 성격이나 행동, 적응의 변화와 발달 등에 관심을 갖는다. 노인심리학(Psychological Gerontology)은 노화에 따른 감각, 지각, 정신 기능, 감정, 성격의 변화와 이에 관련된 행동과 적응의 변화 등에 관심을 갖는 연구 분야다. 따라서 노인심리학은 주로 노년기의 발달과업이나 노화로 인한 지각, 지능, 학습능력, 성격 등의 변화 원인과 과정, 그리고 그러한 변화에 따른 적응행동을 과학적으로 설명하고자 한다. 또한 노인심리학은 노년사회학과 달리 노인문제의 원인을 사회적이고 거시적인 요인에서 찾기보다는 감각과 지각 기능의 쇠퇴(감각의 예민성 감소나 식역[識閾]의 증가 등), 성격의 변화(의존성 증가나 내향성 증가 등), 학습능력의 변화(반응속도 감퇴와 정보처리 속도 둔화 등)와 같은 노인 개인의 내적 변화와 심리적 특성에 연관 지어 설명하려는 미시적 관점을 지향한다.

그러나 노년사회학과 노인심리학은 공통적으로 노인문제와 노화과정의 원인과 결과를 밝히는 데 주력하며, 문제의 해결을 위한 대안 제시에는 취약하다. 노인문제를 산업화와 도시화 등 사회구조적 변화에 따른 필연적 결과로 규정하거나 노화에 따른 내적 욕구나 성격의 변화로 규정할 경우, 노인문제의 성격을 규명하고 노인의 특성을 이해하는 데에는 도움이 될 수 있어도 노인문제를 근본적으로 해결하는 데에는 크게 도움을 줄 수 없다. 즉, 이들 '문제'적 관점(노년사회학과 노인심리학)은 노인문제에 대한 진단이나 노화와 노인의 특성 규명에는 도움을 줄 수 있어도 대안의 제시나 적극적인 해결책 마련에는 직접적인 도움을 줄 수 없다.

4) 노인복지학

그동안 노인문제에 대한 직접적인 해결책을 마련하는 데 있어서 가장 중요한 역할을 해 온 것은 노인복지학이었다고 할 수 있다. 노인복지학(Gerontological Social Welfare)은 노인과 사회환경의 상호작용 속에서 발생하는 노인들의 적응 문제나 욕구 해소와 관련하여 정책적 프로그램과 서비스를 개발하고 제공하는 데 관련되는 연구 분야다. 노인복지의 관점에서는 노인문제를 주로 자원의 부족에서 기인하는 문제, 즉 소득, 보건, 주택 등 노인의 기본적 욕구가 충족되지 못해 발생되는 문제로 규정한다. 따라서 노인복지를 위한 제도나 서비스의 확충과 개선을 통하여 노인문제가 해결될 수 있다고 주장한다. 노인복지 대책의 범위를 주로 요보호 노인에 대한 시설수용 보호, 재가(在家) 노인에 대한 서비스, 생활 보조금이나 연금 등의 노후소득 보장, 의료서비스 확충, 복지 및 여가 시설의 확충, 노인단체 지원, 각종 노인복지 서비스 및 혜택의 제공 등을 통하여 노인들의 삶의 질 향상을 꾀하여 왔다. 그러나 이러한 복지적 접근은 그 본질상 장기적이고 적극적인 시각에서 노인문제의 원인을 제거하거나 해결하기보다는 주로 노인들에 대한 보호를 강조하는 단기적이고 소극적인 입장을 취함으로써, 예방적인 방법보다는 치유적인 방법에 치중하는 경향이 있다.

따라서 고령화가 진전되고 노인인구가 증가할수록 복지적 수단만으로 노인문제를 해결하기에는 한계가 있다. 인구 고령화는 경제활동인구의 감소와 사회의 생산성 감소를 가져옴으로써 사회의 노인부양 부담을 가중시킨다. 즉, 이제 젊은이들의 힘만으로는 노인을 부양하기 벅찰 만큼 사회가 고령화되어 가고, 더 이상 자녀나 사회에 의존해서가 아니라 노인 스스로가 자신의 노후를 책임져야 할 시점에 이르게 된다. 또한 앞으로는 의학기술의 발달과 영양 상태의 개선으로 과거에 비하여 신체적·정신적으로 더 건강한 상태에서 노년을 맞이하게 됨으로써 노인 스스로의 활동 욕구가 증가할 뿐만 아니라 사회적으로도 노인의 계속적인 사회적·경제적 활동에 대한 기대가 증대할 것으로 전망된다. 그리고 생활수준과 교육수준의 향상으로 노인의 욕구가 더욱 다양해져, 노인을 부양하는 데 요구되는 자원이 양적으로는 물론 질적으로도 증가하여 기존의 사회복지 제도만으로는 더 이상 감당하기 어려울 것으로 보인다.

따라서 이러한 '치유'적 접근 역시 인구 고령화 및 갈수록 가중되는 노인 부양 부담으로 인하여 더 이상 노인문제의 충실한 해결책이 될 수 없으므로 이러한 사후 치유책이 아닌 보다 장기적이고 근본적인 예방책이 요구된다. 이제 노인문제, 즉 고령화 문제는 복지적인 해결책의 제시나 문제의 규명만 으로는 더 이상 해결될 수 없을 만큼 어렵고 복잡한 과제가 되었다.

5) 노년교육학

최근 들어 노년학에서 중요한 분야로 등장하고 있는 것이 노년교육학 (Educational Gerontology)이다. 노년교육학은 진단 위주의 노년사회학과 노인 심리학이나 치유 위주의 노인복지학과는 달리 진단을 기초로 치유를 넘어서 문제의 예방을 추구하는 학문 분야다. 노년교육학은 노인문제의 좀 더 근본 적인 해결책을 제시하고, 노인들의 삶의 질을 향상시키며, 적극적인 대응을 통하여 고령화를 위기가 아닌 기회로 만들 수 있는 힘을 제공해 준다. 노년교 육학은 한마디로 노인과 노화에 대한 교육학적 탐색이며, 노년의 감퇴와 쇠 락이 아닌 노년에 이르기까지 축적된 경험과 지혜의 가치에 초점을 두는 학 문이다. 노년교육학의 구체적인 내용에 대해서는 뒤에서 다시 논의하기로 하자.

2. 노년 연구의 역사

노년학이 하나의 학문으로 자리하게 된 지는 그리 오래되지 않았지만, 노 인과 노화에 관한 인간의 관심은 노년학이 학문적으로 정립되기 훨씬 이전부 터 있어 왔다. 특히 21세기에 들어서면서 세계적인 고령화와 복지 및 건강 그 리고 삶의 질에 대한 관심과 욕구의 증가로 노년학에 대한 관심은 빠르게 확산되고 있다. 어떻게 이렇게 짧은 시간 동안 노년학이 성장·발전할 수 있었는지는 그동안 인류의 노인 및 노화에 관한 관심의 역사를 통해 볼 수 있다. 노년학 연구의 역사는 크게 근대적인 노년학 성립 이전의 시기와 그 이후의 시기로 나누어 볼 수 있다.

1) 과학적인 연구 이전의 관심

과학으로서 노년학이 성립되기 훨씬 이전부터 노화나 노인에 대한 인류의 관심은 존재해 왔다. 노인과 노화에 대한 학문적 관심의 출발은 '장수' 혹은 '회춘(回春)'이라고 하는 주제로부터 비롯되었다. 종교적이거나 문학적인 관심과 더불어 발전해 온 노화에 대한 관심, 더 정확히 말해 장수나 회춘에 대한 기대는 생물학 및 의학의 발달로 이어져 노인의학과 노년생물학의 기초를 마련해 주었다. 그러나 1830년대 이전까지 노화에 대한 관심은 대체로 신화적이거나 종교적 관심에서 접근하는 것이었다(김태현, 1994; 윤진, 1985; Harris & Cole, 1986).

고대 바빌로니아나 이집트의 성직자들과 의사들은 노화와 죽음을 불가피한 것이 아니라고 믿었고, 또 그러한 희망을 간직하고 있었다. 인간에 대한 과학적인 연구가 시작되기 이전에는 인간의 존재나 본성 그리고 노화까지도 미신, 물활론, 마술 등을 통해 이해하려는 경향이 있었기 때문에 노화나 죽음 역시 생물학적 작용이 아닌 마귀나 귀신과 같은 외부의 힘 때문이라고 믿었다. 그 한 예로 노화를 의미하는 'senectus'는 라틴어로 뱀이 허물을 벗는다는 의미를 지니고 있다. 즉, 노화는 사악한 뱀의 죄에서 비롯되었다고 여겼던 것이다.

그 후 그리스와 로마 시대에 이르러 노화에 대하여 초자연적 관점에서 조금씩 벗어나, 과학적이고 합리적인 관찰을 통해 접근하기 시작하였다. 플라톤은 어린아이의 특징이 노년기에도 반복되는 것에 주목하였고, 노년기를 여러 가지 욕망이나 야심의 좌절, 성적인 욕망 등에서 벗어날 수 있는 시기라고 주장하였다. 아리스토텔레스는 살아 있는 모든 유기체는 생래(生來)적으로 잠재된 열을 갖고 있으며, 노화는 그 열이 시간이 지남에 따라 점점 식어 가는 과정이라고 보았다. 한편, 그리스의 의사 갈레노스는 그 당시에 이미 노년기의 운동, 영양, 음식 조절, 배설 기능 등을 연구하기도 했다.

14세기경에는 보건수준이 점차 향상됨에 따라 노인인구가 증가하면서 노화 과정의 병리적 현상들에 대한 연구가 시작되었다. 17세기에 와서는 인구통계, 특히 출생과 사망의 통계가 공식적으로 나오기 시작하였다. 이때 노화와 관련된 여러 질병에 대한 연구도 활발히 진행하게 되었다.

1830년대 이전의 노화에 관한 문헌상의 주제는 크게 세 가지로 구분된다. 첫째, 노아의 홍수 이전의 태고인들의 장수에 관한 것이다. 구약성서에 나오는 인물들은 대개 지금으로는 상상도 할 수 없을 만큼의 장수를 누렸다. 구약에서는 아담은 930세, 노아는 950세, 그리고 아브라함도 175세까지 살았다고 기록하고 있다. 종교적인 논쟁을 떠나 진위가 어떠하든 이러한 장수의 기록들은 고대인들의 장수에 대한 열망의 표현으로 해석될 수 있다.

둘째, 장수촌에 관한 것이다. 사람들은 그들이 알지 못하는 아주 먼 어딘가에 장수하는 지역이 존재할 것이라는 믿음을 갖고 있었다. 지금으로 말하면 러시아의 코카서스(Caucasus) 지역, 파키스탄의 카시미르 지역에 있는 훈자(Hunza), 에콰도르의 빌카밤바(Vilcabamba) 촌락 등으로 추정되는 곳에 사는 사람들은 100세가 넘도록 장수한다고 믿었다.

셋째, 회춘이라는 주제다. 특히 회춘의 주제는 역사상 여러 차례 반복되어 왔다. 1500년대 초 폰세 데 레온(Ponce de Leon)이 젊음의 샘을 찾기 훨씬 이전에도 중국의 의사들은 잃어버린 젊음의 정력을 복구시키려고 환자에게 동물의 기관들을 건조시켜 투여하기도 하였다.

이들은 모두 인간의 장수와 회춘에 대한 욕망을 반영한 것들이라고 할 수 있다.

2) 근대 노년학의 성립과 발달

이후 과학이 발달하면서 노년에 관한 근대적 연구 과정은 크게 세 시기로 나뉜다(김태현, 1994).

(1) 제1기: 근대적 연구의 발달(1830~1920년)

노년에 관한 과학적 연구가 시작된 시기로, 주로 생물학적 측면에서 노년에 관한 연구가 이루어졌다. 최초의 노년학자는 벨기에의 과학자이자 통계학자인 퀘틀렛(L. A. Quetelet)이라고 할 수 있다. 그는 1835년 『인간의 본질과 그 능력의 발달』이라는 책에서 연령 단계에 따른 인간의 능력 변화를 다루었는데, 이 책은 이전 시대까지 신학에서 주로 다루어 왔던 장수의 문제를 자연과학으로 가져오는 데 크게 공헌하였다. 1873년 토마스(W. Thomas)는 『인간의 장수, 그 사실과 허구성』에서 인간의 수명이 지속적으로 두 배, 세 배로 증가할 수 있다는 가정에 대해서 회의를 나타냈다. 이러한 그의 주장은 노년기 질환에 대해 더 많은 의학적 관심을 기울이는 결과를 초래하였다.

그 이후 1884년 갈톤(F. Galton)은 50세에서 80세 사이의 남녀 9,337명을 대상으로 시각적 예민성과 반응 시간 등을 측정하여 연령 증가에 따른 개인의 능력 차이를 연구하였다. 또한 미노트(C. Minot)의 『연령, 성장 및 죽음의 문제』(1908), 메치니코프의 『생명의 연장』(1908), R. Pearl의 『죽음의 생물학』(1922) 등 노화에 관한 생물학적 연구들이 활발히 진행되었다. 특히 이 과정에서 메치니코프는 처음으로 '노년학(Gerontology)'이라는 용어를 사용함으로써 근대 노년학의 기초를 마련하였다. 그러나 이들은 여전히 유전을 장수의 유일한 변수로 보거나 장의 부패물에서 발생하는 독소가 노화의 주요 원인이라는 단순한 생각에서 벗어나지 못하였다.

(2) 제2기: 노인의학의 발달(1920~1940년)

이 시기에는 노년에 관한 의학적 고찰이 조직적으로 이루어지기 시작하였다. 1930년대 후반 생물학자들이 노화에 따른 세포나 조직 내의 변화들과 그 원인을 연구하면서 노년학 분야에 커다란 진보가 이루어졌다. 또 노년의 심리학적 측면에 관한 과학적 연구도 이루어졌다. 특히 홀(G. S. Hall)은 『노령기: 인생의 후반부』(1922)에서 노년기에도 청소년기와 마찬가지로 그 시기 특유의 생리적 변화와 신체적 기능, 감정, 사고의 특성이 있다고 주장하였다. 또한 노인들의 종교적 신념과 태도에 관한 조사를 통하여 사람들이 늙어 가면서 반드시 더 종교적으로 되는 것도, 죽음에 대해 두려워하는 것도 아님을 입증하였다. 한편 1930년대 마일스(W. Miles)와 동료들이 주도한 '스탠퍼드 후기 성숙에 관한 연구사업(Stanford Later Maturity Research Project)'은 노년 관련 심리 분야의 과학적 조사 연구의 큰 획을 그었다. 그리고 1938년 카우드리(E. V. Cowdry)가 저술한 『노령의 문제』는 노인문제가 사회문제로 인식되는 자극제가 되었다.

(3) 제3기: 노년학의 탄생(1945년 이후)

이 시기는 노인에 관한 연구가 노인의학에서 노년학으로 확대되는 시기로 노인병학, 노인의학, 가족관계학, 심리학, 사회학, 법률학, 경제학, 사회복지, 교육학 등 여러 학문 분야가 고유의 방법론과 관심을 가지고 노인 연구에 참여함으로써 명실상부한 노년학이 탄생하게 된다. 따라서 Metchnikoff에 의해 1904년경 처음 불렸던 노년학이라는 용어의 학문은 40여 년이 지난 후에 비로소 과학적인 연구 분야로 본격적인 출발을 하게 된 것이다.

또한 학문적 체계를 갖추고 조직을 확장해 나가기 위한 노력들이 다양하게 전개되었다. 1941년 미국 사회과학연구회에서는 노년생활의 사회적 적응 문제를 연구하기 위한 학제적인 분과위원회를 구성하였고, 여러 차례 연구보고서를 발표하여 노년학 연구의 기초를 세우는 데 공헌하였다. 1945년에는 미국노년학회(Gerontological Society in America)가 창립되었고, 1946년에는 그 학회지인 *Journal of Gerontology*가 창간되었다. 그 후 여러 분야에서 노년학 연구가 전개되었고, 1950년에는 벨기에의 리에주(Liege) 시에서 국제노년학회가 조직되기에 이르렀다. 국제노년학회(International Association of Gerontology: IAG)는 1951년부터 3년마다 국제노년학대회를 개최하다가, 1981년 7월 독일 함부르크(Hamburg) 시 제12회 대회부터 매 4년마다 개최하고 있다. 이후 국제노년학회는 노인의학 분야와 연계하여 국제노년학노인의학회(International Association of Gerontology and Geriatrics: IAGG)로 통합되었다. 우리나라도 1981년 이 학회에 가입하였으며, 2013년에는 서울에서 국제노년학노인의학대회를 개최하기도 했다.

3) 국내의 노년학 연구

우리나라의 노년학 연구 역시 노인의학 분야에서 출발하였다. 1968년 대한노인병학회가 창설되었고, 1978년 7월 일본 동경에서 열린 제11회 국제노년학회에 참석했던 3명의 한국 학자들을 중심으로 그해 12월 16일 한국노년학회가 발족되었다. 그 후 1980년 '한국 노인문제의 현황과 대책'이라는 주제로 한국노년학회 제1회 학술 세미나가 열렸고, 그해 말 학회지인 『한국노년학』이 창간되었으며, 1981년 12월에 국제노년학회의 회원으로 가입하였다. 또 1989년에는 한국노화학회가 발족되었고, 1994년 대한노인정신의학회가 창립되었다. 그리고 1997년부터 학제적 연구를 위하여 한국노년학회, 대한노인병학회, 한국노화학회, 그리고 대한노인정신의학회 등 네 개 학회가 연합하여 한국노인과학학술단체연합회를 설립, 정기적으로 공동 학술대회를 개최해 오고 있다. 그리고 UN이 정한 세계 노인의 해인 1999년 6월에는 한국노인과학학술단체연합회 주관으로 서울에서 제6회 아시아·오세아니아 지역 국제노년학대회를 개최하였고, 2013년에는 제20차 세계노년학·노인의학대회(IAGG)를 서울에서 개최하였다.

노년교육 분야는 아직 연구 인력이 상대적으로 두텁지 않다. 2001년 9월에 '교육노년학모임(Group for Educational Gerontology: GEG)'이 결성되어 인터넷 홈페이지를 통하여 관련 자료 제공 및 연구자 간 교류활동을 시작하였고,

2002년 5월부터는 그 활동 영역을 확대하여 월례 독회 활동을 시작하였다. 또 2007년 1월부터는 모임의 명칭을 '노년교육연구회(Korean Society of Educational Gerontology: KSEG)'로 변경하고 홈페이지(http://www.kseg.or.kr)도 새롭게 개설하여 활동을 지속하였다. 그동안 노년교육연구회에서는 연 6~8회의 정기 독회라는 명칭의 월례 독회를 개최하고, 회원들의 다양한 공동 저술 활동과 연구 활동, 그리고 다른 학회들과의 공동 학술대회 개최 등을 통하여 공식적인 노년교육 학술단체로서의 면모를 갖추어 왔다. 그리고 2014년 12월 6일 연세대학교에서 창립총회를 열어 공식적인 노년교육 전문 학술단체인 '한국노년교육학회'로서의 출범을 선언하였다.

3. 노년교육학의 등장

노년교육학은 학습자인 동시에 교수자인, 귀중한 교육적 자원인 노인과 노화에 관한 연구와 실천을 포함하는 분야다. 전통적으로 교육학을 의미하는 개념으로 사용되었던 '페다고지(pedagogy)'는 엄밀히 말하면 아동에 대한 교육이라는 한정적인 의미를 지니고 있다. 이는 19세기 전반까지만 해도 교육의 대상이 성인이나 노인이 아닌 아동으로 한정되어 있었기 때문이다. 그 후 1833년 처음으로 '앤드라고지(andragogy)'라는 용어가 '성인들의 교육'이라는 의미로 사용되었지만, 앤드라고지가 전 세계적인 개념으로 발전한 것은 그로부터도 한참이 지난 1960년대 이후의 일이었다. 노울스(M. Knowles)는 앤드라고지를 페다고지와 구분하여 '성인이 학습하도록 돕는 예술이자 과학'이라고 정의하면서, 인간은 성숙해 감에 따라 자아 개념이 의존적에서 자기지시적으로 바뀌어 가고, 학습의 자원이 되는 경험을 축적해 간다고 하였다. 또 성인들은 점차 자신의 사회적 역할을 발달시키기 위한 학습에 관심을 가지게 되며, 시간 전망이 지식의 지연된 적용에서 적용의 즉시성으로, 학습 조망이 주제 중심에서 문제 중심으로 변화하게 된다고 보았다.

요컨대, 노인까지 포함하여 성인기 이후 학습자들은 어린 학습자들과는 다른 다음과 같은 특성을 갖는다(Cross, 1981; Peterson, 1983).

첫째, 성인들은 점차 자기지시적(self-directed)이 된다. 자기지시적이라는 것은 타자지시적(alter-directed) 특성과 반대되는 개념으로 스스로 자신의 행동을 결정하고 지시하게 된다는 것이다. 성인들은 발달과정을 통하여 독립적이 되고 자신의 행동에 대해 스스로 책임을 지고 결정할 수 있게 된다. 따라서 학습에 있어서도 누군가의 지시나 강요를 따르기보다는 자기 스스로 책임을 갖고 학습을 주도해 나가게 된다. 어릴 때는 부모님께 칭찬받기 위해서 혹은 선생님께 혼나지 않기 위해서 공부를 했었다면, 성인이 된 이후에는 누가 시키지 않아도 승진과 같은 자신의 목표나 자아실현 혹은 지적 호기심을 충족시키기 위해서 등과 같은 자기 자신의 필요에 의해 자발적으로 공부를 하게 된다.

둘째, 성인들은 학습에 있어 중요한 역할을 할 수 있는 풍부한 경험적 배경, 경험적 자산을 가지고 있다. 특히 살아온 인생이 길수록 그 경험은 훨씬 더 풍요로워지기 때문에 어떤 의미에서 노인들은 학습에 필요한 경험적 자원을 누구보다도 풍성하게 가지고 있는 이들이라 할 수 있다.

노울스(1970)는 성인 학습자의 이런 경험적 배경 때문에 다음과 같은 세 가지 성인교육적 가정이 가능할 수 있다고 주장하였다. 첫 번째로 성인들은 학습에서 주로 경험 중심적 학습방법을 사용한다. 즉, 성인 학습자들은 추상적인 이론이나 공식보다는 경험을 통하여 학습하고 주제를 이해하고자 한다. 두 번째로 성인들은 학습을 통해 습득한 새로운 지식을 곧바로 실제에 적용하고자 하며, 배운 것을 바로 실생활에 적용하는 방법을 찾아 나간다. 어린 학습자의 주 생활터전은 학교와 같은 학습공간이지만, 성인 학습자들의 주 생활터전은 직장이나 가정과 같은 생활공간이기 때문이다. 따라서 실제 생활과 유리된 학습은 성인에게 중요한 의미를 주지 못한다. 성인 학습자들에게 가치 있는 학습이란 현실로 이어져야 하며, 자신의 실생활에 적용되고 이용될 수 있어야 한다. 세 번째로 성인들은 오랜 경험을 통해 구축된 자신의 원칙을 갖고 있기 때문에 어떤 면에서는 고집스럽고 변화를 쉽게 받아들이지 못한다. 또 때로는 자신의 경험만이 가치 있는 것이라 여기며, 자신의 경험 밖에 있거나 그 경험에 위배되는 지식에 대해서는 쉽게 받아들이지 못한다. 어떤 면에서는 성인 학습자의 풍부한 경험이 학습에 방해가 되기도 하는 것이다. 따라서 성인 학습자에게, 특히 노인 학습자에게 변화는 불가능한 것은 아니지만 매우 어렵고 오랜 시간을 필요로 하는 과정이다.

셋째, 성인들이 배우고 싶어 하는 내용은 각자 처한 발달단계에 따라 달라진다. 인간은 누구나 생애발달주기를 따라 이동하고 변화하며, 성인기 이후에도 각자 발달의 단계나 주기를 따라 변화하는 발달과업에 직면하게 된다. 결혼 적령기에 있는 미혼 남녀에게는 인생을 함께할 배우자를 선택하고 결정하는 것이 가장 중요한 과업이며, 대학입시를 앞둔 자녀를 둔 중년기 성인에게는 자녀의 미래를 위하여 가능한 모든 지원을 제공하고 그들의 진로를 위한 결정을 돕는 것이 중요한 발달과업이다. 즉, 다음 단계로의 진학이나 취업을 위해 공부하는 어린 학습자들에 비해서 성인 학습자가 가진 학습의 요구는 연령에 따라 혹은 처한 상황이나 환경에 따라 더욱 다양할 수밖에 없다.

넷째, 성인들은 문제 중심적인 학습 경향을 갖는다. 앞서 언급했듯이 성인 학습자는 그들이 처한 발달과업에 따라 혹은 현실에서 해결해야 할 문제에 따라 다른 요구를 가지고 있으며, 학습을 통하여 그런 현실의 문제를 해결하고자 한다. 따라서 성인 학습자들은 각자 구체적인 문제들을 가지고 학습 과정에 들어오며, 학습을 통해 얻은 해결책을 즉각적으로 문제 해결에 적용하고자 한다. 따라서 성인 학습자들이 원하는 학습은 이론적인 것이기보다는 매우 실제적이고 구체적인 것이다.

다섯째, 성인들의 학습을 동기화하는 것은 외부로부터의 보상이 아니라 자기 내부로부터의 보상이다. 성인 학습자의 자기지시적 특성은 외부의 보상보다 자기 내부의 보상을 더 중요하게 여기게 한다. 어릴 때는 부모님께 칭찬을 받기 위해서 혹은 상장을 받기 위해서 열심히 공부하지만, 성인이 된 후에는 자기 스스로 실력을 향상시키거나 자신이 원하는 미래를 준비하기 위한 것이 더 중요한 학습 동기가 된다.

1950년대에 이르러 교육학 내에서 앤드라고지의 등장과 더불어 노년학에서도 노인들에 대한 교육에 관심이 일어나기 시작하였다. 노년교육학은 'educational gerontology'라는 명칭 이외에도 다양한 이름으로 불렸는데, 노인에 대한 교육이라는 의미로 라벨(J. Label)은 '제로고지(gerogogy)'를, 예오(G. Yeo)는 '엘더고지(eldergogy)'라는 명칭을 사용하였다. 또한 최근에는 노화에 대한 교육적 관심을 의미하는 '교육과 노화(education and aging)'라는 개념이 사용되기도 한다. 그러나 이들이 주장한 제로고지나 엘더고지 등의 노년교육은 기존의 페다고지나 앤드라고지에 대비되는 개념이기보다 상호 보완적 관계에 있는 것이었다. 라벨은 교육학이 페다고지, 앤드라고지, 제로고지의 세 가지 교육학의 원리에서 이루어진다고 보았다. 노울스 역시 페다고지와 앤드라고지를 서로 대립하는 것으로 보던 초기 입장에서 한 걸음 물러나, 양자가 서로 화합하여 하나의 교육체제가 되어야 하는 하위체제라고 주장하였다.

즉, 노년교육학은 아동교육으로 대표되는 미성숙한 학습자에 대한 계획적이고 체계적인 교육학인 페다고지 그리고 성인교육으로 대표되는 성숙한 학습자에 대한 상호작용적 교수학습과 구성적인 지식을 전제로 하는 교육학적 노력인 앤드라고지를 뛰어넘어, 이들을 통합하는 새로운 교육적 실천과 연구로서의 교육학을 주장한다. 노년교육학은 아동, 성인, 노인이라는 연령에 따른 대상의 구분이 아닌, 연령이나 지위, 성별과 무관하게 각자의 관심과 이해에 따라 여러 세대가 한데 모이고 상호작용함으로써 그 속에서 서로 정보를 교환하고 새로운 지식을 구성해 내는 적극적인 과정으로서의 교육을 주장한다. 따라서 〈표 2-1〉에 나타난 것처럼 이들 3세대가 결합하는 혹은 제3의 교육학으로서 그리고 초세대적인 교육의 의미를 갖는 '트라이고지(trigogy)'라는 새로운 용어로 표현하기도 한다(松井 政明 외, 1997). 이는 한정란(1994)이 제시한 세대공동체 교육과도 일맥상통하는 개념이다.

표 2-1 트라이고지 구분

구성 개념	페다고지	앤드라고지	제로고지
자기 개념	타자에 대한 의존성 (교사 중심) (alter-directness)	자기주도성의 증대 (학습자 중심) (self-directness)	자기주도성 또는 노화에 따른 종교적 다자 의존성의 증대
경험의 역할	학습의 자원	학습-직업(생활)에서 상호 환류됨	전문적 경험의 축적, 교육적·문화적 계승 혹은 경험의 퇴화(치매)
학습 과제	발달단계와 과학적 연구에 기초를 둔 학습과제(교과 중심)	사회, 직업, 생활에서 요구되는 과제(경험 중심, 과제 중심)	생활, 삶의 보람, 취미 등 고령화에 대응하는 과제(생활, 교양 중심)
교육 과정	공교육으로 법제화된 교육 과정(내용, 계획)	위의 과제에 기초를 둔 프로그램(과정, 설계)	위의 과제에 기초를 둔 프로그램(과정, 설계)
학습 결과	학력 형성, 직업에 대한 예기적 사회화(연기된 응용)	즉각적 응용, 경력 재구성	인생의 평온, 내세적 이해에 응용
학습 조직 및 방법	공적 교육기관 단위제 혹은 학년제의 누적방식	평생학습기관 재교육 방식	지역의 평생학습기관 평생학습 방식
학습 동기	학문적 성과, 장래의 기대	사회적 역할 기대	인생의 적응과 통합

출처: 松井 政明 외(1997).

제3장 노년교육학의 이해

1. 노년교육학의 필요성

최근 들어 노년교육학이 강조되고 있다. 그 이유는 다음과 같은 사회적 변화로부터 찾을 수 있다.

1) 인구 고령화

노년교육의 부상에 가장 크게 영향을 미친 사회 변화는 인구 고령화라 할 수 있다. 의학기술의 발달과 영양 및 위생 상태의 개선 등으로 평균수명이 연장되고 고령인구가 증가하고 있다. 이러한 인구 고령화는 교육적 관심을 유년인구를 중심으로 하는 학교교육으로부터 인생 후반의 고령 학습자들을 중심으로 하는 노년교육 쪽으로 옮겨 놓고 있다. [그림 3-1]에서 보는 바와 같

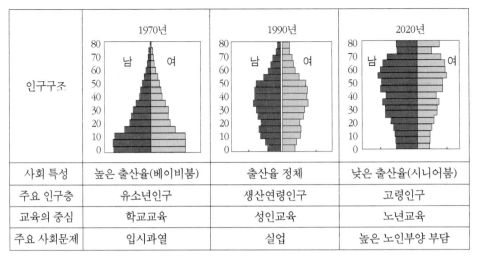

인구구조	1970년	1990년	2020년
사회 특성	높은 출산율(베이비붐)	출산율 정체	낮은 출산율(시니어붐)
주요 인구층	유소년인구	생산연령인구	고령인구
교육의 중심	학교교육	성인교육	노년교육
주요 사회문제	입시과열	실업	높은 노인부양 부담

[그림 3-1] 인구 고령화에 따른 사회 및 교육의 변화

이, 베이비붐이 일었던 1970년대에는 유년인구의 증가로 학교교육을 중심으로 한 형식적 교육의 중요성이 강조되고 상급학교로 갈수록 좁아지는 입학의 문을 뚫기 위한 입시경쟁이 치열하였다. 그러나 그로부터 20년 후인 1990년대에는 베이비붐 세대가 청년층으로 이동해 감으로써 상대적으로 이들의 취업과 사회적응을 위한 성인교육의 중요성이 증가하고 취업경쟁이 가중되었다. 그리고 현재 고령화 시대에 이르러서는 베이비붐 세대의 노화로 고령인구가 크게 증가하고 길어진 삶의 기간에 적응하고 삶의 질을 향상시키는 데 필요한 노년교육의 중요성이 커지고 있다.

2) 노년기의 연장

또한 평균수명의 연장은 한 개인이 일생 중에서 노인으로 살아가야 하는 기간, 즉 노년기의 연장과 직결된다. 65세를 노인의 기준연령으로 볼 때, 2011년 현재 남성은 17.4년, 여성은 21.9년을 살아가야 한다(통계청, 2013a). 2011년 현재 평균수명을 가정해 볼 때 남성 77.5년과 여성 84.4년 중 거의 1/4

을 노후에 보내야 한다. 따라서 이 긴 시간을 무엇을 하며 어떻게 보낼 것인가는 노년기 삶의 질을 결정하는 중요한 문제다. 인생의 1/4에 해당하는 노년을 아무런 준비 없이 맞이하여 그 시간을 지루하고 무의미하게 흘려보낸다면 인생 전체가 허무하게 느껴질 수도 있다. 그러므로 늘어난 노년기를 더욱 의미 있고 창조적으로 보낼 수 있도록 도와주는 교육의 필요성이 강력히 제기된다.

3) 평생학습사회화

또 다른 중요한 변화는 평생학습사회(lifelong learning society)의 등장이다. 물질적 자원의 풍요와 여가의 증대는 모든 연령층이 다양한 교육 장면에 참여할 수 있는 평생학습사회로의 변화를 가져왔다. 평생학습사회란 어느 연령층을 불문하고 계속해서 생존하고 발전해 나가기 위해서는 기존에 지니고 있는 지식과 기술을 확장시켜 가야 할 뿐 아니라, 새로운 지식과 기술을 배우고 발전시켜 나가야 하는 사회를 의미한다(Sherron & Lumsden, 1990). 우리는 이미 이러한 평생학습사회 속에서 살고 있으며 따라서 과거와 달리 누구나 자신이 원하는 시기에 원하는 학습에 접근할 수 있게 되었다. 이러한 연령 파괴경향은 비형식교육뿐 아니라 형식교육 부문에서도 활발하게 진행되고 있다. 최근에는 평생교육원이나 복지관, 문화센터뿐 아니라 대학에서도 전통적인 학령을 지난 중년이나 거의 노년에 가까운 학생들을 어렵지 않게 만나 볼 수 있는데, 이들을 일컬어 '비전통적 연령의 학생(nontraditional students)'이라고 부른다. 따라서 이러한 평생학습사회에서 노인도 교육의 주체로서 다양한 교육에 계속적으로 참여할 것으로 기대됨으로써 노년교육의 영역은 더욱 확대된다.

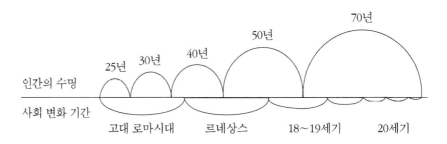

[그림 3-2] 사회 변화 주기와 인간 수명의 변화

4) 사회 변화의 가속화

또 다른 중요한 변화는 사회의 급속한 변화다. 사회 변화의 가속화로 사회
의 변화 주기가 인간의 평균수명, 즉 인간의 수명 주기를 능가하게 됨으로써
한 사람이 일생을 사는 동안에도 여러 차례의 사회 변화를 경험하게 되었다
([그림 3-2] 참조). 사회가 빠르게 변화한다는 것은 그만큼 우리가 배워야 할 지
식도 빠르게 변화하고 발전한다는 것이다. 따라서 빠르게 변화하는 사회 속
에서 효율적으로 적응하고 당당한 사회 구성원으로서 기대되는 역할을 수행
하기 위해서는 사회에서 요구하는 새로운 지식이나 기술에 대한 끊임없는 학
습이 필요하다. 따라서 노인 역시 새로운 사회 변화와 지식의 발전에 적응하
기 위한 끊임없는 학습이 요구되고 있다.

5) 핵가족화와 세대갈등 심화

수명이 증가하고 고령인구가 증가하면서 과거 어느 때보다도 많은 세대가
동시대에 살아가게 되었다. 평균수명 50세 시대에는 자녀와 부모 단 두 세대
가 함께 살아갔다면, 100세 장수시대에는 손자녀, 자녀, 부모, 조부모 등 평균
네 세대 이상이 함께 살아가게 된다. 그러나 이와 같이 한 시대에 공존하는
세대 수가 늘어났음에도 불구하고 전통적인 가족제도의 붕괴와 개인주의의

확산으로 세대들 간의 접촉 기회는 오히려 줄어들고 있다. 여러 세대가 동시대 속에 공존하고 더 오랜 기간을 함께 살아가야 하지만, 가정에서는 물론이고 사회에서도 각 세대들은 서로 분리된 채 각자의 삶을 살아가고 있다. 우리 사회에서 이러한 세대 단절을 상징적으로 보여 주는 지역이 있다. 바로 서울 한복판 종로 2가에서 3가에 이르는 지역이다. 이 거리는 차로를 중심으로 둘로 나뉘어 한편에는 노인들의 공간인 종묘공원, 탑골공원, 노인전용극장 등이 자리해 있는 반면, 반대편에는 젊은 세대가 이용하는 카페와 맥주집, 외국어학원, 편집숍(한 매장에 2개 이상의 브랜드 제품을 모아 판매하는 유통 형태로 최근 젊은이들이 즐겨 이용하는 의류매장들 중에 이런 형태가 많다) 등이 자리해 있다. 담이나 장애물로 가로막혀 있는 것은 아니지만, 세대 간에 소리 없이 담을 높이 쌓아 올리고 있다.

이제 늘어난 노년층과 다른 세대가 어떻게 서로 교류하고 화합하며, 사회적으로 노인을 어떻게 수용해 나갈 것인가 하는 중요한 과제가 우리 앞에 남아 있다. 따라서 세대 간에 정보를 전달하고 이해를 증진시켜 서로 화합하기 위해서는 노년교육, 특히 노인에 관한 교육과 세대 간 이해를 위한 교육이 요구된다.

6) 가치관의 변화

급속한 산업화와 현대화 과정을 통해서 전통적 경로사상이 붕괴되고 개인주의가 확산됨에 따라 노부모 부양의식이 점차 희박해지고 있다. 이제 과거와 같이 노년에 자녀들의 부양을 기대하기 어려운 형편이 되었다. 더 이상 자녀들로부터 부양을 기대할 수 없다는 사실은 곧 노인들도 경제적 · 사회적 · 심리적으로 자립해야 한다는 것을 의미한다. 물론 경제적 자립은 연금제도의 정착과 철저한 노후경제 준비 등을 통하여 확립해 나가야 할 문제지만, 그 못지않게 중요한 것이 바로 노인들의 사회적 · 심리적인 자립이다. 아무리 경제적으로는 자립하여 노인 부부끼리 살아간다고 하더라도 심리적으로 독립하지 못한 채로 계속 자녀에게 의지하게 된다면 결코 독립적인 노년의 삶은 실현되기 어려울 것이다. 분가한 자식들 걱정으로 하루를 보내고, 기약 없는 자녀의 방문만을 손꼽아 기다린다면 어떻게 행복한 노년의 삶이라고 할 수 있겠는가. 따라서 노년의 경제적 자립을 위한 준비 못지않게 사회적 · 심리적 자립을 위한 준비가 중요하다. 이러한 노년의 사회적 · 심리적 자립은 노년기 역할의 재정립과 노년의 다양한 사회 참여를 통하여 성취될 수 있으며, 그것은 노년기 학습을 통해 가능해질 수 있다.

7) 노인에 대한 시각의 변화

과거에는 노년기를 더 이상 발달을 기대할 수 없는 쇠퇴와 조락의 시기로, 또 노인은 회복 불가능한 장애를 지닌 사람으로 규정해 왔다. 그러나 인간이 평생에 걸쳐 발달한다고 하는 '전생애 발달(life-span development)' 관점의 등장은 노인을 무한한 잠재력과 능력을 지닌 존재이자 여전히 발달과정 중에 있는 이들로 보는 새로운 시각을 가능케 하였다.

전생애 발달의 관점은 노인을 노화에 따른 신체적 · 사회적 장애를 극복하고 생존해 나가야 하는 존재가 아닌 사회를 위해 공헌하고 봉사할 수 있는 잠재력을 지닌 귀중한 자원으로 보게 만들었다. 그리고 노인이 지닌 한계와 장애보다는 계발할 수 있는 능력에 초점을 맞추게 하였다(Sherron & Lumsden, 1990). 따라서 노년은 또 다른 제2 혹은 제3의 인생을 살기 위한 학습과 노력의 시기가 되어야 하며, 이러한 노인의 잠재력과 발달 가능성은 노년교육학을 가능케 하는 가장 기본적인 전제이기도 하다.

8) 노인의 욕구 변화

생활수준과 교육수준의 향상으로 노인들의 욕구 또한 달라지고 있다. 과거 노인들의 욕구는 오래 장수하여 손자녀의 성장을 지켜보거나 기본적인 의식

주의 불편 없이 노년의 기간을 지냈으면 하는 정도에 불과했다. 그러나 장수가 필수가 되었고 과거에 비하여 경제적으로도 훨씬 안정되었으며 교육수준이나 사회적 지위도 높아진 지금의 노인들은 기본적인 생존 이상의 보다 고차원적인 욕구를 갖게 되었다. 특히 향후 노년층에 새롭게 진입할 베이비붐 세대는 이전 세대 노인들에 비해 경제력은 물론이고 신체적 건강과 학력도 갖춘 이들이다. 이들 새로운 노년층은 건강, 안전, 안락한 삶에 대한 욕구에서 한 걸음 더 나아가 자기를 계발하고 자아를 실현하고자 하는 더욱 고차원적이고도 다양한 욕구를 가지게 될 것으로 예측된다. 배움이 한이 되었던 과거 노인들에게는 읽고 쓰는 것과 관련된 가장 기본적인 교육에 대한 욕구가 중요했지만, 미래의 노인들에게는 기본적인 교육 이상의 교양과 문화, 철학과 관련된 갈증이 더 커질 것이다. 따라서 앞으로 노년층의 사회·경제적 수준이 향상될수록 노년교육에 대한 욕구는 더욱더 커질 것이며, 노년교육의 중요성도 더 커질 수밖에 없을 것이다.

2. 노년교육의 정의

'노년교육학(educational gerontology)'은 1970년에 미국 미시간 대학교 박사과정 강좌의 제목에서 처음 사용된 것으로 보인다(Peterson, 1980). 노년교육은 좁게는 노인 학습자를 대상으로 하는 '노년기교육' 혹은 '노인교육'과 동의어로, 때로는 더 넓은 의미의 노인을 위한 교육과 노인에 관한 교육 그리고 노인에 의한 교육을 포괄하는 개념으로 정의된다.

학술적인 노년교육학의 정의에도 다양한 이견(異見)이 존재한다. 피터슨(D. A. Peterson)은 노년교육학을 '노인을 위한, 노인과 노화에 관한 교육적 노력의 실천과 연구'로 정의하였다(Sherron & Lumsden, 1990). 자비스(Jarvis, 1990) 역시 노년교육학을 '노인을 위한 교육, 노인과 노화에 관한 교육, 그리고 노인과 관련된 직업을 가진 이들을 위한 교육의 세 분야를 포함하는, 노인을 위한, 노인과 노화에 관한 교육적 노력의 연구와 실천'으로 정의하였다. 우리나라에서도 김종서(1984a)는 노년교육학의 개념을 '첫째, 노인을 위하여 노인이 아닌 사람들이 무엇을 할 것인지에 관한 교육, 둘째, 노인 이전의 사람들에게 실시하는 노년기에 대비하는 준비교육, 셋째, 노인 자신을 위한 교육'으로 정의한 바 있다. 이러한 노년교육학의 정의들은 결국 노인을 위한 교육과 노인에 관한 교육으로 요약될 수 있다.

결국, 대부분 노년교육학의 범위를 노인을 위한 교육과 일반인에 대한 노인에 관한 교육, 그리고 전문인들에 대한 노년학 전문교육 등 세 영역으로 한정시켰다고 할 수 있다. 그러나 지금까지의 노년교육학 정의들에서 한 가지 간과된 사실이 있다. 그것은 사회와 후세에 기여할 수 있는 자원, 즉 인생의 지혜와 풍부한 경험을 가진 존재로서의 노인에 대한 고려다. 아무런 의미 없이 흘러가는 시간은 없다. 인생의 시간은 크든 작든 혹은 많든 적든 간에 우리에게 어떤 의미와 교훈, 경험을 남기고 지나간다. 노인이 살아온 80년 혹은 90년의 시간도 그 나름의 의미를 남겼을 것이다. 그리고 그 90년이라는 시간을 통해 얻은 삶의 의미는 젊은 세대에게는 없는 노인만의 귀중한 자산이다. 따라서 노년교육학의 범위 속에는 또 하나의 영역, 즉 노인이 인생의 결실인 경험의 자산을 사회와 후세에 전수할 수 있도록 기회를 제공해 주는 '노인에 의한 교육'이 포함되어야 한다. 이 세상 어디에도 인생의 지혜를 파는 가게는 없다. 인생의 지혜는 돈으로 살 수 있는 것이 아니라, 오직 자신에게 주어진 삶의 시간을 지불하고 살 수 있는 것이기 때문이다. 즉, 직접 80, 90년의 인생을 살아 내야만 그 경험에서 오는 지혜를 얻을 수 있다. 그러나 우리에게는 꼭 자신의 인생을 지불하지 않고도 그 인생의 지혜를 간접적으로나마 엿볼 수 있는 한 가지 방법이 있다. 그것은 바로 우리보다 앞서 삶을 살아 낸 노인을 통해서다. 노인에 의한 경험과 지혜의 전수야말로 '노인에 의한 교육'이다. 즉, 노인에 의한 교육은 노인이 오랜 인생의 경험을 통하여 축적한 지식과 기술, 지혜를 젊은 세대에게 전수하고 나아가 사회에 공헌할 수 있는 기회를 제공하려는 교육적 노력을 의미한다.

이에 대해 한정란(1994)은 보다 넓은 시각에서 노인의 학습과 관련된 노년교수학과 노인에 관한 교육과 관련된 노년학 교육 모두를 포괄하여 노년교육으로 재정의하였다. 즉, 노년교육을 '노인을 위한 교육'과 '노인에 관한 교육', 그리고 여기에 덧붙여 '노인에 의한 교육'의 세 영역의 복합적인 분야로 정의하여야 한다고 주장하였으며, 이러한 의견은 현재 우리나라에서 보편적인 노년교육의 정의로 받아들여지고 있다.

따라서 노년교육은 노년기 학습자들을 대상으로 하는 '노인을 위한 교육', 언젠가는 노인이 될 사람들을 대상으로 노년을 준비하고 노인을 이해하도록 돕는 '노인과 노화에 관한 교육', 그리고 노인들의 삶의 지혜와 경험을 젊은 세대와 사회에 전수하는 '노인에 의한 교육'을 모두 포함하며, 궁극적으로는 세대를 가르지 않고 모든 세대가 하나의 공동체로서 교육적 활동에 참여하는 '세대공동체 교육'을 지향하는 노인과 노화에 관련된 이론적 · 실천적 교육 노력이라고 정의할 수 있다. 다시 말해, 노년교육은 노년기 학습자들을 대상으로 하는 노년기 교육이라 할 수 있는 '노인을 위한 교육', 어린아이로부터 노인에 이르기까지 모든 연령집단의 학습자 혹은 고령자와 관련된 직업에 종사하기를 원하거나 현재 종사하고 있는 사람들, 그리고 퇴직을 준비하는 이들을 대상으로 하는 노화과정 및 노인의 특성에 관한 교육적 실천과 연구를 포함하는 '노인에 관한 교육', 노인들의 지혜와 인생 경험을 가치 있는 교육적 자원으로 활용하는 교육 및 봉사의 실천과 연구를 포함하는 '노인에 의한 교육', 그리고 더 나아가 대상의 구분 없이 모든 세대가 공동의 목표를 가지고 함께 배우는 것에 관한 실천 및 연구를 포함하는 '세대공동체 교육'을 포함한다.

3. 노년교육학의 성격

한정란(2001)은 피터슨(Sherron & Lumsden, 1990)의 주장을 수정, 보완하여 노년교육학의 성격을 다음 다섯 가지로 제안하였다.

1) 도구적-표현적 교육

노년교육학은 도구적(instrumental) 교육과 표현적(expressive) 교육의 성격을 동시에 갖고 있다. 도구적 교육이란 교육의 목적과 동기가 현재 참여하고 있는 교육에 있지 않고 그 교육을 통하여 이후에 얻을 수 있는 다른 보상에 있는 교육을 말한다. 예를 들어, 수학에 흥미도 없고 싫어하지만 자신이 원하는 대학에 합격하기 위해서 수학 공부를 해야 하는 경우라면 수학 공부는 도구적 교육에 해당된다. 상급학교 진학을 위해서, 취업을 위해서, 자격증을 따기 위해서 어떤 교육에 참여하는 경우 그 교육 자체보다는 그 이후에 얻게 될 진학, 취업, 자격증에 목적을 두고 있기 때문에 도구적 교육이라 할 수 있다. 반면, 표현적 교육은 현재 참여하고 있는 교육 자체에 목적을 두며 교육의 결과보다는 교육의 과정에 의미를 두는 경우를 말한다. 예를 들어, 대학 합격을 위해서가 아니라 수학에 대한 호기심과 흥미 때문에 수학 공부를 한다면, 이는 표현적 교육에 해당한다. 진학, 취업, 자격증과 무관하게 그 교육의 내용에 의미를 두고 교육에 참여하는 경우도 표현적 교육에 포함된다.

대개 학교교육(형식교육)은 도구적 교육의 성격이 강한 반면 비형식 혹은 무형식교육은 표현적 교육의 성격이 강하며, 어린 학생들의 학습은 도구적 학습의 성격이 강한 반면 성인기 이후의 학습은 표현적 학습의 성격이 강하다. 따라서 노인 학습자들은 도구적 욕구보다 표현적 욕구에서 교육에 참여한다고 알려져 있다. 그러나 노년교육은 노인 학습자를 대상으로 하는 교육만을 지칭하는 것이 아니라 노인에 관한 교육까지도 포함하며, 또 노인을 위한 교육이라고 하더라도 자격증이나 취업과 같은 도구적 욕구를 지닌 경우도 있기 때문에 두 가지 성격을 동시에 지닌다. 따라서 노년교육은 교육이 이루어지는 바로 그 순간에 목적과 의미를 두는 표현적 교육인 동시에, 이 교육을 통하여 직업을 얻거나 미래 생활에 대한 설계를 완성하는 것과 같은 이후의 목적을 성취하고자 하는 도구적 교육의 성격도 지닌다.

2) 형식적-비형식적-무형식적 교육

노년교육에서 말하는 '교육'은 형식적(formal) 교육, 비형식적(non-formal) 교육, 무형식적(informal) 교육을 모두 포함한다. 형식적 교육은 제도화된 학교 내에서 이루어지는 교육활동, 즉 학교교육을 의미하고, 비형식적 교육은 제도화된 학교 외에서 이루어지는 교육을 목적으로 하는 활동을 의미하며, 무형식적 교육은 처음부터 의도하지는 않지만 교육적 결과를 만들어 내는 활동을 의미한다. 예를 들어, 초중고 및 대학에서 이루어지는 학교교육은 형식적 교육이고, 학원이나 평생교육원, 직업훈련원 등에서 이루어지는 교육은 비형식적 교육, 그리고 가정교육이나 박물관 관람, TV 시청 등을 통해 지식이나 가치관의 변화가 일어나는 것은 무형식적 교육이라 할 수 있다.

노년교육에는 이 세 가지 형태의 교육이 모두 들어 있다. 일반적으로 노인을 위한 교육은 비형식적 교육, 노인에 관한 교육은 형식적 교육, 그리고 노인에 의한 교육은 무형식적 교육의 성격을 지닌다. 예를 들어, 노년교육 중에서 초중고교에서 이루어지는 노인과 노화 이해 교육이나 대학의 노년학교육은 형식적 교육, 노인대학이나 노인복지관 등에서의 노인을 위한 교육은 비형식적 교육, 그리고 노인들의 자원봉사 활동이나 세대공동체 문화활동 등은 무형식적 교육에 해당한다. 노년교육은 형식적 교육과 비형식적 교육, 그리고 무형식적 교육까지를 모두 포함한다.

3) 노인을 위한-노인에 관한-노인에 의한 교육

피터슨은 노년교육은 노인을 위한 교육(education for older people)인 동시에 노인에 관한 교육(education about older people)이라고 주장하였다(Sherron & Lumsden, 1990). 그러나 한정란(2001)은 여기에 노인에 의한 교육(education by older people)을 새롭게 추가하였다. 노년교육학에서 주장하는 교육은 노인 학습자를 대상으로 노인에게 필요한 지식, 기능, 정보 등을 가르치는 노인을 위한 교육인 동시에 연령을 불문하고 모든 학습자에게 노인과 노화에 관한 지식과 태도를 가르치는 노인에 관한 교육이기도 하다. 또한 고령화의 진전으로 노인들의 경제적 · 문화적 · 교육적 · 사회적 지위가 향상됨에 따라 노인이 지닌 귀중한 자원인 인생의 경험과 지혜를 교육적 방법을 통하여 사회에 환원할 수 있도록 돕는 노인에 의한 교육의 중요성이 점차 커지고 있다. 따라서 노년교육학은 노인을 위한 교육과 노인에 관한 교육인 동시에 더 나아가 노인에 의한 교육까지 포함한다.

4) 연구-실천

노년교육은 하나의 연구(study) 분야인 동시에 실천(practice) 영역이다. 노년교육학은 노인을 위한, 노인에 관한, 노인에 의한 교육과 관련된 연구분야이자 학문인 동시에, 이론적 학문으로만 머물러 있어서는 아무런 의미도 없는, 즉 실천으로 연결되어야 비로소 그 의미가 완성될 수 있는 사회과학 분야다. 실천보다 더 진실인 이론은 없다. 따라서 노년교육학은 노년교육에 관한 체계적이고 학문적인 연구 관심인 동시에 실제 현장에서 실천되는 노년교육적 노력을 포함하는 것이다. 이는 노년교육뿐만 아니라 사회교육, 나아가 교육학, 더 크게는 사회과학 모두가 공통적으로 갖는 특성이기도 하다. 그러나 특히 노년교육학은 노인 교수자 혹은 노인 봉사자와 노인 인력의 사회 참여를 포함하는 노인에 의한 교육 관련 분야로 실천이 반드시 병행되어야 그 의미를 실현할 수 있는 분야다.

5) 치료적-예방적 영역

노년교육학은 고령화 문제에 대한 치료적(remedial) 성격과 예방적(preventive) 성격을 동시에 갖는다. 앞에서도 언급했듯이 노년교육학은 노인 및 고령화에 관련된 문제를 교육적으로 진단 · 해결 · 치료하고자 하는 동시에, 노인들과 그들을 둘러싼 사회 구성원들에 대한 훈련과 교육을 통하여 고령화 문제를 사전에 예방하고 적극적으로 대응하고자 한다. 노년교육학은 단순히 이미 나타났거나 진행 중인 문제를 해결하고 치료하는 데 머물지 않고, 한 걸음 더 나아가 적극적이고 건설적인 방법으로 고령화 문제에 접근하고자 하는 학문이다. 따라서 노년교육학에서는 노인뿐만 아니라 '잠재적(potential)' 노인이라 할 수 있는 모든 연령의 학습자들까지 그 대상으로 한다.

4. 노년교육의 범위

노년교육학의 정의에 비추어 보았을 때 그 범위는 다음 네 가지로 구분될 수 있다.

1) 노인을 위한 교육

첫 번째는 노인 학습자를 대상으로 하는 교육적 실천과 연구를 포함하는 노인을 위한 교육이다. 많은 사람들이 노년교육을 좁은 의미의 노인교육인 노년기교육, 즉 노인을 위한 교육으로 오해해 왔다. 그로 인해 지금까지 노년교육은 노인 학습자들을 대상으로 하는 교육활동으로 한정되고 그 안에서 다루는 내용 또한 노인들의 무료한 시간을 달래기 위한 여가교육에만 머물러 왔다. 그러나 교육은 그들이 이미 습득한 기술을 유지하고 새로운 기술 변화에 적응하는 수단만이 아니라, 삶에서 자기만족이나 목적의식, 자아정체성을 강화시키는 것이어야 하며, 개인이나 집단이 자신의 삶과 지역 및 전체 사회 속에서 힘을 갖도록 도와주는 것이어야 한다. 따라서 노인을 위한 교육은 사회적 편견처럼 시간을 때우기 위한 여가활동이나 팔자 좋은 노인들의 사치품이 아니라, 노년의 진정한 자기성장을 위한 창의적이고 발전적인 활동이 되어야 하며, 노인이 자신의 삶을 주체적으로 이끌어갈 수 있는 힘을 갖는 노년기 임파워먼트(empowerment) 획득에 중요한 목표를 두어야 한다.

2) 노인에 관한 교육

두 번째는 노인에 관한 교육이다. 노인은 대상의 고정적인 특성이 아니다. 연령은 시간에 따라 이동하는 특성이기 때문에 누구나 한때 어린이였다가 성인이 되었다가 노인이 된다. 따라서 현재 자신이 어떤 연령, 어떤 세대에 속해 있든지 이후 이동해 가게 될 노년에 대해 이해하고 미리 준비해야 한다. 또한 사회는 혼자 살아가는 것이 아니라 다양한 사람들, 다양한 연령층이 모여 살아가야 하는 것임을 감안해 볼 때 동시대에 함께 살아가야 할 다른 세대들을 잘 알고 이해하는 일은 매우 중요하다. 그런데 이미 자신이 거쳐 온 시기에 대해서는 이해가 쉬운 반면, 아직 경험하지 못한 시기에 대해서는 이해가 어려울 수밖에 없다. 즉, 현재 성인 중기에 있는 사람이라면 어린아이부터 성인 초기까지의 사람들에 대해서는 비교적 잘 이해할 수 있지만, 아직 그가 경험하지 못한 성인 후기부터 노년기의 사람들에 대해서는 이해하기 더 어려울 것이다. 70세 노인 속에는 한 살부터 69세까지의 삶의 모습이 모두 들어 있지만, 40세 중년 속에는 41세 이후의 삶은 들어 있지 않기 때문이다. 이러한 이유들로 인하여 어느 연령집단이든지 우리 모두는 언젠가는 노인이 될 사람, 노인과 관련된 직업에 종사하기를 원하거나 현재 종사하고 있는 사람, 그리고 퇴직을 준비하는 사람 모두를 포함하는 '잠재적 노인'이라 할 수 있다. 잠재적 노인인 우리 모두를 대상으로 하는 노인에 관한 교육에서는 노화 과정의 특성과 노년기의 과업 등 노화와 노인에 관한 지식과 그에 적응하거나 그들과 상호작용하는 데 필요한 지식과 기술을 다룬다. 또한 노인에 관한 교육은 초ㆍ중등학교 및 대학 그리고 사회교육기관에서 이루어지는 노인에 관한 교육뿐 아니라, 노인과 관련된 직업에 종사하거나 그런 직업을 원하는 이들에 대한 전문적인 노년학 교육, 그리고 퇴직을 앞둔 이들을 위한 퇴직 준비 교육까지를 포함한다.

3) 노인에 의한 교육

세 번째는 노인의 지혜와 경험을 활용하는 노인에 의한 교육이다. 노년에 이르기까지의 긴 세월은 무의미한 시간이 아니다. 그 시간 동안 많은 것을 경험하고 그 경험을 통해서 인생의 값진 의미와 교육, 그리고 지식과 기술을 배운다. 이와 같은 노인이 지닌 인생의 지혜와 경험이라는 가치 있는 자원을 교육적으로 활용하는 것이 바로 노인에 의한 교육이다. 노인에 의한 교육에서 말하는 '교육'이란 매우 광범위한 교육을 의미한다. 형식적 교육뿐 아니라 비형식적 교육과 무형식적 교육까지 모두 포함하는 것이며, 좁은 의미의 직접적인 교육활동뿐 아니라 봉사와 같은 교육적 의미나 영향의 교환이라는 간접적인 교육의 의미까지도 포함한다. 따라서 노인에 의한 교육 안에는 노인들이 경험한 역사적 사건이나 전통의 지식 및 기술 그리고 그들이 직업이나 생활 속에서 축적한 전문 영역과 관련된 내용에 이르기까지 다양한 교육과 전수, 봉사 등이 모두 포함될 수 있다.

4) 세대공동체 교육

세대공동체 교육은 다양한 연령층 및 세대가 각각의 분리된 집단으로서가 아니라 목적과 이해를 공유하는 하나의 공동체로서 교육에 참여하는 것을 의미한다. 즉, 비슷한 연령이나 세대에 따라 학습집단을 분리하여 교육을 하는 것이 아니라 다양한 세대가 한데 섞여 살아가는 자연의 사회처럼 학습 안에서도 세대가 함께 어우러져 서로 간에 경험과 영향, 배움을 주고받는 것을 의미한다. 결국, 세대공동체 교육은 노년교육의 범위 안에 속하는 동시에 어떤 의미에서 보면 세대공동체 교육이야말로 노년교육 그 자체라고 할 수 있다. 노년교육의 세 가지 영역 즉, 노인을 위한 교육, 노인에 관한 교육, 노인에 의한 교육은 서로 배타적으로 독립된 영역들이 아니다. 오히려 이들 세 영역은 서로 간에 상호작용을 통해서만 본래의 목적을 완성할 수 있다. 노인을 위한 교육에서 효과적인 수업을 위해서는 갓 대학을 졸업한 새내기 교사보다 인생의 경륜을 갖춘 노교수가 필요할 것이다. 즉, 노인을 위한 효과적인 교육은 노인에 의한 교육을 통해 완성될 수 있다. 노인에 관한 교육에서도 수업의 효과는 아직 노화를 경험하지 못한 젊은 교수자보다는 노화를 체득한 중후한 교수자에게서 더 높을 것이다. 노인에 관한 교육 역시 노인에 의한 교육을 통해 완성될 수 있다. 또한 노인심리학 수업을 듣는 젊은 대학생들 사이에 초로의 늦깎이 학생이 포함되어 있다면, 노인을 위한 교육을 통하여 노인에 관한 교육 수업의 효과는 배가될 수 있을 것이다. 마찬가지로 노인에 의한 교육에서 교수자가 전달하는 내용이 자신의 노화와 관련된 내용이라면 더 효과적으로 전달할 수 있을 것이며, 이는 노인에 의한 교육이 노인에 관한 교육을 통해 완성에 더 가까워질 수 있음을 의미한다. 노년교육은 세대를 가르지 않고 모든 세대가 함께 할 때 완성될 수 있으며, 이것이 바로 세대공동체 교육이자 노년교육이 추구하는 교육의 이상적인 상태다.

이상과 같이 노년교육은 노인을 대상으로 하는 교육만이 아니라 모든 연령을 대상으로 하는 노인 이해 교육과 세대 이해 교육, 그리고 노인들이 참여하는 직접적인 교수와 사회봉사까지도 포함한다. 노년교육학의 더 구체적인 영역과 목적, 내용과 방법은 더 자세한 많은 논의를 필요로 하므로, 다음에서 좀 더 구체적으로 논의해 가도록 하겠다.

5. 노년교육학의 기본 모형

노년교육학은 쇠퇴와 조락의 시기로서의 노년기에 초점을 맞추는 생물학적 모형을 넘어서서, 인간의 발달은 생의 마지막 단계까지 계속된다는 전생애 발달의 관점 위에 자리한다. 따라서 노년교육학은 인간의 평생에 걸친 발달과 성장이라고 하는 전생애 발달과 평생학습의 관점에서 접근한다. 노년기는 신체적 노화로 야기되는 여러 가지 육체적 문제를 지닌 시기임에 틀림없지만, 그럼에도 무한한 가능성과 잠재력이 남아 있는 시기일 뿐 아니라 더 나아가 인생의 다른 어떤 시기에도 가질 수 없는 풍부한 인생의 경험을 지닌 시기다. 또한 노인은 주어진 환경에 적응하고 생존해 나가는 것뿐만 아니라, 자신의 가치와 역할을 찾고 자신과 외부 세계를 계속적으로 통제해 나갈 수 있기를 원한다. 나아가 젊음보다 더 중요한 인생의 새로운 의미를 발견하고자 한다.

노년교육의 목적은 노화에 대한 적절한 대응과 준비 및 세대 간 이해의 증진을 통하여 노인을 비롯한 모든 연령의 개인들이 자신의 발달단계에서 잠재력을 최대한으로 발휘하고 각자의 발달과정에 효과적으로 적응해 나갈 수 있도록 돕는 데 있다. 따라서 노년교육학은 기존의 노인 학습자를 대상으로 하는 노인을 위한 교육뿐 아니라, 노인을 포함한 모든 연령의 사람들을 대상으로 노인에 대한 이해와 노화에의 적응 및 준비를 가르치는 노인과 노화에 관한 교육, 그리고 노인이 주체가 되어 교육적인 서비스를 제공하는 노인에 의한 교육으로 구성되며, 궁극적으로 모든 세대가 함께 어울려 서로의 성장을 위해 상호작용하는 세대공동체 교육을 향해 나아간다.

[그림 3-3]에서 보는 것과 같이 노년교육학의 세 영역은 서로 배타적이거나 독립적이기보다는 상호 보완적인 관계에 있다. 그리고 이들을 한데 묶는 교량 역할을 하는 것이 세대공동체 교육이라 할 수 있다. 다시 말해, 노년교육학은 노인을 위한 교육, 노인에 관한 교육, 노인에 의한 교육의 세 영역으로 구성되며, 이들 세 영역은 한데 어우러져 서로 보완적으로 진행될 때, 즉 세대공동체를 통하여 실천될 때 더욱 효과적으로 실현될 수 있다.

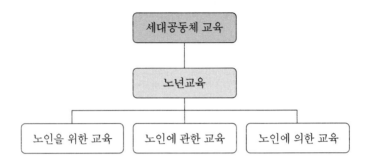

[그림 3-3] 노년교육학 모형

제2부

노년교육의 역사적 기초

제4장 주요국 노년교육의 역사 및 현황
제5장 우리나라 노년교육의 역사 및 현황

제4장

주요국 노년교육의 역사 및 현황[1)]

우리나라보다 앞서 고령화를 경험한 선진국들은 노년교육의 연구와 실천 면에서도 한 발짝 앞서 발전하였다. 〈표 4-1〉에서 보는 바와 같이 이미 19세기 중반인 1864년에 고령화 사회에 도달한 프랑스는 물론이고, 영국, 독일, 미국 등은 모두 20세기 초중반에, 그리고 일본도 20세기 후반인 1970년에 고령화 사회에 진입하였다. 반면, 우리나라는 이들보다 훨씬 늦은 21세기에 이르러서야 고령화 사회 단계에 들어섰지만, 이후 고령화가 급속히 진행되어 2050년에는 우리나라의 고령화율이 오히려 이들을 상회할 것으로 예측된다. 그리고 이러한 우리의 급속한 고령화 속도로 인해 고령화 대응 과정에서 많은 문제점이 예상되고 있다.

---

1) 각국의 노년교육에 관한 자세한 내용은 한정란 외(2006)를 참고하기 바란다.

표 4-1 주요국의 고령화 지표 비교

국가	고령화율					합계 출산율	기대수명
	고령화 사회(7%)	고령사회 (14%)	초고령 사회(20%)	2010년	2050년	2005~ 2010년	2005~ 2010년
프랑스	1864	1990	2020	16.8	24.93	1.97	80.9
영국	1929	1975	2027	16.6	23.62	1.88	79.6
독일	1932	1972	2009	20.8	30.86	1.36	79.8
미국	1942	2014	2031	13.1	21.21	2.06	78.1
일본	1970	1994	2005	23.0	38.81	1.34	82.7
한국*	2000	2017	2026	11.1	37.40	1.23	80.0

*는 통계청(2011b)의 인구추계를 반영함.
출처: 日本 國立社會保障, 人口問題硏究所(2013); UN(2013)에서 재구성.

따라서 다음에서는 프랑스, 영국, 독일, 미국, 일본 등 주요국들의 노년교육 역사를 살펴봄으로써 향후 우리나라의 고령화 대응과 노년교육 발전을 위한 시사점을 얻고자 한다.

1. 프랑스

프랑스는 1864년에 세계에서 가장 빨리 고령화 사회에 도달하였으며, 1990년 고령사회에 진입한 대표적인 고령국가다(日本 國立社會保障, 人口問題硏究所, 2013). 그러나 이후 동거부부 자녀에 대한 합법적 지위 보장 등 획기적인 출산 장려 정책과 적극적인 대체이민(replacement migration)[2] 정책의 꾸준한 추진을 통하여 세계 최저 수준이었던 출산율을 증가세로 돌려놓음으로써 고령화 속도를 늦추는 데 성공한 대표적인 사례로 꼽히기도 한다. 2005년에서

2) 이민을 받아들임으로써 노동력이나 일정 수준의 인구를 유지하는 것.

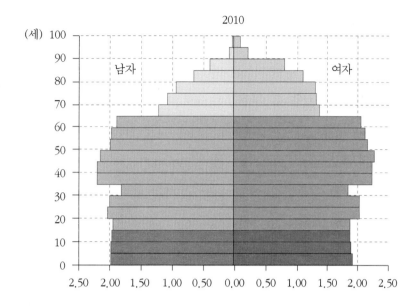

[그림 4-1] 프랑스의 인구구조(2010년 현재)

출처: UN(2013).

2010년 기간 프랑스의 합계출산율은 우리나라(1.23명)보다 훨씬 높은 1.97명 수준이고, 2010년 현재 프랑스의 65세 이상 고령인구 비율은 16.8%이며(日本國立社會保障, 人口問題硏究所, 2013), 60세 이상은 2013년 24.1%에서 2050년에는 31.0%로 증가할 것으로 예측된다(UN, 2013).

　프랑스의 평생교육은 '사회 구성원들을 평생에 걸쳐 교육시킨다.'는 목적으로 개인의 총체적 역량을 향상시키는 데 기여하고 있다는 점에서 그 중요성이 강조되고 있다(Pennec, 2002: 김형수, 조병준 역, 2003에서 재인용). 평생교육으로서 노년교육은 더 이상 노인이 되어서야 받게 되는 교육이 아닌 이미 젊었을 때부터 시작되어 노인이 되어서도 지속되는 문자 그대로 평생에 걸친 교육이다. 1791년 프랑스 혁명의 지도자였던 꽁도르세(Condorcet)는 모든 시민의 교육이 무상으로 제공되어야 한다는 평생교육의 공교육 사상을 주장하였다. 또 평생교육의 아버지 랑그랑(P. Lengrand)은 1965년 파리에서 개최된 유네스코(United Nations Educational Scientific and Cultural Organization:

UNESCO)의 '성인교육에 관한 국제회의'에서 「영속교육(l'education permanente)」이라는 논문을 발표하여 평생교육의 이론적 기초를 마련하였다. 이를 계기로 평생교육은 교육개혁의 지도이념으로서 국제적인 관심과 함께 세계적으로 확산되었다. 그 후 이 논문은 영문 「Lifelong Education」으로 번역 발간되었으며, 오늘날 우리가 사용하고 있는 '평생교육'의 기원이 되었다(한정란 외, 2008).

프랑스의 대표적인 노년교육 프로그램은 다음과 같다.

1) U3A

프랑스를 비롯한 유럽에서는 '노인(old age 혹은 the elderly)'이란 용어를 대신하여 '제3기 인생(The Third Age)'이란 용어가 주로 사용되는데, 이는 노년 혹은 노인이란 단어가 노년층의 역할을 축소하는 표현이라고 생각하기 때문이다. 인간의 일생은 네 개의 시기로 나뉘는데, 태어나서 교육을 통해 사회에 나설 준비를 하는 시기인 '제1기 인생(The First Age)', 사회인으로서 일하며 자녀를 키우는 시기인 '제2기 인생(The Second Age)', 중년과 노년의 중간 시기로 활동적인 시기인 '제3기 인생(The Third Age)', 그리고 삶을 마감하는 단계인 '제4기 인생(The Fourth Age)'으로 구분된다. 최근 들어 수명은 길어지는 반면 이른 퇴직으로 인해 건강하고 적극적으로 사회에 참여하고자 하는 노년들이 증가하면서 제3기 인생이 크게 주목받고 있다(Glendenning, 1985; Laslett, 1989).

'제3기 인생'의 중요성을 인식하고 출범한 프랑스의 대표적인 노년교육기관이 바로 제3기 대학, 즉 U3A(University of the Third Age)다. 프랑스의 U3A는 1972년 벨라스(P. Vellas)에 의해 처음 제안되었으며, 1973년 툴루즈(Toulouse) 대학에서 시작되었다. U3A는 상실감과 신체적 퇴보 등으로 의존적이고 고독한 노인 세대를 대학의 다양한 연령계층들이 창조하고 제공하는 지식과 문화의 공간으로 끌어내어 노년기 자아실현과 자율성 함양의 계기를 만들어 나가는 데 기여하였다. U3A 초기에는 교육과 경제 수준이 높은 중산층을 주된 대상으로 실시했다는 편중성에 대한 비판을 받기도 했으나 이후 크게 활성화되어 유럽은 물론이고 전 세계적으로까지 확산되었다(Withnall & Kabwass, 1989). 프랑스는 1968년 고등교육 지침으로 평생교육을 위한 대학 개방과 아울러 다양한 활동을 전개할 것을 법제화하였고, 이러한 제도적인 뒷받침에 힘입어 U3A는 프랑스의 대표적인 노년교육기관으로 자리잡게 되었다(Lemieux, 1995). 그리고 1974년에는 벨기에, 스페인, 이탈리아, 폴란드 등의 다른 유럽 국가들로 확산되었으며(Fieldhouse et al., 1996), 1975년에는 U3A의 국제적 연합체인 AIU3A(The International Association of Universities of the Third Age)가 결성되었다. 특히 영국형 U3A와 구분되는 프랑스형 U3A는 벨기에, 스웨덴, 폴란드, 이태리, 스페인 등 유럽 국가들과 캐나다 퀘벡 지역, 미국 샌디애이고 등에서 채택되고 있다(Swindell & Thompson, 1995).

U3A의 교육목표는 제3기 노인들에게 필요한 지식을 제공하여 그들의 개인적·사회적 삶을 더욱 효과적으로 관리할 수 있도록 하는 데 있다. 그 세부적인 교육목표는 다음과 같다(Lemieux, 1995).

- 제3기 노인에게 풍요로운 대학 환경 속에서 그들의 삶의 경험을 통합하고 탐구하게 한다.
- 제3기 노인에게 교육적 지식과 인지적 능력을 향상시켜 그들의 삶의 경험에서 스스로 도움을 받을 수 있도록 한다.
- 제3기 노인에게 지식을 향상시켜 그들을 둘러싼 삶의 환경 변화 속에서 더욱 잘 적응하고 참여할 수 있도록 한다.

물론 지역에 따라 대학과 무관하게 독자적인 프로그램을 운영하는 곳도 있긴 하지만, 대부분의 프랑스 U3A는 대학 교육과정과 연계하여 30학점으로 구성된다. 교육과정은 공개 강의, 기존 대학 강의를 연계한 수업, 계약 강좌, 스터디 그룹, 워크숍, 학습여행, 건강 프로그램 등으로 운영된다. 수업 내용

표 4-2   U3A 프로그램

과정	과목	학점
기본 교육과정	제3기와 교육	3
	제3기의 발달과 학습	3
개인적 발달을 위한 교육과정	노인심리학	3
	창의성 기법	3
	지식과 자기표현	3
	인간관계 발달	3
사회적 발달을 위한 교육과정	제3기와 법	3
	예술과 삶	3
	여가심리학	3
	가치와 교육	3

출처: Lemieux(1995)에서 재구성.

은 주로 인문학과 예술로서, 일반적인 30학점의 자격증 과정은 〈표 4-2〉와 같이 구성되어 있다(Lemieux, 1995).

재정 조달 방법도 U3A에 따라 다양한데, 주로 회원의 등록비와 지역사회 대학 및 교육기관, 지역정부의 보조금으로 충당된다. 하지만 U3A에 따라 대학교로부터 대폭 지원을 받는 곳도 있고, 지역의 지원과 등록금, 기부금을 합쳐 운영되는 곳도 있으며, 참여자들의 등록금으로만 운영되는 곳도 있다. 은퇴 연령 이상이면 별다른 입학자격이나 입학시험은 없으며, 학생들이 부담하는 교육비도 비싸지 않은 편이다(Swindell & Thompson, 1995).

U3A의 강좌는 원래 노인을 대상으로 시작되었지만, 최근에는 연령통합의 차원에서 젊은층에게도 개방되고 있다. 그 결과, 수강생의 85%가 노인이고, 15%는 비노인으로 구성되어 있다. 비노인의 경우 시간제 근로자들이나 주부, 학생 등이 주를 이룬다. 노인을 위한 평생교육 인프라로서 출발한 U3A가 이처럼 비노인계층까지 포괄하게 된 근거에는 '세대통합'이라는 중요한 화두가 존재한다. 즉, 노인들의 프로그램을 타 집단과 분리된 무엇으로 규정하

기보다는 노인이 타 집단 속에 그리고 전체 사회 속에 자연스럽게 융화될 수 있는 것이 진정한 노년교육의 지향점이라는 인식하에 '세대통합'을 중요한 과제로 간주하는 것이다. 이 같은 세대통합성을 증진하기 위해 25세 미만의 학생들에게는 수강료를 감면해 주기도 한다(이소정 외, 2008).

2) 제3기 클럽

프랑스는 전국 지방자치단체에서 1만여 개의 제3기 클럽(the third age clubs)이 운영되고 있으며, 75만 명 이상의 노인들이 클럽에 참여하고 있다. 제3기 클럽은 친교활동을 비롯한 레크리에이션, 여행, 건강 프로그램 등과 전문기술 습득 프로그램 등 다양한 노년교육 프로그램을 제공하고 있다. 프랑스 노인들의 80% 정도가 한 개 이상의 클럽활동에 참여하고 있으며, 여가와 문화활동에 대한 참여 빈도도 다른 연령집단의 평균인 32%보다 높은 50%에 이르고 있다(Insee, 2004). 프랑스 정부는 노인들의 여가 문화활동을 돕기 위해 버스, 항공여행 등의 할인 혜택과 무료 이용의 교통 편의를 제공하고 있으며, 문화시설 이용과 공연 프로그램 등에 대해서도 할인 및 무료 혜택을 보장하고 있다.

3) 은퇴자협회 프로그램[3]

프랑스에는 전문직 은퇴자들로 구성된 전국은퇴자협회연합이 조직되어 있으며, 지역 협회별로 퇴직전 준비교육과 자원봉사 등 다양한 교육 프로그램을 자율적으로 전개하고 있다. 한 예로, 프랑스에서도 특히 고령화가 심각한 브르따뉴(Bretagne) 지역의 브레스트(Brest) 시에 소재한 브레스트은퇴자협회(Office des Retraités de Brest: ORB)에는 60세부터 85세 이상의 은퇴자 2천여

---

3) 한정란 외(2006)에서 참조.

명 회원이 가입되어 있으며, 회원들의 자발적인 조직인 이사회, 정보위원회, 그리고 체육 · 문화예술 · 가정방문 · 일반행정 · 클럽활동 · 노동 분야의 소위원회 등으로 구성되어 있다. 브레스트은퇴자협회에는 브레스트 지역의 퇴직자면 누구나 특별한 제한 없이 가입할 수 있다. 협회에서는 예비 회원 확보를 위하여 은퇴를 준비하고 있는 사람들을 대상으로 브레스트은퇴자협회에 관한 각종 정보를 제공하고, 은퇴자의 법적 권리와 의무, 사회보장 제도 등을 안내하며, 인터넷이나 노년학 관련 교육도 실시하고 있다. 브레스트은퇴자협회의 교육 프로그램은 대부분 은퇴자들이 직접 참여하는 위원회별로 개발 · 진행되는데, 은퇴자들의 법률 문제 및 소비자 보호, 재취업, 세대통합교육, 영어회화, 스포츠댄스, 민속무용, 합창, 컴퓨터 관련 교육 등이다. 그 외에도 거동이 불편한 노인을 위한 가정방문 봉사활동을 진행하고 있으며, 인근 브르따뉴 옥시당딸 대학(l'Université de Bretagne Occidentale: UBO)과 연계하여 '은퇴준비교육 프로그램'도 진행하고 있다.

4) 대학 평생교육원 프로그램

일반적으로 프랑스 대학의 평생교육원들은 학위과정을 포함하여 특성화교육과 단기 교육과정을 운영하고 있다. 브르따뉴 옥시당딸 대학교 평생교육원의 경우, 특성화 교육과정으로 운영하고 있는 노년학 프로그램에는 가장 많은 600여 명이 등록하고 있으며, 특히 의사, 변호사, 간호사, 노인 이벤트행사 전문가, 자원봉사자, 미용전문가, 헬스케어 전문가 등 노년교육 · 복지를 담당하는 다양한 직종에 종사하고 있는 전문직들의 수강이 증가하는 추세다.

이상에서 살펴보았듯이, 프랑스 노년교육의 특징은 전통적인 평생교육의 이념을 바탕에 두고, 정부와 기업, 대학, 시민단체 등의 민간이 협력하고 있다는 점이다. 또한 퇴직자의 임금 대체율이 90%를 상회하는 등 프랑스 고령인구의 풍요로운 생활과 높은 출산율 유지를 통한 고령화 속도의 지연도 전반적인 프랑스 노년정책을 성공적으로 이끄는 요인으로 작용하고 있다. 프랑스 U3A는 top-down 방식으로 엘리트적인 성격을 지닌다는 한계에도 불구하고 젊은 세대를 끌어들여 세대통합을 추진하고 있는 점과, 특히 1971년 제정한 샤방-드로르 법안에 의해 기업체에서는 급여의 1.5%를 계속교육 훈련비로 지불하도록 하는 평생교육 진흥을 위한 기업부담금제 도입을 통해 노년교육의 질적 향상을 꾀하고 있는 점 등은 본받을 만하다.

2. 영 국

영국은 1929년에 고령화 사회에 진입하였고, 1975년에 고령사회를 거쳐 2027년에는 초고령사회에 진입할 것으로 예측된다. 2010년 현재 영국의 65세 이상 비율은 16.6%이고(日本 國立社會保障, 人口問題研究所, 2013), 60세 이상 고령자 비율은 2013년 23.2%에서 2050년 30.7%로 증가할 것으로 예측되며, 1950년대 후반과 1960년대 초반에는 히스(H. A. Heath), 필립슨(C. Phillipson)과 스트랭(R. M. Strang) 등이 퇴직전 교육운동(preretirement education movement)을 주도하였지만, 이때 퇴직자들의 관심은 주로 개인적인 것들이었다. 그 후 1976년 유네스코에서 "직업생활을 떠난 이들이 그들의 신체적이고 지적인 능력을 유지하고 지역사회 생활에 계속 참여하며, 직업생활 동안에 그들에게 개방되지 않았던 지식 분야나 활동에 접근할 기회를 줄 수 있도록 해야 한다."라는 성명을 발표함으로써 영국에서 노년이라는 주제가 사회적 이슈로 대두되고 노년교육학 발전에 중요한 근거를 제시해 주었다(Glendenning, 1985).

노인들의 교육에 대한 권리의식이 발달하면서 1981년에는 노인의 교육권리에 관한 포럼(Forum for the Rights of Elderly People to Education: FREE)이 개최되었다. 그리고 1981년 영국 최초의 U3A가 케임브리지(Cambridge)에 설립

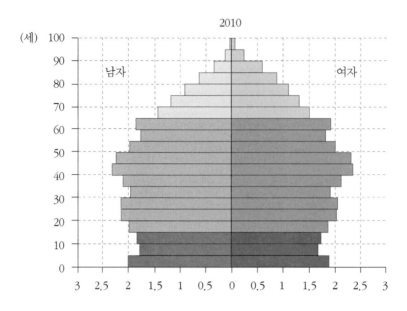

[그림 4-2] 영국의 인구구조(2010년 현재)

출처: UN(2013).

되면서 U3A 설립운동과 영국, 북아일랜드, 스코틀랜드, 웨일스 등에서의 자조교육운동(self-help education movement)이 동시에 전개되었다.

영국의 U3A는 프랑스와는 다르게 학습자들의 자율성에 바탕을 두고 있다. 입학에 필요한 특별한 자격조건은 없으며 회원 스스로가 등록금을 책임진다. 또 U3A에서 제공하는 교육 프로그램의 범위도 학문적 주제에만 치중하지 않고 여가활동이나 운동, 오락, 여행 등까지 두루 포함하고 있다. 나아가 주택이나 시설에 거주하는 노인을 직접 방문하여 프로그램을 진행하는 찾아가는 교육이 이루어지기도 한다.

또한 영국에서는 노년교육에 대한 학문적 관심이 커지면서 1976년 *Educational Gerontology: A International Journal*이라는 노년교육 전문 학술지를 미국에서 동시에 발간하기 시작하였다. 1985년에는 Association for Education and Ageing을 설립, 2003년까지 *Education and Ageing*을 발간해 오다가 2010년 연차대회를 계기로 국제학술지로 승격시켜 *International*

*Journal of Education and Ageing*이라는 이름으로 학술지를 발간하고 있다.

현재 영국에서는 우리의 교육청에 해당하는 기관에서 노년교육에 관한 제반 행정을 맡고 있으며, 노년교육 시설을 지원하고 프로그램 운영에도 많은 도움을 제공하고 있다. 이러한 노년교육기관에서는 노인들의 학력, 학습 희망 분야 등에 따라 학급을 편성한다. 따라서 노인학교의 학급당 인원수가 30명을 초과하는 경우는 거의 없으며, 대개 15~20명 단위로 학급이 구성된다. 동일한 관심사를 가진 노인이 10명 이내일 경우에는 교육행정 당국이 타 지역의 노인과 공동으로 학급 편성을 주선하기도 한다. 수강료는 정부에서 보조를 받는 경우가 보편적이지만 일부는 수혜자가 부담하기도 하며, 교육 장소는 지역사회에 있는 공공시설을 이용하는 경우가 대부분이다.

대표적인 영국의 노년교육 프로그램은 다음과 같다.

1) 성인교육센터 프로그램[4]

영국 노인들에게 가장 인기 있는 교육 프로그램은 지역 내에 위치한 성인교육센터 프로그램이다. 그 이유는 먼저, 노인들은 장거리를 이동하여 교육 프로그램에 참여하기보다는 지역사회 내에서 가까운 거리에 위치한 이러한 센터를 선호한다. 둘째, 대부분 이러한 성인교육센터의 프로그램은 낮 시간에 진행되기 때문에 노인들에게 적합하다. 셋째, 최근 상당수의 평생교육 프로그램이 청소년 중심의 직업교육 프로그램과 관련이 있다면 성인교육센터는 자유인문교양 과목과 취미를 개발할 수 있는 프로그램을 다양하게 제공하고 있기 때문이다. 성인교육센터에서는 또 연금 수령자들에게 등록금 감면혜택을 주고 있다.

---

4) http://www.kent.gov.uk/education-and-learning/adult-and-community 2014. 3. 12. 접속.

한 예로 Kent 성인교육센터에서는 60세 이상 학습자들의 경우 '60 Club'에 가입하면, 프로그램에 사용할 수 있는 10파운드(£)짜리 바우처와 금액대별로 할인 혜택을 준다. 교육 프로그램을 살펴보면, 자기계발 프로그램(댄스, 미용, 독순술[讀脣術], 제과제빵, 대체치료, 생활양식 관리, 마사지, 자기확신 및 자기주장 향상 프로그램, 상담, 드라마 등), 예술 프로그램(회화, 조각, 붓글씨, 소묘, 중국화, 글쓰기 등), 공예 프로그램(패션, 레이스 만들기, 패치워크, 퀼트, 도예, 꽃꽂이, 장신구 만들기 등), 건강 프로그램(피트니스, 자기방어법, 타이치, 필라테스, 걷기, 요가 명상 등), 일반 교양 프로그램(창의적 글쓰기, 법률, 역사, 발표기술, 영어, 정원 가꾸기, 심리학과 사회학, 자기계발, 음악 등), 비즈니스 프로그램(회계, 마케팅, 사업 관리, 아동보육 등), 언어(스페인어, 불어, 독일어, 러시아어, 이탈리아어 등), 사진 및 컴퓨터(인터넷, ECDL[European Computer Driving Licence], 마이크로오피스 활용 등) 등 다양하다.

2) 예비대학과정[5]

예비대학과정(Access to Higher Education, 이하 Access to HE)은 Quality Assurance Agency for Higher Education(QAA)에서 운영하는, 대학에서 공부하고자 하는 사람들에게 자격을 부여하는 프로그램이다. 대학에 다니고 싶지만 아직 그에 필요한 자격을 갖추지 못한 사람들에게 Access to HE 강좌를 통해 자격을 부여한다. 대부분의 Access to HE 강좌들은 잉글랜드(England)와 웨일즈(Wales)의 계속교육대학(further education college)들에 1,100개 이상의 강좌가 개설되어 있다. 연령 제한과 특별한 입학 자격이 없어서 노년층의 참여도 자유롭다. 대부분의 Access to HE 강좌들은 1년 과정이지만, 시간제로 2년 이상 걸려 마칠 수도 있고, 원격이나 야간 수업으로 참여할 수도 있다.

---

5) http://www.accesstohe.ac.uk 2014. 3. 13. 접속.

3) U3A[6)]

프랑스에서 처음 시작된 U3A(University of Third Age)는 1981년 영국 케임브리지에서 새로운 형태로 재탄생하였다. 즉, 프랑스의 U3A는 대학 중심의 모델이지만, 영국의 U3A는 대학이나 정부와는 상관없이 노인들 스스로 학습을 위한 자조적 학습모델이다(Laslett, 1989).

영국의 U3A는 라즐렛(Laslett)의 철학에 기초를 두고 있다. 그가 제시한 U3A의 목표는 다음과 같다.

첫째, 현재 영국 사회의 연령 구성과 고령화로 인한 미래 상황에 대하여 영국 사회를 교육시키는 것이다. 또한 가장 앞서 고령화된 사회 중 하나로서 이러한 문제의식을 전 세계 모든 나라와 공유하는 것이다.

둘째, 노인들에게 그들의 지적 · 문화적 · 심미적 잠재력, 그리고 자신과 사회에 대한 그들의 가치를 깨닫게 하는 것이다. 또한 나이가 들어 감에 따라 지능이 쇠퇴한다는 편견에 과감히 맞서는 것이다.

셋째, 은퇴자들에게 지적 · 문화적 · 심미적 삶의 강화 및 계발을 위한 자원을 제공하는 것이다. 또한 은퇴자들이 은퇴로 인한 자유를 효과적이고 만족스러운 방식으로 활용할 수 있게 하는 것이다.

넷째, 이러한 목적을 위하여 가르치는 사람과 배우는 사람 간에 구분 없이 자발적인 활동을 통해 회원들끼리 자유롭게 주고받는 기관을 설립하는 것이다.

다섯째, 자격증, 상, 승진 등과 상관없이 학습을 추구하고, 기술을 습득하며, 관심을 발전시킬 수 있는 기관을 조직하는 것이다.

여섯째, 대학 강의 참여는 원하지 않고 교육적 자극만을 얻고자 하는 노인들을 위하여 그런 배움의 기회를 노인들 가까이로 가지고 오는 것이다.

일곱째, 영국 노인의 입장에서 사회에서의 노화 과정과 그것을 개선하기

6) http://www.u3a.org.uk/ 2014. 3. 12. 접속.

위한 방법을 연구하는 것이다.

여덟째, 영국과 비슷한 상황에 처한 나라들이 이러한 기관을 설립하도록 지원하고 협력하는 것이다.

2013년을 기준으로 전국 915개의 U3A에 32만 521명의 노인 학습자들이 참여하고 있다. 전형적인 U3A의 규모는 250명 정도지만, 가장 큰 곳은 회원이 2,000명인 곳부터 가장 작게는 회원이 12명뿐인 곳도 있다. 런던에 U3A 중앙 본부를 두고 있긴 하지만 지역의 각 U3A는 노인들 스스로에 의해 모든 운영 규칙 및 프로그램을 자율적으로 조직하고 운영하는 것을 특징으로 한다. 전일제 노동에 참여하지 않는 사람은 누구나 회원이 될 수 있으며, 소그룹으로 자신이 흥미를 갖는 수업을 1~2개 정도 참여하는 것이 일반적이지만 지역의 특성에 따라 다양하다. 가르치는 사람과 배우는 사람 간에 구분 없이 회원 누구나가 가르치거나 수업을 이끌 수 있어서 회원 각자가 가진 것을 함께 공유하는 학습 조직의 특성을 가진다.

호주와 뉴질랜드 등에서도 이러한 영국형 U3A를 수용해 실시하고 있다. 영국형 U3A의 장점은 부담없는 교육비, 시청이나 도서관, 개인 집, 학교 등 가까운 어디에서나 개설될 수 있는 뛰어난 접근성, 시간표와 교육과정 그리고 교수방법까지 모두 융통성 있게 운영된다는 점, 다양하고 폭넓은 주제 선택, 입학 자격이나 시험 같은 학문적 규제가 없다는 점, 새로운 것을 즐기는 생각이 비슷한 사람들이 함께 교류할 수 있는 기회를 제공한다는 점 등이다. 각 U3A들은 독립적이며, 회원들의 위원회에 의해 민주적으로 운영된다 (Swindell & Thompson, 1995).

U3A에서 다루는 주제는 매우 다양하다. 2013년 조사에 따르면, U3A에서 가장 인기 있는 학습 주제는 걷기(22%), 역사(17%), 야외활동(15%), 예술과 음악(12%), 정원 가꾸기(8%), 카드와 게임(7%), 문학(6%), 스포츠(6%), 과학(4%), 언어(3%) 등의 순이었다. 또 1인당 평균 30개의 주제에 참여하고 있었으며, 약 3만 6,000개의 관심 주제 그룹들이 개설되어 있다.

4) Age UK[7]

Age UK는 2009년에 그동안 분리되어 있었던 'Age Concern'과 'Help the Aged'를 통합하여 새롭게 설립된 영국 최대의 자선단체다. Age UK는 누구든 노년을 사랑할 수 있는 세상을 만들기 위해 여러 가지 방법으로 그들을 격려하고 지지하며 돕는다. Age UK에서는 재정 문제, 가정생활과 케어, 건강과 웰빙, 일과 학습, 여행과 생활양식 등의 분야에서 도움을 준다. 전국에 170개의 네트워크를 갖고 활동하고 있으며, 'Age International'이라는 국제 조직도 운영하고 있다.

Age UK는 특히 교육은 직업기술을 향상시키고, 관심 있는 주제에 대해 학습하며, 새로운 사람들을 만날 수 있게 하고, 적극적으로 은퇴하게 하는 위대한 방법이며, 또 신체적·정신적 건강을 위해서도 평생교육이 필요하다고 믿는다. 그리고 은퇴는 평소 하고 싶었지만 시간이 부족해서 하지 못했던 것들, 예를 들면 언어를 배우는 비형식적 학습부터 정식 학위과정과 같은 것들을 시작할 수 있는 좋은 기회라고 믿는다. 따라서 Age UK는 홈페이지를 통해 다음과 같은 다양한 지역의 강좌들과 그 강좌들에 접근할 수 있는 통로들을 소개하고 있다.

- Age UK Training: Age UK Training은 전 연령에게 직업훈련을 제공하는 국가적인 훈련기관으로 노년층 역시 이용할 수 있다.
- The Hotcourses website(http://www.hotcourses.com/): 단기강좌부터 대학원 과정까지 다양한 코스들을 검색할 수 있다.
- Floodlight(http://london.floodlight.co.uk/london/): 런던에서 열리는 강좌들에 대한 공식적인 안내사이트로, 모든 수준의 강좌들을 포함하고 있다.

---

7) http://www.ageuk.org.uk/ 2014. 3. 13. 접속.

- The Directgov National Career Service(https://nationalcareersservice.direct. gov.uk): 주로 직업에 초점을 둔 강좌들에 관한 정보를 제공한다.
- UCAS(Universities Central Council on Admissions, http://www.ucas.com/): 대학에서 제공하는 다양한 강좌들에 관한 정보를 소개한다.
- 지역 도서관: 지역에서 진행되는 강좌들에 대한 구체적인 정보를 제공하고 컴퓨터를 이용할 수 있다.
- 지역 교육청: 직접 성인교육 프로그램을 제공하기도 하고 지역 대학에서 제공하는 프로그램에 대한 정보를 얻을 수 있다.
- BBC방송의 온라인 언어교육(http://www.bbc.co.uk/languages/): 프랑스어, 스페인어, 독일어 등 언어를 무료로 배울 수 있다.

이 밖에도 150개의 재택학습 과정을 갖고 있는 국립계속대학(The National Extension College), 지역 센터들에 1만 개 이상의 과정이 개설되어 있는 근로자교육연합(The Workers' Educational Association), 개방대학(Open University), U3A, 개방예술대학(Open College of the Arts), 컴퓨터 기반 교육을 제공하고 있는 지역 센터들의 네트워크를 지닌 Learn Direct 등과도 연계하고 있으며, 컴퓨터 훈련 센터와 연계하여 노년층을 위한 컴퓨터교육도 실시한다.

5) 개방대학[8]

개방대학(Open University)은 재택학습의 선도적인 프로그램으로 2013년 조사된 개설강좌는 의학과 치과학, 간호 및 의료 관련 주제, 생명과학, 수의학, 농업, 물리학, 수학, 컴퓨터과학, 공학과 기술, 건축, 사회과학, 법, 경영, 언론홍보, 언어와 문학, 역사와 철학, 예술과 디자인, 교육, 초급교사 훈련, 기

---

8) http://www.open.ac.uk/ 2014. 3. 13. 접속.

하학 등 다양하다.

영국의 개방대학은 1971년 처음으로 2만 5,000명의 학생들을 받아들였다. 이후 1980년대에 급성장하여 1983년에는 개방대학 경영학부(OU Business School)가 문을 열었고, 1988년부터는 사이버강좌를 도입하기 시작했다. 현재는 2만 명 이상이 대학원 과정에서 공부하고 있으며, 매년 22만 명이 OU를 통해 배출되고 있다. 특히 참여자의 약 3% 정도가 65세 이상, 6% 정도가 55세에서 64세 사이일 정도로 노년층의 참여가 높은 편이다.

6) 맨체스터 퇴직전 협회[9]

맨체스터 퇴직전 협회(The Pre-Retirement Association of Greater Manchester: PRAGMA)는 1964년에 설립, 1978에 정식 민간단체로 등록되었다. 맨체스터 퇴직전 협회는 독립적이고 객관적이며 비용효과적인 퇴직 전 훈련과 개인이나 고용주, 그리고 기타 관련 기관들에 대한 정보 서비스를 제공하고 있다. 퇴직에 관련된 의문이나 요구에 대한 정보, 안내, 추천 등에 도움을 제공하고 퇴직 전에 스스로 준비할 수 있도록 도움을 준다. 재택 퇴직 전 강좌나 공개강좌를 개최하기도 한다. 또 퇴직 전 모든 문제에 관하여 교육 제공자들이나 고용주들에게 수업 설계나 수업 운영 등에 관한 자문을 제공하기도 한다.

맨체스터 퇴직전 협회에서 제공하는 프로그램은 다음과 같다.

- 공개강좌(Open Courses): 공개강좌는 3일 강좌와 1일 강좌가 있으며, 개인, 부부, 그리고 기업이나 단체별로 수강할 수 있다. 3일 공개강좌는 퇴직에 들어가는 사람들의 변화 단계에 초점을 두며, 재정, 건강, 인간관계, 시간 활용, 심리 정서적 적응 등의 내용을 포함한다. 1일 강좌는 바쁜 사람들

---

9) http://www.pragma4retirement.org.uk/ 2014. 3. 13. 접속.

을 위해 2013년 신설되었으며, '변화의 도전(The Challenge of Change)' '유서와 상속 계획(Wills and Estate Planning)' '국가연금(State Pension)' '자원봉사(Voluntary Work)' 그리고 '재무 계획(Financial Planning)' 등이 개설되었다.

• 사내 강좌(In-House Courses): 기업연금 제도나 퇴직 근로자 혜택 등 기업의 특수한 조건들에 맞춰 사내 강좌를 제공한다.

연회비는 개인 5파운드(£)고, 단체나 기업별로도 가입이 가능하다. 또한 회원의 경우 수강료를 10% 할인해 준다. 수강료는 점심과 교재비를 모두 포함하여 개인의 경우 3일 강좌는 회원 245파운드, 비회원 275파운드, 그리고 1일 강좌는 회원과 비회원 모두 100파운드다.

이상에서 살펴본 바와 같이 영국의 노년교육은 역사적으로 지방정부의 권한이 다소 축소되긴 했지만 여전히 지방정부를 중심으로 한 프로그램이 노인들에게 가장 친근하게 다가서고 있다. 또한 대학을 중심으로 한 노년교육 프로그램의 경우 대학 수준에 걸맞게 수준 높은 교육을 제공함으로써 대학이 기여할 바에 대한 확신을 제시하고 있다. 일반적인 평생교육에 대한 논의가 청년층의 직업 기술교육 중심으로 그리고 수익자 부담 원칙으로 진행됨에 따라 자유교양교육의 축소가 불가피하게 발생하자, 노인들 스스로가 자신들의 교육적 권리를 찾고 자율적인 교육조직체로서의 U3A 운동이 활발하게 진행되었다는 점도 매우 특징적이다. 또한 자원단체의 사회봉사 전통이 강한 영국에서는 다양한 단체들을 통해 노인들이 참여할 수 있는 프로그램이 제공되고 있다.

3. 독 일

독일은 1932년에 고령화 사회, 1972년에 고령사회에 이르렀고, 2009년에 이미 초고령사회에 진입하였으며, 2010년 현재 65세 이상 고령자 비율이 20.8%에 이른다(日本 國立社會保障, 人口問題硏究所, 2013). 독일은 통일 이후 고령화 속도가 잠시 주춤하였으나 이후 경제안정과 지속적인 저출산으로 고령화가 다시 가속화되었다. 60세 이상 비율은 2013년 27.1%에서 2050년 39.6%로 증가할 것으로 예측되며, 2005년에서 2010년 사이 평균 합계출산율이 1.36명이다(UN, 2013).

과거 독일의 노년교육은 주로 오락이나 보살핌의 개념에 초점을 맞추고 있었다. 그리고 1980년대에 들어와서야 비로소 노년기에도 능력을 개발할 수 있다는 입장에 따라 노년기의 상이한 교육요구와 성과요구에 상응하는 다양

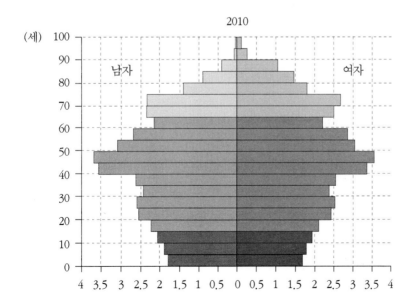

[그림 4-3] 독일의 인구구조(2010년 현재)

출처: UN(2013).

한 교육 프로그램이 마련되었다. 독일의 노년교육은 크게 세 가지 측면을 가진다. 의사소통적인 요소를 지니는 일반적인 노년교육(교양교육), 개인의 심리적 상태에 따라서 자신의 역량과 잠재력을 유용하게 이용하고 발전시키기 위한 노년교육, 그리고 사회적인 측면에서 노인의 생산성을 발전시켜 자원화하기 위한 인적 자원 개발을 위한 노년교육이 그것이다.

1) 노인대학

독일의 대학은 대부분 국립대학이므로 노인의 평생학습권도 잘 보장되어 있는 편이다. 일반적으로 노인들도 대학에 개설된 정규과목 대부분을 청강할 수 있는 자격이 있으며, 소정의 청강료를 내거나 정식 대학생으로 등록할 경우 주정부마다 조금씩 다르지만 연금수혜자들은 저렴한 수강료(약 30만원 정도)로 대학 수업을 들을 수 있다. '노인대학(Senioren-Universitaet)'은 대학에서 운영하는 노년교육 프로그램으로, 대학마다 특성화되어 운영되며 교수법도 매우 다양하다. 노인의 대학교육은 모든 사람에게 대학의 문호를 개방하여 국가가 평생학습권을 보호하려는 것이 주된 목적이다. 따라서 졸업장을 수여하는 것이 교육의 주된 목적은 아니지만, 소정의 학기를 마친 노인에게는 노인대학졸업증을 수여하고 있다(한정란 외, 2008).

노인대학의 교육목표는 노인들이 학문적인 학습 과정에 참여함으로써 스스로 도야를 촉진하게 하며, 새로운 연구 결과에 관한 정보를 얻고 노년을 보낼 방향을 결정도록 하며, 직업 분야에서 새로운 모델을 제시할 수 있는 자격을 갖추도록 돕는 것이다. 그리고 노년학 분야에 노인 스스로가 참여하도록 하며, 사회노년학 분야의 연구에 노인이 직접 참여하도록 이끌고 있다. 또한 대학에서의 노년교육은 세대통합과 세대 간의 상호작용을 지향하며 세대 간의 발전을 통하여 문화전달을 위한 연구와 교육을 계속하려는 것이 목적이다(Brunner & Keil, 1998; Veelken, Goesken & Pfaff, 1998: 한정란 외, 2008에서 재인용).

대학의 모든 정규학과에서는 연령과 무관하게 정규과정의 학생이나 청강생으로 참여할 수 있도록 문호를 개방하고 있다. 정규대학 입학의 연령적 조건은 없으나 대학입학 자격 취득이나 이에 준하는 학력이 입학조건으로 전제된다. 또한 많은 대학에서 노인과 관련된 주제를 다루는 특수 연구과정들을 제공하고 수료자에게 자격증을 교부하고 있다. 도르트문트 대학과 하이델베르크 대학에는 별도의 노년학과가 개설되어 있고, 노인을 위한 교과목은 약 50여 개 대학에 개설되어 있다. 독일 전국의 노인 대학생 수는 약 1만 6,000명으로, 이 중 여성 노인 대학생은 약 1만 명으로 집계된다(한정란 외, 2008).

독일 노인대학의 교육 프로그램은 다음과 같다(한정란 외, 2008).

첫 번째 유형은 청강 프로그램이다. 대학의 정규 교과목을 학습대상자 확대차원에서 노인들에게 개방하는 청강과정이다. 이러한 청강 프로그램을 운영하는 데 별도의 재정이나 인력을 투입할 필요는 없다. 다만 노인들의 수강을 도와주기 위한 일종의 자원봉사 인력을 배치하여 노인 학습자와 교수, 그리고 대학 행정 사이에 조정자 역할을 담당하도록 한다.

두 번째 유형은 노인 학습자들의 특별한 관심이나 요구에 맞춘 연장자 과정을 개설하는 경우다. 또 노인 학습자들을 위한 별도의 오리엔테이션이나 강좌 소개, 상담 등도 제공한다. 이러한 연장자 과정은 노인 학습자들에게 양질의 교육을 제공한다는 장점 외에도 노인 관련 전공자들에게도 현장과 관련된 직업능력을 강화할 수 있다는 점에서 매우 유용하다.

세 번째 유형은 은퇴 후 자원봉사와 재취업을 위한 학업강좌로 자격증과정으로 운영되기도 한다. 실습과 자격 취득을 전제로 하기 때문에 참여인원에 제한이 있고, 이 과정의 수료자들은 실제 자원봉사활동에 참여하거나 재취업의 길로 들어서기도 한다.

네 번째 유형은 인문교양 과목으로 개설된 교육프로그램으로, 이 교육과정을 이수한 노인학습자에게는 증명서를 수여한다. 강좌의 내용은 단지 이론적 지식 전달에 머물지 않고 노인들의 개인적 혹은 사회적 문제 해결에 도움을 줄 수 있는 실제적인 내용까지 포함한다.

마지막 유형은 정해진 기간에 노인들에게 대학을 개방하는 단기 프로그램이다. 이러한 단기 개발과정은 최근의 사회적 이슈에 관한 강연, 세미나, 토론 그룹이나 여행 등으로 이루어진다.

2) 시민대학

독일의 시민대학(Volkshochschule)은 1970년에 독일의 모든 시민에게 평생교육을 보장하기 위하여 국가 주도로 설립되었다. 14세 이상의 독일 내 거주자는 누구나 수강할 수 있고, 성인이나 학교를 다니지 않는 청소년이 중요한 교육대상이지만 노인 대상 교육도 진행되고 있다. 수업은 가정주부를 위해서는 주로 오전에 마련되어 있고, 직업인을 위해서는 저녁 8시부터 강좌가 시작되며, 주말에는 영어 등의 집중 강좌가 열리기도 한다. 6주 정도의 단기 강좌가 많고 장기적으로 이루어지는 자격증 코스들도 많이 개설되어 있다. 국가가 지원하기 때문에 교육비는 매우 저렴하고 또한 개인의 경제 상태에 따라 차등제를 두어 실업자의 교육비는 전액무료이며 학생이나 주부에게는 학비의 20% 정도를 할인해 주고 있다(한정란 외, 2008). 2001년 시민대학 등록생 중 50~64세가 143만 56명으로 전체의 21.1%, 65세 이상이 50만 6,105명으로 7.5%를 차지했으며, 이 중 80% 이상이 여성 고령자들이다. 이들 고령자들이 참여한 프로그램을 살펴보면, 어학 프로그램 33%, 직업 프로그램 23.9%, 건강 프로그램 22.8%, 정치사회 프로그램 10.6% 등이었다(http://www.die-bonne.de, 2003: 황영희, 2009에서 재인용). 전국적으로 약 7만 9,000개의 시민대학이 있으며, 학습자들의 요구를 적극 반영하기 위하여 독일의 16개 주에는 주 단위로 시민대학연합회가 구성되어 있다(한정란 외, 2008).

3) 노인클럽

1988년에 호르흐하이머(Horchheimer)는 뮌헨 지방을 중심으로 시민대학에 노인클럽을 만들어서 '판타지와 창의성'을 중심으로 집중적인 교육을 실시하였다. 젊은 예술가와 노년학적 지식을 가진 학생들이 양로원이나 노인을 중심으로 예술 프로젝트를 마련하였고, 노인을 중심으로 연극반을 만들어서 활동하였으며, 연극반을 이끌어 가는 지도자반과 연출자양성반도 개설하여 교육하였다. 예술교육은 자생적인 그룹 활동으로 시작되었고 세대 교환 프로그램을 통하여 이루어졌다(Age Exchange, 1994: 한정란 외, 2008에서 재인용). 또 1990년에는 노인을 중심으로 전통문화 클럽이 결성되었다. 노인클럽에서의 다양한 문화예술 활동을 통하여 노인들에게는 의사소통의 기회가 마련되었고 사회 속에서 노인들은 자신의 실존을 느끼는 체험이 가능해졌다. 그리고 창의적인 예술 활동을 통하여 치료 효과(Neumann, 1994)도 함께 얻을 수 있는 것으로 평가되고 있다(한정란 외, 2008에서 재인용).

　이상과 같이, 독일에서는 특히 노인을 잠재적 노동력으로 사용하기 위하여 노인의 역량개발을 중시하여 운영하고 있으며, 고령까지도 건강을 지키고 자율적인 활동이 가능하도록 함으로써 고령노인의 증가가 경제 · 사회보장제도를 위협하지 않고 노인부양비의 증가로 인한 사회부담으로 이어지지 않도록 교육을 통하여 예방하는 데 중점을 두고 있다.

4. 미 국

　미국은 다른 선진국들에 비하여 상대적으로 고령화가 늦은 편이다. 1942년에 고령화 사회, 2014년에 고령사회에 진입하였으며, 2031년경 초고령사회로 들어설 것으로 예측되고 있다. 2010년 미국의 65세 이상 고령인구 비율은 13.1%이며(日本 國立社會保障, 人口問題研究所, 2013), 60세 이상 비율은 2013년 19.7%에서 2050년 27.0%로 증가할 것으로 예측된다. 또 2005년에서 2010년 사이 평균 합계출산율이 2.06명으로 비교적 높은 수준을 유지하고 있다(UN, 2013). 이러한 고령화 지체 현상은 이른바 아메리칸 드림(American dream), 즉

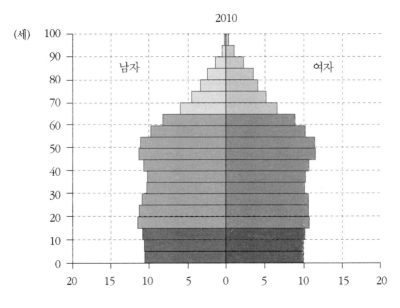

[그림 4-4] 미국의 인구구조(2010년 현재)

출처: UN(2013).

젊은 외국 노동력의 유입 효과 때문으로 해석된다. 그러나 미국 역시 이민 역사가 길어지면서 지금에 와서는 이민자들의 고령화와 더불어 전반적인 고령화를 피하기 어려운 실정이 되었다.

미국 노년교육의 특징은 민간 주도의 교육이 활성화되어 있다는 점이다. 미국 사회에서 노년교육은 18세기 사회적·문화적·정치적 관심에 그 뿌리를 둔 미국 성인교육운동으로부터 시작되었다. 초기의 성인교육은 문해능력(literacy)을 배양함으로써 국가의 의사결정에 개인이 참여할 수 있도록 하기 위한 우수한 시민을 양성하는 데 초점을 맞추었다.

미국의 성인교육의 발전에 기여한 프로그램은 크게 세 가지다. 먼저 B. Franklin은 1727년 '준토(Junto)'라는 연구·토론 공동체를 설립함으로써 미국의 초기 성인교육 발전에 중요한 역할을 하였다. 준토는 매주 소수의 인원이 모여 지역사회의 관심사에 관하여 토론을 하는 공동체였다. 그로부터 약 100년 후, '리씨움(Lyceum)'이라는 또 다른 성인교육 조직이 생겨났는데, 이 강의 시리즈는 특히 초등교육의 기회도 갖지 못했던 성인들의 교육수준을 신장시키는 데 주력하였다. 리씨움 프로그램은 이동 강의를 통하여 낙후된 지역 주민들에게 좋은 강의를 접할 수 있는 기회를 확대하였으며, 이 운동은 이후 100년 이상 존속하며 미국의 여러 지역들, 특히 중서부 지역에 지적인 자극을 주었다. 그 이후 '샤토쿠아(Chautauqua)' 운동이 일어났는데, 이는 종교적 교육과 교양교육, 예술이 복합된 형태였다. 1874년 여름 뉴욕 샤토쿠아(Chautauqua) 호숫가에서 처음 시작되어, 주일학교 교사 훈련 및 교인들의 계몽, 그리고 수대에 걸친 텐트 퍼포먼스(tent performance)의 기초를 제공하였다. 물론 준토, 리씨움, 샤토쿠아 등이 노인 학습자들만을 위해 개발·운영되었다고 보기는 어렵다. 리씨움은 기본적으로 청년들에게 초점이 맞추어졌고, 준토는 모든 연령대의 사람들을 포함하였으며, 샤토쿠아 역시 근본적으로 노인들만을 위한 프로그램은 아니었지만 여름 휴양지에서 열렸기 때문에 좀 더 많은 노인들이 포함되었다. 따라서 대부분 샤토쿠아 운동을 미국의 노인을 위한 교육의 효시로 받아들이고 있다(Peterson, 1990).

미국에서 초기 노년기 교육은 시니어센터(Senior Center)와 같은 사회복지 서비스의 일환으로 시작되었다. 시니어센터에서의 교육활동은 1940년대 초반부터 시작되었는데, 그 시초가 되었던 곳이 1943년 뉴욕시에 세워진 윌리엄 허드슨 커뮤니티 센터(William Hudson Community Center) 내에 위치한 시니어센터였다. 시니어센터는 노인들에게 영양, 건강, 고용, 교통, 창작예술, 레크리에이션, 리더십, 자원봉사 참여는 물론이고 각종 복지서비스와 교육까지 포함한 종합적인 서비스를 제공한다(Lowy & Doolin, 1990).

미국 초기의 또 다른 노인 대상 교육은 지역공동체 기반의 성인교육 프로그램의 확장된 형태로 시작되었다. 즉, 노인들이 주된 교육대상이 아니라, 다른 연령대를 위해 만들어진 프로그램에 노인들이 포함되는 형태로 진행되었다. 노인을 위하여 특별히 고안된 프로그램의 개발은 1952년 시카고 대학에서 처음으로 통신교육과 퇴직준비교육 프로그램을 실시하면서 시작되었으며, 1960년대에는 더 많은 기관들로 확대되었다. 특히 1960년대는 사회적으로 소외계층에 대한 관심이 증폭되던 시기여서, 소외계층의 주류를 형성하던 노인들이 필요한 사회적 서비스를 받을 수 있도록 하기 위한 교육이 요구되었다. 이러한 교육 프로그램들의 한 예로 1950년대 초 시카고 대학과 미시간 대학에서는 은퇴를 고려하는 고령 근로자들에게 상담과 교육을 제공하는 은퇴준비 프로그램을 개발하였다. 특히 은퇴준비교육(retirement education)은 1978년 법적 정년을 금지한 「고용상연령차별금지법(Age Discrimination in Employment Amendments)」의 제정 이후 재취업 교육과 더불어 급속히 확산되었다(Peterson, 1990). 또한 1970년 미국 노화부에서 미국지역사회대학 및 초급대학 연합회(American Association of Community and Junior College: AACJC)에 노년교육 장려금을 주기 시작하면서, 지역사회대학(community college)에서도 노인 학습자에 주목하기 시작하였다. 그리고 엘더호스텔(Elderhostel) 프로그램 같은 지역사회 거주 노인들을 위한 교육이 급속한 성장을 거둔 것도 1970년대의 중요한 변화였다.

노인들을 위한 교육 프로그램은 1970년대에 발전을 거듭했으며, 다양한 학술대회와 출판 등을 통하여 학문적인 발전으로 이어졌다. 플로리다 주립대는 1960년대 말과 1970년대 초 두 차례에 걸쳐 노인들을 가르치는 교육자들을 훈련시키기 위한 연례회의를 개최하였고, 이후 다른 대학들에서도 비슷한 회의들이 확산되었다(Glendenning, 1985).

미국성인교육연합회(The Adult Education Association of the U.S.A.)는 1951년 창립 이후 줄곧 고령화를 주제로 한 섹션을 개설하였고, 노년교육을 위한 출판 사업에도 활발히 참여하였다. 또한 1980년대 중반부터 1990년대 초반까지 Peterson, Lumsden, Glendenning, Jarvis 등 여러 학자들의 활발한 연구와 출판이 노년교육 발전에 기여하였다.

한편, 정책적 측면에서는 1958년 고령화에 관한 구체적 대응방안의 청사진을 제시하기 위하여 각계 전문가들이 참여하는 전 국가적인 포럼이 제의되었고, 그에 따라 「백악관고령화회의법(White House Conference on Aging Act)」을 제정, 1961년에 첫 '백악관고령화회의(White House Conference on Aging)'

가 소집되었다. 백악관고령화회의는 1961년 1회 회의를 시작으로 1971년, 1981년, 1995년 그리고 2005년 등 거의 10년마다 총 5차례 개최되었다.

1961년 첫 회의 결과, 그해 사회보장제도 개정이 이루어지고, 노인과 저소득층을 위한 의료보호제도 Medicare와 Medicaid가 시작되었다. 1965년에는 「노인법(The Older Americans Act)」과 「고등교육법(The Higher Education Act)」이 통과되어 법적 기반이 마련되었다. 1971년 2차 백악관고령화회의에서 주요 초점은 소득 재정비였다. 그 결과 노인들을 위한 국가 영양 프로그램과 노후화된 주거 개량사업이 추진되었다. 그리고 1981년 열린 3차 회의는 미국 노년교육 발전에서 중요한 역사적 사건으로 기록된다. 이 회의에서 McClusky에 의해 '모든 이를 위한 교육권 보장'이 주장되었고, 어느 누구도 교육기회와 교육참여에 있어서 차별되어서는 안 된다는 점을 명시하였다. 그리고 노년교육을 위한 연방정부, 주정부, 지방정부, 각종 교육조직들의 역할을 명시하였다. 연방정부는 노인들의 경제적·사회적 지위 향상을 위해, 그리고 삶의 질 향상을 위해 가장 우선적으로 노인 관련 부분에 재정적 투자를 해야 하고, 모든 노인들에게 교육기회가 제공되도록 직업훈련, 퇴직준비교육, 리더십과 자원봉사교육, 생활교육, 문화교육을 실시할 것을 제안했다. 또한 주정부에게는 노년교육을 위해 연방정부 및 각종 사립교육기관들과 긴밀한 관계를 형성할 것을 권고하였다. 또한 1995년 회의에서는 노인에 대한 사회적 안전망이 주요 안건이었으며, 건강, 소득 안전망, 주거/사회/지역사회 서비스, 범죄/개인 안전, 세대 간 상호의존성, 노년기 삶의 질, 생산적 노년, 고용, 교통, 노인의 이미지, 연구/교육/훈련, 문화적 다양성, 가족, 과학기술 등의 이슈들이 다루어졌다.

가장 최근에 열렸던 2005년 회의에서는 베이비부머의 노화가 주요 이슈였다. 회의에서는 베이비부머들이 이전 세대들에 비해 더 건강하고 더 부유하며 더 많은 교육을 받아 퇴직 후에도 더 많은 기여를 하고자 할 것이고, 인종 및 민족 면에서 더 다양하며, 수명의 연장과 백세인의 증가로 노년층 전체의 평균 연령이 증가할 것이고, 과거 70년보다 더 오래 노동시장에 머물고 싶어 할 것이라고 분석했다. 따라서 이전의 경험으로부터 그 해법을 구하기보다는 새로운 시각에서 문제를 보아야 함을 제안하였다. 그리고 이러한 새로운 베이비부머의 노화로 인해 새로운 국면에 들어선 고령화 문제를 해결하기 위한 실천방안으로서 노인들의 이동권 보호, Medicaid와 Medicare의 개선, 노인 의료 분야 인력의 교육 및 훈련 강화, 혁신적인 재가 장기요양 모형의 개발, 노인 정신질환 치료 개선, 고령 노동력에 대한 인센티브 강화 및 고령 노동력 고용 장벽 제거, 자원봉사 및 시민 참여(civic engagement) 확대, 노화 연구 강화, 조손 가정 노인에 대한 지원 강화, 시니어센터 개선, 죽음 준비교육, 건강교육과 건강문해(health literacy) 개선, 주거환경 개선 등을 포함한 50가지를 제안하였다.

학문적으로는 1941년 미국 사회과학연구회에서 노년생활의 사회적 적응문제를 연구하기 위한 학제적인 분과위원회를 구성하였다. 그리고 1945년에는 미국노년학회(the Gerontological Society in America)가 창립되었으며, 1946년에는 학회지 *Journal of Gerontology*가, 1961년에는 새로운 학술지 *The Gerontologist*가 창간되었다. 그리고 1988년에는 *Journal of Gerontology*를 *Journals of Gerontology*로 명칭을 변경하였으며, 1995년부터는 노인의학 분야를 다루는 *The Journals of Gerontology: Biological Sciences and Medical Sciences*와 노년사회학 분야를 다루는 *The Journals of Gerontology: Psychological Sciences and Social Sciences*의 두 권으로 나누어 발간해 오고 있다.

1950년에는 벨기에의 리이그(Liege) 시에서 처음으로 국제노년학회(The International Association of Gerontology: IAG)가 조직되어 1951년부터 3년마다 국제노년학대회를 개최했다. 이후 1981년 7월 독일 함부르크(Hamburg) 시에서 개최된 제12회 대회부터는 4년마다 개최하기로 변경되었으며(한정란, 2005), 2005년부터는 노인의학 분야와 통합하여 'IAGG(International Association of Gerontology and Geriatrics)'로 명칭을 변경하였다.

1976년에는 D. B. Lumsden 등에 의하여 본격적인 노년교육학 연구지인

*Educational Gerontology: A International Journal*이 창간, 미국과 영국에
서 동시 발간됨으로써 노년교육학 연구의 본격화에 일조를 담당하였다. 이는
현재까지도 노년교육학 분야의 권위 있는 간행물로 인정받고 있다.

요컨대, 미국의 노년교육은 시니어센터를 중심으로 소외계층을 위한 사회
적 관심에서 출발하여, 점차 대학이나 관련 단체들 중심으로 전반적인 노후
의 은퇴 적응을 위한 문제와 역할 변화의 창출에 초점을 두는 교육으로 발전
되었다.

미국의 주요 노년교육 프로그램을 살펴보면 다음과 같다.

1) 엘더호스텔/로드스콜라[10]

엘더호스텔(Elderhostel)은 여행과 발견, 학습을 결합한 프로그램이다. 1975년
뉴햄프셔(New Hampshire)의 5개 대학에서 시작된 엘더호스텔은 2010년에는
'로드스콜라(Roadscholar)'로 이름을 바꾸었고, 현재는 미국의 전 주(State)와
전 세계 150개국에서 진행되는 국제적인 프로그램으로 성장하였다. 프로그
램은 미국 내에서 진행되는 국내 프로그램과 해외여행을 겸하는 해외 프로그
램으로 분류되는데, 보통 국내 프로그램은 1주일(5일), 해외 프로그램은 1~
3주 정도의 기간으로 진행된다. 대부분의 프로그램은 숙박이나 여행과 학습
을 병행하며, 숙식을 모두 포함하여 일주일에 600~700달러 정도의 비용이
든다. 학위 취득을 위한 코스가 아니기 때문에 특별한 입학 자격은 없으며,
내용도 교양, 문화, 건강, 봉사 등 매우 다양하고 세부 프로그램은 지역마다
특색 있게 진행된다.

---

10) http://www.roadscholar.org/ 2014. 4. 20. 접속.

2) 은퇴 후 학습 센터

은퇴 후 학습 센터(Lifelong Learning Institutes: LLIs)는 1962년에 시작된 비학점제로 운영되는 또래학습 공동체로서, 가장 큰 특징은 또래학습과 적극적인 참여에 있다. 처음에는 Institutes for Learning in Retirement(ILRs)로 시작하였지만, 1988년 엘더호스텔과 통합되면서 2000년에는 이름을 Lifelong Learning Institutes(LLIs)로 변경하였고, 2013년에는 다시 'Road Scholar Institute Network(RSIN)'으로 이름을 변경하였다. 현재 미국에만 400여 개의 RSIN이 운영되고 있으며 대부분 종합대학이나 단과대학, 지역사회대학(community college), 혹은 지역 평생교육기관들과 연계하여 운영되고 있다. LLIs는 55세 이상의 회원들이 참여하고 연회비가 있는 회원제로 운영되며, 회원들이 제안한 프로그램으로 채워지는 또래학습 형태를 갖고 있다. 즉, 회원들이 교육 주제를 제안하고, 그 주제에 동의하는 회원들이 함께 모여 강좌를 구성하며, 대부분의 경우 별도의 교사 없이 그 강좌에 들어온 회원들이 함께 가르치고 배우는 역할을 공유한다. 학습그룹의 리더들은 자신의 경력과 관련된 주제에 대해 교육과정위원회의 도움을 얻어 강좌를 설계하고 운영하게 된다. 프로그램은 인문학부터 예술 그리고 언어까지 매우 다양하다.

3) 시니어센터[11]

시니어센터(Senior Center)는 우리나라의 노인복지관과 비슷하게 지역사회 노인의 일상생활에 도움을 주기 위하여 건강·의료 서비스, 사회적 서비스, 여가, 교육, 그리고 때로 가정방문 서비스, 정보 서비스 등을 제공하는 일종의 다목적 노인센터다. 시니어센터는 1943년 뉴욕 시에서 처음으로 문을 열

---

11) http://www.ncoa.org/national-institute-of-senior-centers/ 2014. 3. 9. 접속.

었고, 1965년 「노인법(Older Americans Act)」 제정으로 크게 활성화되었다. 1978년부터는 시니어센터의 국가기준을 마련하고 평가인증제(accreditation)를 통해 질적 발전을 도모하고 있다. 국립시니어센터협회(National Institutes of Senior Center: NISC)에 따르면 현재 약 1,000만 명 이상의 노인들이 1만 1,000개의 시니어센터에 참여하고 있다. 시니어센터에서는 건강 · 웰빙 프로그램, 교통이동 서비스, 예술 · 인문학 프로그램, 자원봉사, 식사 프로그램, 교육 프로그램, 고용 지원, 재정 지원, 여가 프로그램, 세대 간 프로그램, 정보 제공, 상담, 지역사회 실천 기회 제공, 기타 특별 서비스 등을 제공한다. 미국의 시니어센터 역시 우리나라 노인복지관과 비슷하게 회원들의 평균연령이 높아지면서 점차 고령화되어 개혁의 목소리도 함께 커져 가고 있다. 이에 평가인증제와 다양한 아이디어 공모 등을 통해 탈출구를 모색하고 있다.

4) 오아시스[12]

오아시스(Older Adult Service and Information Systems: OASIS)는 1982년 노인청이 지원하여 네 곳의 메이(May) 백화점[13]에서 2년간의 시범사업으로 시작되었고, 이후 메이시스(Macy's) 백화점이 자체 프로그램으로 운영해 오고 있다. 이 프로그램은 50세 이후의 적극적인 삶을 돕기 위하여 지역의 건강 관련 기관, 시니어센터, 도서관, 대학, 지역사회 조직 등 700여 개의 기관들이 협력하고 있으며, 연 5만 9,000명 이상의 노인이 프로그램에 참여하고 있다. 오아시스 프로그램은 평생교육, 건강과 웰빙, 세대 간 프로그램, 정보화 교육 등 다양한 내용들로 이루어진다.

---

12) http://www.oasisnet.org/ 2014. 3. 9. 접속.
13) 이후 백화점 이름을 May에서 Macy's로 바꿈.

5) PLATO Society[14]

PLATO(Partners in Learning Activity Teaching Ourselves)는 1980년 UCLA 대학에서 학습동아리 형태의 대표적인 또래학습 프로그램인 UCLA PLATO로 시작되었으며, 2013년부터는 독자적인 비영리교육기관인 The PLATO Society of Los Angeles로 독립하였다. 주로 사업, 전문직, 예술, 자원봉사 분야에서 20년 이상 종사한 50세 이상의 남녀로 구성된다. 전통적인 방식의 교수자-학생 접근을 떠나 참여자들이 주제에 대해 서로의 생각을 자극하고 격려한다. 토론그룹은 1명의 코디네이터를 포함해 14명으로 구성되며, 주 1회 2시간씩 14주에 걸쳐 진행된다. 모든 참여자는 돌아가면서 한 주씩 리더가 되어 토론을 주재하며, 학기마다 25개 주제가 개설된다. 학습그룹 외에도 PLATO 회원들은 다양한 분야의 석학들이 초청되는 콜로키아(Colloquia), 밀홉트 세미나(Milhaupt Seminar), 해외여행, Brown Bag Lunches, Day Trips 등에 참여할 수 있다. PLATO에서 다루는 주제는 매우 전문적이고 수준 높은 것들이다.

이상에서 살펴본 바와 같이, 미국은 짧은 역사에 비해 밀도 있는 노년교육의 실천력을 보여 준다. 미국에서는 일찌감치 고령화에 대한 경고를 겸허히 받아들여 대비하였고, 특히 사회복지적 차원의 치료적 접근만이 아닌 적극적인 교육적 차원에서 노인들의 존재와 가치를 고양하는 의미 있는 노력을 기울여 왔다. 또한 미국에서는 교육의 대상자이자 주체인 노인공동체원의 자발적인 학습 노력과 이에 대한 정부와 민간단체의 적극적인 지원을 통해 노년교육이 발전해 왔다. 그중에서도 미국 노년교육의 주도적 제공기관은 대학들이다. 대학은 그들이 가진 양질의 교육 환경을 노인들과 나눔으로써 사회적

14) http://www.theplatosociety.org/ 2014. 3. 9. 접속.

으로 기여하고 있다. 또한 대학뿐 아니라 다양한 민간단체들과 지역정부가
적극적으로 상호 연계함으로써 노년교육의 질적 발전을 도모하고 있다.

5. 일 본

일본은 세계 최고령국이다. 다른 선진국들보다 늦은 1970년에 고령화 사회
에 들어섰지만, 이후 고령화가 급진전되어 1994년에 고령사회, 그리고 2005년
에 초고령사회에 진입하였다. 65세 이상 고령인구 비율은 2010년 현재 23%
에서 2050년 38.81%(日本 國立社會保障, 人口問題研究所, 2013), 60세 이상 인구
는 2013년 32.3%에서 2050년 42.7%로 증가할 것으로 예측된다(UN, 2013). 이
러한 일본의 급속한 고령화는 낮은 출산율(2005년에서 2010년 사이 평균 합계출
산율 1.34명)과 높은 기대수명(2005년에서 2010년 사이 평균 기대수명 82.7세)에

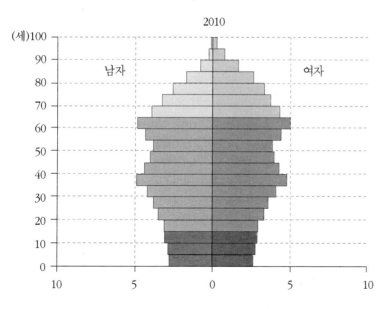

[그림 4-5] 일본의 인구구조(2010년 현재)

출처: UN (2013).

서 그 이유를 찾을 수 있다.

일본은 1970년대에 들어서면서 고령화가 중요한 사회문제로 대두되었으며, 이는 당시 어두운 경제상황과 맞물려 부정적 이미지로 부각되었다. 1970년대까지 일본 경제는 계속되는 고도성장으로 낙관적인 경제전망을 예상했으나, 오일 쇼크 이후 경제성장이 둔화되기 시작하였다. 그리고 전례가 없는 급속한 고령화는 노인들을 사회문제, 경제적 부담으로만 보는 부정적인 시각을 낳았다. 이러한 고령사회의 어두운 면을 타개하기 위하여 일본 정부는 증가하는 노인인구를 사회적으로 적절히 부양할 수 있도록 사회구조를 재편하고, 건강하고 능력 있는 노인들을 사회적으로 활용하는 방안을 채택하였다. 일본의 노년교육은 노인에 대한 부정적 이미지를 바꾸고 사회 전체의 경제적 활력을 유지하면서 노인에 대한 부양 부담을 감소시키는 방안의 하나로 국가의 정책적 지원 속에서 체계적으로 추진되었다는 점이 서구의 선진국들과는 다르다.

일본에서는 노인의 생활상 변화, 즉 평균수명의 연장과 노인인구의 증가, 여가의 증대, 가치관의 변화, 그 외 사회환경 변화 등에 따른 시대적 요청으로 노인을 위한 교육의 필요성이 고조되어 왔다. 일부 선도적인 자치체(自治體)와 공민관 등에서는 1955년부터 노인대학과 고령자 교실 등의 명칭으로 고령자에게 학습 기회를 제공하기 시작하였다. 그리고 소수의 시정촌(市町村) 노인클럽에서 실시되어 오던 연수활동이 1965년부터 국가에서 본격적으로 고령자 교육을 시행하면서 노인대학과 같은 강좌 형태로 조직되었다. 문부성은 5년에 걸쳐 시정촌에 고령자 학급 개설을 권장하였는데, 이것이 국가의 사회교육 시책으로 실시되면서 처음으로 '고령자'라는 이름을 붙인 사업이 시작되었다(이병준 외, 1999).

1973년부터는 시정촌에서 고령자 교실을 개설할 경우 그 경비의 일부를 국고에서 보조하는 형태로 운영되었다. 또 1977년부터는 이전에 실시되어 왔던 성인학급, 성인교실 등의 여러 사업들이 '생애교육 학습사업'이라는 명칭으로 통합되어, 새로운 성인대학 강좌가 국가보조사업으로 전개되었다. 그리고 생애의 시기별 학습 형태들이 정비되었고, 성인 학습을 마친 후의 노인은 노인교실이나 성인대학 강좌 또는 각 노인단체에서 활동함으로써 지속적인 학습활동을 할 수 있게 되었다(萩原雅雄, 1978: 김성균, 1990에서 재인용).

문부성은 1978년부터 고령자를 사회의 중요한 역할을 담당하는 구성원으로 인정하고, 그들의 능력을 활용하고자 뛰어난 지식과 기능을 가진 고령자를 대상으로 연수를 실시하였다. 그리고 이들을 사회교육 활동의 지도자로 파견하는, 고령자 인재활용 사업을 지원하였다. 또한 지역별로 전통문화의 계승을 위한 '고령자 인재은행'을 개설하였다. 이는 풍부한 지식과 기능을 지닌 노인이 전통문화 및 정보 소지자로 등록을 하고, 전통문화의 전달자로서 사회교육 측면에서 살기 좋은 지역사회를 건설하는 데 공헌함을 그 취지로 삼았다(佐藤嚴, 1978: 김성균, 1990에서 재인용).

1986년 경제 활성화를 통한 활력 있는 장수사회, 사회 연대 정신에 입각한 포용력 있는 장수사회, 건강하고 충실한 생활을 위한 풍요로운 장수사회 등 세 가지 기본방침을 담은 '장수사회 대책 대강'을 제정하였다(이병준 외, 1999). 그리고 이 세 가지 방침 아래 고용-소득보장 시스템, 건강-복지 시스템, 학습-사회참여 시스템, 주택-생활환경 시스템의 4개 시스템을 중심으로 장수사회 대책을 종합적으로 추진하였다.

그 후 1995년 급속한 고령화 진전에 대응하기 위하여 「고령사회대책기본법」을 제정하여 내각총리대신을 회장, 각료들을 위원으로 하는 '고령사회대책회의'를 구성하고, 1996년부터 5년마다 '고령사회대책대강령'을 발표해오고 있다. 2011년 발표된 제4차 고령사회대책대강령은 취업·연금 분야, 건강·개호·의료 분야, 사회참가·학습 분야, 생활환경 분야, 고령사회에 대응하기 위한 시장의 활성화와 조사연구 추진, 전 세대가 참여하는 초고령사회에 대응하기 위한 기반 구축 등 6개 분야의 실천전략을 담고 있다.

고령사회대책대강령에 따라 매년 실천방안들을 내놓고 있다. 『2013 고령자백서』에서 고령사회대책대강령 추진 과제를 살펴보면, 학습 기회의 체계적 제공 및 기반 정비, 학교에서의 다양한 학습 기회 제공(초중등교육기관에서의 다양한 학습기회 확보, 고등교육기관에서의 사회인 학습기회 제공, 학교기능·시설의 지역 개방), 사회에서의 다양한 학습기회 제공(사회교육의 진흥, 문화활동의 진흥, 스포츠활동의 진흥, 자연과의 소통, 체계적인 소비자교육 촉진), 근로자의 학습활동 지원 등 네 가지 실천방안을 제시하였다(內閣府 編, 2013).

첫째, 학습기회의 체계적 제공과 기반 정비를 위해서는, 국민 한 사람 한 사람이 일생을 통하여 학습할 수 있는 환경의 정비, 다양한 학습기회의 제공, 학습한 성과가 적절히 평가되기 위한 구조 구축 등의 실천방안을 제시하였다. 우선, 생애학습의 기반 정비를 위하여, 행정과 대학 등의 교육기관, NPO 등 민간단체, 기업 등 다양한 관계자들 간의 네트워크 구축을 추진하고 도도부현 및 시정촌에서의 평생교육 활성화를 위한 평생교육 지도자 양성 추진 등을 도모한다. 둘째로, 학습 성과의 적절한 평가를 촉진하기 위하여 개인의 학습 성과를 측정하는 검정시험의 질적 향상과 신뢰성 확보, 민간 평가제도 지원, 인재 인정제도의 평가 · 활용 시스템 검토 등을 추진한다. 또 고등교육 수준의 학습 성과를 적절하게 평가하기 위해, 독립행정법인 대학평가 · 학위 수여기구의 과목 이수제도 등을 이용하여 대학 학점을 취득한 단기대학 졸업자, 고등전문학교 졸업자, 전문학교 수료자에 대하여 심사 후 학사학위를 수여하도록 추진한다.

둘째, 학교에서의 다양한 학습기회 제공에서는, 우선 초중등교육기관에서의 다양한 학습기회 확보를 위하여 학교교육에서 고령사회의 과제와 고령자에 대한 이해를 강화하고 세대교류를 강화할 것을 제안하였다. 또 고등교육기관에서의 사회인 대상의 학습기회 제공을 위해서는 사회인 입학 실시, 야간대학원의 설치, 주야개강제의 실시, 과목 이수생제도의 실시, 장기 이수학생제도의 실시, 이수 형태의 유연화 등을 추진하고, 대학이 학술연구 · 교육의 성과를 직접 사회에 개방하며, 이수 증명 프로그램과 공개강좌를 실시하는 등 다양한 학습기회를 제공하도록 하였다. 방송대학은 텔레비전 · 라디오 방송 등의 일상적인 미디어를 효과적으로 활용하여 대학교육의 기회를 폭넓게 제공할 것을 제안하였다. 마지막으로 학교 기능 및 시설을 지역사회에 개방하기 위하여 공립학교 시설의 정비에 국고보조를 시행함과 동시에 학교개방을 위한 학교 시설정비 지침을 발표하여 지역주민의 적극적인 시설 이용을 촉진하도록 하였다.

셋째, 사회에서의 다양한 학습기회의 제공을 위해서는 우선, 지역주민의 학습거점인 공민관을 비롯한 사회교육시설 등에서 모든 연령층을 대상으로 하는 다양한 학습기회를 제공하고, 고령자 지원 등 지역 과제에 대하여 주민들이 주체적으로 생각하고 이를 협조하여 해결해 가도록 하는 '시스템 만들기'를 추진하기 위한, 실증적 공동연구를 실시하도록 함으로써 사회교육의 진흥을 촉진한다. 두 번째로는 국민문화제 개최 등을 통한 문화활동 참여기회 제공, 국립박물관 등에서의 고령자 우대 및 장벽 제거를 통하여 충분한 예술 감상 기회를 제공하고 다양한 문화활동을 촉진한다. 세 번째로는 지역 종합스포츠클럽의 확대, 고령자의 체력 만들기 지원사업 실시 등 다양한 기회를 통해 다양한 스포츠활동이 진흥되도록 한다. 자연교류 시설과 체험활동을 위한 이벤트 등의 정보를 인터넷 등을 통해 제공하고, 자연공원 지도자 연수와 이용자 지도 확충, 지방환경사무소 등에서의 공원 자원봉사자 양성 및 활동 지원 등을 통하여 국립·국정공원의 이용 활성화를 도모하여 자연과의 교류를 확대한다. 네 번째로는 유아기부터 고령기까지 각 단계에 대응하는 체계적인 소비자 교육을 촉진한다.

넷째, 근로자의 학습활동 지원을 위하여 유급교육훈련 휴가제도와 교육훈련 급부제도를 활용한 근로자 개인의 경력 형성을 지원하고 근로자의 자기계발을 지원한다.

일본의 노년교육 정책은 문부성과 후생성으로 양분되어 이루어지고 있다.

대표적인 일본의 노년교육 프로그램은 다음과 같다.

1) 공민관 및 교육위원회의 노인대상 학급 · 강좌

공민관을 비롯하여 도서관, 박물관, 여성교육시설 등 대표적인 사회교육시설과 교육위원회 등에서는 청소년부터 노인에 이르기까지 다양한 연령층을 대상으로 하는 학습기회를 제공하고 있고, 그중에는 고령화 사회의 이해를 돕는 강좌나 노인을 직접 대상으로 하는 학급 · 강좌도 다수 개설되어 있다. 교육위원회와 공민관 등 사회교육시설이 현재 제공하는 강좌들은 취미, 교양 등 여가 소비형 강좌가 대부분이다.

2) 노인클럽

노인클럽은 「노인복지법」에 의거하여 노인의 지식과 경험을 살리고 다양한 사회활동을 통해 노후생활을 풍요롭게 하는 데 도움을 줄 목적으로 설립되었다. 노인클럽은 노인이 자주적으로 운영하는 단체로, 회원의 연령은 60세 이상으로 되어 있고, 동일 지역에 거주하는 약 50명 이상의 사람들로 구성된다. 노인클럽은 지역을 기반으로 한 노인단체로 게이트볼을 비롯한 운동과 각종 레크리에이션 활동 등 회원 자신의 즐거움과 보람 추구를 위한 활동은 물론 환경미화나 지역사회의 독거노인, 와상노인들을 방문하여 말벗이나 개호활동, 일상생활 원조활동에 이르는 자원봉사활동을 펼치기도 한다.

3) 실버인재센터(시니어 워크 프로그램)

실버인재센터는 계속고용제도와는 별도로 퇴직 노인들 중에서 임시적이고 단기적인 취업을 희망하는 자에게 취업기회와 사회참가의 장을 제공하는 것을 목적으로 한다. 실버인재센터는 지역사회를 중심으로 노인들의 일자리를 창출하는 새로운 근로 조직으로, 1985년에 도쿄에 고령자 사업단으로 창설되었다. 이후 실버인재센터 사업이 1990년에 국가의 보조사업(고연령자 노동 능력 활용사업)으로 채택되었고, 1991년에는 「고연령자 고용안정에 관한 법률」에 노인들의 다양한 형태의 고용 · 취업을 촉진하기 위한 방책으로 규정되었다. 1996년의 동법의 개정으로 동 사업은 실버인재센터 연합 사업으로서 전국에 전면적으로 실시되었고, 1998년에는 '시니어 워크 프로그램 사업'이 시작되었다. 시니어 워크 프로그램은 후생 노동성이 각 도도부현의 실버인재센터 연합에 위탁하여 실시하는 사업으로, 노인 대상 업종에서 필요로 하는 기초적인 지식·기능을 익히기 위한 기능 강습을 실시한다(한정란 외, 2008).

4) 장수학원

기존의 노년교육이 공민관과 노인클럽을 중심으로 천편일률적으로 실시되어 온 것에 대한 반성으로, 다양한 노인층의 고차원적인 학습욕구에 체계적으로 부응하기 위하여 문부성은 1989년도부터 장수학원을 개설하였다. 장수학원은 지역사회의 평생학습 추진센터, 대학과 전문학교, 민간 교육사업자 등과 적극적으로 연계하여 노인들에게 광역적이고 다양한 학습기회를 제공하고 수료자를 지역 활동의 지도자로 활용하는 것을 주요 내용으로 한다. 장수학원은 광역 생활권인 도도부현이 주체가 되어 기초 과정·전문 과정·연구 과정 등으로 학습내용을 심화하는 과정제와 학점제(1단위 15시간)를 도입하여, 학습에 대한 동기를 부여함과 동시에 학습의 질을 관리하고 있다. 또한 개개인의 욕구에 맞는 교육을 선택할 수 있는 통신제를 운영하고, 학습 문제를 전담하여 상담해 주는 학생 상담원을 배치하는 등 다양한 노인층에게 좀 더 체계적이고 질 높은 교육을 제공할 수 있도록 한다. 또 장수학원에서 2년 이상 학습하고 일정 학점(30학점 이상)을 습득하면, 수료 증서를 수여하여 지역사회의 리더로서 활약할 수 있도록 하고 있다. 또 대부분의 장수학원에서는 수료 후 일정 기간 지역사회에서 자원봉사자 등으로 활동한 후에 다른 전공으로 재입학할 자격을 부여하고 있다.

5) 일본 엘더호스텔

일본 엘더호스텔(Japan Elderhostel)은 미국의 엘더호스텔 협력기구로서 아시아에서 처음으로 시작되었다.

1986년 3월 3일, 미국 엘더호스텔의 일본 제휴단체로서 엘더 국제교류협회(후에 '엘더호스텔 협회'로 개칭)가 "노인들의 교양을 향상시키고 시야를 넓히기 위한 국제적인 평생교육의 기회를 제공하고, 노인들의 삶의 보람과 국제이해를 증진시킬 것"을 목적으로 창립되었다. 같은 해 9월 60세 이상의 미국인을 대상으로 제1회 '일본학 강좌'를 개설하였으며, 1988년이 되어서야 50세 이상의 일본인을 대상으로 한 강좌가 시작, 그해 1월에 3박 4일 일정으로 일본 국내 강좌를 처음으로 실시하였다. 그 외에 대상의 제한이 없고 숙박하지 않는 'IEA 세미나'가 1988년부터 실시되어 해외 사정, 역사 등 교양일반을 학습하는 기회를 제공하고 있다. 일본의 경우에는 대학 참여가 소극적이어서 국내 엘더호스텔 강좌를 대학이 아니라 일본 엘더호스텔 협회에서 자체적으로 기획하고 프로그램 운영 매뉴얼을 제공하여 외부 단체에 운영을 위탁하고 있다.

엘더호스텔 협회가 제공하는 프로그램에는 세 가지 종류가 있다. 미국의 엘더호스텔로부터 참여자를 받는 일본학 강좌, 일본인을 대상으로 국내에서 개최하는 국내 강좌, 일본인을 대상으로 해외에서 개최하는 해외 강좌다. 일본학 강좌는 60세 이상의 해외 노인들을 대상으로 일본 각지에서 열리는 17일간의 코스로, 일본의 문화 · 사회 · 역사 등에 대한 강의, 사적이나 시설 견학, 시민 각층과의 교류회 등으로 구성되었고, 강의는 영어로 한다. 국내 강좌는 일본 국내 각지에서 개최되는 코스로, 일본 실정에 맞추어 참여자의 연령제한을 50세 이상으로 설정하고, 개최 기간을 3박 4일로 단축했으며, 강의 내용은 문학, 역사, 자연과학, 사회과학, 컴퓨터 실습, 운동, 미술관 · 사적 견학 등으로 구성되어 있다. 해외 강좌는 일본어로 하는 특별 코스와 영어로 하는 통상(通常) 코스가 있다. 일본어로 하는 특별 코스는 미국, 뉴질랜드, 호주 등 해외의 대학과 교육기관에서 개최되는 2~3주간의 코스로, 그 나라의 역사, 문화, 사회에 관한 강의와 현지인들과의 교류, 사적 탐방, 시설 견학 등으로 구성되었다. 영어로 하는 통상 코스는 미국의 대학 · 교육기관에서 개최되는 미국인 대상의 1주간 코스로, 개인 단위로 일본인도 참여할 수 있다. 그 밖에

IEA(Inter Elder Association) 세미나(대상제한 없음)가 있는데, 이는 일본 국내 각지에서 개최하는 1박 혹은 당일 코스의 세미나로 원래 엘더호스텔에 참여하고 싶지만 사정상 집을 비울 수 없는 사람들을 위하여 시작되었다. 주제는 국제 문제, 역사, 문학, 음악 등 다양하다.

6) 노인 방송대학 라디오 강좌

몸이 불편하거나 이동에 불편을 겪는 노인들을 대상으로 하는 방송대학 강좌가 몇몇 현을 중심으로 이루어지고 있다. 효고(兵庫) 현에서 실시하는 노인 방송대학 라디오 강좌를 소개하면 다음과 같다. 이 강좌는 현 내의 노인들에게 인생의 완성을 목표로 하는 평생학습의 기회를 제공하고 장수사회의 삶의 보람 창조에 기여하기 위해 설립되었다. 이 강좌의 입학 자격은 본과생은 효고 현 내 거주하는 만 60세 이상(정원 500명)의 노인이면 누구나 가능하고, 청강생은 거주지, 연령, 정원제한과 상관없이 청강할 수 있다. 그리고 본과를 수료한 사람은 평생 청강생으로 임명하고 있다. 학습 방법은 매주 토요일 아침 6시 30분부터 30분간 방송되는 라디오 강좌(라디오 關西 558KHz)를 청취한 후 본과생은 매월 1회 왕복 엽서에 감상문을 써서 대학에 제출한다. 그러면 대학 측에서 반신용 엽서를 이용하여 개별적으로 지도 및 조언을 한다. 또한 강의의 개요와 학생들의 감상문 등을 게재한 텍스트를 매월 1회 발행한다. 라디오 강좌 프로그램은 '풍요로운 노인기의 실현' '마음을 나누는 장수사회의 실현' '시야를 넓히는 일반교양' '건강, 장수의 탐구' 등 네 가지 주제로 편성되고 있다(한정란 외, 2008).

이상에서 살펴보았듯이, 일본의 노년교육은 정부가 중심이 되어 추진체제나 보급 기반을 정비하였기 때문에 빠른 시일 내에 조직적으로 보급될 수 있었다. 즉, 각 지자체에 평생학습 담당부국을 설치하여 평생학습 진흥을 위한 중·장기적인 기본 계획과 기본 구상을 책정하도록 하는 등 추진체제와 비전을 제시하고, 이에 따라 조직적이고 장기적인 교육기회를 제공하도록 한 점이 특징이다. 또한 일본 정부는 노년교육의 활성화를 위하여 축제 형태를 띤 계몽ㆍ보급활동을 적극적으로 펼치고 있다. 평생학습 페스티벌이나 전국 건강ㆍ복지제와 같은 종합 축전을 통해서 노년교육에 대한 국민적 관심과 이해를 도모하고, 노인들에게는 학습 결과를 발표하는 기회를 제공하여 상호 교류와 함께 학습 동기를 부여하는 효과를 얻어 내고 있다.

　　일본의 노년교육 정책은 고령사회대책 중 건강ㆍ복지 시스템이 아닌 학습ㆍ사회 참가 시스템으로 분류된다. 이는 복지를 넘어 평생학습 차원에서 접근하는 것으로, 여전히 노년교육을 복지의 수단으로만 바라보는 우리의 시각과 대조를 이루는 부분이다.

우리나라 노년교육의 역사 및 현황

우리나라에서도 1970년대 이전부터 배아기(胚芽期)적 형태의 노년교육이 존재했다는 주장도 있지만(박정호, 김경희, 2011), 근대적 의미의 노년교육에 관심을 갖기 시작한 것은 1970년대 이후라 할 수 있다. 1973년 8월 유네스코 한국위원회가 개최한 '평생교육 발전을 위한 전국 세미나'에서 평생교육의 이념과 전략이 토의되어 평생교육에 대한 관심을 부각시켰다. 그 후 평생교육과 노년교육의 세계적 조류를 타고 1980년 10월 "국가는 평생교육을 진흥해야 한다."라고 「헌법」 제29조 제5항에 명문화하기에 이르렀다. 그리고 1982년 12월 국회에서 「사회교육법」이 통과됨으로써 우리나라의 노년교육은 「사회교육법」에 바탕을 두고 보호, 발전되어 올 수 있었다.

1970년 우리나라 최초로 부산 범일동에 '한얼노인대학'이 설립되었고, 1972년 서울평생교육원에 노후생활 강좌가 개설되었다. 또 1973년에는 서대문구 기독교장로학생관 내에 '덕명의숙'이 문을 열었다가 이듬해 1974년에 명동 가톨릭여학생회관으로 자리를 옮겼다(http://www. silverschool.net/ introduction.htm 2011.06.10 검색). 그리고 1974년에는 인왕노인학교가 설립되었으며, 그 후 전국적으로 많은 노인교육 시설이 확산되기 시작했다(홍기형 외, 1998).

노년교육 연구에서는 1975년 국내 최초로 고령화 문제를 전문적으로 연구하기 위한 '한국노인문제연구소'가 박재간에 의해 설립되었고, 1976년에는 한국 사회사업대학(현 대구대학교) 부설 노인복지연구소가 설립되었다(한정란, 2005). 우리나라에서 처음으로 학문으로서 노년교육을 주장한 학자는 김종서(1982, 1984a)다. 그리고 1987년 이화여자대학교에서 김재인이 「후기성인의 사회교육적 학습참여와 생활만족도와의 관계탐구」라는 논문으로 박사학위를 취득한 것이 아마도 우리나라에서 노년교육 분야로 배출된 최초의 박사학위일 것이다. 그러나 학문으로서 노년교육학의 자리는 여전히 불안한 채로 1990년대까지 이어졌다.

그리고 1994년 2월에 연세대학교에서 한정란은 「노인교육 교육과정 개발 실천 연구」로, 그리고 한국교원대학교에서 허정무는 「교원의 정년퇴직 준비과정과 퇴직후 사회적응에 관한 연구」로 각각 학위를 받음으로써 비로소 우리나라에서도 본격적인 노년교육학 연구의 장이 열리기 시작했다. 그 이후 해마다 적은 편수이긴 하지만 꾸준히 관련 학위논문이 발표되었다. 1997년에는 광운대학교에서 허춘강이 「한국 노인교육 프로그램 평가에 관한 연구」를, 1998년에는 중앙대학교에서 이화정이 「인식전환학습이론에 근거한 은빛노인대학의 사례연구」를 발표하였다. 그러나 1987년 첫 논문이 발표된 이후 2011년 현재까지 국회도서관에 등록된 노년교육 관련 박사학위 논문은 56편뿐으로, 우리 사회가 고령화 사회에 진입하여 고령사회를 목전에 두고 있음에도 아직까지 노년교육에 관한 학문적 관심은 매우 저조한 편이다(한정란, 2011a).

이러한 노년교육 연구의 부진은 전반적인 노년학 분야의 문제와도 연관되어 있다. 현재 우리나라 노년학 관련 분야에서도 자연과학적 노년학 분야들은 비교적 이론적 진보를 이룬 반면, 사회과학적 분야들에서는 이론의 개발이 답보상태에 있다(김미혜, 2008). 그 단적인 예로 노인과 관련된 자연과학 분야는 한국노화학회, 한국노인병학회, 한국노인정신의학회, 대한노인신경외과학회, 한국노인간호학회 등 세부 학문분야별로 세분화가 진행되고 있는 반면, 사회과학 분야에서는 학제적 학술단체인 한국노년학회와 노인복지 분야 일부 학자들이 참여하는 한국노인복지학회 외에는 분야별 분화의 움직임이 거의 없는 형편이다.

노년교육 연구 분야의 부진은 더 말할 나위도 없다. 국내에서 노년교육 분야의 학술활동은 한국노년교육학회가 유일하다. 한국노년교육학회는 2001년 9월에 '교육노년학모임(Group for Educational Gerontology: GEG)'으로 출발하여 홈페이지를 통한 온라인상의 활동으로부터 시작하였다. 그 후 2002년 5월부터는 오프라인으로 그 활동 영역을 확대하여 매월 독회 활동을 전개하였으며, 2007년 1월 명칭을 '노년교육연구회(Korean Society of Educational Gerontology: KSEG)'로 변경하여 활동을 계속하였다. 그동안 노년교육연구회에서는 연 6~8회의 정기 독회 개최, 회원들의 공동 저술활동, 그리고 다른 학회들과의 공동 학술대회를 개최하는 등 비교적 활발한 활동을 진행해 왔다(한정란, 2011a). 그리고 2014년 12월 한국노년교육학회로 정식 출범하였다.

1. 노년교육의 법적 근거

현재 우리나라에서 노년교육과 직접적으로 관련된 법은 「노인복지법」과 「평생교육법」 등 크게 두 가지다.

1) 노인복지법 및 시행규칙

1980년에 제정된 「노인복지법」은 노인의 보건과 복지에 관한 사항을 규정한 법률로서, 노인의 질환을 사전예방 또는 조기발견하고, 질환상태에 따른

적절한 치료·요양으로 심신의 건강을 유지하며, 노후의 생활안정을 위하여
필요한 조치를 강구함으로써 노인의 보건복지 증진에 기여함을 목적으로 한
다(「노인복지법」 제1장 1조). 「노인복지법」에서 노년교육과 관련된 조항은 주

표 5-1   「노인복지법」 중 노년교육 관련 조항

제4장. 노인복지시설의 설치·운영
제31조. 노인복지시설의 종류〈개정 2004. 1. 29., 2013. 6. 4.〉
　　　　노인복지시설의 종류는 다음 각 호와 같다.
　　　　1. 노인주거복지시설
　　　　2. 노인의료복지시설
　　　　3. 노인여가복지시설
　　　　4. 재가노인복지시설
　　　　5. 노인보호전문기관
　　　　6. 제23조의2 제1항 제2호의 노인일자리지원기관

제36조(노인여가복지시설)
① 노인여가복지시설은 다음 각 호의 시설로 한다. 〈개정 2007. 8. 3.〉
　　1. 노인복지관: 노인의 교양·취미생활 및 사회참여활동 등에 대한 각종 정보와 서비
　　　스를 제공하고, 건강증진 및 질병예방과 소득보장·재가복지, 그 밖에 노인의 복지
　　　증진에 필요한 서비스를 제공함을 목적으로 하는 시설
　　2. 경로당: 지역 노인들이 자율적으로 친목도모·취미활동·공동작업장 운영 및 각종
　　　정보교환과 기타 여가활동을 할 수 있도록 하는 장소를 제공함을 목적으로 하는 시설
　　3. 노인교실: 노인들에 대하여 사회활동 참여욕구를 충족시키기 위하여 건전한 취미생
　　　활·노인건강 유지·소득보장 기타 일상생활과 관련한 학습프로그램을 제공함을
　　　목적으로 하는 시설
② 노인여가복지시설의 이용대상 및 이용절차 등에 관하여 필요한 사항은 보건복지부령
　　으로 정한다. 〈개정 2008. 2. 29., 2010. 1. 18.〉

제37조(노인여가복지시설의 설치)
① 국가 또는 지방자치단체는 노인여가복지시설을 설치할 수 있다.
② 국가 또는 지방자치단체 외의 자가 노인여가복지시설을 설치하고자 하는 경우에는 시
　　장·군수·구청장에게 신고하여야 한다.
③ 국가 또는 지방자치단체는 경로당의 활성화를 위하여 지역별·기능별 특성을 갖춘 표
　　준 모델 및 프로그램을 개발·보급하여야 한다. 〈신설 2011. 6. 7.〉
④ 노인여가복지시설의 시설, 인력 및 운영에 관한 기준과 설치신고 등에 관하여 필요한 사
　　항은 보건복지부령으로 정한다. 〈개정 1999. 2. 8., 2008. 2. 29., 2010. 1. 18., 2011. 6. 7.〉

로 시설과 관련된 부분으로 〈표 5-1〉과 같다.

「노인복지법」에서는 노년교육 관련 시설을 노인복지시설 중 노인여가복지시설로 분류하고, 여기에 노년교육 기능을 주요기능으로 하는 노인교실, 노년교육을 부가적 기능으로 하는 노인복지관, 여가 기능을 주로 하는 경로당을 포함하고 있다. 이와 같이 「노인복지법」에서는 노년교육을 노인여가복지의 범위 안에 포함시키고 있다.

이는 결국 「노인복지법」상으로도 노인들을 위한 교육의 중요성을 간과하고 있음을 방증하는 것이다. 또한 교양·취미생활, 사회참여활동, 건강증진, 질병예방, 소득보장, 재가복지 등을 목적으로 노인복지관과 친목도모, 취미활동, 공동작업장 운영, 정보교환, 여가활동을 목적으로 하는 경로당, 그리고 취미생활, 노인건강유지, 소득보장, 일상생활 관련 학습을 목적으로 하는 노인교실 간에 구분이 거의 없다는 한계를 가지고 있다. 시설의 설치 역시 시장·군수·구청장에게 신고만 하면 임의적으로 할 수 있도록 되어 있어 정부나 지방자치단체의 관리 및 감독의 권한이 취약하다.

또한 노년교육에 관련된 세부내용들은 「노인복지법 시행규칙」에 규정하고 있다(〈표 5-2〉 참조). 먼저 이용자격을 보면, 노인복지관과 노인교실은 만 60세 이상, 경로당은 만 65세 이상으로 규정하고 있는데, 이는 노년교육의 대상을 연령으로 제한함으로써 학습자의 학습욕구보다는 외적 연령기준에 근거하여 노년교육을 규제하고 있다는 문제를 안고 있다. 이러한 연령기준은 지속적인 학습과정으로서 노년교육의 중요성을 간과한 채 노년기교육을 그 이전 단계와 관련 없이 단절적인 학습으로 전락시키는 결과를 낳았다고 판단된다.

한편, 〈표 5-3〉과 같이 [별표 기의 시설기준을 살펴보면, 노인복지관은 비교적 구체적인 시설기준을 갖고 있으나, 노인교실은 휴게실과 강의실을 겸용하도록 하고 있어 휴게실과 화장실 정도만 갖추면 가능하도록 되어 있다. 이는 적절한 시설에서 학습할 수 있는 학습자들의 학습권이 침해될 우려가 있다.

직원의 자격기준을 살펴보면, 노인복지관 시설장은 사회복지사 2급 이상

| 표 5-2 | 「노인복지법 시행규칙」 중 노년교육 관련 조항 |

제24조(노인여가복지시설의 이용대상자 및 이용절차)

① 법 제36조의 규정에 의한 노인여가복지시설의 이용대상자는 다음 각 호와 같다. 〈개정 2008. 1. 28.〉

   1. 노인복지관 및 노인교실: 60세 이상의 자

   2. 경로당: 65세 이상의 자

② 제1항 제1호의 규정에 불구하고 노인복지관 및 노인교실 이용대상자의 배우자는 60세 미만인 때에도 이용대상자와 함께 이용할 수 있다. 〈개정 2008. 1. 28.〉

③ 노인여가복지시설의 이용은 시설별 운영규정이 정하는 바에 의한다.

제25조(노인여가복지시설의 설치신고 등)

① 법 제37조의 규정에 의하여 노인여가복지시설을 설치하고자 하는 자는 별지 제19호 서식의 노인여가복지시설설치신고서(전자문서로 된 신고서를 포함한다)에 다음 각 호의 서류(전자문서를 포함한다)를 첨부하여 특별자치도지사 · 시장 · 군수 · 구청장에게 제출하여야 한다. 〈개정 2002. 12. 20., 2005. 6. 8., 2005. 10. 17., 2006. 7. 3., 2008. 1. 28., 2010. 9. 1.〉

   1. 설치하고자 하는 자가 법인인 경우에는 정관 1부

   2. 위치도 · 평면도 및 설비구조내역서 각 1부(경로당 및 노인교실을 제외한다)

   3. 이용료 기타 이용자의 비용부담 관계서류 1부(경로당을 제외한다)

   4. 사업계획서 1부

   5. 시설을 설치할 토지 및 건물의 소유권을 증명할 수 있는 서류(경로당 및 노인교실의 경우에는 사용권을 증명할 수 있는 서류로 갈음할 수 있다) 각 1부

② 제1항에 따라 신고서를 제출받은 특별자치도지사 · 시장 · 군수 · 구청장은 「전자정부법」 제36조 제1항에 따른 행정정보의 공동이용을 통하여 법인 등기사항증명서(법인인 경우만 해당한다) · 건물등기부 등본 및 토지등기부 등본을 확인하여야 한다. 〈신설 2006. 7. 3., 2008. 1. 28., 2010. 2. 24., 2010. 9. 1.〉

③ 특별자치도지사 · 시장 · 군수 · 구청장은 제1항의 규정에 의하여 노인여가복지시설의 설치신고를 수리한 때에는 별지 제15호 서식의 노인여가복지시설설치신고필증을 신고인에게 교부하여야 한다. 〈개정 1999. 8. 25., 2006. 7. 3., 2008. 1. 28.〉

제26조(노인여가복지시설의 시설기준 등)

① 법 제37조의 규정에 의한 노인여가복지시설의 시설기준 및 직원배치기준은 별표 7과 같다.

② 법 제37조의 규정에 의한 노인여가복지시설의 운영기준은 별표 8과 같다.

표 5-3	「노인복지법 시행규칙」 별표 7 중 노년교육 관련 조항

[별표 7] 〈개정 2011. 12. 8.〉
노인여가복지시설의 시설기준 및 직원 배치기준(제26조 제1항 관련)

1. 시설의 규모
   노인여가복지시설은 다음 각 호의 구분에 따른 면적 이상이거나 또는 인원이 이용할 수 있는
   시설을 갖추어야 한다.
   (1) 노인복지관: 연면적 5백 제곱미터 이상
   (2) 경로당: 이용정원 20명 이상(읍 · 면 지역의 경우에는 10명 이상)
   (3) 노인교실: 이용정원 50명 이상
2. 시설기준
   (1) 노인복지관: 사무실 1, 식당 및 조리실 1, 상담실 또는 면회실 1, 집회실 또는 강당 1, 프로그
       램실 1, 화장실 1, 물리치료실 1, 비상재해대비시설 1
   (2) 경로당: 화장실 1, 거실 또는 휴게실 1, 전기시설 1
   (3) 노인교실: 사무실 1, 화장실 1, 강의실 1, 휴게실 1
   * 비고
1. 노인복지관: 오락실에 인터넷 등을 통하여 전자정보의 접근이 가능한 컴퓨터를 설치할 수 있다.
2. 노인교실: 사무실 및 휴게실은 사업에 지장이 없는 범위에서 강의실과 겸용할 수 있다.
3. 설비기준
   (1) 노인복지관
       가. 식당 및 조리실: 조리실 바닥은 내수재료로서 세정 및 배수에 편리한 구조로 해야 한다.
       나. 프로그램실: 자유로이 이용할 수 있는 적당한 문화시설과 오락기구를 비치해야 한다.
       다. 물리치료실: 기능회복 또는 기능감퇴를 방지하기 위한 훈련 등에 지장이 없는 면적과 필
           요한 시설을 갖추어야 한다.
   (2) 경로당
       가. 거실 또는 휴게실: 20제곱미터 이상이어야 한다.
   (3) 노인교실
       가. 강의실: 33제곱미터 이상이어야 한다.
4. 직원의 자격기준
   • 노인복지관 시설장: 「사회복지사업법」에 따른 사회복지사 2급 이상의 자격증 소지자
   • 상담지도원: 「사회복지사업법」에 따른 사회복지사 자격증 소지자
5. 직원의 배치기준
   • 노인복지관: 시설장 1명, 상담지도원 2명 이상, 물리치료사 1명, 사무원 1명, 조리원 1명, 관
     리인 1명
   • 노인교실: 시설장 1명, 강사(외부강사 포함) 1명

의 자격증 소지자로 규정하고 있으나 그 외 시설에 대해서는 자격조건이 명시되어 있지 않다. 또한 직원의 배치기준 역시 시설장, 상담지도원, 물리치료사, 사무원, 조리원, 관리인 등의 배치를 규정한 노인복지관과는 달리, 노인교실은 외부강사를 제외하면 시설장 1명만으로도 설치가 가능하도록 되어 있어서, 노년교육 프로그램 운영에 있어 인력의 전문성을 중요하게 고려하지 않은 것으로 판단된다.

〈표 5-4〉의 [별표 8]의 운영기준 역시 노인복지관은 상담 · 지도, 취업상담

표 5-4　「노인복지법 시행규칙」 별표 8 중 노년교육 관련 조항

[별표 8] 〈개정 2008. 1. 28.〉
노인여가복지시설의 운영기준(제26조 제2항 관련)

5. 사업의 실시
　시설의 장은 시설종별로 각 시설의 특성을 고려하여 다음의 기준에 따른 사업을 실시하여야 한다.
　• 노인복지관
　(가) 노인의 복지증진을 위하여 종합적인 노인복지센터로서의 기능을 수행할 수 있도록 필요한 사업을 선정 · 수행하여야 한다.
　(나) 다음의 사업을 기본사업으로 수행하되 이용대상 노인의 실정과 지역 여건 등을 감하여 사업의 종류를 가감하거나 별도의 사업을 개발 · 추진할 수 있다.
　　① 상담 · 지도: 노인의 생활 · 주택 · 신상 등에 관한 생활상담 및 노인의 질병예방 · 치료에 관한 건강상담 및 지도
　　② 취업상담 및 알선: 노인에 대한 취업알선 및 취업자의 사후관리
　　③ 기능회복훈련의 실시: 노인의 기능회복 또는 기능의 감퇴를 방지하기 위한 훈련을 실시하되, 물리치료장비는 관할보건소에 종사하는 의사의 지도를 받아 사용하여야 한다.
　　④ 교양강좌 등의 실시: 노인의 교양 향상을 위한 프로그램의 제공 및 레크리에이션 활동 등의 지도
　(다) 거동불편 노인의 생활편의를 위한 서비스 등의 제공을 위하여 재가노인복지시설을 병설 · 운영하도록 노력하여야 한다.
　(라) 지역 특성에 따라 야간이용이 가능한 체제를 갖추도록 노력하여야 한다.
　• 경로당: 이용노인들이 건전한 사회봉사활동이나 취미활동 등을 할 수 있도록 하여야 한다.
　• 노인교실: 주 1회 이상 교육을 실시하여야 한다.

및 알선, 기능회복훈련, 교양강좌, 거동불편 노인의 생활편의 서비스 등 다양한 사업을 실시하도록 하고 있으나, 노인교실은 단지 주 1회 이상 교육만 실시하면 되도록 규정하고 있다. 이는 노년교육에서 체계적이고 지속적인 프로그램이 전제되어야 하는 점이 간과된 것이다.

이상 노년교육과 관련하여 현행 「노인복지법」의 문제를 요약해 보면 다음과 같다(한정란 외, 2008).

첫째, 노년교육 개념의 모호성이다. 노년교육을 노인여가와 동일한 개념으로 보고 있을 뿐 아니라, 노인교실에서 노인들에게 제공되어야 할 서비스를 "취미생활, 노인건강 유지, 소득보장, 일상생활 관련 학습"으로 규정함으로써 노년기 교육의 중요성을 간과하고 있다.

둘째, 시설 명칭과 기능 구분의 문제다. 경로당, 노인복지관과 노인교실의 기능 구분이 모호할 뿐 아니라, 이미 사라진 '노인교실'의 명칭을 고수하고 있어서 실제 현장에서 사용되는 명칭인 노인대학, 노인학교, 실버대학 등의 명칭과 혼동을 빚고 있다. 법제상으로 기능 및 서비스에 의한 구분이 아닌 시설에 따른 구분을 따르면서도 실제 현장에서 사용하는 시설 명칭도 사용하고 있지 않은 것은 문제가 있다. 따라서 이미 사라진 노인교실의 명칭을 고수하기보다는 실제 사용되는 그리고 누구나 쉽게 이해할 수 있는 노인대학이나 노인학교의 명칭으로 혹은 보다 포괄적인 기능 중심의 구분에 따른 명칭으로의 개칭이 요구된다.

셋째, 현재 우리 노년교육 현실이 매우 열악한 것이 사실이긴 하다. 아무리 그렇다고 하더라고 화장실 하나와 휴게실 하나, 그리고 시설장 1인이면 충족되는 노인교실의 규정은 지나치게 허술한 감이 없지 않다. 따라서 열악한 재정여건을 감안하면서도 전문성을 극대화할 수 있는 방안이 모색되어야 할 것이다.

2) 평생교육법

노년교육은 평생교육의 일환으로서 마땅히 "「헌법」과 「교육기본법」에 규정된 평생교육의 진흥에 대한 국가 및 지방자치단체의 책임과 평생교육제도와 그 운영에 관한 기본적인 사항을 정함을 목적으로(제 1장 1조)" 하는 「평생교육법」에 그 관련 규정이 명시되어 있어야 할 것이다. 그러나 현행 「평생교육법」 그 어느 곳에도 노년교육에 관련된 구체적인 조항을 찾을 수 없다.

「평생교육법」 제2조(정의)에 따르면, 평생교육을 "학교의 정규교육과정을 제외한 학력보완교육, 성인 문자해득교육, 직업능력 향상교육, 인문교양교육, 문화예술교육, 시민참여교육 등을 포함하는 모든 형태의 조직적인 교육활동"으로 규정하고 있다. 이는 노인들 역시 평생교육의 대상임을 규정하고 있는 것으로 광범위하게 해석할 수도 있긴 하지만, 노년기 학습자들을 대상으로 하는 노년기 평생교육에 대한 명시화된 정의는 나타나 있지 않다.

실제로 〈표 5-5〉에서 보는 바와 같이, 우리나라 평생학습 실태와 현황을 진단하기 위하여 교육부에서 주기적으로 실시하는 평생학습 실태조사에서도 평생교육기관의 유형을 학교부설 평생교육기관, 원격형태 평생교육기관, 사업장 부설 평생교육기관, 시민사회단체 부설 평생교육기관, 언론기관 부설 평생교육기관, 지식·인력개발형태 평생교육기관, 평생학습관으로 분류하여 실질적으로 노인 대상 교육을 실시하고 있는 노인교실이나 노인복지관 등을 배제하고 있다. 또한 개인에 대한 조사에서도 그 조사 대상을 25세 이상 64세 이하로 한정지어 65세 이상 노년층은 평생학습 대상에서 제외시키고 있다.

물론 평생교육법 제4조(평생교육의 이념)에서는 "모든 국민은 평생교육의 기회를 균등하게 보장받는다."라고 규정하고 있고, 제5조(국가 및 지방자치단체의 임무)에서는 "국가 및 지방자치단체는 모든 국민에게 평생교육 기회가 부여될 수 있도록 평생교육진흥정책을 수립·추진하여야 한다(제5조 국가 및 지방자치단체의 임무)."라고 규정하고 있지만, 사실상 법조항이나 행정절차 그 어디에서도 평생교육 속 노인들의 자리를 찾아보기는 어렵다.

| 표 5-5 | 연도별 · 유형별 평생교육기관 현황 |

(단위: 개)

시설구분		2012년	2011년	2010년	2009년	2008년	2007년
총계		3,768	3,591	3,213	2,807	2,620	2,221
학교 부설	유 · 초 · 중등학교부설	10	11	12	11	12	9
	대학(원)부설	403	397	388	380	378	375
	소계	413	408	400	391	390	384
원격형태		887	853	781	674	611	502
사업장 부설	유통업체 부설	320	291	267	239	205	181
	산업체 부설	37	37	31	29	39	26
	소계	357	328	298	268	244	207
시민사회단체 부설		495	461	386	275	244	166
언론기관 부설		494	376	203	107	92	78
지식 · 인력개발형태		727	774	761	713	681	570
평생학습관		395	391	384	379	358	314

출처: 교육과학기술부(2012).

　또한 제5장 평생교육 시설에서는 평생교육 시설의 종류를 학교 부설 평생교육 시설, 학교형태의 평생교육 시설, 사내대학형태의 평생교육 시설, 원격대학형태의 평생교육 시설, 사업장 부설 평생교육 시설, 시민사회단체 부설 평생교육 시설, 언론기관 부설 평생교육 시설, 지식 · 인력개발 관련 평생교육 시설 등으로 분류하고 있다. 따라서 사실상 노년교육을 담당하는 노인교실이나 노인복지관 등은 평생교육 시설의 범위 안에 포함되어 있지 않다.

　'2012년 평생교육통계조사' 결과에 따르면(교육과학기술부, 2012), 현재 개설되어 있는 평생교육 프로그램 중 성인을 대상으로 하는 프로그램(82,759개, 63.9%)이 가장 많고, 노인을 대상으로 하는 프로그램(2,348개, 1.8%)이 가장 적은 것으로 나타났다. 이는 노인교실을 비롯한 노년교육기관들이 평생교육 시설로 포함되지 않았기 때문으로, 그나마 노인을 대상으로 하는 프로그램 중 81.3%인 1,910개가 평생학습관에서 운영 중인 것으로 조사되었다(〈표 5-6〉 참조).

표 5-6 평생교육 수요대상별 프로그램 현황

(단위: 개)

시설구분		계	어린이	청소년	성인	노인	통합
총계		129,443	20,680	11,378	82,759	2,348	12,278
학교 부설	유·초·중등학교부설	46	11	12	11	4	8
	대학(원)부설	26,516	214	1048	23,158	129	1,967
	소계	26,562	225	1,060	23,169	133	1,975
원격형태		42,854	149	7,187	30,185	24	5,309
사업장 부설	유통업체 부설	27,084	12,901	839	10,891	101	2,352
	산업체 부설	1,056	283	11	663	2	97
	소계	28,140	13,184	850	11,554	103	2,449
시민사회단체 부설		4,337	550	260	2,658	115	754
언론기관 부설		3,825	813	177	2,613	19	203
지식·인력개발형태		8,966	1,535	296	6,380	44	711
평생학습관		14,759	4,224	1,548	6,200	1,910	877

주: 1) 프로그램의 상세정보는 교육기간이 1개월 이상이거나 수업시수가 8시간 이상인 프로그램을 대상으로 조사하였음.
　　2) 교육기간이 1개월 미만이고 수업시수가 8시간 미만인 단기성 프로그램은 전체 총합계 수준에서만 조사되어 본 결과에 포함하지 않음.
　　3) 어린이: 만 8세 이하 / 청소년: 만 9세~만 24세(청소년기본법에 따름) / 성인: 만 25세~만 64세 / 노인: 만 65세 이상 / 통합: 연령구분 없음.
출처: 교육과학기술부(2012).

제4장(평생교육사)에서는 평생교육사의 자격과 양성을 다루고 있으며, 제26조에서는 평생교육기관에는 평생교육사를 배치하도록 하고 있다. 그러나 그 배치기준이 모호하고 강제성이 적어서 실효성이 거의 없다. 이와 관련하여 〈표 5-7〉에서 보는 바와 같이 「평생교육법 시행규칙」의 [별표 1]에 규정된 평생교육사 양성에 관련된 과목을 살펴보면, 총 7개 과목 21학점 중 노년교육과 관련된 과목은 '노인교육론' 단 한 과목이며, 그나마도 선택과목으로 되어 있다. 실제로 각 양성기관에서 평생교육 관련 선택과목 수강현황(〈표 5-8〉 참조)을 살펴보면, 경영학개론, 여성교육개론, 직업과 윤리, 청소년교육개론, 기업교육론, 장애인교육론, 지역사회교육론, 노인교육개론, 환경교육론, 산업복지론 등 선택과목 중 노인교육개론의 수강인원은 여덟 번째로 상대적

| 표 5-7 | 평생교육사 관련 과목 |

구분	과목명
필수	평생교육론, 평생교육방법론, 평생교육경영론, 평생교육프로그램개발론
	평생교육실습(4주간)
선택	아동교육론, 청소년교육론, 여성교육론, 노인교육론, 시민교육론, 문자해득교육론, 특수교육론, 성인학습 및 상담(1과목 이상 선택)
	교육사회학, 교육공학, 교육복지론, 지역사회교육론, 문화예술교육론, 인적자원개발론, 직업 · 진로설계, 원격교육론, 기업교육론, 환경교육론, 교수설계, 교육조사방법론, 상담심리학(1과목 이상 선택)

〈비고〉

1. 양성과정의 과목 명칭이 동일하지 아니하더라도 교과의 내용이 동일하다는 평생교육진흥원장의 승인을 받은 경우 동일과목으로 본다.
2. 필수과목은 평생교육실습을 포함하여 15학점 이상을 이수하여야 한다.
3. 과목당 학점은 3학점으로 하고, 성적은 각 과목을 100점 만점으로 하여 평균 80점 이상이어야 하며, 평생교육실습 과목은 「평생교육법 시행령」 제69조 제2항에 따라 문자해득교육 프로그램으로 지정받은 기관, 「평생교육법」 제19조부터 제21조까지의 규정에 해당하는 평생교육기관에서의 4주간 현장실습을 포함한 수업과정으로 구성한다.

| 표 5-8 | 평생교육사 선택과목 수강인원 |

(단위: 명)

과목명/대학유형	대학 정규교육 양성체제			양성기관 체제	평균 수강인원
	전문대학	대학교	대학원	평생교육원	
경영학개론	34.3	258.0	–	–	251.5
여성교육개론	131.3	124.7	–	24.3	118.5
직업과 윤리	82.77	94.7	–	–	93.2
청소년교육개론	103.0	68.4	17.0	17.6	64.5
기업교육론	165.0	63.1	–	17.6	66.4
장애인교육론	163.0	52.4	–	–	59.3
지역사회교육론	104.0	60.3	10.0	17.8	58.9
노인교육개론	118.2	53.9	–	30.5	58.4
환경교육론	165.0	47.9	–	24.3	51.6
산업복지론	53.8	46.3	11.0	–	45.0
평균수강인원	106.1	91.3	12.7	22.0	90.9

출처: 교육인적자원부, 한국교육개발원(2007).

으로 노인교육개론을 선택과목으로 채택하는 기관과 수강하는 학생이 적은 것을 알 수 있다. 즉, 한 과목뿐인 선택과목마저 실제 양성과정에서 거의 배제되고 있는 실정이라 할 수 있다.

2. 노년교육 관련 정책

그동안 정부의 노년교육 정책 추진은 교육부와 보건복지부 사이에서 줄타기를 거듭해 왔다. 1978년부터 1982년까지 약 5년간 문교부(현 교육부)가 노년교육을 관장하다가 1983년부터 노년교육 관련 업무가 보건사회부(현 보건복지부)로 이관되었고, 1998년 교육인적자원부(현 교육부)의 '사회 · 국제교육국' 이 '평생교육국' 으로 개편되면서 그 안에 '평생교육 기획과' 와 '평생학습 정책과' 가 설치되어 노년교육 관련 업무를 관장하게 되었다. 그러나 아직도 실제 노년교육을 실시하는 사회복지관, 노인복지관, 노인교실 등은 노인여가복지시설로 분류되어 보건복지부에서 관장하고 있다. 또한 복지부 노인정책과에서 실질적인 노년교육 관련 업무의 상당 부분을 담당하고 있어 두 부처 간의 역할분담은 여전히 미결의 과제로 남아 있다.

현재 「보건복지부와 그 소속기관 직제 시행규칙」에 따르면, 노인정책과장의 업무사항(개정 2012. 5. 1.) 중 '노인 여가 · 교육 등 사회참여 활성화에 관한 사항' 이 포함되어 있다. 또 「교육부와 그 소속기관 직제 시행규칙」(2014. 3. 1. 시행, 교육부령 제28호)에도 평생직업교육국 인재직무능력정책과장의 업무 중 '여성 · 군 인적자원개발, 노인 등 사회 · 경제적 취약계층 인적자원개발 및 무형문화재 · 명인 등 희소인적자원개발 등에 관한 사항' 이 포함되어 있다. 얼핏 보면 두 부처에서 모두 노년교육 정책을 추진하고 있는 듯 보일 수도 있겠지만, 실제로는 명확한 정책이나 제도 없이 추상적인 업무사항만 제시되어 있고, 책임감을 갖고 노년교육 업무를 추진할 담당자도 없는 상황이어서 실질적인 노년교육 정책 추진을 기대하기는 어려운 형편이다.

교육부에서는 2002년 1월 29일 평생학습의 지역화와 생활화 방안, 사회적 통합 증진을 위한 소외계층 지원 사업, 성인 고등교육기회 확대 방안 등을 포함한 '평생학습진흥종합계획'을 발표하였다. 이 계획은 향후 5개년 동안 5개 영역 27개 과제에 걸쳐 총 690여억 원을 투입하여 추진하게 계획되었고 그 중 노년교육 영역에 대한 지속적인 지원이 약속되었지만, 그 대부분이 예정대로 추진되지 못한 채 그 후 몇 차례 책임자가 교체되면서 교육부의 노년교육 지원은 오히려 더 축소되었다(교육인적자원부, 2004).

1) 노인교육전문가 양성과정

교육인적자원부(현 교육부)는 2000년부터 2004년까지 5년에 걸쳐 시범사업 기간인 첫 해 10개, 그 후 4년 동안은 매년 16개 대학에 노인교육전문가 양성과정 운영비로 1,000만 원씩을 지원하였다. 2000년부터 2004년까지 이 사업에 선정되었던 대학들은 〈표 5-9〉와 같다.

이 사업은 지역별로 우수한 '노인교육 담당자 및 전문가 양성과정'을 선정·지원하여 모범적인 양성과정을 전국적으로 전파함으로써 노인교육 담당자의 전문성 제고 및 노인교육 활성화를 도모하는 데 그 목적이 있었다. 또한 전·현직 노인교육 담당자나 향후 노인교육 분야에서 활동하고자 하는 사회복지사, 평생교육사, 자원봉사자 등을 대상으로 노년기에 대한 교육적 이해와 교육방법 및 프로그램 기획 등 노인교육 전문성을 신장시킬 기회를 무료로 제공함으로써 노인교육을 활성화하기 위함이었다.

노인교육전문가 양성과정은 기관별로 50명에서 70명의 수강생을 대상으로 주당 2회, 회당 3시간씩 3~4개월에 걸쳐 교육하도록 하였으며, 표준교육과정은 〈표 5-10〉과 같이 진행되었다. 교육시간은 2002년까지 75시간 이상, 그리고 2003년부터 2004년까지는 90시간 이상으로 늘려서 교육인적자원부가 지원하는 무료 과정 90시간 이수 후, 각 대학의 형편에 따라 중급과정을 개설하여 소정의 자격증으로까지 연계하도록 권장하였다.

표 5-9 2000~2004년 노인교육 지도자 과정 선정 대학

시/도	2000년	2001년	2002년	2003년	2004년
서울	서울여대	서울여대 경기대	숙명여대 이화여대	이화여대	성신여대
부산 · 경남	동의대	동의대 부산대 창원대	부산대 창원대	동의대 창원대	동의대 창원대 춘해대
대구 · 경북	계명대	대구대	대구대 안동과학대	경북대 대구대	경북대 안동과학대
인천 · 경기	인하대	인하대 성결대	인하대 성결대	인하대 가톨릭대	인하대 경희대 강남대
광주 · 전남	조선대	조선대 호남대	조선대 순천 청암대	전남대 목포대 순천청암대	전남대 목포대
전북	전북대	전북대	전북대	전북대	전북대
대전 · 충남	목원대	대전대 천안대	목원대 천안대	대전보건대 천안대-한서대-공주대 (컨소시엄)	대전보건대 천안대-한서대-공주대 (컨소시엄)
충북대	청주대	청주대	청주 과학대	청주과학대	
강원	한림대	한림대	영동 전문대	강릉영동대	한림대
제주	제주대	제주대	제주 한라대	제주대	제주관광대

출처: 교육인적자원부(2006).

이 사업이 시행된 5년간 배출된 노인교육 전문가과정 수료자는 총 4,000여 명으로, 2000년 505명, 2001년 936명, 2002년 1,197명, 2003년 1,072명 등이었다(교육인적자원부, 2006). 그러나 이와 같이 5년 동안 7억 4천만 원의 예산을 본 사업에 투입했음에도 불구하고, 사업의 성과에 대한 종합적인 평가는 물론이고 사업을 통하여 배출된 약 4,000여 명 수료자에 대한 사후관리대책 하나 없이 갑자기 사업을 종결시켜 버린 것은 매우 아쉬운 일이 아닐 수 없다.

| 표 5-10 | 노인교육 전문가 양성과정 표준교육과정(2003년 이후) |

3분(시간)	교과목(시간)	주요 내용
공통필수(84)	노년학 개론(6)	고령화의 개념, 사회적 · 개인적 변화 고령화의 사회적 문제 심리적 문제
	노인교육 개론(6)	평생학습사회와 노인교육의 필요성 노인교육의 기본모형 국내외 노인교육 현황
	노년기 발달과 노인학습(12)	노인의 특성 노년기 변화와 성공적 노화 노인의 인지적 특성
	노인교육 방법론 (12)	노인교육의 원리 노인교육의 방법 노인교육 교재 및 자료 개발
	노인교육 프로그램 개발(18)	노인교육 프로그램 기획 노인교육 프로그램 설계 노인교육 프로그램 마케팅 및 실행 노인교육 프로그램 평가 노인교육 프로그램 개발의 실제
	노인상담(9)	노인상담의 이론 노인상담의 실제
	노인교육 행정(9)	노인교육기관의 설립과 운영 노인교육기관 사례
	노인자원봉사(6)	노인자원봉사자 교육 및 관리 국내외 노인자원봉사 현황
선택과목(6)	노인교육 현장실습(6)	노인교육시설 견학 노인교육 실습
	퇴직 후 적응교육, 노년기 건강관리, 죽음의 인식과 준비, 실버산업, 노인 여가와 레크리에이션 등	

출처: 교육인적자원부(2006).

2) 금빛평생교육봉사단

교육인적자원부(현 교육부)에서는 2002년부터 전국적 규모의 교육봉사활동 지원 사업을 시작하였으며, 지금은 지방교육청으로 이전하여 각 교육청별로 사업을 추진해 오고 있다.

금빛평생교육봉사단은 퇴직자를 평생교육자원봉사자로 활용하는 '퇴직자 인적자원 활용＋평생교육＋자원봉사'의 새로운 연계모델을 도입하여 지역사회 평생학습을 활성화하고, 자원봉사 붐(boom)을 조성하여 지역의 퇴직인력 개발을 도모하고자 추진하는 사업이다. 오랜 사회활동을 통해 전문적인 능력과 경험을 축적한 55세 이상의 퇴직자를 대상으로, 노인을 위한 교육이나 노인에 관한 교육이 아니라 노인이 주체적으로 교육활동을 수행하는 노인에 의한 교육봉사다. 또한 그동안의 노인들에 의한 단순 자원봉사에서 한 걸음 더 나아가 전문성을 활용한 교육 자원봉사활동이다. 이 사업은 퇴직자의 전문지식을 지역사회 평생교육 자원으로 활용함으로써 개인적으로는 평생교육자로서의 새로운 역할 부여로 활기찬 노후생활을 영위하고 자아실현의 욕구와 사회참가 의식을 갖도록 함으로써 지역사회와 국가를 위해 봉사하는 긍정적 퇴직자상을 정립하고자 하는 데 목적이 있다.

사업은 평생교육센터, 16개 시·도교육청, 지역평생교육정보센터 등의 공동 협력을 통하여 이루어지는데, 평생교육센터에서는 사업의 전반적인 관리와 프로그램 매뉴얼 작성, 관리자 연수 등 지원 업무와 사업에 대한 총괄 평가 업무를 맡고, 지역평생교육정보센터에서는 자원봉사자의 교육 및 배치, 자원봉사자의 사후관리 업무를 맡으며, 평생학습관은 자원봉사자 쉼터 및 자율 연수의 장으로서의 역할을 수행한다. 금빛평생교육봉사단의 활동비에 대한 실비지급 기준은 각 시도별로 정하도록 하고 있다.

3) 노인교육과정 시범운영 지원사업

교육인적자원부(현 교육부)는 2002년부터 노인교육과정 시범운영 지원사업을 통해 대학명예학생제도, 세대 간 이해 증진 프로그램, 직업교육 프로그램 등을 지원하였다. 경제력이 있는 고학력의 노인인구의 증가 추세는 대학 등 고등교육기관을 활용한 다양한 노인교육 기회의 확충을 요구하고 있다고 판단하여 교육인적자원부는 노인교육과정의 개설을 촉진하고, 이 가운데 우수 프로그램에 대한 지원을 실시하였다.

2002년에는 주성대학의 세대 간 이해 증진 프로그램 '행복 만들기', 전북대학교의 '명예학생제도', 대전대학교 인적자원개발원의 발관리사 양성을 통한 '노인 직업교육 프로그램', 그리고 한국직업능력개발원의 '선진국의 노인교육 방송 프로그램 조사 및 보급' 연구가 선정되어 지원을 받았다. 또 2003년에는 천안대학교와 경북대학교의 '대학명예학생제도' 와 전남대학교의 '문화지킴이 과정' 이 지원을 받았다. 그리고 2004년에는 사업이 크게 확대되어 수원여자대학의 평생교육원을 비롯하여 10개의 노인대학과정 및 노인교육과정이 지원을 받았다. 그러나 이후 노인교육과정 시범운영 지원사업 자체가 없어지고 '소외계층 평생교육프로그램 지원사업' 으로 축소 · 통합되었다.

표 5-11   **2004년도 교육인적자원부의 노인교육과정 지원 현황**

(단위: 개)

시 · 도	기관명	프로그램명
경기	수원여자대학 평생교육원	노인대학과정
경북	경북대학교	노인교육과정
경북	서라벌대학	노인교육과정 및 세대공동체 프로그램
경북	대구대학교	노인치매예방 및 인지재활 교육과정
전남	전남대학교	세대가 함께하는 문화지킴이 과정
부산	경성대학교 평생교육원	골드세대의 정체성 확립 프로그램
서울	상명대학교 평생교육원	silver hostel 프로그램
서울	노원노인종합복지관	동화구연강사, NIE(신문활용 교육)
충남	순천향대학교	노인교육과정
충남	천안대학교 평생교육원	대학명예학생제도 과정

출처: 교육인적자원부(2006).

4) 교육 소외계층 지원 정책

교육인적자원부(현 교육부)는 소득별, 학력별, 연령별, 지역별 교육격차를 줄여 나가기 위해 2001년부터 '소외계층 평생교육 프로그램 지원사업' 을 실시해 오고 있다. 소외계층의 평생학습 참여율이 저조하여 소외계층의 평생교육 참여 기회의 격차가 벌어지고 있는 점에 착안하여 2001년도부터 소외계층의 평생교육 참여 기회를 확대하고 이들에게 자활 기회 부여 및 삶의 질 향상을 도모하고자 평생교육센터와 함께 저소득자, 저학력자, 고령자, 장애자 등을 위한 평생학습 프로그램을 발굴 · 지원하는 사업을 추진하여 왔다. 평생학습 소외계층 지원 프로그램은 취약계층의 직업 경쟁력 또는 사회적응력을 증진시킬 수 있는 교육 프로그램을 중심으로 문해교육, 장애인 직업적응교육 등 사회적 필요성이 있는 교육 프로그램이나, 수익성 문제로 민간부문에서 자발적으로 참여하지 않는 교육 프로그램을 우선 지원하고 있다.

소외계층 평생교육 프로그램 지원사업은 〈표 5-12〉에서 보는 바와 같이 2001년도에 20개 프로그램을 선정하여 각각 1,000만 원씩 총 2억 원을 지원한 것을 시작으로, 2002~2004년도에는 25개 프로그램을 선정 · 지원하였으며, 이후 2005년 102개, 2006년 132개, 2007년에 197개, 2008년 190개, 2009년 194개로 수적으로 지원의 범위가 크게 확대되었다가, 2010년부터는 78개로 다시 축소되었다.

그중 노인 관련 프로그램에 대한 지원은 2001년 전체 20개 중 6개로 30%를 차지하였고, 2002년 25개 중 5개(20%), 2003년 25개 중 6개(24%), 2004년 25개 중 8개(32%), 2005년 102개 중 27개(26.5%), 2006년 132개 중 36개(27.3%), 2007년 197개 중 80개(40.6%), 2008년 190개 중 67개(35.3%), 2009년 194개 중 55개(28.3%), 그리고 2010년 78개 중 23개(29.5%)를 차지하였다. 그리고 2011년부터는 사업 자체가 크게 축소되어 지자체별로 2000만 원 범위 내에서 지원하는 것으로 변경 운영되고 있다.

| 표 5-12 | 소외계층 평생교육 프로그램 지원 대상별 통계(프로그램 수) | | | | | | | | | | |

(단위: 개)

구분	노인	비문해	여성	장애인	저소득/저학력	소외계층일반	외국인	다문화	한부모/조손	기타	계
2001	6	-	3	3	6	1	-	-		1	20
2002	5	6	2	3	2	7	-	-	-	-	25
2003	6	5	3	2	1	6	1	-		1	25
2004	8	9	4	1	2	-	-	-		1	25
2005	27	25	1	8	35	-	2	-		4	102
2006	36	13	24	30	11	15	1	-		2	132
2007	80	13	39	36	27	3	2	-	-	10	197
2008	67	-	-	45	14	10	3	42	9	-	190
2009	55	-	-	70	19	-	2	36	12	-	194
2010	23	-	3 (경력단절여성)	10	15	5	-	13	9		78

출처: 교육과학기술부, 평생교육진흥원(2008); 평생교육진흥원(2010); 교육과학기술부, 평생교육진흥원(2011)에서 재구성.

3. 노년교육 프로그램 현황

현재 우리나라에서 운영되는 노년교육은 운영기관을 기준으로 다음과 같이 크게 여섯 가지로 분류할 수 있다.

1) 노인복지관 및 사회복지관의 노년교육 프로그램

사회복지관은 「사회복지사업법」에 근거하여 설립되며, 지역사회 내에서 일정한 시설과 전문인력을 갖추고 지역사회의 인적·물적 자원을 동원하여 지역사회 문제를 해결하고 주민의 복지욕구를 충족시키기 위한 종합적 사회복지사업을 수행하는 사회복지시설을 말한다. 「사회복지사업법 시행규칙」에 의하면, 사회복지관의 사업내용 중 교육문화사업에 아동·청소년방과후교실운영 사업, 성인기능교실 사업, 노인여가·문화 사업, 문화복지 사업이 포함된다. 그중 노인여가·문화 사업은 노인을 대상으로 제공되는 각종 사회교육 및 취미교실 운영 사업으로, 그 내용으로는 건강운동교실, 여가프로그램, 교양교육프로그램, 경로당 지원사업 등이 있다.

2018년 12월 현재 사회복지관은 전국적으로 465개소가 설치·운영되고 있다. 지역별로는 서울이 98개소로 가장 많고, 경기 81개소, 부산 53개소, 경상남도 30개소, 대구 27개소, 충남·세종 22개소, 대전 21개소, 인천 19개소, 강원도 19개소, 광주 18개소, 전라북도 17개소, 전라남도 15개소, 경상북도 14개소, 충청북도 13개소, 제주특별자치도 10개소, 울산 8개소 등이다(한국사회복지관협회, 2018). 사회복지관은 노인교육만을 전담하는 시설은 아니지만, 많은 사회복지관이 노인을 위한 교육 및 여가 프로그램들을 설치·운영하고 있다는 점에서 노년교육에서 중요한 기능을 담당하고 있다.

한 예로 서울 S종합사회복지관의 경우 노후 여가생활 선용을 위해 다양한 사회교육 프로그램 제공과 어르신들의 사회봉사 및 참여를 활성화하여 의미 있는 노후생활을 영위할 수 있도록 시니어 아카데미를 운영하고 있다. 대상은 만 55세 이상이며, 학기제로 운영된다. 또 경기도의 I종합사회복지관의 경우 노인대상 평생교육 프로그램의 대상을 만 60세 이상으로 하고 1개 과목당 3개월에 15,000원씩 교육비를 받고 있다.

한편, 노인층으로 특화된 대상에 대한 서비스를 담당하는 노인복지관은 고

표 5-13 사회복지관 현황

(단위: 개)

서울	부산	대구	인천	광주	대전	울산	경기	강원	충북	충남-세종	전북	전남	경북	경남	제주	합계
98	53	27	19	18	21	8	81	19	13	22	17	15	14	30	10	465

출처: 한국사회복지관협회(2018)에서 재구성.

령화에 따라 빠르게 증가하는 추세에 있는데, 〈표 5-14〉에서 보는 바와 같이 2017년 말 기준으로 전국에 364개소가 설치, 운영되고 있다. 지역별로는 서울은 81개소이며, 광역시로는 부산 26개소, 대구 15개소, 인천 19개소, 광주 9개소, 대전 7개소, 울산 14개소로 부산광역시가 가장 많으며, 각 도별로는 경기도 58개소, 강원도 14개소, 충청북도 18개소, 충청남도 16개소, 전라북도 21개소, 전라남도 25개소, 경상북도 18개소, 경상남도 21개소, 제주특별자치도 2개소 등으로 경기도가 가장 많다(보건복지가족부, 2018).

노인복지관은 "노인의 교양·취미생활 및 사회참여활동 등에 대한 각종 정보와 서비스를 제공하고, 건강증진 및 질병예방과 소득보장·재가복지, 그 밖에 노인의 복지증진에 필요한 서비스를 제공함을 목적으로 하는 시설(「노인복지법」제36조)"이다. 또한 「노인복지법 시행규칙」에는 노인복지관의 사업을 ① 노인의 생활·주택·신상 등에 관한 생활상담 및 노인의 질병예방·치료에 관한 건강 상담 및 지도, ② 노인에 대한 취업알선 및 취업자의 사후관리, ③ 노인의 기능회복 또는 기능의 감퇴를 방지하기 위한 훈련 실시, ④ 노인의 교양 향상을 위한 프로그램의 제공 및 레크리에이션 활동 등의 지도로 규정하고 있다.

노인복지관은 만 60세 이상 노인을 대상으로 교육 프로그램을 운영하며, 복지관 회원을 대상으로 하고 복지관에 따라 무료에서부터 실비 수준(월 1만 원 내외)의 회비를 받는다. 노인복지관에서 실시하는 구체적인 노년교육 프로그램 내용은 복지관마다 몇 가지 특화된 내용에서 조금씩 차이가 있긴 하지만 대부분 거의 유사하게 진행되고 있다. 예를 들면, 교양 프로그램(시사, 문해교육, 외국어, 서예 등), 전통문화 프로그램(장구, 민요, 우리춤 등), 건강 프로

표 5-14 　노인복지관 현황

(단위: 개)

서울	부산	대구	인천	광주	대전	울산	경기	강원	충북	충남	전북	전남	경북	경남	제주	합계
81	26	15	19	9	7	14	58	14	18	16	21	25	18	21	2	364

출처: 보건복지가족부(2018)에서 재구성.

그램(체조, 요가, 댄스스포츠, 에어로빅 등), 문화예술 프로그램(노래, 무용, 악기연주, 연극 등), 정보화 교육 프로그램(컴퓨터, 인터넷, 포토샵, 한글, MS 오피스 등), 동아리 프로그램 등이다.

최근에는 복지관들 중에 지역의 평생교육시설로 등록을 하거나 평생학습관으로 지정을 받는 곳도 점차 증가하는 추세다. 그러나 대부분 지자체의 복지관 인력구성에 관한 규정에 묶여 평생교육사를 채용할 수 없는 형편이어서 여전히 교육에 대한 전문성 문제를 안고 있는 실정이다. 그러나 이와 같은 한계에도 불구하고 사회복지관과 노인복지관 모두 지역사회 노인 학습자들에게 다양한 교육 프로그램을 제공함으로써 노년교육의 확산에 크게 기여하고 있다는 사실은 부인하기 어려울 것이다.

2) 대한노인회 산하 노인교실

초기의 노인교실은 지역 노인들을 위하여 초등학교 학구 단위로 설립된 노년교육기관이었다. 노인교실은 1978년 전국의 각급 학교에 학구 단위로 노인학교를 설립할 것을 목적으로 만든 '노인교실 설치요강'을 근거로 시작되었다. 1981년 한국성인교육협회가 대한노인회로 흡수되면서 학구 단위로 노인회를 재조직하여 노인교실을 설치·운영하도록 하였으며, 그 결과 주로 초등학교를 중심으로 노인교실이 설치되었다. 그리고 이에 대한 행정업무는 문교부 사회교육과에서 담당하다가 보건복지부 소관업무로 이관되었다.

그러나 학구 단위 노인교실이 사실상 모두 사라진 현재는 '노인교실'이라는 용어가 노인대학, 노인학교와 같은 일반 노인 대상 교육기관을 모두 포함하는 개념으로 사용되고 있다. 노인교실은 1970년대 후반부터 급속히 설립되기 시작하였고, 1978년에 이르러서 교육부에서는 전국 7,371개의 초등학교에 학교 시설을 개방하여 해당 학구 내의 노인을 위한 교양교육, 지역사회활동 참여 증진교육, 직업기능교육 등을 실시하기 위하여 학구 단위 노인학교를 개설하여 운영하도록 하였다. 당시 교육부가 의도했던 노인교실 설치의 목적

은 노인들에 대한 교육의 필요성을 인식해서라기보다는 청소년들에게 경로
사상을 일깨워 주고, 효친경로의 방법을 익히는 것이 목표였다.

　현재 '노인교실'은 「노인복지법」상의 명칭으로 실제로는 노인교실 대신
노인대학, 장수대학, 노인학교, 실버대학 등 다양한 명칭으로 불리고 있다.
노인교실은 개인이나 등록된 사회단체가 「교육법」에 의한 형식이나 절차 없
이 자의로 설립할 수 있고, 시설과 장소에 상관없이 설립자가 학칙을 정하고
교재, 수업연한, 강사, 교육과정, 학생관리, 경비조달 등도 자체적으로 이루
어지고 있다. 또한 노인교실의 등록은 의무가 아니라 선택사항이며, 등록 노
인교실에 한해 지자체별 재정상황에 따라 적게는 연 몇 십만 원부터 많게는
연 몇 백만 원까지 지원하는 정도다. 그러나 이와 같이 재정적인 지원도 충분
하지 않고 또 그 외의 다른 지원도 거의 없는 상황에서 노인교실들이 굳이 지
자체에 등록해야 할 이유가 없다. 따라서 사실상 현재 미등록 노인교실이 정
확히 얼마나 되는지 알 수 없다. 현재 전국적으로 각 지자체에 등록된 노인교
실은 〈표 5-15〉에서 보는 바와 같이 약 1,332개에 이른다. 1972년 이후 각종
노인단체, 사회봉사단체, 종교단체 및 개인에 의해 많은 노년교육기관들이
세워졌으나, 미등록 기관들이 많아 정확한 통계는 알 수 없는 형편이다. 또한
현재 노인교실은 「노인복지법」의 노인여가복지시설로 시·도·군·구 사회
복지과 또는 노인·가정복지과가 담당하고 있으나, 형식적일 뿐 실질적인 지
도·감독 역할은 거의 없는 실정이다.

　노인교실은 운영주체별로 보면 대한노인회, 종교단체, 사회봉사단체, 개인
이 운영하는 노인교실로 나눌 수 있다. 그중 대한노인회 산하 노인대학 및 노
인학교 중 상당수가 지자체에 노인교실로 등록되어 있다. 대한노인회 산하

표 5-15 **시도별 노인교실 수**

(단위: 개)

계	서울	부산	대구	인천	광주	대전	울산	경기	강원	충북	충남	전북	전남	경북	경남	제주
1,332	362	170	24	36	41	14	25	172	50	6	69	72	57	104	93	30

출처: 손의성, 한정란, 전수경(2018)에서 재구성.

노인교실은 2018년 현재 251개로 파악된다.

대한노인회의 노인교실은 회원들의 고령화로 대부분이 70대에서 80대 연령층이며, 대체로 학력이 낮고 매년 반복 입학하여 교육을 받는 이들이 많다. 교육내용은 교양 30%, 국내외 정세 30%, 지능습득 20%, 건강관리 · 기타 20%로 구성하는 것이 대한노인회가 제시하고 있는 기준이지만, 실제로는 체계적으로 구체적인 교육내용에 대한 계획을 수립하기보다는 섭외가 가능한 지역인사들을 미리 정해 놓고 영역별로 강의를 분배하는 형식으로 수업이 진행되고 있다. 따라서 교육의 목표에 따른 교육보다는 강사의 편의에 따른 교육이 실시되는 문제를 안고 있다. 이는 노년교육에 있어 전문성을 지닌 평생교육사나 사회복지사가 없이 노인회의 인적 자원만으로 노인대학을 운영하고 예산도 연 1,000만 원 내외의 적은 예산으로 운영하기 때문에 초래되는 당연한 결과로 보인다(한정란 외, 2008).

대한노인회에서는 노인대학으로 부르는 일반적인 노인교실 외에도 '노인지도자대학'과 '경로당 노인대학'을 운영하고 있다. '노인지도자대학'은 새로운 정보와 지식을 함양하여 변화하는 시대에 적응 능력을 제고하여 노인지도자로서의 자질을 향상하고 조직의 활성화를 도모함을 목적으로 운영된다. 운영의 방향은 ① 변화하는 시대에 적합한 주제 선정 교육, ② 새로운 정보를 교육시켜 노인지도자 자질 향상, ③ 쉽게 이해할 수 있고 흥미를 유발하는 사례 중심 강의, ④ 조직의 활성화 및 효율적 운영을 위한 프로그램 보급, ⑤ 사회 봉사활동 프로그램을 개발, 지역사회 발전에 기여 등에 두고 있다. 교육대상은 각급회 임원 및 정회원(미래 노인지도자)으로, 구 · 군지회장이 추천하는 사람으로 하고, 정원은 60명이며, 교육은 상반기(3월)와 하반기(8월)로 나누

표 5-16 2018년도 대한노인회 각 급회 노인대학 현황

(2018년 6월 30일 현재, 단위: 개)

서울	부산	대구	인천	광주	대전	울산	경기	강원	충북	충남	전북	전남	경북	경남	제주	합계
21	14	7	9	4	2	8	65	11	2	18	11	7	29	30	12	251

출처: 대한노인회 내부자료.

어 연 2회 3개월씩 실시한다. 그리고 경로당노인대학은 각 경로당별로 운영
하도록 하고 있으나, 대부분의 경로당이 시설이나 재정 면에서 매우 열악한
형편이어서 사실상 운영이 활성화되기 어려운 상황이다.

3) 대학 부설 평생교육원의 노년교육 프로그램

대학 부설 평생교육원은 대학의 총·학장의 책임 아래 각 대학의 특성에
맞추어 대학의 평생교육을 담당하기 위해 자율적으로 설치·운영되고 있는
기관으로, 「평생교육법」 제30조 제2항의 규정에 따라 대학의 장은 대학생 또
는 대학생 외의 자를 대상으로 자격취득을 위한 직업교육과정 등 다양한 평
생교육과정을 운영할 수 있다. 일반적으로 대학 부설 평생교육원은 수강료가
타 기관들에 비하여 높은 편이어서 경제적으로 풍족하지 못한 노년층 학습자
들에게는 부담스러울 뿐 아니라 최고교육기관인 대학이 주는 이미지로 인하
여 학력이 높지 않은 노년층에게는 접근이 용이하지 못하다. 또한 대학 관계
자들의 노인들에 대한 부정적인 고정관념과 편견, 그리고 그로 인한 프로그
램 개설의 소극적 태도도 노인들의 접근을 막는 원인으로 작용하고 있다.

실제로 2013년 평생교육통계(교육부, 한국교육개발원, 2013)에 따르면 대학
부설 평생교육원은 405개이고, 프로그램 수는 2만 6,952개, 학습자수는 88만
3,176명이다. 이 중 107개만이 노인대상 평생교육 프로그램으로 전체 프로그
램 중 0.4%에 불과한 것으로 나타났다. 반면에, 건강과 배움에 대한 열의가
있는 노인들의 경우에는 대학이라는 특성상, 뛰어난 인적·물적 자원을 활용
하여 질 높은 프로그램을 제공하고 있기 때문에 오히려 지속적이고 적극적인
참여가 돋보인다.

조사에 따르면 노년교육 프로그램을 대학에서 실시하는 경우 참여자의 약
40%가 대졸자인 반면, 일반 사회복지관에는 80% 이상이 중졸자로 구성되어
있고, 또 은퇴 전 직업분포에 있어서도 대학에서 실시하는 프로그램에는
70% 내외가 화이트칼라 직업이었던 반면, 복지관의 경우 블루칼라나 직업이

없었던 대상이 주로 참여하는 것으로 나타났다(박석돈, 2002). 더욱이 대졸 이상의 학력을 가진 노인들은 그 이하의 학력집단보다 대학(원) 부설 평생교육원 선호도가 2배 정도 높게 나타나, 노인들의 학력이 높아질수록 대학시설을 활용하는 전문적인 교육 프로그램이 더 많이 도입되어야 함을 알 수 있다(이정화, 이옥순, 2007). 특히 향후 고학력 사회에서는 대학 부설 평생교육원에 대한 노인들의 수요가 증가할 것으로 예측되므로 보다 쾌적한 시설에서 적극적인 지적 욕구를 충족시켜 줄 만한 교육 프로그램이 설계되어야 할 것이다.

4) 종교시설에서의 노년교육

종교시설들은 노년교육이 선교의 목적과 잘 부합될 뿐 아니라, 시설, 인력, 재정, 조직 면에서 노년교육에 필요한 자원을 충분히 확보하고 있어서 매우 유리한 입장에 있다. 그러나 노년교육을 실시하고 있는 종교기관의 수가 늘어나고 교육을 위한 전문가들도 함께 양산되고 있음에도 불구하고, 종교시설의 설립에 특별한 허가나 등록 절차가 없어서 종교시설의 숫자조차 정확히 파악할 수 없는 상황이다. 이에 따라 종교시설에서 운영하는 노년교육 시설 현황 또한 정확한 파악이 어렵다. 다만, 노인학교들 간의 연합회를 운영하고 있는 곳의 경우는 매해 새로운 기록들을 자체적으로 평가 · 기록하고 있다. 예를 들면, 대한예수교장로회에서 운영하고 있는 한국교회노인학교 연합회와 기독교대한감리회 사회평신도국 산하 노인대학협의회, 그리고 천주교 서울대교구의 노인대학연합회가 있다.

한정란 등(2008)에 따르면, 2008년 10월 현재 대한예수교장로회 소속 한국교회노인학교 연합회 노인학교는 561개, 기독교대한감리회 노인대학협의회 소속 노인학교는 134개, 천주교 서울대교구 노인대학연합회 소속 노인학교는 269개, 조계종 중심의 노인대학은 22개로 전체 986개였다. 그러나 위에 제시된 종교단체 외의 다양한 종교 내 교단에서 운영하는 곳처럼 집계에 포함되지 않은 숫자를 감안하고 노년교육 실천에 대한 열의가 더욱 고조되어 가고 있다는 점을 고려한다면, 종교단체에서 운영하는 노인대학은 최소 1,500개 이상이 될 것으로 추정된다.

종교단체의 재정자원은 노인대학 운영에 중요한 자원으로 꼽힌다. 대개의 경우 무료이거나 저렴한 학비만을 받고 있기 때문에 노인대학들의 재정 확보는 운영을 위해 필수적이다. 종교단체의 재정 확보는 대개 종교단체에서 운영재정 전체를 담당하거나, 시나 도의 지원, 혹은 기업체의 후원을 통해 이루어지고 있다. 그러나 대부분의 종교단체 소속 노인대학들은 소속 종교 단체에서 지원을 받고 있다. 재정 확보는 노인들이 경제적 부담 없이 원하는 교육을 받도록 돕는다. 종교단체의 조직자원 역시 노인대학을 위해 좋은 자원이 되고 있다. 종교단체의 총책임자 이하 단체 내 조직은 노인대학의 행정적 지원을 제공한다. 대표적인 종교별로 노년교육 프로그램을 살펴보면 다음과 같다.

표 5-17 종교단체 소속 노년교육기관 현황

(단위: 개)

구분 / 지역	기독교		천주교	불교	계
	대한예수교장로회 노인학교연합회 소속	기독교대한감리회 소속 노인대학			
서울	145	38	120*	7	299
경기	79	33, 26(인천)	59(수원교구)*, 37(인천)	6, 1(인천)	238
충청	59	12, 3(대전)	6	1(대전)	81
경상	161	3, 2(부산)	19, 14(대구), 21(부산)	2 (부산)	222
전라	89	4	4	1, 1(광주)	99
강원	17	12	1	2	32
제주	11	1	2	1	15
전국	561	134	269	22	986

* 는 http://www.isenior.or.kr/ 2014. 3. 18. 검색 결과로 보완함.
출처: 한정란 외(2008)에서 재구성.

(1) 기독교(개신교) 노년교육

2008년 10월 현재 대한예수교장로회 한국교회노인학교연합회 소속 노인학교는 약 561곳에 달하고 있다. 이외에도 기독교대한감리회 및 여러 교파에서 교회 시설을 중심으로 노인 대학의 교재 개발 및 재원 확보를 통해 점차 노년교육의 범위를 넓혀 가고 있다.

기독교(개신교) 단체 중 노년교육에 가장 적극적인 곳은 대한예수교장로회 부설 (사)한국교회노인학교연합회[1]다. 연합회에서는 정기적으로 노인학교지도자아카데미와 노인복지세미나를 통해 각 교회 노인학교에서 교사로 봉사하고 있거나 앞으로 봉사하고자 하는 사람들을 전문가로 양성하고 있다. 그러나 연합회에 소속된 회원교회 노인학교 외에도 다양한 종파와 교회의 다양한 노인학교들이 분산되어 있어 그 정확한 수를 파악하기 어려운 상황이며, 교육 내용이나 방식 등도 천차만별이다.

(2) 천주교 노년교육[2]

천주교 노년교육은 1976년 공항동 성당 박고빈 신부에 의해 처음 시작되었고, 1981년에 천주교 서울대교구 노인대학연합회가 결성되었으며, 이후 이름을 가톨릭서울시니어아카데미로 변경하였다. 가톨릭서울시니어아카데미에서는 시니어아카데미 간의 유대와 협조를 조성하고, 정기적인 지도자 및 봉사자 교육과 교재 및 교육과정 개발을 지원함으로써 보다 체계적인 노년교육 프로그램 운영에 힘쓰고 있다. 특히 교회노인대학 봉사자들을 대상으로 초급 교육 10주(주 3시간씩) 과정과 중급 교육 10주(주 3시간씩) 과정을 통하여 체계적인 노인대학 운영을 지원하고 있다. 2008년 현재 전국에 약 269곳의 천주교 노인대학이 운영되고 있으며, 2013년 1월 현재 가톨릭서울시니어아카데미(서울대교구 노인대학연합회)에 속해 있는 노인대학은 120곳에 이른다.

---

1) http://www.kcas91.co.kr/ 2014. 3. 18. 접속.
2) http://www.isenior.or.kr/ 2014. 3. 18. 접속.

천주교 서울대교구에서는 2007년에 55세부터 67세 사이의 젊은 노년층을 대상으로 영시니어들이 인생 후반기를 주체적으로 재설계하고 준비할 수 있도록 돕기 위한 '가톨릭영시니어아카데미' 를 설립, 운영하고 있다. 가톨릭영시니어아카데미의 교육은 인생의 후반기를 이해하기 위한 사회적인 기본 지식과 함께 노년기를 주체적으로 설계하기 위한 사회, 문화, 건강, 종교적 지식을 학습하는 '교양강의' 와 문학, 미술, 사진, 연극, 웰빙 · 웰다잉, 음악(기타, 하모니카), 엔터테인먼트(노래, 레크레이션, 웃음), NIE(신문활용교육) 등의 '두레활동' 으로 구성된다. 가톨릭영시니어아카데미는 2년 과정으로 운영되며, 교양강의에 80% 이상 그리고 두레활동에 50% 이상 출석할 경우에 졸업장을 수여한다. 또 졸업 후에는 다양한 클럽활동, 연구회 활동, 그리고 연구과정을 통해 강사로 활동할 수도 있다.

또 2009년에는 천주교 전체의 '전국노인대학연합회' 를 결성하였고, 수원, 인천, 대전 등 점차 많은 교구들이 교구별 노인대학연합회를 결성하고 봉사자교육을 실시하는 등 노인대학 활성화를 위한 활동을 확대해 가고 있다.

(3) 불교 노년교육

현재 대한불교계에서 공식적인 노년교육 시설에 대한 통계를 가지고 있지는 않다. 그러나 사찰별로 다양한 노년교육 프로그램을 운영하고 있는 것으로 추측된다.

5) 평생학습관에서의 노년교육 프로그램

평생학습관은 지역 주민을 대상으로 평생교육 프로그램을 운영하는 지역 평생교육정보센터로서의 기존 역할과 아울러 평생교육에 관한 연구, 연수 및 정보제공의 기능을 하는 곳으로 교육청에서 지정한 평생교육기관이다. 평생학습관은 「평생교육법」 제21조에 따라 관할 지역 내 주민을 대상으로 평생교육 프로그램을 운영하고 평생교육 기회를 제공하기 위하여 시 · 도교육감이

지정하여 운영한다. 지역 특성에 따라 시·군·구 단위 또는 읍·면·동 단위로 도서관, 시·군·구민회관, 문화원 등 기존의 평생교육시설을 활용하거나 신설하여 지역 단위의 평생학습관으로 지정·운영된다. 특히 지역 평생교육정보센터와 연계하여 지역 주민을 대상으로 하는 평생교육 프로그램 운영 등 평생교육에 관한 연구·연수 및 정보제공 기능을 수행하고 있다.

2018년 평생교육 통계에 따르면, 현재 평생학습관은 전국에 총 444개에 이르며, 평생학습관에서 운영 중인 총 23,373개 평생교육 프로그램 중 노인을 대상으로 하는 프로그램은 1,958개(8.4%)에 이른다(한국교육개발원, 2018). 이와 같이 평생학습관이 지역 노년교육에서 큰 역할을 하고 있는 이유는 거주 지역에서의 접근 용이성과 저렴한 학습 비용 때문이다(한정란 외, 2008).

6) 기타 노년교육 프로그램

그 외에도 다양한 주체들에 의해 노인을 대상으로 하는 상설 혹은 일회성의 교육 프로그램들이 진행되고 있다. 대표적인 몇 가지만 살펴보면 다음과 같다(한정란 외, 2008).

(1) 농촌 건강장수마을 노인교실 운영

농촌진흥청에서는 건강장수마을 사업을 통하여 농촌 노인들의 활기찬 노년생활 및 건강한 장수문화 보급을 추진하고 있다. 이 사업은 기반조성이 되어있는 마을을 중심으로 800개소를 연차적으로 육성하는데, 사업의 내용은 크게 ① 소득활동, ② 건강관리, ③ 학습 사회활동, ④ 환경정비로 구성된다. 소득활동으로 노인들의 경제활동 참여를 독려하고, 규칙적인 운동과 식생활 보급으로 건강을 증진하며, 동아리모임을 활성화하고 학습 및 사회활동으로 창조적인 생활을 증진하며, 아름답고 편리하고 살고 싶은 농촌환경을 조성하는 것이 목적이다.

이렇듯 건강장수마을사업 내용에 학습·사회활동이 포함되어 있다 보니 대부분 건강장수마을로 지정된 마을들은 노년교육 프로그램 활성화에도 기여하고 있다. 프로그램은 주로 농한기를 이용하여 운영되며, 관심이 많은 건강과 관련된 주제 위주로 진행된다.

(2) 농업협동조합의 장수대학

농업협동조합에서는 원로 조합원들의 사회참여 기회를 부여하고, 열악한 농촌 환경에서 고령화로 인한 무력감을 해소하며, 간접적인 문화생활 교육을 제공하고, 원로 조합원들의 주인의식을 고취하며, 조합원 복지증진을 위한 환원사업의 일환으로 노인대학을 운영하고 있다. 노인대학은 지역 농협마다 장수대학 혹은 실버대학 등의 이름으로 운영되고 있다.

장수대학의 비용은 전액 농협에서 지원하며, 65세 이상 농협 조합원 및 직계 가족을 대상으로 전액 무료로 진행된다.

제3부

노인 학습자의 이해

제6장 노인과 노화의 이해
제7장 노년기의 신체적 특성
제8장 노년기의 심리적 특성
제9장 노년기의 사회적 특성

제6장

노인과 노화의 이해

1. 노인의 개념

'누가 노인인가?'라는 물음은 노년학에서 가장 답하기 어려운 문제일 것이다. '노년기(old age)를 몇 세부터로 규정할 것인가?' '또는 노인의 기준을 무엇으로 정할 것인가?'에 대해 단정적으로 답을 내리기는 매우 까다롭고 어렵다. 그 이유는 노인이나 노년기를 규정하는 데 다음과 같은 다양한 기준들이 작용하기 때문이다.

1) 역연령

노인을 규정할 때 가장 널리 사용되는 기준은 역연령(曆年齡, chronological age)일 것이다. 우리는 많은 경우에 나이를 기준으로 노인을 구분하곤 한다.

또 역연령이 노인을 구분하는 가장 객관적이고 합리적인 기준처럼 보이는 것도 사실이다.

역연령으로 노년기를 구분한 대표적인 학자로는 노이가르텐(B. Neugarten)을 들 수 있다. 그는 고령화로 인하여 노년층의 연령대가 확대되어 감에 따라 노인집단을 연령을 기준으로 다음 세 단계로 분류하였다.

- 연소노인(young-old): 55~65세에 해당하는 사람들로, 이들은 대부분 직업을 가지고 있으며, 많은 사람이 직업적 성취나 사회적 승인 면에서 최고 수준에 이르러 있다.
- 중고령 노인(middle-old): 65~75세에 해당하는 사람들로, 이들은 대부분 직업 지위에서 물러나 퇴직한 상태지만, 아직은 대부분이 신체적으로 심각한 노화를 겪고 있지는 않다.
- 고령노인(old-old): 75세 이상의 사람들로, 신체적 노화가 상당히 진전되어 병약하며 의존 상태에 있는 노인들이 대부분이다.

애칠리(Atchley, 1985) 역시 노인을 역연령에 따라 세 계층으로 분류하였는데, 그는 연소노인을 60~74세, 중고령 노인을 75~84세, 고령노인을 85세 이상으로 분류하였다. 우리나라에서도 전통적으로 연령을 노인 구분의 기준으로 삼아 왔다. 즉, 만 60세를 '회갑년(回甲年)'으로 기념하고 이때부터 어르신으로 대접하였는가 하면, 현대에 들어와서는 「노인복지법」에서는 65세 이상을, 그리고 「연금법」에서는 60세 이상을 각각 노인으로 규정하기도 한다.

그러나 이렇게 역연령에 의해 일률적으로 노인을 구분짓는 것에는 다음 두 가지 문제가 제기될 수 있다. 첫째, 역연령과 개인의 노화 정도 간의 관계가 반드시 일치하지는 않는다는 점이다. 개인의 노화과정은 개개인의 유전적 소인, 운동습관, 병력, 식습관, 생활습관, 사회적 활동 정도, 심리적 상태 등에 따라 달라지며, 특히 노년으로 갈수록 그 개인차는 더 커진다. 따라서 같은 나이라도 노화 정도에 상당한 차이가 나기 때문에, 일률적으로 역연령으로만 노인인지 아닌지를 구분하기에는 무리가 있다.

둘째, 역연령에 따른 차이는 개인 간의 차이뿐 아니라, 사회·문화적 차이에서도 나타난다. 수명이 짧았을 뿐 아니라 생활이 단순하고 사회 변화의 속도도 느렸던 과거 전통사회에서는 10대 후반이나 20대 초반이면 혼인을 하여 자녀를 출산하고 40대에 손주를 보는 일이 드물지 않았다. 따라서 조선시대의 40대는 지금의 60대 혹은 70대와 거의 맞먹는다고 해야 할 것이다.

또한 1981년 한국갤럽에서 우리나라 국민들의 노인에 관한 인식을 조사한 결과에 따르면, 조사대상의 45%가 노인의 기준을 60세로 인식하고 있는 것으로 나타났다. 이에 비하여 최성재(1992)의 「국민의 노후생활에 대한 전망과 대책에 관한 연구」에서는 전체 조사대상자 4,000명 중 30% 이상이 노인의 기준을 65세로 보고 있는 것으로 나타났다. 그런가 하면 2000년 서울 양천구가 노인복지관에 나오는 60세 이상 노인 183명을 대상으로 조사한 결과, 응답자의 72.1%가 '나 스스로 노인으로 생각하지 않는다.'라고 답했고, '노인이라 불리면 거부감이 든다.'라고 답한 응답자도 56.3%에 달한 것으로 나타났다(연합뉴스, 2000. 8. 7.). 또한 한정란, 이금룡과 원영희(2006)의 연구에서 청소년들은 60세부터 노년기가 시작된다고 응답한 반면, 노인들 스스로는 노년기가 70세부터 시작된다고 보는 것으로 나타났다. 이렇듯 노년의 시작은 시대의 흐름과 사회 변화에 따라 그리고 관점에 따라 달라지기 때문에 역연령으로 노인을 구분하는 데에는 한계가 따른다.

2) 노화 정도

신체적·심리적·사회적 노화 정도는 역연령 다음으로 일반화된 노인의 기준이다. 그중에서도 특히 신체적 노화로 노인을 규정하려는 경향은 매우 보편화되어 있다. 1951년 7월 미국에서 열린 국제노년학회에서는 "노인이란 인간의 노화과정에서 나타나는 생리적·심리적·환경적 행동의 변화가 상호작용하는 복합 형태의 과정이다."라고 지적한 바 있다. 그러나 이 노화 정도 역시 매우 모호한 기준이다.

인간의 노화는 생물학적 요인만이 아닌 심리적 · 사회적 측면도 함께 관련된다. 즉, 노화란 단순히 생물학적 과정만을 의미하는 것이 아니라 그 시대의 사회, 문화, 정치, 경제 등의 여러 요인과 밀접하게 관련되어 있다. 베일런트 (G. Vaillant, 2002)는 하버드 대학교 성인발달 종단연구 결과를 통해서 건강한 노화가 유전적 요인보다도 교육수준, 좋은 생활습관, 원만한 대인관계, 그리고 부부간의 애정 정도와 더 밀접하게 관련됨을 밝힌 바 있다. 특히 2차 성징과 같이 뚜렷한 신체적 변화를 수반하는 청소년기와 달리 노년기는 생물학적으로 명확하게 정의될 만한 변화로 구분되지 않는다. 그런 면에서 노년기에 대한 정의는 다분히 주관적일 수밖에 없으며, 성인기로의 진입과 노년기로의 전환을 다양한 역사적 조건에 있는 개인들이 어떻게 지각하고 있는지를 객관적으로 결정하기가 매우 어렵다(Hareven, 1978).

또한 노화 정도는 개인에 다라 커다란 차이가 있다. 특히 외모상의 노화 정도는 개인차가 더욱 커서 50대 같은 70대가 있는가 하면, 80대 같은 60대도 있다. 따라서 신체적 노화 정도를 기준으로 노인을 구분하는 것도 쉬운 일은 아니다.

3) 사회적 역할 및 활동 정도

또 다른 견해는 사회적 활동의 정도나 사회적 역할 여부에 따라 노인을 구분하는 것이다. 특히 현대사회에서는 노인의 위치가 현역에서 활동하고 있는가 아니면 은퇴하였는가와 깊은 관련이 있기 때문에 노인의 기준을 은퇴 여부에서 찾을 수 있다는 것이다. 그러나 이렇게 노인의 기준을 정년제나 연금수급 연령에서 찾아야 한다는 견해 역시 문제가 있다. 연금수급 연령은 나라마다 또 한 나라 안에서도 시대에 따라 달라지고, 정년제도 역시 나라마다 또 시대에 따라 그리고 직종이나 직급에 따라 변화하기 때문이다. 더군다나 최근에는 미국이나 영국 등은 법률로 정한 정년 자체가 없는 경우도 있을 뿐 아니라 사회의 경제상황이나 여건에 따라 조기퇴직이 증가하기도 하거나 반대로 노년 재취업이 증가하기도 한다. 따라서 사회적 활동을 노령의 기준으로 삼는 것에도 한계가 있다.

4) 조부모 역할

네 번째 관점은 가족생활주기에 근거하여 '빈둥지 시기(empty nest period)'를 거쳐 손자녀가 출생하는 조부모 역할(grandparenting)의 시작을 노년기의 출발점으로 보아야 한다는 것이다. 실제 생활에서 '할아버지' 혹은 '할머니'라는 호칭이 '노인'과 동일한 개념으로 취급된다는 사실이 이러한 입장에 타당한 근거를 제공해 준다. 그러나 조부모 역할을 노년기의 기준으로 삼는 것도 몇 가지 문제를 지닌다.

첫째, 조부모 역할의 시작은 개인에 따라 편차가 매우 크다는 점이다. 특히 여성의 사회진출 증가와 개인주의의 확산 그리고 결혼관 및 자녀관의 변화로 인하여 결혼 연령이 늦어지고 자녀 출산을 거부하거나 독신을 고수하는 경향이 증가하는 현 상황에서는, 누구나 비슷한 시기에 조부모 역할을 시작할 것이라는 기대를 하기 어렵게 되었다. 또한 조부모 역할은 본인과 자녀의 결혼과 출산 시기가 이중으로 관련되기 때문에 더 복잡하고 편차가 클 수밖에 없다.

둘째, 조부모 역할의 수행에 있어서도 개인이 처한 환경이나 조건에 따라 편차가 크다. 조부모 역할의 수행은 개인의 건강 상태, 직업 및 사회활동 정도, 부부관계, 자녀의 사회활동이나 부모-자녀 간의 친밀감 등에 따라 매우 상이하게 전개된다. 자녀의 사회활동을 돕기 위하여 전적으로 손자녀 양육을 맡게 되는 경우도 있지만, 여전히 왕성한 자신의 사회활동으로 인하여 손자녀와 함께하는 시간을 거의 갖지 못하거나 심리적으로 조부모 역할을 수용하지 못하는 경우도 있다.

5) 늙음에 대한 자각

종합적으로 살펴볼 때, 앞의 다양한 기준들 중 현 시점에서 가장 합리적이라 할 수 있는 기준은 노인 자신의 인식인 '늙음에 대한 자각(self-awareness)', 즉 '노성자각(老成自覺)'이라 할 수 있을 것이다. 이러한 노화에 대한 자각은 앞에서 언급한 다양한 기준들, 즉 연령, 노화 정도, 사회적 활동 정도, 조부모 역할 등 다양한 조건들에 의해 영향을 받게 된다.

그러나 현대사회에서는 많은 사람이 노성자각에 대해 심한 불안감이나 심리적 저항을 갖고 있는 듯하다. 일반적으로 늙었다는 자각을 하게 되는 시기를 '갱년기' '초로기(初老期)' '향로기(向老期)' 등의 용어로 부르는데, 이 시기의 사람들은 노화를 현실로 받아들이는 데 극심한 심리적 저항을 가지고 있다. 젊음에 대한 욕구는 누구에게나 있는 보편적인 것이다. 인간은 시간을 따라 살아가지만, 사실 대부분의 삶에서는 그 시간을 자각하지 못한다. 새해 첫날에는 한 살 더 먹었음을 깨닫지만, 바로 다음 날이면 그 사실을 잊고 생활하게 된다.

이런 노성에 대한 저항감에 찬물을 끼얹는 것은 역설적이게도 다른 사람을 통해서다. 어느새 백발이 성성해진 친구의 모습을 통해서, 친구의 부고장에서, 연로해지신 부모님의 모습을 통해서, 그리고 장성한 자식의 모습을 통해서 새삼 자신의 늙음을 깨닫는다. 어쩌면 우리는 기억 속에 늘 20대로 남아 있는 자신의 모습을 담아 두고 그 모습을 지키기 위해서 현실을 외면하고 카메라를 멀리 하는지도 모른다. 그러나 받아들이고 싶지 않아도 인간은 누구나 늙어 가게 마련이고 노화과정에서 그 누구도 예외가 될 수는 없다. 또 심리적인 측면에서도 무조건 노화를 거부하고 젊음을 추구하는 것보다 자신의 현실, 즉 노화를 수용하고 긍정적으로 적응하는 것이 더 건강한 삶이라 할 수 있다.

그렇다면 우리는 주로 어떤 때 노화를 자각하게 될까? 일반적으로 노성자각에 영향을 미치는 징후는 다음 두 가지다.

(1) 신체적 징후

일반적으로 신체적 노화는 늙음을 자각하게 만드는 중요한 신호가 된다. 아침잠이 줄어들거나 깊은 잠을 자기 어려워질 때, 기력이 쇠할 때, 쉽게 피로감을 느끼거나 피로가 쉽게 회복되지 않을 때, 신체적 활동이 불편해질 때, 눈이 침침해지거나 귀가 잘 안들릴 때, 흰머리가 늘어나고 머리숱이 줄어들 때, 기억력이 떨어질 때와 같이 크고 작은 신체적 징후들로 인해 스스로 "이젠 나도 늙었구나." 하고 느끼게 된다.

최근에는 의학기술의 발전과 자기관리에 대한 관심의 증가 등으로 이러한 신체적 노화에 따른 노성자각 연령도 크게 늦춰지고 있다.

(2) 정신적 징후

정신적 혹은 사회적 경험에 의해 노성자각이 일어나는 경우도 있다. 퇴직, 자녀의 출가나 손자녀 출생, 배우자나 친구의 죽음, 다른 사람의 노성 발견(오랜만에 만난 친구가 영락없는 노인으로 보일 때), 그리고 다른 사람들의 반응(예컨대, 지하철에서 자리를 양보 받거나 모르는 사람에게 '할아버지' 혹은 '할머니' 라 불릴 때) 등을 통해서 노성자각이 일어난다. 이러한 정신적 징후는 대개 생활수준이나 학력, 직업 등과 같은 사회경제적 지위에 따라 차이가 나타난다. 예컨대, 기술 변화의 속도가 빠른 첨단과학 분야에 종사하는 사람들은 깊은 사유와 경험을 필요로 하는 인문학 분야에 종사하는 사람들에 비해 노성을 일찍 자각하게 될 것이며, 정년이 짧은 육체노동자들은 정년이 긴 전문직 종사자들보다 노성을 일찍 자각하게 될 것이다.

2. 노인을 보는 새로운 시각: 전생애 발달

노인과 노화에 관한 시각의 전환은 인간 발달에 관한 새로운 관점, 즉 전생애 발달(life-span development) 이론의 등장에 힘입은 바 크다. 과거에는 인간은 태어나서 일정한 기간, 즉 출생으로부터 청년기까지만 발달하고 이후로는 발달이 정지되거나 오히려 쇠퇴한다고 믿었다. 그러나 1950년경부터 등장하기 시작한 전생애 발달의 관점은 인간이 수태로부터 사망에 이르기까지 생애 전 기간에 걸쳐 발달하고 변화해 간다고 하는 새로운 시각을 제시하였고, 이는 노인 연구에 활기를 불어넣는 기폭제가 되었다.

그렇다면 전생애 발달이란 그 이전의 관점과 구체적으로 무엇이 다른가? 전생애 발달의 다음 몇 가지 가정을 통하여 그 차이를 구체적으로 살펴보기로 하자.

1) 다방향성

전생애에 걸친 인간의 발달은 플러스(+)적 성장뿐 아니라 반대의 감소(-)를 동시에 포함하는 과정이다. 인생에서 양적인 성장만을 거듭하는 시기는 없다. 심지어 영유아기 때조차도 성장만 거듭하는 것이 아니라 감소를 동반한다. 걸음마를 배우고 말을 익히고 기본적인 생존기술들을 습득해 나가는 시기에도 보이지 않는 발달의 이면에서는 상실과 감소가 끊임없이 일어난다. 예컨대, 걸음마를 시작함과 동시에 기는 능력을 상실하고, 말을 배우고 능숙해져 감에 따라 옹알이나 다양한 표정과 몸짓들이 사라지며, 음식물을 씹어서 삼키는 저작능력을 습득하게 되면서 모유를 빨던 강한 흡입 능력을 잃게 된다. 즉, 하나의 새로운 능력이 기존의 능력을 대체하게 되면 기존의 능력은 상실하게 되는 것이다.

이러한 다방향성(multi-direction)의 원리는 일생 내내 똑같이 적용되며, 노년기 역시 마찬가지다. 단지 차이점이라면 젊어서는 좀 더 눈에 띄는 외현적인 능력을 얻고 잘 보이지 않는 능력을 잃는 데 반해, 노년기로 갈수록 반대로 눈에 보이는 능력을 상실하고 내면적인 능력을 습득하게 된다는 점이다. 즉, 노년이 되면 순발력, 기억력, 강한 육체적 힘은 잃는 반면, 전체를 조망할 수 있는 혜안(慧眼)이나 포용력, 통찰력을 발전시켜 가게 된다. 따라서 전생애 발달 관점에서 본다면 노년기 역시 끊임없는 성장과 쇠퇴가 교차하는 발달시기인 것이다.

2) 가소성

인간의 잠재력은 어디까지이고 또 언제까지 변화할 수 있을까? 인간의 잠재력은 무한하지는 않지만, 적어도 우리 전생애에 걸쳐 발휘되기에는 충분하다. 베일런트(Vaillant)는 자선사업가 그랜트(W. Grant)에게서 지원을 받아 약 60년간 진행되었던 '그랜트 연구'의 1921년생 하버드 대학교 출신 268명, 글루에크(S. Glueck)가 시작하여 약 60년간 진행된 '청소년 범죄 연구'의 1930년생 저소득층 남성 456명, 그리고 터먼(L. M. Terman) 교수의 '천재아 연구'에 참여했던 1911년생 중산층 여성 682명 중 90명을 대상으로 분석한 결과를 *Aging Well*(2002)[1]이라는 책으로 출간하였다. 그가 이들 세 연구에서 공통적으로 발견한 중요한 결과 중 하나는 발달과 변화는 전생애를 통해 일어난다는 것이었다. 변화 가능성, 즉 가소성(plasticity)은 인생 전체를 통하여 열려 있다.

3) 역사적 · 사회적 맥락의 중요성

인간의 발달에서 연령의 증가나 유전적 요소 못지않게 중요한 요소가 개인이 처한 역사적 · 사회적 맥락(historical and social context)이다. 그런데 동일한 역사적 사건이나 사회적 요소라 하더라도 개인이 처한 발달 상태에 따라 영향력은 달라지게 마련이다. 예컨대, 1998년 우리나라를 뒤덮었던 IMF 경제위기 때 회사의 파산으로 40대에 조기 퇴직자가 될 수밖에 없었던 사람과 그때 마침 정년퇴직을 맞아서 퇴직금 전부를 은행에 입금하여 IMF로 갑자기 높아

---

1) 우리나라에서는 『행복의 조건』(이덕남 역, 2010)으로 번역 출간되었다.

진 금리로 인하여 경제적으로 여유로운 생활을 즐길 수 있었던 사람은 IMF 경제위기라고 하는 동일한 사건에서 그 영향은 전혀 다르게 나타난다.

이러한 예에서 볼 수 있듯이 동시대에 태어나 성장한 사람들은 비슷한 역사적·사회적 맥락 안에서 성장과정을 겪게 된다. 이런 3~5년의 출생주기로 묶인 집단을 '출생동시집단(birth-cohort)'이라고 하는데, 이들은 비슷한 시기에 출생하므로 성장과정을 통해서 비슷한 발달주기에 비슷한 역사적·사회적 맥락 안에 놓이게 되고 그 맥락의 영향력도 비슷하게 받는다. 따라서 전생애 발달의 관점은 개인의 발달에서 개인적 측면뿐 아니라, 역사·사회적 측면을 매우 중요시한다.

4) 개인차

노인은 다 똑같은 존재가 아니다. 오히려 어떤 연령집단보다도 큰 개인차(individual differences)를 지니고 있는 다양성이 큰 집단이다. 노인은 타고난 유전적 측면에서의 개인차뿐 아니라 인생의 오랜 시간 동안 각자가 겪은 다양한 경험들, 즉 오랜 생활습관과 운동량, 식사습관과 기호, 일생 동안에 경험한 사고의 크기와 종류 및 횟수, 직업경험과 생활수준, 교육수준과 학습경험 등 개인의 독특한 인생 역사로 인하여 더 다양하고 큰 개인차를 지닌 존재로 이해되어야 한다. 따라서 개인의 발달을 단순히 발달단계에 끼워 맞춰 이해할 수는 없으며, 개개인의 독특성에 대한 충분한 고려가 필요하다.

5) 학제적 접근의 필요성

인간 발달에 관한 연구는 그리 단순하지 않다. 인간의 발달은 어느 한 측면에 국한되어 일어나는 것이 아니라 모든 측면에 걸쳐 진행되므로 학제적 접근(interdiscipinary partnership)이 요구된다. 인간의 발달은 신체적 영역에서만 진행되지 않으며, 심리적 성숙과 사회적 역할 변화가 동시에 진행된다. 따라서 복잡한 인간의 발달과 변화를 어느 한 학문의 시각만으로 완전히 이해할 수는 없다. 결국 인간 발달을 더욱 정확히 이해하기 위해서는 다양한 학문들 간의 상호 보완적인 시각과 교류 및 협동이 전제되어야 한다.

요컨대, 전생애 발달의 관점에서 보는 노화는 다음 세 가지 특성을 갖는 변화라 할 수 있다. 첫째, 노화는 누구나 언젠가는 경험하게 되는 자연스럽고 보편적인 변화다. 노화는 지극히 자연스러운 인간 발달의 과정이자 결과이기 때문에 절대적으로 비가역적이라고 할 수는 없지만(최근 들어 노화를 되돌릴 수도 있다는 증거들이 속속 발견되고 있다), 그렇다고 완벽하게 노화를 피할 수 있는 방법은 없다. 따라서 노화의 정도나 속도에 있어 개인 간의 차이는 있을지라도 누구나 피할 수 없이 맞이하게 되는 변화가 바로 노화라 할 수 있다. 둘째, 노화는 인간의 어느 한 측면에서만 일어나는 것이 아니라 인간의 모든 측면에서 동시다발적으로 진행되는 통합적인 변화다. 나이가 듦에 따라 외모뿐 아니라 행동, 신체기능, 사회적 역할, 인간관계, 심리적 상태, 인지 등이 함께 변화해나간다. 따라서 외모의 노화를 막기 위하여 주름 제거수술을 한다거나 젊게 보이도록 옷차림을 바꾼다고 해도 노화 자체를 완벽하게 막을 수는 없다. 또한 인위적으로 노화를 되돌리는 것은 오히려 다른 부분의 노화정도와의 균형을 깨뜨려 더 어색하거나 부자연스러운 결과를 낳을 수도 있다. 셋째, 노화는 시작은 있지만 끝이 정해져 있지 않은 진행형의 지속적인 변화다. 어느 정도 생물학적 · 심리적 · 사회적 성숙이 완성된 이후, 즉 성인기 이후부터 서서히 부분적으로 노화가 시작되지만, 언제쯤 그 노화가 완성되거나 끝나게 될지는 아무도 모른다. 본격적인 노년기에 접어든 이후에도 끊임없이 노화는 진전되며, 죽음으로 인생이 끝나지 않는 한 노화의 진행은 계속된다.

이상과 같이, 전생애 발달이라는 관점에서 볼 때 노년기는 인간의 전생애에 걸친 긴 발달 행로 중 한 과정이라 할 수 있다. 노년기는 인생의 마지막이거나 더 이상 갈 곳이 없는 막다른 골목이 아니라, 앞으로도 남은 발달의 일정과 미완의 발달과업들을 남겨 놓고 있는 진행형의 과정으로 이해되어야 한다. 또한 노년기는 단순히 양적인 쇠퇴의 시기보다는 계속적인 질적 변화와 발달의 시기이며, 어떤 특수한 계층이나 집단만이 경험하게 되는 비정상적이고 특수한 경험이 아닌 인간 발달의 보편적인 단계다.

노인은 껍데기뿐인 인간이 아니라 살아 있는 유기체이기 때문에, 정상적인 노인이라면 누구나 다양하고 많은 욕구를 지니고 있다. 노인은 가장 기본적인 의식주와 관련된 안전의 욕구에서 자아실현과 학습에 대한 고차원적 욕구까지 지니고 있고, 또 그러한 욕구 충족의 적극적 열망이 있다. 노인은 전생애를 볼 수 있는 거울이기도 하다. 노인은 전생애를 경험하였으므로 모든 연령의 시기, 즉 인간의 전생애를 이해하고 공감할 수 있는 유일한 연령이다.

『모리와 함께 한 화요일』에서 모리 교수는 이렇게 고백한다. "사실, 내 안에는 모든 나이가 다 있네. 난 3살이기도 하고, 5살이기도 하고, 37살이기도 하고, 50살이기도 해. 그 세월들을 다 거쳐 왔으니까, 그때가 어떤지 알지. 어린애가 되는 것이 적절할 때는 어린애가 되는 것이 즐거워. 또 현명한 노인이 되는 것이 적절할 때는 현명한 노인이 되는 것이 기쁘네. 어떤 나이든 될 수 있다는 것을 생각해 보라구! 지금 이 나이에 이르기까지 모든 나이가 다 내 안에 있어." 모든 연령을 다 거쳐 노년에 이른다는 것, 그래서 전생애를 이해할 수 있는 자리에 선다는 것이 얼마나 멋진 일인가?

이러한 인생의 풍부한 경험이야말로 노인으로 하여금 사회적으로나 교육적으로 중요한 자원이 될 수 있도록 하는 힘이다. 이제 노인에 대한 개념 정의나 노인을 바라보는 시각 자체가 변화되어야 한다. 노인을 신체적·심리적·사회적으로 불리한 장애를 지닌 집단으로 규정하려는 시각에서 벗어나야 한다. 즉, 노인을 전생애에 걸친 긴 인간 발달 경로 중 한 과정에 위치해 있는, 아직 계발되지 않은 많은 잠재력과 가능성을 지닌 존재, 또한 한 인간에게 있어 이제까지 삶 중에서 가장 발달되고 완성에 가까운 형태의 것들을 갖추고 영위하고 있는 존재로 새롭게 조명하여야 할 것이다. 또한 우리는 노년교육을 통해 노인은 지적으로 쇠퇴하여 더 이상 새로운 것을 학습할 수 없다

는 신화에 계속해서 도전해 나가야 한다. 더불어 노동의 생산성이나 인간 가
치에 대한 평가에서도 수량적 측면보다는 질적 측면, 특히 경험과 지혜의 측
면을 고려함으로써 노인은 젊은이보다 생산적이지 못하다는 그릇된 편견에
서 벗어나도록 노력해야 한다. 이를 통해 노인은 인생의 귀중한 지혜를 담고
있는 보고(寶庫)이자 경험이라는 가장 강력한 무기를 지니고 있는 존재라는
새로운 인식의 전환이 이루어져야 할 것이다.

3. 노화의 개념

1) 노화의 의미

노화는 일생을 살아가는 동안 생물학적으로 성숙된 인간들에게 일어나는
모든 규칙적인 변화로, 신체구조나 기능상의 변화뿐 아니라 인간의 적응이나
행동에서의 변화 유형까지를 포함하는 변화다(Harris & Cole, 1986). 즉, 노화
는 일반적으로 생각하는 외형적이고 생리적인 측면에서의 변화뿐 아니라 사
회적이고 심리적인 변화 측면까지를 모두 포함하는 복합적인 현상이다. 한
마디로 노화는 시간의 흐름에 따라 인간 유기체 전체에게 보편적이며 점진적
으로 일어나는 신체적 · 심리적 · 사회적 변화의 과정이다. 한 가지 측면에 국
한된 현상이 아니라 노인의 개인적 요인들(유전, 질병, 성격, 학습능력, 생활력
등)과 환경적 요인(사회적 지위, 가족관계, 지역성, 민족성 등) 간의 복잡한 상호
작용에 의하여 나타나는 다면적인 변화 과정이다.

그러나 아직까지 우리 사회에는 노화와 노인에 대하여 많은 편견과 오해가
만연해 있다. 1963년 비렌(J. E. Birren) 등이 주도한 국립 정신건강기구
(National Institute of Mental Health)의 11년에 걸친 합동연구에서, 이제까지 사
람들이 노화라고 불러 왔던 것들 중 많은 것들이 사실은 정상적인 노화의 범
위를 벗어난 병리적인 현상, 즉 질병으로 인한 것이었음이 드러났다. 그 한

예로 뇌혈류와 산소 소비의 감소는 노화의 부산물이 아닌 동맥경화의 한 증상임이 밝혀졌다(Butler et al., 1991).

그러면 왜 노화와 노인에 관하여 이와 같은 오해가 생기게 되었을까? 우선 이런 오해의 많은 부분은 정상적 노화와 병리적 노화를 혼동한 데서 기인한다. 즉, 정상적 노화와 병리적 노화 과정 사이에는 커다란 차이가 있음에도 불구하고 많은 사람들이 이것을 서로 혼동하고 오해하여 많은 편견을 만들어 낸 것이다.

(1) 정상적 노화

정상적 노화(normal aging)란 생리적 혹은 정신적 질병이 없는 가운데 순수하게 연령의 증가로 인하여 진행되는 노화를 의미한다. 일반적인 성인에게서 진행되는 노화의 대부분은 이러한 정상적 노화에 속한다. 즉, 점차 주름살이 늘어 가고 머리가 희어지며 순발력이나 기억력이 떨어져 가는 것 등은 대개 이런 정상적 노화의 과정이자 결과라 할 수 있다. 정상적 노화는 대부분 점진적으로 진행되어 자신도 모르게 변화가 일어나고 있는 경우가 많다. 그리고 특별한 경우를 제외하고는 갑작스러운 부적응이나 불편이 초래되지 않는다. 이는 인간 발달에서 지극히 자연스러운 과정이라 할 수 있다.

(2) 병리적 노화

병리적 노화(pathological aging)는 의학적 원인이나 병적 증상에 따른 노화 과정을 말한다. 이러한 병리적 노화의 경우 여러 가지 능력이나 활동의 제한을 받게 되며, 치매나 우울 등의 정신적 증상을 동반하기도 한다. 병리적 노화는 정상적 노화와 달리 연령의 증가 이외에 별도의 원인에 의해 발생되거나 확대되기 때문에 갑작스럽게 진행되는 경우가 많고, 생활에서도 심각한 부적응이나 불편을 수반하기도 한다.

2) 노화의 세 가지 측면

다음에서는 병리적 노화와 정상적 노화를 구분한다고 하는 것을 전제로, 전생애 발달 관점에 입각하여 노화 과정에 대해 좀 더 구체적으로 살펴보고 자 한다. 노화 과정은 크게 다음 세 가지 측면으로 구분해 볼 수 있다.

(1) 생리적 · 신체적 노화

생리적 · 신체적 의미에서 노년기는 "신체적 변화가 개인에게 활동을 제한 하고 운동성과 활동, 참여를 감소시키도록 하는 시기"로 정의된다(Peterson, 1983). 결국 노년기는 생물학적 퇴화의 속도가 재생의 속도를 능가함으로써 유기체의 생물학적 파괴가 더욱 진전되어 가는 시기다. 노인의 대표적인 생 리적 · 신체적 특성으로는 외모의 변화(주름과 흰머리의 증가, 검버섯의 생성, 피 부탄력의 저하 등), 수면 양상의 변화(아침잠이 감소하고 초저녁잠이 증가하는 등), 신체 각 기관의 기능 저하(소화기능의 쇠퇴, 시력과 청력의 저하 등), 에너지 와 신체적 협응의 저하(순발력과 근력의 쇠퇴 등), 질병에 대한 면역성의 결핍 (쉽게 감기에 걸리거나 세균에 쉽게 감염되는 등) 등을 들 수 있다.

생리적 · 신체적 노화는 일반적으로 역연령과 가장 밀접한 관련을 갖는 노 화의 형태다. 대체로 생리적 · 신체적 연령은 연대기적 연령에 비례한다. [그 림 6-1]과 같이 생리적 · 신체적으로 보면 출생 이후 계속 플러스 성장을 해 나가다가 20대를 전후로 천천히 쇠퇴하며, 60세를 전후로 급격한 쇠퇴를 나 타내는 것으로 알려져 있다(Cross, 1981).

그러나 이러한 생리적 노화 역시 연대기적 연령과 반드시 일치하는 것은 아니며, 모든 개인에게 동일하게 진행되는 것은 더더욱 아니다. 생리적 노화 도 개인에 따라 큰 차이를 나타낸다. 개인의 신체적 노화 속도는 각 개인이 갖 고 있는 생물학적 시계에만 의존하는 것이 아니다. 개인의 유전적 요소와 운 동량, 식사, 경험한 사고(事故)의 종류와 횟수, 흡연과 음주 등 생활습관, 생활 환경 등의 영향을 받는다(Baltes & Baltes, 1990; Peterson, 1983). 예컨대, 70대

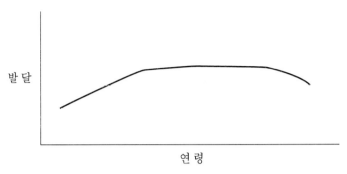

[그림 6-1] 생리적 노화

출처: Cross (1981).

노인이라고 해서 모두 틀니를 껴야 하는 것도, 똑같은 주름의 개수와 깊이를 갖는 것도, 똑같이 등이 굽는 것도, 그리고 모두 지팡이에 의지해야 하는 것도 아니다. 따라서 신체적 노화 자체는 피할 수 없는 것이지만 노화의 속도와 신체적 의존성 정도는 고정되어 있는 것이 아니다. 실제로 우리가 알고 있는 노인의 신체적 쇠퇴 중에는 사회적으로 조장되거나 확대된 것이 많다.

(2) 사회적 노화

사회 속에서 한 개인이 차지하는 지위나 그가 수행하는 역할은 일생 동안 변함없이 일정하게 유지되는 것이 아니다. 개인의 지위나 역할은 전생애를 통해 계속해서 변화하게 마련이다. 역할의 변화는 개인의 선택이나 개인적 조건뿐만 아니라, 그가 속한 사회의 사회적 · 문화적 요인의 영향을 받는다. 즉, 그 사회가 개인에게 주로 어떤 행동을 고무하는지 혹은 어떤 행동을 금지하는지에 따라서도 영향을 받게 된다. 사회에서 노인의 지위 역시 젊은 세대에 대하여 갖는 통제력이나 재산 정도, 지식의 소유나 기능의 구사 정도 등과 같은 개인적 요인뿐 아니라, 그가 속한 사회의 종교적 전통, 친족 및 가족적 유대와 결속, 생산지향성의 정도, 사회성원들 간의 관계 등 여러 가지 요인들의 영향을 받는다(Butler et al., 1991).

사회적 · 문화적 노화는 하나의 단계 후에 다른 단계가 이어진다는 점에서는 선형적(linear)이지만, 그 단계에 어떤 일정한 순서가 정해져 있는 것은 아니다. 즉, 반드시 은퇴하기 전에 결혼을 해야 하거나 취업 후에 출산을 해야 하는 것은 아니다. 그리고 대체로 각각의 사회적·문화적 노화의 단계는 중요한 전환적 사건(marker event)에 의해 구분된다. 사회적·문화적 노화 단계는 사람이 직업을 갖고 결혼을 하고 아이를 낳고 승진과 은퇴를 하고 여러 사회활동에서 물러나도록 사회적으로 기대되는 적절한 시기가 있음을 보여 준다. 이런 사회적 기대는 모든 이들에게 일관되게 작용되지는 않지만, 개인의 사회적 적합성이나 진보성을 측정하는 근거를 제공하게 된다(Peterson, 1983). 예컨대, 모든 이들이 반드시 결혼을 한 후에 출산을 하지는 않지만, 동거 상태에서 아이를 낳는 경우는 일반적이지 않을 뿐더러, 대개는 사회적으로 환영받지 못하고 매우 진보적이거나 반사회적인 사람으로 평가되기도 한다.

사회적 노화는 생리적 노화보다 연대기적 연령과 관련성이 더 적은 것이 일반적이다. 사회적·문화적 노화는 [그림 6-2]와 같이 중요한 전환적 사건으로 구분되는 일련의 단계들로 구성된다. 그리고 각 단계들은 앞서 말했듯이 수준의 차이에 따른 위계적인 것이기보다는 해당 연령에서 그 단계가 더 적절함을 의미하는 것으로 이해될 수 있다.

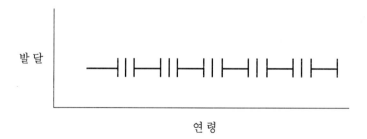

[그림 6-2] 사회적·문화적 노화

출처: Cross (1981).

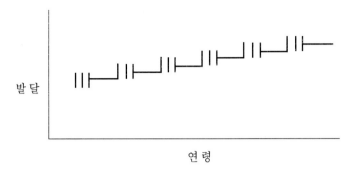

발 달

연 령

[그림 6-3] 심리적 노화

출처: Cross (1981).

(3) 심리적 노화

심리적 노화는 외부 환경이나 자신의 발달에 대한 개인의 적응과 문제해결
능력의 발달 혹은 변화를 포함하는 것으로, 세 가지 노화 형태 중에서 연령과
가장 관련이 적은 노화라 할 수 있다. 왜냐하면 심리적 노화에는 인지적 측면
의 발달뿐 아니라 예측이 어려운 비인지적 요소인 동기나 정서와 같은 측면
도 함께 작용하기 때문이다. 심리적 노화는 지능, 학습능력, 지각 등 인지적
요소의 변화와 성격, 귀인경향, 동기, 욕구 등과 같은 비인지적 요소의 변화
를 포함한다.

일반적으로 심리적 노화는 [그림 6-3]과 같이 형태상으로는 사회적 노화와
마찬가지로 일련의 단계로 구성된다. 그러나 심리적 노화의 각 단계는 사회
적 노화와 달리 위계적인 의미를 갖고 있다. 즉, 하나의 단계는 이전의 단계
보다 더욱 성장하고 성숙되었음을 의미한다.

4. 성공적 노화

장수에 대한 열망은 인간의 오랜 과제이자 숙원이었다. 그러나 100세 장수
시대인 지금 사람들의 관심은 단순히 오래 사는 것을 넘어 노년기 삶의 질로

옮겨 가고 있다. 커슈스타인(Kirschstein, 2001)은 지난 25년간 위험 요인들에 대한 이해와 질병 예방이 늘어나고, 중풍이나 만성 심장질환으로 인한 사망률이 극적으로 감소하였지만, 이러한 발전이 모두 삶을 향상시키고 건강한 삶을 연장시켰다고 볼 수는 없다고 한다. 따라서 최근에는 단순한 기대수명 외에 건강한 삶의 질을 누릴 수 있는 기간을 의미하는 이른바 '건강수명' 에 대한 관심이 증가하고, 노년기 삶의 질과 성공적 노화에 대한 연구들도 활발히 진행되고 있다.

1) 성공적 노화의 정의

발테스와 발테스(Baltes & Baltes, 1990)는 질병의 영향이 없는 가운데 순수하게 가령(加齡)에 의한 변화만을 포함하는 '정상적 노화' 와 질병에 의한 '병리적 노화', 그리고 사회적·심리적·신체적·환경적으로 잘 적응하면서 진행되는 '성공적 노화' 를 구분하였다. 장수가 당연시되고 있는 요즘 노년학의 최대 과제는 생물학적·심리적·사회적으로 어떻게 잘 늙어 갈 수 있을 것인가에 집중되고 있다.

지금까지 연구자들은 '성공적 노화(successful aging)' '잘 나이들기(aging well)' '긍정적 노화(positive aging)' '활력 있는 노화(vital aging)' 등 다양한 개념들을 호환적으로 사용해 왔다. 그리고 아직까지 성공적 노화에 관한 통합된 이론이나 일치된 개념적 결론을 내리지 못했지만, 그것이 사회문화적 요인, 심리적 요인, 신체적 요인, 환경적 요인 등을 포괄하는 다면적 개념이라는 데에는 대부분의 학자들이 합의하고 있다.

성공적 노화는 개인과 환경의 상호작용에 의해 결정된다. 성공적 노화의 요인 중에서 사회문화적 요인과 환경적 요인은 개인적인 것이라기보다는 다분히 문화적·시대적·사회적 특성을 지닌 요인이다. 비록 심각한 질병이 있더라도 죽음의 문 앞에서 그것을 어떻게 받아들이느냐에 따라 의연하게 노화에 대처할 수 있다. 사람들은 부정적인 환경 속에도 충분히 긍정적으로 강하게 대처할 수 있다(Baltes & Baltes, 1990). 따라서 때로는 성공적인 노화를 삶에 대한 충족감과 만족감으로 보기도 한다(Butt & Beiser, 1987).

해비거스트(Havighurst, 1961)는 성공적 노화를 노화과정에서 자신과 사회에 대하여 성공적으로 적응해 나가는 것이라고 보았다. 또 루스와 해븐스 (Roos & Havens, 1991)는 성공적 노화를 이동에서 독립적인 것, 질병과 불능이 없는 상태, 요양시설에서 살지 않는 상태, 우울증이 없는 상태라 정의하였다

성공적 노화와 관련된 여러 연구들에서 나온 최종적인 결론은 성공적 노화와 관련된 어떠한 과정과 결과의 단일한 이미지는 없다는 것이다. 우리는 모두 다른 인간으로 존재하며 다른 물리적 환경에서 존재한다. 우리는 모두 다르게 늙어 가고 노화를 보상할 수 있는 원천들은 개개인의 사회적 · 제도적 배경(종교, 가족, 경제적 배경, 교육, 정치적 배경, 건강관리, 여가 등)에 따라 다양하다. 우리들 각각은 독특한 개성으로 발달하기 때문에 똑같은 방식으로 환경과 상호작용할 수 없다. 이러한 이질성이야말로 노화의 특징이다(Baltes & Baltes, 1990; Pedersen & Harris, 1990; Rowe & Kahn, 1987). 결국 성공적 노화란 젊음을 유지하는 것이 아니라 전생애를 통한 변화를 수용하고 적응해 나가는 것이다.

2) 성공적 노화의 조건

노년기 삶의 질에 의미 있는 영향을 미치는 것으로 밝혀진 변인은 교육 정도, 건강, 일상생활 동작능력, 경제활동 참여 여부, 경제적 형편, 주거 편의, 사회단체 활동 참여도, 친구 수 등 매우 다양하다.

해비거스트(1961)는 성공적 노화를 위해서는 개인의 성격과 사회적 환경, 그리고 신체적 건강의 세 가지 요소가 조화를 이루어야 한다고 주장하면서, 신체적으로 건강한 상태에서 끈기 있고 유연한 성격을 유지하며 긍정적인 사회적 환경이 뒷받침해 줄 때 성공적 노화가 가능하다고 보았다. 노이가르텐 (Neugarten, 1994)은 성공적 노화를 구성하는 요소를 일상적 활동의 즐거움, 인

생을 의미 있는 것으로 간주하고 책임을 수용하는 것, 목표성취감, 긍정적 자기 이미지와 자기 가치 인식, 긍정적 태도와 분위기 유지의 다섯 가지로 구분했다. 슐츠와 헤크하우젠(Schultz & Heckhausen, 1996)은 문화적 가치를 성공적 노화의 개념에 통합시켰다. 이들의 생애주기 모델은 인지적 · 지적 · 정서적 · 창조적 기능이 성공적 노화의 필수적인 구성요소라 제안하고 있으며 개인의 현재 기능에 관심 갖기보다는 생의 영역에 관심을 가진다. 로웨와 칸(Rowe & Kahn, 1997)은 성공적 노화를 세 가지 구성요소로 구분하였다. 낮은 질병률, 인지 · 신체적 기능능력, 생에 대한 능동적 참여가 그것인데, 그중에서도 생에 대한 능동적 참여가 성공적인 노화의 개념을 가장 잘 대표한다고 보았다. 낮은 질병률은 질병 자체가 있고 없음을 나타낼 뿐만 아니라 질병의 위험요소가 없거나 있는 경우까지를 포함한다. 인지적 · 신체적 능력은 활동을 할 수 있는 잠재력을 뜻하며, 능동적 참여는 적극적인 인간관계와 생산적 활동을 의미한다. 인간관계는 타인과의 접촉과 거래, 정보교환, 정서적 지지, 직접적인 도움 등을 포함하며, 활동이 사회적 가치를 창조하면 그 활동은 생산적이라 할 수 있다.

1984년에 시작된 종단연구인 맥아더재단(MacArthur Foundation) 연구는 새로운 노년학의 개념적 토대를 세우고 미국 노인의 안녕감을 향상시킬 수 있는 지식을 축적한 중요한 연구로 기록된다. 이 연구는 노화가 퇴화 과정이라고 보던 기존의 주장에 반박하면서 삶의 질(quality), 생동감(vitality), 질병에서의 자유 등의 개념을 발전시켰다. 이 맥아더 연구에서 나온 성공적 노화의 요인은 건강과 기능의 총체적 능력, 친구관계를 비롯한 사회적 관계에의 참여, 교육수준과 삶의 도전에 대처할 능력에 대한 믿음 등 세 가지였다.

발테스와 발테스(1990)는 '보상이 수반된 선택적 적정화(SOC) 모형'을 통해 성공적 노화의 과정을 설명하였다. 이들이 주장하는 성공적 노화의 책략은 선택, 적정화, 보상의 세 가지다. 첫째, 선택이란 노화에 따라 쇠퇴가 증가하기 때문에 높은 수행을 유지할 수 있는 영역만 선택함으로써 효율을 높이는 것이다. 즉, 중요한 것에 노력이나 에너지 등 개인의 자원을 집중하는 것

이다. 둘째, 적정화는 선택한 영역의 수행을 극대화하는 것이다. 셋째, 보상
은 신체적 기능 상실 및 저하에 대해 외부적인 기술의 도움을 받거나, 특별한
기억술이나 반복 연습 등을 통해 기억력 쇠퇴를 보상하는 심리적 기제를 사
용하거나, 지혜나 전문지식 같은 책략을 이용함으로써 선택된 영역의 쇠퇴를
보상하기 위해 노력하는 것이다(조해경, 2002). 즉, 노화로 인한 감퇴에 대해
선택, 적정화, 보상의 세 가지 책략을 어떻게 사용하느냐에 따라 성공적인 노
화가 달려 있음을 시사한다.

　한편, 리프(Ryff, 1989)는 심리적 안녕감, 즉 성공적 노화의 기준을 다음 여
섯 가지로 제안하였다. 첫째, 자아와 자기 삶에 대한 긍정적 태도를 의미하는
자기 수용, 둘째, 온화하고 만족스럽고 신뢰로운 관계를 형성하는 타인과의
긍정적인 관계 맺기, 셋째, 내면의 조절을 통해 독립적이고 자기결정성을 유
지하는 자율성, 넷째, 환경을 다루고 주어진 기회와 지지를 활용하는 환경적
숙련성, 다섯째, 방향감각이 있고 뚜렷한 삶의 목표를 가지며 삶의 의미를 느
끼는 삶의 목적성, 여섯째, 새로운 경험에 개방적이고 발전하고 있다고 느끼
며 자신의 잠재력을 깨닫는 개인적 성장이다.

　셀만과 댐피어(Selman & Dampier, 1991)는 성공적 노화에서 학습의 중요성
을 강조하였다. 그들이 말한 학습이란 주로 계획되지 않고 일상에서 발생하
는 비조직적 학습으로, 평생을 통해 지속적으로 학습을 즐기는 사람일수록
노후 삶에 긍정적으로 적응할 수 있다고 보았다. 또한 크로스(Cross, 1981)는
삶의 변화를 겪는 동안 그 변화에 적응하기 위하여 학습을 사용하는 사람일
수록 성공적 노화의 가능성이 높다고 주장하였다.

노년기의 신체적 특성

제7장

1. 노화 이론

지금까지 인간의 노화 과정을 설명하기 위하여 수많은 가설과 이론이 제시되었다. 비록 아직까지 노화의 비밀이 명백히 밝혀지지는 않았지만, 다음의 여러 가설을 통하여 노화의 비밀을 살짝 엿보는 것은 매우 흥미로운 일이 될 것이다.

1) 과학적 연구 이전의 가설

역사적으로 가장 오래 된 노화 이론은 두 가지다. 하나는 노화가 타고난 신체의 열(vital heat)이 점차 감소해 가는 과정이라고 주장한다. 즉, 노화는 차츰 몸의 열이 식어 차가워지는 과정이라는 것이다. 또 다른 노화 이론에서는 노화를 신체의 습기가 줄어들어 가는 과정이라고 주장한다. 즉, 노화란 몸에 습기가 없어져 점차 말라 가는 것이라고 믿었다. 따라서 오래 살기 위해서는 타고난 열과 습기를 잃어버리지 않고 오랫동안 보존하는 방법을 찾아야 한다고 믿었다.

2) 세포노화 이론(헤이플리크 세포설)

이 이론은 세포분열과 수명이 밀접히 관련되어 있으며, 유기체를 구성하는 각 세포가 노화하기 때문에 노화해 간다고 주장한다. 헤이플릭(L. Hayflick)이 제안한 이 모델의 핵심은 모든 세포가 정해진 횟수만큼 자연적으로 분열하며, 그 분열이 최대 한도인 50회에 도달하면 세포가 노화하여 죽는다는 것이다. 이 이론에서는 DNA의 말단 소립이 세포분열 때마다 조금씩 깎여 나가는 현상이 바로 그 증거라고 주장한다. 실제로 인체의 젊은 세포와 늙은 세포를 나누어 배양했을 때 늙은 세포는 빨리 죽고, 젊은 세포는 30번 분열한 다음 동결시켰다가 다시 배양하면 20번 더 분열한 후 죽는 것을 볼 수 있었다고 한다.

그러나 이 이론은 노화의 결과에 대해서는 적절히 설명해 줄 수 있을지 몰라도 노화의 본질에 대해서는 아무것도 설명해 주지 못한다.

3) 신경내분비 이론(시상하부와 면역체계설)

딜먼(V. Dilman)이 제시한 이론으로, 노화 시계가 시상하부와 면역체계 안에 존재한다고 주장한다. 즉, 시상하부가 주관하는 신경 기능과 내분비 기능의 변화가 세포 노화를 조절한다는 것이다. 시상하부는 식욕, 체온조절, 성행동 등을 관장하며, 사망 호르몬과 산소 소모 감소 호르몬 등을 분비하는 기관으로 알려져 있다. 호르몬은 신체 기능을 회복하고 조절하는 기능을 하는데, 시상하부의 변화로 호르몬 분비가 감소되면서 신체 기능이 떨어지고 노화가 진행된다는 것이다. 또 자가면역 기능이 감소하는 등 면역체계의 이상으로 노화가 진전된다고 주장한다. 이 이론은 송과채(멜라토닌 분비샘) 교체, 성장호르몬, 성호르몬(에스트로겐, 테스토스테론), 멜라토닌, DHEA 등을 노화 치료에 사용하는 근거를 마련해 준다.

4) 손상이론

손상설에 속하는 이론들은 세포나 신체기관의 손상이 노화의 주원인이라고 본다. 손상설에 포함되는 대표적인 이론은 다음과 같다.

(1) DNA 손상이론(DNA 수선설)

DNA는 모든 세포의 핵을 구성하고 종족의 고유한 유전 정보를 유지하는 곳으로, DNA 분자의 손상이 반복적으로 일어나면 이 손상이 새 세포에 전달되고 DNA의 효능은 떨어지게 된다. DNA 속에 저장된 유전인자에 따라 세포 내에서의 화학반응을 증진시키고 세포가 제 기능을 잘할 수 있도록 단백질을 생산해 내지만, DNA 분자가 손상을 입게 되면 세포가 더 이상 자기 기능을 하는 데 필요한 효소를 생산하지 못하게 되어 노화가 일어나게 된다는 것이다.

(2) 교차연결 이론

교차연결 이론(Cross-Linking Theory)은 DNA 손상이론의 보완적 이론으로, 초기 이론에서는 무엇이 DNA의 손상을 일으키는지를 잘 설명하지 못하였다. 그러나 후에 교차연결 이론에 의하여 세포들 간의 교차연결, 곧 크로스링크(cross-link)가 DNA의 손상을 일으키는 원인으로 밝혀졌다. '크로스링크'란 세포의 내외부에서 두 개의 큰 분자들이 서로 부착되는 것을 말하는데, 세포 속 여러 가지 단백질 사이에 시간이 지나면서 서로 묶는 다리놓기 현상이 일어나 단백질이 갖는 기능과 작용이 떨어짐으로써 노화가 일어난다는 것이다. 우리 몸은 조건만 충족된다면 손상된 DNA도 정상으로 되돌리는 기제를 가지고 있다고 한다. DNA는 핵산의 일종이다. 이러한 이유로 가공하지 않은 천연 식품에는 핵산이 풍부한데, 이를 적절하게 섭취하여 비만을 피하고, 방사능 물질의 오염을 막아 크로스링크가 생기지 않게 하면 노화는 예방될 수 있다고 주장한다.

(3) 활성산소 이론

활성산소 이론(Free-Radical Theory)은 지금까지 알려진 노화 이론 중 가장 유력한 이론으로 받아들여지고 있다. 이 이론을 도입한 하먼(D. Harman)의 정의에 의하면, 노화는 "유기체의 나이가 증가하면서 여러 부정적인 생리 변화가 축적됨으로써 사망할 가능성이 높아지는 변화"다. 활성산소는 유해산소라고도 부르는데, 호흡과정에서 몸 속으로 들어간 산소가 여러 대사과정에 이용되는 과정에서 산화력이 강한 활성산소가 생성되어 생체조직을 공격하고 세포를 손상시키게 된다. 활성산소는 주로 세포 내 대사 또는 염증반응의 일환으로 발생하며, 산화력이 강한 맹독성 분자로 체내의 다른 물질과 결합해 세포를 노화시킨다. 활성산소는 과다한 햇빛, 대기오염, 흡연, 방사선 등 외부 요인에 의해서도 생성이 촉진된다. 특히 활성산소는 세포막을 형성하는 주성분인 지질의 과산화 현상을 불러와 세포막의 생체보호, 신호전달 체계를 망가뜨리거나 적혈구를 파괴하기도 한다. 또 단백질의 과산화 현상을 초래하여 단백질로 이뤄진 체내의 각종 효소들인 소화효소 등의 기능을 떨어뜨린다.

지금까지 알려진 노화 방지 치료제의 상당수는 자유기의 산화력을 중화시켜 독성을 발휘하지 못하도록 하는 항산화제로 볼 수 있다. A, C, E 등의 비타민류와 아연, 망간, 구리, 셀레늄 등의 미네랄, 녹황색 채소와 과일에 풍부한 플라보노이드 등이 항산화제에 속한다. 또 적절한 운동은 이 같은 유해산소 제거 효소를 증가시키므로 노화를 방지하는 역할을 한다. 사람의 몸에서 에너지원과 산소의 완벽한 균형은 불가능하므로 유해산소가 생길 수밖에 없지만 효소들이 이를 제거하게 된다. 그러나 운동을 무리하게 할 경우 오히려 유해산소는 급속히 증가하는 반면 유해산소 제거 효소의 증가는 이에 못 미치게 되므로, 처리되지 못하고 남은 유해산소가 인체에 해를 끼치게 된다.

5) 유전자 관련 이론

유전자 관련 이론들은 수명과 관련된 특별한 유전적 요소가 있다고 믿는다.

(1) DNA 분자설

DNA 분자설에 의하면, 노화 시계가 유전형질의 본체인 염색체에 이미 프로그래밍 되어 있어 세포가 일정 횟수 분열을 했을 때 더 이상 분열하지 못하고 노화된 상태에서 사망하게 된다. 이 이론은 노화의 속도나 수명이 DNA 속에 입력되어 있다고 본다. 이와 같은 주장은 주로 조로증(早老症) 연구에서 그 증거를 찾을 수 있는데, 대표적인 조로증인 프로제리아(Progeria) 환자나 워너(Werner) 증후군 환자를 연구한 결과 8번 유전자인 WRN 유전자에서 이상이 발견되었다.

(2) 텔로미어 가설

반복된 염기서열 형태로 염색체 끝에 달려 있으면서 세포의 염색체를 안정화시키는 텔로미어(telomere)가 세포분열 때마다 조금씩 짧아져, 일정 길이 이하가 되면 세포분열이 완전히 끝나고 노화가 시작된다고 본다. 섬유아세포(fibroblasts) 같은 세포들에서 텔로미어 길이가 세포 수명을 결정하는 역할을 하는 것은 이미 확인되었지만, 그렇다고 해서 그것이 인간의 수명을 결정하는 역할을 한다고 결론 내리기에는 시기상조다.

2. 외모의 노화

물론 개인차가 있긴 하지만 연령의 증가와 더불어 가장 뚜렷하게 노화의 징후가 나타나는 영역은 바로 신체적 · 생물학적 영역이며, 그중에서도 연령이 증가하면서 가장 먼저 노화를 느끼게 만드는 것은 아마도 외모의 변화일 것이다. 주름이 늘고, 흰머리와 검버섯이 생기며, 등이 굽는 등 노화에 대하여 가장 큰 거부감을 느끼게 만드는 것이 바로 이러한 외모의 노화이기도 하다.

1) 피 부

외모 중에서도 가장 먼저 눈에 띄는 변화는 피부의 노화다. 물론 나이가 들어서도 세포는 지속적으로 재생되지만, 나이가 많아질수록 피부세포의 재생속도가 점차 느려져 결국에는 피부세포의 손실 속도를 따라잡지 못함으로써 피부는 점차 노화하게 된다. 세포 감소로 피부가 점점 메마르고 탄력성을 잃으며 피부층이 얇아진다. 이러한 변화는 피부에 주름을 증가시킬 뿐만 아니라, 얼굴 윤곽이 늘어지고 특히 코와 귀는 길어지는 반면 턱은 오므라든 것처럼 보이는 등 전체적인 얼굴 윤곽까지도 변화시킨다. 피부에 혈색이 사라져 창백해지고 색소 침착이 증가하며 한번 침착된 색소는 피부세포의 재생이 둔화됨에 따라 검버섯이라고 부르는 얼룩반점들로 남게 된다.

또한 나이가 들면서 피하지방이 줄어들고 표피층이 얇아져서 팔, 다리나 손등이나 발등에 혈관이 툭툭 튀어나와 두드러져 보이기도 하고, 탄력이 떨어져서 손등을 양손가락으로 꼬집듯이 잡았다가 놓으면 손등의 피부가 몇십 초 이상 그대로 붙었다가 원상복귀 되기도 한다. 또 피하조직의 손실과 피부의 신경세포 수 감소 등으로 인해 체온유지 능력이 떨어져 젊은 사람들보다 추위를 더 빨리 쉽게 느끼게 된다.

2) 치 아

치아도 연령이 증가함에 따라 점차 약해지고 또 빠지기도 하는데, 이러한 경향은 대개 40대 중반을 전후해 두드러지게 된다. 연령에 따라 평균 치아 수는 60대 14개, 70대 11개, 80대 6개 정도지만, 개인의 치아 관리 상태나 건강에 따라 커다란 차이가 있다. 또 이가 빠진다는 것은 단순히 치아 개수의 감소뿐 아니라, 결과적으로 입 모양을 지탱해 주는 골격이 손실되는 것과 마찬가지여서 이가 빠지면서 입 주위에 주름도 늘어나게 되어 전형적인 노인의 모습을 띠게 된다. 또한 치아는 저작을 통한 일차적인 소화기능을 담당하는 부분이기 때문에 이가 빠지면 음식물의 소화흡수에도 지장을 초래하게 되어 건강에도 악영향을 미치게 된다. 예부터 치아건강을 오복(五福) 중 하나로 치는 것도 바로 이런 이유 때문이다.

3) 근 육

노화에 따라 근육의 강도와 양도 감소한다. 일반적으로 팔과 다리, 기타 골격에 붙어 있는 수의근(隨意筋)은 40대까지는 그 양과 크기가 꾸준히 증가하다가, 이후 활동적인 근육섬유질의 수나 단백질의 양이 점차 감소하면서 근육의 양과 강도도 줄어들게 된다. 그 결과 50세가 되면 20, 30대보다 이두근의 강도가 절반 정도로 감소하게 된다. 그러나 근육의 효율성이 개인에 따라 편차가 클 뿐 아니라 운동량에 따라서 근육의 발달 정도가 다르기 때문에 40대 이후에는 꾸준한 근육운동을 병행하여 근육의 손상과 쇠퇴를 예방하는 것이 중요하다.

4) 체 모

체모 내의 멜라닌 색소 감소로 체모 탈색이 일어나는 것도 흔히 발견할 수 있는 노화 현상 중 하나다. 보통 체모의 탈색은 40대 정도부터 진행되지만 흰머리가 나기 시작하는 시기나 흰머리가 진행되는 방향과 모양, 그리고 흰머리의 정도에는 개인에 따라 큰 차이를 보인다. 또 개인에 따라 정도의 차이는 있지만, 모근의 노화와 남성 호르몬인 안드로겐(androgen)의 균형이 깨지면서 체모 발육이 억제되고 탈모가 일어나서 대머리가 되거나 머리숱이 급격히 감소하게 된다. 특히 근래에는 환경오염과 스트레스 등으로 이른 나이부터 탈모나 탈색이 일어나기도 한다.

5) 골 격

흔히 성장기 이후에는 더 이상 키가 자라지 않고 체격도 안정될 것이라고 믿기 쉽다. 그러나 실제로는 노화가 진행됨에 따라 골격도 변한다. 특히 나이가 들면서 척추 사이에 있는 연골조직들이 얇아지고 골밀도가 감소하며 오랜 잘못된 생활습관으로 척추, 등, 목 등이 굽어지기 시작하면서 키가 오히려 줄어든다. 신장의 감소에는 개인차가 있긴 하지만 55세 정도부터 평균 2~3cm 정도 키가 줄어드는 것으로 알려져 있다.

또 나이가 들면서 칼슘이 유실됨에 따라 뼈가 가벼워지고 골밀도도 낮아지게 되어 신체 접합 부분이 약화된다. 특히 여성들의 경우에는 폐경 이후 5~10년 동안에는 매년 2~4%씩 골밀도가 감소하여 60세에는 최대 골밀도보다 15~30%까지 감소하게 된다. 여성 호르몬인 에스트로겐은 뼈, 관절 건강에 중요한 칼슘 흡수를 도와주는 역할을 하는데, 폐경으로 인해 에스트로겐이 감소하게 되면서 골밀도가 급격히 감소하게 되기 때문이다. 따라서 나이가 들수록 골다공증이나 골소실증, 그리고 골절상 등의 위험이 높아지게 된다.

3. 기능의 노화

1) 대사 기능의 변화

나이가 들면서 세포의 대사 기능이 저하되고 체단백질이 감소할 뿐 아니라 조직의 활동성도 줄어들게 된다. 따라서 50대 이후가 되면 근육과 골격 양의 감소로 기초대사율이 10~15% 정도 낮아진다. 기초대사율이란 휴식 상태에서 체온 유지, 호흡, 신체 기관의 유지 등을 위한 에너지 소모량을 말하는 것으로, 나이가 들면서 세포의 전체적인 수가 감소되고 신체의 활동성이 약해지기 때문에 기초대사율도 줄어들게 된다. 따라서 특별히 식사량이 늘어나지 않았는데도 나이가 들어 가면서 체중이 늘어나는 경우가 많은데, 바로 기초대사율의 감소가 이른바 나잇살의 주요 원인이 된다. 또 노인들은 젊은 사람보다 추위에 민감하기 때문에, 추위에 오래 노출될 경우 체온이 비정상적으로 떨어져 저체온증(hypothermia)을 유발하기도 한다. 연령이 증가하면서 체내 대사도 변화한다. 포도당에 대한 내성(glucose tolerance)도 점차 감소되는데, 이는 인슐린의 분비가 저하되거나 조직 내에서 인슐린에 대한 반응이 감소하기 때문이다. 지방 대사도 변화하여 혈액 중의 소위 좋은 콜레스테롤이라고 하는 HDL(High Density Lipoprotein) 양은 줄어드는 반면에 나쁜 콜레스테롤인 LDL(Low Density Lipoprotein)은 증가하여 동맥경화나 고혈압 등의 혈관 질환의 발생 위험이 높아진다.

2) 호흡 기능의 변화

일반적으로 20세 이후부터는 폐의 용적이 감소되어 호흡기 감염이 자주 발생하게 된다. 정상적인 호흡 횟수는 성인의 경우 1분에 15~18회 정도인데, 한 번의 호흡으로 들이마시고 내쉴 수 있는 폐활량도 연령에 따라 감소하여 70세 때 폐활량은 50세에 비하여 50% 정도로 감소하게 된다. 따라서 계단을 오르거나 조금만 빨리 걸어도 쉽게 숨이 차게 된다.

노화가 진행되어도 전체 폐활량은 그대로 유지되지만 실제 호흡에 쓰이는 양이 감소하기 때문에, 숨을 마음껏 내쉬었을 때 호흡 후 폐에 잔류하는 양이 증가하여 결과적으로 심장 혈액 박출량은 떨어지게 된다. 이러한 변화는 산소의 전달과 확산에도 영향을 미쳐서 각 세포에 산소 공급 부족을 가져올 수 있다. 따라서 노년기에는 호흡 기능의 저하로 기관지 질환과 같은 호흡기 질환의 감염이 흔히 발생하게 된다.

3) 순환 기능의 변화

혈액은 우리 몸 각 부분에 산소와 영양분을 운반·공급해 주고 노폐물을
운반·배설하도록 돕는 기능을 한다. 정상 성인의 경우 휴식 상태에서 1분에
평균 72회 정도 심장이 박동하게 되는데, 50세부터는 혈액순환이 둔화되어
심장박동의 리듬이 점차 느리고 불규칙해져서 동맥경화와 뇌출혈의 발생 위
험이 높아진다. 즉, 혈관의 세포 내에 지방질이 축적되어 혈관벽이 두꺼워지
고 딱딱하게 굳어져서 혈액순환을 방해하는 동맥경화증이 생기게 되는 것이
다. 그리고 동맥경화 현상이 심해지면 신체 조직에 대한 영양 보급이 불량해
지고 세포의 기능이 저하되어 전체적인 장기 기능의 저하를 초래하기도 한
다. 또 혈압이 높아질 경우 혈관 수축이 제대로 이루어지지 않아 뇌출혈 발생
확률도 높아지게 된다.

4) 소화 기능의 변화

노화에 따른 소화기의 변화는 소화액의 분비, 영양의 흡수, 장 운동 기능의
감소 등으로 나타난다. 30세 이후부터는 침, 소화효소, 위액 분비의 감소와
치아 기능의 저하로 소화 기능이 감퇴하게 된다. 연령이 높아지면 근육 약화
와 함께 위의 연동 활동이 약화되고, 단백질 소화에 필요한 위산의 생산이 감
소되며, 위 점막이 위축되거나 염증 등이 발생한다. 그렇지만 전반적인 소화
기능은 노년기까지도 큰 손상 없이 비교적 잘 유지되는 편이다. 다만 타액의
분비가 감소되고 치아가 약해져서 음식물의 일차 소화가 불편해지는 경향이
있고, 소화효소나 담즙의 분비가 감소하여 소화와 흡수에 지장을 받기도 한
다. 또 지방이나 지용성 비타민의 흡수나 철분, 리보플라빈, 엽산의 장 흡수
도 감소되어 노인성 빈혈을 야기할 수도 있어 주의가 필요하다. 그리고 음식
물의 소화와 흡수가 저조해지면서 미처 흡수되지 못한 위장 내 잔여물이 증
가하거나 장의 운동성이 감소하여, 배에 가스가 찬 복부 팽만감이나 변비를

수반하기도 한다.

5) 신장 및 생식기관의 변화

신장의 구조나 기능에도 변화가 오지만 이러한 변화가 신장의 기본적인 기능에 지장을 초래하는 것은 아닌 것으로 알려져 있다. 노화에 따라 정상적으로 소변에서 배설되는 물질의 제거율이 감소되고, 요관이나 방광 등이 약화됨에 따라 소변이 원활하게 배설되지 않는 소변 정체(停滯)나 요석, 방광염 등이 발생할 위험이 커진다. 80대 노인의 신장 여과율은 신장을 통한 실제 혈액 유출량과 함께 20대 청년의 약 절반 정도에 불과하다. 노인에게 나타나는 공통된 증상은 빈번한 배뇨 현상인데, 남자의 경우 전립선의 확대가 주요 원인으로 55세 이상 남자의 약 3/4 정도가 이런 증상에 시달린다고 한다. 따라서 50세 이후에는 야뇨 횟수가 뚜렷이 증가하고, 60세 이상에서는 하룻밤에도 2~3회씩 소변을 보는 경우도 생긴다. 또 남녀 모두에게 찾아오는 요실금(尿失禁)과 같은 통제의 상실은 노인에게 심리적 충격을 주기도 한다.

생식기관의 경우 여성은 40대 후반에서 50대 초반 사이에 위축되고, 남성은 그 정도가 여성보다는 덜하지만 비슷한 상황이 50, 60대에 나타나는데 이를 갱년기라고 부른다. 우리의 신체는 체내에서 분비되는 호르몬이 일정한 균형을 이룸으로써 건강이 유지된다. 갱년기에 이르면 이 항상성에 큰 혼란이 생기기 시작하여 여성은 생리가 중단되고 생식력을 상실하게 되며, 여성 호르몬인 에스트로겐(estrogen)이 1/6 정도로 감소된다. 폐경 후에는 이러한 여성 호르몬의 절대치가 감소되므로 여성 호르몬이 가져다주는 여러 혜택에서 소외된다. 이로 인하여 갱년기 장애(얼굴 화끈거림과 홍조 현상, 갑자기 더워지거나 가슴 두근거림, 식은땀 홀림, 눈의 피로감 심화, 요도나 질의 건조 등)는 물론이고 심혈관계 질환, 골다공증, 우울증 등이 수반되기도 한다. 남성에게도 호르몬 분비의 변화가 있기는 하지만 그 변화는 점진적이며 신체적 혹은 심리적 스트레스와 관련이 있다고 보고되고 있다.

폐경에 따른 생식기관의 위축은 현저하게 나타나지만, 이후 연령의 증가에 따른 생식기관의 구조나 기능상의 변화는 매우 느리게 진행된다. 따라서 실제로 대다수의 노인은 70대에도 성기능이 정상적으로 유지되며, 흔히 나타나는 노년기의 성적 위축은 사회적 · 심리적 요인에 의한 것으로 설명될 수 있다.

6) 기타 내장기관의 변화

심장은 다른 장기와 달리 말초혈관의 동맥경화에 의해서 심장 비대와 지방분의 증가가 일어나 노화와 더불어 중량이 늘어나는 현상을 보인다. 하지만 심장이 뿜어내는 혈액의 양이나 심장의 박동 능력은 노화에 따라 감소하게 된다.

간은 노화에 따라 50~70세까지 그 크기가 20% 정도 줄어들어서 약물 분해 및 해독 능력이 저하된다. 따라서 나이가 들수록 피로감이 오래 가거나 알코올 분해 능력이 떨어진다.

4. 감각의 노화

노화로 인해 불편이 커지는 것 중 하나가 바로 시(視), 청(聽), 미(味), 촉(觸), 후(嗅)각, 즉 오감의 노화다. 노화 현상으로 일어나는 감각 기능의 변화는 인간에게는 어쩔 수 없는 일이지만, 특히 시각과 청각 등은 외부 세계와의 접촉에 매우 중요한 기능을 하므로 안경이나 보청기 등 보조기구로 보완하는 것이 필요하다.

1) 시각의 변화

감각의 노화 중 가장 먼저 진행되는 것이 시각의 노화다. 망막에 빛을 전달하고 조절하는 능력은 35~45세 사이에 퇴화가 시작되며, 55세 이후에는 시야가 축소되고 빛과 색에 대한 민감도도 떨어지게 된다. 나이가 들어 가면서 수정체가 탄력이 떨어지고 굳어져서 가까운 물체에 초점을 잘 맞추지 못하는 이른 바 '노안(老眼)'이 나타난다. 흔히 노안과 원시를 같은 증상으로 생각하는 경우가 있는데, 실제는 그렇지 않다. 원시(遠視)는 먼 곳을 잘 보게 되는 굴절이상 증상인 반면, 노안은 단순히 수정체의 탄력이 줄어들어 눈의 조절력을 잃어버려 원거리에 비해 상대적으로 근거리가 덜 보이는 상태를 말한다. 물체의 거리가 가까워질수록 눈의 굴절력이 증가해야 물체의 초점을 망막에 맺을 수가 있는데, 나이가 들수록 수정체의 탄력성이 줄어들어 이런 초점 조절능력이 상실되고 대개 45세를 전후해 노안이 시작된다.

노안은 보통 원래 근시가 있는 경우 원거리 교정 안경, 즉 근시 안경을 벗거나 도수를 낮춤으로써 노안을 보상할 수 있어서 노안을 다소 늦게 인지할 수도 있다. 그러나 이는 대부분 일시적인 증상일 뿐 그 이후에는 근시도 더 악화되거나 난시 증상이 발생하기도 해 전반적으로는 노화에 따라 시력이 약화되는 경향이 있다.

또 나이가 들어 가면서 암순응과 명순응에서도 곤란을 겪게 되는데, 특히 동공의 반응이 느려지기 때문에 밝은 곳에서 갑자기 어두운 곳에 들어갔을 때 동공을 확장해야 하는 암순응에서 어려움이 더 크며 날이 어두워지면 물체를 잘 구분하지 못하는 야맹증도 나타난다. 또한 깊이의 지각도 40대 중반부터 감소되기 시작한다.

외형적으로는 연령의 증가와 함께 각막 표면의 액체가 감소하고 두꺼워지며, 수정체가 점차 노랗게 변하는 황화(黃化, yellowing) 현상이 나타나게 된다. 이로 인하여 노란색 선글라스를 끼고 세상을 보는 것과 같은 효과를 가져와 보라색, 감색, 파란색 계통의 색깔을 구분하는 데 어려움을 겪는 반면, 붉

은색 계열은 더욱 선명하고 예뻐 보이게 된다. 나이가 들면 빨간색이 좋아진다는 속설은 이러한 시각의 변화와도 깊은 관련이 있는 듯하다.

그뿐 아니라 시각 자극을 처리하는 속도도 느려져 이전의 시각 자극 상이 남아 있는 잔상효과가 증가하고, 시각의 민감도나 유연성, 착시감지 능력 등도 떨어지게 된다. 따라서 같은 시각 자료를 받아들이기 위해서 80대에는 20대에 비하여 200배나 밝은 빛을 필요로 한다. 이 밖에도 수정체의 세포가 뿌옇게 흐려서 잘 보이지 않거나 수정체 각막에 영양분을 운반하는 물체의 흐름이 원활하지 못하면 안압이 높아져 백내장이나 녹내장 등이 일어나기도 한다. 특히 백내장은 70세 이상 노인 대부분이 앓을 만큼 일반적인 질환이다.

한편, 연령이 증가할수록 임계점멸빈도(critical flicker frequency)도 낮아져 시각 기능이 매우 둔감해진다. 임계점멸빈도란 단위 시간당 불빛의 깜박이는 빈도가 많아져 관찰자가 어느 시점에 이들 단절된 불빛을 하나의 연속적인 불빛으로 지각하게 되는 순간을 말한다. 즉, 연령이 높아질수록 단절된 불빛을 연속된 하나의 불빛으로 오인하게 되는 경향이 증가하기 때문에 빠르게 움직이는 자극을 정확히 지각해 내는 역동적 시지각 능력이 떨어지게 된다.

2) 청각의 변화

청각의 변화는 시각의 노화에 비해 늦게 시작되지만 다른 감각들보다는 빨리 시작된다. 50대 이후부터 청력이 서서히 떨어지는 경향이 있는데, 소리의 고저나 강도의 감지능력은 노화에 따라 저하되지만 소리 발생 간격에 대한 감지능력은 큰 변화가 없다. 또 65세 이상 노인의 약 60% 정도가 노인성 난청으로 고음을 듣는 데 어려움을 겪는 것으로 알려져 있다. 이러한 노인성 난청은 귀가 건조해지고 주름이 생기며, 소리에 대한 예민성이나 언어 구분이 둔화되기 때문에 발생한다. 이 경우 저음으로 천천히 이야기해야 쉽게 알아들을 수 있다. 특히 청각은 오른쪽 귀보다는 왼쪽 귀의 감퇴 현상이 더 심하며, 여성보다 남성에게서 청력의 감퇴가 더 빨리 진행된다. 이는 남성이 외부 활동으로 가정에 머무르는 여성에 비하여 훨씬 더 많은 소음에 시달리기 때문인 것으로 알려져 있다. 이 밖에도 노인성 난청의 원인으로는 동맥경화, 영양장애, 청신경에 자극을 주는 소란스러운 곳에서 오래 생활하는 것, 불충분한 일광 등으로 알려져 있다. 그러나 일반적으로 청각은 시각에 비하여 연령에 따른 차이가 일정하지 않아 노화의 척도로는 신뢰도가 떨어지는 편이다.

3) 미각의 변화

연령의 증가에 따라 미각도 둔해진다. 혀에서 맛을 감지하는 돌기, 곧 미뢰(味蕾)의 수가 감소하고 입과 입술의 탄력이 줄어들며 타액 분비가 감소함에 따라 맛에 대한 민감도가 저하된다. 일반적으로 성인기에 245개 정도였던 미뢰의 수는 74~85세 노인에게는 88개로 감소하는 것으로 알려져 있다. 흔히 음식 솜씨가 좋던 사람이 나이가 들면서 음식의 간을 잘 못 맞추거나 음식 맛이 변하게 되는 것은 바로 이러한 이유에서다. 한편, 미각의 노화는 맛을 느끼는 데 함께 관여하는 후각의 변화와도 밀접한 관련이 있다. 따라서 맛에 둔감해질 경우 미각의 노화 때문인지 아니면 후각의 노화 때문인지를 확인해볼 필요가 있다.

4) 후각의 변화

냄새를 구분하는 후각도 노화로 인해 점차 감퇴하게 된다. 콧속 후각돌기가 감소하면서, 후각 상피세포의 퇴행성 변화와 중추신경 경로의 노화로 인하여 80세 노인 중 80% 이상이 냄새를 맡는 민감성에 손상을 보이는 것으로 알려져 있다. 특히 노인의 후각장애는 혈관성 치매로 가는 초기 증상인 경우도 있어서 특별한 주의가 필요하다. 이러한 치매성 후각장애의 정확한 발병 원인은 아직 모르지만, 뇌의 노화 현상으로 후각의 감각 기능이 쇠퇴하는 것으로 추정되고 있다.

5) 촉각 및 통각의 변화

노화가 촉각에 미치는 영향은 아직 확실하지 않지만, 신체 부위에 대한 접촉의 민감성은 45세 정도까지는 증가하다가 이후 현저히 감퇴하는 경향이 있다. 노년기에는 열 수용기의 둔화로 체온조절 능력이 현저히 떨어진다.

통각의 변화에는 신체적 감각 외에도 인지ㆍ정서적 요소가 작용되므로, 연령 증가에 따른 통각의 변화에 대해서는 학자들마다 견해가 엇갈리고 있다. 나이에 따라 통각의 민감성이 감소된다는 의견도 있으며, 현재까지의 연구에서 동물의 경우 나이와 함께 통증을 감지하는 최소 수준의 자극이 올라가는 것으로 밝혀져 있다. 그러나 사람의 경우 아직 확립된 이론이 없다.

5. 수면의 변화

사람들은 일반적으로 하룻밤 자는 동안 1단계의 얕은 잠에서부터 4단계의 깊은 잠까지의 비렘수면(non-rapid eye movement: NREM)과 렘수면(rapid eye movement: REM)을 4~5회 반복하게 된다. 렘수면이란 안구가 빠르게 움직이는 수면으로, 꿈을 꾸면서 심박동과 호흡이 불규칙해지는 시기다. 렘수면의 양은 나이와 관련되는데, 갓난아이는 총 수면의 80%가 렘수면인 반면, 나이가 들수록 렘수면과 깊은 수면에 해당하는 3, 4단계의 수면이 줄어든다. 렘수면 동안의 뇌신경 활동은 깨어 있을 때의 상태와 매우 유사하지만, 몸은 깊은 수면에 빠진 것처럼 완전히 이완된 상태여서 렘수면을 '역설적 수면(paradoxical sleep)'이라고도 부른다.

노화에 따라 전체 수면 시간에는 크게 차이가 없지만 초저녁 잠은 늘어나는 반면 아침잠은 줄어드는 등 수면 패턴이 변화하게 된다. 또 노년이 되면 수면이 도중에 자주 끊어지거나 깊이 잠들지 못하기 때문에 심할 경우 우울증이나 만성피로, 집중력의 저하 등을 수반하기도 한다.

6. 노년기 신체적 특성의 노년교육적 의미

이상에서 살펴본 노인의 생물학적 특성은 노인 학습자에 대한 교육 서비스 제공에 있어 여러 가지 시사점을 제시해 준다.

1) 학습 환경의 조성

노인은 연령 증가에 따라 신체적으로 불리한 위치에 놓이게 된다. 골조직의 약화로 많은 위험에 쉽게 노출될 수 있을 뿐 아니라, 시각과 청각 등 감각 능력과 예민성의 약화로 학습에서 불리한 상황에 처하게 된다. 따라서 노인 학습자들을 대상으로 하는 교육에서는 그들의 신체적 특성을 고려한 학습 환경에 대한 배려가 필요하다. 책상이나 의자의 크기와 높이 그리고 재질, 교실의 위치와 크기, 내부 장식(벽면과 바닥재의 종류, 바닥과 벽면의 색상, 세부 장식 등), 조명의 밝기, 온도, 음향시설 등 물리적인 학습 환경에서 노인의 생물학적 특성에 대한 특별한 고려가 필요하다.

2) 학습 매체와 자료의 구성

노인의 생물학적 특성은 학습 자료의 구성과 전달 매체의 선택에도 중요한 시사점을 준다. 문자화된 자료 활용 시에는 노인의 시각적 능력을 고려하여 활자의 크기나 진하기, 모양, 색상 등을 결정해야 한다. 또 오디오나 마이크의 사용, 매체의 선택(슬라이드, OHP, PPT, VCR 등)에서도 노인의 감각 능력과 신체적 특성에 대한 고려가 요구된다.

3) 학습활동의 계획

노화에 따른 기관 및 기능의 저하는 학습활동의 시간 배치나 내용 구성에서 중요한 요인으로 작용한다. 한 차시(次時)의 단위시간 결정, 활동별 시간 배치, 휴식이나 운동시간의 배분, 활동적 수업과 비활동적 수업 간의 균형 등에서 이러한 고려가 모두 필요하다. 예컨대, 신체적 약화를 고려하여 수업의 단위시간을 되도록 짧게 1시간 이내로 조정하거나, 수업 중간중간에 충분한 휴식시간을 배치하거나, 견학이나 야외활동 시 저녁시간을 가급적 피해야 한다.

제8장 노년기의 심리적 특성

1. 심리적 노화의 기본 가정

노년기의 심리적 특성에 대하여 논의하기에 앞서 어떤 시각에서 노화를 바라볼 것인가에 대한 기본 전제를 살펴볼 필요가 있다. 발테스와 발테스(Baltes & Baltes, 1990)는 개인 간 다양성(interindividual variability)과 개인 내 유연성(intraindividual plasticity)을 전제로 노인의 심리적 특성과 심리적 노화를 이해하는 데 중요한 가정을 다음 일곱 가지로 제시하고 있다.

1) 정상적 노화

정상적 노화와 성공적 노화, 그리고 병리적 노화 사이에는 중요한 차이가 있다. 앞서 설명하였듯이 생물학적 질병이나 정신적 이상이 없는 상태에서 순수한 가령(加齡)에 의한 변화를 의미하는 '정상적 노화'와 의학상의 질병이나 증후에 의해 진행되는 '병리적 노화'는 엄격히 구분되어야 한다. 또한 개인의 발달을 증대시킬 수 있는 연령에 적합한 환경 조건에서의 '성공적 노화'와도 구별되어야 한다. 따라서 우리가 논의하고자 하는 심리적 특성은 최소한 '정상적 노화'의 범위 안에서 이루어지는 것임을 명심하여야 할 것이다.

2) 개인차

개인에 따라 노화의 진행 속도와 과정에 다양한 차이가 있다. 노화과정에서 다양한 개인차가 나타나는 원인은 유전적 요인, 환경적 조건, 각 개인이 자신의 삶의 과정에 영향을 주는 방식에서 초래되는 개별화의 효과, 다양한 종류의 질병 등으로 볼 수 있다. 따라서 노화는 연령에 따라 획일적으로 나타나는 과정이 아니라 개인이 처한 다양한 조건들에 따라 다르게 진행되는 과정이라는 점이 강조되어야 한다.

그러나 실제로 다양한 개인차를 일일이 열거하기는 불가능하므로, 우리가 여기서 논의하고자 하는 심리적 노화는 가장 보편적이고 일반적인 사실일 뿐이고, 실제에서는 개개인에 따라 매우 다르게 나타날 수 있음을 유념해야 할 것이다.

3) 학습능력의 유지

노화가 진전되더라도 대부분의 노인들에게는 상당한 정도의 잠재력이 그대로 유지된다. 즉, 노년기에도 기본적인 학습에 필요한 정도의 능력은 유지될 수 있기 때문에, 노인들도 충분히 새로운 것을 학습할 수 있음을 잊지 말아야 할 것이다.

4) 잠재력과 수행

앞에서 노년기에도 학습능력이 유지될 수 있다는 사실은 모든 일에서 우리가 가진 잠재력 전부를 발휘할 필요는 없다는 사실과도 밀접한 관련을 갖는다. 노화에 따른 상실은 유지의 한계 수준에서 가장 커지게 마련이다. 따라서 수행 잠재력의 한계 수준까지 수행할 것을 요구하는 상황에서 노화에 따른 수행 감소가 가장 극대화된다. 그러나 항상 우리가 가진 능력의 전부를 보여 주어야 할 상황에 놓이게 되는 것은 아니며, 또 항상 능력의 전부가 수행으로 나타나야 하는 것도 아니다. 그러므로 한계 수준까지의 능력이 요구되지 않는 대부분의 일상생활에서는 노화에 따른 수행의 쇠퇴를 크게 인식하지 못한다.

5) 경험의 중요성

학습이나 수행에서 중요한 것은 인지능력만이 아니다. 때로는 경험을 통하여 축적된 지식과 기술 등이 더 중요하게 작용하기도 한다. 한 분야에서 오랜 경험을 통하여 축적된 노인의 지식과 기술은 노화에 따른 인지 기능의 쇠퇴를 상쇄하기에 충분하다. 순발력이나 신속한 정보처리 능력은 뒤떨어지더라도 경험에 의한 통찰력이나 노하우는 그것을 다 보상하고도 남는다.

6) 적응적 특수화

노화가 진행됨에 따라 능력의 습득에 비해 손실이 더 커진다. 모든 발달적 변화는 적응적 특수화(adaptive specialization)의 과정이어서, 어떤 적응적 능력에서의 긍정적인 변화를 수반하는 발달과정은 한 영역에서의 새로운 능력의 발달과 동시에 다른 잠재적인 분야에서의 상실을 포함하게 된다. 그러나 이러한 득과 실 사이의 균형의 변화는 노화에 따른 생물학적 유지능력의 쇠퇴를 보상할 수 있도록 자원을 배분하거나 사회적 구조를 개선하는 등의 적극적인 사회적 지원을 통하여 최소화할 수 있다.

7) 자아의 유지

노년기에도 자아는 탄력적으로 유지된다. 인간 자아의 다면성은 개인이 다양한 상황에 효과적으로 적응할 수 있도록 돕는다. 연령의 증가에 따라 개인에게 요구되는 목표나 기대 수준도 함께 변화하며, 사람들은 자신의 변화 시나리오와 발달 수준에 맞추어 자신의 기대를 조정해 나가게 된다. 예컨대, 노인은 비록 그들이 전체 인구 중에서는 상대적으로 열악한 상황에 처해 있다고 하더라도 자신과 비슷한 처지에 있는 다른 노인들에게 비교 기준을 맞춤으로써 자아를 유지하는 방향으로 사회적 비교를 하는 경향이 있다.

2. 노년기 발달이론

전생애 발달이론이 등장하기 이전의 발달심리학자들은 인간 발달이 청년기까지로 종결된다고 믿었다. 그러나 인간이 전생애에 걸쳐 발달함을 확인한 이후, 학자들은 노년기까지의 발달단계와 노년기 발달과업을 규명하는 데 많은 노력을 경주해 왔다. 다음에서는 노년기까지의 발달을 다루었던 주요 이론들을 통하여 노년기에 나타나는 발달적 특성과 노년기에 요구되는 발달과업에 대하여 살펴보도록 하자.

1) Erikson의 심리사회발달이론

에릭슨(E. Erikson, 1963)은 프로이드(Z. Freud)의 성적 발달이론을 심리사회발달이론으로 발전시켰다. 그는 전생애를 통해 단계별로 여덟 가지의 위기에 대처하고 해결하면서 발달해 간다고 보았다.

표 8-1 | Erikson의 심리사회발달이론

단계	연령	주요 사회적 관계의 범위	과업 또는 위기	사회적 조건	심리사회적 결과
1단계 영아기	0~1.5세	어머니 등 양육자	나는 세상을 신뢰할 수 있는가?	• 기본적 욕구의 지지 및 만족 • 지지의 부족과 박탈	기본적 신뢰 對 불신
2단계 유아기	1.5~3세	부모	나는 나 자신의 행동을 통제할 수 있는가?	• 허용과 지지 • 과보호와 지지의 부족	자율성 對 수치와 회의
3단계 학령전기	3~6세	가족	나 자신의 한계점을 탐구함으로써 부모로부터 독립할 수 있는가?	• 탐구를 위한 격려 • 탐구 기회의 결여	주도성 對 죄의식
4단계 학령기	6~11세	또래집단 교사	적응하기 위하여 필요한 기술을 숙달할 수 있는가?	• 적절한 훈련과 격려 • 부적절한 훈련과 불명확한 환류	근면성 對 열등감
5단계 청소년기	11~18세	또래집단 외부집단	나는 누구인가? 나의 신념, 감정, 태도는 무엇인가?	• 내적 안정과 긍정적 환류 • 목적의 혼란 및 불명확한 환류	정체감 對 역할 혼미
6단계 청년기	18~40세	친구, 이성 친구, 경쟁 및 협력 관계에서의 파트너	다른 사람에게 내 진심을 전적으로 전할 수 있는가?	• 우호적임과 나누어 가질 고독	친밀성 對 고립
7단계 중년기	40~65세	직업적 관계의 사람	다음 세대에 나는 무엇을 줄 수 있는가?	• 의도적임과 생산성 • 성장의 결여와 퇴행	생산성 對 침체
8단계 노년기	65세 이후	인류 자손	전 생애의 '일'과 '놀이'를 통하여 의미와 만족을 찾았는가?	• 통합과 성취 • 혐오와 불만	자아통합 對 절망

에릭슨이 제안한 여덟 단계 중 특히 마지막 두 단계인 중년기와 노년기에 주목할 필요가 있다. Erikson은 중년의 가장 중요한 과제로 생산성(generativity)을 들었다. 생산성은 후세대가 살아가는 데 필요한 사회적 제도를 발달시키고 유지하는 데 그들의 기술과 지식을 지속적으로 이용하고자 하는 것이다. 중년에 이르면 자신의 능력과 자원을 자기 자신을 위해 사용하기보다는 자신이 아닌 사회와 후세를 위하여 사용함으로써 더욱더 자신을 긍정적으로 느끼고, 자신의 삶을 의미 있고 가치 있다고 느끼게 된다.

에릭슨은 이러한 생산성을 중년의 과제로 주장하였지만, 생산성이 부모-자녀 간의 관계에서 자기 자녀를 돌보는 것에 국한되는 덕목이 아니라 혈연을 넘어선 후세대에 대한 돌봄과 지도임을 감안한다면, 수명은 점차 길어지는 반면 형식적 교육 연한은 물론 취업과 결혼, 출산 시기까지 점차 늦춰지고 있는 최근에는 생산성이 중년보다는 노년기와 더 깊은 관련을 갖는다고 할 수 있다. 이러한 발달의 지체현상은 단순히 중년에 할 일이 노년으로 미뤄지는 데 그치는 것이 아니다. 현직에 있는 중년기 동안 생산성을 성취하는 것과 퇴직을 한 노년기에 생산성을 성취해야 하는 것은 명백히 다르다. 사회적으로 상당한 권력을 소유한 중년기가 아닌 사회적 권력을 거의 상실한 노년기에 사회나 후세를 지원하고 보살피기 위해서는 반드시 중년기까지의 성공적 적응이 전제되어야 한다. 중년기를 거치면서 자신의 내면에 대한 깊은 탐색과 자신의 삶의 의미와 목적에 대한 실존적 영성의 깨달음을 통해서 노년으로까지 연장된 생산성의 실현이 가능하며, 이를 통해 자아통합에 이르게 되는 것이다.

에릭슨 자신도 후에는 '노년의 생성감(grand-generativity)'이란 개념을 새롭게 주장하였다(Erikson et al., 1986). 노년의 생성감이란 자신의 능력과 경험을 이용하여 모든 연령의 사람들에게 공헌하는 것이다. 중년의 생성감이 직접적인 책임감과 동시에 불안감(경험과 지식의 부족에서 오는)을 지니는 반면, 노년의 생성감은 더 부드럽고 간접적이며, 덜 즉흥적이고, 자아통합을 통해 얻은 삶에 대한 깊은 회고로부터 나오는 것이라 할 수 있다.

노년의 생성감을 떠나 중년의 생성감은 노년의 자아통합이라는 과업과 밀접히 관련된다. 중년에 생산성을 발휘하지 못하고 자기 자신만을 위해 살아가는 사람들은 노년에 이르러서도 존경과 신뢰를 바탕으로 한 인간관계를 구축하지 못한 채 죽음에 대한 두려움으로 심한 좌절이나 절망감에 빠지게 되기 때문이다. 노년기에는 외적인 적응에 몰두하기보다 성숙과 지혜를 갖기위한 내적인 투쟁을 시작하며, 이 투쟁의 단계는 '자아통합 대 절망(ego-integrity vs. despair)'으로 나타난다.

자아통합은 죽음, 즉 인간의 유한성에 대한 수용으로부터 출발한다. 그리고 결혼, 자녀, 직업, 취미 등을 위시하여 모든 관점에서 자신의 인생을 돌이켜보고 겸허하지만 확고하게 '나는 만족스럽다'라고 확신하는 데서 생긴다. 즉, 자아통합은 인생을 마무리하는 단계에서 자신의 지나온 인생 경험에 잘못이 있다 하더라도 이를 긍정적인 태도로 받아들이고 노년에 대해 평온하게 느끼고 수용하며, 자신의 운명에 대한 사랑과 부모에 대한 감사, 그리고 모든 삶의 역경과 어려움에도 불구하고 삶의 존엄성과 가치를 믿고 확신하게 되는 태도를 의미한다. 따라서 자아통합은 자신의 삶을 '그랬어야만 했던 것'이나 '다른 어떤 것에 의해서도 대치될 수 없는 것'으로 받아들이는 것을 의미한다. 반면에 자아통합의 결여나 상실은 죽음에 대한 감추어진 두려움, 되돌릴 수 없는 실패, 희망했던 것에 대한 끊임없는 미련으로 나타난다.

2) Havighurst의 발달적 과제 이론

해비거스트(Havighurst, 1952)는 노화 현상과 관련하여 개인과 그가 생활하고 있는 사회에서 어떠한 형태의 상호작용이 일어나고 있는가에 관심을 가지고 연구하였다. 그는 사회·문화적 노화를 개인의 욕구와 사회의 수요 사이에서 결정되는 '발달적 과제'로 기술하면서 개인의 일생을 6개의 연령기로 구분한 바 있다(김애순, 2002).

표 8-2 Havighurst의 발달단계에 따른 발달과업

시기	연령	발달과업
아동 초기	0~6세	① 서서 걷기 ② 음식물 씹기 ③ 언어 배우기 ④ 배변 훈련 ⑤ 성별 구분과 성적 성숙 ⑥ 생리적 안정 유지 ⑦ 사회적 · 물리적 환경에 대한 간단한 개념 형성 ⑧ 부모, 형제, 타인과 정서적으로 관계 맺기 ⑨ 선악의 구분과 양심 발달시키기
아동 중기	6~12세	① 일상활동에 필요한 신체적 기능 습득 ② 성장하는 유기체로서 자신에 대한 건전한 태도 형성 ③ 동년배와의 친교능력 ④ 성역할 학습 ⑤ 읽기, 쓰기, 셈하기의 기초기능 학습 ⑥ 일상생활에 필요한 개념 개발 ⑦ 양심, 도덕성, 가치척도 개발 ⑧ 인격적 독립의 성숙 ⑨ 사회집단과 사회제도에 대한 책임감 개발
청소년기	12~18세	① 남녀 사이의 새롭고 성숙한 관계 형성 ② 남성과 여성으로서의 사회적 역할 학습 ③ 자신의 신체를 인정하고 신체를 효과적으로 사용 ④ 부모나 다른 성인으로부터 정서적 독립 ⑤ 결혼과 가정생활에 대한 개인적 태도 개발 ⑥ 직업에 대한 선택과 준비 ⑦ 행동지표로서 가치관과 윤리체계 습득 ⑧ 사회적으로 책임 있는 행동 성취
성인 초기	18~30세	① 배우자 선택 ② 배우자와의 동거생활 능력 학습 ③ 가정을 꾸림 ④ 자녀 양육 ⑤ 가정관리 능력 ⑥ 직업생활의 시작 ⑦ 시민으로서의 책임 수행 ⑧ 자신에게 적합한 사회집단 모색

중년기	30~60세	① 성인으로서의 시민·사회적 책임감 성취
		② 생활에 필요한 경제적 수준의 확립 및 유지
		③ 10대 자녀가 책임 있고 행복한 성인이 되도록 지원
		④ 여가활동 개발
		⑤ 배우자와의 인격적 관계 유지
		⑥ 중년기의 생리적 변화에의 수용과 적응
		⑦ 부모의 노화에 적응
노년기	60세~	① 체력과 건강 감소에 적응
		② 은퇴와 수입 감소에 적응
		③ 배우자 사망에 적응
		④ 동년배와 친밀한 관계 형성
		⑤ 사회적·시민적 책임의 이행
		⑥ 만족스러운 물리적 생활조건 구비

그중에서도 인생 주기의 마지막 단계인 후기 성숙기(노년기)는 활발한 사회적 참여에서 은퇴하는 시기이기 때문에 신체적 활동이 축소되고 심리적으로도 위축되는 시기로 보았다. 이 시기의 중요한 과제는 상실에 대한 적응과 상실을 대체해 줄 수 있는 보상의 발견 및 재정립이며, 이에 대비한 새로운 생활관의 정립이라 할 수 있다. 노년기는 상실의 시기로 이 시기에 어떻게 적응하느냐에 따라 노인 특유의 성격이 심화될 수도 그렇지 않을 수도 있다.

이런 견해는 사회·문화적 노화에 따른 개인의 적응이 얼마나 중요한가와 어떻게 하면 그러한 적응을 성취할 수 있는가에 대한 좋은 아이디어를 제공해 준다.

3) Levinson의 인생계절론

레빈슨(D. J. Levinson)은 전생애 주기를 성인 이전기(0~17세), 성인 전기(17~40세), 성인 중기(40~60세), 성인 후기(60세~)의 네 시기, 즉 '사계절'로 구분하였다. 그리고 각 계절 속에는 몇 개의 '단계'가 있고 '전환기'와 '안정기'로 구분되어 있다고 보았다.

인생계절론의 기본 개념은 '생의 구조(life structure)'로 이것은 인생의 어느 한 시기에 개인의 생활양식이나 설계, 즉 삶의 기본 뼈대를 의미한다. 생애구조(生涯構造)는 세 가지 관점으로 구성되는데, 개인의 사회·문화적 세계(종교, 인종, 사회계급, 가족, 직업 등), 자아의 여러 측면(소원, 갈등, 불안, 환상, 재능, 도덕적 가치, 감정, 사고행위의 양상 등), 그리고 주변 세계에 대한 개인의 참여(즉, 세계를 적절히 이용하거나 개인의 주변 세계가 그 개인을 이용하는 것)다. 특히 개인의 생애구조는 그가 인생의 각 시점에서 어떤 선택을 하는가에 따라 달라진다. 레빈슨(Levinson)에 따르면 공통된 중심 요소는 직업, 결혼과 가족관계, 우정관계, 종교 등에 관련된 것들인데 이들 중 한두 개가 어느 특정한 인생의 단계에서 중심 요소가 된다(김애순, 2002).

레빈슨(Levinson)이 말하는 인생의 네 시기, 사계절은 다음과 같다.

① 성인 이전기(0~17세): 수태로부터 청년기 말기까지의 시기다.

② 성인 전기(17~40세): 신체생리적·심리적 에너지 수준이 최고조에 이르는 시기로, 결혼, 취업, 성취를 위해 전력투구하는 시기이며, 인생에서 중요한 선택을 해야 하는 시기여서 스트레스도 가장 크다.

③ 성인 중기(40~60세): 신체생리적 노화가 시작되고, 성적 재생산 능력의 상실이 진행되며, 직업적 성취를 이루고, 사회적 지도세력으로서 책임과 영향력이 절정에 다다르는 시기다. 요컨대, 생물학적 능력은 감소하기 시작하고 사회적 책임은 증가하는 시기다.

④ 성인 후기(60세 이후): 인생의 마지막 단계로, 체력과 건강이 약화되고, 자녀의 출가와 은퇴로 역할이 축소되는 시기다.

위의 사계절 사이에 계절이 바뀌는 중간 과정인 전환기가 존재한다.

① 성인 초기 전환기(17~22세): 아동기를 끝내고 성인세계로 첫발을 딛는 단계로 인생구조의 변화를 동반하는 인생주기에서 기본적인 전환점이

된다.

② 성인초기 초보 인생구조(22~28세): 결혼, 취업 등의 중요한 선택을 해야 하는 시기로, 가족으로부터 분리되어 사회적 관계 형성 등의 과제를 가지고 독립적으로 인생 계획을 해야 하는 시기다.

③ 30세 전환기(28~33세): 첫 인생구조에서 문제점을 인식하고 재평가를 통해 다음 인생구조를 형성하는 데 필요한 새로운 선택을 탐색하는 시기다.

④ 성인 초기 절정 인생구조(33~40세): 안정적인 두 번째 인생구조를 형성하는 시기로, 사회에 자신을 투자하여 인생의 목적과 꿈을 성취할 수 있는 인생구조를 형성하는 시기다.

⑤ 성인 중기 전환기(40~45세): 성인 초기와 성인 중기의 다리 역할을 하는 시기로, 성인 초기의 젊음이 끝났다는 사실을 수용해야 한다. 그리고 중년에 걸맞은 새로운 역할을 모색해야 한다.

⑥ 성인 중기 초보 인생구조(45~50세): 중년기를 시작할 새로운 인생구조를 형성하기 위해 다양한 노력을 기울여야 하는 시기다.

⑦ 50세 전환기(50~55세): 중년 입문기의 인생구조를 재평가하고, 다음 시기의 인생구조를 형성하기 위한 구조를 탐색한다. 그러나 이전까지 의미 있는 삶의 변화가 없었거나 부정적인 경험을 한 사람들에게는 위기가 될 수도 있다.

⑧ 성인 중기 절정 인생구조(55~60세): 두 번째 성인 중기의 인생구조를 형성하고, 중년기의 중요한 야망과 인생 목표를 실현하기 위한 수단으로 작용한다. 이 시기에 성공적인 절정 인생구조를 형성하였다면 커다란 만족을 누릴 수 있다.

⑨ 성인 후기 전환기(60~65세): 중년기를 종결짓고 노년기로 넘어가는 시기로, 과거를 재평가하고 새로운 시기로 전환하는 시기다. 은퇴와 신체적 노화 대비를 통해 노년기의 인생구조를 위한 기반을 마련하는 시기다.

3. 노년기 성격 변화

노인의 학습과 관련된 또 다른 심리적 측면은 성격적 특성과 동기적 특성이다. 노인의 성격 및 동기의 측면은 노인이 갖는 교육적 욕구와도 깊이 관련되며, 그들의 학습양식과도 관련되기 때문에 노년기의 비인지적 특성을 이해하는 것은 매우 중요하다.

1) 노년기 성격적응 유형

연령이 증가함에 따라 성격은 변화하는가, 유지되는가? 이 문제에 관해서는 인간의 성격이 일생을 통하여 비교적 연속성을 가지고 유지된다는 입장과 일생에 걸쳐 계속적으로 변화해 간다고 하는 상반되는 두 가지 입장이 여전히 맞서고 있다. 대체로 안정론을 주장하는 학자들은 성격 특질(traits)에 초점을 두어 인간의 성격 특질은 마치 혈액형처럼 변할 수 없다고 주장하는 반면, 변화론을 주장하는 학자들은 주로 자아과정(ego process)에 초점을 두어 환경이나 상황에 따라 성격은 변화한다고 주장한다(김애순, 2002). 이렇게 상반된 주장이 나오는 것은 한 개인의 성격 발달에 영향을 주는 경험과 환경의 종류가 다양할 뿐 아니라 그 영향력과 강도도 서로 다르기 때문이다.

라이카라드 등(Reichard et al., 1962)의 노년기 성격적응 유형은 가장 널리 활용되는 이론으로, 그들은 은퇴한 87명의 남성을 대상으로 노년의 적응 유형을 연구하여 다음 다섯 가지 유형을 구분하였다(김애순, 2002에서 재인용).

(1) 성숙형

성숙형(matured type)은 매사에 신중하게 행동하려 하고 은퇴 후 변화된 자신을 현실 그대로 받아들여서 지나온 과거에 집착하지 않고 살아가며, 여생이나 죽음에 대해 지나치게 불안해하지도 않고 현실을 직시하는 유형이다.

이들은 자신의 일생 가운데 실패나 불운보다 성공이나 행운에 더 큰 비중을 두고 항상 그 점에 감사하며 살아간다. 따라서 비교적 정신적 갈등 없이 사회적으로도 매우 활동적이다.

(2) 은둔형

은둔형(rocking-chair type)은 흔들의자(rocking-chair)에 앉아서 지낸다는 의미에서 알 수 있듯이, 은퇴 후 과거의 힘든 일이나 복잡한 대인관계에서 벗어나 조용히 지내는 것에 만족하며 사는 유형이다. 이들은 성숙형과 마찬가지로 자신의 삶을 긍정적으로 통합하지만 그들과 달리 사회적 책임과 역할에서 벗어난 것을 홀가분하게 생각한다.

(3) 방어형

방어형(armored type)은 노화로 인해 찾아오는 달갑지 않은 변화를 최소화하기 위하여 적극적으로 노력하는 유형으로, 노화에 대한 불안을 방지하기 위해 사회적 활동 수준을 계속 높게 유지하려는 경향이 강하다. 즉, 노년기의 수동적인 면과 무기력함 그리고 늙었다는 느낌을 회피하기 위해 활동을 계속 유지하고자 노력한다.

(4) 분노형

분노형(angry type)은 젊은 시절의 인생 목표를 달성하지 못하고 늙어 버린 것에 대하여 매우 비통해하고, 그 실패의 원인을 자신보다는 불행한 시대, 사회, 부모나 형제 등 다른 곳으로 돌림으로써 남을 비난하고 절망과 회한에 사로잡혀 살아가는 유형이다.

(5) 자학형

자학형(self-haters type)은 분노형과 마찬가지로 지나온 삶에 대해 많은 후회와 절망을 가지고 있지만, 그들과 반대로 그런 불행과 실패의 원인을 자신에게 돌리는 유형이다. 이들은 자신이 무가치하고 열등하다고 느끼고 있으므로, 의기소침하고 우울증을 지닌 경우가 많다.

2) 노년기의 일반적 성격 특성

노년기의 성격 특성은 앞서 살펴본 성격 유형에 따른 개인차나 성별, 환경 등에 따라 크게 차이가 있지만, 노화와 더불어 일반적으로 나타나는 특성은 다음과 같다(변순옥, 1986; 윤진, 1985).

(1) 시간전망의 변화

사람은 장년기에 이르면서 일생을 보는 관점이 변화하게 된다. 즉, 인생의 마지막 시점에 초점을 맞추게 되고 그 마지막 시점에서 현재까지의 거리를 계산하게 되므로, 지금까지 몇 년 살아왔는가에서 앞으로 몇 년 더 살 수 있는가로 시간전망(time perspective)이 변화하게 된다. 이는 인지적 수고를 최소화하려는 동기에서 비롯되는 것으로, 노년기에 이르면 살아온 시간보다 남은 시간을 계산하는 것이 훨씬 더 간편하기 때문이다. 따라서 아이들에게 나이를 물어보면 바로 대답이 나오는 반면, 중년 이후의 사람들은 한참 계산을 하거나 계산된 나이 대신 몇 년에 출생했는지 혹은 무슨 띠인지로 흔히 답을 대신한다.

(2) 신체에 대한 민감한 반응

신체적 노화는 비록 개인차는 있지만 누구에게나 불가피한 것이다. 신체 노화가 진전되면서 신체에 대한 자신감이 줄어들며, 그에 대한 반응으로 자신의 신체 상태에 대하여 지나치게 민감하게 되고(body monitoring) 건강에 매우 조심스럽게 된다. 따라서 심한 경우에는 신체적 증상에 과잉 반응하여 건강염려증으로 발전하기도 하고 스스로 병을 만들어 내기까지 한다. 이러한 노년기의 신체 민감성은 노인 의료비를 증가시키는 중요한 원인으로도 작용한다.

(3) 조심성의 증가

나이가 들어 가면서 매사에 조심성이 늘어난다. 따라서 젊었을 때는 쉽게 속단하고 과감하게 행동으로 옮겼지만 나이가 들면 그러한 과감성이 줄어들고 신중성이 늘어난다. 또한 조심성이 늘어남으로써 어떤 문제에 쉽게 답을 내지 못하여 반응시간이 길어질 뿐만 아니라, 몰라서 틀리는 실수오답(commission error)보다 답하지 않아서 틀리는 누락오답(omission error)이 많아진다. 노화에 따른 조심성 증가가 왜 나타나는지와 관련하여 다음 세 가지 가설이 제시된다.

- **동기가설**: 노인의 조심성은 정확성을 더욱 중시하는 노인 자신의 동기 때문이다. 노인이 되면 연장자로서의 체면과 지위, 연령에 대한 부담감 때문에 더 정확성을 기하려는 경향이 증가하게 된다. 젊었을 때는 어떤 실수도 용납되었지만 나이가 들면 나이에 대한 부담감과 체면으로 인해서 실수를 최대한 줄이고자 조심성이 더욱 커진다.
- **결과가설**: 조심성의 증가는 감각능력과 인지능력 등 신체적·심리적 메커니즘의 쇠퇴로 인한 불가피한 현상이다. 시력이나 청력 등 감각능력과 민첩성이나 근력이 쇠퇴하고, 정보처리의 신속성이나 기억력이 감퇴하기 때문에 최대한 그런 능력의 쇠퇴를 보상하기 위하여 더욱 조심하게 된다는 것이다. 즉, 조심성을 통하여 노화로 인한 능력 상실에서 오는 실수를 최대한 줄이려고 하는 것이다.
- **확신수준의 가설**: 노화에 따른 자신감의 감퇴로 결정에 필요한 확실성 수준이 높아지기 때문에 조심성이 증가한다. 노화에 따른 의존성의 증가 등 심리적인 이유들로 인하여 스스로에 대한 자신감이 떨어져, 결국 확신을 가질 수 있는 확실성의 수준이 더욱 높아지는 것이다.

(4) 내향성의 증가

나이가 들수록 성격이 원심성(遠心性)에서 구심성(求心性)으로 변화해 가는데 이 둘 사이의 균형을 이루는 시기가 바로 중년기다. 성인 초기에는 모든 관심과 활동이 외부로 향하던 것이 노년기로 갈수록 차츰 내부로 쏠리게 된다. 따라서 나이가 들어 감에 따라 사회적 활동이 감소하고 사물의 판단과 활동 방향을 외부보다는 내부로 돌리는 경향(interiority), 즉 외부의 자극에 대한 반응보다 자신의 사고나 감정에 의해서 사물을 판단하게 되는 경향이 많아진다.

내향성의 증가는 다음에 언급할 양성화 경향과도 밀접한 관련이 있다. 즉 내향성의 증가 경향은 남성과 여성에게 각각 다른 결과로 나타난다. 대체로 직업과 사회활동에만 전념해 온 남성의 경우에는 중년에 이르러 자신의 내면을 성찰하고 삶을 되돌아보면서 가족의 중요성과 자기 내면의 소리에 더욱 귀를 기울이는 경향이 있다. 따라서 일에 투자하는 시간이 줄어들고 좀 더 여유로운 시간을 즐길 수 있으며 가정에서 더 많은 시간을 보낼 수 있게 된다.

그러나 대체로 일생 동안 가정에서 살림에 전념하면서 자녀들을 기르고 남편을 내조했던 여성의 경우에는 연령의 증가에 따라 더 외향적이고 적극적으로 변화하는 경향이 있다. 중년기를 넘어서면 가정과 가족 내에서 여성의 역할은 점차 축소된다. 적어도 육체적 노동이나 시간 면에서는 그렇다. 자신의 희생 위에서 장성하여 독립된 가정을 이룬 자녀와 사회적으로 성공한 남편을 바라보면서 만족감과 주부로서의 성취감을 맛보게 된다. 그러나 한편으로는 이제 더 이상 그런 자신의 역할이 가족에게 크게 필요치 않다는 사실을 깨달음으로써 여성은 자신을 필요로 하는 다른 일에 몰두하게 된다. 그 동안 잠자고 있던 자신의 능력을 이제 가정 밖을 향하여 펼치게 되는 것이다. 이 같은 남성과 여성의 서로 다른 변화는 결국 서로 방향은 다르지만 본래의 자신을 찾으려는 노력이라는 동기 측면에서는 남성과 여성이 동일하다고 할 수 있다.

(5) 양성화

인간은 누구나 남성성(masculine)과 여성성(feminine)을 동시에 지니고 있다. 이 두 측면 중 어떤 특성이 더 두드러지게 표현되는가는 개인의 성별, 부모의 양육태도, 교육환경, 개인의 경험 그리고 인생주기에 따라 달라진다. 특히 개인적 차이 외에 각 개인이 처한 인생 발달주기의 차이와 중년기 이후의 성 호르몬의 변화가 노년기 양성화의 근거가 된다.

출생 후 남성성과 여성성의 분화가 절정에 달하는 시기는 결혼과 출산, 자녀양육 등이 시작되는 성인 초기다. 대부분의 문화에서 자율성의 추구, 경쟁심, 독립성, 공격성, 자기주장성 등은 남성적 특성으로 간주되고, 친밀성, 수동성, 의존성, 관계지향성, 타협성 등은 여성적 특성으로 간주된다. 우리 사회에서도 결혼이나 부모 역할의 시작과 더불어 남성은 가장과 아버지로서 남성성의 발현을, 여성은 모성과 내조자로서 여성성의 발현을 강요받는다.

그러나 중년기 이후 자녀양육이 종결되고 직장에서 퇴직을 하고 나면, 에너지가 자신의 내부로 향함으로써 더 이상 사회적으로 강요된 남성성과 여성성이 아닌 본래 자신의 모습으로 돌아갈 수 있다. 또한 갱년기를 거치면서 남성에게는 남성 호르몬인 테스토스테론 그리고 여성에게는 여성 호르몬인 에스트로겐이 점차 감소하게 되는 것도 양성화의 중요한 원인으로 작용한다. 따라서 그동안 남성성만을 발전시켜 온 남성은 여성적 측면을, 또 여성성만을 발전시켜 온 여성은 남성적 측면을 더욱 발전시켜 나가게 된다. 나이가 들수록 남성에게는 친밀성, 의존성, 관계지향성 등이 더 증가하고, 여성에게는 공격성, 자기주장성, 자기중심성, 권위주의 등의 성향이 나타나게 된다. 즉, 노인이 되면 남성과 여성 사이에 젊었을 때 보이던 큰 성차가 줄어들게 되어서 '양성적'으로 변해 간다는 것이다. 이러한 이유에서 중년기 이후 텔레비전 앞에 앉아 드라마를 보며 눈물 흘리는 남성이나 종교활동이나 봉사활동 등으로 적극적인 사회활동에 참여하는 여성들을 흔히 발견할 수 있다.

(6) 친숙한 사물에 대한 애착 증가

노년이 되면 오랫동안 사용해 온 물건이나 대상에 대한 애착심이 증가하는 경향이 있다. 노인은 청년에 비해 생소한 사물에 대하여 새로운 감정을 투입하려는 경향이 감소하고, 새로운 것에 쉽게 정을 붙이지 못하는 등 감정적 탄력성이 감소한다. 따라서 노인에게서 일상생활을 둘러싼 물건들에 대한 정서적 몰입이 증가하는 경향을 찾아볼 수 있다. 이는 그런 대상들이 유한한 인생에 일종의 계속감을 제공해 줄 수 있고 과거 자신의 삶에 대한 기억을 유지하도록 도와주며, 편안함과 안정감 그리고 만족감을 제공해 주기 때문이다. 오랫동안 정든 물건들을 쉽사리 버리지 못하고 다락방에 차곡차곡 쌓아 두는 것은 이런 이유 때문이다.

3) 노년기 성격 변화에 대한 오해

이제껏 노년기의 성격 변화로 알려진 다음과 같은 사실들은 잘못된 오해들이다.

(1) 수동성 증가

흔히 노년기가 되면 사회활동이 감소함에 따라 수동적이고 소극적이 된다고 생각하기 쉽다. 그러나 이러한 수동성은 모든 노인에게 나타나는 노년기의 일반적 특성이라고 보기 어렵다. 그 이유는 앞서 언급한 양성화 경향과 밀접한 관련이 있다. 대체로 직업과 사회활동에만 전념해 온 남성은 중년에 이르러 삶을 되돌아보면서 가족의 중요성과 자기 내면의 소리에 더욱 귀를 기울이는 경향이 있다. 반면에 여성은 연령의 증가에 따라 더 외향적이고 적극적으로 된다. 실제로 최근의 환경 변화로 인하여 적극적인 삶의 태도를 유지하고 자원봉사나 일에서 활발히 활동하는 여성 노인들을 주위에서 쉽게 찾아볼 수 있다.

(2) 경직성과 보수성 증가

연령이 증가함에 따라 새로운 것에 대한 도전을 꺼리게 되고 종전의 것을 고수하려는 경직성과 보수성이 강해진다고 하는 것도 아직 확인되지 않은 신화에 불과하다. 사실 지금까지 노인에게서 외형적으로 경직되고 보수적인 성향이 강하게 나타나고 있음은 부인하기 어렵다. 그러나 이러한 변화는 정상적인 노화의 범주 안에 들어가는 노화에 따른 성격 자체의 변화라기보다 노화 이외의 다른 원인에 의한 부수적 결과라고 보아야 할 것이다.

노인의 경직성과 보수성에는 크게 두 가지 이유가 작용한다. 첫째는 신체적 능력의 쇠퇴다. 특히 시각이나 청각 등 감각능력의 쇠퇴는 새로운 환경이나 자극에 대한 두려움을 크게 불러일으킨다. 시력과 청력이 떨어지고 신체적 순발력이나 근육의 힘이 약화되면서, 실수나 사고에 대한 염려가 커지고 앞서 설명했듯이 조심성이 증가한다. 따라서 새로운 환경에 도전하기보다는 이미 익숙한 환경에서 가능한 한 실수를 최소화하고자 하는데, 이러한 경향이 경직되고 보수적 특성으로 비춰진다.

둘째는 사회적 · 환경적 요인 때문이다. 노년기에 이르면 친구의 사망, 직업이나 사회활동에서의 은퇴 등으로 외부 세계와의 접촉이 축소된다. 또 신문이나 인터넷 등 외부 세계의 정보를 얻을 수 있는 매체에 대한 접근성도 약화된다. 따라서 새로운 정보를 받아들여 사회 변화를 읽고 변화에 적응해 가는 능력이 뒤떨어질 수밖에 없다. 이러한 이유로 과거의 정보에 근거해서 판단하고 행동하게 되어 다른 사람에게는 보수적으로 비춰지게 된다.

(3) 의존성 증가

노년기가 되면 의존적 특성이 증가한다는 것 또한 잘못된 믿음이다. 노인의 의존성 증가 자체는 사실이지만, 그 이유가 순수한 노화에 있기보다는 노인이 처한 신체적 · 경제적 · 사회적 문제에 있기 때문이다. 블렝크너(M. Blenkner)는 노년기에 다음과 같은 다섯 가지 의존적 요구가 생겨난다고 설명한 바 있는데(윤진, 1985), 이 역시 노년에 대한 일종의 신화라 할 수 있다.

- 사회적 의존성(social dependency)의 요구: 인간은 누구나 다양한 역할과 지위를 옮겨 가며 삶의 행로를 이동해 나간다. 그러나 노년기는 직업이나 사회적 활동에서의 은퇴로 인하여 사회에서 고립되거나 역할을 상실하게 된다. 따라서 노인은 스스로의 역할이나 힘으로는 사회 속에서 자신의 존재 가치를 확인할 수 없어 그 대안으로 자신과 가장 가까운 가족, 특히 자녀나 친구의 사회적 역할을 통하여 자기 존재를 확인받고자 한다. '누구누구의 아버지' 혹은 '누구누구의 어머니'로서 대우받고 인정받고자 한다. 그러나 이러한 사회적 의존성은 노화의 자연적인 결과라기보다는 현대사회에서 노인 역할의 상실로 인한 결과이며 사회적 문제로 보아야 할 것이다.

- 경제적 의존성(economic dependency)의 요구: 퇴직은 노인을 직장에서 물러나게 함으로써 경제적 능력을 축소 혹은 상실하게 만든다. 따라서 노인은 경제적인 면에서 가족, 지역사회, 정부 및 복지기관 등의 도움을 필요로 하게 된다. 그러나 이러한 경제적 의존성 역시 노화의 결과라기보다는 강제 퇴직제도나 연금 및 사회복지제도의 미비로 인한 결과다.

- 신체적 의존성(physical dependency)의 요구: 노인은 신체적 기능의 쇠퇴로 인하여 일상생활에서 신체적 운동, 동작, 지각, 감각 등에 대한 외적인 도움을 필요로 하게 된다. 특히 병리적 노화 현상으로 인하여 각종 노인병에 시달리게 될 경우 이러한 신체적 의존성은 더욱 심화된다. 그러나 신체적 의존성 역시 노화로 인한 자연적 변화로 보기에는 문제가 있다. 실제로 젊어서부터 적절한 운동과 섭생을 통하여 건강관리를 하면 고령이 되어서도 일상생활에서 타인의 도움 없이 자율적인 생활을 영위할 수 있기 때문이다.

- 정서적 의존성(emotional dependency)의 요구: 노인은 감정적으로도 쇠약해져 가족을 비롯한 다른 사람들의 심리적 지지를 필요로 하며, 외부에서 그러한 지원을 얻지 못할 때 고독과 소외를 경험하게 된다고 한다. 그러나 정서적 의존성은 노년기 부적응의 결과일 뿐 정상적 노화 결과는

아니다. 나이가 들어서도 개방적인 태도로 다른 세대와 친목을 도모하며 폭넓은 인간관계를 유지하는 이들에게 정서적 의존성이란 낯선 개념일 뿐이다.

- 정신적 의존성(mental dependency)의 요구: 이는 기억력과 판단력, 특히 정보처리 속도가 쇠퇴함으로써 생겨나는 의존적 특성이다. 노인은 기억력과 정보처리 속도의 쇠퇴로 중요한 문제에 관한 기억이나 판단, 의사소통, 의사결정 등에서 외부의 도움을 필요로 하게 된다는 것이다. 그러나 지속적인 학습과 자기계발을 통하여 노년에도 이제껏 경험해 본 적이 없는 지적 풍요를 향유할 수 있다.

(4) 우울 경향의 증가

흔히 나이가 들면 우울증(depression)이 증가한다고 알려져 있다. 그리고 이러한 노년기 우울증은 노화에 따른 스트레스, 즉 신체 질병, 사별, 경제사정 악화, 지나온 세월에 대한 회한, 고독, 소외감 등에서 비롯된다고 알려져 있다. 그러나 노년에 겪는 이러한 현실적 문제와 병리적 노인성 우울증을 동일한 것으로 착각해서는 안 된다. 노년은 그 시기만이 줄 수 있는 삶의 재미와 보물들이 숨겨져 있는 시기이며, 불면증, 체중 감소, 감정적 무감각, 강박관념, 증오심 등의 구체적 증상을 유발하는 우울증은 일반적인 노년기의 특징이 아니다. 따라서 '욕쟁이 할머니'는 정감 어린 어르신의 유머에서 비롯된 상상력이거나 병리적 노화의 우울증 환자, 그 둘 중 하나일 것이다.

4. 노년기 욕구 변화

노인들은 무엇을 원할까? 노년기의 주요 욕구는 무엇일까? 다음에서 소개되는 몇몇 학자들의 이론을 통해 노년기 욕구를 엿볼 수 있다.

1) 시몬스의 노년기의 욕구

시몬스(Simmons, 1978)는 모든 문화에 걸쳐 노인에게 다음의 공통된 다섯 가지 욕구가 있다고 보았다(Brady et al., 1989에서 재인용).

- **장수(長壽)의 욕구**: 노인은 건강하게 오래 살고 싶어 하는 욕구를 가지고 있다. 그러나 무병하게 오래 살고자 하는 욕구는 비단 노인에게만 해당되는 것이 아닌 모든 인간의 가장 기본적인 바람일 것이다.
- **여가활동을 즐기려는 욕구**: 직업에서 물러난 노인에게 여가는 일만큼이나 중요한 개념이다. 따라서 늘어난 여가를 얼마나 의미 있게 활용하는가가 노후의 삶의 질을 결정하는 중요한 요인이 될 수 있기 때문에, 여가활동을 통하여 삶을 의미 있게 가꾸어 가고자 하는 요구를 지니게 된다.
- **일상에서 벗어나 해방감을 찾고자 하는 욕구**: 노년기는 오랜 직장생활과 일상에서 벗어나 한가롭게 삶을 즐길 수 있는 시기다. 따라서 노인은 이전까지 삶의 규율과 일상에서 해방되어 더욱 자유롭게 자기 삶을 즐기고 싶어 한다.
- **집단 내에서 적극적인 참여자로 계속 남고자 하는 욕구**: A. Maslow에 따르면 인간의 공통된 욕구 중 하나는 타인에게서 인정을 받고 소속감을 갖고자 하는 것이다. 사회에서 주변인으로 밀려나는 것만큼 노인을 힘들게 만드는 일도 없다. 따라서 노인은 아직도 자신이 쓸모 있는 존재이며, 뭔가 자기 뜻대로 되어 가는 일이 있다는 것을 확인받고 싶어 한다.
- **명예롭게 물러나고 싶어 하는 욕구**: 노인은 스스로 언제까지나 예전의 역할과 지위를 계속할 수 없음을 안다. 따라서 물러나야 한다면 가능한 한 의미 있고 편안하고 명예롭게 이전의 활동들을 정리하고 싶어 한다.

2) 쏘슨과 와스켈의 노인의 학습 요구

쏘슨과 와스켈(Thorson & Waskel, 1985)은 노인의 학습 요구를 다음 일곱 가지로 분석하였다(Brady et al., 1989에서 재인용).

- 변화에 적응하고자 하는 요구: 노인은 신체적 · 심리적 · 사회적 노화에 효율적으로 적응함으로써 노년기를 편안하고 만족스럽게 보내고자 한다.
- 인간으로서 성장하고자 하는 요구: 노인은 자신이 이제 더 이상 갈 곳이 없는 막다른 골목에 있는 것이 아니라 계속해서 발전할 수 있고 성장해 갈 수 있음을 확인하고자 한다.
- 후세대에게 문화를 전수시키고자 하는 요구: 노인은 자신의 세대에서 이룩한 성취들을 후세에 전달함으로써 자신의 사명을 다하고자 한다.
- 자신의 삶을 조망하고자 하는 요구: 그동안 살아온 인생의 의미를 새롭게 조망해 봄으로써 자기 삶에 대한 성취와 자긍심을 얻고자 한다.
- 사회에 통합되고자 하는 요구: 노인은 사회의 주변인이 아닌 여전히 사회의 한 성원임을 확인받고 싶어 한다.
- 독립성을 유지하고자 하는 요구: 노인은 여전히 경제적 · 신체적 · 심리적 · 사회적으로 독립성을 유지하고 싶어 한다.
- 자신이 타인에게서 수용되고 있음을 확인하고자 하는 요구: 아직 자신이 다른 사람에게 인정받고 받아들여지고 있음을 확인받고 싶어 한다.

3) 맥클러스키의 노인의 교육적 요구

노년교육학적 측면에서 노인의 교육적 요구에 관한 가장 대표적인 주장이라고 할 수 있는 것은 맥클러스키(McClusky, 1974)가 제안한 다음의 다섯 가지다.

- 환경적응의 요구(coping needs): 환경적응의 요구 혹은 생활요구로, 노인

은 노화로 감퇴된 기능을 회복하고 환경에 적응하기 위한 교육을 받으려 한다. 이는 일상생활과 생존에 필수적인 읽고 쓰고 셈하는 3Rs(Reading, Writing, Arithmetic)와 건강교육, 수입의 유지, 법률적 조언, 주택의 선택, 가족적응, 효율적인 여가선용 등을 포함한다.

- 표현적 요구(expressive needs): 노인은 교육을 통하여 어떤 다른 목적을 성취하는 것뿐 아니라 활동 그 자체가 좋아서 참여하며, 신체운동과 사회활동, 그리고 어떤 기술이나 취미를 배우고 새로운 경험을 통해 만족을 얻으려 한다.

- 공헌의 요구(contributive needs): 노인은 새로운 교육을 통하여 쓸모 있는 사람이 되고 의미 있는 역할을 찾으려 하며, 타인에게 봉사하고 새로운 능력을 발달시키려는 요구를 충족시키려 한다. 또 교육을 통하여 여러 가지 지역사회 활동이나 프로그램에 참여하고 사회에 공헌할 수 있는 정보를 얻으며, 그에 필요한 기능훈련을 받고자 한다.

- 영향력의 요구(influence needs): 노인은 교육을 통해 자기 생활을 통제하고 조정할 수 있는 더 많은 힘을 가지고, 지역사회를 비롯한 전체 사회에 대해 영향력을 행사하고 사회적 지지를 보내며, 사회활동에 대한 평가를 제공하려 한다.

- 초월적 요구(transcendence needs): 노인은 신체적 노화에 따라 교육을 통해 신체적인 젊음보다 더 중요한 인생의 본질적 의미를 찾고자 한다.

특히 맥클러스키(McClusky)가 제안한 노인의 다섯 가지 요구는 매슬로우(Maslow)가 인간의 욕구 위계에서 밝힌 일곱 가지 욕구와도 비교될 수 있다. 그 비교 내용은 〈표 8-3〉에서 확인할 수 있다.

표 8-3 Maslow의 욕구와 McClusky의 요구 비교

Maslow의 욕구 위계	McClusky의 노인의 요구
자아실현의 욕구 (자기실현과 자아충족에 대한 욕구)	초월적 요구/표현적 요구
심미적 욕구(질서와 아름다움에 대한 욕구)	
인지적 욕구(학습과 탐구에 대한 욕구)	
존경의 욕구(성취와 인정을 얻으려는 욕구)	공헌의 요구/영향력의 요구
소속감과 사랑의 욕구 (타인과 함께하고 사랑받고자 하는 욕구)	
안전의 욕구	환경적응의 요구
생리적 욕구(배고픔과 목마름의 욕구)	

5. 노년기 지능 변화

지능은 '새로운 것을 학습하고 환경에 적응할 수 있는 인지적 능력'을 의미한다(윤진, 1985). 그리고 어떤 문제나 새로운 상황에 당면하여 개인의 행동을 보다 효과적이고 적절하도록 체계화하는 능력이다. 또한 학습할 수 있는 능력, 경험에 의해 얻어질 수 있는 능력, 추상적 상징을 구체적으로 파악할 수 있는 능력이라 할 수 있다. 아직도 '연령이 증가함에 따라 지능은 쇠퇴한다.'라는 고정관념이 만연해 있는 것이 사실이지만, 실제로 이 문제는 쉽게 답할 수 있는 성질의 것이 아니다. 왜냐하면 성인기 이후의 지능을 논의하기 위해서는 먼저 다음의 두 가지 문제를 고려하지 않을 수 없기 때문이다.

1) 성인기 지능의 개념

첫 번째 문제는 '성인에게 있어 지능이란 무엇인가?' 하는 성인기 지능의 개념에 관한 문제다. 일반적으로 성인기에 요구되는 지적 능력이란 학문적

지식보다는 일상적인 삶에서의 문제해결 능력이라고 할 수 있다. 따라서 성인에게 학업성 지능(academic intelligence)과 실용성 지능(practical intelligence) 중 어느 것이 더 중요한가를 판단해 보아야 한다.

이미 여러 성인기 지능 연구들에서 성인에게 문해(文解 혹은 文活, literacy)는 단순히 문자적 문해(literal literacy)를 넘어서 성인의 기능적 유능성(functional competence)과 직접적으로 관련되므로, 기능적 문해(機能的 文解, functional literacy)로 새롭게 정의해야 할 필요성이 있다고 주장한 바 있다(Kasworm & Medina, 1990). 성인에게 요구되는 능력은 복잡한 방정식을 풀거나 어려운 영어 문법을 이해하거나 또는 십자군전쟁의 세계사적 의의를 논리적으로 진술하는 것이 아니다. 오히려 성인들에게 중요한 것은 직장에서 상반기 매출 계획을 작성하거나 집 마련을 위한 효율적인 투자 설계를 하거나, 혹은 육아, 자녀교육과 관련된 일상의 사소하면서도 실질적인 문제들을 해결하는 것과 같은 지극히 현실적이며 기능적인 능력이다.

성인기에 요구되는 기능적 문해는 개별 지식이나 기술들의 단순한 묶음이기보다는 기술과 지식들을 동시에 통합해 낼 수 있는 능력이며, 필요한 기술과 그것이 적용되는 지식 영역들 간의 구체적인 관계 함수라 할 수 있다. 즉, 성인기의 지능은 개인의 능력과 그 사회가 요구하는 조건 간의 함수이며, 특정한 사회적 맥락 속에서만 의미를 가질 수 있다(Kasworm & Medina, 1990). 우리 주변에서 학창 시절의 우등생이 사회생활에서 실패하는 예를 어렵지 않게 발견할 수 있는 것도 바로 이런 이유 때문일 것이다. 따라서 월터스와 가드너 (Walters & Gardner, 1986)는 실제적 지능을 포함하여 성인기의 지능을 "개인이 특정한 문화적 상황에서 발생하는 문제와 그 상황에 맞추어진 결과를 풀어 가게 해 주는 하나의 능력 혹은 능력의 조합"이라고 정의한 바 있다(Tennant & Pogson, 1995에서 재인용).

2) 정상적 노화와 병리적 노화 간의 오해

성인기 이후 특히 노년기 지능의 쇠퇴와 관련된 여러 증거가 실제로는 병리적 노화와 정상적 노화 간의 혼동에서 비롯되었다. 이제까지 노화의 필연적 결과로 알려져 온 지능 쇠퇴의 원인 중 많은 부분이 실제로는 자연적이고 정상적인 노화의 증상이 아닌 병리적인 노화로 인한 징후였음이 밝혀져, 노화와 지능 쇠퇴 사이에 당연시되어 오던 관련성에 대하여 의문이 제기되었다 (Crandall, 1980). 치매나 노년기 우울증, 뇌졸중 등은 지능 쇠퇴와 관련된 대표적인 노년기 질환으로 이들은 모두 정상적인 노화의 필연적 결과가 아닌 병리적인 노화의 산물이라는 점을 명심해야 한다. 따라서 노화에 따른 지능 변화를 연구하기에 앞서 정상적 노화와 병리적 노화 간의 명확한 구분이 이루어져야 한다는 주장이 제기되고 있다. 그러나 사실상 정상적 노화에 의한 손실과 병리적 원인에 의한 손실을 명확히 구분해 내기란 매우 어렵다.

3) 표본연구의 방법론적 문제

다음 문제는 많은 지능 변화 연구에서 범해 왔던 방법론적 오류에 대한 지적이다. 즉, 지능 변화 연구에서 자료를 수집하고 연구하는 방법에 따라 지능의 쇠퇴 정도가 다르게 측정될 가능성이 있다는 것이다. 인문·사회과학 분야에서 흔히 사용하는 표본 연구방법에는 단기횡단적 방법(cross-sectional method)과 장기종단적 방법(longitudinal method)이 있다.

단기횡단적 방법은 동일 시점에서 다른 연령집단들을 표집하여 측정된 지능의 결과를 비교하는 방법이다. 즉, 측정시기를 고정시킨 채 측정대상과 연령을 변화시키는 연구방법이다. 예를 들면, 2005년 현재 10세부터 80세까지 10세 단위로 각 100명씩 총 800명의 표본을 추출하여 그들의 지능을 비교하는 것이다. 대체로 그 결과는 20세와 30세 집단에 비하여 70세와 80세 집단의 지능이 낮게 나타나는데, 이러한 결과를 가지고 노화에 따라 지능이 쇠퇴한다고 결론을 내리게 된다. 그러나 실제로 여기서 나타난 결과는 노화에 따른 지능의 변화를 나타낸 것이라기보다 서로 다른 연령집단 간의 지능 차이를 조사한 것임을 알 수 있다. 노화라고 하는 것은 개인 간의 변화가 아니라 개인 내적인 변화 과정이다. 더욱이 이러한 연령집단 간의 지능 차이에는 단순히 연령 효과에 의한 지능의 차이뿐 아니라 각각의 연령집단이 자라 온 환경과 시대의 차이를 함께 포함하고 있다. 따라서 단기횡단적 연구의 한계점은 출생동시집단 효과를 배제하기 어렵다는 점이다.

반면, 장기종단적 방법은 동일한 표본을 시간 흐름에 따라 계속 추적해 가면서 주기적으로 그들의 지능(혹은 다른 특성)을 측정하여 그 결과를 비교하는 방법이다. 즉, 측정대상은 고정시킨 채 측정시기와 연령을 변화시키는 방법이다. 예를 들면, 1930~1932년에 출생한 500명을 표집하여 그들이 10세가 되었을 때부터 10년 간격으로 계속 추적해서 70세까지 총 7차례에 걸쳐 지능을 측정하여 그 변화를 살펴보는 것이다. 이러한 종단적 방법의 결과는 한 개인 내의 노화에 따른 변화를 알 수 있게 해 준다. 그러나 장기종단적 방법을 이용하면 표본집단의 중도 탈락(사망이나 사고, 추적의 실패 등으로)에 따른 표본의 편포 가능성으로 인하여 쇠퇴가 더욱 줄어드는 경향도 있다(윤진, 1985; Crandall, 1980).

[그림 8-1]은 단기횡단적 방법에 의한 지능 변화 결과와 장기종단적 방법에 의한 지능 변화 결과 간에 어떠한 차이가 있는가를 잘 보여 주고 있다. 그림에서 볼 수 있듯이 단기횡단적 방법을 이용할 경우 연령에 따른 지능의 차이가 더욱 명확해진다. 즉, 지능 변화의 연구에서 어떤 방법을 택하느냐에 따라 지능의 쇠퇴 결과에 차이가 나타날 수 있다.

4) 검사도구의 문제

또 다른 문제는 지능검사 도구에 의한 검사결과의 편파 문제다. 지능이란 직접 관찰할 수 있는 외현적인 속성이 아니기에 반드시 어떤 도구를 통하여

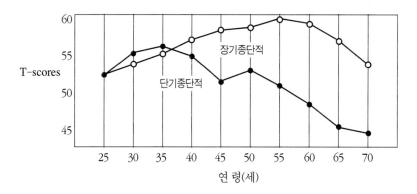

[그림 8-1] 언어 의미 검사에서 횡단 연구와 종단 연구의 비교

출처: Schaie & Willis (1986): Rybash et al. (1991)에서 재인용.

측정될 수밖에 없는데, 이때 사용된 도구의 성격과 내용에 따라 측정되는 지능의 결과가 다르게 나타날 수 있다. 또 같은 지능검사라고 하더라도 그 검사에 포함되어 있는 여러 하위 검사 중 어느 것에 초점을 두느냐에 따라 지능의 쇠퇴 정도에 차이가 난다. 예를 들어, 웩슬러(Wechsler) 지능검사에서 언어성 지능은 60대와 70대 초반까지 그 수준이 유지 혹은 증가하지만 동작성 지능은 노화에 따라 현저히 감소한다. 이는 지적 능력의 쇠퇴가 일반적인 현상이기보다는 선택적인, 즉 분야에 각기 다르게 작용하는 현상임을 시사해 주는 것이기도 하다(윤진, 1985; Crandall, 1980; Tennant & Pogson, 1995).

한편, 검사의 측정방법에 따른 문제도 있다. 일반적으로 지능검사는 정해진 시간 내에 얼마나 많은 문제를 해결하느냐를 측정하는 속도검사(speed test)와 시간에 관계없이 얼마나 많은 문제를 해결할 수 있느냐를 측정하는 역량검사(power test)로 분류된다. 로지 등(Lorge et al., 1936)에 의하면 역량검사에서는 연령 증가에 따른 지능의 쇠퇴가 별로 없으나 속도검사에서는 그 쇠퇴의 폭이 증가하는 경향이 있다(윤진, 1985에서 재인용). 이러한 결과가 나타나는 원인은 연령이 증가할수록 반응의 신중성이 커지기 때문으로 볼 수 있다(Botwinick, 1984). 즉, 노인은 틀린 응답을 할지 모른다는 두려움으로 반응에 더욱 신중을 기하게 되므로 자연히 반응시간(reaction time)[1]이 길어지고 실수오답보다 누락오답이 많아진다.

실제로 노인은 젊은이에 비하여 반응시간이 10~20% 더 긴 것으로 알려졌다(Birren, 1964: 윤진, 1985에서 재인용). 누락오답이란 답을 알면서도 틀릴까봐 혹은 더욱 신중을 기하기 위하여 답을 하지 않거나 빠뜨림으로써 오답이 되는 경우고, 실수오답이란 답을 모르거나 잘못 대답해서 오답이 되는 경우다. 따라서 사용된 지능검사가 속도검사인지 역량검사인지에 따라 지능의 쇠퇴 정도가 달라진다.

5) 지능의 종류의 문제

혼과 카텔(Horn & Cattell, 1966)은 지능을 유동성 지능(fluid intelligence)과 결정화된 지능(crystalized intelligence)의 두 가지로 분류하였다(윤진, 1985에서 재인용). 유동성 지능은 개인이 획득한 지식, 경험, 학습과 무관한 기본적인 일반 정신능력을 의미하는 것으로 귀납적 추리능력, 분별력, 기억력, 도형지각 능력, 문제해결의 속도 등을 포함하는 지능이다. 반면, 결정화된 지능은 어휘, 일반상식, 정보저장 능력, 숫자 추리력, 언어이해 등을 포함하는 경험, 교육, 훈련을 통해 획득한 어휘, 일반상식, 언어이해 등 지식과 능력에 의존하는 지능이다. 따라서 유동성 지능은 유기체의 생리적 특성과 관련된 것이므로 20대에 절정에 달하고 그 이후에는 쇠퇴하지만, 유기체의 생리적 특성과 무관하게 문화에 의해 전수되는 결정화된 지능은 연령이 증가할수록 오히려 더 증가하게 된다(윤진, 1985; Woodruff & Birren, 1983; Tennant & Pogson, 1995).

---

1) 자극의 시작과 그 자극에 대한 측정 가능한 반응의 수행 사이의 시간 길이.

6) 출생동시집단의 효과

다음은 기존의 지능 연구들이 교육의 영향으로 인한 효과와 출생동시집단의 효과(birth-cohort effect)를 간과하여 왔다는 비판이다. 즉, 노인은 여러 가지 시대적 조건으로 인하여 젊은 세대보다 상대적으로 교육 기회가 적었고, 전쟁과 빈곤 등 시대적인 특수 경험이라는 출생동시집단 효과로 인하여 문화적으로도 더욱 불리한 입장에 있다는 사실이 간과되어 왔다는 것이다(윤진, 1985; Crandall, 1980).

출생동시집단이란 비슷한 시기(보통 3~5년 단위로 묶어서)에 출생한 사람들은 동일한 역사적 경험을 갖게 되고 비슷한 사회적·역사적 맥락 속에서 성장하므로 발달상의 중요한 특성을 공유하게 된다는 것이다. 예컨대, 한국에서 1940~1943년에 태어난 출생동시집단의 경우 해방과 한국전쟁, 군사 쿠데타와 민주화 운동 등 격동기의 역사적 경험을 공유하게 된다. 그리고 그러한 경험은 그들에게 그 격동기를 경험하지 못한 1970~1973년에 태어난 출생동시집단과는 구별되는 발달적 특성을 갖도록 한다. 따라서 지능의 비교에서 반드시 출생동시집단 효과가 고려되어야 한다는 것이다.

이렇듯 연령에 따른 지능의 변화를 연구하는 일은 결코 간단하지 않다. 이제까지 여러 방법에 의해 노년기의 학습능력이나 지능의 변화에 관한 연구가 시도되었지만 그 결과가 항상 일관되지는 않았다.

그러나 최근의 지능 변화 연구의 결과들에 근거하여 현재까지 가능한 결론은 지적인 노화와 생리적·생물학적 노화가 반드시 일치하는 것은 아니며, 연령 증가에 따라 지능이 쇠퇴하는 것은 분명하지만 그러한 쇠퇴가 일률적으로 나타나지는 않는다는 점이다.

표준화된 지능검사를 이용한 기존의 연구들은 연령에 따른 지능의 감소를 보여 주지만, 이러한 감소는 인생의 후반기까지는 잘 일어나지 않고 감소가 일어난다 해도 대개는 훈련과 교육을 통해 회복이 가능하다. 경험을 통해 학습되는 지능의 구성요소들은 성인기의 삶의 과정을 통해 유지되거나 심지어 증가하기도 한다. 또한 지능의 변화에서 노화에 따른 변화, 즉 개인 내적 (intra-individual) 변화보다도 지능에서의 다양성, 즉 개인 간(inter-individual) 의 지능차가 더 크다는 사실이다. 그리고 노화에 따른 평균적인 쇠퇴 역시도 사망 전(3년 이내)의 급격한 지능 저하(terminal drop) 외에는 일반적으로 생각 하는 것처럼 현격하게 나타나지는 않는다.

6. 노년기 기억력 변화

기억능력은 유아기에서 아동기에 걸쳐 급속히 증가하다가 그 후 차차 증가 속도가 줄어들며, 청년기의 어떤 시기에 정점에 달하고 노년기에 접어들면서 서서히 감퇴한다. 일반적으로 노년기의 기억 쇠퇴에는 다음과 같은 특징이 나타난다.

1) 최근 기억의 손실

노년기 기억의 특징 중 하나는 최근 기억(recent memory)의 상실이 과거 기 억(remote memory)의 상실보다 많이 일어난다는 것이다. 이는 순행간섭과 밀 접한 관련이 있는데, 오랜 인생 경험을 통해 축적된 기억들이 많아서 과거 기 억이 새로운 정보의 기억을 방해하게 된다. 따라서 노인들은 오히려 학창시 절 친구의 이름은 정확히 기억하고 있는 반면, 한 시간 전에 만났던 사람의 이름은 금방 잊어버리는 경향이 있다.

2) 논리적 기억의 감퇴

노년기에는 기계적 암기보다는 논리적 기억능력이 더 크게 감퇴되는 경향이 있다. 기계적 기억에 비하여 논리적 기억은 복잡한 정보처리 과정을 거쳐야 하기 때문에 노화로 인한 손상이 크게 나타나는 것으로 보인다. 따라서 리듬에 맞춰 외웠던 구구단은 잘 까먹지 않지만 인터넷에 로그인 하는 방법은 여러 번 반복해도 금방 잊어버리는 것이다.

3) 시각적 기억의 감퇴

노년기에도 시각을 통해 들어온 정보인 본 것에 대한 기억보다는 청각을 통해 들어온 정보인 들은 것에 대한 기억이 더 오래 지속된다. 이는 노화로 인해 시각의 손상이 더 빠르게 진행되기 때문이기도 하지만, 근본적으로 청각이 기억과 더 밀접한 관련을 갖는 감각체계인 이유로 노인의 경우 청각 기억의 손상이 느리게 진행되는 것으로 추측된다. 따라서 첫사랑과 헤어졌던 다방 이름은 기억이 안 나도 그때 다방에서 흘러나왔던 노래는 뚜렷하게 기억한다.

4) 진술기억의 손실

대부분 무의식적 · 습관적으로 기억하게 되는 비진술기억(non-declarative memory)보다는 어떤 사실이나 사건을 의식적으로 재조합해서 학습하는 기억인 진술기억(declarative memory)에서 노화로 인한 감퇴가 뚜렷이 나타난다. 특히 진술기억 중에서도 교육과 경험을 통해 축적된 지식체계인 의미기억(semantic memory)보다 시간과 장소, 맥락이 연결되어 있는 일화기억(episodic memory)에서 감퇴가 더 크게 일어난다(〈표 8-4〉 참조). 이는 진술기억이 해마와 같은 신경생물학적 변화와 밀접한 관련이 있기 때문인 것으로 보인다. 따라서 그날 있었던 사건의 세부적인 내용은 기억이 안 나도 어릴 때 잠깐 배웠던 자전거는 몸으로 기억하기 때문에 늙어서도 익숙하게 탈 수 있다.

〈표 8-4〉 진술기억과 비진술기억

구분		개념	예 1	예 2
진술 기억	의미 기억	대상 간의 관계, 사물의 원리, 어휘의 의미 등 학습과 경험을 통해 축적된 일반적이고 본질적인 지식들	자전거는 체인을 통해 동력이 페달에서 바퀴로 전달되어 움직인다는 것을 알고 있다.	라디오에서 나오는 노래가 〈정선 아리랑〉이라는 것을 알고 있다.
	일화 기억	어린 시절 추억이나 일상생활 속에서 일어난 사건들	어제저녁에 지하주차장 구석에 새로 산 자전거를 세워 두었다는 것을 기억한다.	어린 시절 고향에서 어른들이 그 노래가락을 불렀던 기억이 난다.
비진술 기억		학습한 내용에 대한 의식적 자각 없이 기술습득이나 반복적인 자극, 습관화 등에 의해 기억되는 것	20년 전에 배웠던 자전거를 다시 타 보니 쉽게 탈 수 있었다.	저절로 입에서 정선 아리랑이 흘러 나온다.

출처: 김애순(2002)에서 재구성.

5) 미래계획기억의 감퇴

노년기에는 미래에 수행해야 할 행동을 계획, 조직하고 자기검색(self-monitoring) 하는 미래계획기억 혹은 조망기억(prospective memory)이 매우 취약해진다. 즉, 점심식사 후에 약을 먹어야 한다는 사실이나 집에 돌아가는 길에 세탁소에 들러야 한다는 것 등을 기억하는 능력이 노화와 더불어 쇠퇴한다. 이는 정보의 계획, 조직, 검색 기능을 관장하는 전두엽의 감퇴로 자기주도적 인출과 자기검색 기능이 감퇴하기 때문으로 보인다(김애순, 2002). 이러한 조망기억의 감퇴로 인하여 장을 보러 나갔다가 사야 할 것을 잊어 버려 빈손으로 돌아오는 일도 생기는 것이다.

그러나 이러한 기억력 감퇴는 자연스러운 노화 결과이기는 하지만 전혀 회복 불가능한 것은 아니다. 정신적·신체적으로 건강을 유지하고 꾸준한 학습과 독서 등 지적 활동을 유지하며, 기억력을 향상시키기 위한 개인적인 노력

(사소한 것도 꼼꼼하게 메모하는 습관, 소형 녹음기 지니고 다니기, 반복해서 암기하기 등)을 기울인다면 상당 부분 기억력을 유지하거나 망각을 늦출 수 있다.

7. 노년기 학습능력 변화

노년기에도 학습이 가능한가에 관하여 서로 상반된 여러 주장이 있다. 그런 다양한 주장들은 크게 다음과 같은 세 가지 모형으로 요약해 볼 수 있다(Peterson, 1983; Tennant & Pogson, 1995).

- 회복 불가능한 쇠퇴(감소 모형): 학습 수행은 일생에 걸쳐 회복 불가능한 쇠퇴를 겪으며, 이 쇠퇴는 거의 보상될 수 없다고 보는 노년기 학습에 관한 비관적 입장이다. 실제로 과거에 지능과 연령의 관계를 다룬 많은 연구들이 성년기에 들어선 18~25세 이후부터는 지능이 점진적으로 쇠퇴하는 것으로 보고했다. 그러나 이러한 입장은 전생애 발달의 시각과 노화에 대한 종단적 연구방법이 보편화되면서 파기되었다.
- 안정적 유지(고정 모형): 학습 수행은 기본적으로 성숙 후에는 전생애에 걸쳐 안정적이며, 출생동시집단 사이의 차이는 개인의 연령 증가에 따른 변화 때문이 아닌 교육, 건강, 지적 수준의 차이 때문이라는 입장이다. 즉, 학습 수행의 본질적 변화를 부인하고 그 외 조건의 변화로 인한 부수적 효과만 인정하는 입장이다. 그러나 이 주장은 노화의 영향력을 지나치게 과소평가한 측면이 있다. 물론 노화에 따른 인지능력의 변화가 절대적일 만큼 크지는 않다고 하더라도, 그러한 변화 자체를 부인하는 것 또한 지지받기는 어렵다.
- 회복 가능성(성장 모형): 인생 후반기에 학습 수행에서 미미한 쇠퇴가 일어나기는 하지만 이는 보상적인 전략, 예컨대 교육과 훈련 등을 통하여 회복이 가능하다는 입장이다. 실제로 지능에서 연령은 16~25%의 설명력

만을 가지며, 나머지 75~84%는 연령 이외 동시집단, 교육수준, 생활 경험, 불안수준과 심리적 스트레스, 신체적 건강수준, 동기 등 여러 요인들 때문이라고 본다. 그러므로 지능의 변화는 노화에 따라 일률적으로 쇠퇴한다고 말하기 힘들며 교육수준, 세대 간 차이, 사회·경제적 지위, 건강 상태 등의 요인들을 고려해야 하는 복잡한 측면이 있다.

이러한 세 가지 입장 중 특히 세 번째 입장은 점차 많은 지지를 얻고 있다. 이는 노년기의 학습 수행 유지에서 교육과 훈련의 중요한 역할을 제안하고 있어 주목해 볼 만하다.

한 사람이 어떤 능력을 가지고 있다고 해서 항상 그 능력의 전부가 수행, 즉 학습으로 나타나는 것은 아니다. 브림 쥬니어(Brim, Jr., 1988)는 자기 능력의 얼마를 수행에 사용하는가 하는 '수행과 능력의 비(performance standard/ capacity ratio)'가 연령 증가에 따라 점차 증가한다고 주장하였다(Baltes & Baltes, 1990에서 재인용). 이는 브롬리(Bromley, 1985)도 지적했듯이, 연령이 증가할수록 적정수준(optimum levels)과 최대수준(maximum levels) 간의 차이가 감소하기 때문이다. 즉, 연령이 증가할수록 자신이 할 수 있는 능력을 다 발휘하기 어렵다는 것이다. 따라서 노년기 학습에서 무엇보다 중요한 것은 그들이 가진 능력을 어떻게 최대한 발휘하도록 유도하는가 하는 것이며, 노인의 학습과정의 특성을 밝히고 그들의 학습효과에 영향을 미치는 요인을 규명함으로써 노년기 학습 수행을 극대화하는 것이 필요하다.

지금까지 여러 연구들을 통하여 노년기 학습에 영향을 미치는 것으로 밝혀진 대표적 요인들은 다음과 같다.

1) 정서유발 수준

첫째, 정서유발 수준(arousal level) 혹은 불안수준(anxiety level)을 들 수 있다. 학습능률을 높이려면 학습자의 적정한 정서유발이 필요하다. 학습에서 적절한 정도의 동기유발은 효과적이지만 그 정도가 지나치면 오히려 수행에 방해가 된다. 일반적으로 학습상황에서 노인은 젊은이보다 더 높은 정서유발 수준을 보이며, 이 같은 지나친 정서유발(over-arousal) 혹은 과동기화(over-motivation)로 인해 새로운 학습상황에서 과제 수행 시 흔히 노인은 더 불리한 입장에 처하게 된다(Botwinick, 1984). 즉, 노인은 낯선 학습상황에서 더욱 긴장하게 되고 지나친 흥분, 긴장, 불안 등으로 학습에 방해를 받게 된다.

학습에 대한 정서유발 혹은 동기유발 수준의 효과는 학습상황에서 학습자가 느끼는 불안감과도 관련이 있다. 특히 노인은 경쟁적이고 불안을 유발하는 상황에서 학습에 크게 방해를 받으며, 지지(支持)적이고 자신의 가치를 느낄 수 있는 상황에서는 과제를 더 잘 수행하는 경향이 강하다(윤진, 1985).

2) 과제의 성격

노년기 학습에 영향을 미치는 두 번째는 과제의 성격이다. 여기에는 학습재료의 유의미성과 과제의 친숙성 등이 포함된다. 우선 학습재료가 얼마나 의미 있는가 하는 점이 노년기 학습에 영향을 주는데, 무의미한 과제보다 유의미한 과제의 경우에 노인과 젊은이 간에 수행 차이가 감소될 수 있다(윤진, 1985; Birren & Schaie, 1990). "자신의 보물을 숨겨 둔 곳을 잊는 노인을 본 적이 있는가?"라고 한 로마의 철학자 키케로(Cicero, 2002)의 말처럼, 노인은 특히 개인적으로 적절하고 유의미한 것에 대해서는 기억력을 비교적 잘 유지한다. 따라서 학습재료가 노인에게 적절하고 친숙한 것이라면 그만큼 노화에 따른 학습 쇠퇴를 줄일 수 있다.

과제가 얼마나 친숙한 것인가 하는 점도 노인의 학습 수행에 영향을 주는데, 친숙한 자극일수록 기억과 학습효과가 향상되는 경향이 있다. 그리고 노인의 학습과 관련된 과제의 또 다른 성격은 구체성으로, 노인은 추상적인 것보다 구체적인 과제 기억과 학습에서 더 높은 수행을 보인다(Greenberg & Powers, 1987).

3) 시 간

세 번째 요인은 속도와 학습 및 반응에 허용되는 시간의 양이다. 시간이 엄격하게 제한되어 있는 학습상황에서 노인의 학습능률은 더욱 떨어지는 경향이 있다. 노인은 자극제시 시간이 짧을수록 수행이 떨어지는 반면, 자율적으로 속도를 조절할 수 있는 상황에서는 쇠퇴가 훨씬 줄어드는 경향이 있다. 노인의 학습에서는 과제를 학습하거나 기억하는 데 필요한 학습시간(study time)도 중요하지만, 반응하는 데 소요되는 반응시간(response time)이 더 중요한 영향력을 갖는다. 즉, 노인의 학습능률이 떨어지는 이유는 학습시간이 짧기 때문이 아닌 반응시간이 불충분하기 때문으로 보인다(윤진, 1985; Crandall, 1980; Greenberg & Powers, 1987).

이렇듯 학습시간의 부족이 학습능률 저하를 초래하는 것은 노인의 경우에는 유동성 지능 저하 등으로 새로운 학습 자극들을 통합하는 데 더 많은 시간을 필요로 하기 때문이다. 또 충분한 반응시간을 요구하는 이유는 앞서 언급했듯이 노인은 반응에 대한 신중성이 증가하기 때문이다. 그러므로 노인 학습자에게는 충분한 학습시간과 반응시간을 주는 것이 필요하다.

4) 자극의 종류

네 번째 요인은 학습 자극의 제시방법과 사용되는 학습매체의 종류다. 일반적으로 노인 학습자의 경우 다양한 감각통로를 이용할 수 있는 자극을 제시할 때 학습능률이 더욱 높아진다. 특히 노인은 다양한 매체 중에서도 시각적 매체가 제공될 때 훨씬 높은 수행을 보이는 경향이 있다(윤진, 1985; Greenberg & Powers, 1987).

이 밖에도 기억전략의 활용, 기억의 지시방법, 경험과 훈련, 동기, 실패에 대한 두려움, 우울 등의 정의적 요인이 노인의 학습 수행과 관련을 갖는다.

특히 노인의 학습에서 개인차가 중요하게 작용한다는 것도 주목할 만한 사실이다(Birren & Schaie, 1990; Greenberg & Powers, 1987).

8. 노년기 심리적 특성의 노년교육적 의미

심리학 분야에서 인간의 발달이 수태에서 사망까지 전생애를 통하여 계속적으로 이루어진다고 보는 새로운 시각, 즉 '전생애 발달' 관점의 등장은 과거 유아기에서 청소년기까지에 집중되어 왔던 발달심리학자들의 관심을 성인 및 노년기까지로 확장시켜 주었다. 그리고 인간 발달의 한 단계로서 노년기의 지적 · 정서적 · 신체적 발달에 관한 연구에 박차를 가하였다. 본질적으로 교육이 변화를 전제로 하는 것이라는 점에서 볼 때, 이러한 전생애 발달 관점의 등장은 노년교육학이 교육학의 한 영역으로 자리 잡을 수 있는 중요한 근거를 마련해 주었다고 할 수 있다.

이상에서 살펴본 노인의 심리적 특성을 노년교육학의 관점에서 다시 정리해 보면 다음과 같다.

1) 노년기 학습능력의 확인

노화에 따른 지능의 쇠퇴가 새로운 학습에 지장을 줄 정도가 아니라는 사실은 노년기에도 새로운 것을 학습할 수 있음을 시사해 주는 것으로 노년교육학, 특히 노인을 위한 교육의 이론적 근거를 제시해 준다. 성인기 이후는 지능 변화에서 불변 혹은 감소가 아닌 아동기와는 질적으로 다른 인지적 성장이 계속되는 기간으로 볼 수 있다. 그리고 이러한 성장은 대체로 축적된 삶의 경험에 기초하기 때문에, 학습과 전문성에 경험을 활용하는 능력이 성인과 노년교육에서 중요한 관심사가 된다(Tennant & Pogson, 1995).

따라서 노인을 위한 교육은 단순히 노인의 여가를 충당하기 위한 소극적인 수단이 아니라 좀 더 창조적인 노년기를 영위하기 위한 적극적인 전략으로서의 학습임을 전제로 해야 할 것이다.

2) 노년기 학습의 특성

우리는 앞에서 다른 연령층의 학습과 달리 노년기 학습에서 중요하게 고려되어야 할 여러 가지 요인이 있음을 확인할 수 있었다. 노인 학습자들은 젊은 학습자들에 비하여 학습과제의 성격이나 학습환경에 더욱 민감하게 반응하며, 동기나 욕구 등 심리적이고 비인지적인 요인에 의하여 크게 영향을 받는다는 사실에 유의하여야 한다. 따라서 노인 학습자를 대상으로 하는 학습에서는 인지보다는 감성적 부분을 자극하고, 노년기 특성에 적합한 효과적인 학습과제와 전략, 매체와 교재 개발이 필요하다.

3) 노년기 학습의 방해 요인

노년기 심리적 특성에 관한 고찰을 통해 노년기까지도 우리의 편견보다 훨씬 큰 학습능력이 남아 있음을 확인할 수 있었다. 따라서 노년기 학습을 방해하는 주요 요인은 노인의 내적인 요소보다는 오히려 노인 자신과 무관한 외부의 사회적 편견과 환경이라 할 수 있다. 노년기 학습의 방해 요인들을 제거하고 학습을 촉진시키기 위해서는 노인들의 자기효능감과 자아존중감을 높이고, 다양한 매체나 보조수단 등 노인의 장애나 노화에 따른 쇠퇴를 보상할 수 있는 더욱 적극적인 방법이 요구된다.

4) 동기적 특성의 중요성

노년기 학습에서 내적 동기의 중요성이 크다는 사실은 특히 노년기의 교육적 요구에 세심한 주의를 기울이고 그러한 다양한 요구에 부응하기 위한 교육적 노력이 경주되어야 함을 시사해 준다. 따라서 다양한 동기유발 방법을 활용하여 무엇보다도 노인을 더욱 적극적인 교육의 주체로 참여시킬 수 있는 방안이 연구되어야 한다.

5) 개인차의 고려

노년기 인구집단은 오랜 삶의 경험과 생활양식, 교육 등의 차이로 인하여 다른 어느 집단보다도 개인차가 큰 연령집단이라고 할 수 있다. 따라서 획일적인 교육방법이나 교육내용보다는 다양성이 큰 노인집단을 수용할 수 있도록 개별화 학습 중심의 다양한 교육내용과 교수방법 그리고 다양한 교육 프로그램 개발이 요청된다.

노년기의 사회적 특성

1. 노년사회학 이론

사회 속에서 인간은 어떻게 나이 들어 가는가? 노화되어 가면서 노인들이 점하는 사회적 역할과 지위, 그리고 다른 사회구성원들 간의 관계는 어떻게 변하는가? 이러한 사회적 노화에 관한 노년사회학의 다양한 이론을 한정된 지면 속에서 정리해 내기란 매우 어려운 일이다. 노년사회학 이론을 어떻게 분류해야 하는가에서부터 이견이 분분한데, 다음에서는 주로 건강생활과학 연구소 편(1999)에서 제시한 분류에 근거하여 최대한 알기 쉽도록 노년사회학 이론을 개괄해 보고자 한다.

1) 구조기능론

(1) 분리이론

분리이론(disengagement theory)은 노화과정을 설명하는 최초의 노년사회학 이론으로, 은퇴이론 혹은 사회유리 이론으로도 불린다. 분리이론에서는 노인은 젊은이에 비해 건강이 취약하고 죽음의 가능성이 더 높기 때문에, 개인의 입장에서 최적의 만족을 누리며 사회체제 입장에서 지속적 발전을 유지하기 위해서는 노인과 사회가 서로 분리되어야 한다고 주장한다. 노년기 사회와 개인 간의 분리는 정상적이고 불가피한 일이며, 따라서 노화로 인한 은퇴는 자연스러운 것이라는 입장이다.

은퇴이론에서 말하는 정상적이고 성공적인 노화란 사회에서 점진적으로 분리되어 결과적으로는 사회로부터 철수하는 것이다. 분리는 개인의 의사에 의한 '개인적 분리(individual disengagement)'와 사회적 제도에 의한 '사회적 분리(social disengagement)'로 구분할 수 있다. 개인적 분리란 개인이 자신의 신체적·지적 조건, 연령 등을 감안하여 스스로 은퇴를 결정하는 것을 의미한다. 반면, 사회적 분리는 노인들의 기술과 지식이 빠르게 발전하는 현대사회 변화에 뒤떨어지게 되었다고 판단될 때 개인의 의사와는 관계없이 먼저 사회나 조직에 의해, 즉 제도적으로 은퇴가 진행되는 것이다.

분리이론에서는 노인이 사회에서 분리되어야 하는 이유를 다음 다섯 가지로 설명한다. 첫째, 노인은 사회적 역할이나 활동, 자아투입량이 크게 줄어들기 때문에 노년기 분리는 불가피하다. 둘째, 노인이 되면 가정이나 사회에서 할 수 있는 역할이 줄어들기 때문에 분리는 자연스러운 것이다. 셋째, 신체적 노화에 따라 체력이 저하되기 때문에 노년에는 적극적 활동으로부터 에너지를 거둬들이는 것이 정상적이고 성공적인 노화과정이다. 넷째, 노화로 인한 질병은 치료와 회복이 불가능하기 때문에 분리는 불가피하다. 다섯째, 죽음은 개인을 사회에서 분리시키기 위한 것으로 죽음을 앞둔 시기인 노년의 분리는 자연스러운 것이다.

그러나 이러한 분리이론에 대하여 다음과 같은 비판도 있다. 첫째, 사회로부터 분리되는 문제는 전적으로 노화의 결과라기보다는 개인의 성격적 특성이나 개인적인 환경과 더 관련이 깊다. 즉, 노년에도 활발한 사회 참여를 통해 더 높은 만족감을 느끼는 사람이 있는가 하면 반대로 물러앉아 편히 쉬는 것을 더 행복하게 생각하는 사람도 있다. 사회적 분리에 대하여 만족하는가 아닌가는 노화에 따른 획일적인 결과라기보다는 개인의 성격에 따라 다를 수 있다는 것이다. 둘째, 노인이 직업적 역할을 상실한다고 하더라도 자원봉사활동이나 조부모 역할 등 다른 종류의 개인적 · 사회적 활동에 계속 참여할 수 있기 때문에 분리의 시각으로만 노년기를 바라보는 것은 문제가 있다. 셋째, 분리는 점진적으로 서서히 자연스럽게 일어나야 하며, 사회제도에 의해서 강제적이고 인위적으로 진행되는 것은 바람직하지 않다.

(2) 현대화 이론

현대화 이론(modernization theory)은 사회 · 문화적 배경에 따라 노인들의 사회적 지위와 역할이 다양하게 나타남을 거시적이고 구조적인 관점에서 설명하고 있다. 현대화 이론은 산업화 및 현대화 과정 속에서 노인의 지위와 역할 변화를 진화론적으로 설명하고 있다는 점에서 구조기능주의에 속한다. 사회 변화 과정에서 현대화는 불가피하며, 이러한 현대화 과정 속에서 노인의 사회적 지위 하락과 역할의 축소는 필연적인 것이다. 즉, 문명이 발달되지 않았던 전통사회에서는 노인의 지위가 절대적인 것이었지만, 사회가 현대화되면 될수록 노인의 지위는 상대적으로 낮아진다는 것이다.

현대화 이론에 대해서도 다양한 비판이 있다. 첫째, 기본적으로 현대화 이론은 현대화 이전에는 노인의 지위가 높았다는 가정에 근거하고 있다. 하지만 역사적으로 산업화 이전의 모든 사회에서 노인이 높은 대접을 받았던 것은 아니며, 과거 모든 사회에서 노년기가 황금기였다는 것은 잘못된 신화에 불과하다. 둘째, 산업사회에서 노인의 지위가 낮았던 것은 사실이지만, 오히려 후기 산업사회로 와서는 노인의 지위와 세력이 더 높아지고 있기 때문에 현대화될수록 노인 지위가 하락한다는 주장에는 문제가 있다. 셋째, 무엇보다도 이 이론의 가장 큰 맹점은 보편적 구조의 당위성을 고집함으로써 문화, 인종, 계층, 성의 다양성이 노화에 미치는 영향을 간과했다.

(3) 연령계층 이론

연령계층 이론(age stratification theory)은 사회가 여러 연령층으로 구성·서열화되어 있다고 가정한다. 한 연령계층에 속한 사람들은 같은 문화권에서 서로 비슷한 역사적 경험을 하면서 성장하게 되고 그로 인해 비슷한 가치관과 태도를 형성하게 되므로, 다른 역사적 경험을 통해 성장하게 되는 다른 연령집단들과는 구분되는 특징을 공유하게 된다. 다른 연령계층에 속한 사람들은 사회적 역할이나 의지가 서로 다르기 때문에, 노인 연령집단 역시 다른 연령집단과는 여러 가지 면에서 구별된다. 따라서 노인은 다른 집단과 구별되는 자신들의 연령집단에 알맞은 지위와 역할을 찾아야 하며, 그러한 기회를 확보하기 위해서 노력을 해야 한다는 것이다.

그러나 이러한 연령계층 이론에 대해서도 노인 개개인이 지니는 의미와 의도는 무시한 채 동일한 연령집단으로서만 조명하였으며, 사회적 역할만을 지나치게 강조함으로써 개인의 자율성을 무시하는 문화결정론을 지지하였다는 점에서 비판이 제기된다.

(4) 인생주기 관점

인생주기 관점(life course perspective)은 장기간에 걸친 개개인의 변화에 관심을 둔다. 즉, 개인이 역사적 상황이나 생활사건 등과 어떻게 관련되고 조화를 이루어 가는지에 관심을 두는 광범위한 시각이다. 개인의 행위가 사회규범의 영향을 받는다는 점에서 구조기능론에 속한다.

울렌버그(P. Uhlenberg)는 장기간에 걸쳐 개인의 생애주기를 연구할수록 평균적 유형을 찾아내는 일이 더 어렵다는 것을 알게 된다고 주장하였다. 또 그는 연령의 증가에 따라 개인차가 더 커지며, 개개인의 생활경험은 지문만큼이나 독특하고 상이하다고 주장함으로써 생애발달에서 규범적 · 보편적 설명의 한계성과 문화적 · 개별적 요인의 상대적 중요성을 시사하였다(건강생활과학연구소 편, 1999에서 재인용). 그러나 인생주기 관점은 너무 포괄적으로 많은 것을 고려하는 경향이 있어서 실제로 그만큼 다양한 변인을 고려하고 이들의 상호 영향력을 분석하기에는 어려움이 따른다. 설사 다양한 모든 조건을 고려하여 분석한다고 해도 개별화된 결과들을 이론화하기는 현실적으로 불가능하다는 비판을 받는다.

2) 교환이론

교환이론(exchange theory)은 공리주의(utility theory) 경제학과 행동주의(behavior thoery) 심리학의 영향을 받은 이론이다. 교환이론에서는 인간은 합리적 존재이기 때문에 보상은 극대화하고 비용은 최소화하는 행동이나 인간관계를 선택한다고 가정한다. 그런 관점에서 본다면, 과거 농경시대와 달리 현대 산업사회에서 노인은 경제력의 상실과 낙후된 지식 및 기술을 지닌, 즉 충분한 교환자원을 갖지 못한 존재로서 개인 혹은 사회적 교환관계에서 열세에 놓이게 된다. 이러한 노인의 교환가치 감소는 현대사회에서 노인의 지위 하락으로 이어지며 그로 인하여 노인문제가 발생된다.

그러나 이처럼 모든 사람이 개인적 이익만을 유일한 동기로 삼는 이기적 존재라는 교환이론의 가설에 대한 반론도 있다. 개인주의적인 근대 미국 문화의 규범을 보편적인 인간 사회의 성격으로 간주하는 것은 과도한 일반화의 오류라는 것이다. 또 경험의 가치는 외면한 채 노화를 일방적인 능력의 저하와 쇠퇴로 바라보는 견해는 연령차별적인 시각이라는 점에서 비판을 받는다.

3) 상호작용론

(1) 활동이론

활동이론(activity theory)은 분리이론과는 상반된 입장에 서 있으며, 노인의 사회활동 참여 정도와 생활만족도 사이에 긍정적 상관관계가 있다고 본다. 활동이론은 성공적 노화를 위해서는 노년에 새로운 사회활동 영역을 찾아 적극적인 활동을 해야 한다고 주장한다. 활동이론의 이와 같은 주장은 생물학적 노화로 인한 불가피한 신체적 변화를 제외하고는 노인은 중년기와 근본적으로 다름없는 심리적·사회적 욕구를 지니고 있다는 가정에 근거한다. 노인은 지속적으로 적절한 사회적 활동에 참여함으로써 개인적 만족과 품위를 유지할 수 있으며, 이것이 바로 성공적 노화라는 것이다. 따라서 활동이론에 따르면 인간은 활동할 능력이 있을 때까지 능력에 맞게 활동을 하다가 노쇠로 인해서 더 이상 활동할 수 없게 될 때 비로소 사회에서 서서히 물러나야 한다.

그러나 활동이론의 이러한 주장 역시 모든 사람에게 적용하기에는 한계가 있다. 왜냐하면 개인에 따라 노년의 건강이나 능력에 큰 차이가 있을 뿐 아니라 노후에 활동보다는 휴식을 선호하는 이들도 있기 때문이다. 또한 노년에 주어지는 소일거리나 자원봉사 활동이 직업으로 대표되던 그 이전의 사회적 역할을 온전히 대체하기는 어렵다는 점에서 활동이론은 한계가 있다는 비판을 받는다.

(2) 사회적 와해 이론

사회적 와해 이론(social breakdown theory)은 인간의 행동이 환경적 힘에 의해 획득, 유지, 수정된다는 행동주의 심리학에 근거를 두고 있다. 사회적 와해 이론에서는 노화를 고립된 독립적 현상으로 보기보다는 노인이 살아온 사회적 환경이나 상황과 밀접한 관계가 있는 것으로 본다. 사회적 와해 이론은 심리적으로 허약한 사람에게는 사회 환경에서의 부정적 피드백이 와해의 요소로 작용한다고 하는 져스먼(Zusman, 1966)의 '사회와해증세 모델'을 기반으로 하고 있다(건강생활연구소 편, 1999에서 재인용). 즉, 사회적 와해이론에 따르면, 노인들을 무능하고 쓸모없는 인간으로 바라보는 사회의 낙인은 심리적으로 위축되고 약해져 있는 노인들에게 자신이 무능한 존재라는 부정적 자기인식을 갖도록 만든다. 그리고 이러한 노인들의 부정적 자기인식은 그들의 사회적 관계나 활동을 더욱 위축시키고, 그런 그들의 모습은 노인들에 대한 사회의 부정적 편견을 더욱 강화한다. 결국 노인들은 이러한 악순환의 틀 속에 갇힘으로써 사회적으로 와해되어 간다는 것이다.

그러나 이러한 사회적 와해 이론의 주장은 노인들을 적극적인 자기인식 없이 단순히 외부의 평가나 사회적 인식에만 종속된 존재들이라고 보기 때문에 지나친 과장이자 편견이라는 비판이 제기된다.

(3) 하위문화 이론

하위문화 이론(subculture theory)은 여러 가지 면에서 활동이론과 유사성을 가지고 있지만, 일차적 초점을 '활동' 자체보다는 대인관계를 통하여 창출되는 '자아개념'에 둔다는 점에서는 활동이론과 다르다. 하위문화 이론은 노인들이 성인기 동안 경험했던 문화에 지속적으로 참여하고 더 나아가 노인들 스스로의 하위문화를 발전시켜 나가는 것이 성공적 노화에 도움이 된다는 입장이다. 즉, 노년기에 속해 있다는 공통적 특성과 사회로부터 소외 당하고 있다는 동질의식, 그리고 노인에 대한 사회의 부정적인 반응과 정책 등이 노인들끼리의 결속력과 상호작용을 촉진하고 노인들만의 하위문화를 만들어 내도록 자극한다는 것이다. 미국의 노인단체인 '그레이 팬더스(Gray Panthers)'나 '미국은퇴자협회(AARP)' 등이 바로 이런 노인 하위문화의 대표적 예라고 할 수 있다. 하위문화 이론은 노인들을 활동적 존재로 보고 그들의 자발적인 조직력을 인정하며 사회정책에 영향력을 행사할 수 있는 노인집단의 권력을 인정한다.

그러나 하위문화 이론은 노인집단 내의 다양성에 대해서 상대적으로 과소평가할 뿐 아니라 일생을 통해 사귄 인간관계의 계층적 · 인종적 · 성적 차이에 대해서도 간과했다는 비판을 받는다. 즉, 사람들이 나이를 먹으면서 동질화되기보다는 오히려 개별성이 더욱 커지고 노인들 간의 개인차가 크게 벌어진다는 점을 간과했다는 비판을 받고 있다.

결론적으로 이렇게 다양한 이론적 관점이 제시되었음에도, 아직까지 어느 한 이론으로 복합적인 노화과정을 완벽하게 설명할 수는 없다. 따라서 노년기 사회적 변화를 이해하기 위해서는 다양한 관점이 지니는 장단점에 관한 정확한 이해와 더불어 사회와 인간에 관한 자기 나름의 관점과 철학을 확고히 하려는 노력이 필요하다.

2. 시대에 따른 노년기 역할의 변화

노년기의 사회적 변화는 크게 두 가지 관점에서 볼 수 있다. 하나는 전체 사회 속에서 노인들이 어떤 지위와 역할을 담당하는가 하는 거시적 관점이고, 또 다른 하나는 노인 개인과 다른 개인 혹은 집단 간에 어떤 관계를 형성하는가 하는 미시적 관점이다. 먼저, 거시적으로 시대나 사회의 변화에 따라 혹은 한 사회 안에서 나이가 들어가면서 노인의 사회적 지위나 역할이 어떻게 변화하는가를 살펴보고자 한다.

인간은 성(gender)이나 인종 등 몇 가지 선천적 지위와 그에 따른 역할을 제외하고는 전생애를 통해 똑같은 지위나 역할을 유지할 수 없다. 이를 '역할 이동(role shift)'이라고 부르는데, 역할 이동은 개인적 과정과 사회적 과정의 두 가지 경로를 통해 진행된다.

먼저 개인적 역할 이동은 두 가지 기제를 통해 일어난다. 첫째는 한 개인이 발달 과정을 통하여 어떤 새로운 지위를 얻거나 기존의 지위를 버림으로써 그에 해당하는 역할을 얻거나 폐기하게 되는 '역할 전환(role transitions)'에 의해서 진행된다. 예를 들어, 대학을 졸업하고 취업을 하거나 직장생활을 마치고 퇴직을 하게 되는 과정을 통해 '학생'의 역할을 버리고 '직장인' 혹은 '사회인'으로, 그리고 또다시 '직장인'에서 '퇴직자'로의 역할 전환에 의한 개인적 역할 이동이 일어난다. 둘째는 개인이 갖고 있는 역할 자체는 변하지 않음에도 불구하고 연령의 증가에 따라 외부로부터 오는, 역할에 대한 기대가 변화함으로써 일어나는 '역할 변화(role change)'다(George, 1980). 예컨대, 여성은 출생과 동시에 '딸'이라는 지위를 유지하지만, 10대 딸로서의 역할 기대(부모에게 순종하거나 열심히 공부하거나 또는 정숙한 몸가짐을 갖추는 등의)와 결혼을 해서 아이를 낳고 40대 중년의 딸로서의 역할 기대(물질적으로 부모님을 봉양하거나 자신의 가정문제로 부모님께 걱정을 끼치지 않는 것 혹은 부모의 고민이나 어려움을 들어주는 심리적 지원자나 상담자가 되어 줄 것 등의) 사이에는 상당한 차이가 있다. '말 잘 듣고 착한 딸'에서 '물질적으로 부모를 돕고 심리적으로 지지를 제공하는 든든한 딸'로의 역할 변화에 의하여 개인적 역할 이동이 일어난다.

한편, 개인의 역할 이동은 이와 같은 개인적 역할 이동뿐 아니라 시대·역사적 역할 이동, 즉 사회 변화에 따른 역할의 의미 혹은 기대 변화에 의해서도 일어날 수 있다. 한 사회 안에서 개인의 역할은 그가 속한 사회의 가치와 문화를 반영하기 때문에 개인의 지위와 역할은 그가 속한 사회 혹은 시대에 따라 달라진다. 시대에 따른 지위와 역할의 변화는 그 지위와 역할에 대한 사회적 기대나 사회성원들의 의식의 변화에 의존한다. 예컨대, 조선시대 여성들에게 요구되었던 역할과 현대 여성들에게 요구되는 역할 간에 혹은 조선시대 노인들에게 요구되었던 역할과 현대 노인들에게 요구되는 역할 간에는 많은 차이가 있다.

다음에서는 주로 이러한 시대 변천에 따른 노인의 지위와 역할 이동을 살펴보고자 한다.

1) 과거 전통사회에서 노인의 역할

(1) 가족 내 노인의 역할

과거 전통적 가정에서 노인은 오랜 경험, 지식, 지혜를 기반으로 가정문제의 최종 결정권자로서 전통문화 계승과 전달의 책임을 맡았으며, 자손에 대한 학문과 윤리적 교육, 진로 지도의 역할을 수행함으로써 보람을 느낄 수 있었다(유네스코 한국위원회, 1984). 전통적 가족제도의 가장 큰 특징은 유교적 가부장 대가족제도(家父長大家族制度)로 부계(父系)-부권(父權) 중심, 부치(父治), 족외혼(族外婚), 장자상속(長子相續) 등이다. 이러한 특징을 지닌 가부장 대가족제도에서 노인이 가졌던 가족 내 역할은 다음 몇 가지로 나눌 수 있다.

① 가장

가장(家長)으로서 노인은 가정의 가장 큰 어른이자 외부에 대해서는 가족의 대표로서 역할을 수행하였다. 노인은 집안의 어른으로서 집 안팎 대소사를 결정하는 데 중요한 영향력을 행사하는 의사결정권을 지녔으며, 가정 밖의 외부 사회에 대해서는 가족과 집안을 대표하는 존재였고 제사의 주재자(主宰者)로서 가족을 대표하여 조상을 모시는 주체였다. 이는 노인에게 집안과 가족들을 다스리는 막강한 권한이 있었음을 의미한다.

② 지혜의 담지자

전통적 가정에서 노인은 가족원들의 정신적 지주로서 가족의 상징이자 원로이며, 모든 가족원의 존경을 받는 존재였다. 오랜 인생의 경험과 그로 인해 축적된 삶의 지혜를 갖춘 노인은 가족 속에서 도덕적 지도자, 전통의 전수자, 지혜의 보고(寶庫)인 동시에 존경의 대상이었다. 또한 인생 선배이자 원로로서 가족원들로부터 존경을 받았고, 가족원들을 바르게 이끌 뿐 아니라 가정과 외부 사회를 연결시켜 주는 연결고리이며, 후세에게 과거의 전통을 전수해 줌으로써 과거 조상과 현재 자손을 연계해 주는 중개자의 역할을 수행하였다.

③ 가정교육의 책임자

노인은 가정에서 자녀 교육과 사회화 및 사회적응에 대한 책임뿐 아니라, 가족원의 잘못을 징계하고 훈시하는 책임을 지닌 교육자이기도 했다. 노인은 전통적인 사회의 도덕과 관습, 가풍(家風)과 가훈(家訓) 등 집안의 전통이나 예의범절 등을 가족원이나 자손들에게 가르침으로써 자녀들의 사회화와 가정교육에 대한 책임을 지는 존재였다.

④ 가계의 책임자

노인은 가정의 운영 전반을 책임지고 가정 경제를 이끄는 가산(家産) 관리자인 동시에 가계의 중심으로서 역할을 담당하였다. 가족이 곧 사회 경제활동의 기본 단위였던 농경사회에서 집안의 어른은 가정 경제를 총괄하는 가정 경제의 중심이었다. 가산의 근간이라 할 수 있는 토지문서나 곳간 열쇠를 관리하고, 가계의 모든 예산과 결산을 담당하고 집행하였던 노인은 가정의 모든 경제권을 쥠으로써 가계 운영의 실권을 지닌 실질적인 가족의 주인이었다.

한마디로 전통사회에서 노인은 가장으로, 지혜의 담지자이자 정신적 지주로, 가정교육의 책임자로, 가계의 책임자로 다양한 책임뿐 아니라 그에 상응하는 권한을 지닌 존재였다.

(2) 사회에서의 노인의 역할

전통사회에서는 가족 내에서와 마찬가지로 지역사회 또는 전체 사회 속에서의 노인의 역할 역시 대단히 중요한 것이었다. 특히 친족이나 씨족을 중심으로 한 지역사회에서 노인은 문중의 어른이자 도덕적 지도자로서, 그리고 사회 교육자로서의 역할을 담당하였다.

① 지역사회의 대표

노인은 지역사회의 대표자인 동시에 지도자로서의 역할을 수행하였다. 노인은 좁게는 문중의 일, 더 넓게는 지역사회의 중요한 일을 결정하는 의사결정의 책임자였고, 지역사회 내 크고 작은 비공식적 행정을 관장하는 지도자였으며, 외부 사회에 대하여는 지역사회를 대표하는 역할을 담당하였다.

② 사회 교육자

지역사회에서 노인은 마을의 어린이나 젊은이들을 가르치는 사회교육자였다. 젊은 세대에게 지역사회의 전통과 역사 혹은 윤리와 예절을 가르치고 오랜 인생의 경험에서 얻은 지식과 지혜를 후세에게 전수해 주는 사회교육자였다. 또 노인은 마을의 전통을 후세에 전달함으로써 전통의 맥을 잇는 전통 전수 책임까지 담당하였다.

③ 지역사회의 원로

노인은 지역사회의 원로로서 지역사회의 모든 구성원과 젊은이들의 존경을 받는 존재였다. 오랜 인생 경험을 통하여 체득한 지혜를 지닌 노인은 그 지역사회 역사의 산증인이자 상징이었으며, 풍부한 경험과 지혜를 바탕으로 지역의 훌륭한 상담자, 문제 해결사, 조언자의 역할을 담당하였다. 또한 마을의 질서와 풍토를 바로잡는 도덕적 지도자로서 모든 마을 구성원에게 존경을 받았다.

그 외 국가적인 차원에서도 노인은 존경의 대상이었다. 통일신라시대부터 모든 단계의 교육과정에서 경로교육은 중요한 위치를 차지해 왔다. 통일신라의 최고 국립 교육기관이었던 국학(國學)에서는 『논어(論語)』와 『효경(孝經)』을 필독서로 삼고, 효도와 경로를 교육 내용으로 권장하였다(손인수, 1989; 유네스코 한국위원회, 1984). 또 통일신라시대에는 정전제(丁田制)를 실시하면서 연령별로 구분을 두었는데, 60세 이상 노인들에게는 정전(丁田)을 국가에 반납하게 하고 농사를 짓지 않고 편히 살 수 있도록 하였다고 한다.

고려시대에는 60세 이상 노인에게 역역(力役)을 면제해 주었고, 관리에게 는 부모에게 효도할 수 있는 기회를 주는 휴가제도의 하나인 급가(給暇)제도 를 시행하기도 하였다(최종근, 1987). 또한 고령자에게는 수발을 드는 봉사자 인 시정(侍丁)을 두게 하였다. 고려의 대표적 교육기관인 국자감에서도『논 어』와『효경』등을 교과목에 포함시켜 효도와 경로사상을 강조하였다(손인 수, 1989; 유네스코 한국위원회, 1984).

조선시대 교육에서도『논어』와『효경』등을 기본으로 한 윤리교육을 강조 하였음은 물론 태조 때부터 경로예우(敬老禮遇)를 목적으로 오늘날 경로당에 해당하는 기로소(耆老所)를 설치, 운영하였다. 기로소는 경로를 위한 행정기 구로서 연로한 임금이나 정이품(正二品) 이상의 선직자(先職者) 중에서 70세 이상의 연로한 이들이 참석하는 곳이었다. 특히 기로소는 군신(君臣)이 함께 참여하는 기구라 하여 관청의 으뜸으로 꼽았으며, 임금으로는 태조, 숙종, 영 조 등이 여기에 등록되어 있었다고 한다(손인수, 1989; 유네스코 한국위원회, 1984; 이홍직, 1968).

또 세종 때부터는 노인의 지위와 권위를 뒷받침하기 위한 중요한 정책의 하 나로서 양로연(養老宴) 제도를 실시하였다. 양로연은 매년 봄과 가을에 80세 이상 노인을 초청하여 장수를 축하하는 국가 행사였다. 임금은 가을에 근정전 에서 친히 남성 노인을 위한 양로연을 베풀고, 왕비는 사정전에서 여성 노인 을 위한 양로연을 베풀었다. 한편, 지방에 사는 노인을 위해서는 군현 단위로 각 지방관서에 양로청이라는 기구를 설치하기도 하였다(최종근, 1987).

또한 노인들에게 특별히 제수하던 벼슬로 노인직(老人職)이라고 하는 것이 있었는데, 이는 실직(實職)이 아닌 허직(虛職)으로 80세 이상 노인에게는 그 신분이나 성별을 불문하고 1계급을 제수하거나 원래부터 관계(官界)에 있던 사람에게는 1계급을 올려 주었으며, 당상관(堂上官)의 경우에는 어명(御命)에 따라 제수하였다. 그리고 직급에 따라 연로한 노인에게 일정한 재물을 하사 하기도 하였다(이홍직, 1968).

이렇듯 전통사회에서 노인은 지역과 전체 사회 속에서 사회적 지위가 확고하였으며, 명실공히 사회의 중심적 역할을 수행하였다. 이러한 노인의 높은 지위는 효를 모든 행실과 덕행의 근본으로 여기는 유교사상과 반복성, 경험을 중시하는 농경사회의 특성에서 비롯된 것으로 보인다.

2) 현대사회에서 노인의 역할

현대사회의 급격한 변화에 따라 가족과 사회 속에서 노인의 역할 또한 크게 변화하였다. McPherson(1983)에 따르면, 현대 기술의 발전은 인간의 평균수명을 연장시켰고 이는 세대 간의 경쟁과 정년퇴직제도를 만들어 냈으며, 과거 노인의 기술과 직업을 시대에 뒤떨어진 쓸모없는 것으로 만들어 버렸다. 또한 도시화에 따라 새로운 직종이 생겨나고 도시로의 인구 이동이 일어나면서, 연령 및 사회·경제적 지위를 기준으로 한 사회 분리, 즉 사회적 계층화가 진행되는 등의 현대화 과정 속에서 노인의 지위가 하락하게 되었다. 그리고 교육의 확대로 자녀 세대가 그들의 부모나 조부모 세대보다 더 많은 교육을 받게 되고 더 높은 사회적 지위를 획득하게 됨으로써 노인의 지위 하락은 더욱 가속화되게 되었다(MoHong & Keith, 1992에서 재인용).

이러한 현대화 과정 속에서 노인의 지위와 역할이 어떻게 달라졌는가를 더 구체적으로 살펴보고자 한다.

(1) 현대사회에서 가족 내 노인의 역할 변화

가족 내 노인의 역할 변화에 가장 크게 영향을 미친 것은 핵가족화 현상이다. 도시화와 산업화로 젊은이들이 고향을 떠나 도시로 몰려들고, 가족농업 위주의 산업구조가 해체됨에 따라 가족형태는 점차 부부 중심의 핵가족으로 옮겨가게 되었다. 또 가족의 기능도 크게 변화하여 과거 가족이 수행하였던 경제적·사회적·문화적 기능 중 많은 부분이 형식적이고 제도적인 외부 전문기관으로 이양되면서 현대사회에서 가족의 의미 또한 크게 축소되었다. 이에 따라 현대 가족 속에서 노인의 역할도 다음과 같이 변화하였다.

① 가장에서 피부양인으로

우선 가장으로서 노인의 역할에 변화가 나타났다. 부부 중심의 핵가족화로 가족 내 의사결정의 주체가 노인에서 그들의 자녀 부부에게로 옮겨 갔고, 과학기술의 발달과 기독교의 확산은 가정의 제사 기능을 축소시켜 제주(祭主)로서의 노인의 역할까지 축소시켜 버렸다. 실제로 조사에 따르면 기혼 자녀와 노인이 동거하는 가정에서 '의사결정의 주체가 누구인가?'라는 물음에 대하여 주로 노부모가 그 주체라는 응답(13%)보다 자녀 부부가 주체라는 응답(63%)이 월등히 높은 것으로 나타났다(김현조 외, 1989: 21세기위원회, 1992에서 재인용). 노인은 이제 과거 한 가족의 가장이자 책임 있는 대표에서 젊은 자녀 부부에게 종속된 피부양인으로 전락하게 된 것이다.

② 지혜의 보고에서 시대의 낙오자로

사회 변화의 가속화와 현대 과학기술의 발달은 노인이 가진 지식과 기술마저도 화석화(化石化)시켜 버림으로써, 노인들을 무지하고 시대에 뒤떨어진 존재들로 만들어 버렸다. 빠르게 변화하는 사회 속에서 과거의 전통에 기반을 둔 노인들의 사고방식 및 지식과 기술은 쓸모없는 것으로 변해 버렸다. 따라서 원로이며 지혜의 보고, 전통 전수자로서의 노인의 역할은 크게 약화되고, 이제 우리 사회에서 노인은 쓸모없는 과거의 전통과 낡은 지식에 매여 있는 시대의 낙오자로 전락하였다.

③ 가정교육의 책임자에서 방관자로

과거 가족의 기능 중 가장 중요한 부분을 차지했던 교육 기능의 대부분이 형식적 교육기관, 즉 학교에 이양됨에 따라 가정교육의 책임자로서 노인의 역할도 대폭 축소되었다. 사회의 급격한 변화와 지식의 폭증은 사실상 노인의 교육적 기능을 거의 무기력하게 만들었다. 따라서 과거 가정교육과 자녀

양육에서 절대적 권한과 책임을 갖던 노인은 이제 쓸데없는 잔소리와 간섭만 늘어놓은 존재로 전락하였다.

④ 가정경제의 중심에서 종속인으로

가족경제 중심의 산업구조가 공업과 서비스업 위주의 산업구조로 변화함에 따라 가정의 경제권은 생산성이 우수한 젊은 층으로 옮겨 가게 되었다. 노인은 산업사회 속에서 비생산인구, 피부양인구로 전락한 채 젊은이에게 종속된 존재, 즉 가정 내 경제권과 경제적 자립능력을 상실하고 젊은이에게 경제적으로 의지하고 부양을 받아야 하는 존재가 되었다.

한편, 산업화와 도시화로 인하여 자녀들은 도시로 이동하고 핵가족화의 진전으로 노인 단독 가구가 점차 증가하고 있음에도, 노인의 경제적 자립능력은 여전히 낮은 상태여서 더욱더 문제를 심각하게 만들고 있다. 2012년 장래가구추계(통계청, 2012d)에 따르면, 〈표 9-1〉에서 보는 것과 같이 65세 이상 고령가구주 가구는 전체 가구의 19.5%로 2000년 11.9%에 비해 크게 증가하

표 9-1 고령가구[1] 추이

(단위: 천 가구, %)

	총가구	고령가구	(구성비)	고령가구 유형					
				부부가구	구성비	부부+자녀가구	구성비	독거노인가구[2]	구성비
2000	14,507	1,734	11.9	573	3.9	184	1.3	544	3.7
2005	15,971	2,432	15.2	822	5.1	249	1.6	777	4.9
2010	17,359	3,087	17.8	1,038	6.0	297	1.7	1,056	6.1
2013	18,206	3,546	19.5	1,185	6.5	327	1.8	1,252	6.9
2020	19,878	4,772	24.0	1,569	7.9	437	2.2	1,745	8.8
2030	21,717	7,690	35.4	2,533	11.7	719	3.3	2,820	13.0
2035	22,261	9,025	40.5	2,919	13.1	791	3.6	3,430	15.4

1) 가구주의 연령이 65세 이상인 가구
2) 가구주의 연령이 65세 이상이면서 혼자 사는 가구
출처: 통계청(2012d).

였으며, 2035년에는 전체 가구 중 40.5%가 고령가구에 이를 것으로 전망된
다. 또한 이들 고령가구 중 33.4%(전체 대비 6.5%)가 노인 부부만 사는 가구이
며, 35.3%(전체 대비 6.9%)가 노인 혼자 사는 가구인 것으로 나타났다.

(2) 현대사회에서 노인의 사회적 지위 변화

현대사회의 변화로 노인의 가족 내 지위뿐 아니라 사회·경제적 지위에도
커다란 변화가 초래되었다.

① 지역사회의 대표에서 종속인으로

도시화와 산업화로 친족 및 씨족 중심의 지역사회가 해체되었다. 도시화에
따라 직장 중심으로 주거지를 이전하게 됨으로써 과거의 씨족부락이 해체된
지 오래고, 그 과정에서 더 이상 노인은 지역사회의 중심 역할을 할 수 없게
되었다. 도시 중심의 지역사회에서는 노인의 의사결정권과 통제권이 약화될
수밖에 없게 되었고, 그 결과 이제 노인은 지역사회에서도 주변적 존재로 물
러나게 되었다.

② 지역사회의 지도자에서 방관자로

근대 행정제도가 발달하고 전문적 행정관료가 등장함으로써 지역사회 행
정이 전문적인 행정기구와 직업관료에게 넘어가게 되었다. 따라서 과거 지역
행정의 중심으로서 노인의 역할도 박탈되어, 지역사회 내에서 이제 노인은
그저 뒷전에 앉아 구경이나 하는 것에 만족해야 하는 형편이 되었다.

③ 경제의 중심에서 주변인으로

산업화와 기술을 기반으로 하는 첨단산업의 발전은 생산성이나 기술력 면
에서 뒤떨어지는 노인을 생산 현장에서 가차 없이 몰아냈고, 경제력을 상실
하게 된 노인은 사회 속에서 종속인으로 전락하게 되었다. 이러한 노인의 경
제적 능력 박탈에는 퇴직제도의 영향이 가장 컸다고 할 수 있다. 과거 사회와

표 9-2   가구주 연령별 2013년 4/4분기 가계소득

가구주연령별	가계수지항목별	전체 가구	근로자 가구	근로자 외 가구
전체 평균	소득 (원)	4,163,223	4,568,281	3,465,178
39세 이하 가구	소득 (원)	4,364,726	4,514,974	3,731,769
40~49세 가구	소득 (원)	4,672,959	4,911,307	4,074,330
50~59세 가구	소득 (원)	4,593,764	4,825,001	4,248,051
60세 이상 가구	소득 (원)	2,670,842	3,125,754	2,429,349

출처: 통계청(2013b).

경제의 중심이자 대표자이던 노인의 지위는 산업화 과정에서 사회의 주변인
이자 경제적 종속인구로 하락하게 되었다. 실제로 〈표 9-2〉에서 보는 바와
같이 2013년 가계동향(통계청, 2013b)에 따르면, 60세 이상 고령가구주 가구
의 평균 소득은 267만 842원으로 가장 소득이 높은 40~49세 가구주 가구 소
득인 467만 2,959원의 57% 수준인 것으로 나타났다.

3. 노년기 가족관계

가족관계는 인간의 일생 중 출생과 동시에 가장 먼저 시작되는 기본적 인
간관계다. 가족관계는 가족 간의 인간관계에서 나타나는 권력구조, 역할구조
등과 같은 사회적 관계, 개인 간의 내적 · 정서적 구조인 개인적 · 심리적 관
계를 모두 포괄한다. 가족관계는 기본적으로 결혼으로 결합된 부부관계, 혈
연으로 연결된 부모-자녀의 세대관계, 혈연을 공유하는 형제자매 관계 등으
로 구성된다(김애순, 2002).

가족관계는 구성원 사이에 위계적이고 조화로운 관계가 되도록 끊임없이
협상해야 하는, 상호 양보가 요구되는 관계다. 이 끊임없는 거래는 가족들이
함께 살고 경험을 나누며 여러 가지 작은 사건들을 통해 논쟁하는 과정에서
이루어진다. 특히 만족스러운 노년기를 맞이하기 위해서는 가족관계의 원만

한 유지가 필수적이다.

1) 부부관계

부부란 결혼을 통하여 가족을 형성하고 오랫동안 함께 적응하면서 살아가는 사람들이다. 부부관계는 서로 다른 가정에서 자라 성인이 된 남녀가 인격적·심리적으로 적응해 나가는 인간관계로서, 일회적 관계가 아니라 오랜 시간에 걸친 지속적 관계다. 우리나라 전통사회에서 중심적 가족관계는 부자관계였으며, 부부관계는 부자관계의 유지를 위한 관계로서 부차적인 의미를 지니고 부인은 남편에게 종속된 상하관계에 놓여 있었다. 그러나 오늘날 가족형태가 핵가족으로 변하면서 부부가 가족관계의 핵심축으로 부상하게 되었고, 특히 노년기가 길어지는 생활주기의 변화로 인하여 노후 부부관계의 질이 노년기의 적응과 성공 여부 예측에 매우 중요한 요인이 된다.

(1) 성공적인 노년기 부부관계

일반적으로 나이가 들수록 퇴직이나 친구들의 사망 등으로 인하여 사회적 관계망이 좁아지기 때문에 부부관계의 중요성은 노년으로 갈수록 점점 더 커진다. 특히 부부관계는 자녀의 출가로 인한 빈둥지(empty nest) 시기 이후 급격한 변화를 겪게 되는데, 자녀가 세상을 향해 '진수(進水, launching)'해 갈 때 이를 받아들이는 부모의 방식에 따라 부부관계는 다음의 두 가지 방향으로 변화해 가게 된다.

① 빈둥지 시기 모델

빈둥지 시기 모델에 속하는 사람들은 자녀가 장성하여 집을 떠날 준비가 다 되었음에도 불구하고 자녀의 진수를 받아들이길 거부한다. 특히 이러한 경향은 남편보다는 여성인 아내에게서 주로 발견할 수 있는데, 그 이유는 대체로 자녀와의 친밀감이 어머니인 아내에게 더 높고 그만큼 자녀의 출가로 인한 상실감 또한 아내 쪽이 더 크기 때문이다.

②U 곡선 모델

U곡선 모델에 속하는 사람들은 자녀가 장성하여 비로소 자녀양육의 의무를 완료하게 되면서, 자녀양육으로 인하여 소홀했던 부부간의 관계를 회복하고 서로에 대한 친밀감을 증진시켜 나가게 된다. 따라서 자녀의 출생과 더불어 자녀양육기 동안 낮아졌던 결혼만족도가 다시 상승하고 제2의 신혼기라고 할 만큼 깊은 애정을 보이게 된다. 부부가 함께 자녀양육의 어려움을 성공적으로 헤쳐 나오면서 부부간의 친밀감이 증가하고 자녀에 대한 관심과 부담이 감소하면서 부부관계가 새롭게 재정립된다.

이 두 모델 중 어느 것이 노년기 부부관계를 설명하는 데 더 적합한가는 각 부부들의 경험과 서로의 노력 그리고 관계의 질에 따라 다르다. 노년기 행복한 부부관계의 핵심은 성적 친밀감보다 동반자 관계, 정서적 편안함, 서로에 대한 존경심 등에 있다. 늙어 갈수록 상대방의 특성이나 심지어 단점까지도 더 많이 이해하게 되며, 부부간에 태도나 가치관, 생활방식 등도 점점 더 닮아 가게 된다.

지금까지 밝혀진 노년기 부부관계에 영향을 미치는 요인을 정리해 보면 다음과 같다.

- **노년기까지의 결혼생활의 질**: 노년기 부부관계는 어느 날 하루아침에 형성되는 것이 아니라, 오랜 결혼생활을 통하여 형성되어 온 결과다. 따라서 중년까지의 결혼생활이 만족스러웠던 부부는 노년기에도 만족스러운 결혼생활을 하는 경향이 높다.
- **부부간의 평등한 역할 분담**: 노년기에는 주된 생활의 장이 사회로부터 가정으로 옮겨 오게 된다. 자녀양육기에는 주로 남편은 직장에서 그리고 아내는 가정에서 자신의 역할을 하고 남편과 아내의 역할 분담이 명확했

었지만, 자녀양육기가 끝나고 노년기에 들어서면서 남녀의 성역할 차이가 점차 사라지게 된다. 이는 노년기의 심리적 특성에서 살펴보았듯이 그동안 억눌렸던 여성성(남편) 혹은 남성성(부인)을 표출시킴으로써 양성화되어 가는 결과에 따른 변화다. 따라서 노년기에 부부가 원래의 성역할에 얽매이지 않고 얼마나 서로 융통성 있게 가사를 분담하는가에 따라서 부부의 관계는 더욱 향상될 수 있다.

- **퇴직으로 인한 역할 변화**: 퇴직 전에는 남편의 역할이 경제활동과 가계유지에 집중되었지만, 퇴직 후에는 사회에서의 공식적 · 직업적 역할이 사라지면서 가정 안에서 새롭게 자신의 역할을 찾아가야 한다. 따라서 퇴직 후 가정 속에서 자신의 역할을 찾아내 얼마나 빨리 적응하며, 또 부부 두 사람이 애정을 기반으로 하는 동반자적인 새로운 부부관계에 얼마나 잘 적응하는가에 따라 결혼생활의 만족도가 달라질 수 있다.

- **퇴직자의 자아개념에 대한 배우자의 지지 정도**: 퇴직으로 인해 낮아진 자존감과 심리적 위축을 극복하는 데 배우자의 반응은 중요한 역할을 한다. 즉, 퇴직 후 배우자의 새로운 자아개념 성립과 역할 정립에 대하여 배우자가 얼마나 긍정적인 지지를 제공하는가에 따라 결혼생활의 만족도가 향상될 수도 있다.

- **생활주기상의 전이(轉移)에 대한 문제해결 능력**: 일반적으로 성인기에서 중년기로의 전이과정에서 어려움을 겪었던 사람들은 중년기에서 노년기로의 전이과정에서도 비슷한 어려움을 겪는 경향이 있다. 따라서 생활주기상의 위기를 극복하고 문제를 해결하는 개인의 능력에 따라, 즉 신체적 · 심리적 · 사회적 노화에 적응하고 노년의 위기를 극복하는 부부의 대응능력에 따라 노년기의 결혼만족도가 달라질 수 있다.

- **사회경제적 지위**: 경제적 여유는 노화와 퇴직의 충격 속에서도 여가활동이나 일상생활에서의 불편함을 최대로 덜어 주고 자녀들과의 관계에서도 독립성과 자존심을 유지할 수 있게 한다. 따라서 사회경제적 지위가 높을수록 노년기 결혼생활의 만족도도 높아질 수 있다.

(2) 황혼이혼

일반적으로 황혼이혼이란 20년 이상 결혼생활을 한 부부들의 이혼을 말한다. 황혼이혼은 대부분 일시적인 사건이 원인이 되어 일어나기보다는 오랜 결혼생활 동안에 축적된 경험에 의해 일어나게 된다. 통계청이 발표한 '2013년 결혼 · 이혼 통계(통계청, 2014)'에 따르면, 2013년 우리나라 평균 이혼연령은 남자 46.2세, 여자 42.4세로 전년에 비해 남녀 모두 0.4세 상승하였다. 이는 10년 전과 비교하면 남자는 5.0세(41.3 → 46.2세), 여자는 4.6세(37.9 → 42.4세) 더 높아진 것으로, 특히 남성의 경우 60대 이상의 이혼이 가장 큰 폭(8.5%)으로 증가하였고, 여성의 경우도 60대 이상의 이혼이 전년 대비 14.3%나 증가하였다. 아직까지 노년기 이혼율은 다른 연령층의 부부에 비하여 비교적 낮은 편이지만 최근 들어 급격히 증가하고 있는 추세다. 황혼이혼은 대부분(약 80% 정도) 여성 쪽에서 먼저 제기되는데, 이는 그동안 가부장적 사회 분위기에 억눌려 여성 노인이 남편의 부당한 대우를 참아 왔기 때문으로 해석된다. 노년기의 이혼은 경제적 문제와 노인부양 문제 등이 복잡하게 얽혀 있는데, 특히 여성 노인들은 경제력이 부족한 경우가 대부분이어서 더욱 문제가 심각하다.

(3) 노년기 재혼

사별이나 이혼으로 노년에 홀로 되었을 때, 일반적으로 여성에 비하여 남성이 적응에 더 큰 어려움을 겪는다. 여기에는 다양한 해석이 있겠지만 몇 가지만 요약해 본다면 다음과 같다.

첫째, 노년의 양성화 경향으로 인하여 여성들은 노년이 될수록 더욱 독립적 · 활동적 · 주도적이 되어 가는 반면, 남성은 의존적 · 내향적이 되어 간다. 따라서 배우자를 상실하였을 경우 여성은 독립적인 생활을 잘 영위해 나가지만, 남성은 의존할 배우자가 없는 데에 더 큰 어려움을 겪게 된다. 대개 홀로 된 여성 노인은 다양한 봉사, 종교, 취미 활동에 참여하고 폭넓은 교제관계를 갖는 반면, 홀로 된 남성 노인은 심리적 · 사회적으로 위축되어 외부 세계에서 소외된 채 지내는 경향이 많다.

둘째, 일반적으로 남성에 비하여 여성의 수명이 훨씬(약 7년 정도) 길어서, 자연히 홀로 된 남성보다 홀로 된 여성의 수가 더 많다. 따라서 홀로 된 여성 노인은 함께 어울리며 외로움을 달랠 수 있는 동성 친구를 주위에서 쉽게 찾을 수 있지만, 남성 노인은 그런 친구를 찾기가 상대적으로 어렵다.

셋째, 아직까지 우리의 가부장적 가족 분위기에 비추어 볼 때, 여성 노인은 손자녀를 돌보고 가사를 돕는 등 가정 내에서 다양한 역할을 담당하지만, 남성 노인은 전통적인 할아버지로서의 역할 지위 때문에 쉽게 가사에 참여하거나 손자녀와 놀아 주지 못하고 가족 내에서 적절한 역할을 찾지 못한 채 지내게 되는 경우가 대부분이다. 따라서 배우자 없이 홀로 된 남성 노인의 경우 가족 내에서도 제대로 적응하지 못함으로써 더욱 어려움을 겪게 된다.

지금까지 우리 사회에서는 노인이 성적 관심을 가지는 것을 별로 바람직하지 못한 것으로 여겨 온 것이 사실이지만, 노년기 부부에게 성적 관심은 행복한 노년 생활을 위한 중요한 부분이다. 비록 성기능은 노화와 함께 감퇴되는 경향을 나타내기는 하지만, 상당히 고령에 이르기까지도 어느 정도 그 능력은 지속되는 것으로 보인다. 노년기 재혼은 반드시 성적인 욕구 해소와 관련된 것이라기보다는 오히려 동반자 관계 또는 신뢰할 만하고 지속적인 인간관계를 유지하려는 의미가 크므로 노년기 삶의 질에서 매우 중요하다.

하지만 아직도 우리 사회에서는 노인부양 문제, 재산 분할 등의 이유로 노년기 재혼에 대하여 부정적인 시각이 강해서 홀로 된 노년들을 더욱 힘들게 만들고 있다.

2) 세대관계

가족 내 세대관계는 부모-자녀 관계와 조부모-손자녀 관계, 그리고 그 사이에서 파생되는 고부(姑婦) 혹은 장서(丈壻) 관계의 세 가지로 살펴볼 수 있다.

① 부모-자녀 관계

부부관계 다음으로 노인에게 정서적 혹은 물질적 지지를 제공해 줄 수 있는 안정된 관계가 바로 자녀와의 관계일 것이다. 특히 전통적으로 우리나라에서는 노년기에 자녀와의 관계는 물질적인 것만이 아니라 정서적으로도 주된 지원관계로 여겨져 왔다. 이런 여러 가지 이유로 인하여 노년기 가족 내의 세대관계 중 가장 중요한 관계가 성인 자녀와 노부모 간의 관계라 할 수 있다. 가족의 결속력은 가족이 정상적으로 기능하는 데 도움을 주고, 위기에 더욱 원만히 대처하는 원동력이 될 수 있다.

심리학에서는 부모-자녀 관계를 일생에 걸친 애착과 분리 과정이라고 말한다(김애순, 2002). 즉, 부모와 자녀는 함께하는 기간 내내 정서적 유대 및 상호 의존과 물질적 · 정서적 독립 사이에서 끊임없이 갈등한다. 특히 청소년기 자녀와 중년 부모 간에 일어나는 갈등 해결과정에서 '발달적 내기 걸기(developmental stake)'의 차이는 부모-자녀 관계의 갈등과 애착을 잘 보여준다.

발달적 내기 걸기란 자녀와 부모의 발달상의 차이로 인하여 부모는 늘 자녀를 위하여 지원하고 희생하는 입장에 서는 반면, 자녀는 일방적으로 지원을 받는 입장에 서게 됨으로써 부모-자녀 관계에 투자한 자원의 크기가 불평등할 수밖에 없다는 것이다. 즉, 부모는 자녀를 낳아 기르면서 자신의 노력과 물질, 시간 등 모든 것을 자녀에게 투자함으로써 말 그대로 올인(all-in) 하지만, 자녀의 경우에는 부모에게 줄 수 있는 자원이 없어 일방적으로 부모로부터 받기만 할 뿐 아무것도 투자하지 않는다. 이러한 부모-자녀 관계에서 서로가 건 내기의 양적 차이로 인하여 자녀와 부모 사이에서 갈등이 발생하고 그 관계가 위협 당하게 될 때, 부모는 자녀에 비하여 물질적 · 심리적으로 훨씬 더 많은 것을 잃게 될 위험에 처하게 된다.

예컨대, 자신의 젊은 날 모든 것을 바쳐서 헌신적으로 기른 자녀가 맘에 안 드는 배우자감과의 결혼을 고집할 때, "내 눈에 흙이 들어가기 전에는 절대 허락 못한다. 결혼을 하려거든 차라리 부모자식의 연을 끊자."라고 말하지만,

실제 부모와 자식 간의 관계를 끊게 되면 부모로서는 자신이 그동안 모든 것을 바쳐온 자녀, 즉 자신의 모든 것을 잃게 되기 때문에 결국 부모가 자식에게 질 수밖에 없다. 따라서 눈에 흙이 들어가기 전까지 절대 용서하지 않는 매정한 부모는 극히 드물며, 결국은 부모 쪽에서 자녀에게 양보를 하고 결혼을 허락하는 경우를 볼 수 있다.

한편, 성인기 이후 부모-자식 관계의 질은 세대 간 교환에 따라 결정되기도 한다. 벵슨과 해루티안(Bengtson & Harootyan, 1994)은 미국은퇴자협회(AARP)의 지원을 받아 조사한 미국 사회의 가족 내 세대 간 관계 연구에서 노부모와 성인 자녀 간의 결속 정도를 구조적 결속(동거 여부 및 거주의 근접성), 접촉적 결속(연락 빈도), 애정적 결속(친밀감), 합의적 결속(의견의 유사성), 기능적 결속(도움의 주고받기), 규범적 결속(책임과 의무)의 6개 영역으로 세분화하여 조사하였다. 그 결과 많은 가족에게서 예상했던 것보다 더 강한 세대 간 결속도를 발견하였다. 결속도를 결정하는 핵심 요소는 다음과 같다.

- 성: 여성은 남성보다 가족관계에서 높은 결속력을 나타내며, 아버지보다 어머니와 도움을 더 많이 주고받는 것으로 나타났다.
- 결혼 상태: 부모가 이혼을 한 경우보다 결혼 상태를 유지하고 있는 경우에 결속력이 더욱 강했다.
- 교육수준: 교육수준이 높을수록 세대 간에 더 멀리 거주하는 경향이 있으며 결속도도 더 낮았다.
- 인종: 아프리카계 미국인들에게서 어머니와 동거하는 경우가 더 많았고 강한 결속도를 느끼고 있었으나, 동거하지 않고 가까이 살면서 부모를 도와주는 빈도는 이들에게서 오히려 더 적었다.
- 세대: 예상과 달리 젊은 자녀 세대가 노부모 세대에게 도움을 받고 있는 경우가 상대적으로 더 많았다. 약 1/3의 성인 자녀가 매일 부모에게서 사소한 집안일이나 아기 돌보기 같은 도움을 받고 있었으며, 이러한 도움은 아버지보다 어머니에게서 더 많이 받고 있었다.

- **연령**: 부모의 연령이 높을수록 자녀가 부모에 대해 갖는 의무감이 더 큰 것으로 나타났으며, 자녀의 연령이 낮을수록 부모에게 더 많은 도움을 받고 있는 것으로 나타났다. 노인세대는 단순한 물질적 도움이나 교환관계보다 다음 세대가 자신을 계승해 주고 영속시켜 줄 것이라는 기대, 즉 감정·심리적 차원의 유대를 더욱 강조하였다.

또 하나 재미있는 사실은 자녀의 나이가 증가할수록 부모의 도구적 지원(가사 도움, 아기 돌봐 주기, 생활비 지원 등)은 줄어드는 반면, 정서적 지원(상담, 말벗 등)과 친밀감은 오히려 늘어난다는 점이다. 또한 극단적인 경우, 젊은 자녀는 부모에게 전적인 도움을 받거나 정반대로 부모와 거의 왕래 없이 독립적으로 사는 경우가 더 많은 반면, 자녀의 나이가 증가할수록 이러한 양극단의 경우는 줄어드는 것으로 나타났다. 이는 자녀가 나이를 먹어 감에 따라 부모의 입장을 더 많이 공감하고 서로 이해의 폭이 넓어지기 때문으로 보인다.

현대사회처럼 사회가 급속히 변하고 개인주의가 팽배한 환경 속에서 노인에 대한 자녀의 지지나 세대 간의 결속을 유지해 나간다는 것은 매우 어려운 일일 것이다. 이에 리트워크(Litwak, 1985)는 미국 사회의 이상적 가족 유형의 대안으로서 경제적·지리적으로는 부모와 독립적이면서 긴밀한 접촉과 정서적인 유대를 유지할 수 있는 '수정확대가족(modified-extended family)'을 제안하기도 했다(Bengtson & Harootyan, 1994에서 재인용). 이러한 수정확대가족의 개념은 이른바 '국이 식지 않을 거리'에서 기혼자녀와 노부모가 따로 살면서 서로에게 필요한 자원이나 서비스를 교환하는 관계를 의미하는데, 과연 이것이 현대 핵가족사회에서 노부모-성인자녀 관계의 합리적인 대안이 될 수 있을지는 좀 더 두고 볼 일이다.

② 고부 혹은 장서관계

며느리와 시어머니 간의 고부(姑婦)관계는 예로부터 대표적인 가족 내 세대갈등 관계로 인식되어 왔다. 고부갈등은 아들(아내 입장에서는 남편)을 두고 시어머니와 아내가 벌이는 애정 갈등의 성격이 강하며, 때로는 고부 사이에 서로 다른 의견이나 가치관의 차이에서 비롯되기도 한다. 이러한 고부간의 갈등 양상도 시대에 따라 변화해 왔는데, 과거에는 고부관계에서 시어머니가 절대적 우위에 있었으나, 최근에는 연령이나 계층별로 그 차이가 현저하고 다양하게 전개되고 있다.

특히 핵가족이 보편화되면서 고부간에 동거하는 가정을 찾아보기 어렵게 되었고, 동거한다 해도 부모 쪽의 이해에 의한 경우보다 자녀 쪽의 이해(맞벌이를 하여 자녀양육과 가사에서 도움을 얻기 위한 경우처럼)에 의한 동거가 많이 늘어나고 있는 추세다. 따라서 과거처럼 가정 내에 두 세대의 주부가 공존함으로써 빚어지는 갈등보다는 서로 간의 자원 교환(손자녀 양육이나 가사 도움의 제공과 경제적 부양이나 용돈의 제공 사이)에서 형평성으로 인한 갈등이 더 크게 자리하고 있는 것 같다.

한편, 최근 들어서 고부갈등 못지않게 문제로 떠오르는 것이 바로 장모와 사위 간의 장서(丈婿)갈등이다. 여성의 사회진출이 증가하고 사회적 지위가 향상되면서 육아나 가사를 위해 혹은 정서적인 친밀감으로 인해 처가와 더 가까이 거주하는 경우가 늘어나고 있기 때문이다. 특히 육아나 가사를 장모가 맡아 해 주는 경우 장서갈등이 더 심해지는 경향이 있다.

대개 고부갈등은 어머니에 대한 아들의 사랑을 며느리가 빼앗아 간다는 것에 대한 서운함에서 오는 것이라면, 장서갈등은 장모 입장에서 사위가 딸에게 잘하지 못하는 것에 대한 불만에서 오는 경우가 많다. 고부갈등에서는 중간에 끼어 있는 남편이 중심을 잡고 지혜를 발휘해야 하듯이, 장서갈등에서도 아내가 친정 어머니와의 대화로 장서관계 정상화를 위해 노력해야 한다.

③ 조부모-손자녀 관계

조부모와 손자녀 간에 이루어지는 세대관계 또한 가족관계의 한 축을 형성하고 있다. 조부모-손자녀 관계는 주로 조부모 유형과 역할의 시각에서 접근되어 왔다. 노이가르텐과 바인슈타인(Neugarten & Weinstein, 1964)은 70쌍의 중산층 조부모 면접 결과, 그 유형을 다음 다섯 가지로 분류하였다.

- 형식적 조부모(formal grandparent): 이 유형의 조부모들은 조부모로서의 권위를 매우 중요시한다. 따라서 이들은 손자녀에 대한 사랑을 손자녀들과 함께 놀아 주거나 어울리는 것으로 표현하기보다는 주로 돌봐 주거나 용돈이나 선물을 주는 것으로 표현한다. 연구에서는 가장 많은 수인 45명의 미국 중산층 조부모들이 이 유형에 속하는 것으로 나타났다.
- 놀이 상대(fun seeker): 이 유형의 조부모들은 형식적 조부모와는 달리 손자녀들과 비공식적이고 유희적이며 친밀한 관계를 맺고 즐긴다. 따라서 이들은 손자녀에게 일방적으로 서비스나 재화를 제공하기보다는 상호 만족을 가져올 수 있는 관계를 강조한다. 연구에서는 37명의 조부모가 이 유형에 해당하는 것으로 나타났다.
- 대리부모(parent surrogate): 주로 맞벌이 부모를 둔 경우에 많이 나타나는 유형으로, 부모가 일하러 나가 있는 동안 부모를 대신하여 손자녀를 돌보고 책임을 지는 유형으로, 연구에서는 모두 10명의 조부모가 여기에 해당하였다.
- 지혜의 원천(reservoir of family wisdom): 이 유형에 속하는 조부모들은 가족 내에서 상당한 권위를 유지하면서 지혜나 특별한 지식과 기술을 보유하고 있어 손자녀뿐 아니라 가족들에게 존경을 받는 유형이다. 연구에서는 5명이 이에 해당하였다.
- 원거리형(distant figure): 이 유형에 속하는 조부모들은 사실상 손자녀들과의 상호작용이나 접촉이 극히 제한되어 있다. 명절이나 특별한 때만 손자녀와 접촉하기 때문에 친밀감도 매우 떨어지는 유형으로 연구에서는 3명이 이에 해당하였다.

이러한 조부모의 유형 분류는 이후 조부모-손자녀 관계 연구에 커다란 영향을 미쳤다.

한편, 미국에서는 1990년부터 10년 동안 조부모와 함께 사는 아동의 수가 약 44%나 증가하여, 1997년 현재 18세 이하 아동 중 5.5%인 약 4만 명 정도의 아동이 조부모와 함께 살고 있는 것으로 나타났다. 1990년대에 생물학적 부모가 없는 이른바 '격세대 가족(skipped generation family)'의 급격한 증가는 미국 사회의 새로운 문제로 급부상하였다. 이러한 현상은 우리 사회에서도 비슷하게 나타나고 있다. 우리나라도 경제문제 등으로 인한 가족해체의 영향으로 이와 같은 격세대 가족의 비율이 급격히 증가하였다.

이미 미국에서는 부모의 약물 및 알코올 중독, 범죄로 인한 수감, 이혼이나 가출 등으로 인하여 격세대 가족 혹은 대리부모 역할을 수행하는 조부모(custodial grandparent) 가정이 급격히 증가함으로써 여러 가지 문제가 계속 제기되고 있다. 대리부모로서의 조부모가 겪게 되는 문제는 매우 다양하다. 가장 대표적으로 지적되는 것은 손자녀를 돌보는 조부모의 잠재된 건강 문제와 마땅히 도움을 청할 만한 곳이 없다는 점이다. 높은 우울증, 낮은 주관적 건강도, 높은 다중적 만성질환 빈도 등이 여러 연구에서 나타나고 있다. 두 번째는 손자녀 돌보기로 인하여 가족이나 친구와의 사회적 관계가 감소하고 사회적 고립과 소외에 빠질 위험에 처하게 된다는 점이다. 쇼어와 해이슬리프(Shore & Hayslip, Jr., 1990)의 텍사스 지역 연구에서는 그러한 조부모의 약 40%가 친구에게서 소외를 느끼고 있다고 응답하였으며, 젠드릭(Jendrek, 1993)의 연구에서는 결혼만족도가 4배 이상 감소하는 것으로 나타났다(Hayslip, Jr. & Goldberg-Glen, 2000에서 재인용). 세 번째 문제는 경제적인 것이다. 미국 격세대 가족의 25% 이상이 빈곤 수준 이하의 생활을 하고 있는 것으로 알려져 있다. 이는 높은 양육비와도 관련이 있다. 격세대 가족은 커다란 위기 속에서도 가정을 해체시키지 않고 그대로 유지할 수 있으며, 어린 아동에게 시설이 아닌 가족의 사랑 속에서 성장할 기회를 제공한다는 장점을 가진다. 그렇지만 조부모가 겪게 되는 건강의 악화, 사회적 고립과 소외, 빈곤 등을 어떻게 해결해 나갈 것인가 하는 것이 문제로 남아 있다.

이에 대한 대안으로 미국에서는 브룩데일 재단(Brookdale Foundation), 미국은퇴자협회(AARP)의 조부모 정보센터(Grandparent Information Center) 등 여러 단체와 정부, 지역에서 적극적으로 개입하여 500개 이상의 지지집단(support group)이 50개 주에서 활동하고 있다. 또한 다양한 조부모 교육 프로그램이나 서비스가 제공되고 있다. 우리나라도 맞벌이 가정의 증가와 가족해체의 가속화로 인하여 격세대 가족이 급격히 증가하는 것에 주목하여 적절한 대비를 할 필요가 있다.

4. 노년기 사회적 특성의 노년교육적 의미

이상에서 살펴본 노인의 사회적 특성에서 우리는 다음과 같은 노년교육학적 의미를 발견할 수 있다.

1) 사회 적응과 현대화를 위한 교육의 필요성

현대사회의 변화로 노인들이 과거에 습득, 축적해 온 지식과 기술이 화석화되어 감에 따라 새로운 사회 변화에 적응하기 위한 노인의 재적응 교육과 현대화 교육이 요구된다. 모선희와 키이스(MoHong & Keith, 1992)는 개인의 현대화 정도와 인구학적 특성 그리고 가족 환경이, 가족 속에서 노인의 의사결정권으로 평가될 수 있는 노인의 지위를 어떻게 결정하는가를 통하여 현대화에 따른 한국 노인의 지위 변화를 연구하였다. 그들은 노인회관이나 노인정에 참여하는 60세 이상의 남녀 노인 252명을 대상으로 면접을 하였다. 그 결과, 배우자가 생존해 있을수록, 연령이 낮을수록, 농촌에 거주할수록, 현대적인 태도를 가진 노인일수록, 그리고 자녀의 교육수준이 높을수록 가족 내에서 노인의 의사결정권이 더 높음을 발견하였다. 이러한 결과는 노인 개인의 현대성 정도가 젊은 세대와 협상할 수 있는 일종의 자원으로 작용함으로써, 그가 의사결정에 더 많이 참여할 수 있도록 도와주기 때문으로 해석된다.

또한 노인 대상 휴대폰활용교육의 효과를 검증한 한정란 외(2011)의 결과에 따르면, 조사대상 노인들이 휴대폰활용교육의 가장 큰 효과로 38.7%가 '자신감을 얻게 되었다', 27.3%가 '(손)자녀와의 의사소통이 늘어났다', 24.0%가 '생활이 편리해졌다'고 응답하였다. 이런 결과는 노년교육을 통한 노인 지위 향상의 가능성으로 확대 해석될 수 있다.

따라서 노인을 위한 교육은 그들의 삶에 대한 힘의 획득과 관련되어야 한다. 교육은 존속 또는 기술 변화에의 적응을 위한 수단일 수 있으며, 자기충족감이나 목적의식, 자아정체성을 강화하는 것과 관련된다. 그것은 개인과 집단의 '능력 부여(empowerment)'를 위한 것이어야 한다(Glendenning & Battersby, 1990). 따라서 노인에 대한 재적응 교육과 현대화 교육을 통하여 현대사회에서 노인의 지위를 향상시킬 수 있을 것으로 기대한다.

2) 취업을 위한 교육과 취업기회의 확대

활동적인 노년과 적극적인 사회참여를 통한 성공적 노화를 위하여 무엇보다도 중요한 것이 노년기에도 가능한 일과 역할의 제공이다. 노년의 일은 사회적 만족감과 의미 있는 역할 제공뿐 아니라 노년의 경제적 안정을 위해서도 중요하다.

과거에 비하여 평균수명이 연장되고 노인들의 전반적인 건강 상태가 많이 향상되었음에도 불구하고, 여전히 일정 연령에 이르면 강제 정년제도에 의하여 노인들은 산업 현장에서 밀려나야 한다. 그러나 정년퇴직 시기가 자녀 출가 등으로 가정에서 목돈이 가장 필요한 시기이며, 우리나라 일반 기업의 남성 평균 정년인 57세를 기준으로 볼 때 정년퇴직 이후 약 20년 이상을 고정수입이 없는 상태에서 생활해야 하는 어려움에 처하게 된다.

따라서 건강하고 일을 계속할 능력을 가진 노인에게 재취업 및 재배치의 기회를 제공하기 위한 노력이 요구된다. 이와 더불어 재취업을 위한 교육과 현재 시행되고 있는 고령자 고용우선 직종제도의 확대와 고령자 고용촉진법의 확충도 요구된다.

3) 자기계발과 여가교육

건강과 영양 상태의 개선, 의료와 과학 기술의 발달에 따른 노년기의 확대 연장에 대비하여 더욱 창조적인 노년기를 영위할 수 있도록 돕는 노년기 대비 교육과 여가활용 교육이 요구된다. Maslow의 욕구위계 이론에 따르면 노인의 건강 상태와 경제 형편의 향상은 기본적 욕구가 충족된 상태를 의미하므로 그 이상의 욕구, 즉 자기계발과 학습의 욕구에 더욱 몰두하게 될 것이다. 따라서 향후 노년교육의 방향은 기본적인 문자 해독, 생계유지나 취업을 위한 수단이 아니라 자기계발과 삶의 새로운 의미 발견을 위한 교육이 되어야 할 것이다.

4) 세대 간 이해 증진을 위한 교육

노인 인구의 상대적 증가와 사회 변화 주기의 단축으로 세대 간의 공감대가 축소되고 가치관이나 생활양식의 격차가 점점 더 벌어짐에 따라 세대 간 차이와 갈등은 더욱 커지고 있다. 더욱이 핵가족화의 진전은 세대가 서로를 이해할 수 있는 일상생활 속 기회마저 더 이상 허용하지 않고 있다. 따라서 세대 간에 이해를 확대하고 다양한 접촉 기회를 제공함으로써 세대 차이를 극복 혹은 완화할 수 있는 교육적 노력이 요구된다.

제4부

노년교육의 분야별 이해

제10장 노인을 위한 교육

제11장 노인에 관한 교육

제12장 노인에 의한 교육

제13장 퇴직준비 교육

제14장 세대공동체 교육

제10장

노인을 위한 교육

1. 노인을 위한 교육의 필요성

이제까지 우리나라에서 '노인교육'이라는 이름으로 불려 왔던 대부분은 노인 학습자를 대상으로 이루어지는 노년기 교육이었으며, 경로당과 노인대학이 혼동될 만큼 노년교육의 의미가 오해되거나 제한적으로 사용되어 왔었다. 또한 노년교육의 특성은 거의 무시된 채 단순히 학교교육의 관행을 그대로 모방하거나, 반대로 교육의 실제 대상인 노인들의 요구나 필요, 교육과정의 개발과 운영의 전문성도 무시된 채 복지적인 수단으로만 인식되어 왔던 것이 사실이다. 한편 시설에서도 학습의 효과, 내용의 타당성과 적절성 등과는 무관하게 노년교육 프로그램을 실시하고 있다는 사실만으로 노년교육의 책무성을 대신하는 것으로 인식되어 왔다.

이와 같이 노년교육이 좁은 의미의 노년기교육, 즉 노인을 위한 교육과 동일시되어 온 데는 다음과 같은 이유가 있다. 우선 노인을 위한 교육이 노년교육 영역 중에서 가장 두드러진 부분이라는 데서 그 원인을 찾을 수 있다. 유아교육, 아동교육, 청소년교육, 성인교육, 여성교육 등에서 대부분의 영역 분류기준을 학습대상 집단에 두다 보니 당연히 노년교육도 그 학습대상 집단에만 초점이 맞춰져 왔던 것이 아닌가 생각된다.

다음으로 노년교육 중에서 노인을 위한 교육이 다른 교육의 영역들과 마찰 없이 가장 손쉽게 접근할 수 있는 영역이라는 점도 한 몫을 한 것으로 보인다. 군이 별도의 형식교육이나 비형식교육 영역과 연계하거나 구분하는 노력 없이도 노인을 위한 교육은 얼마든지 독립적으로 이루어질 수 있기 때문에 좀 더 쉽게 접근할 수 있었다.

그러나 노인을 위한 교육은 넓은 의미의 노년교육 안에 포함되는 하나의 하위 영역이다. 노년교육의 중요한 한 영역으로서 노인을 위한 교육이 갖는 중요성은 다음에서 찾을 수 있다.

1) 노인의 학습 및 자기계발 욕구 증가

노인을 위한 교육의 중요성은 시대 변화에 따른 노인들의 학습 및 자기계발 욕구 증가에서 찾을 수 있다. 전생애 발달이라는 새로운 관점이 등장하면서 노년기는 쇠퇴와 조락의 시기만이 아닌 계속적인 발달과 성장의 시기로 새롭게 조명되기 시작하였다. 또한 고령화로 인하여 인생의 시간이 연장되고 특히 인생에서 노년기가 차지하는 비중이 증가함에 따라 노년기의 중요성이 커지고 노년기 삶의 질에 대한 관심도 증가하였다. 따라서 노년에까지 남아 있는 잠재력을 계발하여 좀 더 창조적으로 노년기를 영위해 나가야 할 필요성이 제기되고 있다. 노인을 위한 교육은 노인들이 노년의 시간을 보다 효율적이고 성공적이며 만족스럽게 보낼 수 있도록 안내하고 도와주기 위한 교육이다. 특히 모든 사람이 다양한 학습활동에 적극적으로 참여할 것을 요구받고 또 스스로도 더 많은 학습기회를 요구하게 되는 학습사회에서, 노인들의 학습욕구 역시 점점 더 높아질 것이며, 그만큼 노인을 위한 교육의 필요성도 커질 것이다.

2) 노년기의 연장

평균수명이 연장됨에 따라 한 개인의 일생에서 노인으로 살아가야 할 절대적 · 상대적 시간이 늘어나게 되었다. 과거에는 짧은 수명 탓에 모두가 노년기까지의 삶을 기대하기는 어려웠지만, 의학기술의 발전과 영양 상태의 개선 등으로 100세 시대를 맞이한 지금 우리는 누구나 30년 이상의 시간을 노인으로 살아가야 한다. 공식적인 사회적 역할이나 직업으로부터 물러난 이후의 시간인 노년기의 연장은 결국 노인 스스로 채우고 관리해 나가야 하는 시간이 그만큼 증가했음을 의미한다. 따라서 늘어난 노년기를 어떻게 의미 있는 활동들로 채우고 노년의 새로운 역할을 만들어 갈 것인가가 매우 중요할 수밖에 없으며, 이러한 노년기의 사회적 역할과 활동 참여를 도와주는 교육의 중요성 또한 커질 수밖에 없다.

3) 고령인적자원의 중요성 증가

인구 고령화는 100세 시대의 희망을 가져다주었지만, 생산인구의 감소로 인한 생산성의 저하와 생산력의 고령화 등의 부작용도 간과할 수 없다. 특히 베이비붐 세대의 대량 퇴직과 초저출산의 지속 등으로 생산인구는 급격히 감소할 것으로 예측된다. 반면, 우리 노동시장은 계속해서 경직된 채로 빠른 정년 규정은 개선되지 않고 높은 대학진학률과 학벌주의가 지속된다면, 고령화의 부작용은 기우(杞憂)로만 끝나지 않을 수도 있다. 따라서 고령화에 대응하여 고령화를 희망으로 바꾸기 위해서는 경험과 숙련성, 활동의지, 그리고 건강을 갖춘 고령인적자원의 효과적 활용이 무엇보다 중요하다. 고령 근로자들이 오랫동안 몸담아 온 동일한 분야에 그대로 머무르며 일을 하도록 하는 것이 가장 바람직하겠지만, 모든 고령인력이 자신의 자리를 노년에까지 그대로 유지하도록 하는 것은 현실적으로 어렵다. 이에 사회 변화에 따른 새로운 직업 기술이나 관련 지식을 익힐 수 있도록 돕는 노인을 위한 직업교육이 요구되며, 또 자기 분야에 그대로 머무는 고령인력의 경우에도 노화로 인한 변화에 효과적으로 적응함으로써 직업효율성과 직업만족도를 향상시키는 적절한 교육이 필요하다.

4) 노후 자립의 필요성 증가

개인주의의 확산과 전통적인 경로사상의 약화로 인하여 젊은 세대의 노부모에 대한 부양의식이 점차 희박해져 가고 있다. 또 노인들 자신의 의식도 변하여 노후를 자녀에게 의존하기보다는 독립적으로 영위하기를 희망하는 노인들이 점차 증가하고 있다. 노년기의 자립은 단순히 경제적 자립뿐 아니라 심리적 · 사회적 측면에서의 자립을 포함한다. 노년기에 자녀에게서 자립하여 스스로 필요한 경제적 자원을 조달하고, 폭넓은 사회관계망을 구축하고 적극적으로 사회활동에 참여하며, 심리적으로도 독자적인 자신의 노년을 즐기며 삶의 만족을 찾을 수 있어야 한다. 이를 위해서는 노년에 새로운 일을 찾고 독립적인 노년을 설계하고 영위할 수 있는 지식과 기술, 그리고 직업과 재취업을 위한 교육이 요구된다. 또한 적극적인 사회참여나 자원봉사 활동을 위한 교육과 꾸준한 학습을 통한 인지적 건강 유지와 심리적 안정을 위한 교육이 필요하다.

2. 노인을 위한 교육의 목적

이제 노인을 위한 교육은 단순한 복지 차원을 넘어서서 전생애에 걸친 평생교육의 일환으로 새롭게 자리매김 되어야 한다. 평생학습사회에서 노인을 위한 교육은 단순히 사회적 소외집단이자 불리집단인 노인에 대한 보호와 대우의 차원을 넘어, 노인들 스스로가 자신의 불리함을 극복하고 평생에 걸쳐 계속적인 발달을 추구해 나갈 수 있도록 돕는 교육으로 발전되어야 한다.

김종서(1982)는 노인을 위한 교육으로서 노년교육의 목표를 개인생활의 측면, 인간관계의 측면, 경제생활의 측면, 국가생활의 측면의 네 개 영역으로 나누어 다음과 같이 제시한 바 있다.

- 개인생활의 목표
  - 생에 대한 적극성을 가지고 자주적으로 계획을 세워서 생활하려는 태도를 갖게 한다.
  - 평생교육의 이념 아래 계속적으로 새로운 지식을 흡수하고 교양을 쌓게 한다.
  - 취미활동에 참가하여 여가를 즐겁게 보내기 위한 기능을 습득시킨다.
  - 건강과 질병에 대한 기본적인 지식을 갖게 한다.
  - 건강을 유지하기 위하여 건강습관을 지니게 한다.
  - 안전에 관한 기본적 지식과 태도를 함양하게 한다.
  - 종교에 대한 신앙심을 두텁게 하여 편안한 마음으로 여생을 보내려는 태도를 갖게 한다.

- 인간관계의 목표
  - 젊은 사람과의 세대차를 이해하게 한다.
  - 동년배 집단과 밀접한 심리적 유대를 가지면서 어울리려는 태도를 갖게 한다.
  - 이웃 간에 선배 시민으로서 존경을 받을 수 있는 태도를 지니게 한다.
  - 가정의 가풍을 이어 가며 발전시키려는 태도를 갖게 한다.

• 경제생활의 목표
  - 노인에게 알맞은 경제활동의 종류에 관한 정보를 얻고 이에 필요한 지식과 기술을 익히게 한다.
  - 경제적 지출을 감당할 수 있는 경비를 스스로 마련하도록 하는 태도를 길러 준다.
  - 근로의 가치가 신성하다는 것을 젊은 세대에게 보여 주는 태도를 갖게 한다.

• 국가생활의 목표
  - 국내외의 정치, 경제, 사회의 변화 추세를 이해시킨다.
  - 전통적인 미풍양식을 다음 세대에게 가르치려는 태도를 지니게 한다.
  - 환경보호의 필요성을 인식하고 이에 적극적으로 참여하려는 태도를 갖게 한다.
  - 사회봉사활동의 필요성을 인식하고 이에 적극적으로 참여하는 태도를 갖게 한다.
  - 청소년 선도의 필요성을 인식하고 그 방법을 익히게 한다.
  - 노인복지에 관한 국가 · 사회적 관심을 불러일으키기 위해서 노인이 노인복지의 개념과 국제적 동향을 알게 한다.

그러나 이러한 견해는 평생교육에서 국가적 · 사회적 의미를 지나치게 강조하였으며, 추상적인 태도 함양에 비중을 두고 있어 현재 고령화 사회의 변화 추세와 노인 학습자의 잠재적 역량 계발을 소홀히 한 면이 있다. 또한 노인을 위한 교육은 학교교육과 같은 강제적이고 의무적 측면이 없는 순수하게 자율적이고 자발적인 교육이라 할 수 있으므로, 교수자의 시각보다는 학습자의 시각에서 습득하고 성취할 목표가 제시되어야 한다. 따라서 여기서는 노인을 위한 교육의 목적을 노인 개인적인 측면, 즉 더욱 창조적인 노년기를 영위하고 성공적 노화를 성취할 수 있도록 돕는 데 강조점을 두고 신체적 노화, 심리적 노화, 사회적 노화의 세 측면으로 나누어 제시해 보고자 한다(한정란, 2005).

1) 신체적 노화의 측면

노인을 위한 교육은 일차적으로 연령의 증가와 더불어 진행되는 신체적인 노화 과정을 정확히 인식하고 그 변화로 인한 불편을 극복하고 노화에 효과적으로 적응하는 데 목적을 두어야 한다. 또한 노인이 자신의 정확한 위치를 확인하고 노인과 노화의 특성을 이해함으로써 잠재력을 계발하고 노년기에 요구되는 발달과업들을 성취할 수 있게 하며, 나아가 자신의 문제를 스스로 해결해 나갈 수 있게 하는 데 목적이 있다. 좀 더 구체적으로 신체적 노화 측면에서 노인을 위한 교육의 목표는 다음과 같이 요약할 수 있다.

- 전생애 발달의 관점에서 볼 때 노화 과정은 쇠퇴나 상실의 과정이 아니라 쇠퇴 및 상실과 동시에 성장 및 획득의 양면성을 지닌 인간발달의 과정임을 이해한다.
- 신체적 노화 과정과 노인의 신체적 특성에 관한 지식을 습득함으로써 노화의 진행에 적절히 대응하고 효과적으로 적응한다.
- 자연적인 연령 증가에 따른 정상적 노화와 병리적 원인에 의한 병리적 노화를 엄격히 구분함으로써 노화를 자연스러운 인간발달의 과정으로 인식하고 노화에 대한 긍정적 인식을 형성한다.
- 자신에게 나타난 구체적인 노화의 증상을 확인하고, 그 증상을 극복하거나 적응해 나가기 위한 효과적 전략을 익히고 실천한다.
- 노년기 건강의 중요성 및 노년기 질병의 특징에 관한 이해를 통하여 노년기 질병에 대한 적절한 예방법을 이해하고 실천한다.
- 노년기 건강을 유지하기 위한 운동법과 식이요법, 생활습관 등에 관한 지식 습득을 통하여 건강한 노년기 생활을 영위해 나간다.

2) 심리적 노화의 측면

두 번째로 노인을 위한 교육은 노화에 따른 기억력과 학습능력 감퇴를 극복하고 남아 있는 잠재력을 계발함으로써 정신적·심리직·징서적 건강을 유지하고 노년기 생활에 대한 만족감을 향상시키는 데 목적을 두어야 한다. 또한 노년기에도 심각한 학습능력 감퇴나 지능 저하는 일어나지 않으므로, 꾸준한 학습과 훈련을 통하여 인지 수준을 유지하고 정신병리적 문제를 예방하고 극복할 수 있도록 도와야 한다. 심리적 노화 측면에서 노인을 위한 교육의 구체적 목표는 다음과 같이 정리될 수 있다.

- 지능, 학습능력, 기억력 등의 노년기 인지적 특성과 욕구, 동기, 성격 등의 노년기 비인지적 특성에 관한 지식을 습득한다.
- 기억력 증진, 정보처리의 효율성 제고, 효과적인 학습 등 노년의 인지적 효율성을 극대화하기 위한 다양한 전략을 익히고 실천한다.
- 노년의 잠재력과 학습능력에 대한 확신을 가지고 새로운 학습에의 도전을 통하여 잠재력을 계발하고, 꾸준한 학습을 통하여 개방적인 사고와 유연한 태도를 함양한다.
- 노년기 성격 변화와 욕구 및 동기를 이해함으로써 노년기 정신건강을 유지하기 위해 노력한다.
- 지나온 인생의 시간들을 되돌아보고 성찰을 통하여 자아와 삶의 의미를 통합하고 재정리한다.
- 삶과 죽음의 의미를 음미하고 가족이나 친구 그리고 자신의 죽음에 대하여 수용하고 적극적으로 준비한다.

3) 사회적 노화의 측면

노인을 위한 교육은 급변하는 사회 속에서 노인들이 사회의 변화에 적응하고 나아가 사회에 능동적으로 참여할 수 있도록 돕는 데 목적이 있다. 또한 단순히 지식이나 기술의 습득뿐 아니라 교육 참여를 통하여 노년의 새로운 인간관계를 만들고 그 관계 속에서 상호 지지와 정서적 유대를 경험할 수 있는 기회를 제공할 수 있어야 한다. 사회적 노화 측면에서 노인을 위한 교육의 구체적인 목표를 살펴보면 다음과 같다.

- 사회 변화를 이해하고 변화하는 사회에 적응하기 위한 지식과 기술을 습득한다.
- 퇴직 등으로 인한 노년기의 사회적 역할 축소 및 변화에 대응하여 노년의 새로운 역할을 모색하고 그 역할 수행에 필요한 지식과 기술을 습득한다.
- 노년기 사회참여의 중요성을 이해하고 사회참여에 필요한 지식과 기술 등을 습득하여 다양한 사회활동에 참여한다.
- 가족원의 변동이나 가족관계의 변화 등으로 인한 새로운 가족 내 관계에 효과적으로 적응하고, 가족 속에서 바람직한 노년의 역할을 효과적으로 수행하기 위해 필요한 지식과 기술을 습득한다.
- 학습의 장을 통하여 또래 혹은 세대 간의 새로운 인간관계를 형성하고, 상호 조력과 정보교환을 위한 대인관계망을 확대시켜 나간다.
- 젊은 세대를 이해하고 세대 차이와 세대갈등의 원인을 이해하며, 세대 간 화합을 위하여 노년이 담당해야 할 역할을 찾아 실천한다.
- 경제적 · 사회적 자립을 위하여 자신에게 적합한 재취업이나 자원봉사, 사회참여 영역을 모색하고 그에 필요한 지식과 기술을 습득한다.

그러나 이상의 목표들은 일반적인 노년기의 발달 특성에 맞추어 설정한 것일 뿐 노년기 안에서도 지적 · 경제적 · 사회적으로 개인차가 현격하므로 모든 노인에게 동일하게 적용하기는 어렵다. 또한 교육이란 그 활동 자체의 철학과 목적을 가지게 마련이므로 제공하고자 하는 교육활동의 성격, 교육제공 기관의 철학이나 특성, 교수자와 학습자의 특성에 따라 융통성 있게 설정할 수 있다.

3. 노인을 위한 교육의 내용

노인을 위한 교육은 그 자체로서 독특성과 전문성을 지닌 독립 분야로 다루어져야 하며, 노인을 위한 교육의 출발은 무엇보다도 학습자와 관련자들의 요구로부터 비롯되어야 한다. 노인을 위한 교육은 단순히 시혜적인 노인복지의 수단이거나 늙고 할 일 없는 노인들의 시간을 때워 주기 위한 위로의 수단으로 여겨져서는 안 된다. 현상의 유지나 현재를 즐기기 위한 도구로 인식되기보다는 발전이나 미래를 위한 것으로 인식되어야 한다. 학교교육이 학생들의 권리이듯 노인을 위한 교육은 노인들의 당연한 권리이며, 노년기의 과제에 적응하고 그것을 완수할 수 있도록 돕기 위한 수단임은 물론, 노인의 성공적인 발달(성공적 노화)과 좀 더 나은 미래를 준비하기 위한 것이다.

노인을 위한 교육 프로그램은 다양하게 구성될 수 있다. C. Florio는 노인을 위한 교육 프로그램을 다음의 세 가지 형태로 제시하였다(Peterson, 1983에서 재인용).

- 노인 학습자에게 특별한 혜택을 주는 프로그램: 원래는 일반적인 성인학습 프로그램이나 형식적인 교육과정으로 개발되었지만, 노인 학습자가 참여할 경우 비용의 할인이나 교통편의, 튜터링 등과 같은 경제적 혹은 수단적 혜택이나 지원을 제공하는 프로그램이다. 대학의 명예학생제도나 평생교육원의 노인 학습자에 대한 교육비 할인 등이 여기에 속한다.

- 기존 프로그램에 노인이 참여하는 경우: 기존 일반 성인을 대상으로 개설된 프로그램 중 노인 학습자의 관심에 맞는 강좌에 노인 학습자들이 참여하는 경우다. 이 경우는 위의 경우와는 달리 기존의 성인교육이나 학교교육 프로그램에서 노인 학습자들을 특별한 혜택이나 지원 없이 다른 학습자들과 똑같은 조건으로 수용한다. 예컨대, 평생교육원이나 문화센터 등에 개설된 참가연령의 제한이 없는 성인학습 프로그램에 노인이 참여하

게 되는 대부분의 경우가 여기에 해당된다.

- 노인 학습자를 대상으로 설계된 프로그램: 세 번째 경우는 위의 두 가지 프로그램들과는 달리 처음부터 노인 학습자를 위하여 설계되는 프로그램이다. 이 경우 다른 연령의 학습자들이 함께 참여할 수도 있지만, 학습의 주된 표적집단이 노인에게 맞추어져 있기 때문에 학습의 요구부터 내용, 방법까지 프로그램의 전 과정이 노인 학습자 위주로 진행된다. 현재 진행 중인 노인 학습자들만을 대상으로 하는 교육 프로그램들, 즉 노인학교나 노인대학, 노인복지관 등의 프로그램들은 대부분 여기에 속한다.

이러한 세 유형의 교육 프로그램 형태 중 어떤 것을 선택하든지 교육 내용의 선정에서 가장 중요한 것은 실제 학습대상들의 학습요구, 곧 노인의 학습요구다. 따라서 노인이 어떤 학습요구를 가지고 있는가를 밝히는 일, 즉 노인의 학습요구에 대한 구명(究明)은 노년교육 프로그램 개발에서 가장 기초적이고도 중요한 과제다. 왜냐하면 노인의 교육적 요구를 정확히 파악하여 이를 교육의 목적 또는 내용과 방법에 적절히 반영하였을 때, 비로소 노년교육에서 높은 효율성을 기대할 수 있기 때문이다. 특히 자발적인 참여를 전제로 하는 노인을 위한 교육에서 학습자의 요구에 부응하는 내용은 교육 내용 선정에서 가장 중요한 기준일 수밖에 없다. 노인을 위한 교육 내용 구성에서 요구조사의 과정이 선행되어야 하지만, 모든 경우에 반드시 직접적인 요구조사가 필요한 것은 아니다.

노인 학습자들의 학습요구를 확인하기 위한 방법은 세 가지가 있다.

- 학습자에 대한 직접적 요구조사: 설문지나 면접을 통하여 대상집단에게 학습에 대한 요구를 직접적으로 조사하는 방법이다. 그러나 조사대상이 노인일 경우, 특히 교육수준이 낮거나 문자 해독 또는 자기표현이 어려운 경우에는 학습자들에 대한 직접적인 요구조사에 한계가 있을 수 있다. 따라서 다음의 두 가지 간접적인 방법을 통하여 학습자의 요구조사를 대

신할 수도 있다.

- 전문가나 관련자에 대한 간접적 요구조사: 노인 및 노년교육 전문가나 교육 관계자, 자문위원, 노인의 가족 등의 면접이나 설문을 활용한, 노년교육 에 대한 전문적인 견해를 통해 간접적으로 노년교육의 요구를 구명하는 방법이다.
- 선행연구나 문헌을 통한 요구분석: 직접적인 조사방법 외에도 노인학습 요 구에 대한 선행연구나 문헌을 분석하여 더욱 체계적으로 정리된 요구를 찾아내는 방법이 있다. 특히 특수한 목적이 있는 경우가 아니라면 기존 의 연구를 통하여 이미 밝혀진 노년교육에 대한 요구를 활용하는 것이 더 합리적이고 경제적인 요구조사 방법이 될 수 있다.

이상적으로는 학습 대상자에게서 직접적으로 정확한 교육요구를 조사함으 로써 더욱 적합한 교육과정이나 프로그램의 개발이 가능하다고 생각하는 것 이 당연할지도 모른다. 그러나 이는 모든 경우에 해당하는 것은 아니다. 경우 에 따라 학습자 스스로가 자신의 교육적 요구를 명확히 알고 있지 못하거나 알고 있다고 해도 분명하게 그것을 표현해 내지 못할 가능성이 있기 때문이 다. 성인교육에서 널리 받아들여지고 있는 전환학습 이론에서 이야기하듯이, 학습자가 자신이 처한 상황과 불평등에 대하여 의식하지 못한다면 자신이 필 요로 하는 교육적 요구를 분명히 표출할 수 없다는 것이다. 특히 아직 많은 경험을 해 보지 않았으며 자신의 생각을 체계적으로 표현하기에 여러 가지로 어려움을 갖고 있는 유아의 경우, 또 오랜 기간 교육적 경험과 영향력에서 벗 어난 채 살아왔으며, 특히 과거 경제적 어려움으로 인하여 교육적·문화적 혜택을 많이 받지 못했던 노인 학습자의 경우에는 자신들이 교육적으로 무엇 을 필요로 하는지를 정확히 표현하지 못할 가능성이 높다.

무디(Moody, 1987)가 지적했듯이 "지각된 교육적 요구에 관한 조사는 항상 반응자의 사전 교육 경험에 의존한다. 사람들은 실제 구체적인 대안 프로그 램이 제공되기 전까지는 교육에 대한 요구나 수요가 무엇인지 정확히 알지 못한다." 따라서 정확한 교육요구는 자신의 경험세계와 현재라는 굴레에 매어 있는 노인의 현재 관심에서가 아니라, 더 근본적이지만 표현되지 못한 요구를 활성화시키는 새로운 경험에서 나올 수 있다는 것이다(Sherron & Lumsden, 1990에서 재인용).

따라서 이런 경우 혹은 그 외에도 학습자를 직접적으로 만나거나 그들을 모아 조사하기 어려운 상황 등과 같이 다른 상황적 이유들로 인하여 직접적인 요구조사가 어려운 경우에, 그들과 관련되거나 더욱 전문성을 갖춘 다양한 사람들을 통하여 그들이 지닌 교육적 요구를 간접적으로 알아볼 수 있다. 유아의 경우에는 부모나 보육교사가 가장 이상적인 요구조사 대상으로 생각될 수 있으며, 노인의 경우에는 자녀나 배우자, 노년교육 지도자 등이 이상적인 조사대상으로 생각될 수 있다.

또한 그 대상을 연구하고 그들과 주로 관계하는 전문가를 통하여 더욱 전문적인 요구를 조사하는 경우도 있는데, 이때 주로 많이 활용되는 방법이 델피(Delphi) 조사법이다. 이는 고대 델피 신전에서의 민주적인 의사결정 방법에서 유래된 것으로, 각지에 흩어져 있고 여러 가지 일들로 바빠서 서로 시간을 맞추기 어려운 전문가들의 의견을 효율적으로 수렴하는 방법이다. 이 방법은 선정된 전문가들에게 우편을 통한 설문지로 의견을 묻고, 그 의견을 수렴하여 의견에 대한 환류(feedback)를 포함한 2차 설문지를 우송한다. 이와 같은 의견을 수렴하는 과정을 몇 차례 반복함으로써, 전문가들이 서로 대면하지 않고도 각자의 의견을 조율할 수 있는 기회를 제공해 주는 방법이다. 최근에는 전자우편을 이용하여 더 손쉽게 의견을 모을 수도 있다. 이 방법은 조사된 의견들을 모으고 조정하는 과정이 다소 번거롭고 까다롭기는 하지만, 저렴한 비용으로 많은 전문가의 의견을 들을 수 있다는 이점에서 널리 사용되는 요구조사 방법이다.

노인의 학습요구를 조사하는 세 가지 방법 중 마지막인 선행연구나 문헌분석을 통한 요구사정 방법에 기초하여 노인을 위한 교육에서 다루어져야 할 내용에 관한 여러 가지 주장들을 다음에서 살펴보고자 한다.

1) 펠드먼과 스위니의 노년교육 내용

우선 대표적으로 펠드먼과 스위니(Feldman & Sweeney, 1989)는 노인을 위한 교육을 다음과 같이 세 영역으로 분류하였다.

- 생존을 위한 교육: 기술이나 자원이 불충분한 노인들(특히 여성 노인의 경우)을 돕고 미리부터 퇴직준비를 할 수 있도록 돕는 재정적 계획과 관리를 포함한다. 경제적 이유로 인하여 처음 노동시장에 나오거나 다시 노동시장으로 복귀하고자 하는 노인들을 위하여 최근 시장성 있는 직업 기술이나 직업탐색 기술, 확신을 갖는 방법, 대리 독자 역할을 하던 배우자 사망 이후 위기를 겪는 문맹노인에 대한 문자해독 교육, 운전교육 등 기본적인 생존 교육들이 여기에 포함된다.
- 적응을 위한 교육: 건강과 독립적인 삶을 위한 교육이다. 건강증진과 질병 예방, 상담, 보호자 선택에 관한 정보, 소비자 교육, 정치적 의사결정 등에 관한 교육을 포함한다.
- 봉사와 성장을 위한 교육: 많은 노인이 타인에게 나누어 줄 수 있는 풍부한 지식, 에너지, 경험을 가지고 있다. 타인을 돕는 일은 홀로 되었거나 가족들과 떨어져 있는 노인들에게 개인적인 역량을 형상시켜 줄 수 있다.

2) 피터슨의 노인교육 내용

피터슨(Peterson, 1983)과 맥클러스키(McClusky, 1974)가 제안한 노인들의 다섯 가지 교육요구를 노년교육에서 제공해야 할 요소들로 연결시켜 다음과 같은 노인을 위한 교육 내용을 제안하였다.

(1) '환경적응의 요구'에 관련된 교육

노화로 인한 쇠퇴를 극복하기 위해서는 노년기의 신체적 변화와 적응에 필요한 전략을 구명하는 것과 관련된 교육, 배우자의 죽음이나 질병, 직업의 상실과 축소, 이사로 인한 새로운 교제 등 사회적 변화에 관한 교육, 은퇴로 인한 경제적 변화에의 적응을 위한 교육, 노화나 노인에 대한 사회의 편견, 자신의 노화에 대한 인정 등 노화로 인한 정서적 변화에 적응하기 위한 교육, 기억이나 지능의 변화에 대한 적응, 감각의 정확성 쇠퇴에의 적응, 성격적 변화 등 심리적 변화에 관련된 교육 등이 포함된다.

(2) '표현적 요구'에 관련된 교육

학습활동 참여 자체를 즐기고자 하는 표현적 요구를 위한 교육에는 예술이나 문화, 여가활동에 관한 교육, 대화기법이나 갈등 관리 등 사회관계에 관한 교육 등으로, 구체적으로는 노래교실, 악기연주, 사진, 그림, 공예, 연극, 레크리에이션 등이 포함된다.

(3) '공헌의 요구'에 관련된 교육

타인과 사회에 봉사하고 공헌하고자 하는 공헌의 요구를 위한 내용으로, 노인들이 지닌 잠재적인 공헌능력에 관한 교육, 그들이 가진 자원을 동원하는 방법 등에 관한 교육, 그들의 시간과 노력을 가장 의미 있게 사용하는 방법에 관한 교육, 사회에 공헌할 수 있는 구체적인 기술을 개발하기 위한 교육 등으로, 구체적으로는 자원봉사 교육, 노인 일자리 교육 등이 포함된다.

(4) '영향력의 요구'에 관련된 교육

타인과 사회에 영향력과 통제력을 발휘하고자 하는 영향력의 요구를 충족시키기 위한 교육 내용으로 노인 자신에게 가장 적절한 역할을 구명하고, 개인과 집단이 적절한 기술을 개발하고 사회적 자원을 제공하며, 그 활동의 결과를 평가하는 데 도움을 주는 교육이다. 구체적으로는 정보화 교육이나 법률 교육, 투자 교육 등이 여기에 포함된다.

(5) '초월적 요구'에 관련된 교육

인생의 의미에 대한 더욱 깊은 이해를 얻고자 하는 초월적 요구를 위한 교육에는 다른 연령이나 문화에 대하여 통찰을 가졌던 위인들이 인생에 대하여 어떤 의미를 부여했는지에 대한 이해를 제공하는 교육, 회상을 통하여 자신의 인생 의미를 재조명하도록 돕는 교육, 노화로 인한 신체적 제약들을 대치할 수 있는 명상이나 학습을 조장하는 교육 등이 있다. 구체적으로는 자서전 쓰기 교육, 죽음준비 교육, 종교 교육, 인문학 교육 등이 포함된다.

3) 한정란(2005)의 노인을 위한 교육의 내용

한정란(2005)은 앞서 제시한 노인을 위한 교육의 목적에 근거하여, 노인을 위한 교육에서 포함해야 할 교육내용을 다음과 같이 제안하였다.

(1) 전생애 발달의 이해

출생에서 죽음까지 인간의 전생애에 걸친 발달과정을 이해하고, 그 과정 중에서 노년기가 차지하는 의미와 중요성을 생각해 보도록 하는 내용을 포함한다. 노화라는 변화가 쇠퇴와 상실만이 아닌 발달과 변화라는 시각에서 새롭게 조명될 수 있음을 강조하고, 특히 노년기의 개인차와 잠재력에 대한 내용을 담고 있어야 한다.

(2) 신체적 노화 과정의 이해

신체적 · 생물학적으로 진행되는 노화 과정에 적응하고 신체적 노화로 초래되는 여러 문제점과 불편을 극복함으로써 일상생활에 효과적으로 적응하는 데 필요한 지식과 기술, 그리고 그러한 적응과 문제 극복에 필요한 구체적인 전략이 포함되어야 한다. 이러한 내용을 구성하는 데 중요하게 고려해야할 점은 객관적이고 과학적인 사실을 기초로 하여야 하며, 노년기가 인생의독립된 어느 한 시점이 아닌 지속적인 발달과정 중에 있다는 사실을 전제로 하여야 한다는 점이다. 따라서 무엇보다도 노년기를 전생애를 통한 지속적 발달이라고 하는 일관된 시각에서 조명하여야 할 것이다.

(3) 신체적 노화의 결과 이해

신체적 노화로 인하여 나타나는 다양한 특성과 연령에 따른 노년기의 일반적인 신체적 특성에 관한 객관적 사실을 포함하여야 한다. 또한 정상적 노화와 병리적 노화에 대한 명확한 구분기준과 신체적 노화로 인하여 나타나는 결과와 그로 인한 경험에 대한 지식을 포함하여야 한다.

(4) 신체적 노화에의 적응전략

신체적 노화로 인한 불편을 극복하기 위한 구체적인 전략(안경, 보청기, 지팡이 등 보조기구의 사용이나 주거 설계 등)과 신체적 노화를 완화할 수 있는 전략(노화방지 약물 및 식품, 습관 등)에 관한 내용을 포함하여야 한다. 또한 여기에는 노년기의 성기능 유지에 관련된 객관적 사실들과 그것을 유지 혹은 보완하기 위한 구체적 전략(심리적 전략, 보조기구나 약물 및 치료법에 대한 내용)을 포함하여야 한다.

(5) 노년기의 건강관리

노년기 건강을 유지하기 위한 구체적 운동법, 식품별 영양소와 구체적 조리법과 식이요법, 노년의 건강한 생활습관 등에 관한 내용과 실습을 포함하여야 한다. 또한 노년기에 쉽게 발생하는 질병에 관한 증상과 예방법, 진단과 치료법 등에 관한 내용을 다루어야 한다.

(6) 심리적 노화의 이해

노년기에 경험하는 기억력과 학습능력 감퇴를 극복하고 잠재된 능력을 계발시킴으로써, 노년기의 정신적 · 심리적 · 정서적 문제들을 극복하고 노년기 생활에 대한 만족도를 향상시키며 인지적 능력과 정신적 건강을 유지하기 위한 구체적 전략이 포함되어야 한다.

(7) 심리적 노화의 결과 이해

노화로 인한 인지적 · 비인지적 변화에 관한 객관적 사실과 인생에서 노년기의 가치를 이해할 수 있도록 노년기 발달과업에 관한 내용을 포함하여야 한다.

(8) 인지적 노화의 적응전략

노화로 인한 지능, 학습능력, 기억력, 문제해결 능력 등 인지능력의 변화에 관한 사실들을 포함하여야 하며, 노년기에도 인지적 능력에 심각한 쇠퇴가 발생하지 않음을 강조하여야 한다. 그리고 지적 능력을 유지, 발전시키기 위해 필요한 다양한 지식의 습득과 지적 훈련이 포함되어야 한다. 예를 들어, 외국어 학습, 새로운 가치관이나 철학, 과학적 사실의 탐구, 역사나 전통에 대한 탐색, 관심 있는 주제에 대한 토론 등 다양한 주제나 영역에 대한 학습이 포함될 수 있다. 또한 기억력의 감퇴나 정보처리 수준의 변화 등에 적응하고 기억력 증진, 정보처리의 효율성 제고 등을 통하여 노년의 인지적 효율성을 극대화하기 위한 다양한 전략(기억술, 메모 활용방법, 초인지의 활용 등)들에 관한 지식과 실습을 포함하여야 한다.

(9) 노년기의 성격 변화와 적응전략

조심성 증가, 시간전망 변화, 양성화 등 노년기 성격 변화에 관한 내용과 그에 관한 잘못된 편견에 관한 내용을 포함하여야 한다. 특히 잠재력과 학습능력에 대한 확신을 가지고 새로운 학습에 도전해 나가며, 개방적이고 융통성 있는 태도를 통하여 노년기 변화에 보다 잘 적응할 수 있는 방법에 대한 내용을 포함하여야 한다.

(10) 노년기의 여가와 창의성

노년기 삶의 질을 향상시키고 노년기 여가를 즐기기 위해 필요한 다양한 활동들을 포함하여야 한다. 즉, 다양한 취미활동과 놀이, 여행, 레크리에이션, 창작활동(그림, 조각, 공예, 악기 연주, 노래 등) 등을 포함하여야 한다.

(11) 노년기 정신건강

우울증이나 치매 등 정신적 문제에 관한 객관적 지식과 노년기의 정신적 문제를 예방하기 위하여 구체적인 실천전략(꾸준한 학습, 규칙적인 운동, 영양 섭취 등)에 관한 지식과 실습을 포함하여야 한다.

(12) 인생 회고와 영성

지나온 인생의 시간을 되돌아보고 인생에 대한 자기 나름의 의미를 정리할 수 있도록 자서전 쓰기나 회상 그리고 영성과 관련된 다양한 철학적 활동들을 포함하여야 한다. 또한 삶과 죽음의 의미를 음미해 보고 가족과 친구, 자신의 죽음에 대하여 준비하기 위한 죽음의 수용과정과 유서 쓰기, 장례 절차 결정하기 등 구체적인 죽음준비 교육도 포함하여야 한다.

(13) 사회적 노화의 이해

급변하는 사회 속에서 노인이 사회의 변화를 이해하고 그에 적응하고 나아가 변화하는 사회에 능동적으로 참여할 수 있도록 도우며, 새로운 인간관계를 형성하고 그 관계 속에서 상호 지지와 정서적 유대를 경험할 수 있는 기회를 제공하기 위한 내용이 포함되어야 한다.

(14) 사회 변화의 이해와 적응

최근의 사회 변화에 관한 내용, 특히 고령화나 저출산 등 노인과 직접적으로 관련된 사회적 변화 추세에 관한 내용을 포함하여야 한다. 또한 그러한 사회 변화에 적용하는 데 요구되는 구체적 지식(사회적 변화에 관련된 시사, 교양과 관련된 지식 등)과 기술(컴퓨터·스마트폰 등 새로운 기술, 노인복지제도와 혜택에 대한 지식 및 활용방법 등)에 관한 지식과 실습을 포함하여야 한다.

(15) 노년기 사회적 역할 변화와 발달과업

퇴직, 수입 감소, 배우자 죽음, 자녀 출가, 새로운 가족원 증가 등 사회적·가족적 역할 변화에 관한 지식과 그러한 역할 변화에 적응하기 위하여 요구되는 구체적인 기술(퇴직자의 역할, 퇴직 후 시간관리, 퇴직 후 적절한 사회활동 찾기, 시어머니의 역할, 조부모 역할 배우기 등)을 포함하여야 한다. 또한 노년기에 요구되는 사회적 발달과업들, 예컨대 후세대에게 책임과 권한을 위임하거나 자손을 지원해 주는 등 노년의 바람직한 사회적 역할을 실천하는 데 필요한 지식과 기술(전통기술과 지식, 전통놀이, 전통예절 등을 가르치는 데 필요한 지식과 기술, 자기 분야의 전문성이나 기술을 전수하는 데 필요한 지식과 기술 등)을 포함하여야 한다.

(16) 노년기 인간관계

퇴직, 친구의 사망 등으로 인한 노년기의 대인관계망의 변화에 적응하고, 새로운 인간관계를 형성하여 상호 조력과 정보교환을 위한 친밀한 대인관계망을 만들어 가는 데 필요한 지식과 기술을 포함하여야 한다.

(17) 세대차에 대한 이해

다른 세대와의 관계 속에서 노인의 위치와 역할, 세대 간 차이의 원인과 내용에 관한 지식을 포함하여야 하며, 세대화합의 필요성과 세대화합에서 노인의 역할에 대한 이해를 포함하여야 한다. 또한 세대화합을 위하여 노인이 할 수 있는 구체적인 노력(손자녀와의 관계 유지, 세대 간 자원봉사, 다른 세대에 대한 교육, 다른 세대에 대한 이해 노력 등)에 대해서도 토론하고 실습할 수 있도록 해야 한다.

(18) 노년기 경제활동과 사회참여

재취업, 자원봉사, 사회단체 활동 등 더욱 생산적이고 적극적인 노년기를 위해 필요한 직업 기술이나 봉사에 필요한 기술, 단체 가입과 활동방법 등 구체적인 지식과 기술을 포함하여야 한다. 또한 자신에게 적합한 직업을 선택하고 취업에 성공하기 위해 접근하는 직업탐색 기술과 여러 사회활동이나 자원봉사활동 중 자신에게 적합한 활동을 선택하고 실천하는 데 필요한 탐색 기술과 전략을 포함하여야 한다.

4. 노인을 위한 교육의 방법

노인을 위한 교육의 방법과 전략은 학교교육의 연속선상에서 혹은 학교교육의 테두리 안에서만 한정시켜 생각해서는 안 된다. 노인을 대상으로 하는 교육은 그 대상과 목표, 내용의 독특성으로 인하여 형식교육과는 차별화된 교수방법의 적용이 요구된다.

노년기 학습자들은 수업에서 다루는 과제의 성격이나 학습환경에 대하여 더 민감하게 반응하는 경향이 있고, 심리적이고 비인지적인 요인들에 의하여 더 크게 영향을 받는 경향이 있다. 또한 노인들의 학습을 방해하는 주요 요인은 능력이나 관심 부족과 같은 노인의 내적인 것에 있기보다 외부의 사회적 편견과 환경에 있기 때문에, 노인의 학습장애나 노화에 따른 기능의 쇠퇴를 보상해 줄 수 있는 특별한 배려와 지원이 요구된다.

아렌버그와 로버트슨(Arenberg & Robertson, 1974)은 노인들을 위한 교육에서 주의해야 할 사항을 다음과 같이 주장하였다(Sherron & Lumsden, 1990에서 재인용).

- 노인 학습자들은 1차 기억(primary memory)에서는 젊은 학습자만큼 능력을 유지하고 또 재인할 수 있지만, 1차 기억의 한계를 넘어설 경우에

는 연령에 따른 장애가 더욱 크게 드러난다.

- 빠른 속도로 학습자극을 제시하거나 빨리 재인을 요구하는 경우 노인 학습자에게 불리할 수 있으므로 학습자 스스로 원하는 속도로 학습할 수 있도록, 즉 자기보조(self-pacing)에 따르도록 하는 것이 좋다.
- 효과적인 부호화(encoding) 기술에 대한 훈련은 노인 학습자의 기억능력을 향상시켜 준다.
- 오랜 습관이나 과거의 지식으로 인한 방해 때문에 특히 친숙하지 않은 재료를 학습하는 데 노인 학습자는 어려움을 겪을 수 있다.
- 2차 기억(second memory)에서의 인출은 여러 해 동안 기억의 축적으로 노인 학습자들에게는 더 어려울 수 있다.

이 밖에도 성인교육학의 원리에 바탕을 두고 이루어진 몇몇 선행연구들(변순옥, 1986; Arguso, 1978)에서는 노년교육, 더 엄밀히 말하면 노인을 위한 교육의 교수방법에 관하여 다음과 같은 제안을 하고 있다.

- 노인 학습자가 그들의 오랜 경험을 사용할 수 있도록 하는 학습조건을 계획하라.
- 자기보조에 맞도록 학습을 운용하라.
- 잘 정의된 한 가지 정보에만 주의를 집중, 유지하도록 학습조건을 구성하라.
- 연령과 무관한 능력을 필요로 하는 학습과업을 강조하라.
- 뚜렷한 특징을 지닌 자극재료를 사용하라.
- 긴장감을 줄이며 가볍고 명랑한 학습 분위기를 유지하도록 하라.

한편, 김종서(1982)는 노년교육의 방법에 적용해야 할 원리로 자발성의 원리, 경로의 원리, 사제동행(師弟同行)의 원리, 생활화의 원리, 다양화의 원리, 직관의 원리, 개별화의 원리, 경험의 원리, 사회화의 원리 등 일곱 가지를 제안한 바 있다. 이에 대하여 한정란(2001)은 김종서(1982)가 제시한 노년교육 방법의 원리들이 평생교육의 관점에서 노인을 위한 교육에 접근한다고 하면서도 여전히 노인의 노화로 인한 결손과 현상유지적 요구에만 초점을 맞추고 있다고 비판하였다. 또한 노인을 위한 교육을 지적 요구의 충족보다는 여가의 충당수단으로만 보는 시각도 강하게 나타나는 등 현재의 고령화 추세와 노인 자신의 변화 그리고 노인 학습자의 다양한 개인차를 충분히 고려하지 못하고 있다고 지적하면서, 노인을 위한 교육의 목적을 실천하기 위한 평생교육 방법으로의 교수원리를 다음의 여섯 가지로 제시하였다.

(1) 자기주도 학습의 원리

노인을 위한 교육에서는 그 어느 교육 영역보다도 학습자의 역할이 더 크게 강조된다. 노인을 위한 교육은 형식적인 학교교육처럼 교수자가 필요하다고 판단한 지식들을 학습자에게 일방적으로 전달하기보다는 학습자 자신이 관심을 갖고 있는 것에 따라 학습 내용이 구성된다. 그리고 학습자는 학습상황 속에서 지식과 학습 내용을 구성해 가면서 자기주도적으로 학습을 진행해 나가게 된다. 그런 점에서 노인을 위한 교육은 평생교육의 일환으로 자기학습의 원리를 기초로 하며, 무엇보다도 학습자의 적극적인 참여와 동기유발이 중요하다. 따라서 노년교육에서는 교사 중심적인 설명 위주의 강의보다는 토의식 교수나 문제해결 중심의 과제 수행, 실험과 실습, 견학, 회상 등의 학습자 중심의 학습활동이 더 많이 요구된다.

또한 노인을 위한 교육의 학습자들은 대부분 사람들과 어울리는 것을 즐기고 장의존적인 특성(field-dependence)을 지닐 가능성이 크기 때문에, 집단 중심의 접근을 강조하는 상호작용적이고 비형식적인 학습환경을 선호할 가능성이 크다. 따라서 될 수 있으면 일방적이고 형식적인 강의를 피하고, 교사의 권위를 내세우거나 도전적인 환경과 경쟁을 조성하는 일은 가능한 한 피하도록 해야 한다(Peterson, 1983).

(2) 유의미 학습의 원리

노인 학습자는 학습과제의 성격에 영향을 많이 받는다. 이들은 학습과제가 자신의 관심에 적합하고 자신에게 의미가 있으며 생활 속에서 친숙하게 접해 온 것일 때 더 잘 학습하는 경향이 있다. 학교교육에서는 실제적인 이해와 관련되지 않아도 상급학교 진학이나 학문적인 가치 때문에 학습해야 하는 경우가 발생하며, 그런 경우에도 학습효과에 크게 영향을 미치지 않는다. 그러나 노인 학습자의 경우에는 그 학습 자체가 자신에게 얼마나 중요하고 흥미롭고 유용한가에 따라 학습의 효과가 크게 달라진다. 따라서 학습자의 흥미와 발달단계, 직업, 관심사, 학습동기에 비추어 적합한 유의미한 학습과제를 제시하며, 거부감 없이 쉽게 접근할 수 있도록 친숙하고 현실적이며 구체적인 과제나 자료를 제시하는 것이 필요하다.

(3) 융통성의 원리

여기서 말하는 융통성은 구체적으로 두 가지 의미를 포함한다. 하나는 시간조절의 융통성, 즉 자기보조의 원리를 의미한다. 노년기 학습자는 여러 가지 측면에서 개인차가 매우 크고 다양하다. 또한 감각능력의 쇠퇴, 조심성의 증가, 정보처리 시간의 증가와 정보처리 효율성의 감소, 불안수준의 증가 등으로 인하여 시간제한이 엄격하거나 장기간에 걸친 학습에는 적합하지 않다. 따라서 가능하면 학습자 스스로 자신의 능력과 특성에 맞게 학습시간을 조절할 수 있도록 해야 한다.

또 다른 의미의 융통성은 프로그램 운영에서의 융통성이다. 노인을 위한 교육에서는 학습의 주제나 교수방법, 집단 편성 등이 형식교육에서와 달리 엄격히 정해져 있지 않으며 강제성도 적다. 따라서 정해진 진도대로, 정해진 형식과 내용대로 엄격히 교육을 이끌어 나가기보다는 좀 더 융통성 있게 상황에 따라 프로그램의 내용이나 교수방법과 형식 등을 조절하고 학습자의 요구에 따라 조정할 수 있도록 하는 것이 바람직하다.

(4) 학습자 중심의 원리

평생교육, 특히 성인교육에서는 학습자의 역할이 일반적인 형식교육에 비하여 훨씬 더 중요하다. 왜냐하면 성인교육은 대개 자발적인 동기에서 비롯되며, 교육 참여의 주도권이 교수자나 교육 제공자보다는 학습자나 교육의 수요자에게 있기 때문이다. 형식교육이 아닌 비형식적인 성인 및 노년교육에서는 강제성이 거의 배제되어 있으므로, 노인은 자신의 요구와 필요에 맞지 않을 때 언제든지 다른 프로그램으로 옮겨 갈 수 있다. 따라서 노인을 위한 교육에서는 학습자의 요구와 필요를 정확히 진단하는 것이 무엇보다도 중요하다. 그런 의미에서 비형식적인 교육의 제공은 순수하게 수요자, 곧 학습자 중심으로 맞추어질 수밖에 없다.

결국 노년교육 프로그램 개발에서 요구조사는 물론이고 목표 설정과 내용 선정 등에서부터 노인 학습자를 함께 참여시켜야 하며, 노년교육의 내용과 형식 그리고 그것의 제공 역시 학습자의 요구와 필요에 근거를 두고 이루어져야 한다.

(5) 상호 존중의 원리

노인을 위한 교육의 공간은 따뜻하고 부드럽고 온정적이어야 한다. 교수자와 학습자 간에, 학습자 상호 간에 존중하고 존경하는 분위기가 조성되어야 한다.

Ross(1968)의 연구에 따르면, 중립적인 조건(아무런 지시도 주지 않는)이나 도전적인 조건('이것은 지능을 측정하는 검사다.' 라고 지시를 주는)보다는 지지적인 수업조건('당신의 도움이 꼭 필요하다.' 고 지시를 주는)에서 노인 학습자가 가장 높은 수행을 보였다. 또 Lair와 Moon(1972)의 연구와 Bellucci와 Hoyer(1975)의 연구에서도 노인 학습자는 중립적이거나 시험 상황보다 칭찬 상황에서 더 잘 수행하는 것으로 나타났다(Botwinick, 1984에서 재인용).

현재 우리나라 노인들은 대체로 과거, 특히 일제 강점기의 권위적 분위기에서 교육받았던 경험으로 인해 교육 자체에 대한 잘못된 편견이나 오해를 갖고 있을 가능성이 크다. 어떤 노인 학습자는 처음부터 마음의 문을 닫은 채로 교수자를 평가해 보려는 경향도 있다. 이런 노인 학습자에게 사회적 상호 작용은 학습 참여를 위한 촉매제 역할을 할 수 있으므로 지지적이고 상호작용적인 집단과정, 예컨대 참여자 간에 자기소개를 하거나 자신의 배경, 관심사, 수업에 대한 소망 등을 서로 나누는 다양한 상호작용 방법을 개발하는 것도 중요하다.

(6) 노인 중심의 원리

노인을 위한 교육에서 학습자 대부분은 노인이다. 그러나 같은 노인이라고 해도 연령대가 광범위해서 60대부터 90대까지 다양하게 분포될 수 있다. 또 같은 연령대라고 하더라도 신체적 · 지적 · 사회적 발달 수준에 큰 차이가 있을 수 있다. 이런 다양한 학습자가 모여 있을 때 모든 교육의 초점은 학습에서 가장 취약한 위치에 있는 이들의 입장에 맞추어져야 한다. 특히 연령이 높고 교육수준이 낮을수록 오랜 기간 교육과 유리되어 왔고, 조심성의 증가나 여러 신체적 기능과 감각 등의 쇠퇴로 인하여 학습에서 가장 불리한 처지에 놓여 있을 가능성이 크다. 따라서 가능한 한 모든 교실 분위기나 환경, 과제의 준비에서 그런 취약성을 지닌 노인 학습자에게 최대한 배려가 이루어지도록 해야 할 것이다. 예컨대, 경쟁적인 환경을 조성하지 않고 실내조명을 밝게 하고, 활자나 시각자료들의 크기를 노인들의 시각적 쇠퇴를 보완할 수 있을 만큼 크게 제작하며, 목소리도 청력의 쇠퇴에 맞추어 크게 조절하도록 하는 등 노인 학습자를 위한 배려가 있어야 한다.

특히 노인 학습자의 신체적 변화는 학습에 중요한 시사점을 제공해 준다. 수업시간은 젊은 학습자의 경우와 동일하게 편성되어서는 안 된다. 노인 학습자의 경우 대개 2시간 정도를 한계 시간으로 보며, 다시 주의를 끌어 오기 위해서는 충분한 휴식시간이 요구된다. 또한 너무 어려운 것부터 시작하지 말고 서서히 연습과 훈련을 통해 그 능력을 증진시켜 나가야 한다. 교수자는 노인 학습자의 에너지, 몰입의 정도에서 일어나는 작은 변화까지도 관찰해

낼 수 있어야 한다. 학습자가 조용해지거나 위축되거나 우울해지면 어떤 신체적·정서적 문제가 있는지 우선 확인해 보아야 한다.

3) 노인을 위한 교육의 주요 교수방법

이상의 기본 원리에 근거하여 다양하고 구체적인 교수방법을 적용할 수 있다. 노인을 위한 교육에 적용될 수 있는 주요 교수방법들을 살펴보면 다음과 같다.

(1) 강의법

강의식 교수법은 짧은 시간 안에 다수의 학습자에게 많은 교육 내용을 체계적이고 효과적으로 전달하여 이해시킬 수 있다는 점에서 매우 효율적인 교수법이다. 그러나 앞서 지적했듯이 노인 학습자는 개인차가 매우 크고 이론적 지식보다는 실제적 지식에 관심이 많기 때문에, 강의법은 노인을 위한 교육에서 가장 나중에 고려하여야 할 교수법이기도 하다. 그렇다고 해서 노인을 위한 교육에서 무조건적으로 강의법을 사용하지 말라는 것은 아니다. 교육기관의 여건상 혹은 강사 수급의 문제로 인한 경우, 또는 교육 내용의 성격상 사실을 이해시키는 수업일 경우에는 강의법을 사용해야 한다. 따라서 다음에서는 일반적인 강의법의 특징 이외에 노인 학습자를 대상으로 강의법을 사용할 경우에 특별히 유의하여야 할 점에 대하여 살펴보고자 한다.

① 강사의 태도

강사는 어느 경우에나 바른 태도를 유지하여야 하지만, 특히 노인 학습자를 대상으로 강의할 때는 더욱더 예의를 갖추어야 한다. 노인을 위한 교육에서는 학습자가 교수자보다 연령이 높은 경우가 많으므로 복장이나 강의 시의 자세와 말투 등에 특별히 주의하여야 한다.

② 강사의 시선

강의를 할 때 가장 중요한 것 중 하나가 바로 강사가 시선을 어디에 두느냐 하는 문제다. 강의 중에 가능하면 학습자에게 골고루 시선을 나누어 주어야 하며, 허공을 응시하거나 칠판을 바라보는 것은 절대적으로 피해야 한다.

③ 음성

노인 학습자는 딱딱한 의자에 몇 시간 동안 앉아서 강의를 받는 것에 익숙지 않으며, 신체적인 노화로 인하여 쉽게 피로를 느낄 수 있다. 따라서 강의에 흥미를 잃거나 졸지 않도록 음성을 조절하는 것이 중요하다. 음성은 가능하면 크고 또박또박하게 하고, 경우에 따라 마이크를 사용하는 것이 좋다. 또한 목소리에 강약을 주어서 주의를 집중하도록 하고, 말 속도를 적당하게 유지하며, 목소리 톤도 가능한 한 조금 크게 하는 것이 노인성 난청으로 어려움을 겪는 노인 학습자에게 도움이 된다.

④ 말투와 표현

노인 학습자는 사회적인 소외감, 경제력 상실, 가족관계의 갈등 등 여러 문제점을 지니고 있는 경우가 많다. 따라서 강의 중에 무의식적으로 노인을 폄하하는 발언을 하거나 가족과의 갈등을 떠올리게 하는 표현 등은 가급적 삼가야 한다. 또한 정치적인 것이나 종교적인 평가 등 민감한 사안에 대한 언급은 자제하도록 해야 한다. 더불어 주의해야 할 점은 강의 중에 강의자가 지나치게 자신의 학식이나 경험 등을 자랑하거나 어려운 학술용어나 외국어를 사용하는 것이다. 특히 노인 학습자는 다양한 경험적 배경을 가지고 있으므로, 강의자가 자랑삼아 이야기한 구체적 경험이나 실제 사건이 학습자의 실제 경험과 관련될 수도 있으니 가급적 내용 속 인물들은 익명으로 처리하고 항상 조심해서 말을 해야 한다.

⑤ 강의 자료

강의 시 음성을 통하여 내용이 전달되더라도 노인의 경우 기억력 감퇴와 청력, 시력 등 감각능력의 쇠퇴로 인하여 그 내용이 충분히 전달되지 못하거나 이해되지 못하는 경우가 발생할 수 있다. 따라서 우선 가능하면 다양한 매체를 강의에 활용하거나 다양한 형식의 자료를 나누어 주는 것이 좋다. 강의자료는 여러 가지 형식으로 제작할 수 있는데 자료의 유형에 따라 주의할 점이 다르다. 인쇄자료(hand-out)의 경우에는 활자의 크기와 배열에 유의하여야 한다. 노인 학습자를 대상으로 할 때는 일반적인 학습자의 경우보다 활자크기를 크게 제작하여야 하는데, 보통 한글 프로그램을 사용하여 자료를 제작할 경우 13포인트 이상으로 활자를 선택하는 것이 좋다. 또 참고할 홈페이지나 자료 제목들을 강의 중에 불러 주는 것보다는 미리 강의자료에 인쇄하여 나누어 주는 것이 좋다.

또한 강의 내용을 인쇄자료로 나누어 주었더라도 학습자가 함께 공유할 수 있도록 중요한 강의 내용을 칠판에 쓰거나 OHP(overhead projector), 플립차트(flip chart), 파워포인트(power point) 자료를 빔 프로젝터(beam projector)를 사용해 투사하는 등의 다양한 방법을 이용할 수 있다. 이 중 칠판에 직접 쓰는 것은 학습자 시야 확보의 어려움이나 해독의 어려움 등으로 인하여 별로 바람직하지 못하다. 이러한 단점은 플립차트의 경우도 별 차이가 없다. 비교적 추천할 만한 방법은 투명하게 인쇄된 자료를 OHP를 통해 투사하여 제시하거나 파워포인트로 제작한 문서를 빔 프로젝터를 사용하여 제시하는 것이다. 오스틴-웰스 등(Austin-Wells et al., 2003)에 의하면, 노인 학습자를 대상으로 자료 전달방식의 효과를 실험한 결과 파워포인트를 통한 전달방식이 가장 탁월한 것으로 나타났다. 피험자들은 파워포인트 방식이 화면이 커서 보기 편하고, 다양한 그림자료가 함께 제시되어 흥미를 줄 수 있으며, 색상이 밝고 활자가 크며 형태가 간결해서 해독이 용이하여 지루함을 없애고 피로를 덜 느끼게 한다고 보고하였다. 파워포인트를 사용할 경우, 전체 투사 내용을 그대로 인쇄용 강의자료로도 동시에 활용할 수 있어 더욱 효과적이다.

(2) 토의법

토의식 교수법은 학습자 간의 언어적 상호작용을 통하여 정보나 의견을 교환하고 결론을 이끌어 내는 교수방법이다. 구체적인 토의의 전개에는 다양한 방법들이 있다. 토의식 교수법은 주로 개념의 적용, 문제해결 기능의 습득, 태도 변화, 대인관계 기능 등을 학습의 목표로 삼는 수업, 장의존적이고 외향적인 학습자의 경우, 그리고 비경쟁적인 교수 환경일 때 주로 사용된다.

토의법은 토의집단의 규모에 따라 장단점을 지닌다. 토의집단의 규모가 커지면 다양한 정보와 의견을 나눌 수 있지만 참여의 기회가 제한되고 발언 시 부담이 증가한다. 반면, 토의집단의 규모가 작아지면 충분한 발언기회가 보장되고 심도 있는 토론을 전개할 수 있지만 다양한 정보와 의견을 나누기는 어려워진다. 노인을 위한 교육에서는 수업을 전개할 때, 특히 소규모 중심으로 토의식 교수법을 활용하면 바람직하다.

노인을 위한 교육에서 토의법을 사용할 경우 특히 주의해야 할 점은 다음과 같다.

- 노인 학습자가 토의문화에 익숙하지 않은 세대라는 점을 충분히 고려하여 본격적인 수업에 앞서 토의방식에 관한 사전 교육과 안내를 제공하여야 한다. 특히 발언권을 독점하거나 다른 사람의 의견을 무시하거나 혹은 개인적인 공격을 하지 않도록 주의시키고, 토의 예절을 엄수하도록 지도하여야 한다.
- 노인 학습자 대부분은 외부 정보에 자유롭게 접촉하기 어려우므로, 객관적인 근거를 가지고 주장을 펴기보다는 개인적인 느낌이나 추측에 의존하기 쉽다. 따라서 토의에 앞서 충분한 자료를 제공하고 선행학습이 이루어지도록 해야만 효과적인 토의를 이끌어 나갈 수 있다.
- 노인은 살아온 인생의 길이와 경험이 매우 길고 풍부하다. 따라서 작은 단서에도 자신의 기나긴 인생살이의 경험이 터져 나올 수 있다. 개인적인 경험이 토론에 활력을 불어넣을 수도 있지만, 경우에 따라서는 지루

한 인생 이야기를 다른 학습자가 인내하며 들어야 하는 문제가 발생할 수 있다. 또 토론의 주제에서 벗어나 개인 경험의 나열이 계속될 수도 있으므로 지나치게 개인적인 경험을 늘어놓지 못하도록 지도하여야 한다.

토의의 구체적인 형식은 매우 다양하게 전개될 수 있다. 다음에서는 다양한 토의의 형식 중 노인을 위한 교육에서 효과적으로 사용할 수 있는 몇 가지만 소개하고자 한다.

① 원형 토의

원형 토의(circle response)는 중심 자리 없이 모든 학습자가 둥글게 둘러앉은 후, 돌아가면서 한 명씩 의견을 발표하는 형식의 토의법이다. 첫 한 바퀴를 돌 때까지 모든 참여자에게 공평하게 한 번씩 일정 시간의 발언기회가 주어지며, 그런 다음 원하는 사람들이 추가적인 발언을 하거나 전체가 자유롭게 토의를 진행하게 된다. 이 방법은 토의 형식에 익숙하지 않은 노인 학습자에게 발표능력과 더불어 다른 사람의 의견을 듣는 경청능력을 길러 줄 수 있는 효과적인 방법이다. 그러나 모든 참여자가 돌아가면서 의견을 발표해야 하기 때문에 자기 순서에 대한 심리적 부담감이 크고, 교수자는 참여자가 정해진 시간을 넘기지 않도록 시간관리에 신경을 써야 하는 부담이 있다.

② 버즈집단 토의

버즈집단 토의(buzz group discussion)란 벌떼들이 벌집 앞에서 윙윙거리며 모여 있는 것처럼 한 교실 안에 학습자들이 웅성거리며 토의를 한다고 해서 유래된 이름이다. 전체 집단을 먼저 3~6명의 소규모 집단, 곧 버즈집단으로 나누어 토의를 한 후, 다시 전체가 모여 토의를 진행하는 단계적인 토의 형식이다. 이 방법은 제한된 시간에 비하여 토의집단의 크기가 커서 심도 있는 토의를 보장하기 어려울 때 주로 사용한다. 예컨대, 1시간 동안 30명이 토의를 해야 하는 경우 한 사람이 2분씩만 발언을 해도 1시간이 소비된다. 이때 먼저

전체를 5명씩 버즈집단으로 나눈 후 30분 동안 토의를 하고, 다시 전체 집단
이 모여 30분 동안 각 버즈집단의 대표가 자신의 집단에서 나온 의견을 발표
한다. 그러면 30명의 의견이 아닌 6명의 의견을 조율하는 효과가 있어 개개
인의 의견을 충분히 반영하면서도 주어진 시간 동안 깊이 있는 토론을 진행
할 수 있다.

③ 눈 굴리기 토의

버즈집단 토의와 유사한 방식이긴 하지만 버즈집단 토의는 버즈집단과 전
체 집단의 두 과정을 거치는 반면, 눈 굴리기 토의(snowballing discussion)는
여러 단계에 걸쳐 토의가 진행되면서 의견이 모아진다는 차이점이 있다. 마
치 작은 눈덩어리를 뭉쳐서 굴려 가면서 커다란 눈사람을 만드는 것과 같은
원리로 토의가 진행된다. 예컨대, 32명이 1시간 동안 토의를 한다면 먼저 2명
씩 짝을 지어 7분 동안 의견을 나눈다. 그리고 다시 2명씩 모인 두 쌍이 모여
4명이 8분 정도 토의를 하고, 계속해서 4명씩 두 팀 곧 8명이 12분, 16명이 15분,
마지막으로 32명 전체가 모여 20분 동안 토의를 하게 된다. 이 방법은 여러
단계를 거치면서 점진적으로 의견을 조율해 갈 수 있는 장점을 지닌 반면, 여
러 단계를 거쳐야 하기 때문에 그만큼 시간 조절이 어렵다는 단점도 지닌다.

④ 구체적인 재료가 있는 토의

이 방법은 특정 토의방식을 지칭하는 것이 아니라 영화(film talk-back), 음
악(music forum), 미술작품(gallery conversation), 연극 및 희곡(play-reading
talk-back) 등 구체적인 재료를 함께 공유한 후 그 내용이나 형식에 관하여 토
의를 진행하는 방법을 통칭한 것이다. 추상적인 과제를 다루는 데 어려움이
있는 노인 학습자의 경우, 이와 같이 구체적인 재료를 가지고 토의를 진행하
면 더 많은 흥미를 느끼게 되어 토의에 적극적으로 참여하도록 할 수 있다.

(3) 견 학

견학(field trip)은 1차 정보원을 직접 방문하여 관찰하고 필요한 정보를 얻는 교수방법이다. 특히 현실적이고 구체적인 주제의 학습을 선호하고 시간적 여유가 많은 노인 학습자의 특성 때문에 노년교육 방법으로 널리 사용되고 있다. 그러나 학습자의 호응과 만족이 높은 만큼 교수자 입장에서는 시간적으로나 비용 면에서 많은 부담감이 있는 방법이기도 하다. 견학 시 주의해야 할 사항으로는 다음과 같은 것들이 있다.

① 견학 장소의 선정

견학할 장소를 선정할 때는 노인 학습자의 신체적인 특성을 충분히 고려하여야 한다. 고령의 학습자나 건강 상태가 취약한 학습자들이 있는 경우에는 지리적으로 멀지 않고 교통여건이 좋은 곳을 선택하여야 한다. 또 견학 장소의 위생 상태나 장소 내의 이동성 등도 함께 고려하여야 한다.

② 시간의 선택

언제 견학일정을 잡을 것인지, 또 견학 진행시간을 얼마 정도로 할 것인지도 신중히 결정하여야 한다. 노인들의 건강 상태를 고려하여 환절기나 너무 춥거나 더운 시기는 피하는 것이 좋고, 당일치기가 아닌 숙박을 해야 하는 경우도 가급적이면 기간을 너무 길지 않게 정하는 것이 좋다. 또 초저녁잠이 많은 노인들의 특성을 고려하여 너무 늦게까지 일정이 이어지는 것은 가급적 피하여야 한다.

③ 기타 사항

기온이나 기상 조건의 변화에 민감한 노인의 특성을 고려하여 견학 시 개인 준비물이나 복장에 관하여 사전에 자세히 안내하도록 하고 여벌의 겉옷이나 담요, 멀미약이나 소화제, 해열제, 상처 소독약, 일회용 밴드 등 상비약, 성인용 기저귀 등도 철저히 챙기도록 한다. 또 미리 견학지까지 이동하는 데 소요되는 시간을 확인하고 용변을 위하여 중간중간 화장실에 들를 수 있도록 배려하여야 한다. 가능하다면 견학 시 교수자 이외에 보조 교수자나 자원봉사자를 충분히 활용하는 것이 좋다.

(4) 또래학습

한 집단 내의 노인 학습자들 간에도 학습능력이나 수준에서 커다란 개인차가 존재한다. 또 각 학습자는 저마다 전문성을 갖춘 분야나 흥미를 갖고 있는 영역에 차이가 있다. 이러한 학습자 간의 이질성과 다양성은 오히려 학습에 긍정적인 요인으로 작용할 수 있다. 또래학습(peer learning)이란 각 학습자들이 자신이 가진 자원을 이용하여 다른 학습자의 학습을 돕는 방법을 말한다. 이러한 또래학습은 특히 다양한 경험적 배경과 직업적 배경을 갖춘 노인 학습자에게 가장 적합하다. 예컨대, 자동차 기술자로 30년간 근무했던 노인이 자동차 관리와 정비를 가르칠 수 있다. 또 요리사로 오랫동안 종사했던 노인은 전통요리를, 목수 일을 했던 노인은 간단한 생활용품을 제작하는 기술을 알려 줄 수 있다.

또래학습은 학습동아리(learning group)와도 연계되는데, 학습동아리는 학습자들의 자발적인 학습을 전제로 한다는 점에서 또래학습과 유사성을 지닌다. 한 가지 차이점이 있다면 학습동아리는 학습자의 자발성을 전제로 하는 반면, 또래학습은 좀 더 다양한 형식으로 이루어진다는 점이다. 학습자는 자신이 관심 있는 분야별로 동아리를 구성할 수 있으며, 각 동아리는 선발된 리더에 의해 혹은 자율적으로 운영된다. 각 동아리의 학습목표, 주제, 방법 등 구체적인 사항은 동아리의 구성원에 의해 모두 결정된다. 학습동아리는 노인 학습자의 표현적 교육의 욕구와 상호작용에 대한 욕구를 동시에 해결할 수 있으며, 자발적 학습집단이라는 점에서 더욱 큰 의의를 갖는다.

이러한 자발적 또래학습인 학습동아리는 뒤에서 자세히 소개될 UCLA의 플라톤 학회(Plato Society)나 ILR(Institute for Learning in Retirement)이 대표적 사례에 속한다.

(5) 회 상

회상(reminiscence)이란 '오랫동안 잊혀졌던 경험이나 사실을 떠올리는 것, 과거 경험에 관하여 생각하거나 말하는 과정 혹은 그 실천'을 의미한다 (Webster's 3rd International Dictionary). 이러한 회상은 노년교육에서 매우 중요한 방법의 하나로 제안된다. 회상은 여러 가지 기능을 갖는다. Coleman (1986)은 회상을 단순회상(simple reminiscence), 인생회고(life review), 정보적 회상(infomative reminiscence)으로 분류하였다. Bliwise(1982)는 단순한 회상 (flight from the past), 정보적 회상, 묵상적 회상(ruminative), 공상적 회상 (idealized), 통합적 회상(infogrative)으로 분류하였다(Merriam, 1993에서 재인용). 그리고 Merriam(1993)은 치료적 회상과 정보적 회상, 향유적 회상(enjoyment) 으로 분류하였다.

회상은 노인의 삶에 대한 만족과도 관련된 것으로 스트레스를 극복하게 도와주고, 지적 쇠퇴와는 무관하게 정신적 활동을 예민하게 해 주며, 삶을 되돌아 봄으로써 성격을 재조직하도록 도와줄 수 있다. 또한 노인의 정신·신체적 치료활동에도 도움을 줄 수 있으며, 노인과 관련된 일을 하는 사람이 노인을 더 잘 알 수 있는 매우 좋은 수단이기도 하다. 회상은 과거의 경험을 학습자원으로 이용하는 훌륭한 성인교육의 방법이며, 한 개인의 과거는 현재의 문제를 이해하고 해결하는 데 유용한 수단이 될 수 있다(Sherron & Lumsden, 1990).

루이스와 버틀러(Lewis & Butler, 1974)는 회상을 집단심리치료에서 세대 간 이해를 위한 한 수단으로 보고, 여러 측면에서 회상을 통하여 노인이 기여할 수 있다고 보았다. 회상을 통하여 노인은 노화의 한 모델이 될 수 있고, 상실과 슬픔의 해결책을 가질 수 있으며, 창의적으로 이용할 수도 있다. 또한 인생 전체에 대한 감각을 볼 수 있고, 역사적인 공감을 가질 수 있다(Sherron & Lumsden, 1990에서 재인용).

노인을 위한 교육에 회상을 활용하는 구체적인 방법은 다음과 같다(Sherron & Lumsden, 1990).

- 노인의 실제 과거 경험을 통하여 역사적 사건이나 시대에 대한 구체적인 증언을 들어 보는 구전역사 수업
- 특별한 명절풍속에 대하여 회상을 들어 보는 명절 나기
- 이전의 기억을 회상하고 그것을 그려 보도록 하는 미술치료
- 친숙한 음악을 듣거나 부르면서 회상을 촉진시키는 음악치료
- 영상자료를 통하여 과거의 사건을 기억하고 토론하도록 하는 영화를 통한 회상(trigger film series)
- 옛 살림살이들이나 물품들을 수업에 가지고 와서 기억을 자극시키는 골동품 프로그램
- 역사의 각 단계와 개인의 경험을 관련시키도록 하는 프로그램
- 시를 낭송하거나 시를 짓는 데 회상을 활용하는 시 수업, 과거 신문이나 잡지를 통해 회상을 촉진시키는 프로그램 등

최근 기억에 비하여 과거 기억이 잘 보전되어 있는 치매환자의 특성을 이용하여 전통놀이를 치매 치료에 활용하는 것도 이러한 경우에 속한다고 할 수 있다. 이 밖에도 회상을 노년교육에 활용할 수 있는 부분은 무한히 개발될 수 있다. 그런 점에서 회상은 특정한 수업 형태라기보다는 다양한 수업에서 활용될 수 있는 학습 수단이라고 하겠다.

5. 노인을 위한 교육의 평가

이제까지 노인을 위한 교육에 관한 선행연구들에서 가장 간과되어 온 노인을 위한 교육 프로그램의 개발 부분은 바로 프로그램의 평가와 그 결과에 대한 평가 영역이었다. 그러나 모든 교육에서 평가는 매우 중요한 절차의 하나로 노인을 위한 교육에서도 예외일 수 없다. 왜냐하면 평가는 교육의 목표와 결과에 대한 확인이고, 이후의 개선을 위한 훌륭한 기준이며, 순환적인 교육

의 과정을 가능케 하는 연결고리이기 때문이다. 따라서 노인을 위한 교육에서도 평가 없이는 향후 개선을 위한 기준을 얻거나 학습의 효과를 확인하기 어려울 것이다.

노인을 위한 교육의 교수학습 평가방법은 기존의 학교교육 방법과는 차이가 있다. 한정란(2005)은 노인을 위한 교육의 교수학습 평가원리를 다음과 같이 제안하였다.

1) 자기평가의 원리

자기학습의 원리가 성인 및 노인을 위한 교육에서 가장 중요한 교수학습 원칙의 하나이듯이, 노인을 위한 교육의 교수학습 평가에서도 학습자나 참여자 자신에 의한 평가가 가장 중시되어야 한다. 교수자나 외부의 평가보다는 학습자들 스스로가 학습과정과 학습의 결과로 나타난 변화 등을 평가하고, 그 평가 결과에 따라 개선을 계속적으로 추진해 나갈 수 있어야 한다.

2) 상호 평가의 원리

노인을 위한 교육에서는 교수자나 외부 전문가들에 의해서 일방적인 평가가 이루어지기보다, 학습자들 상호 간 혹은 교수자와 학습자 간에 평가를 주고받을 수 있도록 하는 것이 더 바람직하다. 특히 학습자 간의 상호 평가는 다른 학습자를 통하여 자신의 학습방법과 학습양식을 다시 점검할 수 있고, 자신의 학습 진행에 자극을 받을 수 있는 기회를 제공해 준다는 점에서 매우 유용하다.

3) 개인 내 평가 및 절대 평가의 원리

앞서 노인을 위한 교육의 방법에서도 언급하였듯이 노인을 위한 교육에서는 경쟁적 환경의 조성을 가급적 피해야 한다. 따라서 평가에서도 학습자 개인 간 비교보다는 개별 학습자의 독특성과 발달 정도에 맞추어 개개인의 성장과 변화에 대한 평가가 이루어질 수 있도록 개인 내 평가 혹은 절대 평가를 유도해야 한다.

4) 즉각적인 환류와 유인의 활용

평가 결과에 대한 즉각적인 환류와 유인체제의 적절한 활용이 요구된다. 평가 결과에 대한 즉각적인 환류는 학습자 개인의 정확한 자기평가를 도울 뿐 아니라 다음 학습단계로의 이전에도 도움을 준다. 특히 노인 학습자의 학습 동기화를 위해서는 개인 간 경쟁에 의한 상벌 제공보다 개인의 성장과 발달 정도에 따라 칭찬이나 보상과 같은 긍정적인 유인을 자주 제공하는 것이 중요하다. 또한 유인의 제공에서는 학습자 스스로의 내적 유인 제공도 중요하지만, 칭찬이나 동료의 박수와 같은 적절한 외적 유인의 활용이 매우 중요하게 작용한다.

5) 학습자 중심 평가의 원리

노인 학습자에 대한 평가뿐 아니라 노인을 위한 교육 프로그램 자체에 대한 평가도 매우 중요하다. 노인을 위한 교육 프로그램 평가에서는 형식교육 교육과정의 외적이고 이론적인 기준보다 학습자 자신의 반응과 요구에 근거한 내적 평가가 더욱 중요하다. 왜냐하면 노인을 위한 교육은 형식교육과 달리 자발적 참여에 의존하는 것이고, 무엇보다도 참여자 자신의 만족과 선택이 중시되기 때문이다.

6. 노인을 위한 교육의 사례

노인을 위한 교육의 국내외 사례를 살펴보면 다음과 같다.

1) 국내 프로그램 사례

(1) 노인복지관 및 사회복지관의 노인을 위한 교육 프로그램

사회복지관과 노인복지관은 노인들을 위한 프로그램을 운영하기에 적합한 전문적인 시설과 인력을 갖춘 지역사회 내 시설이다. 이 중 사회복지관에서는 교육문화사업의 일환으로 노인여가 · 문화사업을 실시하고 있는데, 노인여가 · 문화사업은 노인을 대상으로 제공되는 각종 사회교육 및 취미교실 운영 사업으로, 그 내용으로는 건강운동교실, 여가 프로그램, 교양교육 프로그램, 경로당 지원사업 등이 있다.

또한 노인층에 대한 서비스를 담당하는 노인복지관은 2013년 현재 전국에 319개소가 설치 · 운영되고 있으며, 주요사업의 하나로 '노인의 교양 향상을 위한 프로그램의 제공 및 레크리에이션활동 등의 지도'를 실시하고 있다. 노인복지관은 만 60세 이상 노인을 대상으로 교육 프로그램을 운영하며, 회원가입만 하면 무료에서부터 실비 수준(월 1만 원 내외)의 회비로 프로그램에 참여할 수 있다. 노인복지관에서 실시하는 구체적인 노년교육 프로그램 내용은 복지관마다 몇 가지 특화된 내용에서는 조금씩 차이가 있긴 하지만 대체적인 내용은 대부분 거의 유사하게 진행되고 있다. 예를 들면, 교양 프로그램(시사, 문해교육, 외국어, 서예 등), 전통문화 프로그램(장구, 민요, 우리춤 등), 건강 프로그램(체조, 요가, 댄스스포츠, 에어로빅 등), 문화예술 프로그램(노래, 무용, 악기연주, 연극 등), 정보화 교육 프로그램(컴퓨터, 인터넷, 포토샵, 한글, MS 오피스 등), 동아리 프로그램 등이다.

〈표 10-1〉은 서울의 A노인종합복지관의 노인을 위한 교육 프로그램 사례다.

표 10-1 A노인종합복지관의 교육 프로그램 사례

사업 영역	소분류	목적	프로그램 종류
평생(사회) 교육사업	교양교육	어르신 삶의 질 향상	한글교실, 영어교실, 중국어 교실, 일본어 교실, 생활한자 등
	취미여가	생활에 활력을 주는 취미생활, 여가생활을 지원	서예, 서화, 하모니카, 노래교실, 장구병창, 장기바둑 등
	건강증진	심신단련을 통한 건강한 삶 유지	체조, 댄스, 요가, 탁구교실, 포켓볼교실 등
	정보화 교육	자기계발 및 사회참여의 기회 제공	컴퓨터 초급, 인터넷 초급, 인터넷 중급, 문서편집, 블로그 · 동영상 UCC
자치활동 (클럽)		다양한 취미생활을 통한 또래관계 증진 및 삶의 질 향상	합창, 등산, 사진, 하모니카, 악기와 무용 공연, 고적 탐사, 문인화, UCC, 스포츠댄스, 영어동화, 골프, 연극, 부부 스포츠댄스 등
외부 지원 특화사업	예비조부모 교육지원사업	체계적 손자녀 양육 지원	
	남성 대상 요리교실	남성 노인의 생활적응 지원	
	인문학아카데미	인문학적 소양 함양	

(2) 대한노인회 산하 노인교실의 노인을 위한 교육 프로그램

1981년 한국성인교육협회가 대한노인회로 흡수되면서 1978년부터 전국의 각급 학교에 학구단위로 설립되었던 대부분의 노인교실들을 대한노인회에서 운영하게 되었다. 물론 지금은 「노인복지법」상의 명칭인 노인교실보다는 노인대학, 장수대학, 노인학교, 실버대학 등 다양한 명칭으로 불리고 있다. 2007년 현재 대한노인회 산하 노인교실은 전국에 296개로 파악된다.

대한노인회 산하 노인교실은 회원들의 고령화로 대부분이 70대에서 80대 연령층이며, 대체로 학력이 낮고 매년 반복 입학하여 교육을 받는 이들이 많다. 교육내용은 교양 30%, 국내외 정세 30%, 지능습득 20%, 건강관리 · 기타 20%로 구성하는 것이 대한노인회가 제시하는 기준이지만, 실제로는 체계적으로 구체적인 교육내용에 대한 계획을 수립하기보다는 섭외가 가능한 지역 인사들을 미리 정해 놓고 영역별로 강의를 분배하는 형식으로 수업이 진행되고 있다. 〈표 10-2〉는 대한노인회 충남 지회 부설 A노인대학의 프로그램 사례다.

이와 같이 교육내용이 교양, 국내외 정세, 지능습득, 건강관리 · 기타 등으로 분류되어 있기는 하지만, 실제 내용이나 교육의 목적에 비추어 볼 때 엄밀한 구분이 어렵다. 이는 일정한 기준 없이 대한노인회에서 규정하는 원칙에 따라 강의의 영역을 분배하기 때문이다. 따라서 교육의 목표에 따른 교육보다는 강사의 편의에 따른 교육이 실시되고 있는 형편이다.

대한노인회에서는 노인대학으로 부르는 일반적인 노인교실 외에도 '노인지도자대학'과 '경로당 노인대학'을 운영하고 있다. '노인지도자대학'은 새로운 정보와 지식을 함양하여 변화하는 시대에 적응하는 능력을 제고하여 노인지도자로서의 자질을 향상하고 조직의 활성화를 도모함을 목적으로 운영된다. 교육대상은 각급회 임원 및 정회원으로, 구 · 군지회장이 추천하는 사람으로 하고, 정원은 60명이며, 교육은 상반기(3월)와 하반기(8월)로 나누어 연 2회 3개월씩 실시한다. 그리고 경로당 노인대학은 각 경로당별로 운영하도록 하고 있으나, 대부분의 경로당이 시설이나 재정 면에서 매우 열악한 형편이어서 사실상 운영이 활성화되기 어려운 상황이다.

(3) 대학(원) 부설 평생교육원의 노인을 위한 교육 프로그램

2013년 현재 대학(원)부설 평생교육원은 405개에 이르며, 2만 6,952개의 프로그램에 88만 3,176명의 학습자들이 참여하고 있다. 그러나 2,600여 개 프로그램 중 단 107개만이 노인 대상의 프로그램으로 전체 프로그램 중 0.4%

표 10-2   대한노인회 A노인대학의 프로그램 사례

학기	회차	내용	강사
1학기	1	교양	연수원장
	2	교양	전 대학교수
	3	국내외 정세	전 국회의원
	4	교양	대학교수
	5	건강	노인대학장
	6	건강	건강보험공단
	7	교양	전 대학교수
	8	견학	
	9	건강	전 학교장
	10	구강관리	치과대학교수
	11	국내외 정세	대학교수
	12	교양	치과대학교수
	13	특강	전 교육장
	14	특강	C시 노인회장
	15	교양	전 국회의원
	16	건강	전 학교장
	17	국내외 정세	대학교수
	18	교양	전 대학교수
	19	교양	대학교수
	20	종강식	
2학기	1	개강식	
	2	건강	전 학교장
	3	국내외 정세	전 국회의원
	4	교양	대학교수
	5	건강	병원장
	6	지능습득	노인대학장
	7	교양	연수원장
	8	교양	대학교수
	9	국내외 정세	대학교수
	10	교양	전 교육장
	11	지능습득	노인대학장
	12	교양	연수원장
	13	교양	대학교수
	14	국내외 정세	대학교수
	15	교양	연수원장
	16	교양	전 대학교수

에 불과하다.

현재 대학에서 실시하는 노인 대상 교육을 유형별로 살펴보면 다음과 같다.

첫째, 대학 공개강좌 형태의 노년교육으로, 경북대학교 명예학생 및 명예대학원생 프로그램이 그 대표적 사례다. 경북대학교는 1995년 처음으로 본부 교무과에서 명예학생제도를 운영하다가, 1998년부터 사회교육원(현, 평생교육원)으로 이전하여 운영해 오고 있다. 이 제도 도입의 근본취지는 대학 내의 인적·물적 자원을 지역사회와 교류함으로써, 지역사회에 대한 연계를 강화하는 데 있다. 명예학생 프로그램은 1995년 3월 18일 명예학생 제1기 입학식을 가진 이후, 현재까지 매년 명예학생을 모집하고 있다. 지원자격은 만 55세 이상이면 누구나 가능하며, 비학위과정으로 총 30학점을 이수할 경우 수료증을 발급한다. 교육내용은 학부의 교양과목 중 예외적인 과목을 제외한 모든 교양과목을 일반 대학생들과 함께 수강할 수 있다. 모집 시기는 연 1회로 매년 12월부터 익년 1월까지이고, 등록순으로 선발하며, 모집 정원을 초과할 때에는 서류전형 등으로 선발한다. 학습비는 학기당 10만 원이며, 수업기간은 3년이다. 수업일수 중 3/4 이상 출석하는 경우 별도의 시험 없이 학점을 취득할 수 있다. 명예학생에게는 재학생과 동일한 교내 편의시설 이용, 도서관(도서열람 및 대출) 이용, 체육진흥센터(체육시설 이용 및 수강) 이용, 정기주차 이용, 명예학생증 발급 등의 혜택이 주어지며, 동아리활동(컴퓨터회, 테니스회, 가곡회 등)에 참여한다. 명예대학원생 프로그램은 명예학생 수료자들 중 6학기(3년)로 매학기 3개 과목씩 수강하며, 교육내용은 역사와 인문학(한국사 인물 기행, 동양의 역사와 문화, 서양의 역사와 문화, 세계문화의 이해, 일본문화의 이해, 중국문화의 이해), 정치·교양(국제시사해설, 남북관계의 변화와 전망, 실버자산관리, 생활속의 법률상식, 동양철학과 명리, 컴퓨터), 건강·예술(인체의 신비와 기능, 질병예방과 건강증진, 웰빙건강법, 생활요가, 생활건강댄스, 문화로 읽는 대중가요의 흐름) 등이다. 지원 자격은 명예학생 프로그램과 마찬가지로 제한이 없고, 학습비는 학기당 25만 원이며, 3년(6학기) 동안 70% 이상 출석하면 경북대학교 총장 및 평생교육원장 명의의 수료증을 발급한다(http://knusys9.

knu.ac.kr/clcd/comm/support/main/index.action 2014.3.17. 접속).

둘째, 외부 지원을 받아 대학에서 실시하는 노년교육 프로그램으로 대부분 무료나 실비로 교육이 제공된다. 대표적인 예는 다음 세 가지다. 첫 번째는 실버넷 운동 본부가 주관하는 실버넷 운동으로, 전국 100여 개 대학을 중심으로 55세 이상의 대상에게 무료 인터넷 교육을 실시하고 있다. 두 번째는 지금은 중단된 교육부의 노인교육 담당자 및 전문가 양성 프로그램으로, 참여자들의 전문성 제고 및 노년교육 활성화에 그 목적을 두었다. 세 번째는 소외계층 및 노인교육 지원 사업으로, 교육부가 국가평생진흥원에 위탁하여 우수 프로그램을 공모·지원하는 사업이다. 소외계층 지원 사업은 저소득자, 저학력자, 고령자, 장애자 등 취약계층에 대해 자활 기회를 부여하고 삶의 질을 향상시키며 사회적 통합을 증진하기 위한 목적으로 시행하고 있다.

셋째, 대학 평생교육원 자체에서 운영하는 노년교육 프로그램이다. 대표적인 예로는 전북대학교 평생교육원에서는 '실버대학'과 '실버건강댄스' 프로그램을 운영하고 있다. 두 프로그램 모두 수강대상은 60세 이상으로, 실버대학은 주 2회 일 2시간씩 운영되고, 수강료는 한 학기 6만 5,000원이며, 교육내용은 노래교실, 요가, 건강라인댄스 등이다. 실버건강댄스는 주 2회 일 1시간 반씩 수강료는 11만 원이다(http://www.cec.jbnu.ac.kr/ 2014. 3. 17. 접속). 이화여자대학교 평생교육원에서는 '행복한 노후생활 만들기' 과정을 운영하고 있다. 이 프로그램은 100세 수명시대를 살아가야 하는 사회상황과 변화에 대한 인식을 바탕으로 다양한 분야의 교육을 제공하여 인생 후반기 생활설계를 성공적으로 할 수 있도록 돕는다. 또한 행복한 노후생활을 할 수 있도록 이끌어 주고자 노후생활의 전반적 이해와 후반기 인생에 대한 구체적 설계, 이미지 관리 등을 목적으로 한다. 수업기간은 1학기(15주 과정)로 주 3시간씩 수업이 진행되며, 수강대상에 제한은 없고 수강료는 30만 원이다(http://sce.ewha.ac.kr 2014. 3. 17. 접속).

(4) 종교시설의 노인을 위한 교육 프로그램

우리나라에서 현재 노인을 위한 교육을 실시하고 있는 종교기관은 꾸준히 증가하고 있음에도 불구하고 종교시설의 설립에 특별한 허가나 등록 절차가 없어서 종교시설의 숫자조차 정확히 파악할 수 없는 상황이어서 종교시설에서 운영하는 노년교육 시설 현황 또한 정확한 파악이 어려운 실정이다. 대부분의 종교단체 소속 노인대학들은 소속 종교단체에서 지원을 받으며, 교인들의 헌금을 통하여 비교적 풍족한 환경 속에서 교육이 이루어진다.

2013년 1월 현재 약 120개 노인대학이 소속된 천주교 서울대교구 산하 가톨릭서울시니어아카데미(구 가톨릭노인대학연합회)는 연합회를 통해 비교적 체계적인 교육이 이루어지고 있다. '노인대학 매뉴얼'과 성경을 중심으로 노인대학에서 활용할 수 있는 월간 교재를 제공하되, 구체적인 교육내용은 각 본당 자율에 맡기고 있다. 한편으로는, 초급과 중급으로 나누어 1년 동안 진행되는 체계적인 노인대학 봉사자 교육을 통하여 각 본당 노인대학 봉사자들 간의 정보교환과 교육의 질적 향상을 꾀하고 있다. 천주교 각 본당의 노인대학에서 다루는 교육내용은 대개 영성·전례·교양 프로그램(성경, 성인, 희생, 피정, 부활, 성모님, 순교자 성월, 성탄, 위령, 심성수련, 노년기 친구관계 등), 지역사회 프로그램(지역사회의 환경, 역사, 자원, 문제, 자원봉사 등), 사회·시사 프로그램(경제, 정치, 소비, 시사, 미디어 등) 등의 세 영역으로 구성되며, 이 밖에 클럽활동도 활발히 이루어지고 있다.

한편, 천주교 서울대교구에서는 2007년부터 55세에서 67세 사이의 젊은 노년층을 대상으로 '가톨릭영시니어아카데미'를 설립, 운영하고 있다. 가톨릭영시니어아카데미의 교육은 인생의 후반기를 이해하기 위한 사회적인 기본 지식과 함께 노년기를 주체적으로 설계하기 위한 사회, 문화, 건강, 종교적 지식을 학습하는 '교양강의'와 문학, 미술, 사진, 연극, 웰빙·웰다잉, 음악(기타, 하모니카), 엔터테인먼트(노래·레크레이션·웃음), NIE(신문활용교육) 등의 '두레활동'으로 구성된다. 과정은 총 2년으로 운영되며, 교양강의에 80% 이상 그리고 두레활동에 50% 이상 출석할 경우에 졸업장을 수여하며,

졸업 후에는 다양한 클럽활동, 연구회 활동, 그리고 연구과정을 통해 강사로
활동할 수도 있다. 〈표 10-3〉과 〈표 10-4〉는 2013년 현재 가톨릭영시니어아
카데미 교육 프로그램이다.

표 10-3 **가톨릭영시니어아카데미 교육 프로그램(1학기)**

주차	영역	내용
1	종교	입학미사 및 개강미사
2	사회문화	평생교육과 잠재능력
3	사회문화	나를 찾아서
4	종교	새로운 복음화
5	봉사	시니어와 자원봉사
6	종교	그리스도인의 영성
7	현장체험	테마여행(1박 2일)
8	건강	건강관리를 위한 응급상황 대처법
9	종교	믿음의 여인 마리아
10	종교	하느님 말씀은 신앙의 기반
11	건강	기억력 유지와 향상 훈련
12	사회문화	자연과의 대화
13	사회문화	예수님 안에서 가족사랑
14	종교	미사 전례
15	종교	종강미사
	사회문화	빛의 예술: 스테인드글라스

출처: http://www.isenior.or.kr/ 2014. 3. 18. 접속.

표 10-4 **가톨릭영시니어아카데미 교육 프로그램(2학기)**

주차	영역	내용
1	종교	개강미사
2	사회문화	행복을 찾아가는 사람들
3	종교	순교자 영성
4	현장체험	찾아가는 성지순례

5	사회문화	행복한 삶을 위한 긍정적 마인드
6	봉사	축제(노인의 날)
7	사회문화	전통문화 속의 죽음관
8	종교	창조질서 보존을 위한 그리스도인의 소명
9	종교	교회 안에서 시니어의 역할
10	건강	건강한 노안
11	사회문화	음악 안에, 주님 안에, 쉼!
12	종교	교회법
13	사회문화	종강피정 및 미사(1박 2일)

출처: http://www.isenior.or.kr/ 2014. 3. 18. 접속.

(5) 평생학습관의 노인을 위한 교육 프로그램

2013년 현재 평생학습관은 전국에 총 421개에 이르며, 평생학습관에서 운영하는 총 1만 7,708개의 평생교육 프로그램 중 노인을 대상으로 하는 프로그램은 2,144개(12.1%)다(교육부, 한국교육개발원, 2013). 평생학습관의 노인 대상 프로그램 사례를 살펴보면 다음과 같다.

① 진안군의 '예순과 아흔이 함께 쓰는 인생노트' : 이 프로그램의 목적은 노인들이 지금까지 살아온 삶을 정리하고 새로운 삶을 기획함으로써 남은 생 역시 스스로 만들어 가야 함을 자각하도록 하는 것이다. 거기에 노인의 특성에 맞춰 이야기와 미술, 수지침이나 발마사지 등 다양한 체험식 프로그램을 활용하고, 심리상담 전문가들을 투입하여 일대일 상담을 함께 진행한다.

② 인천 계양구도서관(회양평생학습관)의 '55,88 희망 프로젝트' : 외국어와 정보화 교육, 노래부르기 교실을 동시에 진행하고, 4050세대과 6070세대가 함께 어우러져 세대 간 격차 해소를 돕는다는 점이 가장 큰 특징이다. 영어 알파벳 습득과 인터넷 활용능력 배양을 통해 노소(老少) 간 또는 노노(老老) 간 정보격차 해소에 기여하고, 노래와 율동 등을 어르신

및 일반인이 함께 배우는 기회를 통해 세대 간 자연스러운 교류와 공감의 기회를 확대한다. 또 노래교실을 통해 배운 노래와 율동은 어르신 중창단이나 노래동아리 등을 조직하여 복지관이나 병원 등에서 공연이나 교육 자원봉사활동에 활용하게 함으로써, 여가 시간을 의미 있게 보낼 수 있도록 한다.

2) 외국 프로그램 사례

(1) 미국의 엘더호스텔/로드스콜라

엘더호스텔(Elderhostel)은 여행과 발견, 학습을 결합한 프로그램이다. 엘더호스텔은 여행가이자 사회활동가인 노울턴(Marty Knowlton)과 대학행정가인 비앙코(David Bianco)에 의해 시작되었다. 노울턴은 유럽을 여행하면서 보았던, 지역사회에 적극적으로 참여하고 활동하는 유럽 노인들에게서 영감을 얻어 미국 노인들에게 은퇴 후 적극적인 삶을 제공하기 위하여 비앙코와 엘더호스텔을 설립하기로 결정하였다. 그리고 1975년 뉴햄프셔(New Hampshire)의 5개 대학에서 220명의 노인 참여자들과 함께 첫 엘더호스텔을 시작하였다. 첫 실험은 성공으로 이어져 1980년에는 50개 주에서 2,000명의 노인이 참여하는 프로그램으로 확대되었고, 1981년에는 멕시코에서 첫 국제프로그램이 시작되었으며, 등록생이 1986년에는 10만 명, 1999년에는 25만 명으로 성장하였다. 2004년에는 새로운 탐험 프로그램 로드스콜라(Roadscholar)를 시작하였고, 2010년에는 여행의 의미를 담은 'road'와 배움에 대한 깊은 이해를 뜻하는 'scholar'의 의미를 담아 '로드스콜라'로 이름을 바꾸었으며, 2012년부터는 3세대를 위한 'FAMILY' 프로그램을 진행하고 있다. 현재는 미국의 전 주와 전 세계 150개국에서 진행되는 국제적인 프로그램으로 성장하였다.

일반적으로 미국 내 프로그램의 경우에는 1주(5일), 해외 프로그램일 경우에는 1~3주 정도의 기간이 소요되며, 하루 프로그램도 있다. 과거에는 교육

기간에 대학 기숙사에서 숙식을 하며 일반 전일제 대학생이 하는 대부분의 활동에 참여하였다. 즉, 대학 캠퍼스의 기숙사에서 생활하고 대학식당에서 식사하며 수업에 참여하는 등 실제 대학생의 생활을 경험할 수 있는 기회를 가졌다. 그러나 지금은 다양한 시설이 활용되며, 수강료는 숙식 포함의 여부에 따라 달라지지만 보통 숙식을 모두 포함하는 경우 일주일(5일)에 600~700달러 정도로 다소 부담스러운 금액이다. 그러나 경제적인 형편이 어려운 경우에는 장학금의 혜택을 받을 수 있다. 학위 취득을 위한 코스가 아니기 때문에 과목에 대한 선수학습이나 훈련을 특별히 받을 필요가 없다. 따라서 학습자 중에는 고등학교를 졸업하지 못한 사람들이 상당수를 차지하는 등 입학자격이 자유로운 편이다.

프로그램의 내용은 교양, 문화, 건강 프로그램 등 다양하게 구성되어 있는데 세부 프로그램은 지역마다 특색 있게 진행된다. 그중 가장 인기 있는 프로그램을 몇 가지 소개하면 다음과 같다.

- **선상 탐험 프로그램**(Adventures Afloat Cruises): 국내 혹은 해외의 강이나 바다를 따라 여행하며 학습을 하는 프로그램으로 매우 인기 있는 프로그램이다.
- **독립적인 도시 탐험 프로그램**(Independent City Discoveries): 구조화된 학습과 독립적인 여행이 결합된 프로그램으로, 호텔 숙박과 식사, 그리고 강의와 전문가가 동행하는 현장견학, 4개의 자기주도 여행을 위한 구체적인 안내문이 제공된다.
- **조부모 여행 프로그램**(Grandparent Travel): 어린 손자녀와 함께 여행하고 탐험하는 프로그램으로, 현장견학과 상호작용 학습기회를 동시에 얻을 수 있다.
- **국립공원 프로그램**(National Parks): 알래스카의 데날리(Denali) 국립공원에서부터 플로리다의 에버글레이즈(Everglades) 국립공원에 이르기까지 아름답고 역사적인 국립공원에서 아름다운 경치와 야생을 배우는 프로그램이다.

- **야외 탐험 프로그램**(Outdoor Adventures): 그랜드캐년에서의 하이킹에서부터 자전거로 프랑스 여행하기에 이르기까지, 또 골프나 테니스 등의 활동적인 프로그램을 통해 몸과 마음을 단련하는 프로그램이다.
- **봉사학습 프로그램**(Service Learnig): 어린 학생들을 가르치거나, 야생동물들을 위한 숲생태를 복원하거나, 박물관 안내를 하는 등 다양한 봉사활동을 통해 세상을 바꾸는 기회를 가질 수 있는 프로그램이다.
- **소그룹 활동**(Small Groups): 소그룹으로 배우기를 좋아하는 사람들을 위해 10명에서 24명까지 소그룹으로 이루어지는 프로그램들이다.

이 밖에도 보드게임, 와인, 댄스, 음악, 오페라, 그림 그리기, 종교와 철학, 정치과학, 자연과학, 수상스포츠, 겨울 스포츠, 영화, 사진, 정원 가꾸기, 예술사 · 예술비평, 공예, 역사와 문화, 자연사 등 매우 다양한 주제의 프로그램이 개설되어 있다.

(2) 미국의 은퇴 후 학습 센터/로드스콜라 학습 네트워크[1]

은퇴 후 학습 센터(Lifelong Learning Institutes: LLIs)는 비학점제로 운영되는 노인들을 위한 대학 수준의 교육 프로그램으로, 퇴직자들이 모여 서로 배우고 가르치는 또래학습 공동체다. 1962년 은퇴 교육자들이 지금은 'New School University'라고 불리는 'New School for Social Research'에 모여 대학 수준의 교육내용을 제공하는 성인 중심의 프로그램을 개발한 것이 시초가 되었다. 그 후 은퇴후 학습 센터는 1980년대 중반까지 50개 이상으로 늘어났고, 1988년부터 엘더호스텔과 연계, 2000년에는 이름을 평생학습센터(Lifelong Learning Institutes: LLIs)로 변경하였다. 그리고 엘더호스텔의 명칭이 변경됨에 따라 2013년부터는 로드스콜라 학습 네트워크(Road Scholar Institute

---

1) http://www.roadscholar.org/n/institute-networkhistory 2014. 3. 7. 접속.

Network: RSIN)로 다시 이름을 변경하였다. 현재 미국에만 400여 개의 RSIN 이 운영되고 있다.

RSIN은 하버드 대학교, 서던메인 대학교, 플로리다 대학교, 캘리포니아 대 학교(데이비스, 버클리), 버지니아 대학교, 텍사스 대학교(오스틴), 일리노이 대 학교(어바나-샴페인), 노스웨스턴 대학교, 일리노이 주립대학교, 아이오와 주 립대학교 등 지역의 대학들이 주축이 되어 운영하며, 특별한 입학자격 없이 누구나 희망하면 참여할 수 있는 프로그램이다. 참가비는 한 해에 최하 25달 러에서 최고 125달러까지 학교마다 차이가 있다. 회원들에 의해 개설되는 강 좌 외에도 다양한 취미나 이벤트 클럽들이 운영된다.

프로그램 내용은 매우 다양하다. 음악(음악, 프랑스 시민혁명 시대의 음악, 명 작 뮤지컬, 오페라, 바하, 모차르트, 위대한 작곡가의 삶과 작품 등), 미술(수채화, 미술사, 중국미술, 소묘, 유화, 앤틱 등), 문학(셰익스피어, 미국남부의 단편소설, 캐 나다 소설, 명작소설 100선, 미국의 미스터리 작가들 등), 글쓰기(자서전 쓰기, 수 필, 기억을 기록으로 바꾸기, 창조적 글쓰기 등), 연극(희곡 읽기, 극작가의 극장, 무 대 위의 가족들 등), 시(시 읽기와 이해하기, 서사시, 교실의 시인들 등), 역사(시민 전쟁, 왕조사, 20세기 캐나다, 한국에서 코소보까지, 미국의 대통령들, 미국 역사, 유대인 대학살, 제2차 세계대전, 19세기와 20세기의 여성들, 비잔틴 왕국 등), 신체 와 정신(영양, 노화생리, 유머와 건강, 의료윤리, 행복과 불행, 뇌 연구, 체중관리, 인간관계, 스트레스 관리, 건강관리 등), 지역 관심사(지역 에코시스템, 날씨, 역사 적 지역들, 지역 이벤트, 파머스 마켓, 동물원, 지역에서 신문의 역할, 지역 역사, 공 교육문제 등), 정치(오늘날 세계경제에서 미국의 리더십, 정치-리더십-정의, 외교, 세금법의 변천, 미국과 중국의 관계, 총기 규제 등), 과학과 수학(천문학, 지질학, 생명과학, 과학과 기술, 가을하늘, 물리학, 유전공학의 도전, 현대과학의 성과, 우주 등), 실습(지도 읽기, 볼룸댄스, 브리지, 실내조경, 골프, 사진, 축구, 피아노 등), 종 교와 철학(종교철학, 기독교, 세계의 종교, 천사, 성경공부, 유대교의 발전, 성경의 오해 등), 재정(부호와 유명인들의 투자 스타일, 노인을 위한 투자전략, 재정계획, 주식, 노인들을 위한 세금, 은퇴 설계와 투자 등), 이국의 문화(스칸디나비아, 폴란드의 예술 · 역사 · 문화, 유태문화, 문화적 표현, 동양의 문화와 예술, 발칸반도의 역사와 문화, 브라질 등), 언어(독일어, 프랑스어, 이태리어, 스페인어, 라틴어, 아랍어 등) 등이 있다.

(3) 미국의 오아시스[2]

1982년 노인청은 민관협동 노년교육을 추진하기 위하여 세인트루이스(St. Louis), 볼티모어(Baltimore), 로스앤젤레스(Los Angeles), 클리블랜드(Cleveland) 등 네 곳의 메이(May) 백화점(지금의 Macy's)에 오아시스(Older Adult Service and Information Systems: OASIS) 강좌를 2년 동안 시범사업으로 지원하였다. 그 후 메이시스에서는 오아시스센터를 각 백화점에 영구적인 프로그램으로 수용하여 전국적 프로그램으로 발전시켰다. 현재는 50세 이후의 적극적인 삶을 돕기 위하여 건강관련 기관, 시니어센터, 도서관, 대학, 지역사회 조직들 등 700여 개의 기관들과 협력하고 있으며, 연 5만 9,000명 이상의 노인이 프로그램에 참여하고 있다.

오아시스 프로그램은 평생교육, 건강과 웰빙, 세대 간 프로그램을 통한 지역사회 참여, 정보화교육을 통한 세상과의 소통 등 다양하다.

구체적으로 살펴보면, 역사, 정치, 미술, 신체예술, 재정이나 법률 문제, 글쓰기, 여행 등 다양한 평생교육 프로그램들 외에 다음과 같은 특별한 프로그램들이 있다.

① CATCH Healthy Habits: K~5학년[3]까지의 아이들과 50세 이상 성인들에게 건강한 식습관과 신체활동 습관을 가르치는 프로그램이다.

② Connection Technology: 미국의 최대 통신회사인 AT & T의 지원을 받아

---

2) http://www.oasisnet.org/ 2014. 3. 9. 접속.
3) 미국 초등학교 교육은 유치원 단계인 K(Kindergarten)를 포함, K, 1, 2, 3, 4, 5학년까지의 6년으로 이루어진다.

50세 이상 성인들을 대상으로 컴퓨터와 인터넷, 문서작성, SNS, 스마트폰 등에 관한 기술을 가르침으로써 디지털 세상과 소통할 수 있게 돕는다.

③ 세대 간 튜터링(Intergenerational Tutoring): 1989년 이래 100개 이상의 학교구에서 35만 명 이상의 학생들이 오아시스 튜터들로부터 도움을 받았다. K~4학년까지의 아이들에게 읽기 능력과 학업성취, 학습태도 등을 개선하기 위하여 50세 이상의 훈련받은 튜터가 도움을 제공한다.

④ Active Start: 신체적으로 활동적인 생활습관을 개발하기 위한 프로그램이다. 행동변화 프로그램인 Active Living Every Day와 운동 프로그램인 Exerstart 등 두 가지 프로그램이 있다.

⑤ Chronic Disease Self-management Program(CDSMP): 스탠퍼드 대학교에서 개발한 6주간 프로그램으로 피로, 고립이나 통증 등의 문제를 다루는 기술, 근력이나 유연성을 기르는 운동, 올바른 약물 사용, 친구나 가족, 의료진과의 효과적인 의사소통, 영양, 새로운 치료방법을 평가하는 법 등을 포함한다.

⑥ Peers for Productive Aging: 월 1시간 정도씩 또래들이 함께 모여 토론을 함으로써 퇴직과 노화로 인한 삶의 전환기에 있는 사람들을 돕는 프로그램이다.

⑦ 당뇨병 교실(Better Choices, Better Health®-Diabetes): 이 프로그램 역시 스탠퍼드 대학교에서 개발한 것으로, 6주간의 무상 프로그램이다. 주요내용은 당뇨식이의 이해, 자가 혈당관리, 운동방법, 가족 및 친구, 의료진과의 의사소통 개선, 활동 관리, 비슷한 환우들에게 도움 주기 등이다.

(4) 미국의 PLATO Society[4]

1980년 UCLA 대학에서 학습동아리 형태의 대표적인 또래학습 프로그램인

---

4) http://www.theplatosociety.org/ 2014. 3. 9. 접속.

'UCLA PLATO(Partners in Learning Activity Teaching Ourselves)'로 시작되었으며, 2013년부터는 독자적인 비영리교육기관인 'The PLATO Society of Los Angeles'로 독립하였다. 50세 이상의 주로 사업, 전문직, 예술, 자원봉사 분야에서 20년 이상 종사한 남녀로 구성된다. 또한 UCLA 학부생 중 우등생이 각 그룹에 한 명씩 참여할 수 있도록 하여 세대 간의 소통 기회도 함께 제공한다.

PLATO는 전통적인 방식의 교수자-학생 접근을 떠나 참여자들이 주제에 대한 서로의 생각을 자극하고 격려한다. 토론그룹은 대개 1명의 코디네이터를 포함해 14명으로 인원이 제한되며, 주 1회 2시간씩 14주에 걸쳐 진행된다. 모든 참여자는 돌아 가면서 한 주씩 리더가 되어 토론을 주재한다. 매 학기마다 25개 주제가 개설된다. 회비는 연 485달러이며, 제한적인 인원으로 이루어지기 때문에 새로운 회원은 해마다 정해진 인원만큼만 허용된다. PLATO 회원들은 학습그룹 외에도 매년 7회 정도 다양한 분야의 석학들을 초청하는 콜로키아(Colloquia), 매년 2월에 중요한 현안을 주제로 하루 종일 프로그램으로 진행되는 PLATO의 초대 학장의 이름을 딴 밀홉트 세미나(Milhaupt Seminar), 2~3주 정도의 해외여행, 한 주 동안 관심 있는 주제들에 대해 점심시간을 이용해 회원들이 함께 토론하는 Brown Bag Lunches, 월 1회 지역의 관심 있는 장소를 함께 방문하는 Day Trips 등에 참여한다. 그리고 그때그때 관심사에 따라 hiking groups, dining groups, movie groups, astronomy groups, technology groups, book groups, bridge groups, art groups 등의 특별그룹(Ad Hoc Groups)이 만들어지기도 한다.

PLATO에서 다루는 주제는 매우 전문적이고 수준 높은 것들이다. 그동안 다루었던 대표적인 주제로는 비교신학, LA의 건축물, 세계에서의 미국 경제, 회상예술, 아서 밀러의 연극, 미국은 쇠퇴하는가, 아랍의 역사, 고대 그리스 드라마, 서유럽의 정치적 탄생, 20세기 시(詩), 전환기의 러시아, 오늘의 중국, 우주탐사, 두뇌와 정신 등이 있다.

(5) 미국의 셰퍼드센터[5]

셰퍼드센터(Shepherd's Centers in America: SCA)는 기독교 신앙에 바탕을 둔 기구로, 노년의 삶에 의미와 목적을 제공하기 위한 조직이다. SCA는 1975년 감리교회 목사였던 코울(Elbert C. Cole)에 의해 켄사스시티(Kansas City)에서 처음 설립되었으며, 현재는 501개의 센터를 지닌 전국적 조직으로 성장하였다. SCA의 기본 이념은 노인들 스스로 힘을 갖도록 하고 그들의 지역사회가 모두에게 더 살기 좋은 곳이 되도록 하는 데 그들의 재능과 지혜를 나누도록 하는 것이다. 이를 위하여 노인들에게 건강 증진, 문화적 보강, 평생학습의 기회를 제공한다.

주요 프로그램은 학습 프로그램, 건강 프로그램, 가사 도움 프로그램의 세 가지로 구성된다.

① 학습 프로그램(Learning Programs): 다양한 주제들에 대한 학습으로 강좌 교사들은 대부분 은퇴 노인들이다. 컴퓨터, 세대 간 프로그램, 개인재정 (AARP 연계), 세금, 55 Alive(AARP Program), 공예(도자기, 나무공예, 통나무 의자 만들기, 뜨개질, 퀼팅 등), 미술 등이 있다.

② 건강 프로그램(Health Programs): 건강검진, 가정방문 혈압체크, 가정방문 건강도우미, 영양교육, 의료 및 건강 교실, 의료장비 임대, 요양원 방문 서비스, 케어 휴식 봉사(환자 간호 가족에게 휴식을 제공하는 서비스), 식사 배달, 운동교실, 보험신청서 작성 도우미 등이 있다.

③ 가사 도움 프로그램(Home Assistance Programs): 주거관리 정보 제공, 집수리 도우미, 차량 도우미, 쇼핑 도우미, 전화방문, 가정방문 말벗, 이웃 지킴이(필요한 서비스가 있는 노인들에게 서비스를 연계), 이웃 노인, 삶의 질 향상 서비스, 회상 프로그램, 외출 및 여행, Performing Arts(지역 행사,

---

5) http://www.shepherdcenters.org/ 2014. 3. 9. 접속.

요양원 등에서 악기, 합창, 드라마 그룹, 광대 클럽, 댄스 그룹 등을 조직), 지지집단(치매, 뇌졸중, 사별, 체중관리, 암 등의 관리를 돕는 Support Groups), SPRINGthing(연 1회 전국적으로 지역사회에서 어려운 가족들에게 도움을 제공하는 행사), 주간보호, 정보제공 및 셰퍼드센터 연계 서비스 등이 있다.

(6) 일본의 고베(神戶)시 실버칼리지

고베시는 1995년 대지진으로 유명한 지역이다. 대지진으로 도시가 반파되었고, 지진의 참사로부터 도시를 복구하면서 고베시는 1987년부터 축구장의 287배 크기에 달하는 205만㎡ 넓이의 '행복마을(시아와세노무라[しあわせの村])'을 건설하였다. 행복마을은 의료보건, 문화예술, 스포츠, 교육, 숙박, 요양 등의 시설을 두루 갖춘 종합복지타운이다.

행복마을 안에는 장애인 직업훈련 및 재활센터, 중증 재가 장애인 주간보호센터, 정신지체 장애인들 직업훈련시설, 치매노인 주간보호센터, 재활병원, 시설 입소자들과 그 가족들을 위한 숙박시설, 노인 재활 및 요양시설, 노

〈고베 실버칼리지〉

인 치매 전문병원, 중증 장애아 치료센터, 일반 숙박시설, 온천 건강시설, 그리고 다양한 체육 및 여가 시설 등을 갖추고 있어 장애인과 일반인 그리고 아동으로부터 노인까지를 모두 포함하는 세대 및 사회 통합의 장소다.

그 행복마을 안에 자리한 노인교육 시설인 실버칼리지(Silver College)는 1993년 설립되었다. 입학 대상은 57세 이상 고베 시민이면 누구나 가능하며, 현재 약 1,200여 명의 노인 학습자들이 참여하고 있다. 1년 수업료는 5만 엔(종합예술 전공은 5만 6,000엔)이며, 매년 2월 초에 신입생을 모집한다. 과정은 3년제로 이루어지며, 주 2일 연 총 63일 수업이 진행된다. 수업은 전공 수업과 공통 수업으로 구성되며, 대개 오전과 오후 각 1시간 30분씩 수업이 진행되고, 수업 후에는 각자 자유롭게 클럽활동에 참여한다. 전공은 크게 네 개로, 건강복지 전공(100명), 국제교류 · 협력 전공(100명), 생활환경 전공(100명), 종합예술 전공(미술 · 공예 전공, 음악문화 전공, 원예 전공, 식문화 전공 각 30명)이다. 봉사활동도 활발히 이루어지고 있어서 현재 약 30개의 봉사활동 단체가 활동 중이며, 42개의 클럽활동이 진행되고 있다.

(7) 일본의 아카시(明石) 시립 고령자대학

아카시 시립 고령자대학은 1981년 설립되었으며, 처음에는 시내 다른 곳에서 수업을 해 오다 1999년 아사기리(朝霧) 중학교가 폐교되면서 학교 건물을 리모델링하여 일부는 커뮤니티 센터로, 일부는 고령자대학으로 사용하고 있다. 입학대상은 60세 이상 아카시 시민이면 누구나 입학할 수 있다. 학교는 3년제의 본교와 좀 떨어진 곳에 위치한 2년제의 분교로 나뉘어 있다.

본교의 경우, 수업료는 연 1만 5,000엔이며, 매년 2월에서 3월 사이에 한 차례 신입생을 모집한다. 현재 정원은 600명 정도인데, 전공은 경관원예 전공, 생활복지 전공, 음악교류 전공, 건강스포츠 전공, 커뮤니티 전공 등 5개다. 수업은 주 하루 연 총 35일 진행되고, 오전 1시간 30분은 공통수업 그리고 오후 2시간은 전공별 수업이 이루어지며, 그 이후에는 다양한 클럽활동에 참여하게 된다. 3년 과정을 모두 마치면 졸업을 하게 되는데, 졸업 후에는 2년

〈아카시 고령자대학〉

이상 지역사회에서 자원봉사 등의 활동 참여를 의무화하고 있다. 그리고 2년 이상의 활동 후에야 전공을 바꾸어 재입학을 할 수 있다. 1~2학년은 주로 지식 및 기능 습득을 중심으로 교육이 이루어지고, 3학년은 2년간 배운 전공 지식을 기초로 하는 지역사회 활동을 중심으로 교육이 이루어진다. 또 공통학습으로는 주로 지역의 축제나 자원봉사 활동, 환경과 복지, 건강, 시사 및 국제 문제, 문화와 역사 등에 관한 내용들로 이루어진다. 공통학습과 전공학습 외에도 27개 이상의 클럽이 활발히 활동하고 있다.

또한 학교에는 학생들의 전공 선택이나 학교생활을 도와주기 위한 코디네이터 4명이 상주하며, 강사진은 주로 현업에서 은퇴한 각 분야 전문가나 대학교수 등으로 구성된다.

제11장 노인에 관한 교육

1. 노인에 대한 사회적 편견

노인에 관한 교육에 대하여 본격적인 논의를 시작하기에 앞서 노인에 관한 교육이 왜 그리고 얼마나 중요한가를 생각해 볼 필요가 있다. 이를 위하여 먼저 우리 사회가 노인들에 대해 얼마나 부정적인 시선과 잘못된 지식 그리고 오해를 가지고 바라보는가를 냉철하게 반성해 보아야 할 것이다.

노인병학자인 버틀러(Butler, 1969)는 연령을 이유로 개인이나 집단을 차별하거나 고정관념을 갖는 것을 연령차별, '에이지즘(Ageism)'이라고 이름 붙였다. 그는 노인·노령·노화과정 등에 대한 편견적 태도, 노인에 대한 차별적 행위, 노인에 관한 고정관념을 영속시키는 제도적인 관행이나 정책 등의 세 가지 요소가 복합적으로 작용하여 이러한 연령차별을 만들어 낸다고 보았다. 물론 어린이나 청소년에 대한 차별 역시 그들의 연령을 이유로 한 차별이므로 연령차별에 속한다. 이에 대하여 아이버슨, 라르센, 솔렘(Iversen, Larsen, & Solem, 2009)은 연령차별을 노인에 대한 차별로 국한시켜, "그들이 나이 들었다는 이유에서 혹은 그들의 연대기적 연령에 근거해서 노인들에 대하여 갖게 되는 부정적인 혹은 긍정적인 모든 고정관념, 편견, 차별"이라고 정의하였다.

물론 어느 사회, 어느 시대에나 특정 집단에 대한 차별이나 편견은 존재해 왔다. 그러나 혹자는 연령차별, 특히 그중에서도 노인에 대한 차별을 일컬어 인류 역사상 가장 잔인한 차별이라고 말한다. 연령차별은 성별이나 인종, 민족 등에 대한 차별보다도 더 뿌리 깊고 잔인하며 보편화된 차별 현상이라는 것이다. 왜냐하면 연령에 따른 차별은 성별, 인종, 민족에 대한 차별과 마찬가지로 생물학적 특징을 차별의 근거로 삼는 미개(未開)의 현상일 뿐 아니라, 다른 차별들과 달리 인간이라면 누구나 언젠가는 차별의 피해자가 될 수밖에 없기 때문이다. 즉, 연령차별은 누구나 가해자가 되었다가 또 언젠가는 피해자가 되는 가변적이지만 불가피한 차별이라는 점에서 심각한 차별이다.

해리스와 코울(Harris & Cole, 1986)은 일반인이 노인이나 노화에 대해 갖고 있는 대표적인 편견 25가지를 지적한 바 있다. 그러나 그 대부분은 다음에서 설명하듯이 오해와 그릇된 편견에 근거한 것들이었다.

- 모든 노인은 다 비슷하다: 그렇지 않다. 앞서 설명했듯이 실제로 노인집단보다 개인차가 큰 연령집단은 없을 만큼 노인들은 매우 다양한 특성을 가지고 있다. 노인은 타고난 유전적 차이에 경험과 환경의 차이까지 더해져 개인차가 훨씬 커지게 된다.
- 대부분의 노인들은 수용시설에서 살고 있다: 그렇지 않다. 미국은 전체 노인 중 약 5% 내외의 노인들이 시설에 거주하며, 우리나라에서는 2012년 현재 기준으로 양로원이나 요양원 등 시설에서 거주하는 노인은 전체 노인의 약 2.6%에 해당한다. 물론 과거에 비해 시설에서 거주하는 노인의 비율이 크게 증가하긴 했지만, 그럼에도 불구하고 아직까지는 훨씬 더 많은 노인들이 배우자나 자녀들과 함께 생활하거나 독립적으로 생활하고 있다.

- 대부분의 노인은 외롭고 그들의 가족에게 소외당하고 있다: 그렇지 않다. 우리 나라의 경우 2012년 현재 65세 이상 노인 가구주 중 6.9%가 혼자 살고 있 어서 아직까지는 가족과 함께 사는 노인이 홀로 사는 노인보다 많다. 또 한 혼자 사는 노인이라고 해서 모두 가족에게 소외당했다고 단정 지을 수는 없다. 실제로 자녀들과 따로 살면서 자주 왕래하고 심리적으로 긴 밀한 관계를 유지하는 경우도 많기 때문에, 혼자 산다고 모두 소외당한 것이라고 생각하는 것은 그릇된 편견에 지나지 않는다.

- 노인은 젊은이보다 급성질환을 가진 경우가 더 많다: 반드시 그렇지는 않다. 노인의 경우에는 오히려 급성질환보다는 만성질환을 가진 경우가 더 많 다. 한국보건사회연구원의 '노인의 건강실태와 정책추진방안'(오영희, 2013)에 따르면, 2012년 현재 65세 이상 고령자 중 만성질환을 가진 노인 은 약 88.5%에 달하는 것으로 조사되었다.

- 은퇴한다는 것은 남성보다 여성에게 덜 어렵다: 꼭 그렇지는 않다. Streib와 Schneider(1971)에 따르면 은퇴는 여성에게도 남성 못지않게 어려운 과 정이라고 한다.

- 많은 노인이 건강이 나빠서 많은 날을 이불 속에서만 보낼 것이다: 그렇지 않 다. 2012년 현재 우리나라 사람들이 질병 없이 건강하게 살아가는 기간, 즉 건강수명은 평균 66세(남성 65.2세, 여성 66.7세)인 것으로 나타났다. 또 한 우리나라의 65세 이상 노인 중 옷 입기, 세수 · 양치질 · 머리 감기, 목 욕, 식사, 방 밖으로 나가기, 화장실 이용, 대소변 조절 등 일곱 가지 일상 생활 수행능력(activities of daily living: ADL) 중 어느 한 가지 이상에 도움 을 필요로 하는 경우는 7.2%이고, 네 가지 이상 도움이 필요한 경우는 2.0%였다(오영희, 2013). 그 외의 노인은 비록 만성질환이 있다고 해도 거 동을 못할 정도는 아니다.

- 노인은 새로운 것을 학습할 수 없다: 절대 그렇지 않다. 노년기에는 학습속 도가 느려지고 학습에 효과적인 방법이 좀 달라지긴 하지만, 노인이 되 었다고 새로운 것을 학습하는 것 자체가 불가능한 것은 절대 아니다.

- 대부분의 노인은 성(sex)에 흥미가 없고 또 성적 활동도 불가능하다: 그렇지 않다. 서울시립대학교 조사에 따르면, 서울에 사는 65세 이상 노인 중 28.4%가 월 1회 이상 지속적인 성관계를 갖는 것으로 나타났다(서울시립대학교 산학협력단, 2009).

- 노인은 젊은이보다 죽음을 더 무서워한다: 그렇지 않다. 노인은 죽음이 가까이 있기 때문에 두려움이 더 클 거라고 생각하기 쉽지만, 오히려 노년이 되면 죽음을 기정사실로 인정하고 죽음에 대하여 초연해진다. 실제로 노인들은 미리 자신의 수의나 영정 사진을 준비해 두기도 한다.

- 노인은 대부분 화를 잘 내고 주변 사람들과 자주 다툰다: 절대 그렇지 않다. 갱년기나 노년기가 시작되는 시점에 잠시 우울해지고 신경질적으로 되는 경우도 있지만, 그 이후에까지 계속 시도 때도 없이 화를 내고 사람들과 자주 다툰다면 이는 병리적인 우울증이라고 할 수 있다.

- 나이가 들면 노망이 들게 마련이다: 사실과 전혀 다르다. 우리가 흔히 노망이라고 부르는 치매는 병리적 노화의 한 증상일 뿐 일반적인 노화 증상은 결코 아니다. 따라서 치매가 노화의 당연한 결과는 아니다.

- 은퇴는 몸을 쇠약하게 만들고 일찍 죽음에 이르게 한다: 그렇지 않다. 은퇴가 건강을 악화시키기보다는 건강을 호전시키는 것으로 보고되고 있다. 물론 은퇴가 정신적으로 주는 충격은 적지 않지만, 그것을 극복하고 적응한다면 충분한 휴식과 여가활동으로 오히려 건강이 더욱 호전될 수 있다.

- 나이 많은 노동자는 높은 사고율과 결석률을 나타낸다: 실제로 그렇지 않다고 한다. 오히려 노화에 따라 조심성이 증가하기 때문에 사고율이나 결석률이 더 낮고 성실하다.

- 대부분의 노인은 자녀와 같이 살고 싶어 한다: 이는 젊은이들이 갖는 편견에 불과하다. 실제 2011년 노인실태조사(정경희 외, 2012) 결과에 따르면, 우리나라 65세 이상 노인 중 72.4%가 자녀와 함께 살기를 희망하지 않는다고 응답하여 자녀와의 동거를 희망하는 노인들(27.6%)보다 훨씬 많았다.

- 노령은 65세에 시작된다: 노령의 시작은 일정한 연령적 기준으로 정의하

기 힘들다. 그 기준은 개인에 따라 크게 다르며, 또 개인에 따라 생리
적·신체적·사회적·심리적 노화에 큰 차이를 보인다.

- 노인은 융통성이 없고 고지식하다: 고지식한 것 자체가 노인의 본질적인 특
성은 아니다. 그보다는 감각의 쇠퇴와 확신 수준의 변화 등으로 조심성
이 증가하기 때문에 변화를 쉽게 수용하지 못하고 가급적이면 변화보다
익숙한 것을 선호하는 경향이 증가하게 되는 것이다. 이러한 경향이 노
인을 융통성 없고 고지식한 것처럼 보이게 만든다. 그러나 실제로 노인
은 종합적이고 포괄적으로 사고하기 때문에 오히려 젊은이에 비하여 폭
넓게 보고 더 넓게 사고할 수 있다.

- 노인은 젊은이보다 생산성이 떨어진다: 꼭 그런 것은 아니다. 노인 근로자가
순발력이나 근력에서는 뒤떨어질지 모르지만, 오랜 경험에 의한 노하우
로 더 높은 생산성을 보일 수도 있다.

- 노인은 젊은이보다 투표율이 낮으며 정치적 관심도 낮다: 그렇지 않다. 노인
의 투표율은 오히려 젊은이보다 높고 정치적 관심도도 결코 뒤떨어지지
않는다. 실제로 우리나라의 역대 투표율을 살펴보면, 60대 이상 고령층
의 투표율은 50대 다음으로 높다. 2012년 18대 대통령 선거에서도 전체
평균 투표율은 75.8%인 데 반하여 60대 이상의 투표율은 80.9%로 50대
(82.0%)에 이어 두 번째로 높은 것으로 나타났다(통계청, 2012b).

- 앓는다는 것은 노화의 필연적인 결과다: 그렇지 않다. 거듭 이야기하지만 병
리적 노화와 정상적 노화는 엄격히 구분되어야 한다.

- 사람은 늙어 가면서 더 종교적이 된다: 대체로 그렇지 않다. 시간적인 여유
로 인하여 종교행사에 더 자주 참여하게 되는 것은 사실이지만, 근본적
으로 성향 자체가 더 종교적이 되는 것은 아니다.

- 노인은 잠을 많이 잔다: 그렇지 않다. 오히려 나이가 들수록 절대적인 수면
시간은 다소 줄어드는 경향이 있으며, 절대적인 수면시간의 변화보다는
수면패턴이 변화한다. 즉, 나이가 들수록 아침잠은 줄어드는 반면 저녁
잠은 오히려 늘어난다.

- 나이가 들면서 지능이 뚜렷하게 떨어진다: 그렇지 않다. 앞에서도 설명했듯이 나이가 들면서 지능이 다소 떨어지기는 해도 이러한 변화는 지능의 종류에 따라 다르다. 그리고 지능의 감소가 있다고 하더라도 한 개인 내에서 연령에 따른 지능의 변화보다 개인 간 지능 차이가 더 크다.

- 나이가 들면서 정치적으로 더 보수적이 된다: 그렇지 않다. 정치적인 보수성이 노인의 본질적인 특징은 아니다. 오히려 이는 노인이 상대적으로 교육과 새로운 정보에 노출되는 기회가 더 적기 때문이라고 보아야 할 것이다.

- 은퇴하면 대개는 플로리다와 같은 따뜻한 곳으로 이주하여 살고 싶어 한다: 대체로 그렇지 않다. 나이가 들수록 새로운 친구를 사귈 기회가 줄어들고, 또 낯설고 새로운 환경에 적응하기도 힘들다. 따라서 기후가 좋은 낯선 곳으로 이주하는 것보다는 노인이 될수록 친구나 지인들이 많고 오랫동안 살아온 익숙한 환경에서 사는 것이 바람직하다.

- 노인의 대부분은 수준 이하의 수입을 갖고 있다: 이 편견은 최소한 미국에서는 맞지 않는다. 연금제도가 발달하고 강제 정년의 영향이 거의 없는 미국의 경우에는 그렇지 않지만, 우리나라의 경우에는 상당 부분 진실이기도 하다. 그러나 우리나라도 공적 연금제도의 정착과 노후준비의 중요성 강조 등으로 이러한 현상이 점점 줄어들고 있다.

물론 이러한 편견의 구체적인 내용은 우리와는 다소 차이가 있기도 하다. 그러나 노인과 노화에 대한 그릇된 편견과 인식이 사회 전반에 널리 퍼져 있다는 점에서는 우리나라 역시 예외는 아니다.

2. 노인에 관한 교육의 필요성

노화와 노인에 관한 교육의 필요성은 다음과 같은 이유에서 찾을 수 있다.

1) 세대갈등의 증가

사회의 고령화는 단순히 노인들만의 문제로 그치지 않고, 노인인구의 증가와 더불어 그들과 함께 살아가야 하는 다른 세대의 문제, 그리고 다양한 세대들이 한데 살아가게 되면서 발생하는 세대 간의 문제로까지 확대된다. 따라서 고령화가 진전되면 될수록 중요한 사회문제의 하나로 떠오르는 것이 바로 세대 간의 반목과 갈등이다.

이러한 세대 간 갈등의 가장 근본적인 원인은 세대 간의 이해 부족에서 기인한다. 그리고 세대 간 이해 부족은 엄밀히 말해 노인 측에서 젊은 세대의 특성에 대한 지식이 부족해서 나타나는 문제보다는 젊은 층의 노인과 노화에 대한 이해가 부족해서 생겨나는 문제가 훨씬 크다. 왜냐하면 노인들은 이미 긴 인생의 시기를 겪으면서 각 인생의 시기마다 다양한 경험과 도전을 겪어냈다. 따라서 비록 지금은 그때의 기억을 잊었다고 하더라도 다시 그런 문제에 직면하거나 그들의 회상을 도울 만한 조건만 마련된다면, 충분히 젊었을 때의 느낌과 생각을 반추해 낼 수 있고 그런 자신의 경험을 바탕으로 젊은이들을 이해할 수 있다. 즉, 노인들은 자신의 과거 경험에 비추어 젊은 세대를 이해할 수 있다. 그러나 한 번도 노인이었던 적이 없는 젊은이들은 노인들의 생각과 느낌을 상상하기 어려울 수밖에 없다.

이러한 이유에서 노인들에게 젊은이를 이해시키는 교육보다 더욱 중요하고 시급한 것이 젊은이들에게 노인을 이해시키는 교육이다. 노년의 신체적·심리적·사회적 특성에 관한 지식을 가르침으로써 간접적으로나마 노인을 경험하고 그들을 이해할 수 있도록 하는 것이다. 특히 앞으로 더 고령화될 미래 초고령사회에서 젊은 세대가 그들보다 훨씬 더 많아진 노인들과 더불어 조화롭게 살아가도록 하기 위해서는 노인에게만 일방적으로 젊은 세대를 이해하고 그들의 생활양식에 적응하도록 요구할 것이 아니라 젊은 세대에게도 노인의 삶과 그들의 지적ㆍ정서적ㆍ신체적 특성을 이해시키는 일이 필요하다. 이러한 세대 간 이해 증진을 위하여 노화와 노인에 관한 교육이 반드시 필요하다.

2) 길어진 노년기와 그 중요성 증가

수명이 길어지면서 노년기가 인생에서 차지하는 비중이 커지고 그에 비례하여 노년기가 전체 인생에서 차지하는 의미와 중요성도 증대하였다. 따라서 긴 노년의 시간을 어떻게 살아가는가에 따라 인생 전체의 의미와 성패가 좌우될 수 있으며, 그만큼 노년에 대한 준비의 중요성이 크다는 것이다. 특히 인간은 누구나 언젠가는 노인이 된다고 하는 만고의 진리를 생각해 볼 때, 노화와 노인에 관한 교육은 노년기 준비교육으로서 중요한 의미를 갖는다.

인간은 태어나서 성인이 되기까지 25년 정도의 시간을 성인으로 살아가는 데 필요한 여러 지식과 기술들을 익히는 데 사용한다. 그리고 그 25년의 준비를 통해 습득한 능력을 가지고 성인기 이후 30년 정도를 살아가게 된다. 그러나 대부분의 사람들이 퇴직 이후 남은 30년 정도의 삶을 위해서는 이렇다 할 준비를 하지 않은 채 노년기에 들어선다. 행복한 노년, 성공적 노화는 그냥 얻어지는 것이 아니라 많은 노력과 준비를 통해 만들어 나가는 것이다. 노년기가 길어지고 그 중요성이 커질수록 노년기에 대한 준비의 중요성이 증대하고 그에 필요한 노력과 시간도 비례하여 커질 수밖에 없다. 따라서 노인과 노화에 관한 교육을 통하여 노년기의 변화를 미리 준비하고 대응하는 노력이 필요하다.

3) 지속적 노화 과정에의 적응 필요

노화란 완결된 상태나 결과가 아니라 진행 중의 과정이다. 노화는 생물학적 성숙이 완성된 이후부터 서서히 또 다차원적으로 진행되는 변화 과정이다. 따라서 노년기에 접어들었다고 해서 노화가 끝나는 것도 또 노화에 대한 적응이 완전히 끝나는 것도 아니다. 70세 노인에게는 이후 80세와 90세에 이르기까지의 노화 과정이 남아 있고, 80세의 노인에게는 90세와 그 이후의 변화가 남아 있다. 따라서 이미 노인이 된 이들도 현재 자신의 상태와 위치에 대하여 정확히 파악하고, 이후로 진행되는 변화에 대하여 효과적으로 적응하고 대처해 나가기 위해 노력해야 한다.

노화 과정은 전반적으로 서서히 진행되지만 노화로 인한 결과는 갑작스럽게 드러날 수도 있다. 따라서 오늘은 아무런 문제없이 외출하고 활동하였다 하더라도 내일 갑자기 외출이 어려워질 수도 있다. 이에 노화의 과정을 정확히 이해하고 시각, 청각, 후각 등 감각의 쇠퇴, 폐나 심장 등의 기관과 기능의 쇠퇴 등에 어떻게 적응하고 극복해 나갈 것인가는 성공적 노화에서 매우 중요한 과제라 할 수 있다. 이와 같이 자신의 노화 과정에 대한 이해를 돕고 현재의 상태에서 효과적으로 더 잘 적응하고 기능해 나가며, 이후에 당면할 문제들에 대한 적절한 대처능력을 기르도록 돕기 위하여 노인에 관한 교육이 중요하다.

4) 노인에 대한 편견과 차별 해소

인구 고령화로 노인인구가 빠르게 증가해가고 있지만, 노인에 대한 사회와 다른 세대들의 이해와 인식 수준은 여전히 낮은 상태다. 사회적으로는 노인인구가 증가하고 있지만 노인들과의 개인적인 상호작용과 교감은 오히려 줄어들고 있기 때문에 그로 인하여 노인에 대한 오해와 부정적 편견, 차별이 늘어 가고 있다. 앞서 해리스와 코울(1986)이 제시한 노인에 대한 부정적 편

견에서 보았듯이, 우리 사회에서도 노인들의 특성이나 노인들이 처한 상황
에 대해 잘못 이해하거나 그로 인해 노인들에 대한 부정적인 편견이나 차별
의식을 갖는 경우가 많다.

이러한 노인에 대한 오해와 편견 그리고 차별은 노인에게만 상처와 피해로
작용하는 것이 아니라, 결국에는 언젠가는 노인이 될 사회의 모든 구성원들
의 피해로 돌아가게 된다는 점에서 문제의 심각성이 더욱 크다. 더 나아가 이
러한 노인에 대한 부정적 편견과 사회적 차별은 사회 구성원들에게 노화에
대한 불안과 두려움을 불러일으킬 수 있다. 따라서 고령화 시대에 모든 사회
구성원들이 다가올 노년기를 두려움 없이 맞이하고 행복한 노후를 설계할 수
있도록 하기 위해서는 노인과 노화에 관한 정확한 지식을 제공하는 노인에
관한 교육이 필요할 것이다.

5) 고령친화산업의 발전

고령인구의 증가와 경제·사회적 수준 향상으로 인하여 노인 관련 산업,
즉 고령친화산업(영미권에서는 'mature market' 혹은 'elderly market'으로 부르
고, 일본에서는 주로 '실버산업'으로 부른다)이 발달하고, 노인 이용시설과 노인
대상 서비스가 급격히 확대되며, 노인을 위하여 혹은 노인과 더불어 일하는
직업들이 늘어날 것으로 예상된다. 또 고령화가 더욱 진전되면, 우리 사회 거
의 모든 업종에서 노인 고객이 차지하는 비중이 크게 증가하게 될 것이다. 따
라서 고령친화산업이나 노인복지 서비스 등에 종사하는 일들은 물론이고, 여
타 산업에서도 노인 고객의 특성이나 요구에 관한 지식을 갖추는 것이 매우
중요한 과제가 되었다.

이러한 변화와 더불어 최근 들어 대학교육에서 중요하게 논의되고 있는 것
이 노년학 교육이다. 노인인구의 증가로 노인과 관련된 학문적 연구의 중요
성이 커지고 있어 노년학 전문가 양성이 더욱 중요해지고 있음은 물론이고,
사회의 고령화에 따라 노인들과의 상호작용이 증가할 수밖에 없는 환경에서

젊은 세대의 노인 및 노화 이해교육이 매우 중요하다는 인식 때문이다. 따라서 대학교육 및 직업교육은 물론이고, 초·중등학교 교육이나 평생교육에서도 노인에 관한 교육이 강화되어야 한다.

즉, 노인에 관한 교육은 노인과 노화 과정의 특성에 관한 다양한 지식과 정보들을 제공함으로써 젊은 세대가 노인을 좀 더 정확하게 이해할 수 있게 하고, 노인들이 계속 진행되어 가는 자신의 노화 과정에 더 효율적으로 적응해 나가도록 도우며, 노인과 관련된 직업에 종사하는 사람들의 전문성을 제고하도록 돕는 데 그 의의가 있다.

3. 노인에 관한 교육의 목적

노인에 관한 교육의 목적은 노인에 대한 이해를 증진하고, 다가올 자신의 노후에 대하여 철저한 준비를 통하여 바람직한 노년기 삶을 영위할 수 있도록 하며, 세대 간의 이해를 증진함으로써 세대 간 갈등을 해소하는 데 있다. 이를 보다 구체적으로 살펴보면, 다음과 같다.

1) 노인과 노화에 대한 이해의 증진

노인이나 노년기를 이해하지 않고는 전생애를 모두 이해했다고 말할 수 없다. 노년기는 인간의 전생애 중 일부일 뿐 아니라 전생애를 총정리하고 종합하는 생의 중요한 마지막 시기로서 큰 의미를 지니기 때문이다. 또한 노인에 대한 이해는 세대 간 화합의 기초를 마련하며, 세대갈등을 해결하기 위한 토대가 되기도 한다. 이러한 노인에 대한 이해 증진 측면에서 노인에 관한 교육의 구체적인 목표는 다음과 같이 제시될 수 있다.

- 전생애 발달의 의미와 과정을 이해함으로써 인간과 인간의 삶에 대한 이

해를 넓힌다.

- 노인과 노년기 그리고 노화의 특성을 이해함으로써 인생 전체를 더 정확하게 이해한다.
- 노인과 노년기의 특성을 올바로 이해함으로써 노인에 대한 오해와 고정관념, 편견, 차별 등을 불식하고, 나아가 노인에 대하여 긍정적인 태도와 인식을 갖는다.
- 나아가 자신의 노화에 대해서도 긍정적인 태도를 가지고 노년을 준비하며 자신의 노화를 수용한다.

2) 노후에 대한 준비

노년기는 아직 가 보지 못한 미지의 세계이며, 이러한 미지의 노년에 대하여 불안과 거부감을 갖는 것은 당연한 것일지 모른다. 따라서 노후에 대한 막연한 불안감을 불식하고 자신의 노후에 적절하고 구체적인 준비를 실천할 수 있도록 하기 위해서는 다가올 노년기에 대한 올바른 이해가 필요하다. 또한 노년기의 변화와 특성을 이해함으로써 부모는 물론이고 자신과 배우자의 노화에 대해서도 적절히 준비하고 대응할 수 있을 것이다. 나아가 노년에 대한 준비는 결국 전생애를 위한 준비와 인생설계와도 연결되기 때문에 성공적 노화를 넘어 성공적 삶으로 이어지는 기틀을 마련할 수 있다.

- 노인과 노화에 관한 이해를 통하여 노후에 대한 부정적 인식과 불안감을 해소한다.
- 노인과 노화에 관한 이해를 통하여 자신의 노후를 철저히 준비하고 노년기 변화에 효과적으로 대응한다.
- 구체적인 노후 준비를 계획하고 실천함으로써 노년기 삶의 질을 향상시킨다.
- 이미 노년기에 들어서서도 노화에 관한 정확한 이해를 통하여 그 이후에

진전되는 노화에 따른 여러 문제들에 더욱 효과적으로 대처해 나간다.
- 노년기 준비를 통하여 전생애를 더 넓은 시각에서 설계하고 계획한다.

3) 세대 간 이해 증진

반목과 갈등은 서로에 대한 오해와 무지로부터 오는 경우가 많다. 세대 간의 갈등 역시 다른 세대에 대하여 잘 모르거나 잘못 알고 있음으로써 비롯되는 경우가 많다. 따라서 노인에 관한 교육을 통하여 노인 세대에 대하여 더 많은 지식과 이해를 가짐으로써 노인 세대를 더 많이 이해하고 긍정적인 시각으로 바라보게 됨으로써 세대 간의 갈등을 줄이고 화합을 증진하는 효과를 거둘 수 있다.

- 노인에 관한 객관적 지식을 통하여 노인과 노년기에 대한 오해를 줄이고 이해를 확장한다.
- 노인과의 상호작용에 필요한 지식과 기술 습득을 통하여 가족관계 혹은 사회적 관계 속에서 노인들과의 원활한 의사소통 및 상호작용을 증진시킨다.
- 노인들과의 긍정적 상호작용을 통하여 세대 간 갈등을 줄이고 세대화합을 이룬다.

4) 노년학 교육 강화

고령사회 및 초고령사회 속에서 고객으로서의 노인에 대한 이해를 확대함으로써 고령친화산업의 성장과 시장 변화에 효과적으로 대응할 수 있다. 또 전문적인 고령친화 직업교육 및 노년학 교육을 통하여 고령친화산업 인력의 질적 제고는 물론이고, 고객의 입장에서도 더 높은 수준의 서비스를 제공받을 수 있게 됨으로써 만족도를 높일 수 있다.

• 노인과 더불어 일하고 있거나 향후 일하기를 원하는 사람들에게 노인에 관한 교육을 통하여 직업 전문성을 제고하고 직업 효능성을 향상시킨다.
• 고령친화산업의 전문 인력을 육성함으로써 고령화로 인한 사회의 경제 구조 변화에 효과적으로 대응한다.
• 고령친화산업에 종사하는 이들은 물론이고 전 산업 분야 인력에 대한 노인 이해교육을 통하여 노인 고객에 대한 서비스 질을 개선한다.

4. 노인에 관한 교육의 내용

노인에 관한 교육은 노인의 특성과 전생애 발달과정상의 하나인 노화 과정의 특징과 관련된 교육이다. 노인에 관한 교육은 인간의 전생애에 걸친 발달과정에 대한 이해에서 출발하여, 노인들이란 특별한 사람들이 아니고 다른 연령대와 마찬가지로 인생의 어느 한 지점에 서 있는 사람들이라는 인식, 그리고 더 나아가 노화란 단순히 양적인 쇠퇴만이 아닌 또 다른 의미에서의 발달이라는 인식의 전환을 이루는 교육이어야 한다. 비록 아직 노인이 안 되었다고 하더라도 모든 연령에 있는 사람들에게 노년에 겪는 신체적 · 사회적 · 심리적 변화와 노년기 특성을 이해시키고, 언제가 자신에게도 일어날 그러한 변화에 대한 구체적인 준비를 하도록 돕는 교육이 중요하다. 나아가 고령사회 속에서 왜 노인과 더불어 사는 것이 중요하고, 어떻게 해야 그들과 잘 더불어 살 수 있는가와 관련된 구체적인 내용이 다루어져야 하며, 실제 노인의 삶을 읽고 관찰하고 경험함으로써 노인을 더 깊이 이해하는 기회도 제공되어야 할 것이다.

이러한 노인에 관한 교육에서 제공될 수 있는 주요 교육 내용을 유형별로 정리해 보면 다음과 같다.

1) 전생애 발달에 관한 내용

출생에서 사망에 이르기까지 전생애에 걸친 인간의 발달과 변화는 노인에 관한 교육에서 가장 중요한 내용 중 하나다. 여전히 많은 사람이 노년에 이르면 인생이 끝나게 될 것이라고 생각하거나 노년기 이후의 삶은 아무런 즐거움이나 의미도 없는 시간일 것이라고 생각한다. 그러나 노년기 역시 아동기나 청년기, 성인기와 마찬가지로 그 시기 고유의 의미와 중요성을 가지고 있으며, 그 시기에만 얻을 수 있는 즐거움이나 경험을 갖고 있다. 따라서 전생애를 통한 인간의 발달과정 속에서 노년기가 차지하는 정확한 위치와 그것이 갖는 의미를 생각해 보고 쇠락과 쇠퇴가 아닌 발달의 관점에서 노년을 조명해 보아야 한다.

노인과 노년기를 이해하기 위해서뿐만 아니라 우리의 인생 전체를 더욱 잘 계획하고 준비하기 위해서도 전생애에 걸친 발달과정을 이해하는 것이 중요하다. 그리고 이때 전생애 발달에 관한 내용은 신체적인 발달과 변화뿐 아니라 심리적이고 사회적인 면까지, 즉 모든 측면의 발달과 변화에 관한 객관적 사실과 발달과업, 태도 등을 포함하여야 할 것이다.

2) 노년기와 노화의 특징

아직 노년이 되어 보지 못한 사람들에게 노년기는 매우 두려운 시기이거나 다른 연령기와는 전혀 다른 아주 특별한 시기일 수 있다. 그러나 노년기 역시 인간의 발달과정 중 한 시기이자 발달을 완성시켜 가는 중간과정에 불과하다. 특히 노화가 단지 쇠퇴만을 의미하는 것이 아니라 여전히 발달적인 변화와 성장을 거듭하는 과정임을 이해할 수 있도록 노화의 다양한 측면을 교육 내용에 포함하여야 한다. 또한 노화로 인한 상실만이 아닌 노년만이 누릴 수 있는 특별한 혜택들, 예컨대 눈앞의 성공에 더 이상 연연하지 않을 수 있는 여유로움이나 현상 뒤에 숨어 있는 더 큰 원리나 의미를 꿰뚫어 볼 수 있는 폭넓은 시야를 갖게 되는 것 등에 대해서 강조되어야 한다. 그뿐 아니라 노년의 구체적인 변화, 즉 감각의 쇠퇴나 신체 기능의 약화 등의 신체적 변화, 은퇴와 가족관계 변화 등의 사회적 변화, 양성화와 조심성의 증가 등의 심리적 변화 등과 그러한 변화에 대응하는 전략들을 객관적이고 정확하게 다루어야 한다.

3) 다양한 노인의 삶

노년기는 전생애 중에서 개인차가 가장 큰 시기이며 따라서 우리 주위에는 다양한 모습의 노년기 삶들이 존재한다. 노인에 관한 교육에서는 지식으로서의 노인과 노화뿐 아니라 실제 삶의 모습을 통한 다양한 노년의 삶들을 다루어야 한다. 노년기 안에서도 연령대에 따라, 사회ㆍ경제적 지위에 따라, 개인적 특성에 따라, 그리고 특히 노년을 위한 개인의 노력이나 준비에 따라 다양한 삶의 노년들이 존재할 수 있음을 실제 체험을 통해 확인하도록 해야 한다. 이러한 다양한 노인의 모습을 통하여 학습자 스스로 바람직하다고 생각하는 노인상을 정립하고, 각자의 이상적 노년의 모습을 향하여 인생을 설계하고 준비하도록 돕는 내용이 포함되어야 한다.

4) 노인과의 상호작용 기술

고령친화산업의 성장과 더불어 노인 고객의 취향과 요구, 그리고 그들과 효과적으로 상호작용하는 데 필요한 다양한 지식과 실제적인 기술에 대한 준비 필요성이 더욱 커지고 있다. 특히 청력이나 시력 등 감각의 쇠퇴에 따라 노인들과 효과적으로 상호작용하는 특별한 방식이 요구되기 때문에 노인들의 특성에 대한 지식과 노인과의 효과적인 상호작용 기술 등에 관한 내용이 포함되어야 한다. 또 특별히 노인들이 사용하기에 편리한 제품의 사양이나 디자인 그리고 노인들의 취향에 맞춘 상품의 개발이나 제품의 전시 및 판매

방식에 대한 내용도 함께 다룰 수 있다.

5. 노인에 관한 교육의 방법

노인에 관한 교육에서 사용할 수 있는 교수방법은 일반적인 교육에서의 방법과 크게 다르지 않다. 다만 주의해야 할 점이 있다면 대부분의 학습자가 아직 노인이 되기 이전의 연령층이고 노년기를 경험해 보지 못했기 때문에, 노인이 되어 보지 못한 이들에게 노년을 이해시킨다는 것이 결코 쉽지는 않다는 점이다.

고대 페르시아에 절대적인 권력과 부를 누리던 황제가 있었다. 그에게는 모든 권력과 부와 국민들의 존경과 사랑이 있었지만, 다만 하나 대를 이을 아들이 없었다. 그러던 그에게 드디어 왕자가 태어났다. 왕자를 얻은 황제의 기쁨은 세상 어느 것과도 바꿀 수 없었고, 왕자의 탄생을 축하하기 위해 커다란 연회를 벌였다. 전국 영주들과 각국 사신들의 축하행렬이 줄을 이었다. 한 사신이 와서 왕자를 알현한 후 황제에게 고했다. "황제여, 왕자님은 이 세상의 모든 권력을 누릴 운명을 타고 태어나셨습니다. 훗날 황제보다 열 배 더 큰 영토를 다스리시게 될 것입니다." 이 말을 들은 황제는 매우 흡족했고 그 사신에게 큰 상을 내리고 치하했다. 다음 사신이 황제에게 말했다. "황제여, 왕자님은 이 세상의 모든 부를 누릴 운명을 갖고 태어나셨습니다. 훗날 황제보다 열 배 더 부를 누리게 될 것입니다." 이 말을 들은 황제는 매우 기뻤고 그 사신에게도 큰 상을 내렸다. 마지막 사신이 황제에게로 와 이렇게 말했다. "황제여, 왕자님이 이 세상의 모든 권력과 부를 누릴 수 있을지 없을지는 분명하지 않습니다. 그러나 이것 하나만은 확실합니다. 훗날 언젠가는 왕자님도 늙고 병들어 죽음에 이르게 될 것입니다." 이 말을 들은 황제는 크게 화를 내며 그 자리에서 사신의 목을 쳐 죽여 버렸다. 이 세 명의 사신 중 변하지 않을 진실을 말한 사람은 누구인가? 결국 인간은 누구나 늙어 언젠가는 죽음에

이르게 될 것임에도 불구하고 진실을 말한 사신을 죽인 황제처럼 대부분의
사람들은 그 죽음을 인정하려 하지 않는다.

죽음뿐 아니라 노화에 대해서도 마찬가지다. 15세 중학생이 자신의 65세
모습을 구체적으로 상상할 수 있을까? 23세 대학생이 70세 때 자신의 삶을 구
체적으로 그려 낼 수 있을까? 실은 60대 초반에도 80대를 예측하기란 쉽지 않
다. 즉, 아직 경험하지 않은 노년을 '실제(real)'로 만든다는 것, '실제'로 느
끼게 한다는 것은 매우 어려운 일이다. 노년에 대한 이해는 머리로만 되는 것
이 아니기 때문이다. 따라서 다음에서는 강의법이나 토의법 등의 일반적인
교수법 외에 학습자들이 노년을 '실제'로 받아들이도록 하는 데 효과적인 교
수방법들에 대해 소개하고자 한다.

1) 읽기를 통한 교육

읽기 혹은 독서는 그 자체보다는 강의법이나 토의법 혹은 견학에 앞서 이
해를 도와주는 사전교육에 매우 효과적으로 사용될 수 있다. 본격적인 노인
에 관한 교육에 앞서 노인의 특성이 세밀하게 묘사된 책이나 우리의 편견을
깨는 매우 활동적이고 개방적인 노인의 삶을 그린 책을 읽는 것은, 학습자에
게 수업에서 기대해야 할 것이 무엇인지 혹은 수업에 들어가기 전에 자신이
버려야 할 오해나 편견이 무엇인지를 분명하게 알려 줄 수 있다.

수업에 앞서 노인 관련 신문기사나 관련 읽기 자료들을 학생에게 나누어
주고, 5~10분 정도 미리 읽고 생각해 보도록 하는 것은 수업의 분위기를 훨
씬 더 진지하고 부드럽게 만들어 줄 수 있다. 평소 노인에 대하여 한 번도 깊
이 생각해 보지 않았던 젊은 학생들을 갑자기 교실로 불러들여 교수자가 노
인에 대한 딱딱한 지식들이나 공감하기 힘든 노인에 대한 견해를 늘어놓는
것보다는 학생들 스스로 천천히 노인의 세계를 향해 걸어 들어오도록 안내하
는 것이 바람직하다.

또한 읽기나 독서는 부가적인 교수방법으로서뿐 아니라 그 자체만으로도

훌륭한 교육법으로 활용될 수 있다. 읽기는 학습자들에게 노인에 대하여 많은 것을 스스로 생각하고 태도를 정립할 수 있는 여유를 제공해 주며, 노인과 노화 그리고 인생에 대한 폭넓은 간접 경험을 제공해 준다. 이러한 이유에서 미국은퇴자협회(AARP)에서는 한동안 매년 초·중·고교에 적극적인 노년의 모습을 그린 수만 권의 책을 무상으로 기증했었다.

어린아이가 태어나 처음으로 조부모 이외에 일반적인 노인의 모습을 접하게 되는 것은 주로 동화책을 통해서다. 동화책에 그려진 노인의 모습은 어린아이에게 최초의 일반화된 노인상(老人像)을 제공한다는 점에서, 이들이 어떤 모습의 노인을 다루는 동화에 접하게 되는가 하는 문제는 매우 중요하다. 그러나 실제로 동화 속에서 주로 만나게 되는 노인은 마귀할멈이나 욕심쟁이 할아버지, 자린고비 영감과 같이 잔인하고 추한 모습들이다. 노인이 주요 등장인물로 나오는 전래동화와 창작동화 20권의 내용을 분석한 오덕임(2006)의 연구에 따르면, 등장 노인 21명 중 매우 긍정적인 이미지로 그려진 인물은 한 명도 없었고, 긍정적 이미지 11명, 중립적 이미지 6명, 부정적 이미지 4명이었다. 또한 동화 속에서 위기를 극복하기 위하여 노인이 사용하는 폭력성이 여과 없이 드러나거나 요행을 바라는 모습으로 그려짐으로써 동화 속 노인들의 폭력성이나 의존성이 왜곡된 노인 이미지를 만들어 낼 수 있는 것으로 나타났다.

이러한 읽기 자료를 통한 노인에 관한 교육은 학교와 같은 형식적인 교육기관뿐 아니라 비형식적인 여러 읽기 자료를 통해서 이루어질 수 있다. 그러므로 노인에 관한 교육은 물론이고 노년학, 문학, 언론 등 다양한 분야에서 지속적인 노력이 요구된다고 할 수 있다.

2) 면담을 통한 교육

노인에 대한 직접적인 면담(interview)에 대한 실습은 노인에 관한 더 생생한 지식과 경험을 얻을 수 있도록 도와준다. 노인과의 일대일 면담을 통하여 학습자는 단순히 노인과 노화에 관한 지식뿐 아니라 인생의 지혜, 생생한 경험, 노년의 따뜻함, 전통에 대한 존경심, 자신의 미래에 대한 비전 등 예상했던 것보다 훨씬 더 많은 것을 얻을 수 있다. 그러나 면담을 통하여 계획했던 것 혹은 그 이상을 얻기 위해서는 면담에 앞서 철저한 준비와 계획이 선행되어야 한다.

노인에 대한 면담 시, 미리 질문할 내용들을 적거나 인쇄하여 준비하는 것이 더 효율적이다. 머릿속으로만 생각을 정리해 둘 수도 있지만 그럴 경우 필요한 질문을 놓치거나 질문의 순서가 뒤바뀜으로써 답변의 의미가 달라질 수도 있으므로 질문할 내용을 반드시 적거나 프린트를 해서 준비하는 것이 안전하다. 또한 질문의 유형은 가능한 한 '예' 혹은 '아니요'로 간단히 답할 수 있는 폐쇄형 질문보다는 한 가지 질문에 대하여 노인 자신의 생각이나 견해를 열거할 수 있는 개방형 질문으로 구성하는 것이 노인이 갖고 있는 폭넓은 견해와 시각을 받아들일 수 있다는 점에서 바람직하다.

다음 내용은 노인에 대한 면담에서 사용될 수 있는 질문의 한 예로 롱 등(Long et al., 1990)이 노년학 수업에서 사용했던 '인생에 대한 조망'과 관련된 질문들이다.

- 일생 동안 당신의 행복에 가장 크게 영향을 미쳤던 한 가지 요인은 무엇이었습니까?
- 젊었을 때와 비교해서 현재에 대해 어느 정도 만족하고 있습니까?
- 일생을 통해 당신이 이룬 가장 큰 성취는 무엇이었다고 생각합니까?
- 당신의 삶을 되돌아볼 때 그렇게 하지 않았더라면 더 행복할 수 있었을 텐데 하고 후회하는 것은 무엇입니까?
- 당신이 젊은이들에게 줄 수 있는 삶에 대한 가장 좋은 충고는 무엇입니까?
- 나이가 듦에 따라 당신 삶에서 중요한 것들의 우선순위가 어떻게 바뀌었습니까?

3) 자서전 쓰기를 통한 교육

노인을 만나 일회적인 면담을 할 수도 있지만 한 노인과 지속적인 관계를 맺고 자서전 받아쓰기를 통하여 그의 삶을 보다 자세하게 들여다볼 수도 있다. 일반적으로 자서전 쓰기는 노인 스스로 자신의 삶을 회고하여 개인적으로 혹은 집단적으로 자서전을 써 나가도록 하지만, 쓰기 능력이 부족한 노인이나 수업에서 특별히 필요한 경우에는 자서전 받아쓰기 혹은 대필 자서전으로 대신하기도 한다. 자서전 받아쓰기는 노인으로부터 그의 삶에 대한 구술을 받아 대필자가 자서전을 엮게 된다. 이런 과정을 통하여 대필자인 젊은이는 자신이 아직 경험하지 못한 노년의 삶과 노인 대상자에 대해 더 잘 이해할 수 있고, 자신의 삶과 연관시켜 인생의 의미와 시사점을 발견할 수 있다. 또한 노인의 입장에서도 자신의 삶을 회고하고 성찰하는 과정을 통하여 삶의 의미를 정리하고 새로운 의미를 재구성해 낼 뿐 아니라 기억과 인지를 자극하는 효과를 얻을 수 있다. 자서전 쓰기에 반드시 정해진 형식은 없다. 그러나 더 효과적인 면담을 통하여 훌륭한 자서전을 엮어 내기 위해서는 노인의 자유로운 구술에만 의존하기보다, 자서전에 필요한 사항들을 미리 질문으로 준비하여 노인들의 회상과 증언을 돕는 것이 중요하다. 이때 다음의 열 가지 주제와 각 주제에 관련된 구체적 질문들은 노인의 삶을 체계화하는 데 많은 도움이 될 것이다(한정란 외, 2004).

(1) 인생의 전환점

인생에서 만나는 갈림길, 그곳에서의 선택은 때때로 한 사람의 일생을 전혀 다른 모습으로 바꾸어 놓기도 한다. 인생의 전환점 혹은 분기점은 인생의 방향과 흐름에 중요한 영향을 미치는 인생에서의 크고 작은 사건이나 경험을 의미한다. 그것은 반드시 크고 거창할 필요는 없다. 결혼, 은퇴, 이민 등 외형적으로도 중요하고 커다란 사건일 수 있지만, 때로는 친구와의 우연한 대화나 무심코 집어든 책 한 권, 별 생각 없이 떠난 여행과 같은 외형적으로는 매우 사소한 사건일 수도 있다.

- 당신은 지금까지 살면서 중요한 인생의 전환점을 몇 번이나 겪었는가?
- 당신의 삶에서 가장 중요한 전환점과 마주친 시기는 언제였는가?
- 첫 번째 찾아온 전환점은 언제였는가? 그다음은, 또 그다음은 언제였는가? 마지막으로 당신에게 주어졌던 선택의 순간은 언제였는가?
- 각각의 전환점에서 당신이 마주한 선택의 내용들은 무엇이었나? 그 전환점들로 인해 당신의 삶은 구체적으로 어떻게 달라졌는가?
- 당신이 중요한 선택을 할 때 그 선택에 가장 큰 영향을 준 사람은 누구였는가? 그의 조언이나 존재가 당신에게 준 영향의 결과는 무엇이었나? 아니면 당신 스스로 모든 선택을 결정했는가?
- 과거에 후회되는 선택의 순간은 없는가? 있다면 무엇인가?
- 만일 그때 다른 선택을 했다면 지금 당신의 삶은 어떻게 바뀌었을 것이라 생각하는가?
- 과거를 되돌아보면서 지금 생각해도 만족스러운 선택은 무엇이었나?
- 만일 그때 다른 선택을 했다면 당신의 삶은 어떻게 바뀌었을 것이라 생각하며, 또 후회하고 있을 것이라 생각하는가?
- 지금 똑같은 전환점에 다시 서게 된다면 당신은 어떤 선택을 하겠는가?

(2) 가족

인간이 태어나서 가장 먼저 만나게 되는 사회집단은 가족이다. 그만큼 개인의 삶에서 가족이 차지하는 영향력은 크고 중요하다.

- 당신의 가족은 어떻게 구성되어 있는가?
- 가족 중 당신의 삶에 가장 큰 영향력을 미친 사람은 누구인가?
- 가족 중 당신이 가장 가깝게 느끼는 사람은 누구며 그 이유는 무엇인가?
- 반대로 가족 중 당신을 가장 가깝게 여기고 있는 사람은 누구며, 그 이유

는 무엇인가?

- 가족 중 당신과 가장 사이가 좋지 않았던 사람은 누구며, 그 이유는 무엇인가?
- 당신의 부모님은 어떤 분들이었나? 부모님과의 기억 중 가장 행복했던 기억은 무엇인가? 반대로 가장 고통스러운 기억은 무엇인가?
- 부모님과 당신의 가장 닮은 점과 다른 점은 무엇인가?
- 당신의 형제관계는 어떠했는가? 형제 중 당신과 가장 잘 통했던 이는 누구였는가? 형제들과 당신의 닮은 점과 다른 점은 무엇이었나?
- 가족 간에 주된 갈등 원인은 무엇이었나?
- 가장 행복했던 가족에 대한 기억은 무엇이었나?
- 어린 시절 가족의 전반적인 분위기는 어떠했는가? 현재 가족의 분위기와는 어떻게 다른가?
- 가족이 공통적으로 경험한 중요한 사건, 경험 혹은 위기는 무엇이었나?
- 당신은 가족들에게 사랑받는 사람이었는가, 아니면 그 반대였는가? 사랑받았거나 사랑받지 못했다고 생각하는 이유는 무엇인가?

(3) 일과 역할

우리는 일생을 살아가면서 여러 가지 역할을 갖거나 다양한 일에 종사하게 된다. 나이가 들면서 혹은 사회가 변화하면서 개인에게 주어지는 역할이나 일의 성격은 변화하게 마련이다. 여기서 일이란 반드시 경제적 보상이 따르는 직업적인 일에만 국한된 것이 아니라, 그 사람이 자신의 노력과 시간을 투자해서 하는 모든 주된 영역을 말한다. 또 역할이란 그 일에 따르는 책임과 권한, 기대 등을 모두 포함한다.

- 당신의 어린 시절 꿈은 무엇이었나?
- 당신의 꿈은 나이가 들면서 어떻게 바뀌었는가? 혹은 늘 한결같았는가?
- 당신의 꿈을 결정하고 또 이루는 데 누가 영향을 주었는가?

- 당신은 일생 동안 몇 가지나 되는 일 혹은 직업을 가졌는가?
- 그 일들 중 가장 중요하게 생각하고 또 가장 많은 노력을 기울인 일은 무엇이었나?
- 언제 그 일을 갖기로 결심했는가? 특별한 계기가 있었는가?
- 당신의 삶에서 일이 갖는 의미는 무엇인가? 경제적인 보상인가, 아니면 자아실현이나 개인적인 성취인가?
- 일생을 통해 하나 이상의 일을 가졌다면 당신이 가장 중요하게 생각하는 일은 어떤 것이며 그 이유는 무엇인가?
- 일을 통해 알게 된 가장 중요한 사실이나 경험은 무엇인가?
- 만일 당신이 다시 일을 선택하게 된다면 동일한 선택을 하겠는가? 아니라면 어떤 선택을 하겠으며 그 이유는 무엇인가?
- 만일 당신이 현재와는 다른 일을 갖게 된다면 지금의 삶이 어떻게 달라지리라 생각하는가?
- 그 일에서 만족할 만한 결과를 얻었으리라 생각하는가? 그 결과에 대한 판단은 어디서 온 것인가? 당신 자신에게서인가, 아니면 다른 사람들에게서인가?
- 주위 사람들이 당신의 일에 대하여 당신에게 기대했던 것은 무엇이었는가? 실제로 그런 기대에 잘 부응했다고 생각하는가?
- 당신이 가장 닮고 싶었던 인생의 모델이 있는가? 있다면 누구인가?
- 일에서 가장 크게 거둔 성공은 무엇이며, 또 가장 실패한 부분은 무엇인가?

(4) 사랑과 증오

사랑이란 특별한 사람, 장소, 물건 등에 대한 강한 정서적 애착을 의미한다. 여기서 말하는 사랑은 이성 간의 사랑에만 국한된 것은 아니다. 우리는 일생을 살아가면서 여러 사람을 만나고 그들과 사랑을 나누며 때로는 서로 증오하기도 한다. 또한 종종 사람이 아닌 특별한 물건이나 장소에 애착을 갖기도 한다.

- 당신이 일생을 통해 가장 사랑한 사람은 누구인가?
- 성장함에 따라 사랑한 대상이 바뀌었는가, 아니면 한결같은 사랑의 대상이 있었는가?
- 어린 시절과 젊었을 때, 또 중년과 노년에 각각 당신이 가장 사랑한 사람은 누구였는가?
- 당신은 누구에게서 가장 많은 사랑을 받았다고 생각하는가?
- 성장함에 따라 당신을 사랑해 준 사람이 바뀌었는가, 아니면 한결같은 사랑을 당신에게 준 사람이 있었는가?
- 어린 시절과 젊었을 때, 또 중년과 노년에 각각 당신을 가장 사랑해 준 사람은 누구였는가?
- 이성 간 사랑에 빠져 본 경험이 있는가? 있다면 언제 누구였는가?
- 그 사랑은 얼마나 지속되었는가? 끝났다면 왜 끝났는가?
- 살면서 사랑에 대한 생각은 어떻게 변했는가? 그런 변화에 특별한 이유나 계기가 있는가?
- 당신이 가장 애착을 가지고 있는 물건이 있는가? 있다면 무엇이며 그 이유는 무엇인가?
- 당신이 가장 좋아하는 특별한 장소가 있는가? 있다면 어디며 그 이유는 무엇인가?
- 그 밖에 당신이 가장 좋아하는 무언가가 있는가? 있다면 무엇이며 그 이유는 무엇인가?
- 당신은 그 사람이 죽었으면 할 정도로 누군가를 미워해 본 적이 있는가? 있다면 누구였으며 무슨 이유에서였는가?
- 증오의 대상은 한 사람이었는가, 아니면 여러 번 바뀌었는가?
- 어릴 때 가장 싫어했던 것은 무엇이었는가? 그것이 자라면서 어떻게 바뀌었는가?

(5) 건 강

여기서 말하는 건강은 신체적인 것과 정신적인 것 그리고 외모까지를 모두 포함한다. 건강은 여러 다른 주제들과 밀접한 연관성을 갖는 주제기도 하다. 건강 상태나 자신의 신체, 외모에 대한 생각은 삶의 객관적 측면은 물론 주관적 측면까지 지배한다.

- 당신은 일생 동안 대체로 건강한 편이었는가, 아니면 허약한 편이었는가?
- 아기 때 당신의 건강은 어떠했는가? 또 아동기, 청소년기, 성인기, 중년기, 노년기 때는 어떠했는가?
- 당신은 자라나면서 점차 더 건강해졌는가, 아니면 그 반대였는가?
- 당신은 운동을 좋아하고 잘하는 편이었는가? 만약 그렇다면 어떤 운동을 가장 즐겨 했는가?
- 당신이 늘 걱정하는 건강의 부분은 어떤 것인가?
- 당신은 건강을 유지하기 위하여 어떤 노력을 했는가?
- 당신의 생활습관은 건강에 도움이 되는 쪽인가, 아니면 그 반대인가?
- 당신은 자신의 외모에 만족하는가? 가장 만족스러운 부분과 가장 불만스러운 부분은 무엇인가?
- 당신의 외모는 어떻게 얼마나 변해 왔는가?
- 당신은 외모를 가꾸거나 변화시키기 위해 어떤 노력을 기울여 왔는가? 그 결과는 어떠했는가?

(6) 고난과 역경

고난과 역경은 그 크기나 종류에 따라 다를 뿐 아니라, 그것을 받아들이는 사람이나 당시의 상황에 따라서도 매우 다르며 전혀 다른 결과를 가져온다. 같은 고난일지라도 어떤 사람에게는 성공을 이루는 중요한 전환점이 되기도 하고, 또 어떤 사람에게는 헤어나오지 못할 좌절을 안겨 주기도 한다.

- 당신은 일생 동안 몇 번이나 고난을 경험했는가?
- 당신에게 닥친 고난은 주로 어느 시기에 집중되어 있었는가? 아니면 일생을 통해 고르게 분포되었는가?
- 일생 중 가장 어려웠던 시기는 언제였는가? 그 어려움은 무엇이었는가?
- 그 어려움은 외부에서 온 것이었는가, 아니면 당신 내부에서 온 것이었는가?
- 당신은 그 어려움에 대해 어떻게 반응했는가?
- 당시 당신이 역경에 대처한 방식에 대해 만족하는가, 아니면 후회되는 부분이 있는가? 또 다시 그런 어려움이 닥친다면 당신은 어떻게 반응하겠는가?
- 어려서부터 지금까지 당신이 고난이나 역경을 만났을 때 대처하는 방법은 한결같았는가, 아니면 계속 변화했는가?
- 어려움을 당했을 때 당신이 가장 참을 수 없는 것은 무엇인가? 자신의 무력함인가, 아니면 외부의 평가인가?
- 당신이 고난을 극복하는 데 가장 큰 도움을 준 사람은 누구였는가? 그에게 받은 구체적인 도움은 어떤 것이었는가?
- 당신이 겪은 고난의 결과는 어떻게 나타났는가? 그 결과는 긍정적이었는가, 부정적이었는가?

(7) 인간관계

인간은 혼자 살아갈 수 없다. 누군가를 만나고 그와 관계를 맺고, 또 그와 헤어지고 다른 사람과 만나는 반복되는 인간관계 속에서 우리는 성장하고 변화한다. 어떤 인간관계는 우리 삶에 긍정적으로 작용하는 반면, 어떤 관계는 부정적으로 작용하기도 한다.

- 당신은 새로운 사람을 만나고 사귀는 것을 좋아하는가?
- 당신은 친구가 몇 명이나 있는가? 친구가 많은 편인가, 적은 편인가?

- 당신의 인생에서 친구의 의미는 무엇인가?
- 당신은 나이가 들면서 친구가 점점 더 늘어났는가, 아니면 줄어들었는가?
- 일생을 통해 만났던 사람들 중 가장 기억에 남는 사람은 누구인가?
- 그와의 만남은 당신의 삶에서 어떤 의미를 갖는가?
- 그와의 만남은 어떻게 시작되었는가? 당신이 먼저 그에게 다가갔는가, 아니면 그가 먼저 다가왔는가?
- 그와의 만남을 통해 당신에게 어떤 변화가 일어났는가? 그 변화는 긍정적인 것이었는가, 부정적인 것이었는가? 그리고 그에게서 배운 것은 무엇이었는가?
- 당신이 인간관계에서 가장 중요하게 생각하는 것은 무엇인가?
- 당신은 주로 어떤 관계를 선호하는가? 친구 관계인가, 선후배 관계인가, 아니면 사제 관계인가?
- 당신은 누군가에게서 배신을 당한 경험이 있는가? 있다면 구체적으로 어떤 내용이었는가?
- 당신은 누군가를 배신했거나 혹은 배신했다고 오해받은 적이 있는가?
- 당신의 인간관계는 나이가 들면서 어떻게 변해 갔는가? 관계의 폭과 깊이, 종류에서 변화가 있었는가?

(8) 학문과 예술

학문과 예술은 유명한 학자나 예술가의 삶에서만 중요한 의미를 갖는 것이 아니다. 우리 주변에서 일어나는 것들에 대한 호기심과 그에 대한 사색, 그리고 주변의 작은 것에서 아름다움을 발견하고 추구해 나가는 것도 학문이고 예술이다.

- 당신은 일생을 통해 특별한 관심을 가지고 공부하고 꾸준히 찾아간 무언가가 있는가?

- 당신의 관심은 나이가 들면서 변화했는가, 아니면 한결같았는가?
- 당신은 그것을 위해 어떤 노력을 기울여 왔는가?
- 어린 시절 읽었던 책 중에 가장 기억에 남는 책은 무엇인가? 또 청소년 기, 성인기, 중년, 노년이 되어서 가장 기억에 남는 책은 무엇인가?
- 그 각각의 책이 기억에 남는 이유는 무엇인가?
- 당신은 글을 읽는 것과 쓰는 것 중 어느 것을 더 즐기는가? 그 이유는 무엇인가?
- 당신은 나이가 들면서 궁금해하거나 관심을 갖는 영역이 바뀌었는가, 아니면 한결같았는가?
- 당신은 아름다움의 본질이 무엇이라고 생각하는가? 아름다움에 대한 생각은 나이가 들면서 변화했는가, 아니면 한결같았는가?
- 당신은 어떤 음악을 좋아하는가? 나이가 들면서 선호하는 장르가 바뀌었는가?
- 인생에서 특별한 어느 시기 혹은 특별한 사람이나 경험을 떠올리게 하는 음악이 있는가?
- 당신이 가장 좋아하는 예술은 무엇인가? 음악인가, 그림인가, 조각인가, 연극인가, 영화인가, 무용인가?
- 그 예술을 가장 좋아하는 이유는 무엇인가?
- 당신은 그것을 감상하기를 즐겨 하는가? 혹은 직접 하기를 즐겨 하는가?
- 당신의 삶에서 예술의 의미는 무엇인가?

(9) 신념과 가치관

세상을 바라보는 눈, 세상에 대한 생각은 일생을 통해 지속되며 또 몇 차례 변화되기도 한다. 어떤 믿음을 갖느냐, 어떤 가치관을 갖느냐는 그가 인생을 바라보는 눈과 인생을 대하는 태도에 중요한 영향을 미친다. 넓게는 세계나 사회에 대한 시각에서 좁게는 삶에 대한 시각까지 개인의 신념과 가치관은 그의 일생에서 중심을 구성한다.

- 당신이 인생에서 가장 중요하게 생각하는 가치는 무엇인가? 돈인가, 명예인가, 사랑인가, 행복인가, 혹은 다른 무엇인가?
- 그것을 가장 중요하게 생각하는 이유는 무엇인가?
- 당신이 중요하게 여기는 가치는 나이가 들면서 변화했는가, 아니면 한결같았는가?
- 당신의 가치관이나 신념 형성에 가장 크게 영향을 준 사람이나 사상 혹은 사건은 무엇인가?
- 당신의 가치는 사회나 일반 사람들의 가치와 얼마나 일치되는가?
- 당신에게 인생의 행복을 결정짓는 가장 중요한 조건은 무엇인가?
- 당신은 현재의 자신에 대해 얼마나 만족하고 있는가?
- 당신의 가치가 다른 사람의 것과 일치하지 않을 때 어떻게 반응하는가?
- 당신은 세상에 대해 애정을 갖고 있는가?
- 당신은 종교를 갖고 있는가? 만약 갖고 있지 않다면 그 이유는 무엇인가?
- 언제부터 어떤 계기로 종교를 갖게 되었는가? 아니면 언제부터 어떤 계기로 종교를 버리게 되었는가?
- 종교에 대한 신앙심은 당신의 삶에 어떤 영향을 주는가?
- 당신의 삶의 가장 중요한 목표는 무엇인가?
- 인생의 목표는 나이가 들면서 어떻게 변화되었는가?

(10) 이별과 죽음

우리는 일생을 살아가면서 수많은 이별과 죽음을 경험한다. 이별과 죽음은 삶에 여러 가지 방식으로 영향을 끼친다. 이별과 죽음의 경험은 삶을 진지하게 되돌아보게 하는 중요한 계기가 되며, 특히 인생에서 처음 맞이한 죽음의 경험 앞에서 우리는 처음으로 삶에 대한 진지한 물음을 던지게 된다.

- 당신이 처음으로 경험한 이별은 누구와의 이별이었는가?
- 당신은 사랑하면서도 헤어진 경험이 있는가? 그 이별은 왜 일어났는가?

- 당신은 원하지 않는 이별을 경험한 적이 있는가? 그때의 느낌은 어떠했는가?
- 당신이 처음으로 본 죽음은 언제 누구의 죽음이었나?
- 그때 당신은 무엇을 생각했는가? 그 경험이 당신의 삶과 생각에 어떤 영향을 미쳤는가?
- 당신이 경험한 가장 가까운 사람의 죽음은 누구였는가? 그 경험은 당신에게 어떤 영향을 미쳤는가?
- 죽음에 대한 당신의 생각은 나이가 들면서 어떻게 변했는가?
- 지금 죽음에 대한 당신의 생각은 어떤 것인가?
- 어떤 유명인의 죽음이 당신에게 영향을 미친 적이 있는가?
- 당신은 언제 어떻게 죽기를 원하는가?
- 당신이 죽은 후에 남겨진 사람들에 대해 생각해 본 일이 있는가? 그들이 당신의 죽음에 대해 어떻게 반응할 것이라고 생각하는가?

4) 노인 관련 시설 견학

과거 대가족 제도에서 조부모와 함께 살았을 때에는 생활을 통하여 자연스럽게 노인들의 생활방식이나 일상적인 모습을 접할 수 있었지만, 현대 핵가족 사회에서는 어린이들이나 청소년들이 노인들의 일상적인 모습을 접할 기회가 흔치 않다. 따라서 노인이 주로 활동하거나 생활하는 노인병원, 양로원, 요양원, 복지관, 실버타운 등의 시설을 직접 방문하여 노인들의 모습을 관찰하고 노인들과 상호작용하는 기회를 갖도록 하는 것이 노인에 관한 좋은 교육 방법이 될 수 있다.

노인 시설 견학은 어린이나 청소년에게 노인을 좀 더 가까이 느끼고 이해할 수 있도록 도와주고, 노인과 관련된 이론적 지식을 실제적 지식으로 바꿀 수 있다는 점에서 유용하다. 그러나 견학을 계획하고 실행하기 위해서는 다음과 같은 철저한 사전작업과 세심한 주의가 요구된다.

첫째, 시설 방문이나 대면에 앞서 노인의 특성에 대하여 충분한 사전교육이 이루어져야 한다. 학습자들 중에는 노인과의 대면이 거의 처음이거나 매우 생소한 경우도 있음을 명심해야 한다. 노인에 관한 사전교육은 이론적 강의를 통해서 이루어질 수도 있고, 방문한 노인시설에 관한 영상을 시청하거나 노인과 관련된 간단한 자료나 책을 읽는 활동을 통하여 이루어질 수도 있으며, 관련 주제에 대한 토론을 통하여 편견을 분석하는 작업을 할 수도 있다. 다양한 방법들 중 어떤 것을 사용하든 간에 잊지 말아야 할 중요한 것은 학습자들이 시설 방문에 앞서 노인에 관한 객관적 정보와 지식, 노인과의 의사소통 기술 등을 습득하도록 도울 수 있어야 한다는 점이다.

둘째, 사전교육에는 노인에 관한 지식뿐 아니라 노인과의 상호작용에 필요한 실제적인 기술이나 태도에 관한 내용이 반드시 포함되어야 한다. 예컨대, 노화로 인하여 청력 손실이 일어나기 때문에 노인들과 의사소통을 원활히 하기 위해서는 목소리를 평소보다 크게 그리고 고음에서 청력 손실이 더 커지기 때문에 가급적 저음으로 말해야 하며, 대체로는 오른쪽보다 왼쪽 귀의 청력 손실이 빠르게 진행되기 때문에 노인의 오른쪽으로 살짝 돌아가서 말해야 하고, 약한 청력을 돕기 위하여 손짓을 함께 사용하여 이야기하는 것이 좋다는 등의 실질적인 대화기술은 노인들과의 상호작용에 도움이 될 수 있다. 또한 안구의 황화현상으로 인하여 차가운 색상을 구분하기 힘든 노인들의 특성을 감안하여 방문 당일에는 가능하면 푸른색 계열보다는 붉은색 계열의 의상을 입어야 밝은 첫인상을 줄 수 있다는 것도 알려 주어야 한다. 그 밖에도 일제 강점기와 전쟁, 가난 등 지금의 젊은 세대가 경험하지 못한 역사적 과정이나 사건들에 대해서도 이해시킴으로써 노인들에게 좀 더 가까이 다가갈 수 있는 태도에 관한 교육도 함께 이루어져야 한다.

이러한 사전교육이 제대로 이루어지지 않을 경우, 학습자들은 시설에 들어선 순간 노인들이 큰 목소리로 말하는 것이나 노인들의 몸에서 나는 냄새에 당황할 수도 있고, 그들을 이해하기보다도 부정적인 편견으로 마음의 문을 닫아 버릴 수도 있다. 특히 노인병원이나 요양원 등 중증 노인들이 있는 시설을 방문할 때에는 이런 부분들에 더욱 유념하여야 한다. 예를 들면, 중증 치매환자나 전혀 거동을 하지 못하는 와병 노인들이 있는 시설에 아무런 사전교육 없이 학습자들을 데리고 방문한다면 학습자들의 머릿속에는 노인에 대한 부정적인 이미지가 확고하게 자리 잡을 수도 있다. 따라서 견학에 앞서 충분한 사전교육과 적절한 견학지 및 대상을 선정하여 학습효과를 높이고 부정적인 시각을 방지해야 한다.

5) 봉사학습

봉사학습(service learning)이란 봉사활동을 교수방법으로 활용하는 것으로, 사실상 자원봉사 활동 자체를 의미한다. 자원봉사는 대상자를 위한 이타적 활동으로서의 봉사의 의미 외에도 봉사자 자신에게 더 큰 도움이 되는 중요한 학습으로서의 의미를 동시에 지녔다는 점에서 최근에는 아예 '자원봉사(volunteering)'를 '봉사학습'이라는 용어로 대체하기도 한다.

원래 봉사학습이란 개념은 1990년대 초 미국에서 자원봉사에 대한 사회적 관심이 고조되면서 봉사를 통해 자연스럽게 학생들의 학습효과를 높일 수 있도록 하기 위해 제안된 것이다. 미국「지역사회봉사법(The Community Service Act of 1990)」에서는 봉사학습을 "참여자들이 지역사회 안에서 지역사회의 요구에 부응하고, 초중등학교 및 고등교육 기관, 지역사회 봉사 프로그램 혹은 지역사회와 협력하며, 시민으로서의 책임감을 고양하도록 돕는다. 그리고 학문적 교육과정이나 참여자들이 소속된 지역사회 봉사 프로그램의 교육적 요소들을 확장하거나 통합하여, 학생들이나 참여자들이 조직된 봉사활동에 적극적으로 참여함으로써 봉사 경험에 대해 성찰하고 이를 통해 배우고 발달하는 방법이다."라고 정의하고 있다. 봉사학습의 기본 개념은 학습에 대한 개인의 욕구와 봉사에 대한 사회적 필요성을 연계한 것이다. 또한 봉사학습은 경험학습(experiential learning)에 기초를 두며, 비판적 사고와 개인적 성찰을 통한 지역사회의 중요성과 시민참여, 그리고 개인의 책임감을 강조한다.

특히 노인을 대상으로 하는 다양한 봉사활동은 노인 대상자의 욕구나 필요를 충족시켜 주는 이타적인 효과 외에도 봉사자 자신이 느끼는 봉사의 보람과 즐거움, 그리고 나아가 노인들과의 상호작용을 통하여 노인과 노년을 깊이 이해하고 인생의 의미를 발견하며 인생의 지혜를 배울 수 있는 기회를 가질 수 있다는 점에서 좋은 봉사학습으로서의 의미를 갖는다고 할 수 있다. 또한 노인에 대한 봉사학습은 노인과의 깊은 인간관계 형성을 통한 긍정적인 태도 형성 면에서도 매우 효과적이다. 봉사학습은 학습자들로 하여금 세상과 대상자들을 더 잘 이해할 수 있도록 돕고 지역사회에 관심을 갖고 적극적으로 참여할 수 있도록 한다. 또한 이론적 지식과 기술을 실제에 적용하고 성찰할 수 있는 기회를 제공하며, 문제해결 기술과 비판적 사고를 활용하도록 자극함으로써 인지적 발달에도 도움을 준다. 봉사활동을 통하여 기존의 지식이나 관점이 새로운 시각으로 바뀌는 일종의 '전환(transformation)'이 일어나기도 하며, 학습자들로 하여금 자신의 지역사회와 관련된 사회적 문제를 더 깊이 이해할 수 있게 하고 시민의식을 고취하도록 돕는다.

6. 노인에 관한 교육의 평가

노인에 관한 교육의 평가방법은 교육의 목적이나 수업 방식 혹은 수업의 성격에 따라 다르다. 형식적 교육, 즉 학교에서 이루어지는 수업의 경우에는 필답식 시험이나 논술시험과 같은 정형화된 평가를 할 수도 있고, 평생교육기관에서 이루어지는 교육에서는 학습자들의 만족도를 조사하는 정도로 평가를 대신할 수도 있을 것이다. 그러나 어떤 장에서 이루어지는 교육이든 노인에 관한 교육 본래의 목적, 즉 노인에 대한 태도와 인식의 긍정적 변화를 평가하는 것이 매우 중요하다.

이렇게 노인에 대한 태도 및 인식 변화를 평가하기 위하여 사용될 수 있는 대표적인 방법으로는 다음과 같은 것들이 있다.

1) 노인에 대한 태도 변화

노인에 관한 교육의 목적은 노인에 관련된 지식 습득뿐 아니라 노인에 대한 시각과 태도에서의 긍정적인 변화에 있다. 따라서 노인에 대한 태도를 측정하는 다양한 도구들을 사용하여 노인에 관한 교육 이전과 이후의 태도 차이를 비교함으로써 교육효과를 측정할 수 있다. 이에 여러 가지 다양한 도구들(Tuckman & Lorge, 1952; Kogan, 1961; Palmore, 1977, 1988; Sanders, Montgomery, Pittman, Jr., & Balkwell, 1984; Shoemake & Rowland, 1993; MacNeil, Ramos, & Magafas, 1996)이 개발되었는데, 여기서는 우리나라에도 널리 알려져 있고 수업에서 누구나 손쉽게 사용할 수 있는 몇 가지 도구만 소개하고자 한다.

(1) Sanders 등의 노인에 대한 태도 척도

샌더스 등(Sanders et al., 1984)이 개발한 형용사 척도는 오스굿 등(Osgood et al., 1957)의 태도 척도를 일부 수정한 형태로 총 20개의 상반되는 형용사 쌍으로 구성된 의미분화 척도(semantic differential scale)다. 의미분화 척도란, 어떤 대상을 표현하는 서로 반대되는 형용사들을 축의 양쪽에 배치함으로써 그 대상에 대한 평가자의 평가나 느낌을 측정하는 방식이다. 이 척도는 한정란(2000)에 의해 우리나라에 처음 소개된 이후 사용이 편리하다는 장점 때문에 국내 노년학 연구에서 가장 널리 활용된 도구이기도 하다.

다음에 제시된 척도의 내용은 한정란(2000)의 번역에 근거한 것이다.

(2) 한정란의 연령집단에 대한 태도 척도

국내에서도 샌더스 등(1984)의 척도가 많이 사용되었지만, 한정란(2004a)은 Sanders 등의 척도 자체 혹은 국내에서 그 척도를 사용하는 데 있어 다음과 같은 문제점을 제기하였다.

첫째, 노인에 대한 태도는 결코 개인 혹은 집단을 둘러싼 문화적·사회적 환경과 독립적일 수 없다. 더욱이 문화적·역사적 배경이 우리와 전혀 다른

■ 연상되는 노인의 특성을 다음 형용사 기술에 따라 해당되는 점수 위에 ∨
표 하십시오. '(4)'를 기준으로 왼쪽의 형용사에 적합할수록 왼쪽으로, 오
른쪽 형용사에 적합할수록 오른쪽으로 더 가깝게 표시하면 됩니다. 단, (1)
부터 (7)까지 모든 칸 사이의 거리(차이)는 동일합니다.

번호		(1)	(2)	(3)	(4)	(5)	(6)	(7)	
1	현명하다								어리석다
2	친절하다								불친절하다
3	유식하다								무식하다
4	즐겁다								우울하다
5	믿을 수 있다								믿을 수 없다
6	관대하다								이기적이다
7	적극적이다								소극적이다
8	깨끗하다								지저분하다
9	우호적이다								지루하다
10	재미있다								재미없다
11	생산적이다								비생산적이다
12	건강하다								쇠약하다
13	착하다								나쁘다
14	융통성 있다								고지식하다
15	독립적이다								의존적이다
16	진보적이다								보수적이다
17	매력적이다								매력 없다
18	참을성 있다								참을성 없다
19	낙천적이다								비관적이다
20	불평이 없다								불평이 많다

서구에서 개발된 기존의 척도를 그대로 번역하여 사용하는 것은 의미의 혼란을 비롯한 많은 문제가 따를 수 있다.

둘째, 적용대상의 제한점이다. 의미분화 척도는 그 문항의 성격상 대개 추상적인 형용사의 의미를 인지할 수 있을 만큼 어느 정도 인지적으로 성숙한 집단에게만 적용할 수 있다. 따라서 문항의 간결성에 비하여 적용범위가 대부분 최소한 초등학교 고학년 이상으로 제한되어 있다.

셋째, 지금까지의 척도들은 노인이라고 하는 한정적인 대상에 대한 태도만을 측정하였다. 따라서 구체적인 프로그램의 효과를 다양한 연령집단의 태도변화 비교를 통하여 확인하고자 하는 경우, 혹은 여러 연령집단의 태도를 비교하고자 하는 경우에는 적용하기 어려운 한계를 지니고 있다. 또한 노인에 대한 태도만을 따로 측정함으로써 척도 자체에서 노인을 차별화하고 있다는 비판을 면하기 어렵다.

이러한 문제제기와 더불어 한정란(2004a)은 우리 사회에 적합한 새로운 연령집단에 대한 태도 척도 개발을 시도하였다. 한정란의 척도는 첫째, 단순한 번역의 차원을 넘어서 우리 정서에 맞는 언어들로 구성되었고, 아동에서 성인에 이르기까지 다양한 연령층에 적용될 수 있는 연령집단에 대한 태도 척도를 개발함으로써 기존의 외국 척도의 번안에 대한 의존성을 탈피하고자 하였다. 둘째, 대부분의 기존 의미분화 척도들과 달리 기본적인 문자를 해독하고 그 의미를 어느 정도 자유롭게 사용할 수 있는 초등학생 이상의 응답자까지 포함할 수 있도록 처음 개발단계부터 초등학교 2학년생을 포함시켰다. 셋째, 비노인 집단의 노인에 대한 태도만을 측정하는 데 국한되었던 기존의 척도들과 달리 전 연령대를 포괄하여 각 연령집단에 대한 태도를 측정할 수 있다는 점에서 보다 다양한 용도로 활용할 수 있도록 하였다.

이 척도 역시 20개의 상반되는 형용사 쌍으로 구성된 의미분화 척도로서 긍정적, 부정적 형용사의 제시 순서를 임의로 배치하여 의도적인 응답을 최소화할 수 있도록 하였다. 그리고 점수가 낮을수록 더 긍정적인 태도를 의미하는 Sanders 등의 척도가 갖는 문제를 해결하기 위하여 점수를 입력(coding)할 때

는 긍정적인 태도일수록 5점에 가까운 더 큰 값(1점: 가장 부정적~5점: 가장 긍
정적)을 갖도록 변환하여 입력하도록 하였다. 척도의 내용은 다음과 같다.

■ 노인에 대하여 어떻게 생각하십니까? 자신의 느낌을 다음 20개의 형용사
쌍 각각에 대하여 (1)에서 (5)까지 정도에 따라 ∨를 표하십시오.

번호		(1)	(2)	(3)	(4)	(5)	
1	깨끗하다						지저분하다
2	잘생겼다						못생겼다
3*	촌스럽다						세련되다
4*	허약하다						건강하다
5	침착하다						덤벙댄다
6*	무식하다						유식하다
7*	멍청하다						똑똑하다
8	중요하다						쓸모없다
9	재주가 많다						잘 하는 게 없다
10	남을 잘 믿는다						의심이 많다
11*	못됐다						착하다
12*	게으르다						부지런하다
13	재미있다						재미없다
14	용기가 있다						비겁하다
15*	불만이 많다						불만이 없다
16	책임감이 있다						책임감이 없다
17*	우울하다						명랑하다
18	친절하다						불친절하다
19*	이기적이다						너그럽다
20*	거짓말을 잘 한다						정직하다

* : 역코딩해야 하는 문항

2) 노화에 관한 지식의 변화 측정

노인에 관한 교육을 통해 수업에서 직접적으로 다루었던 내용에 관한 지식이 향상되는 것은 당연한 일이겠지만, 그 외에도 노인과 노화에 관한 전반적인 관심이 증가하면서 수업에서 다루지 않았던 관련 사실들에 대한 주변적 지식도 증가하게 된다. 따라서 학습내용에 관련된 직접적인 평가 외에도 노인이나 노화에 관련된 사실에 대한 관심과 상식이 얼마나 증가하였는지를 통하여 노인에 관한 교육의 효과를 간접적으로 평가할 수 있다. 특히 노화에 관한 일반적인 관심과 인식을 측정할 경우, 동일한 척도로 다양한 수업들의 효과를 동시에 측정하여 상호 비교할 수 있다는 점에서 유용하게 사용될 수 있다.

지금까지 사람들이 노화에 관하여 얼마나 많은 지식이나 오해를 갖고 있는가를 알아내기 위하여 노화에 관한 지식을 측정하는 다양한 도구들이 개발되어 왔다(Kogan, 1961; Tuckman & Lorge, 1952). 그러나 팔모어(E. B. Palmore, 1988)가 지적했듯이 이러한 도구들 대부분은 40문항에서 50문항에 이를 정도로 너무 길고 측정시간도 오래 걸려 측정이 번거로울 뿐 아니라, 사실에 관한 진술과 태도에 관한 진술이 뒤섞여 혼동되는 문제들이 있었다. 또한 진술문의 내용 대부분이 사실에 근거하여 진위를 가릴 수 없는 것들이어서 측정에 어려움이 있었다(Palmore, 1988). 이에 팔모어는 이런 단점을 보완하여 간단하면서도 노화에 관한 지식을 효과적으로 측정할 수 있는 도구로서 '노화사실 인지척도(Facts on Aging Quiz I, II)'를 개발하였다.

팔모어는 노화사실 인지척도를 통하여 노인에 관한 교육으로 수업에서 직접 다루지 않았더라도 교육의 결과로 노인에 대한 관심이 증가함으로써 일반적인 노인과 노화에 대한 상식이 향상될 수 있음을 보여 주고자 하였다. 팔모어가 개발한 노화사실 인지척도는 미국 사회의 실정을 바탕으로 구성된 것이므로 우리의 실정과는 다소 차이가 있으나, 아직은 이 도구를 대체할 만한 객관적인 도구 개발이 국내에서 이루어지지 않은 상태여서 여기서는 팔모어가 개발한 원래의 척도를 그대로 번역하여 제시한다. 참고로 여기서 제시된 정답은 팔모어가 원래 척도에서 제시한 정답으로 우리 실정과는 다소 차이가 있을 수 있다.

이 척도를 평가에 활용하는 방법은 다양한데, 먼저 전-후의 정답률이나 오답률 혹은 모른다고 응답한 비율 등을 비교할 수 있다. 또 다른 방법으로 지식 외에 응답 경향을 통해 노인에 대한 편견을 측정할 수도 있다. 즉, 어떤 문항에 대하여 오답을 했을 경우 그 오답이 노인에 대한 긍정적 오해를 반영할 수도 또는 반대로 부정적인 오해를 반영할 수도 있다. 따라서 교육 전-후의 정편견(positive bias)과 부편견(negative bias) 그리고 순편견(net bias)을 비교할 수 있다. 정편견이란 노인과 노화에 관한 긍정적 오해로부터 초래되는 편견으로, 노인에 대하여 긍정적인 편견을 갖고 있어서 오답을 하게 되는 문항들(FAQ I 중 2, 4, 6, 12, 14번과 FAQ II 중 1, 2, 8, 13, 16번)에서의 오답률을 의미한다. 반대로 부편견은 노인과 노화에 관한 부정적 오해로부터 초래되는 편견으로, 노인에 대하여 부정적인 편견을 갖고 있는 경우 오답을 하게 되는 문항들(FAQ I 중 1, 3, 5, 7, 8, 9, 10, 11, 13, 16, 17, 18, 21, 22, 24, 25번과 FAQ II 중 3, 4, 5, 9, 10, 11, 12, 14, 17, 19, 20, 21, 24, 25번)에서의 오답률을 의미한다. 순편견은 정편견에서 부편견을 뺀 값을 의미한다.

■ Facts on Aging Quiz I

※ 다음 내용이 맞다고 생각하면 ○, 틀리다고 생각하면 ×, 잘 모르겠으면 △로 표하시오. (괄호 속은 Palmore가 제시한 정답임)

(1) 대부분의 노인(65세 이상)은 노망이 났다. (×)

(2) 나이가 들면, 오감(시각, 청각, 미각, 촉각, 후각)이 모두 감퇴하는 경향이 있다. (○)

(3) 대부분의 노인은 성생활을 계속할 능력이 없을 뿐더러 관심도 줄어든다. (×)

(4) 노령이 되면, 폐 기능이 쇠퇴하는 경향이 있다. (○)

(5) 대부분의 노인은 대부분의 시간을 우울하게 느낀다. (×)

(6) 노령이 되면 육체적 힘이 쇠퇴한다. (○)

(7) 적어도 노인의 10%가 장기수용시설에서 살고 있다. (×)

(8) 노령 운전자는 65세 이하 젊은 운전자보다 일인당 사고율이 더 낮다. (○)

(9) 일반적으로 노령 근로자는 젊은 근로자만큼 효과적으로 일할 수 없다. (×)

(10) 노인의 3/4 이상이 정상적인 생활을 영위하기에 충분할 만큼 건강하다. (○)

(11) 대부분의 노인은 변화에 적응할 수 없다. (×)

(12) 일반적으로 노인은 새로운 것을 학습하는 데 더 오래 걸린다. (○)

(13) 평균적인 노인이 새로운 것을 학습한다는 것은 거의 불가능하다. (×)

(14) 노인은 젊은이보다 대체로 반응 속도가 늦다. (○)

(15) 일반적으로 노인은 서로 매우 비슷하다. (×)

(16) 대부분의 노인은 좀처럼 지루하지 않다고 말한다. (○)

(17) 대부분의 노인은 사회적으로 소외되어 있다. (×)

(18) 노령 근로자는 젊은 근로자에 비해 사고가 적다. (○)

(19) 현재 전체 인구의 15% 이상이 65세 이상이다. (×)

(20) 의료 실천가의 대부분이 노인에게 낮은 우선순위를 부여하는 경향이 있다. (○)

(21) 대부분의 노인은 빈곤수준 이하의 수입을 갖고 있다. (×)

(22) 대부분의 노인은 일하고 있거나 할 일을 갖기를 원하고 있다. (○)

(23) 노인은 나이가 들수록 더 종교적이 된다. (×)

(24) 대부분의 노인은 자신이 좀처럼 화를 내지 않는다고 말한다. (○)

(25) 젊은이에 대해 상대적으로 노인의 건강과 경제적 지위는 2000년에도 지금과 같거나 더 나빠질 것이다. (×)

■ Facts on Aging Quiz II

※ 다음 내용이 맞다고 생각하면 ○, 틀리다고 생각하면 ×, 잘 모르겠으면 △로 표하시오.

(1) 노령이 되면 키가 줄어드는 경향이 있다. (○)

(2) 젊은이보다 더 많은 노인이 만성질환을 갖고 있다. (○)

(3) 노인은 젊은이보다 더 많은 급성질환을 갖고 있다. (×)

(4) 노인은 가정에서 젊은이보다 더 많은 상해를 입는다. (×)

(5) 노령 근로자는 젊은 근로자보다 결석이 적다. (○)

(6) 65세 흑인의 기대수명은 백인의 기대수명과 같다. (○)

(7) 65세 남성의 기대수명은 여성의 것과 같다. (×)

(8) 의료보험이 노인 의료비의 절반 이상을 부담하고 있다. (×)

(9) 사회보장 혜택은 물가가 상승하면 자동적으로 증가한다. (○)

(10) 생활보조금은 이것이 필요한 노인의 최저생계비를 보장해 준다. (○)

(11) 노인은 국가 소득 중 그들의 적절한 몫을 갖지 못하고 있다. (×)

(12) 노인은 젊은이에 비해 범죄의 희생물이 되는 경우가 더 높다. (×)

(13) 노인은 젊은이보다 범죄를 더 무서워한다. (○)

(14) 노인은 모든 성인 연령집단들 중 가장 법을 잘 준수하는 집단이다. (○)

(15) 홀로 된 남성 노인의 수와 홀로 된 여성 노인의 수는 같다. (×)

(16) 노인의 투표율은 다른 어떤 연령집단보다도 높다. (×)

(17) 전체 인구 중 노인의 비율보다 공공기관에 근무하는 노인의 비율이 더 높다. (×)

(18) 노인 중 흑인의 비율이 점점 더 증가하고 있다. (○)

(19) 건강한 노인의 자원봉사 조직 참여가 감소하는 경향이 있다. (○)

(20) 대부분의 노인은 혼자 산다. (×)

(21) 노인은 다른 연령층보다 빈곤율이 더 낮다. (○)

(22) 흑인 노인의 빈곤율은 백인 노인의 빈곤율보다 약 3배 더 높다. (○)

(23) 활동을 줄인 노인은 그렇지 않은 노인보다 더 행복해하는 경향이 있다. (×)

(24) 막내 자녀가 출가할 때 대부분의 부모는 빈둥지에 적응하는 데 심각한 문제를 갖는다. (×)

(25) 노인 중 홀로 된 노인의 비율은 감소하고 있다. (○)

7. 노인에 관한 교육의 사례

1) 국내 프로그램 사례

(1) 교육부의 노인교육 지도자과정

교육인적자원부(현 교육부)에서는 2000~2004년의 5년에 걸쳐 매년 10여 개의 대학을 선정하여 노인교육 담당자 및 전문가 양성과정을 지원하였다.[1] 이 사업은 지역별로 우수한 '노인교육 담당자 및 전문가 양성과정'을 선정, 지원하여 모범적인 양성과정을 전국적으로 전파함으로써 노인교육 담당자의 전문성 제고와 노인교육 활성화를 도모하는 데 목적이 있었다. 또한 전·현직 노인교육 담당자나 향후 노인교육 분야에서 활동하고자 하는 사회복지사, 평생교육사, 자원봉사자 등을 대상으로 노년기에 대한 교육적 이해, 교육방법 및 프로그램 기획 등 노년교육 전문성을 신장시킬 기회를 무료로 제공함으로써 노년교육을 활성화하기 위함이었다.

구체적인 사업내용을 살펴보면, 대학 및 대학부설 평생(사회)교육원의 노인교육 담당자 및 전문가 양성과정에 대하여 각 1,000만 원씩 총 1억 6,000만 원을

---

1) 연도별 지원대학은 제5장의 〈표 5-9〉 참조.

지원하였다. 수강생은 학교당 50명 이상이고, 교육시간은 2002년까지는 75시간이었다가 2003년부터 민간자격증인 노인교육사와의 연계를 위하여 90시간 이상으로 확대하였다. 수업은 하루 3시간씩 주 2회를 원칙으로 운영되었다. 수강대상 기준은 전ㆍ현직 노인교육시설 종사자(노인교실, 노인복지회관, 양로원, 경로당 등), 노인교육기관 자원봉사자, 노인교육 전공자, 노인지도자 등 노인교육 관련 자격증(수료증) 소지자, 교ㆍ공직 경력 5년 이상인 자, 사회복지사 및 사회복지사 과정 중인 자(전체 수강생의 20% 미만), 기타 노인교육 담당자로 적합하다고 인정되는 자(전체 수강생의 20% 미만) 등으로 규정하였다.

(2) 천주교 서울대교구 가톨릭시니어아카데미의 노인대학 봉사자 교육

천주교 서울대교구 가톨릭시니어아카데미(구 노인대학연합회)에서는 2001년부터 노인대학 봉사자들을 대상으로 주기적인 교육을 실시하였고, 현재와 같이 교재와 프로그램까지 갖춘 본격적인 봉사자 교육은 2007년부터 시작되었다. 체계적인 노인대학 운영 및 봉사자 교육을 위하여 자체적으로 『노인대학 매뉴얼』, 봉사자 초급교육 교재 『우리, 노년의 삶을 이해합시다』와 봉사자 중급교육 교재 『노인교육 어떻게 할 것인가』 등을 제작하여 활용하고 있다. 봉사자 교육은 노인대학에서 활동하는 봉사자들에게 노인에 관한 교육을 통하여 효과적인 교육을 도모하고 학습자인 노인들에 대한 이해를 증진하고자 함과 동시에 봉사자들 스스로 노후를 준비할 수 있도록 하기 위함이다. 구체적인 교육내용을 살펴보면, 〈표 11-1〉〈표 11-2〉와 같다.

(3) 서울대학교 노화고령사회연구소의 제3기 인생대학[2]

2009년 9월부터 국립 서울대학교 부설 노화고령사회연구소에서 운영해 오고 있는 제3기인생대학은 프랑스의 U3A 모델을 일부 모방하였지만, 그 대상

---

2) http://ioau3a.snu.ac.kr/ 2014. 11. 12. 접속.

| 표 11-1 | 가톨릭시니어아카데미 교사양성 초급교육 프로그램 |

주	교육 내용
1주	개강 미사 및 오리엔테이션
2주	1. 고령화와 사회변화 및 대응 2. 평생학습과 노인교육, 그리고 교사
3주	1. 노년기 사회적 변화의 이해 2. 노년기 생물학적 변화의 이해 3. 노년기 심리적 변화의 이해
4주	1. 노인과 가족 2. 노인과 성
5주	종교와 노후생활
6주	노년기 신체건강 · 정신건강
7주	바람직한 노후 자산 설계
8주	가톨릭에서 바라보는 노인
9주	가톨릭에서 바라보는 교사의 지도력과 영성
10주	교사 십계명 만들기 및 수료 미사

출처: http://www.isenior.or.kr/ 2014. 3. 18. 접속.

| 표 11-2 | 가톨릭시니어아카데미 교사양성 중급교육 프로그램 |

주	교육 내용
1주	1. 개강 미사 2. 프로그램 개발에 관한 기초이론
2주	프로그램 기획
3주	수업지도론
4주	홍보와 마케팅
5주	대인관계
6주	문해와 NIE(한글, 초등학교level 교육)
7주	인간관계론-자기이해
8주	전통과 문화
9주	전례와 영성
10주	1. 시니어아카데미 학급 운영안 2. 종강 미사 및 수료식

출처: http://www.isenior.or.kr/ 2014. 3. 18. 접속.

이 65세 미만의 중장년층이며 은퇴를 준비하는 데 주목적을 둔다는 점에서 노인을 위한 교육보다는 노인에 관한 교육에 해당된다고 보아야 할 것이다. 과정은 한 학기 주 2시간씩 13주간 13개 강좌로 구성되며, 총 2학기 26개 강좌로 이루어진다. 대상은 학기당 고졸 이상의 40세 이상 64세 미만으로 서울 대 교직원 10명과 일반인 90명 등 100명이며, 면접을 통해 선발한다. 등록금은 한 학기 50만 원이며, 지원 시 전형료 2만 원은 별도다.

2014년 제6기의 교육내용을 살펴보면 〈표 11-3〉과 같다.

표 11-3 2014년 제3기 인생대학의 제6기 교육 프로그램

	주차	과목명
1학기	1	입학식입학식 특강: 라이프코스와 제3기 인생
	2	중년기 이후의 심리적 변화
	3	노후를 위한 자원봉사 설계
		1박 2일 워크숍(순창)
	4	중년기 이후의 피부건강
	5	노화와 기억의 전쟁
	6	특강: 죽음은 벽인가, 문인가? 영화를 통한 이해
	7	행복한 마음, 건강한 정신
	8	중년기 이후의 자산관리: 은퇴자금 만들기와 관리
	9	TA를 통한 자기이해(이론)
	10	중년기 이후의 맞춤 영양과 식생활
	11	자서전 쓰기
	12	중년과 운동
	13	종강 특강: 건강한 조부모역할
2학기	1	노년기 사회적 관계
	2	중년기 이후의 건강관리: 심혈관 질환
	3	디지털시대 제대로 누리기: 스마트 모바일과 바이오닉스
	4	노후를 위한 주거환경 계획
	5	평생교육과 잠재능력 개발

	6	뇌건강과 치매예방
	7	특강
	8	중년기 이후의 성과 사랑
2학기	9	중년기 이후의 신체건강(근골격)
	10	노후를 위한 여가설계
	11	행복을 나누는 시니어(사회공헌 관련)
	12	졸업발표
	13	졸업발표

(4) 한국방송통신대학교 프라임칼리지[3]

프라임칼리지는 정부의 성인학습대학 사업의 일환으로 국립 한국방송통신대학교에 2012년 설립되었다. 주 대상은 4050세대를 포함한 성인학습자들로, 그들의 제2인생설계를 촉진하기 위하여 방송대의 교육인프라를 활용한 원격 평생교육과 현장 중심 교육을 혼합한 블렌디드러닝(blended learning)을 추구한다. 수강대상은 학점 인정 교과목 신청자는 고졸 이상이어야 하며, 학점 미인정 교과목 신청자는 특별한 학력 제한이 없다. 수강료는 과정별로 3만 6,000원에서 9만 4,500원까지 차이가 있으며, 다양한 할인 혜택도 있다. 프라임칼리지의 교육과정은 제2인생대학 트랙, 인문교양 및 시민문해 트랙, 여가준비 트랙, 귀농귀촌 트랙, 창업 트랙, 사회적 경제 트랙, 국제개발협력 및 해외봉사활동 트랙, 상담기초 트랙, 외국어 지도 트랙, 명장교수 트랙, 전문자격 준비 트랙 등 11개 트랙으로 구성된다. 학습자들은 11개 트랙 중 자신이 원하는 트랙을 자유롭게 선택할 수 있으며, 원하는 경우 일부 과목은 한국방송통신대학교 학점으로 인정받을 수도 있다. 전체 교육과정 내용은 〈표 11-4〉와 같다.

---

3) http://prime.knou.ac.kr/ 2014. 11. 12. 접속.

표 11-4 │ 프라임 칼리지 교육과정

트랙명	교과목명
제2인생대학 트랙	생애주기 및 생애학습의 이해
	제2인생기의 이해1
	제2인생기의 이해2
	제2인생기의 설계1
	제2인생기의 설계2
인문교양 및 시민문해 트랙	대한민국중년은 무엇으로 사는가?
	대학로인문예술아카데미
	중년 여러분, 힘드시죠?
	4050세대의 재취업과 창업을 위한 준비: 나를알리기(I-making)
여가준비 트랙	목공DIY교실
	DSLR사진교실
	문학기행
	지역문화탐방
귀농귀촌트랙	귀농귀촌의 이해
	도시농업
창업 트랙	창업가 정신의 이해와 창업실무
	사례로 배우는 유형별 창업전략
사회적 경제 트랙	사회적 기업과 사회혁신
	협동조합의 이해와 실제
	마을공동체기업의 이해와 실제
국제개발 협력 및 해외봉사활동 트랙	국제개발협력의 이해
	국제개발협력의 유형별 접근
상담기초 트랙	상담의 이해
	상담 영역별 실제
외국어 지도 트랙	책을 활용한 영어수업1
	책을 활용한 영어수업2
	어린이중국어/한자 이해와 교수법
	유아 중국어/한자의 실제
	초등 중국어/한자 지도의 실제

명장교수 트랙	명장교수의 이해와 실제
전문자격준비 트랙	베이비시터 양성과정
	공인중개사자격시험준비과정 slim package
	주택관리사보자격시험준비과정 slim package
	한국어교원양성과정

2) 외국 프로그램 사례

(1) 미국 조지아 대학교의 노년학 자격증 과정[4]

1965년 시작된 조지아 대학교(University of Georgia)의 노년학 자격증 과정(Graduate Certificate of Gerontology)은 그 대학의 관련 학과 30여 명의 교수들이 공동으로 참여하여 운영되고 있다. 이 과정의 목적은 크게 다섯 가지다.

첫째, 노년학 분야의 광범위한 이론적 기초를 학습한다.

둘째, 폭넓은 학제적 관점에 더하여 노화에 관한 심리학, 생물학 및 생리학, 사회학의 지식을 습득한다.

셋째, 지역사회 봉사나 실습을 통하여 노인들과의 실질적이고 직접적인 경험 기회를 갖는다.

넷째, 노년학적 연구 기법과 방법론을 학습함으로써 자기만의 분석 및 평가 기술을 개발한다.

다섯째, 학문적 전문성에 노화에 관한 연구 및 실천 방법을 보충한다.

자격증을 취득하기 위한 조건은 〈표 11-5〉와 같다.

---

4) http://www.publichealth.uga.edu/geron/programs/certificate 2014. 4. 3. 접속.

표 11-5   조지아 대학교 노년학 자격증 과정 교육내용

과목군		과목수(주당 시간)
	Perspectives on aging	3시간
Biology/ Physiology	Public health and aging Epidemiology of aging Nutrition, health, and aging Exercise and aging	1과목 선택(3시간)
Psychology	Psychology of aging Optimal experience, adaptation, and aging	1과목 선택(3시간)
Sociology	Aging in society Aging and the family Sociology in aging	1과목 선택(3시간)
Elective course	Survey of educational gerontology Chronic disease epidemiology Nutrition and disease processes I Nutrition and disease processes II Service learning with the elderly Death, dying, and bereavement Advanced topics in gerontological research and theory Advanced topics in gerontology practice Housing for older adults Managing nonprofit and special community housing Public health physical activity interventions Elder law	1과목 선택(3시간)
Elective course	Current research in health psychology Social work with older adults	1과목 선택(3시간)
	Research/Practicum experience	3시간

출처: http://www.publichealth.uga.edu/geron/programs/certificate 2014. 4. 3. 접속.

(2) 미국 피츠버그 대학교 사회 · 도시연구센터의 노년학 자격증 과정[5]

피츠버그 대학교(University of Pittsburgh) 사회 · 도시연구센터(University

5) http://www.ucsur.pitt.edu/gerontology_certificate.php 2014. 4. 3. 접속.

Center for Social & Urban Research)의 노년학 자격증 과정(Graduate Certificate in Gerontology)은 온라인교육과 전통적인 오프라인교육 두 가지로 구성된다.

온라인교육 프로그램은 〈표 11-6〉에서 보는 바와 같이 필수 7학점과 선택 9학점 등 총 16학점을 이수해야 한다. 오프라인 교육은 〈표 11-7〉과 같이 핵심 교육과정에서 6~7학점과 선택 과정에서 8~9학점 등 15학점 이상을 이수하면 된다.

표 11-6 피츠버그 대학교 노년학 자격증 온라인 교육과정

구분	과목	학점
필수(7학점)	Ethics and Aging	3학점
	Gerontology: Perspectives in Aging	3학점
	Seminar Series on Aging	1학점
선택(9학점)	Clinical Aspects of Dementia Care	2학점
	Directed Study	1~3학점
	Prevention and Healthy Aging	3학점
	Intergenerational Studies	2학점
	Mental Health and Mental Illness in Late-Life	3학점
	Multi-Disciplinary Aspects of Dementia	3학점
	Caregiving in Aging	2학점
	Human Performance, Nutrition and Aging	3학점
	Aging and Communication	3학점

출처: http://www.ucsur.pitt.edu/gerontology_certificate.php 2014. 4. 3. 접속.

표 11-7 피츠버그 대학교 노년학 자격증 오프라인 교육과정

구분	과목	학점
핵심코스 (6~7학점)	Ethics and Aging	3학점
	Seminar on Aging	1학점
	Gerontology: Perspectives in Aging	3학점
	Dimensions of Aging, Culture and Health	2학점

	Human Blhavior: Adult Development and Aging	3학점
선택(전공에 따라 8~9학점을 선택함)	치과학 전공(노화와 구강건강, 노인치과 임상 등)	8~9학점
	법률 전공(노인과 법, 유산과 상속 등)	9학점
	간호 전공(노인병 관리, 노화 생리학 등)	8~9학점
	공중보건 전공(노화 생리학, 장기요양 서비스 등)	8~9학점

출처: http://www.ucsur.pitt.edu/gerontology_certificate.php 2014. 4. 3. 접속.

(3) 미국 러트거스 뉴저지 주립대학교의 노년학 자격증 프로그램[6]

러트거스 뉴저지 주립대학교(Rutgers, The State University of New Jersey)의 노년학 자격증 프로그램(Certificate Program in Gerontology)은 기초 자격과정 (Basic Certificate Program in Gerontology)과 고급 자격과정(Advanced Certificate Program in Gerontology)으로 이루어져 있다.

기초 자격과정은 노인과 관련된 직업을 계획하는 이들에게 기본적인 지식을 제공하는 데 목적을 두며, 6시간의 필수 워크숍과 2시간의 선택 워크숍을 14일에 걸쳐 이수해야 한다. 필수 워크숍은 인간 발달의 과정 노화(Aging: The Human Process), 노화 관련 정책과 경제적 문제(Aging: Policy and Economic Considerations), 기능 상실과 환경 변화의 극복(Coping with Functional Loss and Environmental Changes), 노인의 상태 평가하기(Assessment of the Elderly), 노인 내담자 사례관리(Practical Case Management with Elderly Clients), 노인과의 의사소통(Communicating with the Elderly) 등이다. 또 선택 워크숍은 모든 노년학 프로그램들 중에서 두 가지를 선택하면 된다.

고급 자격과정은 기초 자격과정을 이수한 사람들에게 보다 전문적인 교육을 실시하는 것으로, 기초 과정과 마찬가지로 6시간의 필수 워크숍과 2시간의 선택 워크숍을 이수하되, 8일에 걸쳐 이수하면 된다.

---

6) http://socialwork.rutgers.edu/continuingeducation/ce/certificateprograms.aspx 2014.
   3. 4. 접속.

필수 워크숍은 고급 케어 설계(Advanced Care Planning), 노인을 위한 법적 문제(Legal Issues and Planning for the Elderly), 인종에 따른 노인병(Ethnogeriatrics), 노인 케어에서의 인종딜레마(Ethical Dilemmas in Elder Care), 노년기 정신병(Psychiatric Vulnerabilities in the Elderly), 임종(End of Life Issues) 등이고, 선택 워크숍은 기초과정과 마찬가지로 모든 노년학 프로그램들 중에서 두 가지를 선택하면 된다.

제12장 노인에 의한 교육

1. 노인에 의한 교육의 필요성

경험이 중요한 자원이었던 농경사회에서는 노인의 지혜와 경륜이 존중받을 수 있었다. 그러나 과학기술과 첨단산업이 중심이 되는 현대사회에 와서는 지식의 변화속도가 빨라져 노인들의 과거 경험이나 지식의 가치가 절하되는 경향이 있다. 그럼에도 불구하고 여전히 지혜와 인생의 경륜이 없으면 알 수 없는 것들이 존재하며, 노인들을 통하지 않으면 얻을 수 없는 것들이 있다. 따라서 다음과 같은 이유에서 노인에 의한 교육이 더욱 중요하다.

1) 전통의 전수

전통(傳統)이란 어떤 집단이나 공동체에서, 지난 시대에 이미 이루어져 계통을 이루며 전해 내려오는 사상이나 관습 혹은 행동 따위를 일컫는다. 즉, 전통은 하루 아침에 만들어지는 것이 아니라 오랜 세월을 거치면서 켜켜이 쌓여 온 자산이며 오랜 시간에 걸쳐 반복하여 검증된, 따라서 단순히 과거의 것이며 지금 시대에는 맞지 않는 쓸모없는 고물이라고만 치부할 수 없다. 전통은 현재를 가능케 하는 토대이자 미래의 발전을 만들어 내는 원동력이다. 전통과 단절된 채 발전할 수 있는 문화는 없다. 아무리 사회가 빠르게 발전한다고 하더라도 그 사회의 뿌리와 사회가 걸어온 전통을 기억하고 이어 나가는 일은 반드시 필요한 부분이다. 그런데 이러한 전통에 대하여 배우고 이어받을 수 있는 유일한 통로는 그 전통 속에서 자라고 살아온 그 사회의 노인이다. 전통을 바르게 이어 나가고 젊은 세대들에게 우리의 관습과 전통윤리, 예절을 바르게 전달해 주는 것은 노인들이 공헌해야 할 몫이다. 요컨대, 노인에 의한 교육은 전통의 전수를 위해서 중요하다.

2) 실제적인 교육의 필요성

교실에서 이론 중심으로만 이루어지는 교육은 자칫 피상적으로 흐르기 쉽다. 특히 역사나 전통, 실생활과 관련된 내용을 학습할 때는 더욱더 그렇다. 노인들의 참여를 통하여 교실 속에서 추상적으로 치우치기 쉬운 이론 중심의 교육에 현실감과 생명력을 불어넣을 수 있다. 역사적 사건이나 실생활과 직접적으로 관련성을 갖는 영역 혹은 오랜 현장의 경험과 전문성이 요구되는 영역의 교육에서, 풍부한 삶의 경험을 지니고 역사적 사건을 몸소 체험한 노인들의 회상과 증언, 시범 등을 통한 교육은 매우 중요하게 활용될 수 있다.

3) 새로운 노년기 역할 필요성

과거 전통사회에서는 사회와 가족 속에서 노인들의 역할이 매우 다양하고 중요했다. 고령화 사회에서 노년의 시간은 더 길어졌지만, 사회와 가족 속에서 노인들의 역할과 지위는 오히려 크게 하락 · 축소되었다. 따라서 길어진 노년기 동안 노인들이 사회와 가족의 구성원으로서 소속감과 보람을 가지고 수행할 수 있는 새로운 역할의 정립이 요구된다. 또한 과거의 노인들에 비해 앞으로는 더 높은 교육수준과 경제수준을 지닌 노인들이 증가할 것으로 예측되는 바, 이러한 훌륭한 고령 인적자원을 얼마나 잘 활용하는가에 따라 고령화로 인한 부정적 영향을 최소화하고 오히려 인구 고령화를 사회발전의 원동력으로 전환할 수 있을 것이다. 따라서 노인에 의한 교육을 통하여 노년기의 바람직한 역할을 정립하고 노인들의 적극적인 사회참여를 위한 다양한 방법들을 제공해야 할 것이다.

4) 노인들의 사회공헌 욕구 증가

맥클러스키와 보가타(McClusky & Borgatta, 1981)가 지적했듯이, 노인들은 비록 공식적인 직업세계에서는 물러났다고 하더라도 계속해서 사회에 중요한 구성원으로 참여하고 공헌하며 영향력을 행사하고 싶어 하는 기본적 욕구를 가지고 있다. 특히 의학기술의 발전과 건강에 대한 관심 증가 등으로 노년기 건강이 크게 향상되면서 이러한 노인들의 사회공헌 및 참여 욕구는 더욱 커지고 있다. 노인의 이러한 영향력과 공헌의 욕구는 다양한 방법을 통해서 충족될 수 있겠지만, 특히 노인이 사회에서 가장 크게 공헌할 수 있는 부분은 후세대에게 자신의 자원을 나누어 주는 교육적 방법을 통해서일 것이다. 이러한 노인에 의한 교육은 사회적으로는 유용한 노인들의 인적 자원을 얻을 수 있을 뿐아니라, 노인의 입장에서도 아직 자신이 사회에서 쓸모 있고 중요한 존재라는 확인을 통하여 자기존중감과 삶의 보람을 가질 수 있도록 도와줄 수 있다.

2. 노인에 의한 교육의 목적

노인에 의한 교육은 젊은 세대에게는 더욱 다양한 인생의 경험을 배우고 실제적인 지식을 얻을 수 있는 기회를 제공하며, 노인에게는 계속적인 사회 참여와 봉사의 기회를 제공하는 데 그 목적이 있다. 노인에 의한 교육의 목적은 주로 학습대상이 되는 젊은 세대의 입장에서 바라본 목적, 주로 교육 제공자가 되는 노인의 입장에서 바라본 교육 목적, 그리고 사회의 관점에서 본 목적의 세 가지로 나누어 볼 수 있다.

1) 젊은 세대에 대한 목적

노인에 의한 교육은 젊은 세대에게 이론적 지식과 실제 간의 연계와 다양한 인생의 경험과 지혜를 제공하며, 노인 세대와의 관계를 통하여 대인관계를 확대할 수 있도록 돕는다.

- 교실학습에서 습득한 이론적 지식을 노인들로부터 배운 현실 세계의 실제적 지식과 연계한다.
- 노인을 통하여 아직 경험하지 못한 삶의 단계들을 간접적으로 체험하고 삶의 경험과 지혜를 배운다.
- 노인들과의 상호작용을 통하여 대인관계의 폭을 넓히고, 나아가 인생을 바라보는 시각과 삶의 지평을 확장시킨다.
- 다른 세대와 사회를 위하여 봉사하고 공헌하는 노인의 모습을 통하여 노인에 대한 태도와 인식을 긍정적으로 개선하고, 더 나아가 자신의 노후에 대한 이상적 모델을 구축하고 노화에 대한 불안감을 해소한다.

2) 노인에 대한 목적

노인이 보유한 경험과 전문성, 삶의 지혜를 후세에 전수함으로써 노인이 자신의 가치를 발견할 수 있도록 도우며, 젊은 세대와의 상호작용을 통하여 대인관계망을 확대하고 사회에 적극적으로 참여할 수 있도록 돕는다.

- 자신의 경험과 전문성, 지혜를 이용할 수 있는 기회를 통하여 새로운 사회적 역할을 발견하고 사회에 적극적으로 참여함으로써 자신감을 얻는다.
- 교육을 통하여 보람과 긍지를 느낌으로써 잃었던 자신감을 회복하고 자신의 가치를 발견한다.
- 다양한 세대들과의 상호작용을 통하여 소외감을 줄이고 대인관계망을 확대한다.
- 의미 있는 교육 및 사회 활동에 참여함으로써 노년기 삶을 보다 풍요롭게 하고 삶에 대한 만족감을 높인다.

3) 사회에 대한 목적

노인이 가진 경험과 전문성, 삶의 지혜를 사회에 환원함으로써 사회적 자원을 극대화하고, 세대 간의 화합을 통하여 사회적 통합을 이룰 수 있도록 한다.

- 노인이 지닌 풍부한 인생의 경험과 전문성 및 지혜를 활용함으로써 사회적으로 유용한 자원을 얻는다.
- 사회와 다른 세대를 위하여 기여하는 노인의 모습을 통하여 노인에 대한 사회적 인식을 개선하고 연령에 대한 편견과 차별을 해소한다.
- 노인에 대한 사회적 인식 개선과 세대 간의 교류 증진을 통하여 세대 간의 이해를 확대하고 나아가 사회통합을 제고한다.

이 밖에도 Powers 등(1989)은 교육적 자원으로 노인을 초등학교 수업활동에 참여시킴으로써 기대할 수 있는 이점을 다음 12가지로 지적하였다.

- 학생은 역사에 관한 지식과 시각을 얻을 수 있다.
- 학생은 현재와 같이 핵가족화된 가정에서 쉽게 접하지 못하는 노인 세대에 관한 지식과 시각을 얻을 수 있다.
- 학생은 그들의 청취 기술을 증대시킬 수 있다.
- 학생은 예절을 배울 수 있다.
- 교사는 청취 기술을 배울 것이다.
- 교사는 적절하게 설명하는 기술을 배울 것이다.
- 교사는 의도했던 교육의 목표를 달성하는 데 도움을 받을 것이다.
- 교사는 부가적인 참고자료를 얻을 수 있다.
- 교사도 노인 세대에 대한 통찰을 얻을 수 있다.
- 노인은 구연 기술을 증대시키고 이 능력을 다양한 맥락으로 일반화시킬 수 있다.
- 노인은 자긍심이 증대될 것이다.
- 노인은 그들의 인간관계망을 확대시킬 수 있다.

3. 노인에 의한 교육의 내용

노인에 의한 교육은 앞서 설명한 것처럼 협의의 교육에만 국한되는 것이 아니라, 더 넓은 의미의 활동을 포함한다. 즉, 기존의 교육이라는 틀에서 벗어나 간접적이거나 직접적인 교육적 효과를 가져올 수 있는 비형식 및 무형식 교육까지, 모든 영역의 활동과 서비스를 포함하는 것을 전제로 한다.

노인에 의한 교육은 주로 노인의 풍부한 삶의 경험과 능력이 풍부한 교육 자원으로 활용될 수 있는 부분에서 가치를 발한다. 따라서 노인에 의한 교육은 이론 위주의 지식보다 실제적이고 생활 속에서 검증된 지식이 요구되는 교육 영역, 혹은 젊은 세대로서는 경험해 보지 못한 역사적 시대나 사건에 대한 내용, 그리고 노인의 폭넓은 시각과 오랜 경험에 근거한 판단과 관점이 요구되는 내용에서 유용하다.

1) 역사적 사실 및 사건과 관련된 내용

역사는 이론이 아닌 사실이고 실재다. 하지만 다시 과거로 돌아가 모든 역사적 사건을 직접 다시 경험해 볼 수는 없다. 다만 최근의 역사는 아직 노인들의 기억과 경험 속에 살아 있으며, 따라서 노인들을 통하여 살아 있는 역사적 사건들과 다시 만날 수 있다.

예컨대, 일제 강점기, 한국전쟁, 5 · 16 군사정변, 4 · 19 혁명, 광주 민주화 운동 등 노인이 직접 경험했던 현대의 역사적 사건이나 시대적 경험은 책 속에 죽어 있는 활자가 아닌 노인의 생생한 회상과 증언을 통해 현실로 되살아날 수 있다. 또한 이미 공식적으로 알려진 역사적 사실 이외에도 구체적인 한 지역에서 실제로 일어났던 작은 사건들이나 그에 관한 개인적인 경험들에 대해서도 생생하게 알 수 있다.

이러한 이유에서 역사적 사실이나 사건과 관련된 교육에서 노인에 의한 교육은 매우 유용하다.

2) 전통 가치 및 기술과 관련된 내용

전통적인 가치나 기술, 전통 예술과 놀이 등도 노인에 의한 교육 중 매우 중요한 부분이다. 예컨대, 전통의 가치나 지식(전통윤리, 전통사상 등), 전통예절(다도[茶道]), 인사예절, 관혼상제([冠婚喪祭] 예절, 절하는 법, 한복 입기 등), 전통놀이(제기차기, 자치기, 연날리기, 공기놀이, 팽이치기, 투호, 실뜨기, 소꿉놀이 등), 전통음식 만들기(간장, 된장, 고추장, 장아찌, 김치, 반찬, 떡과 한과, 강정, 전통음료, 궁중음식 등), 전통예술(전통악기, 민요, 판소리, 민화, 동양화, 서예, 조각보, 대공예, 짚풀공예, 전통자수 등), 그리고 전래동화, 명절 풍속 등은 노인에 의한 교육의 내용이 될 수 있다.

3) 생활 기술과 관련된 내용

일상적인 생활 속의 지혜나 기술과 관련된 교육에서도 노인이 공헌할 수 있는 역할이 있다. 예컨대, 뜨개질, 바느질, 음식 만들기, 주택관리, 한복 동정 달기, 겨울철 화분 관리, 신선한 채소 고르기, 신문지 재활용하기, 천연 양념 만들기 등에 이르기까지 생활 속에서 필요한 지혜와 크고 작은 생활 속 기술들은 어린 학생뿐 아니라 젊은 주부 등 젊은 세대에게 매우 유용한 노인에 의한 교육의 내용이 될 수 있다.

4) 전문성과 관련된 내용

노인은 일생을 통해 자신의 영역에 종사해 왔다. 그것은 전문적인 기술 분야나 학문 세계일 수도 있지만, 이와 같지 않은 주부나 자원봉사자라고 하더라도 자신의 분야에서는 전문가라고 할 수 있다. 그리고 이러한 평생의 경험을 통하여 얻은 그들의 귀중한 경험과 지식, 기술, 자신만의 요령이나 비법은 이제 막 그 분야에 입문하는 젊은 세대들에게는 커다란 도움이 될 수 있다. 예컨대, 자동차 정비, 보일러 시공, 수도 배관, 이발, 미용 등의 전문 기술, 순수회화, 도예, 조소, 공예, 악기 연주, 성악 등의 예술 영역, 가사나 자원봉사 등에서의 기술 등에 관한 교육에서 노인에 의한 교육은 매우 유용할 것이다.

5) 지역사회 봉사와 관련된 내용

노인에 의한 교육에서는 형식적 교육, 즉 학교교육에서 뿐 아니라 다른 세대 혹은 같은 노인 세대 그리고 지역사회를 위한 다양한 자원봉사 활동, 즉 봉사학습과 같은 무형식 및 비형식 교육에서도 실현될 수 있다. 봉사학습의 대상은 어린 아동으로부터 청소년, 성인, 같은 세대의 노인에 이르기까지 다양하다. 예컨대, 아동과 청소년 대상의 봉사(맞벌이 가정의 자녀 돌보기, 청소년 상담 및 선도, 청소년 문화 지도, 상담, 장애아동 가정방문 휴식 봉사 등), 노인 대상 봉사(독거노인 가사 돕기, 독거노인 말벗 봉사, 노인을 돌보는 가족을 위한 휴식 봉사, 노인 대상 상담 등), 그리고 공공영역 봉사(관공서, 도서관, 박물관, 미술관, 우체국, 공원, 병원 등) 등이 포함될 수 있다.

4. 노인에 의한 교육의 방법

노인에 의한 교육에서는 수업 내용의 성격에 따라 강의나 토론 등 일반적인 교수방법 외에도 시범이나 봉사 등의 다양한 교수방법들이 사용될 수 있다. 다만 주의할 것은 어떤 교수방법을 활용하든 노인 교수자 혹은 노인 봉사자에게 활동에 앞서 일정한 수준 이상의 교육이 요구된다는 점이다.

이와 같이 노인 교수자에 대한 사전 교육이 중요한 이유는 다음과 같다.

첫째, 노인 교수자 혹은 봉사자 대부분이 봉사나 교수학습 상황, 특히 배우는 것이 아닌 가르치는 상황에는 익숙하지 않기 때문이다. 자신이 지닌 자원이 뛰어난 가치가 있음에도 대부분의 노인들은 그 경험과 자원의 가치를 잘 모르고 있는 경우가 많을 뿐 아니라 그 자원을 활용하여 누군가에게 봉사하거나 누군가를 가르친다는 것에 대해 상상해 보지 않은 경우가 많다. 따라서 노인 교수자 및 봉사자가 교수학습 및 봉사 환경에 충분히 익숙해질 수 있도록 만들 필요가 있다.

둘째, 아무리 평소 잘 알고 있는 내용이라고 해도 막상 누군가에게 그것을 가르치려고 하면 막막해지는 경우가 많다. 그만큼 단순히 혼자 아는 것과 아는 것을 다른 사람에게 전달하여 이해시키는 것은 차원이 다른 활동이다. 따라서 노인 교수자가 교육내용을 보다 깊이 있게 또 그와 관련된 여타의 내용까지도 충분히 숙지할 수 있도록 사전교육이 필요하다.

셋째, 노인에 의한 교육의 전달 방법, 즉 직접적인 봉사 기술이나 교수방법을 충분히 숙지해야 한다. 우리 속담에 중이 제 머리 못 깎는다는 말도 있지만, 제 머리를 잘 깎는다고 해서 반드시 다른 사람의 머리도 잘 깎는다고 장담할 수는 없다. 또 많이 안다고 해서 잘 가르친다고 확신할 수도 없다. 따라서 노인에 의한 교육에 앞서 기본적인 봉사 기술과 교수법에 대한 숙지가 필요하며, 수업 내용을 가장 잘 전달할 수 있는 자신만의 교수법에 대한 연구가 필요하다. 즉, 가르치기에 앞서 학습의 원리와 교수 기법을, 그리고 봉사에 참여하기에 앞서 봉사의 기본자세와 필요한 기술을 철저히 교육받아야 한다.

그러면 본격적으로 노인에 의한 교육에서 사용되는 구체적인 교수방법과 유의사항에 관해 살펴보고자 한다.

1) 강의법

일반적인 강의법에 대해서는 앞의 노인을 위한 교육 방법에서 자세히 설명하였고 또 일반적으로 많이 알려져 있다고 판단되므로, 여기서는 특별히 노인 교수자가 강의법을 사용할 때 주의하여야 할 몇 가지 점에 대해서만 언급하고자 한다.

(1) 학습자의 눈높이에 맞추라

대부분 노인에 의한 교육에서 교수자와 학습자 간에는 몇십 년의 연령 차이뿐 아니라 세대 차이까지 나게 된다. 특히 외모에서부터 느껴지는 세대 차이는 학습자가 교수자에게 쉽사리 마음을 열고 다가서지 못하도록 방해하게 된다. 따라서 교수자와 학습자 간에 세대 차이가 클수록 교수자 입장에서는 더 많은 노력이 필요하다. 어쩌면 나이 차가 배 이상 나는 학습자와 교수자 사이에 눈높이를 완전히 똑같이 맞춘다는 것은 애초에 불가능할지도 모르지

만, 최소한 서로 마음의 세대를 일치시키기 위해서 다음 몇 가지 노력이 필요
하다.

- 꼭 필요한 경우를 제외하고는 교수자의 나이를 추측할 수 있는 단서를
  굳이 강조할 필요는 없다. 노인의 입장에서 20년 혹은 40년의 연령 차이
  는 크게 느껴지지 않을지 몰라도, 어린 학습자의 입장에서는 몇 년의 나
  이 차이도 매우 크게 느껴질 수 있다. 따라서 학습자와 교수자가 다른 세
  대, 다른 시대의 사람이라는 사실을 굳이 일깨워 강조하여 소통을 방해
  할 필요는 없다.
- 자신의 경험 세계에만 얽매이지 말라. 노인이 가진 인생의 경험은 귀중
  하고 가치 있는 것임에는 틀림없다. 그러나 말끝마다 '내가 왕년
  에…….' 식의 자기 경험만 늘어놓는 식의 수업 진행은 자칫 지루하고 고
  리타분하게 느껴지거나 학습자에게 반감을 일으킬 수도 있다. 따라서 지
  나치게 자신의 경험에만 얽매이기보다는 현재를 읽어 내기 위한 노력을
  통하여 학습자와 눈높이를 맞추어야 한다.
- 훈화나 훈계를 자제하라. 젊은 세대가 가장 싫어하는 노인 세대의 특성
  중 하나는 '~해라' 혹은 '~하지 마라'는 잔소리, 곧 훈화와 훈계다. 거
  듭되는 간섭과 훈시는 자신의 행동이 다른 사람에게 통제 당한다는 느낌
  을 주게 되고, 누구나 그런 느낌이 들면 기분이 상하게 마련이다. 젊은 세
  대가 무지해서 그렇게 행동을 할 것이라고 생각한다면 그것은 착각에 불
  과하다. 과거를 돌이켜 보라. 지금의 노인들도 누구나 그 나이 때 철없이
  행동했던 부끄러운 기억을 갖고 있을 것이다. 자신의 지난날을 겸허히 돌
  이켜 보면서 좀 더 너그러운 눈길과 긴 안목 그리고 애정을 가지고 젊은
  세대를 바라보자. 자신의 과거 경험을 앞세워 젊은이들이 자신의 실수를
  통해 스스로 배울 수 있는 더 큰 기회를 가로막아서는 안 될 것이다.
- 대중매체에 주목하라. 요즘의 사회변화를 가장 빠르고 정확하게 집약적
  으로 읽어 낼 수 있는 수단은 바로 텔레비전, 라디오, 신문 그리고 인터넷

등의 대중매체들이다. 특히 대중매체는 젊은 세대의 생각과 관심을 반영하고 있다. 따라서 대중매체를 통해 최근의 인기 가요나 개그 프로그램에 자주 접함으로써 젊은 세대의 생각과 유행, 관심사, 심지어 최근의 유머에 익숙해지도록 노력하라. 짧게 던진 유행어 한마디로 몇 십 년의 세대 차이가 한순간에 무너져 버릴 수도 있다.

(2) 교수자로서의 역할에 충실하라

교수자로 학습자 앞에 선 순간, 이제 더 이상 보통의 노인이 아닌 교사가 되는 것이다. 따라서 일상에서와 같이 말하고 행동해서는 안 된다는 것이다. 물론 그렇다고 가식적으로 행동하라는 의미는 아니지만, 좀 더 교사다운 교사, 교수자 역할에 충실하려고 노력해야 한다.

- 자신감 있고 분명하게 말하라. 자신감 없는 지도자를 누가 순순히 따르겠는가? 교사에게 필요한 중요한 덕목의 하나는 바로 자신감이다. 특히 나이가 들수록 치아 손실과 구강 내의 구조 변화 등으로 인하여 발음이 어눌해지고 목소리에 힘이 줄어들게 된다. 그러나 교수자의 역할에 충실하기 위해서는 평소의 말투에서 벗어나 분명한 발음과 활기찬 목소리를 갖기 위해 노력하여야 한다. 때로는 녹음기를 가지고 자신의 강의 내용을 모니터하면서 연습해 보거나 다른 사람의 모니터를 받는 것이 크게 도움이 될 것이다.
- 가슴을 활짝 펴고 당당한 모습을 보이라. 당당하고 자신 있는 모습은 학습자에게 신뢰감을 심어 준다. 등이 구부정한 모습은 노인의 모습을 더 초라하고 자신 없어 보이게 만든다. 가슴을 쫙 편 곧은 자세로 자신감 있게 학습자 앞에 서라. 비록 교사자격증은 없더라도 자신이 분명한 교사임을 명심한다.

(3) 외모에 신경을 쓰라

인간관계에서 중요한 첫인상에 크게 영향을 미치는 것은 외모이며, 그 외모를 좌우하는 요인 중 하나가 옷차림이라고 해도 가히 틀린 말이 아닐 것이다. 옷이 날개라는 말처럼 어떤 옷을 입었는가는 다른 사람들에게 주는 인상뿐 아니라 그 자신의 마음가짐과 태도에까지 영향을 미친다. 학습자들에게 좋은 인상을 주기 위해서 그리고 교수자에 대한 신뢰를 심어 주기 위해서, 또한 세대 차이를 줄이고 친화감을 주기 위해서도 의상의 선택에 신중을 기할 필요가 있다.

• 격식에 맞는 옷차림을 하라. 우리는 대개 중요한 자리에 가거나 중요한 사람을 만날 때 가능하면 정장이나 정장까지는 아니더라도 가급적 깔끔하고 단정하게 갖춰 입게 된다. 바꾸어 말하면 잘 갖춰진 의상은 그 사람이 상대방을 그만큼 존중하고 있다는 표시이기도 하다. 따라서 노인 교수자는 학습자들을 존중하는 마음으로 가능하면 격식을 갖춘 복장을 하는 것이 좋다. 특히 남성의 경우에는 진한 감색이나 검정 계열의 양복에 밝은 색 셔츠, 그리고 무늬가 화려하지 않은 단색이나 줄무늬의 진한 색 넥타이를 매는 것이 가장 무난하다. 연한 색 양복과 복잡하거나 현란한 꽃무늬의 넥타이는 유행에 뒤떨어져 보이거나 더 나이들어 보이게 할 수 있으므로 피하는 것이 좋다. 여성의 경우에는 밝은 색 원피스나 치마 혹은 바지 투피스를 선택하되, 복잡한 무늬가 있는 것보다 한두 가지 색상의 깔끔한 의상을 선택하는 것이 좋다. 좀 더 멋을 부리고 싶다면 오히려 단조로운 옷에 포인트가 되는 브로치나 목걸이 등 액세서리를 하는 것이 더 좋다.

• 단벌 신사에서 벗어나라. 정장을 한다고 해서 매일 똑같은 옷만 입고 다니면 학습자들도 쉽게 싫증을 느낀다. 의상에 변화를 준다고 해서 반드시 여러 벌의 옷을 사야 하는 것은 아니다. 어떻게 조합하느냐에 따라 한두 벌만 가지고도 다양한 연출이 가능하다. 가끔씩은 의상에 깜짝 변화

를 시도하는 것이 학습자들에게 신선함을 줄 수 있어 좋다. 항상 같은 색 정장만 입었다면 일주일에 하루 정도는 상의와 하의를 다른 색으로 맞추거나, 특히 색상을 통일한 단색 바지와 체크 상의를 입으면 가장 무난하다. 여성의 경우에는 매일 치마 정장 차림이었다면 하루 정도는 스포티한 바지 차림을 해 보거나 모자, 스카프 등으로 변화를 줄 수도 있다. 또 다소 파격적으로 정장에서 벗어나 밝은 나들이 복장이나 청바지 차림을 해 보는 것도 좋다.

⑷ 자신만의 무기를 개발하라

현대는 개성시대다. 특히 요즘 젊은이들은 개성을 중요시한다. 노인 교수자도 자신만의 개성이 무엇인지 발견하고 발전시킨다면 훨씬 더 호감 있는 교사로 다가갈 수 있다.

- 별명을 만들라. 누구나 별명 한두 개쯤은 갖고 있을 것이다. 어린 시절 별명은 친구의 놀림감이었지만, 별명은 그 사람의 개성을 가장 잘 나타내는 수단이자 친근감의 표현이기도 하다. 학습자들이 먼저 별명을 붙여 준다면 다행이겠지만, 연령 차이가 크게 나는 노인 교수자에게 용감하게 먼저 나서서 별명을 붙여 주는 학생은 거의 없을 것이다. 따라서 자신을 각인시킬 수 있는 재미있는 별명을 공개함으로써 학습자들에게 먼저 한 발자국 다가설 필요가 있다. 또 본인의 별명뿐 아니라 학생들에게도 재미있는 별명으로 불러 준다면 관계를 개선하는 데 크게 도움이 될 수 있다.
- 적절한 유인체를 제공하라. 주머니 속에 넣고 다니는 사탕 몇 알은 어린 손자와의 관계를 개선할 수 있는 가장 좋은 지름길이다. 별것 아닌 사탕 몇 알이지만 할아버지를 무서워하는 손자에게는 그만한 명약이 없다. 학습자를 가까이 끌어들이기 위해서도 마찬가지다. 사탕이나 과자 같은 간식만이 아니라 예쁜 스티커 몇 장이나 귀여운 스탬프 등을 활용하여 보상을 대신한다면 어린 학생들은 노인 교사에게 더 가까이 다가설 것이

다. 만일 학습자가 이미 초등학생이 아니라 청소년이라면 이런 물질적인 유인보다는 다양한 칭찬의 말이나 관심의 표현 혹은 재미있는 경험 이야기 등을 유인체로 활용할 수도 있다.

- 비밀을 공유하라. 서로 간에 공유하고 있는 비밀이 있다는 사실은 그들을 특별한 관계로 만들어 준다. 수업에서도 교수자와 학습자끼리만 아는 암호나 규칙, 또 때로는 특별한 보상이나 벌칙 등을 정함으로써 관계를 더욱 특별하게 만들 수 있다. 예를 들어, 수업 중에 화장실에 가고 싶으면 애교스러운 윙크를 보낸다든지, 13일의 금요일에는 빨간색이 들어간 옷이나 신발, 모자 등을 착용해야 한다든지, 또는 매주 수요일에는 모두 '다나까'로 끝나게 말을 해야 한다든지 등 사소하고 재미있는 우리만의 규칙이나 암호, 비밀을 정함으로써 관계를 더욱 친밀하게 만들 수 있다.

2) 시 범

시범은 주로 이론 학습보다는 구체적인 기술을 습득할 때 효과적으로 활용할 수 있는 교수방법이다. 시범은 교수자가 먼저 구체적인 기술이나 동작 등을 직접 보여 주거나 미리 제작된 영상을 보여 주고, 학습자들로 하여금 잘 관찰한 후 그대로 모방하도록 하는 방법이다. 시범을 활용할 때, 교수자에게는 그 동작이나 기술이 매우 익숙하고 쉽거나 때로는 시시해 보이기까지 할지 몰라도 그것을 처음 접하는 학습자들에게는 어렵고 까다로운 것일 수 있다는 점을 반드시 명심해야 한다. 따라서 학습자의 입장에 서서 가능하면 쉽고 천천히 그리고 구체적으로 학습내용을 보여 주어야 한다. 그러기 위해서는 일련의 학습내용을 명확하게 분리되는 여러 단계의 행동들로 나누고, 한 단계씩 천천히 제시해 주며, 학습자들이 충분히 숙지할 때까지 여러 차례 반복해서 각각의 단계 행동들을 익히게 한 후 다시 전체 단계를 모아서 일련의 연결 동작으로 만들어 낼 수 있도록 도와주어야 한다. 그리고 이러한

반복연습 과정에서 교수자가 해야 할 가장 중요한 역할은 칭찬, 격려, 지지
일 것이다.

3) 봉사학습

봉사학습에 대해서는 이미 노인에 관한 교육에서 충분히 설명이 되었으므
로 여기서 다시 설명할 필요는 없을 것이다. 다만 다른 점이 있다면, 노인에
관한 교육에서의 봉사학습은 노인을 대상으로 하는 봉사활동을 의미하는 반
면, 노인에 의한 교육에서의 봉사학습은 노인이 다른 세대에게 제공하는 봉
사활동을 의미한다는 점이다. 노인들에 의한 자원봉사 역시 봉사활동 참여를
통하여 많은 변화와 배움을 갖는 기회라는 점에서 노인에 의한 봉사학습이라
할 수 있다.

봉사학습은 그 활동을 통하여 봉사를 제공하는 사람인 봉사자의 인격과 관
점, 의미, 자원(지식과 기술 등을 포함한)이 봉사를 받는 사람인 대상자에게 전
달되고, 나아가 그 대상자의 인격과 관점, 의미의 구성이 변화된다는 점에서
학습인 동시에 교수활동이기도 하다. 또한 노인에 의한 교육의 한 방법인 노
인에 의한 봉사학습, 즉 노인에 의한 자원봉사는 수명의 연장으로 길어진 노
년의 시간과 에너지를 어디에 어떻게 쓸 것인가라는 질문에 대한 매우 훌륭
한 대답이 될 수 있으며, 퇴직이 꼭 생산적 활동의 마지막은 아님을 보여 줄
수 있는 중요한 증거이기도 하다.

노인에 의한 봉사학습은 봉사자가 지역사회 속에서 새로운 인간관계와 적
절한 사회관계를 형성하며, 건전한 생활과 정신건강을 유지하고 고독감과 소
외감을 극복할 수 있게 해 준다(Lawson, 1998). 이러한 노인 자원봉사는 노인
이 여생을 가치 있게 살 수 있게 해 주고, 그들의 사회적 위상을 높여 줌으로
써 후손에게 존경받을 수 있는 계기를 만들어 주며, 평생을 통해 축적한 경험
과 지혜를 활용하여 젊은 세대를 지도 · 선도하고 공익사업에 유휴인력을 제
공함으로써 사회 발전에도 기여할 수 있게 해 준다. 노인 자원봉사는 수혜 대

상자였던 노인을 복지 제공자로 전환하도록 하는 활동이며, 유급(有給)의 직업세계에서 물러난 퇴직자들에게 새로운 사회적 역할을 부여하는 과정이다. 자원봉사 활동에 참여하는 노인은 사회에서 주변인으로 밀려나지 않고 여전히 사회적 주류에 통합되어 의미 있는 노후생활을 영위할 수 있다.

원래 봉사학습은 청소년에 적용된 개념으로 출발하였지만 최근에는 노인을 비롯한 모든 연령층의 자원봉사 활동에 확대 적용하고 있다. 은퇴기에 처해 있는 노인은 자원봉사 활동을 통해 소속감과 더불어 사회적 인간으로서의 자긍심을 강화시킬 수 있다. 좀 더 여유롭고 자유로운 마음으로 봉사 영역의 새로운 지식과 기술을 습득함으로써 삶의 활력을 되찾고 삶의 마지막 작업을 시작할 용기와 희망을 갖는다.

노인 자원봉사자에게 봉사활동 참여가 단순히 봉사의 제공에 그치지 않고 봉사학습으로 이어지는 양상은 다양하다. 첫째, 노인 자원봉사자는 자원봉사 활동을 통해 삶의 보람과 자신감, 새로운 인생의 의미를 발견하고, 그를 통하여 새롭게 자신을 변화시켜 나간다. 봉사활동은 노인 자원봉사자가 인간과 사회에 대한 더 깊은 이해를 학습하도록 하는 중요한 기회를 제공한다는 점에서 노인을 위한 교육으로서의 가치를 지닌다. 자원봉사는 대상자를 변화하게 만들 뿐 아니라 자원봉사자 자신도 변화하도록 만든다. 자신과 가족만을 위한 삶이 아닌 더 넓은 의미의 자기를 위한 삶, 공동체를 위한 삶의 경험은 자원봉사자 자신에게 무엇과도 바꿀 수 없는 귀중한 학습 경험을 제공한다.

둘째, 노인의 자원봉사는 그들이 제공할 구체적인 봉사활동에 필요한 새로운 지식이나 기술을 습득하도록 돕거나, 기존에 그들이 갖고 있던 지식과 기술을 더욱 정교하게 발전시켜 나갈 수 있도록 돕는다. 노인 자원봉사자는 봉사의 경험을 통해 자신이 갖고 있던 지식과 기술을 구체적으로 적용함으로써 그것을 더욱더 발전시킬 수 있으며 그에 대한 새로운 통찰을 얻을 수 있다. 또한 자원봉사 활동과 관련하여 제공되는 자원봉사 교육을 통하여 자기계발과 새로운 학습의 기회를 가질 수 있다. 그리고 그러한 학습의 효과를 봉사활동을 통해 극대화시켜 나갈 수 있다. 노인 자원봉사에서 자원봉사 교육은 몇 가지 의미에서 매우 중요하고 반드시 필요한 단계다.

노인 자원봉사에서 교육은 필수적이다. 자원봉사는 봉사자 자신의 자발적인 의지와 동기화가 무엇보다도 우선되어야 한다. 자원봉사 교육은 학습자들에게 봉사 참여를 결정하게 하고, 봉사에 대한 자신의 동기를 확인할 수 있도록 하며, 그러한 동기에 가장 적합한 봉사 영역과 방법을 선택하도록 돕는 것이라는 점에서 매우 중요하다. 또한 자원봉사 활동이 봉사자의 일방적인 희생이 아닌 호혜적인 활동이라는 점에서도 자원봉사 교육은 중요하다.

봉사자는 자원봉사 활동에 참여하기 전에 그 활동이 자신의 일방적인 희생을 요구하는 활동이기보다는 자신도 많은 것을 얻을 수 있는 호혜적인 활동이라는 점을 인식해야 하며, 자신이 그 활동을 통하여 무엇을 얻을 것인가에 대한 비전을 가질 수 있어야 한다. 따라서 노인 자원봉사 교육은 노인 자원봉사자가 올바른 봉사의 자세와 봉사를 통한 자기계발의 기회를 갖도록 도와주는 것이다.

노인 자원봉사는 의욕만 가지고 되는 일이 아니다. 단순노동에서 전문적인 활동에 이르기까지 자원봉사 영역에 따라 적합한 기능과 지식이 요구된다. 따라서 그 분야에서 요구하는 기능과 지식에 대한 충분한 사전교육 없이는 봉사활동에 참여하기 어렵다. 또한 자원봉사가 일회적인 것이 아니라 지속성을 갖고 이어지며, 또 요구에 따라 새롭게 변화하고 꾸준히 발전해 나가야 한다는 점에서도 노인 자원봉사 교육은 반드시 필요하다.

노인 자원봉사 교육은 잠재적인 노인 자원봉사자들(아직 자신의 자원봉사 동기나 의지를 확인하거나 결정하지 못한 이들)과 자원봉사 활동에 참여하기를 희망하는 노인을 대상으로 그들의 자원봉사 활동을 돕기 위한 교육이다. 또한 노인 자원봉사 교육은 노인 자원봉사자들의 자기발전을 위한 교육이기도 하다. 따라서 노인 자원봉사 교육은 노인 학습자를 대상으로 하는 교수활동인 노인을 위한 교육으로서의 의미를 갖는다. 노인 자원봉사 교육은 사회적 역할의 축소와 가령(加齡)에 따른 신체적 기능 위축과 소심해진 심리에서 노인을 해방시키고 자신감과 의지를 회복하도록 돕는 것이어야 한다. 결국 노인

자원봉사는 자원봉사 활동 그 자체를 통해서만이 아닌 자원봉사 교육을 통해서도 노인을 위한 교육을 실현해 나간다.

또한 노인 자원봉사는 서비스를 받는 대상자의 입장에서 보면 일종의 노인에 의한 교육이다. 노인 자원봉사는 노인이 자신의 경험이나 지식, 지혜, 기술, 인생이나 사회에 대한 철학과 관점 등의 자원을 이용하여 사회나 다른 사람에게 필요한 도움을 제공하는 활동이다. 그러나 노인에 의한 자원봉사는 대상자에게 제공되는 구체적인 도움의 내용이나 그 형태를 뛰어넘어 그 이상의 교육적 의미를 갖는다. 즉, 자원봉사 활동을 통한 봉사자와 대상자 간의 인격적인 만남과 교류는 대상자의 태도와 시각, 인격에도 영향을 미치게 된다. 노인 자원봉사자와의 만남을 통해 대상자는 노인 자원봉사자에게서 많은 영향을 받게 되며, 그 영향이 대상자를 어떤 형태로든 변화하게 만든다는 점에서 노인 자원봉사 활동은 일종의 노인에 의한 교육이라고 할 수 있다.

대상자는 노인 자원봉사자에게서 풍부한 인생의 경험과 지혜, 오랜 세월을 통해 축적해 온 귀중한 지식, 인생을 관조하는 폭넓은 시각, 오랜 경험에서 나온 특별한 기술, 역사에 대한 생생한 지식과 전통에 대한 이해 등을 배우게 된다. 자원봉사의 이런 교육적 효과는 오랜 경험과 삶의 지혜를 지닌 노인의 자원봉사 활동에서만 극대화될 수 있는 강점이다. 자원봉사자와의 만남은 대상자가 필요로 하는 구체적인 도움의 제공 외에도 계획하거나 기대하지 않았던 여러 가지 변화까지 수반한다. 결국 행동이든 인식이든 태도든 간에 변화란 곧 넓은 의미의 교육이라고 할 수 있다는 점에서 노인 자원봉사 활동은 무엇보다도 훌륭한 노인에 의한 교육이라고 할 수 있다.

또 동시에 노인 자원봉사는 젊은 세대들에게는 가장 활동적이고 긍정적인 노인의 모습과 만날 수 있는 기회를 제공해 준다. 사회의 필요한 각 영역에 자발적으로 참여하고 자신들이 지닌 자원을 활용하여 다른 세대 혹은 지역사회를 돕는 노인의 모습과 직접적으로 만나는 기회를 통하여, 그 어떤 노인에 관한 교육보다도 더 확실하게 노인에 대한 태도를 긍정적으로 변화시킬 수 있다.

실제로 노인 자원봉사 활동이 중학생들의 노인에 대한 태도에 미치는 영향을 분석한 원영희 등(2002)의 연구에 의하면, 노인과의 지속적이고 직접적인 자원봉사 활동 경험은 청소년의 노인에 대한 태도에 긍정적 영향을 미치는 것으로 나타났다. 노인 자원봉사 활동은 노인의 적극적 사회활동과 사회적 유용성을 청소년이 체험함으로써 노인에 관한 부정적 고정관념을 수정하는 데 도움을 주었다. 단, 노인에 대한 태도 개선에 효과를 갖는 것은 간접적이고 부분적인 노인과의 접촉에 의한 노인 자원봉사 활동이 아니라 지속적이고 직접적인 접촉을 통한 자원봉사 활동인 것으로 나타났다. 단순히 노인 자원봉사자들을 형식적으로 배치한다거나 세대 간의 직접적인 상호 교류 없는 노인 자원봉사 활동은 청소년의 노인에 대한 태도 개선에 특별한 효과를 갖지 못한다는 것이다. 특히 노인의 자원봉사 활동은 청소년의 노인에 대한 태도 중에서도 활동성 및 지식적 영역에서 긍정적인 영향을 준 반면, 태도·정서·성향적 영역에서는 그 영향이 크게 나타나지 않았다.

5. 노인에 의한 교육의 평가

노인에 의한 교육의 평가방법은 교수자에 대한 평가, 학습자에 대한 평가, 수업 및 프로그램에 대한 평가 등 세 가지 측면으로 나누어 살펴볼 수 있다.

1) 교수자에 대한 평가

교수자에 대한 평가는 교수자의 교수기술, 교수태도, 수업 내용 등과 관련된 평가를 포함한다. 물론 최근 교육이 학습자나 수요자 중심 체제로 전환되면서 교수평가에 대한 관심이 더욱 증대하고 있는 것이 사실이다. 심지어 대학에서는 교수평가 결과를 승진이나 교수의 성과 평가에 반영하거나 평가 결과에 따라 인센티브를 제공하기도 한다. 따라서 노인에 의한 교육에서도 교수자에 대한 평가가 중요하지만, 여타 교육의 장(field)에서의 교수자에 대한 평가와는 다른 관점에서 접근되어야 한다.

(1) 격려와 지원을 위한 평가

노인에 의한 교육에서 교수자에 대한 평가는 교수자의 교수능력을 평가하고 그 결과를 승진이나 상벌에 활용하기 위한 용도이기보다는 교수자를 격려하고 교수활동을 효과적으로 지원하기 위한 것임을 명심해야 한다. 앞서 노년기의 심리적 특성에서 살펴본 바와 같이 노인들은 평상시 정서유발 수준(불안수준)이 높고 한 번 높아진 정서유발 수준은 쉽게 안정상태로 돌아가지 않는다. 또 노인들의 높은 정서유발 수준은 그들의 효과적인 수행에도 부정적인 영향을 미친다. 이런 점을 고려한다면 노인에 의한 교육에서 노인 교수자를 평가할 때 경쟁이나 평가보다는 칭찬과 격려, 지원에 초점을 맞추어야 한다.

(2) 평가 과정과 결과의 공유

노인에 의한 교육에서 교수자에 대한 평가의 가장 중요한 목적은 교육의 효과성을 높이는 것이다. 따라서 일방적으로 혹은 비밀리에 평가를 하고 평가 결과도 공개하지 않은 채 내부의 행정자료로만 활용한다면 굳이 별도의 평가를 실시해야 할 이유가 없다. 평가를 통해 교육활동이 개선되고 교육의 효과가 향상되게 하기 위해서는 평가의 목적과 내용, 평가를 진행하는 절차와 과정, 그리고 평가의 구체적인 결과까지 장학자 혹은 관리자는 물론이고 노인 교수자 본인과 더불어 공유할 수 있어야 한다. 그리고 그 결과를 함께 고민하고 연구함으로써 향후 보다 효과적인 교육이 될 수 있도록 공동의 노력을 경주해 나가야 한다.

2) 학습자에 대한 평가

노인에 의한 교육에서 학습자에 대한 평가는 학습자의 교육내용에 대한 이해 정도나 학업성취도는 물론이고, 태도나 인식의 변화 등 다양한 측면에서 이루어질 수 있다. 이 중 노인에 의한 교육의 평가에서 무엇보다도 중요한 것은 노인에 대한 태도와 인식이다. 왜냐하면 노인에 의한 교육의 목표가 지식이나 학문적인 성과보다는 노인이나 노화에 대한 학습자의 태도와 인식 변화에 집중되기 때문이다.

(1) 학습자의 노인에 대한 태도 변화

학습자의 노인에 대한 태도는 앞서 노인에 관한 교육에서 사용했던 다양한 태도 도구나 질적 평가방법을 이용하여 그 변화 정도를 평가할 수 있다. 또한 학습자뿐 아니라 교사가 노인에 대하여 갖고 있던 태도가 어떻게 변화되었는가도 평가의 관심이 될 수 있다. 동일한 척도를 사용하여 학습자의 태도 변화와 교사의 태도 변화를 비교해 보는 것도 흥미로울 수 있다.

(2) 학습자의 노인에 대한 인식 변화

노인에 대한 인식을 측정하기 위해서도 노인에 관한 교육에서 언급한 노화사실 인지척도(FAQ)와 같은 도구들이 유용하게 사용될 수 있다. 이러한 노화사실 인지척도 역시 학습자와 교사에게 동시에 적용될 수 있다.

3) 수업 및 프로그램에 대한 평가

수업이나 프로그램 자체에 대한 평가는 학습자의 태도나 인식의 변화를 통하여 측정하거나 수업 평가를 위한 직접적인 설문지나 수업분석의 방법을 이용할 수도 있다. 수업 평가 설문지는 교수자에 대한 평가를 동시에 실시할 수 있다는 점에서 매우 편리하다. 수업 장면을 비디오로 촬영하여 전문가와 함께 수업의 과정을 관찰하고 분석하는 수업분석 방법은 매우 전문적이고 효과적인 평가방법이며, 평가와 동시에 절적한 조언과 대안 마련이 가능하다는 장점이 있다. 그러나 수업 전문가를 반드시 참여시켜야 하는 부담과 수업을 촬영하고 다시 촬영된 수업을 처음부터 끝까지 보면서 분석해야 하는 번거로움이 따른다.

6. 노인에 의한 교육의 사례

노인에 의한 교육 프로그램에는 다음과 같은 국내외 사례들이 있으며, 이러한 사례를 비교, 분석하여 효과적인 노인에 의한 교육 프로그램을 개발해야 한다.

1) 국내 프로그램 사례

(1) 초록봉사대

삼성복지재단의 지원을 받아 2001년 한 해 동안 노원 노인종합복지관에서 실시했던 프로그램으로, 형식교육기관인 학교를 노인 자원봉사 활동 영역으로 새롭게 개발하고, 이에 적합한 지속적 관리를 통해 학교 내 노인 자원봉사 활동을 활성화하는 최초의 시도였다는 점에서 그 의의를 찾을 수 있다. 프로그램의 목적은 두 가지로, 자원봉사 활동에 참여하는 노인에게는 노년기의 '역할 없는 역할(rolelessness)'에서 벗어나 자아정체감과 유용감을 갖게 함으로써 노인의 '삶의 질' 향상을 도모하고, 사회적으로는 잠재적 노인자원을 사회적 유용자원으로 활용할 수 있도록 하는 것이다.

본격적인 활동에 앞서 노인 자원봉사자에 대한 교육이 실시되었는데, 노인 자원봉사의 중요성, 노인 자원봉사의 자세, 국내외 노인 자원봉사 사례, 자아 발견과 리더십 훈련, 자원봉사에 관한 역할극, 영역별 실습(기관 실습) 등으로 약 2개월에 걸쳐 교육이 이루어졌다. 교육 후 봉사 영역은 참여자들이 직접 실습 후 선택하도록 하였는데, 활동 영역은 정문·교통지도, 급식지도, 학생 예절지도, 도서관 사서, 상담지도, 부진아 교육, 환경미화, 수업보조(체육수업), 특활지도(한문, 한문서예, 한글서예), 시험감독 등이었다.

봉사자는 평균 76세로 학력은 대졸 이상이 12명(60%), 고졸 이상이 3명(15%), 중졸이 5명(25%)이었다. 자원봉사자의 전직은 교사가 11명(55%), 주부 4명(20%), 공무원, 보험회사, 회사원, 목사, 경찰이 각각 1명씩이었다. 프로그램 후 효과를 통제집단 사후 비교 방식으로 평가한 결과, 노인 자원봉사자와 정기적이고 직접적인 접촉을 가졌던 학생에게서 노인에 대한 태도가 긍정적으로 향상되었다. 특히 '활동적 영역(생산적이다, 융통성 있다, 진보적이다, 독립적이다, 건강하다)'과 '지식적 영역(유식하다, 현명하다)'에서 긍정적인 태도 변화가 나타났다(원영희 외, 2002).

(2) 1·3세대 통합 한 세대 만들기

이 프로그램은 서울의 두 곳을 포함해 전국의 7개 노인 및 종합사회복지관에서 2002~2004년 사이 3년 동안 사회복지공동모금회의 지원을 받아 실시되었던 프로그램이다. 3세대의 1세대에 대한 긍정적인 인식을 유도하고 1세대의 교육활동을 통한 세대 간의 이해로 1·3세대 간의 통합을 이루며, 나아가 장애인과 비장애인의 통합을 이루고자 하는 데 목적을 두었다.

각 해당 기관에서 필요로 하는 교육활동 내용을 파악하고, 노인강사가 교육 가능한 부문을 서로 연결, 배치하여 1세대 노인강사가 3세대 학습자에게 교육을 제공하도록 하였다. 노인강사가 주로 활동한 영역은 한자, 한글·수, 서예, 구연동화, 예절, 전통놀이, 외국어(영어, 일본어, 중국어 등), 전통악기, 작문, 바둑·장기, 신문활용교육(NIE), 종이접기, 에어로빅, 컴퓨터, 민요 등이었다.

이 프로그램은 그 사회적 반향과 효과를 인정받아, 2004년 하반기부터는 보건복지부의 노인 일자리 사업 중 하나인 '교육형 일자리'로 연계 발전되었다.

(3) 금빛평생교육봉사단

이 활동은 초록봉사대를 모델로 개발된 본격적인 전문퇴직자 봉사활동으로, 교육인적자원부(현 교육부)의 지원으로 2002년부터 시작되었으며, 현재는 각 시도 교육청 사업으로 시행 중에 있다.

금빛평생교육봉사단은 '퇴직자 인적 자원 활용＋자원봉사＋평생교육' 의 세 개념 간 연계에 목적이 있다. 즉, 퇴직자들이 평생교육자의 새로운 역할을 통하여 활기찬 노후를 영위하고, 그들의 전문지식을 지역사회 평생교육 자원으로 활용할 수 있도록 하며, 이러한 활동을 통하여 긍정적인 퇴직자상을 정립하는 데 그 목적이 있다.

2002년 5월 전국에 약 1,300명의 봉사단이 출범하였다. 대상은 55세 이상 전문직 퇴직자로 주로 교직에서 퇴직한 이들이며, 활동비는 출범 당시에는 시간당 1만 원이 지원되었으나 이후 교육부의 지원이 중단되고 지방 교육청 자체 예산으로 운영되면서 예산이 크게 축소되어 현재는 지자체별로 다소 차이가 있으나 하루 1만 원 정도의 실비를 지원받고 있다. 활동 유형으로는 다음 네 가지로 나뉜다.

- **평생교육 사각지대 교육봉사**: 여성, 노인, 장애인 등 교육 소외계층에 대한 한글, 한자, 영어, 컴퓨터 등 기초 문해 교육, 영어 · 컴퓨터 교육, 소년소녀가장 학습지도, 저소득층 아동들의 방과후 지도 등
- **학교교육 지원봉사**: 특별활동 지도, 학습부진아 지도, 상담, 동화구연, 독서지도, 예절교육 등
- **지역별 특성에 따른 평생교육 봉사**: 유적지 · 박물관 안내 도우미, 지역환경 지킴이, 외국인 근로자 대상 교육 등
- **기타 봉사**: 법률상담, 민원상담, 일반인 대상의 교육활동(서예지도, 컴퓨터 지도 등) 등

(4) 월드프렌즈 코리아 퇴직전문가 봉사단[1]

월드프렌즈는 한국 정부에서 파견하는 공식 해외봉사단으로, 외교통상부(현 외교부)의 KOICA 해외봉사단과 중장기자문단, 행정안전부(현 안전행정부)의 대한민국 IT 봉사단, 교육부의 대학생봉사단과 개도국과학기술지원단, 지식경제부(현 산업통상자원부)의 퇴직전문가, 문화체육관광부의 세계태권도평화봉사단이 통합 운영되고 있다.

이 중 퇴직전문가 해외파견사업(Korea Senior Experts: KSE)은 해당 분야 경력을 가진 민간 혹은 공공기관 출신의 퇴직전문가를 활용하여 개도국의 경제 및 사회발전과 빈곤 퇴치에 기여, 양국의 우호협력 관계를 강화하기 위한 프로그램이다. 2010년 정보통신산업진흥원에서 시작하였으며, 해외봉사에 대한 의욕을 갖고 있고 해당 분야에 전문성을 갖춘 50세 이상의 퇴직자나 퇴직예정자를 모집하여 일정 교육을 거쳐 1년간 활동하도록 한다. 별도의 임금은 없으며 현지생활비, 활동비(교통비, 업무추진비, 출장비 등 포함), 출귀국준비금, 왕복항공료, 보험 및 기타 경비 등의 파견 소요경비만 지원한다. 2012년 말 현재 과테말라, 니카라과, 에콰도르 등 22개국에서 76명의 봉사자가 무역진흥, 전력 분야 자문, 한국법 교육, 교통정보 활용, 이러닝, 중소기업 지원, 환경관리 등 다양한 분야에서 활동하고 있다.

(5) 월드프렌즈 코리아 중장기자문단[2]

중장기자문단은 봉사정신을 갖춘 퇴직(예정)자 등 국내 우수 퇴직인력을 적극 활용하여, 수원국의 개발능력 강화 및 제도 구축 지원을 목적으로 우리의 개발 경험 및 전문지식을 전수하고자 2010년부터 시작된 사업이다. 6개월~1년 동안 개도국 정부부처 및 공공기관에 파견되어 교육, 농림수산, 보건,

---

1) http://www.worldfriendskorea.or.kr/view/intro.program.do 2014. 4. 10. 접속.
2) http://www.koica.go.kr/program/business/service/wfkvl/index.html 2014. 4. 8. 접속.

공공행정, 산업에너지 등 실질적인 분야에서 정책자문 및 기술전수 역할을 수행함으로써 개도국의 경제·사회발전과 빈곤 퇴치에 기여하고, 양국 우호 협력관계 강화에 기여함으로 목적으로 한다.

파견 국가는 무상원조 협력대상국으로 아시아·태평양(네팔, 라오스, 몽골, 방글라데시, 베트남, 스리랑카, 인도네시아, 캄보디아, 필리핀, 동티모르, 미얀마, 솔로몬제도, 태국, 파키스탄), 아프리카(르완다, 모로코, 세네갈, 에티오피아, 이집트, 카메룬, 탄자니아, 가나, 모잠비크, 우간다, 케냐, 튀니지), 중남미(에콰도르, 파라과이, 페루, 과테말라, 도미니카공화국, 볼리비아, 엘살바도르, 코스타리카, 콜롬비아), 동구·CIS(우즈베키스탄, 아제르바이잔, 키르기스스탄), 중동(요르단) 등이다. 파견 분야는 개도국의 실질적 발전에 필요한 교육, 보건의료, 공공행정, 산업에너지, 농림수산에 중점 파견되며, 2010~2011년간 26개국에 총 86명(2010년: 42명, 2011년: 44명)의 중장기자문단원이 파견되었다.

자격은 학사 이상의 학위를 가진 10년 이상 관련 분야 실무경력을 가진 퇴직(예정) 전문가이며, 현지생활비, 현지활동지원비, 출장비(일비, 식비, 숙박비, 교통비 등), 왕복항공료, 기타경비(출국준비금, 보험료, SOS비용, 건강검진, 예방접종료, 여권 및 비자수수료 등) 등이 지원된다.

2) 외국 프로그램 사례

(1) 미국의 국가노인봉사단

미국의 국가노인봉사단(National Senior Service Corps, 흔히 Senior Corps.라고 지칭함)은 55세 이상의 중고령자들이 참여하는 대규모 국가 봉사단이다. 이들의 활동은 완전 무급 자원봉사라기보다는 저소득층 노인들에게 사회참여 기회와 동시에 소득 지원을 제공하기 위하여 활동에 대하여 일정 수준의 수당과 활동비가 지원되는 일종의 시민참여(civic engagement) 프로그램에 해당한다. 국가노인봉사단의 프로그램은 크게 다음 세 가지다.

① **양조부모 프로그램**(Foster Grandparents Program: FGP): 일주일에 15시간에서 40시간까지 활동하며, 노인 봉사자가 빈곤가정의 자녀나 미혼모 자녀, 범죄청소년, 재소자 자녀, 장애아동 등 특별한 보호를 필요로 하는 아동 및 청소년에게 정서적 지원과 돌봄, 멘토링, 학습 지원, 양육 지원 서비스 등을 제공한다. 봉사활동 중 가장 큰 부분을 차지하는 것은 교육활동으로, 취학전 아동이나 헤드스타트(Head Start)[3] 참여 아동에 대한 일대일 학습지도는 물론이고 다른 언어권 부모를 둔 아동에 대한 영어 지도, 학업능력이 부진한 아동을 대상으로 한 읽기지도 등의 활동을 한다.

② **노인친구 프로그램**(Senior Companion Program: SCP): 일주일에 15시간에서 40시간까지 활동하며, 거동이 불편하거나 만성질환을 앓고 있는 홀몸 혹은 저소득 노인의 집을 방문하여 말벗이 되어 주거나 간단한 집안일을 돕거나 공과금 납부, 장보기, 병원 예약 및 방문, 외출 등 다양한 편의 서비스를 제공한다.

③ **퇴직자 자원봉사 프로그램**(Retired Senior Volunteer Program: RSVP): 활동시간은 주 40시간까지 자율로 선택하며, 병원, 시니어센터, 학교, 푸드뱅크, 노숙자쉼터 등에서 노인의 경험과 기술을 활용하여 다양한 봉사활동을 제공한다. 활동 내용은 주로 말기환자 및 가족 지원, 산후조리 지원, 아동시설 봉사, 요양시설 봉사, 장애인 대상 봉사, 학습코칭, 세금상담, 지역사회 환경 개선 등 매우 다양하다.

---

3) 미국 연방정부 차원에서 1965년부터 시행하고 있는 경제적·문화적으로 불우한 아동들을 위한 유아교육 프로그램이다. 저소득층의 아동들이 초등학교에 입학하기 이전에 그의 가정환경과 발달에 있어서의 결손을 보상하여 중·상류계급의 아동들과 동등하게 학교생활을 시작할 수 있도록 하기 위함에 목적을 두며, 이를 위하여 교육뿐 아니라 의료혜택·사회복지·영양 서비스 등 종합적 혜택을 제공한다.

(2) 미국은퇴자협회(AARP)의 경륜 봉사단[4]

경륜봉사단(Experience Corps.)은 1995년 5개 도시의 12개 학교에서 시범사업으로 출발하였으며, 현재는 전국적인 활동으로 발전하였다. 활동 자격은 50세 이상이며, 고등학교 졸업 이상의 학력을 필요로 한다. 주 15시간 이상 활동할 경우 월 약 100~300달러의 수당을 받지만, 큰 금액이 아니어서 소득 보전의 의미보다는 봉사활동의 의미가 더 크다. 활동 내용은 유치원(K)부터 초등학교 3학년까지의 저소득층 아동을 대상으로 읽고 쓰기를 가르치거나 숙제 도와주기, 정서적 지지를 제공하는 것이다.

(3) 미국의 퇴직자경영인봉사단[5]

퇴직자경영인봉사단(Service Corps of Retired Executives Association: SCORE)은 1964년 연방정부의 지원하에 설립된 비영리단체로, 현재는 미국중소기업국(U.S. Small Business Administration: SBA)으로부터 지원을 받고 있다. 약 1만 1,000명 이상의 퇴직 자원봉사자들이 무상 혹은 저렴한 비용을 받고 다양한 활동을 제공하고 있다. 내부 통계에 따르면, 2013년 현재까지 3만 8,630개의 창업을 도왔고, 6만 7,319개의 일자리를 만들어 냈으며, 4만 175명의 대상자들의 수익이 증가하였고, 12만 4,617명의 중소 기업가들을 지도 훈련하였다.

봉사자들의 활동은 멘토링을 통해 중소기업의 창업 및 경영에서 회계, 재정, 마케팅, 엔지니어링, 판매 등 다양한 분야에 관한 자신의 성공 경험과 전문성을 공유하고, 온라인이나 지역별로 열리는 워크숍을 이끌어 가며, 온라인이나 유선상으로 멘토링을 제공하는 것 등이다. 이러한 봉사활동을 통하여 봉사자들은 다른 사람의 성공을 통해 보람을 느끼며, 자신을 더욱 계발해 나갈 수 있고, 평생학습에 지속적으로 참여할 기회를 얻을 수 있다.

---

4) http://www.aarp.org/experience-corps/?intcmp=HP-LN-ACT-EXPCORPS 2014. 3. 5. 접속.
5) http://www.score.org/ 2014. 3. 5. 접속.

(4) 일본 노인클럽[6]

일본 노인클럽은 1946년 치바현에서 처음 발족하였으며, 이후 전국적으로 확대되어 현재 약 11만 2,395개의 클럽이 설치, 운영되고 있다. 특히 노인클럽에서는 '노인에 의한 노인을 위한 봉사'를 강조하여, 각기 노인클럽에서는 자신들의 경험과 지식을 활용하여 지역사회를 위한 다양한 봉사활동에 참여하고 있다. 회원 조건은 60세 이상이며, 클럽의 규모는 30~100명 정도다. 노인클럽의 활동목적은 동료 만들기를 통한 삶의 보람과 건강 유지, 자신의 지식과 경험을 활용하여 지역사회 단체와 함께 살기 좋은 지역사회 조성을 위한 사회적 활동 수행, 밝은 장수사회 만들기 및 보건복지 향상 도모에 있다.

노인클럽의 활동은 〈표 12-1〉과 같다.

표 12-1 일본 노인클럽의 활동유형

대영역	소영역	활동내용
생활을 풍부하게 하는 즐거운 활동	건강유지 및 개호 예방	건강학습, 활기찬 클럽체조, 걷기, 다양한 시니어스포츠 등
	취미, 문화, 레크리에이션	교통안전, 아동돌봄순찰, 취미 · 문화 · 예능 등의 서클 활동, 여행 등
더 좋은 지역사회를 만들기 위한 사회활동	우애활동, 자원봉사	우애방문, 만남의 장 만들기, 생활지원, 복지시설 방문, 지역사회 봉사활동, 사회봉사의 날 활동 등
	안심 · 안전한 마을 만들기	지킴활동, 생활과제 조사 및 모니터링, 관계기관에 대한 제안 등
	세대교류 및 전승	지역 문화 · 전통예술 · 민예 · 수공예 · 향토사 · 생활기록 등의 전승활동, 아동 및 청장년 등과의 교류활동 등
	환경, 자원 재활용	농작물 및 화훼 재배, 식목, 수공예품 제작, 공원 및 공공시설 환경 정비 및 관리, 자원 재활용 등

---

6) http://www.zenrouren.com/ 2014. 3. 5. 접속.

제13장 퇴직준비 교육

1. 일과 퇴직

현대사회에서 일은 성인들에게 없어서는 안 되는 필수적인 것이다. 일은 생활에 필요한 경제적 대가를 공급해 줄 뿐 아니라 삶의 의미를 부여하고 심지어 사회에서 개인의 가치를 결정하는 잣대가 되기도 한다. 이렇듯 현대사회에서 일이 갖는 의미가 크다고 하는 것은 바꾸어 말하면 그 일을 잃는다는 것이 얼마나 큰 생활의 변화와 충격을 가져올 것인지를 짐작할 수 있게 한다. 또한 일은 개인적으로 경제적·사회적·심리적으로 삶을 지탱해 주는 원동력일 뿐만 아니라 사회적으로도 그 사회를 발전시키고 이끌어 나가는 근원이다. 이렇듯 일이 갖는 의미가 중요할수록 반대로 '퇴직'이 주는 충격과 변화역시 크고 중요할 것이다. 퇴직이란 개인이 그토록 중요하게 생각하는 일로부터 물러나는 사건 혹은 과정, 제도를 의미한다.

퇴직은 공식적으로 한 개인의 직업적 역할이 끝난 것으로 인정되는 절차이 자 생활주기상 노년기로 들어서는 분기점이 되는 중요한 사건이다(신효식, 이 선정, 2007).

1) 일과 직업의 의미

많은 학자들이 현대사회에서 일과 직업의 중요성을 강조해 왔다. 그중에서 도 특히 프리드만과 해비거스트(Friedmann & Havighurst, 1954)는 개인의 삶에 서 '일'의 기능을 다음 다섯 가지로 지적하였다(Harris & Cole, 1986에서 재인용).

(1) 경제적 보상

일은 생활에 필요한 소득, 즉 경제적 보상을 제공해 준다. 사람들은 일을 통하여 그들이 생존하거나 가정을 유지하는 데 필요한 재화나 서비스를 구할 수 있는 경제적 능력을 부여받는다. 계급주의 사회였던 과거와 달리 현대사 회에서는 어떤 형태를 막론하고 일을 하지 않고 경제적 대가를 얻는다는 것 은 거의 불가능하기 때문에, 자기 스스로를 혹은 자신의 가정을 책임져야 하 는 성인들에게 일은 필수적인 것이다. 일이 갖는 이러한 경제적 보상성이야 말로 아마도 현대사회에서 사람들이 일을 갖는 가장 큰 이유라고 할 수 있다.

(2) 생활의 규제

일은 경제적인 보상 외에도 개인의 생활에 규칙이나 질서를 부여하고 통제 하는 역할을 한다. 즉, 일은 생활에 질서와 일과를 부여한다. 특히 바쁘게 돌 아가는 산업사회일수록 개인이 가정보다 직장에서 지내는 시간은 상대적으 로 길어지게 마련이다. 따라서 어떤 개인이 어떤 직업을 갖고 있는가에 따라 그가 언제, 어디서, 누구와 어떻게 시간을 보내고 활동해야 하는지를 결정지 으며, 생활에 일정한 주기와 규칙을 부여한다. 예컨대, 은행원과 나이트클럽 직원은 출근 및 퇴근 시간은 물론이고 업무 중간의 식사 시간과 휴식 시간도 다르며, 퇴근 후에 가족과 보내는 휴가나 친구들과 모임 약속을 정하는 방식 그리고 수면 시간도 달라진다. 결국 많은 현대인이 스스로의 의지보다는 일의 성격이나 직장 조직의 일과와 규칙에 맞춰 생활하게 된다.

(3) 정체성 부여

또한 일은 그 사람의 또 다른 표현 형태이기도 하다. 일은 개인에게 일정한 신분, 지위, 역할을 부여해 줌으로써 정체성을 갖게 해 준다. 인간은 성장해 가면서 아들이나 딸, 부모, 여성과 남성 등 생래적인 역할에만 만족하지 않고 새로운 사회적 역할과 지위를 취득하고 그 역할을 수행해 가면서 자신의 정체성을 찾고 성취감을 얻는다. 흔히 직업에 따라 다르게 대우하는, 즉 휴즈(E. Hughes)의 말처럼 "한 사람의 직업은 그의 가격표인 동시에 명함" 이다. 그가 어떤 직업을 갖고 있는가가 현재 그가 어떤 사람인가를 결정해 준다는 말이다. 예컨대, 처음 만나는 사람들끼리 명함을 교환하는 것도 상대방의 직업을 통해 그의 정체성을 파악하기 위한 것이라 할 수 있다.

(4) 참조틀 제공

일은 그 개인이 어떤 사람인지를 조회하고 비교할 수 있는 중요한 참조집단(reference group)의 원천으로 작용하여 사회적 관계의 기반을 제공한다. 또직업세계에서 그의 지위나 역할은 사회적 활동과 관계에서 그 개인에 대한 사회적 기대는 물론이고 그의 행동양식까지도 결정해 준다. 즉, 개인의 직업은 그의 사회적 지위는 물론이고 행동양식이나 태도에 대한 예측을 가능하게 해 준다. 예컨대, 우리 사회에서 어떤 사람의 직업이 '교사' 라고 하면 대부분의 사람들은 그가 보통의 사람들보다 좀 더 도덕적이고 근엄하며 지적일 것이라고 기대하게 된다. 반면, 그의 직업이 '가수' 라고 하면 자유분방하고 감성적일 것이라고 기대할 것이다. 이와 같이 그 사람의 직업은 그가 어떤 종류의 사람인지, 그에게 어떤 것들을 기대해야 할지, 그가 어떻게 행동할 것이라고 예상해야 하는지에 관한 정보를 제공해 준다.

(5) 의미 있는 생활경험 제공

우리는 일 때문에 힘들기도 하지만, 반대로 일이 없다면 매일매일의 삶이 무의미하고 아무런 재미도 보람도 없을 것이다. 일은 우리에게 의미 있는 생활 경험과 성취를 통한 희열과 만족을 가져다준다. 물론 적성에 맞지 않는 일을 억지로 해야 하는 것만큼 괴로운 것도 없겠지만, 일에서의 성취감만큼 커다란 행복감과 만족을 주는 것도 없다. 우리는 일을 통해서 생활의 활력을 얻고 자신의 가치를 확인하며 또 의미 있는 많은 경험을 하게 된다. 성인기 이후에 개인은 그의 생활 시간 중 상당 부분을 일을 하며 지내게 되므로, 그의 생활에서 의미 있는 대부분의 경험이나 사건 또한 일 속에서 일어난다.

이렇듯 일은 현대사회에서 개인에게 경제적인 보상 수단 이상의 중요한 의미를 가진다. 따라서 일을 잃은 성인은 경제적인 어려움뿐 아니라 불규칙한 생활 패턴, 정체성의 상실, 사회적 고립, 무의미한 일상 등으로 고통을 받게 된다. 그러므로 어떤 개인에게서 이렇게 중요한 일을 빼앗는 '퇴직'은 여러 가지 고통을 한꺼번에 던져 주는 사건이라 할 수 있다.

애칠리는 퇴직을 "전임(full-time)보다 적게 고용되고, 수입은 이전 직업에 종사했던 기간을 통해 획득한 퇴직 연금에 의존한 상태"라고 규정하고 있다(김신일, 1999에서 재인용). 이에 퇴직에 대한 개념은 고용의 결여, 완전고용에서 부분고용으로의 변화, 퇴직연금의 수혜, 퇴직되었다는 스스로의 인정 등 다양한 기준에 의해 결정된다.

2) 퇴직제도의 확대

현대사회에서는 공식적인 직업세계로의 진입, 즉 취업의 시작이 있듯이 누구나 언젠가는 그 직업세계와의 분리인 퇴직과정을 겪게 된다. 따라서 현대사회에서 퇴직은 개인의 사회적 발달에서 하나의 필연적인 단계가 되어 버렸다(한정란, 2001). 산업화 이전의 농경사회에서는 노동에서 특별한 연령 제한이 없었으므로, 퇴직으로 인한 사회적 · 경제적 역할 상실이라는 문제도 없었다. 그러나 산업사회에 들어오면서 사회 구성원 대부분이 임금 노동자로서 직업을 갖게 되고, 이러한 직업의 상당수가 노동력을 역연령(chronological age)에 의해 제한하는 정년퇴직제도를 시행하고 있다는 점에서 퇴직은 산업사회의 부산물이라고 할 수 있다.

1900년에는 전 세계 65세 이상 남성 중 68.3%가 노동인구였다. 그 후 극심한 노동력 부족으로 노인까지 노동에 동원되어야 했던 제2차 세계대전 기간을 제외하고는 노인의 노동참가율이 급속히 감소해 왔다. 1960년 노인 노동참가율은 1/3로 감소되었고, 1975년에는 노인들 중 노동에 참여하는 사람의 비율이 1/5에 지나지 않게 되었다(홍기형 외, 1998).

이와 같이 퇴직은 현대 산업화의 과정에 따라 보편화된 20세기의 현상이다. 현대 산업사회에 들어와 경제 질서가 그 기능을 발휘하는 데 별로 필요하지 않다고 간주되는 노동이 발생하여 경제적으로 비생산적인 사람들이 등장하게 되었다. 퇴직으로 인하여 오늘날 사람들은 인생의 후반 10여 년을 정기적인 보수 없이 지내야 하는, 과거에는 없었던 새로운 기간을 경험하게 되었다. 그리고 그들은 퇴직자라는 이름의 새로운 사회적 범주를 구성하게 되었다. 현대사회에서 퇴직이 이처럼 보편화된 데에는 다음과 같은 여러 가지 요인이 작용한 것으로 보인다.

- 산업화에 따른 잉여 노동력의 발생: 기술 발전에 따른 잉여 노동력의 발생을 들 수 있다. 산업기술의 발전은 노동시장에서 기계가 인간을 대치하게 만듦으로써 많은 잉여 노동력을 발생시켰다. 그리고 잉여 노동력의 발생은 자연히 생산성이 떨어지는 고령 노동력부터 생산 현장에서 배제시켜 나가는 결과를 초래하게 된 것이다. 이와 같이 잉여 노동력의 발생은 퇴직을 만들어 내는 중요한 요인으로 작용하였다.
- 인구구조의 변화: 퇴직의 증가는 현대 인구구조의 변화로부터도 기인한다. 생활수준과 의료기술의 향상으로 평균수명이 급격히 늘어나 고령인구의 증가를 초래하였다. 그리고 이러한 인구 고령화 현상은 경제활동이

가능한 성인인구의 비대화를 초래함으로써, 이를 해결하기 위한 수단의 하나로 강제 퇴직을 부추기는 결과를 가져왔다.

- 경제체제의 변화: 경제체제의 변화도 퇴직을 보편화시키는 한 요인으로 작용하였다. 산업혁명 이후 산업의 대규모화는 자영업자를 감소시키고 대규모 사업장에서 근무하는 임금노동자의 증가를 가져왔다. 따라서 임금노동자는 생산성 하락이 우려되는 일정 연령에 이르게 되면 퇴직을 강요받게 되는데, 이것이 곧 공식적인 퇴직제도를 보편화시키는 결과를 불러오게 되었다.

이런 이유로 인하여 지난 20세기 동안 퇴직은 전세계적으로 보편화되고 계속적으로 증가하게 되었다.

3) 퇴직 현황

우리나라 근로자들의 퇴직 현황을 살펴보면, 〈표 13-1〉과 같이 주된 일자리에서 평균 54.1세에 1차로 퇴직을 하고, 그로부터 14년 후인 68.1세에 노동시장에서 완전 퇴장하는 2차 퇴직을 하는 것으로 나타났다. 성별에 따라 살펴보면, 남성은 평균 54.4세에 주된 일자리에서 퇴직한 후, 평균 12.9년간 다른 일자리로 옮겨 일을 하다가 67.3세에 완전히 노동시장으로부터 떠났다. 반면, 여성은 주된 일자리에서 퇴직하는 시기가 평균 53.8세로 남성보다 이르지만 제2의 근로 기간이 평균 14.5년에 달해 노동시장 은퇴 시기는 남성보다 오히려 늦은 평균 68.3세였다(방하남 외, 2012).

여기서 '주된 일자리(major job)'란 생계를 위해 오랜 기간 고용되어 몸담고 있는 직장이나 스스로 꾸리고 있는 사업체를 말하는데, 그 주된 일자리에서 퇴직을 한 1차 퇴직자들은 14년 동안 주로 임시 · 일용직으로, 또 상용직이라 하더라도 이전의 주된 일자리보다 임금이나 대우 면에서 더 낮은 일자리에서 종사하는 경향이 있다. 그 결과, 2011년 기준으로 60세 이상 우리나라

| 표 13-1 | 한국 근로자의 규정된 정년, 실제 퇴직연령, 최종 은퇴연령 |

구분	주된 일자리에서의 퇴직연령	조사된 기업의 정년	제2의 근로생애 기간	최종 은퇴연령
전체	54.1	53.0	14.0	68.1
남성	54.4	56.0	12.9	67.3
여성	53.8	52.0	14.5	68.3

출처: 방하남 외(2012)에서 재구성.

고령층의 상대빈곤율은 임금근로자 가구와 자영업 가구 모두 30%에 달하며, 이는 40대의 5.2%와 50대의 5.1%에 비하면 3~5배 이상 높은 것으로 나타났다. 즉, 고령 근로자들은 대부분 저임금 직종에 처해 있는 것으로 보인다(방하남 외, 2012).

이러한 퇴직 문제는 지금 젊은 세대들에게는 더욱 심각하게 다가올 것으로 예측된다. 과거보다 훨씬 더 오래 살게 되었지만, 공식적으로 일을 할 수 있는 기간은 별로 늘어나지 않았다. 2012년 생명표(통계청, 2012)에 근거해 예측해 보면, 현재 우리나라 근로자들은 68세에 완전히 노동시장으로부터 은퇴한 후에도 평균 17.61년을 변변한 소득 없이 살아가야 하는 현실에 처해 있다. 또 현재의 젊은 세대들은 수명이 더욱 연장됨에 따라 더욱더 불안정한 노후를 맞이할 가능성이 크다.

결국 경제적 능력이 없던 어린 시절에 부모에게 의존해야 했던 시간보다 더 긴 시간을 부모가 아닌 자녀나 연금, 혹은 운 좋게 구할 수 있다면 시간제 직장의 적은 수입으로 살아가야 하는 현실에 직면해 있다. 그나마 자녀가 모두 독립한 상태에서 퇴직을 맞게 된다면 다행이겠지만, 결혼이나 출산이 늦어서 아직 어린 자녀가 있는 상태에서 퇴직을 맞게 되어 일정한 소득이 없어진다면 그 부담은 더욱 클 수밖에 없을 것이다.

한편, 경제협력개발기구(OECD) 조사 결과, 2012년 현재 각국의 실질 은퇴연령은 〈표 13-2〉와 같이 나타났다.

각국의 실질 은퇴연령은 제도적으로 규정하고 있는 정년연령과는 다소 차

표 13-2 평균 실질 은퇴연령(남성) 국제 비교(2012년)

국가	평균 실질 은퇴연령 (남성)	국가	평균 실질 은퇴연령 (남성)
호주	64.9	일본	69.1
오스트리아	61.9	대한민국	71.1
벨기에	59.6	룩셈부르크	57.6
캐나다	63.8	멕시코	72.3
칠레	69.4	네덜란드	63.6
체코 공화국	63.1	뉴질랜드	66.7
덴마크	63.4	노르웨이	64.8
에스토니아	63.6	폴란드	62.3
핀란드	61.8	포르투갈	68.4
프랑스	59.7	슬로바키아	60.9
독일	62.1	슬로바니아	62.9
그리스	61.9	스페인	62.3
헝가리	60.9	스웨덴	66.1
아이슬랜드	68.2	스위스	66.1
아일랜드	64.6	터키	62.8
이스라엘	66.9	영국	63.7
이태리	61.1	미국	65.0

출처: OECD(http://www.oecd.org/els/public-pensions/ageingandemploymentpolicies-statisticsonavera-geeffectiveageofretirement.htm) 2014. 4. 12. 접속.

이가 있어 보인다. 예컨대, 미국의 경우 1986년에 이미 「고용에서의 연령차별에 관한 법령(Age Discrimination in Employment Act: ADEA)」에서 강제 정년을 금지함으로써 법적 정년이 아예 폐지되었다. 그러나 위의 표에서 보듯이 실제로는 여유 있는 노후를 즐기기 위하여 연금수혜 최저 연령인 62세를 전후하여 평균 65세에 자발적으로 퇴직을 선택하는 것으로 나타났다. OECD는 회원국 정부가 연령상의 차별을 철폐하고 고령 노동자의 취업을 장려하며 이를 위한 여건을 조성하도록 촉구하면서, 정부 대책으로 연금 개혁 이상의 적극적인 조치를 반영해 줄 것을 권고했다. 즉, 각국 정부가 정년퇴직제 폐지를 통해 노동참여 기회 확대와 청장년과 노년층 간의 취업 불균형을 적극 시정할 것을 당부했다. 구체적 권고사항에는 고령 노동자가 퇴직을 늦추도록 고숙련 일자리를 충분히 제공할 것, 취업알선 기관은 고령 노동자에게 적절한 일자리가 돌아가도록 노력할 것, 조기퇴직을 유도하는 유인책(incentive) 제공을 중단할 것 등이 포함되어 있다.

이에 따라 유럽연합(EU) 내부에서는 고령사회가 이미 도래한 이상 연금 수준이 평균소득에도 못 미친다면 정년퇴직제는 비현실적이라는 인식 아래 정년퇴직제를 폐지하도록 요구하는 움직임이 이미 구체화되고 있다. 이에 1904년 「연금법」 제정 이후 법정 퇴직연령을 65세로 유지해 오던 영국의 경우, 그 권고를 적극적으로 받아들여 가장 먼저 정년제 폐지를 선언하였는데, 그럼에도 불구하고 앞의 표에서 보는 바와 같이 실질 은퇴 연령은 63.7세로 나타나고 있다. 이와 같이 서구의 선진국들은 대체로 제도화된 정년 규정보다 실제 은퇴연령이 더 이른 것으로 나타나고 있다.

이에 반해 일본이나 우리나라 같은 경우는 오히려 제도화된 정년보다 실질 은퇴연령이 더 긴 것으로 나타나 상반된 결과를 보여 주고 있다. 일본의 경우에는 과거 강제 정년제도를 두고 있는 기업들 중 대부분이 55세를 정년으로 규정하였다가, 이후 1986년 「노령자고용안정관계법」의 제정으로 법적 정년이 60세 이상으로 연장되었고(Clark & Ogawa, 1996), 1998년 「고령자 고용촉진법」에서는 '정년 60세'가 의무화되었으나 실제로는 69.1세까지 일을 하는 것으로 나타났다. 또 우리나라는 71.1세로 멕시코 다음으로 실질 은퇴연령이 높은 것으로 나타났는데, 이는 대부분 기업들의 정년이 55세에서 60세 사이인 것을 감안한다면 제도화된 정년보다도 훨씬 오래 일자리에 머물고 있는 것으로 나타난 셈이다.

이러한 차이는 문화권에 따라 노후 소득보장 및 복지제도에 차이가 있을 뿐 아니라, '정년' 자체의 의미를 각기 다르게 개념화하고 있기 때문으로 보인다. 즉, 서구 문화권에서는 정년을 근로자의 의사와 무관하게 고용과 근로를 제한하는 규제수단으로 보는 경향이 있어서 최대한 정년을 길게 연장하거나 심지어 미국처럼 법적 정년 자체를 폐지함으로써 근로자의 일할 권리를 보장한다. 게다가 대부분 노후 복지제도가 잘 정착되어 있어서 고령의 근로자들이 법적으로 보장된 근로기간 안에서 자유롭게 은퇴를 결정할 수 있다. 한편, 일본이나 우리나라에서는 상대적으로 평균수명이 더 긴 반면, 노후 소득보장 제도가 아직 덜 갖춰진 점도 실질 은퇴연령을 늦추는 데 영향을 주었겠지만, 그보다도 정년의 개념을 정해진 기간까지 고용과 근로가 보장되는 보호수단으로 인식하는 경향이 강하기 때문으로 해석된다. 따라서 제도화된 정년까지 고용을 보장받고 그 이후에도 개인의 선택이나 필요에 따라 근로기간을 이어 가는 것으로 볼 수 있다.

물론 우리나라도 지금보다 평균수명이 훨씬 짧았던 1960년대 초에 정해진 정년을 그동안의 사회 변화를 고려하여 다시 조정해야 할 때가 되었다는 주장에는 이견의 여지가 없다. 물론 정년 연장에는 여러 가지 문제들이 뒤따른다. 우선 현재와 같은 연공서열형 임금구조와 총액 해직수당 지급제도에서는 인사 적체와 기업의 부담 가중과 같은 어려움이 더욱 많다. 또 정년의 연장으로 신규 취업의 어려움이 더욱 가중될 수도 있다. 그러나 이러한 일시적인 혹은 잘못된 제도상의 문제를 핑계로 지금과 같이 계속 정년을 묶어 둔다면, 고령화가 더욱 진전된 후에는 호미로 막을 것을 가래로 막는 식의 문제를 겪게 될지도 모른다. 현재의 경제적 어려움은 짧게는 수년 내에 또는 길어도 10년 정도면 해결될 수도 있겠지만, 고령화에 적절히 대응하지 못함으로써 생기는 문제는 앞으로 고령화가 더욱 진전됨에 따라 점점 눈덩이처럼 불어날 수도 있다. 따라서 일시적인 경제 변화에 즉흥적이고 말초적으로 대응하여 지금의 정년마저 낮추기보다는 능력급 연봉제나 임금 피크제의 도입, 퇴직 후 재취업 및 재배치 제도의 확대, 정년 선택제, 고령자 취업 직종의 현실화 등 합리적인 제도의 개선과 도입으로 문제에 융통성 있게 대응하는 것이 바람직할 것이다.

4) 퇴직의 개념

퇴직은 여러 가지 의미에서 인생의 분기점이 된다. 사회적 시계(social clock)에서 보면 장년기에서 노년기로의 이행이며, 노동을 종식하는 시기로 새로운 여가생활로 이행하는 분기점이 된다(윤진, 1985). 퇴직을 어떻게 규정할 것인가는 다양한 기준에서 살펴볼 수 있다.

(1) 퇴직의 의미에 따른 분류

학자에 따라 퇴직을 다르게 개념화하고 있는데, 이를 분류해 보면 다음 세 가지의 의미로 유형화될 수 있다.

① '사건'으로서의 퇴직

사건(event)으로서의 퇴직은 더 이상 수익을 위해 일하지 않는 직장생활의 종결을 의미하며, 퇴직 통보나 퇴임식 같은 상징적인 사건이나 의식에 의해서 공식적으로 인정된다. 즉, 퇴직은 통과의례(rite of passage)적 사건으로, 직업적인 일을 중단하고 공식적인 직업이 없는 생활을 시작하는 전환점이 된다(한정란 외, 2010). 퇴직을 결정적인 사건으로 보는 이러한 견해는 퇴직을 일회적인 사건으로만 바라봄으로써 퇴직에 이르기까지의 과정과 퇴직 사건 이후 개인과 사회에 미치는 지속적인 영향에 대해서는 간과했다는 비판을 받고 있다.

② '역할'로서의 퇴직

또 다른 견해는 퇴직을 퇴직자의 권리, 의무, 관계 등을 포함하는 역할(role)이나 역할지위 면에서 파악하고자 한다. 즉, 퇴직은 개인이 갖고 있던 직업 지위에서 물러나 '퇴직자'라고 하는 새로운 역할로 전이되는 것이라는 견해다. 그렇다면 퇴직자의 역할이란 무엇인가? 이러한 관점에 대해서 많은 학자들이 퇴직으로 인하여 '퇴직자(retired person)'라는 새로운 지위를 얻게 된다는 의견에는 동의하고 있지만, 과연 '퇴직자의 역할(retirement role)'이라고 하는 것이 명확히 정의될 수 있는가에 대해서는 의견이 분분하다(Atchley, 1971). '역할'로서 퇴직을 주장하는 이들은 더 이상 일하지 않고도 그동안 일한 것의 대가를 당당히 받을 수 있고 자신의 시간을 외부의 간섭 없이 자발적으로 관리할 수 있는 것이 퇴직자의 권리이며, 다른 사람의 도움 없이 생활을 영위해 나가며 새로운 생활양식에 적응해 나가야 하는 것이 퇴직자의 의무라고 주장한다. 그러나 퇴직은 명백하게 잘 정의된 생산적인 역할로부터 다소 모호하고 애매한 비생산적인 역할로의 전환을 의미하며, 퇴직으로 인한 직업역할의 상실은 '역할 없는 역할'의 시작을 의미하기도 한다(Cowgill, 1986)는 비판을 받기도 한다.

③ '과정'으로서 퇴직

과정(process)으로서 퇴직을 주장하는 대표적인 학자는 애칠리(Atchley, 1976)이다. 이 견해는 퇴직을 사건으로 보는 견해와는 반대로 퇴직이라는 사건을 전후해서 진행되는 계속적인 과정으로 본다. 퇴직을 생활주기상의 통과의례(rite of passage)적 사건으로 간주할 경우, 퇴직은 직업적 일을 중단하고 특별한 직업이 없는 새로운 생활을 시작하는 삶의 전환점이 된다. 퇴직은 중년기에서 노년기로의 전이가 일어나는 전 과정을 의미한다. 과정이라는 측면에서 보면 퇴직은 직업적 경력이 끝나거나 줄어드는 과정으로(George, 1980), 새로운 지위와 역할로의 사회화가 이루어지는 전이과정이라고 볼 수 있다. 이러한 전이과정에 얼마나 성공적으로 적응하는가는 그 개인의 생물학적·심리적·사회적 특성과 그가 새롭게 취득하게 되는 지위와 역할의 성격에 크게 의존한다(Beaver, 1983).

(2) 퇴직결정 주체에 따른 분류

한편, 퇴직의 시점과 방법을 누가 결정하는가에 따라서 다음 세 가지로 퇴직을 분류할 수 있다.

① 임의퇴직

임의퇴직이란 근로자 본인이 스스로의 의사에 따라 퇴직의 시기와 방법을 결정하는 자발적인 퇴직을 말한다. 이러한 임의퇴직의 경우 퇴직에 대한 만족감이 높고, 퇴직자가 미리 퇴직 후 삶에 대한 계획과 준비를 할 수 있다는 점에서 바람직하지만, 최근 들어 우리나라의 경우에는 명예퇴직 혹은 조기퇴직이라는 이름으로 근로자 자신의 순수한 자발적 결정보다는 외부로부터의 보이지 않는 압력에 의해 이루어지는 퇴직으로 이용되기도 한다.

② 자연퇴직

자연퇴직이란 말 그대로 더 이상 근로를 할 필요가 없는 이유에 의해 자동적으로 퇴직을 하게 되는 것으로, 주로 정해진 연금수급연한에 도달하였거나 또는 사망에 의해 자동적으로 퇴직이 이루어지는 경우에 해당한다.

③ 정년퇴직(강제퇴직)

우리가 일반적으로 정년퇴직이라고 말하는 퇴직은 실제로는 일종의 강제퇴직으로 근로자 본인의 의사가 아니라 고용주나 사회 제도에 의해 퇴직의 시기와 방법이 결정되는 경우를 의미한다. 강제퇴직의 경우 퇴직의 주도권이 퇴직자 본인이 아닌 외부에 있음으로써 퇴직에 대한 만족감이 떨어짐은 물론이고 퇴직자 개개인이 처한 상황이나 특성 등을 고려하기 어렵다는 문제를 안고 있다.

(3) 퇴직의 기준에 따른 분류

어떤 상태를 취업이라고 규정하고 어떨 때 퇴직으로 보아야 하는가에 대해서는 사실상 단정을 내리기가 쉽지 않다. 따라서 퇴직을 규정하는 데 다음 세 가지 차원의 개념을 사용하는 경향이 있다.

① 취업 차원의 퇴직 구분

취업에 대한 계약의 단위에 근거하여 취업과 퇴직을 구분하는 방식이다. 즉, 전일제(full-time) 일을 갖고 있는가 아니면 시간제(part-time) 일을 갖고 있는가, 또는 1년 이상의 기간 단위로 취업이 이루어지는가 아니면 1년 미만의 단기간 계약으로 취업이 이루어지는가에 따라 전자의 경우 취업 상태로 규정하고 후자의 경우 퇴직 상태로 규정하는 경향이 있다. 그러나 최근에는 전일제 일자리보다 시간제의 계약직을 선호하는 경우도 있어서 취업 차원에서 퇴직이냐 아니냐를 구분하기에 어려움이 있다.

② 수입 차원의 퇴직 구분

생활을 위한 주된 소득원이 무엇인가에 따라 취업과 퇴직을 구분하는 방식으로, 임금이 주된 소득원일 경우에는 취업 상태로 그리고 연금 혹은 가족이나 사회로부터의 보조가 주된 소득원일 때는 퇴직 상태로 구분한다. 그러나 이러한 구분은 자산 소득에 의존하여 생활하는 경우 등에는 적용하기가 어렵다.

③ 주관적 평가에 따른 퇴직 구분

이는 근로자 혹은 퇴직자 스스로의 평가와 판단에 근거하여 퇴직과 취업을 구분하는 방식이다. 즉, 연금을 받아 생활하면서 노인 일자리 사업에 참여하고 있는 경우라도 본인 스스로 그것을 직업이라고 생각하고 있다면 퇴직보다는 취업 상태로 보아야 한다는 것이다. 그러나 이러한 기준은 너무 주관적이어서 사실상 제도적으로 활용하거나 이론화하기에는 어려움이 따른다.

5) 애칠리의 퇴직 단계

애칠리(Atchley, 2000)는 과정으로서 퇴직을 주장하는 대표적인 학자로, 퇴직을 맞이하고 그에 적응하는 과정을 다음 여섯 단계로 분류하였다. 이 단계들은 퇴직은 개인에 따라 다르게 경험하게 되므로 모두에게 똑같이 적용되지는 않지만, 한 개인이 삶에서 퇴직기로 넘어가면서 만나게 되는 것들에 대해 지침을 제공해 줄 수 있다.

(1) 퇴직 이전 단계(pre-retirement)

이 단계는 퇴직을 아직 멀리 앞둔 시기로 언젠가 퇴직을 하게 되리라는 사실은 알고 있지만, 아직 먼 일이라고 여기기 때문에 구체적인 계획이나 생각을 갖고 있지 않은 단계다. 마치 우리는 누구나 언젠가 죽게 된다는 사실을 알고 있으면서도 아직은 먼 일이기 때문에 크게 신경을 쓰지 않는 것과 같다. 그러나 차츰 퇴직이 가까워질수록 퇴직에 대한 태도나 준비가 더 구체화되어 간다.

(2) 퇴직 단계(retirement)

그리고 실제 퇴직이 일어나면, 다음 세 가지 경로 중 하나를 경험하게 된다.

① 밀월의 경로(honeymoon path): 이 경로의 사람들은 무한의 휴가를 받은 사람처럼 느끼고 행동하게 된다. 직장의 제약과 의무에서 벗어난 홀가분함을 만끽하며, 밀린 잠도 실컷 자고 여행도 하고 할 일 없이 방에서 뒹굴기도 하며, 한가로이 산책도 즐기고 퇴직이 주는 여유로움을 만끽한다.

② 즉각적 퇴직 후 일상 경로(immediate retirement routine path): 직업 이외에도 적극적이고 많은 스케줄을 가지고 있었던 사람들의 경우, 퇴직 후 곧바로 편안하지만 바쁜 퇴직 후 일상에 적응한다.

③ 휴식과 휴양의 경로(rest and relaxation path): 이 경로의 사람들은 밀월 경로처럼 활동수준이 매우 낮고, 대부분 직업생활 동안 바쁜 업무로 인해 자기 시간을 활용할 기회가 없었던 사람들이다. 그러나 많은 사람들이 몇 년간의 휴식기를 지난 후에는 활동수준이 증가하는 경향이 있다.

(3) 환멸 단계(disenchantment)

어떤 사람들에게 퇴직 적응은 쉬운 경험이 아니다. 한동안의 밀월 단계나 휴식 단계 후에 환멸이 일어날 수도 있고, 더러는 일을 할 때 경험했던 생산 감을 그리워하거나 배우자의 사망이나 원치 않는 이주와 같은 퇴직 후 중요한 와해를 경험할 때 퇴직에 대한 환멸이 일어날 수도 있다.

(4) 재지향 단계(reorientation)

휴식 단계나 환멸 단계 후에 대부분의 사람들은 자신의 퇴직 결정과 퇴직 후 자신의 생활양식 및 일상에 대하여 재평가를 하게 된다. 어떤 이들은 새로운 인생을 위해 재취업을 선택하기도 하고, 또 어떤 이들은 퇴직 후 삶에 더 적극적으로 참여하여 만족을 찾기도 한다. 예컨대 경로당에 나가 새로운 친구를 사귀고, 노인복지관에 나가 자원봉사에 참여하며, 새로운 일자리를 찾아 나서기도 하면서 자신의 생활을 새롭게 구축해 나가고자 한다.

(5) 퇴직 안정의 단계(retirement routine)

편안하고 만족스러운 퇴직 후의 일상을 성취하는 것이 퇴직의 궁극적인 목표다. 바로 이런 적응이 가능한 이들도 있지만, 어떤 이들은 한참의 휴식이나 환멸 단계를 지나 이런 적응에 도달하기도 한다. 그러나 일단 이런 퇴직의 편안한 일상을 찾게 되면 한참 동안 안정의 단계를 지속하게 된다.

(6) 퇴직 종결의 단계(termination of retirement)

결국 퇴직자로서의 역할은 노년기 삶에서 점점 더 멀어지게 된다. 질병이나 장애로 생활의 독립성을 상실하거나 죽음으로 더 이상 퇴직자의 역할을 할 수 없게 될 수도 있다.

6) 퇴직에 대한 태도

퇴직은 일차원의 개념이라기보다는 다차원적인 개념이다. 따라서 개인의 태도나 가치관에 따라 퇴직을 받아들이고 경험하는 유형도 각기 달라진다. 한슨과 와프너(Hanson & Wapner, 1994)는 이와 같이 사람들이 퇴직에 대하여 기대하고 경험하는 태도를 다음의 네 가지 유형으로 분류하였다.

(1) 노년(휴식)으로의 전환(transition to old age)

이 유형에 속하는 사람들은 퇴직은 휴식의 시작이고 노년의 출발이며, 더 조용한 생활로 천천히 내려가는 노년을 준비하는 것이라고 생각한다. 이 유형의 사람들은 퇴직 후에 가능한 한 공식적인 일이나 역할을 줄이고 조용히 휴식을 즐기거나 전원생활을 하고자 하는 경향이 있다. 이렇게 퇴직 후에 휴식이나 여가를 즐기는 것은 바람직할 수 있겠으나, 지나치게 사회적 관계를 축소하고 활동을 줄이는 것은 심리적인 위축이나 우울감을 가져올 수도 있으므로 노년에 적절한 역할이나 활동을 찾는 것이 중요하다.

(2) 새로운 시작(new beginning)

이 유형의 사람들은 퇴직을 새로운 삶의 시작이자 자유의 시간이며, 오랫동안 기다려 온 목표를 시작할 수 있고 자신만의 삶을 보다 완전하게 살 수 있는 시기라고 생각한다. 따라서 이 사람들은 그동안 했던 직업과는 전혀 다른 새로운 일을 시작하기도 하고, 그동안 하고 싶었지만 여건이 맞지 않아 하지 못했던 새로운 일이나 취미 등에 도전하기 위하여 새로운 무언가를 배우기도 한다. 특히 요즘과 같은 고령화 시대에는 퇴직 이후에도 제2, 제3의 인생을 시작하기에 충분한 시간적 여유가 있기 때문에 퇴직을 새로운 시작이라고 생각하는 이러한 유형의 사람들이 더 많아질 것으로 보인다. 그러나 단순히 퇴직을 새로운 출발이라고 생각하는 것에 그치고 행동에 옮기지 않는다면 오히려 좌절을 가져와서 퇴직 후 삶에 대한 만족감이 떨어질 수도 있다. 따라

서 퇴직을 새로운 출발점으로 만들기 위해서는 퇴직에 앞서 철저한 계획과
그 계획을 실천하기 위한 충분한 노력이 요구된다.

(3) 연속적인 삶(continuation)

이 유형에 속하는 사람들은 퇴직을 특별히 중요한 사건도 또 결정적인 변
화도 아니라고 생각하며, 퇴직 후에도 삶의 기본적인 패턴은 그대로 지속되
며 가치 있는 활동을 할 시간은 아직도 충분히 많이 남아 있다고 생각한다.
따라서 이들은 퇴직 전의 생활방식이나 관계방식을 퇴직 후에도 대부분 그대
로 유지한다. 퇴직 전이나 후가 그대로라는 것은 변화의 부담감을 줄이고 빠
르게 적응할 수 있다는 점에서는 바람직할 수 있겠지만, 퇴직 후 점차 신체적
으로 노화가 진행되고 경제적 수입이 감소하며 자녀들이 출가하는 등 어쩔
수 없는 여러 가지 변화들이 일어날 수밖에 없기 때문에 그러한 변화에 대한
적절한 대비는 반드시 필요하다.

(4) 강요된 좌절(imposed disruption)

이 유형에 속하는 사람들은 직업을 대체할 수 있는 것은 아무것도 없다고
생각하기 때문에, 퇴직 후의 삶은 아무런 의미가 없다고 생각하며 좌절한다.
대체로 직업과 관련된 성취욕이 강하거나 지나치게 바쁜 직장생활을 해 왔던
사람들의 경우에 이런 유형에 속할 가능성이 높다. 일이 인생의 전부라고 생
각하는 사람에게 그 일이 없어진다는 것은 결국 삶의 의미 자체가 사라지는
것과 같기 때문에, 이 유형의 사람들은 퇴직 후 생활에 적응하지 못하고 우울
증에 빠지거나 간혹 극단적인 선택을 하게 되는 경우도 있다. 따라서 퇴직 이
전부터 서서히 일과 자신을 분리하여 생각하는 연습과 새로운 취미활동이나
여가활동을 개발함으로써 일이 아닌 새로운 곳에서 삶의 보람과 즐거움을 찾
으려는 노력이 필요하다.

이러한 퇴직에 대한 사람들의 다양한 태도는 그들의 퇴직이나 취업의 결정

에도 영향을 미친다. 따라서 사람들은 퇴직이나 일에 관한 신념에 따라서 완전히 일을 그만두고 퇴직하거나, 시간제로 혹은 몇 년씩만 부분적으로 일하거나, 또는 한동안 퇴직을 했다가 다시 시간제나 전일제로 취업을 하기도 한다(Naleppa, 1999). 또한 이러한 퇴직기대는 개인이 가지고 있는 일이나 직업에 대한 태도, 여가에 대한 요구나 여가활용 기술 등에 따라 영향을 받는다. 즉, 일이나 직업에 대한 태도가 긍정적일수록, 여가에 대한 요구가 적을수록, 여가활용 기술이 부족할수록 퇴직에 대하여 강요된 좌절이라는 견해가 강하다(Gee & Baillie, 1999). 연령에 따라서는 연령이 높을수록 퇴직에 대해 더 긍정적이라는 연구결과(Kilty & Behling, 1985)가 있는가 하면, 반대로 연령이 높을수록 퇴직에 대해 더 부정적이라는 결과(김향은, 정옥분, 1992)도 있다. 그 외에도 교육수준이 높을수록(김향은, 정옥분, 1992; 이승아, 1998; Kilty & Behling, 1985), 생활수준이 높을수록(이승아, 1998; Atchley, 1982; McPherson & Guppy, 1979) 퇴직에 대해 더 긍정적인 경향이 있다.

2. 퇴직에의 적응

　퇴직에 따른 문제는 다양한 형태로 나타나는데, 사실은 그런 문제들 중 많은 문제가 노년기의 문제와 중복되어 있다. 퇴직의 시작과 노년의 시작이 거의 비슷한 시기에 일어나기 때문에 나타나는 문제들 중 어떤 것이 순수하게 퇴직에 따른 문제인지를 명확히 구분하기란 쉽지 않다.

　한편, 퇴직에 따른 문제들은 문화에 따라 다르다. 실제로 미국에서 이루어진 은퇴 연구들의 대부분은 퇴직과 관련된 특별한 문제는 거의 없다고 보고하고 있기도 하다. 은퇴자와 현직자를 비교한 보스 등(Boss et al., 1991)의 연구 결과, 68.9%의 은퇴자들이 최근 세 달 내에 은퇴와 관련된 아무런 문제도 없었다고 보고한 반면, 현직자 중에는 35.1%만이 최근 세 달 내에 직장생활에 아무런 문제가 없었다고 보고하였다. 즉, 은퇴자의 거의 두 배 이상의 현직자들이 스트레스를 받고 있는 것으로 나타남으로써 은퇴가 스트레스를 주는 사건이 아니라고 결론지었다. 그러나 우리나라의 실정은 미국의 경우와는 크게 다르다. 퇴직교원들을 대상으로 한 허정무의 연구(1994)에서 보면, 우리나라 퇴직교원은 퇴직 후 생활에 크게 만족하고 있지 못한 것으로 나타났다. 아마도 이러한 차이는 퇴직자에 대한 제반 복지와 지원제도의 차이 등은 물론이고 문화와 사회적 인식의 차이에서 기인한 것으로 보인다.

1) 퇴직 후 적응의 영향 요인

개개인에게 일이 갖는 의미가 모두 다르듯이 퇴직 역시 모든 사람에게 똑같은 의미를 갖지는 않는다. 퇴직은 어떤 사람에게는 평생의 목적이 모두 실현된 시기이거나 최고의 안정을 누리고 자신을 즐기는 행복한 시기일 수 있지만, 또 다른 사람에게는 모든 인생의 의미와 목적을 잃어버린 채 좌절과 슬픔을 겪는 시기일 수도 있다. 그렇다면, 퇴직 후 적응에 영향을 미치는 요인들에는 어떤 것들이 있을까? 지금까지 퇴직 연구들을 통해 밝혀진 주요 요인을 정리해 보면 다음과 같다.

(1) 퇴직에 대한 태도

개인의 퇴직에 대한 태도는 그의 퇴직 후 적응에 가장 중요한 영향 요인이다. 톰슨(W. Thompson)은 퇴직에 만족을 갖고 적응하기 위해서는 퇴직에 대한 적절한 이해와 긍정적인 태도가 가장 필요한 두 가지 주요 요소라고 지적하였다(홍기형 외, 1998에서 재인용). 즉, 퇴직에 대해 긍정적인 태도를 가진 사람일수록 퇴직 후에 큰 문제없이 적응을 할 뿐 아니라 퇴직 자체에 대한 만족감도 높다.

(2) 퇴직의 자발성 여부

다음으로 퇴직에 대한 만족과 깊은 관련을 갖는 요인은 퇴직의 자발성 여부다. 인간에게는 독립된 개체로서 존중받고 자신의 의지와 결정에 의해 행동하고자 하는 자기존중과 독립의 기본적 욕구가 있다. 그리고 이러한 자기결정권이나 독립성이 침해받을 때 좌절하거나 분노하게 된다. 따라서 결과적으로는 똑같은 퇴직이라고 하더라도 그 퇴직 결정 자체나 퇴직의 시기, 방법 등을 누가 결정했는가에 따라 퇴직에 대한 만족감이나 적응은 달라진다. 스트라이브와 슈나이더(Streib & Schneider, 1971)에 따르면 퇴직의 시기를 퇴직자 자신이 결정할수록 그리고 퇴직을 기꺼이 받아들일수록 퇴직에 대한 만족감이 더 높은 것으로 나타났다(Henretta et al., 1992에서 재인용).

(3) 사회 · 경제적 지위

퇴직 후 누리는 사회 · 경제적 지위가 높을수록 퇴직에 대해 만족감이 높고 퇴직 후 생활에도 더 잘 적응하는 경향이 있다. 블라우, 오서, 스테프헨스(Blau, Oser, & Stephens, 1982)의 연구에 따르면, 교육수준이 낮고 소득이 적을수록 퇴직에 대한 만족감이 떨어지는 경향이 있었으며, 팔모어 등(Palmore et al., 1985)의 연구에서도 소득수준이 높고 퇴직 전에 전문직에 종사했을수록 퇴직에 대한 만족도가 더 높은 것으로 나타났다(Boss et al., 1991에서 재인용). 이는 아마도 퇴직 전의 사회경제적 지위가 높을수록 직업생활에 대한 성취감이 높을 뿐 아니라, 퇴직 후에도 더 높은 사회경제적 지위를 누릴 가능성이 크기 때문으로 보인다.

(4) 재정적 안정성과 퇴직으로 인한 수입

퇴직으로 인한 변화 중 가장 두드러지게 나타나는 것은 수입의 감소에 따른 경제적 문제일 것이다. 특히 연금제도가 아직 정착되지 않고 노인들의 재취업 기회마저 매우 제한적인 우리나라와 같은 상황에서는 그 문제의 심각성이 더욱 클 수밖에 없을 것이다. 게다가 평균적인 퇴직연령인 55세를 전후한 시기는 가족생활주기 면에서 자녀의 결혼이나 독립, 대학교육, 노부모에 대한 수발 부담의 증가 등과 같이 목돈을 필요로 하는 시기와 중복될 가능성이 매우 높아 경제적 어려움을 가중시킬 수 있다. 이는 노인이 재취업을 원하는 이유 중에서 경제적 문제가 가장 높게 나타나는 여러 조사 결과를 통해서도 알 수 있다. 또한 일상적인 재정 안정성 외에도 퇴직금과 연금 등과 같은 퇴직에 따른 일시적 혹은 지속적인 수입의 정도도 퇴직 후 적응에 중요한 영향 요인으로 작용한다.

(5) 퇴직에 대한 대안

퇴직으로 인한 어려움 중 하나는 역할과 업무의 상실로 인한 무위고(無爲苦)라 할 수 있다. 정확히 아침 8시에 출근해서 저녁 7시까지 회사에서 바쁜 업무 스케줄에 맞춰 생활하던 근로자가 퇴직 후 갑자기 하루 24시간을 자기 의지대로 사용해야 한다는 것은 매우 어려운 결정이다. 기존의 직업을 충분히 대체할 수 있는 다른 일이나 활동 혹은 역할이 마련되어 있다면, 퇴직 후 적응은 훨씬 더 쉬울 뿐 아니라 생활에 대한 만족감도 증가할 수 있다. 따라서 새로운 직업이나 자원봉사활동, 종교활동, 친교모임, 평생학습 등 퇴직 후 에너지를 쏟을 수 있는 무언가를 미리 준비하는 것이 중요하다.

(6) 건강 상태

블라우 등(Blau et al., 1982)의 연구에 의하면, 건강이 좋지 않을수록 퇴직에 만족하지 못하는 경향이 있다(Boss et al., 1991에서 재인용). 건강 상태는 퇴직 후 활동성을 결정하기 때문에 퇴직 후 적응에서 매우 중요하다. 일반적으로 퇴직 후에 건강이 급격히 악화될 것이라고 생각하지만, 실제로 퇴직 자체는 건강에 직접적으로 영향을 미치지 않는다. 퇴직이 건강에 부정적인 영향을 미치기보다는 오히려 거꾸로 건강상의 이유로 인하여 퇴직을 결정하게 되는 경우가 많다. 즉, 퇴직을 했기 때문에 건강이 악화된다기보다는 건강이 나빠서 퇴직을 선택하는 경우가 많다는 것이다. 또한 건강상의 문제 때문에 퇴직을 결정하게 되는 경우를 제외하고는 대부분의 경우 퇴직 후에 충분한 휴식과 업무로 인한 스트레스로부터의 탈출 등으로 인하여 오히려 건강이 호전되는 것으로 보고되고 있다.

(7) 사회적 관계망

퇴직 전과 후의 사회적 관계가 다양하고 원만할수록 퇴직 후 생활에 더 잘 적응하는 경향이 있다. 일반적으로 퇴직이 사회적 관계를 축소시키는 것으로 알고 있지만, 퇴직을 한다고 해서 친구나 이웃 등과의 사회적 관계가 반드시 축소되는 것은 아니다. 심프슨(Simpson et al., 1966)에 따르면, 퇴직 후 사회참여 정도는 퇴직 전 사회참여 정도나 퇴직 전 사회적 지위와 깊은 관련을 갖고 있어서, 퇴직 이전에 다양한 사회활동에 참여하고 대인관계가 넓었던 사람일수록 퇴직 후에도 활발한 대인관계를 유지하는 경향이 높은 것으로 나타났다 (홍기형 외, 1998에서 재인용).

(8) 가족관계의 질

퇴직은 가족관계, 특히 부부관계의 변화를 가져온다. 퇴직은 퇴직 전에 비하여 외부인들과의 상호작용은 감소시키는 반면, 가족 특히 부부 상호 간의 상호작용 및 의존성은 더 증가시키는 경향이 있다. 퇴직 이후 긴밀한 부부간 상호작용은 부부관계의 질을 더 긍정적으로 혹은 더 부정적으로 변화시킬 수 있다. 따라서 퇴직 후 배우자에게 중요한 과제 중 하나는 자신의 일상 속에 항상 퇴직한 자신의 배우자가 함께 있다는 사실을 수용하고 이에 적응하는 것이다. 특히 연령이 증가할수록 남성들은 배우자에게 의존적이고 여성화되어 가는 반면, 여성들은 더욱 독립적이고 남성화되어 가는 경향이 있으므로, 퇴직 후에는 그간의 부부관계를 새로운 시각에서 재조정하여 가사의 분담과 부부간의 역할을 새롭게 조정해야 할 필요가 있다.

요컨대, 퇴직에 대한 태도가 긍정적일수록, 퇴직에 대한 준비와 대안이 잘 마련되어 있을수록, 자발적인 퇴직일수록, 사회적 지위가 높을수록, 퇴직 후 재정적으로 안정될수록, 건강 상태가 좋을수록, 사회적 관계망이 넓을수록, 부부관계가 좋을수록 퇴직에 대해 더 긍정적이고 퇴직 후 생활에 만족하며 효과적으로 적응할 수 있다.

2) 우리나라 퇴직자의 사중고

앞에서 언급한 퇴직 후 적응과 관련된 연구결과들은 대부분 외국의 것들로, 우리나라의 근무환경이나 사회환경을 고려한 구체적인 연구들이 이루어져야 할 것이다. 선진국에 비하여 사회보장제도가 잘 정비되어 있지 못하고 퇴직 후 재취업의 기회가 매우 제한적이며, 게다가 퇴직연령이 상대적으로 낮은 우리나라의 경우에는 또 다른 결과를 기대할 수 있을 것으로 예상되기 때문이다.

우리나라 퇴직자들이 겪고 있는 특별한 문제는 다음의 4중고(四中苦)로 요약할 수 있다.

(1) 조기퇴직의 고통

우리나라 퇴직자는 수명에 비하여 너무 이른 나이에 퇴직을 하게 된다. 앞서도 살펴보았듯이, 54.1세에 퇴직하여 평균수명인 81.4세까지 거의 27년을 크게 줄어든 소득과 이렇다 할 만한 사회적 역할 없이 살아가야 한다. 너무 이른 나이에 긴 여생을 경제적 어려움과 소속감과 역할 없는 혼란 속에서 지낸다는 것은 큰 고통이 아닐 수 없을 것이다.

(2) 강제 퇴직의 고통

우리 사회에서의 퇴직은 거의 대부분 퇴직자 자신의 자발적 결정이 아닌 고용주나 회사 혹은 제도적인 결정이나 강제력에 의한 강제 퇴직이다. 앞서 살펴보았듯이, 퇴직의 자발성 결여는 퇴직 후 만족과 퇴직 적응에 부정적인 영향을 미친다. 따라서 우리나라 퇴직자들은 퇴직에 대한 결정이 내려지는 순간부터 독립적인 결정을 빼앗기고 자존감을 상실할 가능성이 높다.

(3) 준비 없는 퇴직의 고통

아직까지 우리나라 기업들의 퇴직준비 교육 수준은 매우 미흡하다. 또한 퇴직자 스스로 개인적으로 퇴직을 준비할 만한 시간적 여유나 경제적 여력, 그리고 그것을 안내해 줄 마땅한 프로그램이나 지침도 제대로 마련되어 있지 않은 실정이다. 따라서 우리나라 퇴직자들은 경제적 준비 외에는 퇴직에 대한 거의 아무런 준비도 하지 못한 채로 사회로 나오게 되는 것이다.

(4) 역할 없는 퇴직의 고통

퇴직자는 역할이라고 할 수 없다. 따라서 퇴직자를 가리켜 '역할 없는 역할(roleless role)'이라고 부르기도 한다. 역할이라 하면 그 역할에 대한 기대와 역할규범이 있게 마련이지만, 우리 사회에서는 퇴직자에게 어떤 역할기대나 규범도 없다. 따라서 우리나라 퇴직자들은 퇴직 후 미흡한 재취업의 기회나 다양한 사회활동, 학습 프로그램, 사회에 봉사할 수 있는 자원봉사의 기회 등으로 무위와 소외감 속에서 더 많은 고통을 겪게 된다.

이러한 퇴직에 따른 여러 문제들은 계속적이고 매우 복잡하며, 절대적이기보다는 개인에 따라 다른 방식과 다른 정도로 영향을 미친다는 것만은 확실한 사실이다. 결국 퇴직 후 적응에서 가장 중요한 것은 퇴직에 대한 개인의 태도다. 따라서 개인의 퇴직에 대한 태도와 관점을 형성시키는 퇴직준비 교육의 중요성은 아무리 강조해도 지나치지 않다.

앞서 언급한 모든 요소는 결국 퇴직에 대한 계획과 준비에 관련되어 있다. 여러 연구에서 퇴직설계가 퇴직으로의 변화와 퇴직 전 단계에 대해 실질적인 영향력을 갖는다고 밝히고 있다. 퇴직에 관한 계획을 구체적으로 세울수록 퇴직 불안과 우울감이 적으며 더 긍정적으로 퇴직에 적응하는 것으로 알려져 있다. 퇴직계획을 통하여 사람들은 퇴직이라고 하는 사건에 대한 자신의 기대를 명확히 할 수 있고, 퇴직으로의 전환을 돕는 여가계획이나 재정적 목표와 같은 다른 활동들을 촉진할 수 있기 때문이다. 퇴직에 대한 준비가 퇴직에 따른 변화를 덜 위협적이게 하고, 그러한 변화에 적응하는 자신의 능력에 대하여 더 확신을 갖도록 돕는다.

이러한 퇴직준비의 중요성에 대한 인식과 함께, 최근 20년 동안 전 세계적으로 수많은 퇴직준비 교육 프로그램이 정부와 산업체, 노동조합과 단체들 그리고 교육기관을 중심으로 개발되어 왔다. 이런 프로그램은 근로자에게 퇴직은 어떤 것인지에 대한 아이디어를 제공해 주고, 퇴직에 대하여 더 적극적인 태도를 갖도록 해 준다. 나아가 퇴직을 위해 건설적인 계획을 세우도록 격려해 주며, 동시에 퇴직 전에 이런 계획들을 시행하도록 장려하고 있다.

3. 퇴직준비 교육의 필요성

어떻게 늙어 갈 것인가 하는 문제는 어떻게 성장할 것인가의 문제만큼이나 중요하다. 우리는 누구나 언젠가 노인이 된다. 아무리 천하절색의 미인이라고 해도, 아무리 천하제일의 부호라 해도, 또 아무리 명석한 수재라 해도 노인이 되는 것을 막을 수는 없다. 누구나 태어나면 자라서 어른이 되는 것처럼 누구나 언젠가는 늙어서 노인이 된다. 그러나 역설적이게도 언젠가 자신이 노인이 될 것임을 자각하고 미리 대비하는 사람은 많지 않다. 자신이 원하는 꿈을 이루고 원하는 직업을 갖고 원하는 생활을 누리기 위해서는 어려서부터 그에 필요한 지식과 기술을 배우고 익히며 힘든 과정을 인내하면서 오랜 준비를 한다. 하지만 자신이 원하는 노후를 위해서 노년의 생활을 꿈꾸며 무언가를 배우고 구체적인 준비를 하는 사람은 거의 찾아보기 힘들다.

어쩌면 과거 수명이 짧고 노년의 기간이 그리 길지 않았던 때에는 이와 같은 행동이 당연한 것이었을지도 모른다. 그러나 이제 우리는 100세 시대를 눈앞에 두고 있다. 인생 100세 시대에는 인생의 1/3, 아니 어쩌면 인생의 절반이 될 수도 있는 노년의 기간을 어떻게 보낼 것인가가 매우 중요한 문제다. 누구나 어른이 되는 것은 당연한 인생의 이치지만 자신이 원하는 어른의 삶을 이루기 위해서는 많은 준비와 노력이 필요하듯이, 누구나 노인이 되는 것은 당연한 인생의 진리지만 원하는 노년의 삶을 누리기 위해서는 많은 준비와 노력이 요구된다.

　퇴직준비란 좁게는 퇴직 이후 혹은 노년기에 접어든 이후의 삶을 준비하고 계획하는 일을 말한다. 그러나 더 넓게 보면, 결국 우리 인생 전체 곧 전생애에 대한 준비와 계획이라 할 수 있다. 왜냐하면 노년기 이전의 삶의 과정과 흔적들이 차곡차곡 모여서 노후의 그림을 완성시켜 나가며, 따라서 노후를 계획하기 위해서는 그에 앞서 노년에 이르기까지의 시기들에 대해서 이미 구체적인 준비가 이루어져야 하기 때문이다.

　간혹 수업시간에 학생들에게 '자신의 노후를 설계해 보라.' 라는 과제를 내줄 때가 있는데, 그때 학생들의 반응은 대개 둘로 나뉜다. 한 부류의 학생들은 "저는 늙을 때까지 살지 않을 거예요." 혹은 "늙을 때까지 살고 싶지 않아요."라며 노후설계는 물론이고 노후의 삶 자체가 자신과는 무관하다고 주장한다. 또 다른 부류의 학생들은 열심히 나름대로 자신의 노후를 그려 내지만 그 내용을 들여다보면 대부분 한결같이 핑크빛 꿈으로 가득 차 있다. "커다란 호화 유람선을 타고 전 세계를 돌아다니며…… 멋진 바닷가 별장에서 주말마다 친구들과 파티를 하며 행복하게 여생을 즐기는……." 식이다. 이 두 경우 모두 문제가 있다.

　우선 왜 이런 반응이 나오는가를 생각해 보자. 먼저, 아직 20대 초반의 청년에게 있어 머릿속에 구체적으로 형상화될 수 있는 삶이란 길어야 향후 30년 정도의 삶일 것이다. 즉, 아직 젊은 그들은 30년 후인 50대 초반 정도밖에는 내다볼 수 없는 것이다. 이런 이유로 위와 같은 두 가지 엇갈린 반응이 나온다. 첫 번째 부류는 잘 보이지도 알지도 못하는 30년 이후의 삶에 대한 두려움과 불안이 너무 커서 아예 그것을 피해 버리려고 한다. "나는 늙기 전에 죽을 거야." 혹은 "나는 절대 늙지 않을 거야." 하는 식으로 먼 미래를 부정하고 자기최면을 거는 것이다. 두 번째 부류는 중간과정을 생략한 채 잘 보이지 않는 막연한 노후로 곧바로 뛰어든다. 시간이란 건너뛸 수 없는 연속적인 흐름임에도 불구하고, 그들은 노후까지 이르는 중간과정을 건너뛰어 행복하고 풍요로운 자신이 희망하는 노후의 모습으로 직행한다. 자신이 몇 년 후 월급을 얼마를 받게 될지, 가정을 꾸리고 자녀를 양육하면서 다달이 얼마씩의 생활비를 사용하고 얼마씩을 저축할 수 있을지, 또 심지어는 꿈꾸는 그런 노후의 삶을 누리기 위해서는 구체적으로 얼마의 자금이 필요한지에 대해서는 고려하지 않은 채 그냥 결과로서의 행복한 노후만을 그리는 것이다.

인간의 성장과 노화는 만고불변의 진리다. 그래서 우리는 성장에 대비하여 학교에서 사회생활에 필요한 여러 가지 지식과 기능, 태도를 배우고, 가정에서도 사회에서 요구하는 여러 기능과 태도를 익히며, 그 외의 부족한 것들을 여러 개인적인 노력을 통하여 습득한다. 그러나 노화에 대하여는 어떠한가? 기껏해야 경제적인 준비 정도일 뿐 대부분 별다른 준비를 하지 않는다. 이는 아마도 노화가 얼마나 중요한 변화인지, 인생에서 노후가 얼마나 중요한 시기인지에 관한 진실들이 그동안 우리 사회에서 간과되어 온 결과일 것이다. 우리는 어려서부터 교육(형식적인 교육이든 비형식적 혹은 무형식적 교육이든)을 통하여 어른들의 세계에 관한 지식을 배우고 그 세계로 들어가기 위해 필요한 다양한 준비를 하며, 어른들의 세계에 대한 구체적인 꿈과 계획을 갖고 그것을 실현시켜 나가기 위해 노력한다. 이와 마찬가지로 자신에게 일어날 노화와 자신의 노후에 대해서도 구체적인 계획과 학습 및 준비가 필요하다.

성인이 되기 위한 예기적 사회화로서 형식교육이 중요하듯이, 노인이 되기 위한 예기적 사회화로서 노인이 되기 위한 교육 역시 중요하다. 특히 직장에서 일에만 몰두해 있다가 어느 날 갑자기 퇴직을 맞게 되는 사람들에게 갑작스러운 노인세계로의 편입은 매우 당혹스러운 일이 될 것이다. 이는 단순한 소득 감소나 역할 상실 이상으로 삶의 의미와 목표 상실, 생활방식의 혼란을 불러일으킨다. 또한 자신의 노후와 퇴직 후 삶에 대한 막연한 예기적 불안은 현재의 직업과 삶에도 만족할 수 없도록 만든다.

이때 퇴직에 앞서 노년에 올 신체적 · 사회적 · 심리적 변화를 정확히 이해하고 그러한 변화에 대하여 구체적으로 준비하고 대응할 수 있다면, 정신적 · 육체적으로나 건강한 노년을 보내는 데 큰 도움이 될 수 있을 뿐만 아니라 현재의 직업이나 삶에도 더욱 충실할 수 있을 것이다. 이를 위한 구체적인 교육적 노력의 하나가 바로 퇴직준비 교육이다. 퇴직준비 교육은 퇴직을 앞두고 있거나 언젠가는 퇴직을 맞이하게 될 근로자와 그 배우자 그리고 더 나아가 가족들을 포함하여 그와 관련된 사람들에게, 퇴직 후에 일어나는 변화를 이해하고 그 변화에 준비함으로써 퇴직 후 생활에 효과적으로 적응할 수 있는 데 필요한 지식과 기능을 습득하도록 돕는 것이다.

4. 퇴직준비 교육의 내용

사실 퇴직준비 교육은 노년교육의 중요한 영역인 노인에 관한 교육에 포함되지만, 그 중요성 때문에 이 장에서 따로 떼어 구체적으로 다루고자 한다.

1) 퇴직준비 교육의 기본방향

퇴직준비 교육은 노인에 관한 교육의 한 부분으로 노화의 진전에 보다 효과적으로 적응해 나가도록 돕기 위한 노화와 노인에 관한 교육(한정란, 1994)의 방향과 일치되게 다음과 같은 기본방향에서 실시되어야 한다.

(1) 계속적인 과정의 교육

퇴직준비 교육은 퇴직이라는 일회적인 사건 자체에만 초점을 맞춘 일회성 교육이 아니라, 현직생활에서부터 퇴직 이후의 노년기까지 이어지는 계속적인 삶의 과정과 관련된 교육으로 진행되어야 한다. 퇴직을 위한 준비란 퇴직이라는 외형적 사건만을 위한 준비가 아니라, 퇴직 후에 계속해서 이어지는 삶의 남은 여정을 위한 준비라 할 수 있다. 따라서 한두 시간 혹은 하루 이틀의 준비로 가능하지 않다. 퇴직준비 교육은 평생교육의 관점에서 취업과 동시에 시작하여 퇴직에 이르기까지 지속되어야 하며, 전체적인 노년교육과의 관련 속에서 성인의 노년기에 대한 예기적 사회화 기능을 수행할 수 있어야 한다. 따라서 퇴직준비 교육은 일회적인 교육 프로그램으로 그쳐서는 안 되고 장기적인 계획에 따라 지속적이고 반복적으로 실시되어야 한다. 이를 위해서 교육 내용에는 현재의 행복한 직업생활과 원만한 개인, 가족, 사회 생활을 위한 요인과 퇴직 후 바람직한 노년기 생활에 필요한 요인들을 모두 포함하여야 한다.

(2) 생활과 경험 중심의 교육

퇴직준비 교육은 이론과 지식 위주의 교육을 넘어서서 생활과 경험의 교육이라는 점에서 성인교육의 방향과 일치한다. 성인기 이후 생활에 필요한 것은 학문적 지식보다는 실제 생활을 위한 실용적인 지식과 기능 그리고 지혜라 할 수 있다. 퇴직 이후 생활에서도 이와 마찬가지로 퇴직 예정자의 실제 생활과 관련된 욕구를 적절히 반영한 교육이 되어야 한다. 우리나라의 퇴직준비 교육에 대한 요구조사 연구들(서경희, 1995; 양강수, 1990; 진계환, 1988; 허정무, 1993)의 결과를 종합해 보면, 연구대상에 따라 순위의 차이는 있어도 모두 건강유지, 노후대책 및 경제생활, 여가 및 취미생활 등에 대한 요구가 높게 나타나(김정열, 1997), 실제적인 퇴직 후 생활과 관련된 내용을 중요하게 인식하고 있음을 알 수 있다. 따라서 퇴직준비 교육은 퇴직 전후와 관련된 지식뿐만 아니라 퇴직 전후의 생활과 그 변화에 관련된 실제적인 정보와 그 실천 기능에 대한 훈련을 포함하여야 한다.

(3) 제2의 인생을 위한 준비 교육

퇴직준비 교육은 퇴직 후 개인에게 펼쳐질 제2의 삶에 대한 정보와 준비를 제공해 줄 수 있어야 한다. 퇴직은 지금까지 몸담아 온 직장에서 벗어나 자신의 의지에 따라 새로운 생활을 설계하고, 제2의 인생을 실현할 수 있는 기회이기도 하다. 과거에는 직업세계에서 만들어 놓은 규칙과 일과에 따라 살아왔었다면, 퇴직 후에는 스스로가 자기 생활의 규칙을 정하고 모든 일과를 계획해 나가야 한다. 따라서 퇴직준비 교육은 학습자들에게 새로운 삶의 출발점인 퇴직 이후의 기회를 계획하고 실현하는 데 필요한 실질적인 정보와 도움을 주는 것이어야 한다.

(4) 개별화된 교육

퇴직 이후의 삶은 퇴직에 이르기까지 각 개인이 걸어온 삶의 경험들과 가치관, 습관, 취향 등에 따라 각각 다르다. 따라서 퇴직준비 교육은 개인차를 고려한 다양성을 기본 원리로 삼아야 한다. 퇴직준비 교육의 학습대상은 성인 초기부터 노년 초기에 이르기까지 연령 면에서 매우 다양할 뿐 아니라, 오랜 인생 여정 속에서 축적된 생활 경험, 학습, 가정환경, 직업, 친구관계, 건강 상태 등의 차이로 인하여 동일 연령집단이면서도 커다란 상이성을 지니고 있다. 그리고 이러한 상이성은 그들의 학습에 대한 흥미와 태도, 동기뿐 아니라 학습속도, 학습방법, 학습 준비도 등의 차이에 영향을 미친다. 따라서 프로그램 내용과 방법의 다양성은 퇴직준비 교육의 중요한 특징이다.

(5) 자율적 참여

성인교육에서 자율성이 필수적인 요소이듯이 퇴직준비 교육에서도 강제적인 참여를 규정할 만한 아무런 근거도 없다. 또한 학습자 자신의 자발적인 의사에 따라 참여할 때 학습의 효과도 더 커질 수 있다. 따라서 성인 학습자들로 하여금 어떻게 자발적으로 퇴직준비 교육에 참여하도록 동기화할 것인가는 퇴직준비 교육이 안고 있는 매우 중요한 과제다. 이를 위하여 학습자들의 학습요구나 관심을 정확히 반영한 교육내용의 구성뿐 아니라 교육의 방법이나 편리한 시간과 장소에 대한 고려가 병행되어야 한다.

2) 퇴직준비 교육의 목적

퇴직준비 교육의 목적은 다음 세 가지로 정리될 수 있다.

(1) 퇴직 이후 삶에 대한 정보 제공

퇴직준비 교육은 종합적이고 장기적인 생애설계를 통하여 현재부터 퇴직 이후까지 자신의 삶을 더 적극적이고 체계적으로 계획해 나갈 수 있도록 필요한 지식과 정보를 제공하고 그 실천에 필요한 기능을 훈련하는 데 목적을 두어야 한다.

첫째, 생애개발을 통하여 학습자가 자신의 삶을 적극적이고 계획적으로 변화시켜 나갈 수 있도록 한다.

둘째, 생애개발을 통하여 학습자가 현재의 직장생활과 미래의 삶에 보다 적극적이고 주도적으로 대응해 나갈 수 있도록 한다.

(2) 노화에 대한 준비

퇴직준비 교육은 퇴직에 따른 경제적·사회적·심리적 변화의 내용을 바르게 이해하고 퇴직까지의 과정을 미리 계획하고 준비하게 한다.

첫째, 인간의 노화와 발달의 과정 및 특성을 이해함으로써 전생애 발달과정에서 현재 자신의 위치와 과제를 파악하고, 향후 발달과 노화의 진전에 효율적으로 대응할 수 있게 한다.

둘째, 퇴직에 따른 여러 가지 변화(경제적·사회적·심리적 변화)를 이해함으로써 퇴직에 따른 생활 변화에 보다 효율적으로 준비하고 대응할 수 있게 한다.

셋째, 퇴직으로 인한 역할의 변화와 가족 및 사회 관계의 변화를 이해함으로써 퇴직자의 역할상을 정립하고, 새로운 가족, 부부, 사회 관계의 형성과 변화에 효과적으로 대응할 수 있게 한다.

(3) 퇴직과 노화 불안의 해소

퇴직준비 교육은 퇴직 후 생활을 구체적으로 계획하고 준비함으로써 퇴직에 대한 막연한 불안감을 해소하고 현재 생활에 더욱 충실할 수 있게 할 뿐 아니라, 퇴직 후 생활에도 성공적으로 적응해 나갈 수 있도록 도와주어야 한다.

첫째, 퇴직 준비의 필요성을 올바로 이해하고 퇴직까지의 과정과 퇴직 후 생활에 대한 체계적인 계획의 필요성을 인식하게 한다.

둘째, 퇴직으로 인한 사회적 · 심리적 · 가족적 변화의 특징을 이해하고, 그에 대한 구체적인 대응방안을 계획할 수 있게 한다.

셋째, 퇴직 후의 건강, 취미활동, 시간관리, 학습 및 자기계발, 주거생활, 가족생활, 재정관리, 재취업 등에 관한 구체적인 계획을 수립함으로써 퇴직 후 생활에 더욱 효과적으로 적응할 수 있게 한다.

3) 퇴직준비 교육의 대상

퇴직준비 교육의 대상은 퇴직의 당사자뿐 아니라 퇴직으로 인해 영향을 받는 그 가족들까지도 포함해야 한다. 왜냐하면 퇴직은 개인적인 사건이면서도 가족은 물론이고 그를 둘러싼 인간관계 전체에 영향을 미치는 사건이기 때문이다. 한 사람의 퇴직은 퇴직자 자신뿐 아니라 그 배우자와 가족, 친구와 친지에게도 영향을 준다. 또한 퇴직에 대한 준비는 퇴직을 직전에 둔 시점에서 시작하는 것이 아니라, 직업세계에 들어서는 순간부터 시작되어야 한다. 따라서 퇴직준비 교육의 대상은 다음과 같다.

(1) 퇴직(예정)자

퇴직을 바로 앞둔 사람은 물론 일단 직업세계에 들어와 언젠가는 퇴직을 맞이하게 될 모든 사람이 퇴직준비 교육의 대상이 된다. 언제부터 퇴직준비 교육을 시작해야 할까? 어떤 이들은 퇴직 전 5년 혹은 10년이라고 주장한다. 그러나 언제 퇴직을 맞이하게 될 것인가에 대해 어느 누구도 확신을 가질 수 없다. 어쩌면 바로 내년이 될 수도 혹은 2년 후, 5년 후가 될 수도 있다. 일단 직업세계에 들어온 사람이라면 언젠가는 퇴직을 맞이하게 될 것이라는 점은 분명하지만, 그 시점이 언제가 될 것인지는 불확실하다. 따라서 늘 퇴직에 대비하고 있어야 한다. 따라서 퇴직을 목전에 둔 사람뿐 아니라 언젠가는 퇴직을 맞이할 모든 현직자들이 퇴직준비 교육의 대상이다.

(2) 퇴직 예정자의 가족(배우자)

퇴직은 퇴직자 개인의 사건에 머물지 않고, 그를 둘러싼 가족이나 친지들에게까지 영향을 미치는 사건이다. 특히 퇴직자와 가장 가까운 관계에 있는 배우자에게는 퇴직자 본인만큼이나 크게 영향을 받는다. 따라서 퇴직에 대한 준비는 당사자뿐 아니라 그와 관련된, 특히 가장 가까이 있는 배우자가 함께 참여해야 한다.

(3) 모든 성인 학습자

퇴직 준비는 퇴직이라고 하는 특정 사건에 대한 준비라는 의미를 넘어서 노후와 노년기 삶에 대한 준비로서의 의미를 지닌다. 따라서 퇴직을 하게 되는 직장인뿐 아니라 언젠가는 노후를 맞이하게 될 모든 성인이 퇴직준비 교육의 학습자가 될 수 있다.

4) 퇴직준비 교육의 내용

피터슨(Peterson, 1983)은 퇴직준비 교육 프로그램 구성의 기준을 다음 여섯 가지로 제안하였다.

- 상담이나 집단활동이 프로그램 전달의 주요 방법이어야 한다.
- 최소한 퇴직 5년 전에는 퇴직준비 프로그램이 제공되어야 한다(Peterson 은 퇴직 5년 전부터 퇴직 준비를 해야 한다고 했지만, 이상적으로는 취업과 동시에 단계적으로 퇴직 준비가 이루어져야 한다).
- 주로 회사의 시간에 맞춰 교육이 진행되어야 한다.
- 프로그램은 최소한 10시간 이상의 내용을 포함하여야 한다.
- 고용주가 주도적으로 프로그램을 제공해야 한다.

- 프로그램의 내용은 최소한 연금, 사회보장, 개인적인 재정계획, 건강관리, 주거계획, 여가계획, 퇴직 후 직업, 법률적 측면 등을 포함하여야 한다.

대체로 퇴직준비 교육 프로그램은 세 가지 형태로 구성될 수 있다. 즉, 언제 닥칠지 모르는 퇴직에 미리 대비하면서 현직생활에 더욱 충실할 수 있도록 돕는 생활설계 프로그램, 퇴직을 앞두고 퇴직 후 생활을 계획하는 퇴직준비 프로그램, 퇴직자 자신뿐 아니라 부부가 함께 퇴직준비 교육에 참여함으로써 퇴직 후 변화에 더 효율적으로 적응하도록 돕는 부부 퇴직준비 프로그램 등으로 구성될 수 있다.

(1) 생활설계 프로그램

생활설계 프로그램은 퇴직이 얼마나 남았든지 현직에 있을 때부터 미리 퇴직까지의 과정을 준비하게 함으로써 더욱 안정된 상황에서 현직생활에 잘 적응하도록 하고, 현직에서의 만족이 퇴직 후까지 이어져 퇴직 후의 생활에도 잘 적용할 수 있도록 하기 위한 것이다. 또 최근 정리해고와 명예퇴직 등 조기퇴직제도의 확산으로 퇴직에 대한 불안이 상시 존재하는 상황에서 근로자가 자신의 퇴직을 미리 앞서서 준비할 수 있도록 하는 의미도 있다.

(2) 퇴직준비 프로그램

퇴직준비 프로그램은 퇴직을 목전에 둔 장·노년 근로자로 하여금 자신의 퇴직을 현실로 받아들이고 인정하며, 퇴직 후 생활에 대한 구체적인 준비와 계획을 할 수 있도록 도움으로써 노후생활에 효율적으로 적응할 수 있게 돕는 프로그램이다. 즉, 구체적으로 퇴직과 그 이후의 삶을 준비할 수 있도록 안내하는 프로그램이다.

(3) 부부 퇴직준비 프로그램

퇴직은 비단 퇴직자 혼자만의 문제가 아니다. 그가 속한 가족과 그를 둘러싼 모든 사회적 조직 및 관계망까지 영향을 주는 사건이다. 그중에서도 가족, 특히 배우자에 미치는 영향이 가장 크다고 할 수 있다. 따라서 퇴직의 준비는 퇴직자 혼자의 몫이기보다는 그와 배우자가 함께 퇴직을 설계하고 준비함으로써 퇴직 후 생활에 좀 더 잘 적응해 나갈 수 있다. 그런 의미에서 부부 퇴직 준비 프로그램은 퇴직 대상자와 배우자를 함께 프로그램에 참여시킴으로써 퇴직 후 새로운 부부관계의 형성과 적응을 돕기 위한 것이다.

5. 퇴직준비 교육의 사례

1) 국내 프로그램 사례

(1) 한국노인인력개발원의 노후설계서비스 상담인력 '노인생애경력조언자 양성과정'

노인생애경력조언자(Senior Life Career Advisor: SLCA) 양성과정은 노년기 생애경력목표를 수립하고 실천하도록 지원하기 위한 전문상담 서비스 제공 인력을 양성함으로써 지역사회 중심 서비스 제공 역량을 강화하고, 노인의 신규 일자리 창출과 연계하고자 시도된 프로그램이다. 이 프로그램의 목적은 고령사회를 대비하는 다양한 공공서비스의 개발 및 확대에 따라 필요한 전문 인력을 사전에 양성하고, 고령자의 생애역할, 환경, 사회적 관계 등을 종합적 으로 분석하여 전 생애에 걸친 자기계발을 촉진하고 생애설계를 지원할 수 있는 전문인력을 양성하고자 하는 데 있다. 본 프로그램은 바우처 사업으로 서, 바우처 사업의 특성상 교육대상의 연령이 만 20세 이상으로 규정되어 있 는데, 실제로는 중고령층의 참여가 대부분을 차지하였다. 참여자격은 노인 관련 공공서비스 제공기관 담당자(담당 공무원 및 실무자), 민간부문의 고령자 대상 서비스 제공인력, 기업 · 공공기관 고령재직자 대상 대응전략 수립을 위 한 교육 및 인사담당자 등을 포함하며, 전문과정의 경우에는 SLCA 입문과정을 이수한 자로 제한한다.

이 프로그램은 입문과정과 전문과정, 그리고 마스터과정의 세 단계로 구분되는데, 주요 교육내용은 [그림 13-1]과 같이 구성된다.

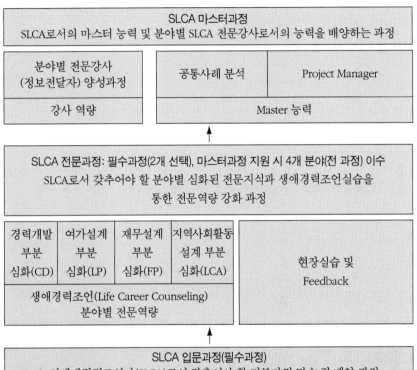

[그림 13-1] SLCA 프로그램 내용

출처: 이소정 외(2008).

(2) 노동부 한국고용정보원의 성실프로그램(성공적인 실버 취업을 돕기 위한 프로그램)[1]

한국고용정보원은 2006년에 설립된 노동부 산하기관으로 각 지역의 노동부 고용지원센터를 거점으로 프로그램을 실시한다. 1998년부터는 고용안정 정보망 워크넷(Work-Net)을 개통, 노동부와 지방자치단체 등에 흩어져 있던 구인구직 정보를 한데 묶어 인터넷을 통해 제공하고 있는데, 성실 프로그램에 관한 정보 역시 워크넷을 통해 제공되고 있다.

성실이란 '성(成)공적인 실버(silver)'라는 의미와 동시에 성실하게 차곡차곡 준비하면 목적한 바를 이룬다는 의미를 함께 지니고 있다. 즉, 중장년(50세 이상) 층이 새로운 일자리를 찾아 알찬 제2의 인생을 설계할 수 있도록 구직 자신감을 고취시키고, 일자리 정보의 탐색에서 이력서 작성, 면접기법 등 구직활동에 필요한 제반 기술을 익힐 수 있도록 지원하는 프로그램이다. 이 프로그램은 2005년 12월 말 개발을 시작하여 2006년 12개의 센터에서 24회의 파일럿(pilot) 테스트(효과성 검증)를 통해 프로그램의 수정 · 보완 과정을 거쳤으며, 2006년 8~9월경 프로그램이 완성되었다. 그리고 2007년부터 전국 20개 고용정보센터에서 본격적으로 프로그램을 시작하였다.

대상은 6개월 이상의 실직 경험이 있거나 이직 및 전직을 희망하는 50세 이상으로, 이들에게 구직동기를 부여하고, 구직기술 향상에 따른 장기실업의 가능성을 예방하며, 상실된 자신감과 자존감의 회복을 통하여 재취업 성공률을 높이고, 효과적인 대화법 습득을 통한 원만한 대인관계 형성과 재취업 성공을 통한 경제적 안정 및 생활만족도 향상에 목적을 둔다.

수강료는 전액 무료이며, 점심식사도 무료로 제공된다. 교육 참가자들의 모집경로는 인터넷 공지 및 유관기관과의 네트워크를 통하거나 소문을 통해 이루어진다. 구체적인 홍보는 실행기관(고용지원센터)별로 이루어지고 있으며, 일반적으로 시니어워크넷, 경로당, 노인취업박람회, 기업 신문 등을 이용

---

1) http://www.work.go.kr/empSpt/empSptPgm/oldReemp/intro.do 2014. 4. 14. 접속.

<table>
<tr><td colspan="2">표 13-3 성실 프로그램의 주요 내용</td></tr>
</table>

구분	내용
1. 만남의 마당	• 프로그램에 대한 소개 및 목적 이해 • 집단응집력 향상
2. 선택의 마당	• 건강을 중심으로 한 자기관리 방법 익히기 • 자신의 강점 이해하기 • 희망 취업 분야 선택하기
3. 배움의 마당	• 취업 성공요인 파악 • 이력서 작성법 알아보기 • 면접기술 익히기
4. 긍정의 마당	• 효과적인 대화법 익히기 • 화 다스리는 법 익히기
5. 다짐의 마당	• 프로그램 성과 다지기 • 구직 실행 계획 세우기 • 사회적 지지체계 구축하기

한다. 한편 고령자들은 인터넷보다는 유관기관과의 협력자로 모집되는 경우가 많으며, 실업급여 수당을 받기 위한 구직활동의 하나로 참가하기도 한다. 진행방법은 12~15명의 소그룹으로 구성하여 4일간 6시간씩 진행되며, 진행자와 참가자 간의 밀접한 의식 교류와 체계적인 과정을 통하여 취업 활동에 필요한 다양한 정보를 얻을 수 있다.

구체적인 프로그램 내용은 교육을 실시하는 센터에 따라 다소 차이가 있으며, 주요 내용은 〈표 13-3〉과 같다.

(3) 국민연금공단의 노후설계서비스[2]

국민연금공단은 고유의 업무인 기금 관리 및 운용뿐 아니라, 급속한 고령화로 노후준비에 대한 국민의 관심과 불안이 증가함에 따라 공적 서비스 차원에서 체계적이고 전문적인 노후설계 지원이 필요하다는 인식 아래 각 지사

---

2) http://csa.nps.or.kr/main.do 2014. 4. 14. 접속.

의 상담창구와 인터넷 '내연금노후설계' 홈페이지를 통하여 노후설계서비스 (Consulting on Successful Aging: CSA)를 제공하고 있다. 이 프로그램은 국민의 체계적 노후준비와 건강한 노후생활을 돕기 위하여 국민연금을 기반으로 노후생활 6대 영역인 재무, 건강, 일, 주거, 여가, 대인관계에 대한 종합적인 정보와 서비스를 부가적으로 제공하는 사업이다.

프로그램의 목적은 보편적이고 균형적인 서비스 제공으로 노년기 삶의 질 향상에 기여하고, 종합적이고 실질적인 도움을 제공함으로써 국가재정 부담을 감소시키며, 서비스의 다양화로 고객 만족도를 제고하고, 노후설계서비스 전문기관의 이미지 확립으로 국민적인 신뢰도를 향상시키는 데 있다.

프로그램의 운영방식은 CSA 교육을 통하여 공단의 직원들을 전문 컨설턴트로 양성하여, 고객들에게 전문적인 상담 서비스를 제공하도록 하는 것이다. 직원들을 대상으로 전문적인 CSA 컨설턴트 양성을 위한 교육 프로그램은 2006년부터 시작되었으나, 각 지사에 행복노후설계센터를 개소하고 본격적인 서비스를 제공한 것은 2009년 10월부터다.

서비스는 노후소득상담과 노후생활상담, 그리고 인터넷을 활용한 자가진단 및 학습 등 크게 세 가지로 구분된다.

① 노후소득상담: 주 고객층은 30~40대로 1단계 상담에서는 국민연금 예상 연금액을 기반으로 노후부족자금을 산출하고, 반납 혹은 추납금, 미납 보험료 납부, 납부 재개 등을 통하여 국민연금 수급액의 증액 및 신규 수급권 확보를 유도하는 내용이다. 그리고 2단계에서는 은퇴설계와 생애재무설계를 통하여 가계재무의 건전성을 진단하고 노후에 필요한 자금과 준비자금을 산출하며 부족자금에 대한 대안을 모색한다.

② 노후생활상담: 주 고객층은 50대 이후로 1단계 상담에서는 정보 제공 차원에서 고객의 비재무 영역(건강, 일, 대인관계, 주거, 취미와 여가)에 대한 진단을 통해 고객에게 필요한 부분을 확인하고 유용한 맞춤형 정보를 제공하는 데 목적이 있다. 2단계 상담에서는 사회자원 연계 서비스로

노후생활 영역별로 전문적인 기관과의 연계를 통해 고객이 필요로 하는 서비스를 연결해 주는 것이다.

③ 온라인 자가진단 및 학습: 내연금노후설계 서비스 홈페이지를 통해 재무, 건강, 일, 대인관계, 주거, 취미와 여가에 대한 노후준비 종합진단을 할 수 있으며, 온라인 상담도 가능하다. 또 노후생활에 관한 간단한 정보들이 탑재되어 있어서 자기주도 학습도 가능하도록 되어 있다.

(4) KDB 시니어브리지센터의 시니어브리지아카데미

KDB 시니어브리지센터는 KDB 금융그룹의 KDB 나눔재단에서 운영하는 민간기관으로, 시니어들의 인생 후반 설계를 돕기 위하여 사회공헌 활동을 연계하고 또 그를 위한 교육을 제공하고 있다. 시니어브리지아카데미를 통해서 후반 인생의 설계와 사회참여를 돕는 교육과정을 운영하고 있다. 시니어브리지아카데미는 기본과정과 전략직종과정, 창업과정의 세 가지로 이루어져 있다.

시니어브리지아카데미 기본과정은 삶을 둘러싼 다양한 변화를 인식하고 인생 후반부를 의미 있는 사회공헌 활동으로 채워 가고자 하는 이들을 위한 과정으로, 40대부터 60대까지의 중노년층을 대상으로 하고, 기본교육은 무료로 제공되며, 사회공헌 인턴십에 참여할 경우 월 20만 원씩 2개월 동안 활동비가 지원된다. 또한 5인 이상이 모여 동아리를 구성하면, 동아리에 대한 지원도 제공된다. 동아리는 1개월에 1회 이상 공식적 활동을 진행하는 것을 원칙으로 하고, 참석 인원 1인당 1만 원 이내, 선발일로부터 최대 10회까지 지원하며, 동아리 활동에 수반되는 도서, 소모품 구매 및 운영경비(식대, 음료비) 등에 한하여 지원한다.

주요 교육내용으로는 변화하는 환경 이해하기, 시니어 행복 디자인하기, 후반생 성공적인 관계 맺기, 시니어 자산관리, 시니어 내일 찾기, NPO와 제3섹터 이해하기, 지역에서 역할 찾기, Well-Aging과 프로보노 되기, 스마트기기 활용하기, 비전 나누기 등으로 구성되며, 〈표 13-4〉와 같다.

표 13-4   KDB 시니어브리지센터의 시니어브리지아카데미 기본과정

회차	교육주제	교육내용	시간
1	마음 열기	• 아이스 브레이킹, 서로 알아 가기	2
	시니어 재능 나누고 행복한 삶 찾기	• 변화 인식하기 • 재능 나누고 행복 더하기	2
2	비전 설계하기	• 시니어, 행복을 디자인하라 – 아름다운 후반생 설계하기	2
	비전 사례 발표	• THE BEST IS YET TO COME – 나만의 전략적 사업계획서 만들기	2
3	Second Career	• 시니어의 경쟁력 • 인생 후반부의 삶과 여가	2
	평생학습과 더 좋은 관계 맺기	• 시니어 평생학습 • 후반생 성공적인 관계 맺기	2
4	스마트 시니어 되기	• 소셜미디어 마케팅 • 페이스북, 트위터, 블로그의 세계	2
	시니어 일, 취미 찾기	• 새 일 방향 찾기, 자신을 고용하라 • 자기고용으로 평생 재취업하는 방법	2
5	함께 사는 사회적 경제	• 5060세대의 삶, 돌아보기 • 나눌수록 커지는 행복, 프로보노 되기	2
	지역에서 역할 찾기	• 시니어, 지역에 희망을 불어넣기 • 협동조합과 커뮤니티	3
	(사)희망도레미 단체 소개	• 시니어 단체 결성의 의미 • 시니어 단체가 나아가야 할 방향	1
6	현장 탐방하기	• 부엉배마을(마을기업) 탐방 • 마을기업의 생태 이해하기	6
7	마무리 워크숍 I	• 비전 공유하기 • Your Second Life 미래 명함 만들기	2
	마무리 워크숍 II	• 수료식 및 소감 발표	2

출처: KDB 시니어브리지 홈페이지(http://www.seniorbridge.or.kr)로부터 재구성. 2013. 11. 15. 접속.

그 외에 시니어브리지아카데미 전략직종과정은 시니어에게 적합한 사회공헌형 일자리 모델을 전략적으로 발굴하여 맞춤형으로 설계 · 운영하는 교육과정이며, 시니어브리지아카데미 창업과정은 창업을 원하는 시니어들을 대

상으로 시니어 창업에 필요한 기초실무 및 현장실습 등의 교육을 통하여 성
공적인 창업과 경영을 지원하는 과정이다.

(5) 희망제작소 해피시니어 시니어사회공헌센터의 행복설계아카데미

희망제작소 해피시니어 프로젝트 '행복설계아카데미'는 2007년 시작하였
다. 행복설계아카데미는 40대부터 60대까지의 중노년층을 대상으로 하고, 회
당 40명 정도를 정원으로 운영하며, 본인 부담 교육비용은 일인당 5만 원이
다. 구체적인 교육 내용 사례는 〈표 13-5〉와 같다.

표 13-5 희망제작소 해피시니어 시니어사회공헌센터 행복설계아카데미

회차	교육주제	교육내용	시간
1	Open Space Workshop	오리엔테이션: 마음 열기 그리고 마음 먹기	4.5
	새로운 인식 I	시니어, 일, 은퇴에 대한 재인식	
2	시니어시티즌	아름답게 나이 들기	4.5
	새로운 인식 II	소통과 공감의 리더십	
	Life Plan	최선의 계획?: 지금, 여기, 플랜 A	
3	새로운 세계	사회공헌, 그 무한한 세계 이해하기	4.5
	경제 생태계	경제 이야기, 99%를 주목하다	
4	사회적 경제	사회적 경제가 궁금하다	4.5
	사례 발표	사회공헌의 세계 여행자들의 여행기	
5	함께하는 경제와 삶	협동조합과 커뮤니티 이야기	4.5
	Open Space Workshop	지도 그리기: 내가 관심 있는 사회공헌 활동 찾아가기	
6	나눔의 의미	당신이 가진 최고의 것을 세상과 나누어라	4.5
	현장탐방		
7	삶의 질	퇴직 후 돈의 주인으로 사는 법	4.5
	Open Space Workshop	사회공헌 활동 아이디어와 실행: 상상력과 현실의 온도 차이 경험하기	
8	Life Plan	대안이 있다: 지금, 여기, 플랜 B	4.5
	수료식		

출처: 희망제작소 홈페이지(http://www.makehope.org)로부터 재구성. 2013. 11. 15. 접속.

(6) 포스코 인재개발원의 그린라이프 서비스

그린라이프 서비스(Green Life Service: GLS)는 포스코(POSCO) 인재개발원에서 진행하는 퇴직준비 프로그램으로, 한때는 30대, 40대, 50대 등 연령대별 생애설계 교육으로 운영되었지만 현재는 정년퇴직자만을 대상으로 한 그린라이프 서비스만 진행하고 있다.

이 프로그램의 목적은 회사, 정년퇴직자, 재직 직원 등 세 입장으로 나누어 볼 수 있다.

먼저 회사의 입장에서는

첫째, 회사 성장 및 발전에 기여한 종업원의 퇴직 후 생애설계 지원을 통하여 재직원의 근로의욕을 고취하고 고용안정을 도모한다.

둘째, 고령화 사회에 부응한 사회적 역할 수행을 통한 기업 이미지를 제고한다.

셋째, 회사에 대한 이해도가 높고, 충성심을 갖춘 퇴직자를 배출한다.

다음 정년 퇴직자의 입장에서는

첫째, 퇴직으로 인한 급격한 변화에 대비하여 심리적 안정을 지원한다.

둘째, 퇴직 후 삶에 대한 주도성과 자신감을 함양한다.

셋째, 객관적이고 신뢰성 있는 전문서비스 제공으로 경력 전환을 지원한다.

넷째, 환경변화 및 새로운 직업에 신속히 적응한다.

다섯째, 능률적이고 긍정적인 사회참여 및 회사에 대한 충성심을 형성한다.

끝으로 재직 직원의 측면에서는

첫째, 개인의 진로에 대한 막연한 불안감을 완화한다.

둘째, 회사에 대한 충성심을 제고하고 작업 능률을 향상시킨다.

셋째, 퇴직자들의 긍정적인 사례를 통하여 변화하는 직업환경 및 생애주기를 예측한다.

프로그램의 대상은 현장직 정년퇴직 예정자 중 희망자로, 기업특성상 모두 남성으로 기수별로 차이는 있으나 보통 50명 정도의 인원이 참여한다. 프로그램은 분기별로 진행하며, 약 2개월(9주) 동안 이루어진다. 본교육(2개월 과정)을 시작하기 전에 예비교육이 이루어지는데, 예비교육은 1년 전, 6개월 전

에 2일 과정으로 두 번 진행한다. 파워스타트 워크숍(오리엔테이션, 동기의 중
요성, 생활의 변화관리 등)을 시작으로 취업, 창업, 재테크, 테마은퇴(봉사활동,
건강, 여행 등) 네 가지 테마를 가지고 워크숍, 개별 및 소그룹 상담, 강의, 팀
파워활동, 현장탐방 등의 교육과정이 이루어진다.

교육은 GLS센터에 상주하는 고정컨설턴트나 외부강사를 통해 강의 및 토
론이 진행되며, 그 밖에 상담, 팀활동, 외부활동 등 다양한 방법으로 활발한
프로그램을 진행한다. 일주일에 1~2회 이상 평생교육원이나 목공예학교, 창
업, 상권분석, 귀농, 경매법정 등 다양한 주제를 놓고 현장탐방이 이루어지
며, 퇴직자들과 만남의 자리를 통해 실제 생생한 얘기와 정보를 나눌 수 있는
시간을 갖는 것이 특징이다.

GLS 교육내용은 〈표 13-6〉과 같다.

표 13-6 **GLS의 교육내용**

항목	내용
전문화된 Process 설계 및 프로그램 개발 제공	• 기획: 맞춤형 컨텐츠 및 프로그램 개발(전문가집단, 정부지원기관과의 네트워크 활용) • Process 관리 – 테마 W/S 및 강좌 개설 운영 – 관심분야별 그룹 Leading Process 설정
카운셀링 & 교육 서비스	• counseling: 심리, 재취업, 창업, 재무상담 • 동반 현장활동: 취업, 창업 현장조사 및 분석 • Job Leading 및 창업 Incubating
관심사별 테마 소그룹 지원	• 자체 소그룹 테마 그룹을 편성, 전문가 지원 • 테마 활동 및 발표 지원
Service Center 운영	• 구성: 개인사무공간, 카운셀링룸, 세미나, 휴게실, 정보지원실 • PC, On-line학습, 정보자료, OA시스템, 도서 및 간행물 지원 • 정기 팀파워활동(퇴직동기 모임 활성화) 지원
전직지원 System 운영	• 개인별 상담 및 경력관리 DB(카운셀러) • 취업 정보 및 창업 동향 정보 수집, 제공(전직지원 정보지) • 정부지원기관, 헤드헌터사, Job-Recruiting사 정보 Infra 연계

출처: 이소정 외(2008).

2) 외국 프로그램 사례[3]

(1) 미국 버클리 대학교 은퇴센터의 은퇴준비 프로그램

버클리 대학교 은퇴센터(UC Berkeley Retirement Center)는 버클리 대학교 교직원들을 대상으로 퇴직준비 프로그램을 제공하고 있다. 이 프로그램은 4~6주 동안 진행되며, 건강, 주거, 지리, 버클리대학 연금, 사회보장 및 의료보호, 재정 및 법률계획, 은퇴전환 과정 등 성공적이고 만족스러운 은퇴를 위해 필요한 많은 분야를 다룬다.

퇴직준비 프로그램은 좀 더 현명하게 은퇴를 하고, 은퇴자원을 보다 효율적으로 사용할 수 있도록 돕기 위해 실시되고 있다. 이 과정은 전문 강사의 강의, 참가자들의 질문시간, 주제와 관련된 간략한 소개 및 별도의 자료 제공 등으로 구성된다. 이 과정은 보통 한 학기에 한 번 정도 개최되며, 프로그램은 일반적으로 4주 또는 6주 동안 오후에 개최된다.

은퇴센터와 별도로 버클리 대학교에서는 캠퍼스 내 직원들에게 퇴직 및 은퇴 후 연금 및 보험 등 재정설계에 관한 워크숍을 개최하고 있으며, 은퇴와

표 13-7 버클리 대학교 은퇴센터의 은퇴준비 프로그램 일정

기간	교수진 과정	직원 과정
첫째 주	과정 소개/법률 및 부동산설계	소개/창조적 은퇴
둘째 주	UC 버클리의 혜택 및 의료보호	UC 버클리의 혜택 및 의료보호
셋째 주	건강/재정설계	사회보장/주거
넷째 주	사회보장/주거/재취업하기/ 은퇴자 패널 및 정리	재정설계 및 투자
다섯째 주		건강-정신과 신체
여섯째 주		법률 및 부동산설계

출처: 이소정 외(2008).

3) 이소정 외(2008)에서 참고함.

관련 각종 법률 및 제도에 관해 분야별로 소책자들을 제공하고 있다. 특히 은퇴 준비에 필요한 내용들을 정리한 은퇴 핸드북(retirement handbook)을 직원들에게 배부하고 있다.

(2) 일본의 제3기 인생 온라인

일본의 '제3기 인생 온라인(Thirdage Online)'은 일본 내 기업들의 후원에 기초하여 제3기 인생을 주제로 한 '활기찬 노화 캠페인'을 실시하고 있으며, 제3기 인생에 대한 사회적 관심을 환기시키기 위한 다양한 시도를 하고 있다. 그러한 활동의 일환으로 1999~2005년까지 총 아홉 차례에 걸쳐 제3기 인생 포럼을 개최하였다. 이와 더불어 올해의 자랑스러운 제3기 인생 향유자 시상을 하고 있으며, 정보지로 *Third Age Style*을 발간하고 있다.

(3) 호주의 목적지향 파트너

호주의 '목적지향 파트너(On-Purpose Partners)'는 일과 삶에 있어 목표를 적시한 전략 마련이 필요함을 강조하는 단체로서 코칭, 코치교육, 훈련 워크숍, 컨설팅 등을 제공하고 있다. 은퇴설계에서 재정계획만으로는 포괄적인 생활과 관련된 욕구를 충족시킬 수 없다고 보고 포괄적인 은퇴계획의 중요성을 강조한다. 일찍 계획을 시작할수록 은퇴가 더욱 만족스러울 수 있다고 보고, 재정 설계뿐 아니라 생활방식 전체에 관한 통합적 은퇴계획(holistic plan)을 지향한다.

이를 위하여 목적지향 파트너에서 제공하는 코칭은 50세 이후의 삶이 새로운 가능성을 내포하고 있음을 인식하고 행복하고 충만한 은퇴를 위한 목적지향적 계획을 강조하면서, 건강, 가족, 재정, 영성, 사회, 지식, 일의 일곱 가지 영역을 포함하는 통합적 은퇴계획을 제공하고자 한다.

코칭은 다음의 단계들을 통해 진행된다. ① 주안점 도출을 위한 첫 미팅(2시간 정도 만나서 작성한 은퇴 설문지에 기초하여 은퇴에 있어 중요시하는 것들을 정리한다), ② 후속 미팅을 통한 실천계획 마련(개인이 은퇴에 있어 종합적인 은퇴계획을 발전시킬 때까지 60~80분 정도 소요되는 미팅을 한다), ③ 개인의 주안점이 구명되면 5~7회 정도에 실현계획 발전, ④ 문서화(개인의 은퇴에 관한 로드맵이 될 Holistic Retirement Plan 문서를 작성한다), 그리고 추가로 확인 과정으로 3개월마나 계획의 실천 여부를 확인하는 과정이 있는데, 이 마지막 단계는 개인적 선택 과정이다.

6. 퇴직준비 교육의 과제와 전망

퇴직준비 교육은 그 학습대상인 장·노년층의 특성과 욕구에 따라, 기업, 노조, 정부, 전문교육기관, 대학 등 교육 주체기관에 따라, 그리고 학습 기간과 학습내용 등에 따라 매우 다양하게 나타날 수 있다. 특히 언제부터 시작할 것인가, 내용 범위를 어떻게 결정할 것인가의 문제는 매우 중요하면서도 민감한 문제다. 물론 교육의 방향이나 내용의 기준 등에 대한 이상적인 기준이 제시될 수는 있지만, 무엇보다도 자발적인 참여가 중요하기 때문에 자발적 참여가 전제되어야 한다. 따라서 우선 다양한 프로그램의 개발 및 제공을 통해 참여자들에게 다양한 선택의 기회가 제공되어야 할 것이다.

이외에도 앞으로 퇴직준비 교육이 우리 사회에 자리 잡기까지는 다음과 같은 많은 과제가 있다.

1) 퇴직준비 교육에 대한 인식 부족

기업의 인식 부족으로 아직도 우리나라 대부분의 기업에서는 퇴직준비 교육을 외면하고 있는 실정이다. 그나마 퇴직준비 교육을 실시했던 몇몇 기업조차도 프로그램을 아예 중단해 버리는가 하면, 대부분의 기업이 아직까지도 퇴직에 대한 준비는 근로자 개인의 몫이며 기업의 이익과는 무관하다는 인식을 가지고 있다. 또한 퇴직준비 교육을 실시하고 있는 기업도 근로자의 장기적인 생애설계에 초점을 맞추기보다는 단기적인 회사의 이익에 초점을 두고 있다. 대부분의 기업이 생애설계나 퇴직준비보다 전직준비 교육에만 집중하고 있음은, 노사분규를 줄이고 정리해고나 권고퇴직 시 기업에 대한 불만을 줄임으로써 기업 이미지를 제고하기 위한 수단으로 이용하고 있음을 입증하는 것이다. 이러한 기업주와 기업의 인식이 바뀌지 않는 한 진정한 의미의 퇴직준비 교육은 어려울 수밖에 없다.

퇴직준비 교육은 퇴직 후 문제에 관련된 것이므로 기업의 현 이익과는 무관하다는 잘못된 인식이 기업에게 퇴직준비 교육에 대한 투자를 망설이게 한다. 그러나 퇴직준비 교육의 목적은 근로자 개인의 퇴직 후 적응에만 있는 것이 아니라, 현직에서 근로자의 사기 진작과 근무 효율성 증대에도 그 목적이 있다. 기업 입장에서 본다면 퇴직준비 교육은 가장 장기적이고도 확실한 직원에 대한 교육적 투자인 셈이다. 또한 퇴직준비 교육에 대한 기업의 인식 부족 외에도 근로자들 자신과 정부의 퇴직준비 교육의 중요성에 대한 인식 부족 역시 앞으로 해결해야 할 중요한 과제다.

2) 퇴직준비 교육 프로그램 개발의 문제

프로그램 개발과 관련된 문제로는 두 가지를 들 수 있는데, 프로그램 개발을 위한 인력 부족과 기초 연구에 대한 지원 부족이다. 우선 노년교육 및 퇴직준비 교육을 연구하는 전문가와 현장에서 실제적인 퇴직준비 교육 프로그램을 개발하고 시행할 수 있는 능력을 갖춘 전문가가 절대적으로 부족하다. 또 본격적인 프로그램의 개발에 앞서 학습 대상자의 요구조사와 프로그램 효과에 대한 장기간에 걸친 추적 비교연구 등 기초적인 연구들이 이루어지지 못하고 있는 것도 문제라 할 수 있다. 지금 당장의 성과를 위한 연구에 대해서는 지원을 하면서도 그것을 위해 선행되어야 할 대규모 기초 연구, 예컨대 퇴직에서 퇴직 후 적응의 과정에 대한 장기 종단적인 연구와 같은 기초 연구에는 거의 지원이 이루어지지 않고 있다. 이러한 상황에서 우리 실정에 맞는 실제적이고도 효율적인 프로그램의 개발을 기대한다는 것은 거의 불가능하다.

3) 퇴직과 퇴직자에 대한 사회 전반의 왜곡된 인식

퇴직은 인생의 끝이라는 인식, 퇴직자는 사회에서 더 이상 불필요한 존재라는 인식이 바뀌지 않는 한 퇴직준비 교육의 의미는 퇴색할 수밖에 없고 그 교육적 성과 또한 성공으로 이어지기 어렵다. 퇴직은 이제까지 한 개인이 직장에서 얻은 경험을 사회에 환원할 수 있는 기회인 동시에 제2의 인생 시작이라는 인식과 퇴직자는 누구보다도 많은 경험과 능력, 가능성을 지닌 훌륭한 자원이라는 사회적 인식의 전환이 필요하다.

이러한 문제를 해결하기 위하여 성인 및 노년교육과 관련된 일선 교육자와 실천가, 학자 간의 결집된 노력이 다양한 프로그램 개발과 그를 위한 기초 연구 그리고 실천에서의 새로운 시도로 이어져야 할 것이다.

세대공동체 교육

1. 세대와 세대갈등

1) 세대의 의미

세대(世代)란 일반적으로 비슷한 사회적·역사적 경험을 공유하는 30년의 연령 단위를 의미한다. 그러나 최근 급속한 사회변화는 이러한 세대 개념 자체를 흔들어 놓고 있다. 그 결과 이제는 30년이라고 하는 숫자적 기준을 떠나 같은 시대적·사회적·역사적 경험을 공유하는 비슷한 연령대를 지시하는 개념으로 확대 해석되고 있다.

세대의 개념화를 시도한 대표적 연구로는 칼쩌(Kertzer, 1983)의 연구를 들 수 있는데, 그에 따르면 사회학자들이 사용하는 세대의 개념은 다음 네 가지 유형으로 분류될 수 있다.

(1) 친족 계보의 동일 항렬

세대 개념은 친족집단 내에서의 계보, 즉 '친족계보(kinship descent)'에서의 종적(縱的)인 세대관계인 항렬(行列)에서 같은 항렬에 속하는 사람들이라는 의미로 사용된다. 즉, '조항(祖行)'에 속하는 조부모 세대, '숙항(叔行)'에 속하는 부모 세대, '질항(姪行)'에 속하는 자녀 세대, '손항(孫行)'에 속하는 손자녀 세대 등의 조부모-부모-자녀-손자녀 세대 구분은 항렬에 의한 세대 구분에 해당한다.

이러한 세대 개념은 사회인류학 분야에서 전통적으로 많이 사용되어 왔으며, 사회학에서는 부모-자녀 간 가치관의 연속성과 단절이라는 쟁점과 관련하여, 그리고 인구학에서는 여성의 재생산 활동을 통한 인구 교체와 관련하여 주로 사용되어 왔다.

(2) 출생동시집단

또 다른 학자들은 세대를 동일한 시기에 태어난 '코호트(cohort)', 즉 동일 시기 출생집단(birth-cohort)으로 본다. 이러한 정의는 주로 인구학에서 사용되며, 이러한 코호트 시각을 대표하는 인물이 바로 만하임(K. Mannheim, 1952)이다. 같은 역사적 사건이라도 개인이 어떤 생애주기에 그것을 경험하는가에 따라 그 사건이 미치는 영향의 정도나 결과가 달라진다. 예를 들어, 전쟁을 겪더라도 정체성이 형성되는 민감한 시기인 청소년기에 전쟁을 겪는 것과 한 집안의 가장으로서 가족들을 이끄는 성인기에 전쟁을 경험하는 것은 다를 것이다. 따라서 동일 코호트로서 세대가 갖는 중요한 의미는 동일한 생애주기 단계에서 동일한 역사적 사건을 경험함으로써 의식, 가치관, 생활방식 등에서 유사성을 갖고 있다는 점이다. 1950년대생, 1960년대생, 2000년대생 등으로 구분하는 경우가 여기에 속한다.

(3) 동일 생애주기 단계

이 입장은 세대를 동일한 '생애단계(life stage)'에 있는 사람들로 정의한다.

출생부터 사망에 이르기까지 생애주기를 따라 이동해 가면서 어떤 생애단계가 자리하게 되는 사람들은 비슷한 문제와 위기에 처하게 되므로 동일한 생애단계에 있는 세대는 인간 발달과정에서 동일한 과제에 직면하는 과제동질적 집단이라는 점에 주목한다. 아동 세대, 청소년 세대, 청년 세대, 중년 세대, 노년 세대 등의 구분이 그 예다.

(4) 동일한 역사적 경험

이 입장은 세대를 특정 '역사적 시기(historical period)'에 생존하여 동일한 역사적 사건을 경험하게 되는 사람들로 정의한다. 이러한 정의는 역사학에서 널리 사용되고 있는데, 한 시대적 경험은 유사한 감정과 의식, 사회적 시각 등을 공유하도록 함으로써 동질적인 세대의식을 갖게 한다는 것이다. 예를 들어, 해방둥이, 전후 세대, 4·19 세대, 88올림픽 세대, 월드컵 세대 등은 커다란 역사적 사건을 함께 경험함으로써 동일한 역사적 경험을 공유하는 넓은 범위의 코호트를 포함한다는 특징을 갖는다.

현실에서는 이상의 네 가지 세대 개념이 각각 독립적으로 사용되기보다는 두 가지 이상의 세대 개념이 혼합되어 사용되는 경우가 많다. 한때 우리 사회의 시대적 아이콘이었던 '386세대'가 가장 대표적인 사례다. 386세대에서 '3'은 '동일한 생애주기 단계'인 30대에 속한 세대를 의미하고, '8'은 '동일한 역사적 경험'인 군사독재 시기인 80년대 이념의 격동기에 대학생활을 한 세대를 의미하며, '6'은 '출생동시집단'인 1960년대에 출생한 세대라고 하는 세 가지의 세대 개념이 혼합된 구분이다. 따라서 세대를 어떤 단일 개념 속에서 파악한다는 것은 매우 어려운 일이다. 이 책에서는 앞에서 언급한 네 가지 세대 개념을 모두 포함함과 동시에, 한 걸음 더 나아가 '세대'라는 제한적인 의미보다는 다양한 연령층이라고 하는 보다 포괄적인 의미까지 포함하는 넓은 개념으로 세대의 개념을 사용하고자 한다.

2) 세대갈등의 원인과 해결방안

만하임(Mannheim, 1952)은 세대를 출생동시집단의 개념으로 보고, '비슷한 연령내에 주목할 만한 역사적 사선을 경험한 십단'이라고 정의하였다. 동일한 연령집단의 세대 개념은 계층이나 계급, 세계관 차이 때문이 아닌 동일한 시간 체험을 통해서 형성된다고 보았다. 만하임은 세대차이가 일어나는 과정을 '경험의 성층화(成層化, stratification of experience)'를 통해 설명하였다. 동일한 시간대 속에서 성장해 나가게 되는 사람들, 즉 출생동시집단은 같은 시기에 아동기, 청소년기, 성인기, 중년기, 노년기를 맞이하게 되고, 따라서 같은 발달단계에서 동일한 역사적 경험을 하게 되며, 이러한 경험은 비슷하게 성층화된(stratified) 의식을 만들어 낸다. 즉, 같은 세대들은 사회적 의식과 관점을 의미하는 '세대 위치(generational location)'를 공유하게 된다. 그러나 세대 위치라는 개념은 단순히 동시대성으로만 설명되지는 않는다. 예를 들어, 젊은 세대와 노년 세대가 동시대에 공존하는 경우 동일한 역사적 경험을 하게 될 수도 있는데, 이 경우에 이 두 세대가 세대 위치를 공유한다고 말할 수는 없다. 그 이유는 바로 경험의 성층화 때문이다. 어떤 경험을 하게 될 때, 그 경험을 해석하고 인식하는 가장 기본적인 틀은 어릴 때 축적된 '기층경험(primary stratum of experience)'이다. 즉, 어릴 때 형성된 기층경험은 그 이후의 모든 경험을 형성하는 해석틀을 제공하기 때문에 서로 다른 시기에 출생한 사람들은 똑같은 경험을 하더라도 다른 기층경험에 의해 다르게 인식하고 해석하게 된다. 따라서 만하임의 주장에 따르면 우리 사회에서 세대 간의 차이는 영원히 사라질 수 없다.

그러나 현대 사회심리학 이론들은 세대갈등 해결의 가능성을 이러한 만하임의 주장에 비해 훨씬 더 낙관적으로 바라본다. 세대갈등의 발생 원인과 그 해결방안을 설명하는 대표적인 사회심리학의 이론은 다음 세 가지다(한정란, 2002).

(1) 현실적 집단갈등 이론

터너(Turner, 1975)는 세대 간의 갈등은 제한된 자원을 둘러싼 현실적인 이해관계로부터 시작된다고 보았다. 제한적인 사회자원을 세대 간에 배분하는 과정에서 현실적인 갈등이 야기되는데, 이에 터너는 세대갈등을 '사회적 경쟁(social competition)'이라고 보았다. 즉, 세대 간 갈등은 서로 다른 목표를 가진 세대가 제한된 자원을 놓고 현실적인 갈등을 일으키기 때문이라는 것이다. 각 세대들은 일종의 경쟁상대이기 때문에 상반된 목표를 갖고 있는 각 세대들은 서로에 대해 부정적인 태도와 갈등을 고조시키게 되며, 제한된 자원에 대한 세대 간의 현실적인 경쟁은 전체적인 세대 간 갈등으로 발전된다(Pinquart et al., 2000). 예컨대, 노년층의 연금을 늘리기 위해서는 젊은 세대에게 더 많은 연금을 거두어야 하며, 무상 아동보육을 실시하기 위해서는 노인복지 예산의 삭감이 불가피할 수도 있다.

이러한 현실적 집단갈등 이론(theory of realistic intergroup conflict)의 관점에서 보면, 세대갈등의 해결은 현실적인 갈등의 요인을 제거해 주는 것이다. 그 방안의 하나로 세대 간의 이해관계나 목표를 일치시킨다면, 세대들은 상호 경쟁자가 아닌 협조자가 될 수 있다. 핀콰트 등(Pinquart et al., 2000)은 초등학생 32명과 시니어센터에 참여하고 있는 노인 20명을 아동 7~8명과 노인 4~6명씩을 실험조건과 통제조건으로 나누어 이에 관한 실험을 실시하였다. 각 집단은 6주 동안 일주일에 한 번씩 약 90분간 시니어센터에서 각각 인형극 과제를 수행하였다. 과제는 동화를 가지고 대본을 쓰고 장갑인형을 만들어 인형극을 완성하여 공연에 올리는 것이었다. 그런데 이 과제를 수행하는 데 실험집단의 아동과 노인들은 한 팀이 되어 과제를 수행한 반면, 통제집단에서는 아동팀과 노인팀으로 나뉘어 과제를 수행하도록 하였다. 그 결과, 실험집단에서만 아동과 노인 상호 간에 긍정적인 태도 개선이 있었다. 즉, 목표가 같아지면 현실적인 세대갈등이 사라지며 서로 다른 세대라도 사회적 경쟁자가 아닌 협력자로 바뀔 수 있다는 것이다.

(2) 사회적 정체성 이론

사회적 정체성 이론(social identity theory)에서는 세대갈등의 인지적 요소를 강조한다. 즉, 이 이론에 따르면 세대갈등은 인지적 노력을 최소화하려는 동기와 인지적 평형성을 유지하려는 동기에서 비롯된다.

먼저 파즈펠(Tajfel, 1978)은 집단 간 차별에서 인지적 요소가 중요하다고 주장하였다. 그에 따르면 사람들의 인지능력에는 한계가 있기 때문에 제한적인 인지능력을 가지고 주어진 정보들을 효율적으로 처리하기 위해서는 정보들을 적절히 유목화하고 분류하여야 한다. 그리고 이러한 유목화 과정에서 가능하면 유목의 특성을 단순화시킬 필요가 있는데, 이때 고정관념(stereotype)은 사회적 세계의 복잡성을 줄이고 정보를 보다 쉽게 처리할 수 있도록 도와주는 데 기여한다(Katz, 1960: Ashmore & Del Boca, 1981에서 재인용). 따라서 사람들은 집단 내의 다양성은 최소화하고 집단 간의 차이는 극대화하는 방향으로 유목화를 하게 된다. 예컨대, 노인들은 젊은 세대에 대해서 "요즘 젊은이는 다들 통 버르장머리가 없어."라고 단순화시키고, 젊은 세대들은 "노인네들이 다 그렇지 뭐."라고 단순화시켜 버린다.

또한 사람들은 인지적 평형성을 유지하고 자신이 속한 집단에 대한 소속감을 높이려는 기본적인 욕구를 가지고 있다. 따라서 자신이 속한 집단과 자신이 속하지 않은 상대 집단이 있을 때, 자신이 속한 내집단(ingroup)에 대해서는 더 긍정적으로 지각하는 반면 자신이 속하지 않은 상대 집단인 외집단(outgroup)에 대해서는 상대적으로 부정적으로 인식하려는 경향이 있다.

즉, 인지적 노력을 줄이고 효율적인 정보처리를 위하여 사람들을 내집단과 외집단 혹은 내 세대와 상대 세대로 사회적 유목화를 수행하고 각 세대의 특징을 가능한 한 단순화시키는 한편, 인지적 평형성을 유지하기 위하여 자신이 속한 내집단을 긍정적으로 평가하기 위하여 역으로 외집단에 대해 더 부정적인 평가를 하게 된다. 이러한 과정 속에서 세대갈등이 생겨나게 된다. 예컨대, 운동회 때 청군과 백군으로 나뉘는 순간 평소 친했던 두 친구 사이에 틈이 벌어지거나 자신이 싫어하는 지역 출신이라는 사실 때문에 어느 누군가에 대해 부정적인 편견을 갖게 되는 것도 바로 이런 사회적 유목화와 내집단 선호의 결과라 할 수 있다.

그러나 일반적으로 원래 가지고 있던 고정관념에 위배되는 정보에 자주 반복적으로 노출될수록 그리고 그 고정관념과 다른 정보가 예외적으로 특이한 것이 아니라 일상적인 정보일수록 고정관념은 쉽게 바뀔 수 있다. 따라서 사회적 정체성 이론의 관점에서 세대갈등을 완화하기 위해서는 가급적 세대에 대한 구분 기준이 고착화되지 않도록 우리 사회에서 사람들을 분류하는 기준들(예를 들면, 취미, 관심분야, 좋아하는 운동, 여가활동 등)을 다양하게 실험하고, 또 교육이나 대중매체를 통하여 다른 세대에 관한 다양하고 객관적인 정보들과 또 그들 세대의 전형적인 특성으로부터 벗어난 다양한 활동의 모습들을 많이 소개함으로써 특정 세대에 대하여 부정적인 고정관념을 갖지 않도록 유도하는 노력이 요구된다.

(3) 접촉가설

접촉가설(contact hypothesis)의 설명은 매우 단순하다. 여기서는 세대 간의 갈등에 대해 세대 간 접촉 부족에 따른 정보의 부족과 오해에서 비롯한 어느 정도 일시적 현상으로 해석한다. 집단 간의 접촉 부족은 다른 집단에 대한 오해와 고정관념을 만들어 낸다. 사람들은 그 대상에 대해 잘 모를수록 그 대상을 경계하고 부정적으로 규정하거나 비호의적으로 행동하는 경향이 있다(Wilder, 1978). 현대사회에서 젊은이들은 도시에서 노인들은 농촌에서 살며, 설령 한 도시에서 산다고 하더라도 젊은이들의 공간과 노인들의 공간은 은밀하지만 엄격하게 구분되어 있다. 젊은이들은 패스트푸드점에서 노인들은 국밥집에서 점심을 즐기고, 젊은이들은 커피전문점에서 노인들은 조용한 다방이나 전통찻집에서 후식을 즐긴다. 젊은이들은 영화관과 PC방, 클럽에서 노인들은 경로당, 복지관, 공원에서 여가를 보낸다. 이렇듯 두 세대는 동시대에 한 사회 속에서 살고 있지만 서로 분리되어 만나지 못한 채 살아간다. 이러한 세대 간 교류의 단절과 그로 인한 다른 세대에 대한 정보 부족은 세대 간의 오해를 낳고 세대 간 갈등과 부정적 편견을 만들어 낸다.

따라서 접촉가설에서는 세대갈등을 해결하기 위해서 무엇보다도 서로 자주 접촉하고 깊이 알아가는 노력이 필요하다고 주장한다. 자주 만나서 서로에 대해 자세히 알게 될수록 서로를 너 깊이 이해하게 되고, 서로 이해하게 될수록 서로에 대한 단점보다는 장점이 부각되고 긍정적인 태도를 갖게 되기 때문에, 세대 간의 빈번한 접촉을 통하여 세대갈등을 완화할 수 있다(한정란, 2002).

이러한 세 가지 설명 중 어느 하나만으로 현재 우리 사회의 세대갈등을 완벽하게 설명해 주지는 못한다. 현재 우리 사회의 세대갈등은 앞의 사회적 · 심리적 원인 중 어느 한 원인에 의한 것이라기보다는 이 세 가지 원인이 동시에 관련되어 있다고 보아야 할 것이기 때문이다(한정란, 2002). 고령화가 진전되면서 과거와 달리 여러 세대가 동시에 한 사회 속에 공존하게 되었고, 공존하는 여러 세대 사이에 한정된 사회자원을 어떻게 나누어 가질 것인가 하는 문제는 복잡한 갈등과 대립을 만들어 내고 있다. 연금이나 일자리 같은 현실적인 문제를 둘러싼 갈등이 오늘날 세대 간의 골을 더욱 깊게 만들고 있는 것이다. 한편, 이와 같이 현실적인 갈등을 놓고 다른 식의 집단기준보다 '세대'라는 기준이 부각되는 데에는 인지적인 기제가 또한 작용하고 있다. 특히 단일 인종, 단일 민족으로 구성된 우리 사회에서는 사람들을 외형적으로 구분할 수 있는 가장 두드러지는 특징이 연령이다 보니 더욱 세대 구분이 중요하게 인식되는 경향이 있다. 따라서 우리 사회에서 연령이나 세대는 자신의 사회적 정체성을 확립하기 위해 자신이 속한 집단(ingroup)과 그 이외의 집단(outgroup)을 구분하는 유용한 기준으로 작용하고 있다. 게다가 급속한 도시화와 핵가족화는 세대 간에 서로 접촉하고 서로에 대해 알 수 있는 자연스러운 기회마저 극히 제한시켜 버렸다. 과거 확대가족 중심의 사회에서는 가족 내에서 자연스럽게 세대 간에 어울리고 서로를 알 수 있는 기회가 있었지만, 이제는 그마저도 보장받을 수 없게 되었다(한정란 외, 2001). 이러한 세대 간의 접촉과 정보의 부족 또한 세대갈등의 원인으로 작용하면서 우리 사회의 세대

갈등은 복잡하게 얽혀 있다.

2. 세대공동체

1) 세대공동체의 의미

'세대공동체(community of generations)' 란 맥클러스키(N. G. McClusky)가 처음으로 주장한 개념으로, 여러 세대 혹은 연령집단이 한 공동체 안에서 만나는 것을 의미한다(Sherron & Lumsden, 1990). 각 세대는 비록 그들이 살아가는 시간과 경험 면에서는 다르지만, 전체 생애의 '일부분' 으로서 서로 관련되어 있다는 점에서 공통된 이해관계를 가지고 있다. 따라서 오히려 이러한 세대 간의 차이로 인하여 우리는 인생 전체의 경험을 더 잘 그리고 완전하게 이해할 수 있다.

세대공동체의 개념은 한정란(1994)에 의해 국내에 처음 소개된 이후, '세대 간 공동체(intergenerational community)' 혹은 '다세대 공동체(multi-generational community)' 와 혼동하여 사용되기도 한다. 그러나 세대공동체와 세대 간 혹은 다세대의 개념은 엄밀히 구분되어야 한다. 이들 간에 구분이 필요한 이유는 다음과 같다.

- 세대공동체는 둘 이상의 세대가 한데 어우러진 조화로운 상태를 의미한다. 노인과 청소년, 노인과 어린이라는 이분법적 구성보다는 여러 세대가 한데 어우러진, 즉 다자간의 자연적인 화합의 상태를 추구한다. 그런 의미에서 볼 때 '세대 간(intergenerational)' 이라는 개념은 두 세대를 전제로 하는 양자 간의 관계라는 제한적인 의미가 강하기 때문에 적합하지 않다.
- 세대공동체는 단순히 여러 세대가 한 공간 안에 모여 있는 물리적인 상

태를 의미하는 것이 아니다. 세대공동체가 형성되기 위해서는 참여하는
각 세대들이 공동의 목적을 가지고 있어야 하고 공동의 이해관계를 가지
고 협력할 수 있어야 한다. 따라서 공동체적인 윤리와 원칙이 중요하다.
'다세대(multi-generational)'라는 개념은 이러한 공동체적인 이해관계와
협력의 의미가 취약하여 적합하지 않다.

• 마지막으로 세대공동체는 여러 세대가 한데 모여 하나의 공동체를 형성
한 상태를 지향한다. 즉, 각 세대가 독립된 각각의 세대로 머무는 것이
아니라 하나의 공동체로 거듭나는 것을 목표로 한다. 이러한 공동체를
이룬 각 세대들은 그 이전의 각 세대적 특징을 버리거나 혹은 새로운 특
징을 얻게 될 것이며, 각각의 세대들로 존재할 때는 갖지 못했던 새로운
장점을 획득하게 된다.

2) 세대공동체 교육의 필요성

세대공동체 교육(the community of generations education)은 여러 세대 혹은
연령집단들이 어떤 교육적인 목적(무형식적인 교육이든 비형식적인 혹은 형식적
인 교육이든)을 위하여 공동체 안에서 함께 활동해 나가는 것을 의미한다. 각
세대는 세대공동체 안에서 다른 세대들과 접촉하면서 자신들이 미처 경험하
지 못했던 시간과 공간을 경험할 수 있을 뿐 아니라 다른 세대들을 통하여 서
로 더욱 많은 것을 배우고 얻을 수 있다. 세대공동체 교육은 세대 간에 잘 몰
라서 쌓였던 서로에 대한 오해와 편견을 줄이고, 각 세대들 간의 차이점보다
는 세대 공통의 가치나 관점에 대한 이해를 더욱 확장시킬 수 있다. 또 다양
한 연령 및 생애주기, 특성, 경험을 가진 사람들 간의 상호작용을 통하여 대
인관계를 확대하고, 다양한 세대들 간의 상호작용 속에서 각 세대가 갖고 있
는 이점과 능력을 통하여 서로에게 도움을 주고받을 수 있을 뿐 아니라, 나아
가 사회에 만연된 연령에 따른 분리와 차별 그리고 세대갈등을 불식시킬 수
있다(한정란, 2001).

노년교육의 세 영역인 노인을 위한 교육, 노인과 노화에 관한 교육, 노인에 의한 교육은 각기 독립된 별개의 영역이 아니라 서로 맞물려 이루어지는 동시적인 것들이다. 노년교육의 세 영역은 서로 유기적으로 관련되어 있어서 노인을 위한 교육, 노화와 노인에 관한 교육, 노인에 의한 교육이 별도로 진행되기보다 함께 이루어질 때 각각의 효과 역시 배가될 수 있다. 따라서 이 세 가지 노년교육 영역들이 상호 연계적으로 이루어질 수 있도록 하는 것이 바람직한데, 이들의 공통적 이해가 만날 수 있는 지점이 바로 세대공동체 교육이라 할 수 있다.

모든 인간은 전생애에 걸친 발달의 과정 중에 속해 있다는 점에서 공통점을 지닌다. 즉, 유아교육, 아동교육, 청소년교육, 성인교육, 노년교육은 따로따로 존재하는 것이 아니라 인간발달의 과정 중에서 연속적으로 이루어지는 것이다. 따라서 이들 교육의 영역들이 본래의 목적과 의도를 실현하고 완성되기 위해서는 인생주기 단계별로 분리된 교육이 아닌 모든 연령의 학습자가 학습 공동체 안에서 상호작용하며, 각자의 그리고 공통의 학습요구와 관심을 추구해 나가야 한다. 이런 점에서 본다면, 세대공동체 교육은 노년교육뿐 아니라 모든 영역의 그리고 모든 단계의 교육에 있어서 추구해 나가야 할 궁극적인 목적이라고 할 수 있다.

그러나 이 책에서 모든 범위의 세대공동체 교육을 다루기에는 물리적 제약이 따르므로, 여기서 우리는 세대공동체 교육 중에서 특별히 노인 세대가 참여하는 세대공동체 노년교육으로 범위를 한정하여 논의를 전개하고자 한다.

세대공동체 노년교육은 다른 세대들과 함께하는 세대공동체 교육일 뿐 아니라, 노인에게는 노인을 위한 교육이고, 젊은이에게는 노화와 노인에 관한 교육인 동시에 노인에 의한 교육이라 할 수 있다. 즉, 세대공동체를 통한 노년교육은 노인을 위한, 노화와 노인에 관한, 노인에 의한 교육이 동시에 가능할 수 있는 교량으로서 진정한 노년교육의 목적이 실현될 수 있는 기회를 제공해 줄 수 있다.

이러한 세대공동체 교육의 필요성을 정리해 보면, 다음과 같다.

(1) 인구 고령화로 인한 세대갈등 증가

우리 사회는 빠르게 고령화되어 가고 있다. 그리고 이러한 급속한 고령화 속에서 여러 가지 고령화 문제들이 하나둘씩 가시화되고 있다. 고령화에 따른 문제에는 여러 가지가 있겠지만, 우선 꼽을 수 있는 것은 세대 간의 갈등의 심화다. 사회가 고령화될수록 한정된 재화와 기회를 둘러싼 세대의 경쟁은 더욱 치열해지기 마련이다. 예컨대, 직장에서 제한적인 승진의 기회를 놓고 신구 세대가 서로 얼굴을 붉히는 일이 점점 더 빈번해지는 것이다. 연공서열제도나 정년 외 근무에 대한 불만들이 터져 나오는가 하면, 고령 근로자들 쪽에서는 정년의 연장에 대한 요구가 나온다. 과거에는 55세 정년이면 충분했지만, 평균 수명이 80세를 바라보는 현 시점에서는 한창 일할 나이에 쫓겨난다는 불만이 나올 만도 하다. 그렇다고 정년을 연장하면 젊은 근로자들이 자신들의 기회를 빼앗겼다고 불평을 토한다.

세대 간의 갈등의 소지는 이렇게 제한된 재화를 둘러싸고만 일어나는 것은 아니다. 사회의 변화 속도가 가속화되면서 세대 간의 차이와 골은 더욱 커져 간다. 흔히 말하는 30년의 세대 차이는 이미 옛말이 되어 버렸다. 변화의 속도가 점점 빨라지는 사회 속에서 살아가면서 세대 간의 차이와 갈등을 겪는 것은 어찌 보면 너무도 당연한 일일지도 모른다. 그러나 이제 세대 간의 갈등은 어떤 지역이나 민족, 출신의 차이로 인한 갈등보다도 더 심각한 사회문제가 되어 가고 있다.

따라서 고령화의 진전으로 인한 세대 간 갈등의 심화는 서로 다른 세대들 간의 의미 있는 만남과 접촉을 통하여 서로 간의 오해와 편견을 줄이고 이해를 넓히려는 세대공동체의 교육적 노력을 통하여 해결해 나갈 수 있을 것으로 기대한다.

(2) 핵가족화 및 가치관 변화로 세대단절 심화

현대사회는 많은 세대들이 동시대를 함께 살아가고 있음에도 불구하고, 과거 대가족 중심의 전통적 사회에 비해 세대 간 접촉의 기회는 줄어들고 있다.

가족 내에서는 물론이고 지역사회에서도 자연스럽게 젊은 세대와 노인들이 함께 소통할 수 있었던 과거와는 달리 공간적으로나 생활시간 면에서나 세대 별로 분리된 삶을 살고 있는 현대인들에게 다른 세대를 만나는 일은 매우 드 물고 의도적인 노력을 요하는 일이 되었다. 이러한 세대 간의 접촉과 교류의 단절은 심각한 사회적 문제를 야기할 수 있다. 단절은 세대 간의 반목과 오해 그리고 갈등의 주된 원인이 된다. 그리고 앞의 연구들에서도 보았듯이 조부 모와 같은 의미 있는 노인들과의 접촉과 교류가 세대 간의 이해를 확대시킬 수 있다. 따라서 핵가족 사회일수록 세대 간의 더 빈번한 교류의 기회가 주어 져야 한다는 아이러니가 성립된다. 접촉의 부족은 접촉가설에서 말하는 것처 럼 세대 간 오해와 편견을 만들어 낼 가능성을 높인다. 따라서 세대공동체 교 육을 통해 의도된 학습이나 활동의 장에서라도 다양한 세대들이 함께 만나고 상호작용하며 소통할 수 있는 기회를 제공해야 한다. 세대공동체 교육 속에 서 서로 다른 세대들이 교류하고 상호작용하면서 서로 간의 이해를 키우고 단절을 메우는 것만이 유일한 방법이 될 것이다.

(3) 전통의 단절과 정신문화의 위기

정보통신기술의 발달과 세계화는 가히 지구촌이라 할 만큼 전 세계를 가까 이 다가가게 해 주었다. 이러한 상황 속에서 우리는 좀 더 편리하고 좀 더 세련 되고 좀 더 풍족한 삶의 질을 누리게 되었지만, 그 뒤편에서는 고유한 전통과 유산, 역사에 대한 기억들이 사라져 가고 있는 것도 부인하기 힘든 사실이다.

그러나 역사적 토대나 전통에 대한 바른 이해와 계승 없이 발전할 수 있는 사회는 없다. 아무리 발전된 과학기술과 최첨단의 지식을 가졌다고 해도 지 금까지 그 사회가 걸어온 역사와 전통에 대한 바른 이해 없이는 사회발전의 올바른 방향을 잡을 수 없다. 그리고 이러한 전통에 대한 이해는 과거의 주인 공이었던 노인 세대들과의 상호작용을 통해 생생하게 배울 수 있다. 세대공 동체 교육은 젊은이들로 하여금 사회의 유산과 전통을 만든 주인공인 노인들 에게서 그에 대한 올바른 이해를 배우게 하며, 역사의 한가운데서 사건을 직접 경험한 역사의 산증인을 통해 책 속의 죽은 역사가 아닌 살아 있는 역사를 배우는 기회를 갖게 한다.

과거 확대가족제도하에서는 자연스럽게 가족 속에서 전통이나 역사를 만날 수 있었다. 할아버지와 할머니로부터 가족의 역사를 옛날 이야기처럼 듣고 자랐고, 부엌에서 일을 도우며 또는 밭일을 도우며 전통의 방법과 기술 그리고 그 속에 숨은 지혜까지도 배울 수 있었다. 그러나 지금은 조부모는 멀리 계시고 부모들은 밖에서 바쁘게 움직이며 저녁 식탁에서나 겨우 얼굴을 마주할 수 있는 상황에서 그런 것들은 더 이상 기대할 수 없게 되었다. 또 빠르게 변하는 첨단, 유행, 세계적인 것(world-wide)을 따라잡기에도 벅찬 학교교육에서도 전통이니 역사니 하는 것들을 여유 있게 돌아볼 수 없는 형편이 되었다.

이런 상황에서 세대공동체 교육은 서로 다른 세대들 간의 교류를 통하여 역사와 전통에 대한 올바른 인식과 우리 사회의 역사를 꿰뚫어 온 정신의 맥이 전 세대에서 후 세대로 자연스럽게 이어지도록 도와준다. 즉, 세대공동체 교육은 끊어졌던 전통을 자연스럽게 다시 이어 주고, 위기에 처한 우리의 정신문화를 회복할 수 있는 장을 마련해 줄 수 있을 것으로 기대된다.

(4) 대안적 공동체의 출현

과거 '공동체'란 주로 혈연 같은 자연발생적 원인에 의하여 얽인 애정을 기초로 하여 이루어진 공동사회(共同社會)인 '게마인샤프트(Gemeinschaft)'를 의미하였다. 또 그 공동체의 개념은 시공간적으로도 매우 제한적이어서 다소 배타적이고 그 경계가 매우 경직되어 있었다. 그러나 현대에 와서 공동체의 개념이 점차 바뀌어 가고 있다. 그야말로 포스트모던적 해체에 들어간 것이다. 이제 공동체란 한정된 시공간 속에서 어떤 이해를 같이하는 집단으로 계약이나 조약, 협정에 의해 인위적이고 타산적 이해에 얽혀 이루어진 집단인 이익사회(利益社會), 즉 '게젤샤프트(Gesellschaft)'의 성격을 차용하고 있다. 관심분야나 취미 등을 매개로 같은 이해를 가진 이들이 모여서 동호회를 만들기도 하며 심지어 가족공동체의 개념까지도 크게 변하여 입양과 같은 법적인 절차를 통해 가족공동체 관계를 새롭게 만들어 내기도 한다. 또한 민족이나 국가 공동체 역시 EU(유럽 국가연합) 같은 다국적 국가 간 지역공동체의 출현 등 소위 새로운 공동체를 향한 발걸음이 빠르게 진행되고 있다.

이러한 상황에서 이제 자연발생적인 공동체의 중요성은 상대적으로 점차 줄어들고 있다. 그리고 반대로 의도적으로 발생된 공동체, 소위 구성적인 공동체의 중요성이 더 크게 부각되고 있다. 세대공동체 역시 일종의 인위적인 구성적 공동체라고 할 수 있다. 교육 장면 속에서 혈연으로 맺어진 조부모가 아닌 다른 노인들과 긴밀한 관계를 맺는 것이며, 내 손자나 내 자녀가 아닌 젊은이들과 함께 어울리는 것이다. 이런 점에서도 세대공동체 교육은 현 시대에 가장 적합한 교육 모형이라 할 수 있을 것이다.

3. 세대공동체 교육의 실천

1) 세대공동체 교육의 목적

세대공동체 교육의 목적은 전체 사회에 대한 목적, 젊은 세대에 대한 목적, 그리고 노인 세대에 대한 목적의 세 가지 측면으로 나누어 볼 수 있다.

(1) 전체 사회에 대한 목적

모든 세대를 포함한 사회적 관점에서 볼 때 세대공동체 교육의 목적은 다음과 같다.

① 다양한 세대 간에 의미 있는 상호작용을 통하여 서로에 대한 지식을 증대시키고 오해와 편견을 수정할 수 있도록 도우며, 세대 간의 차이보다도 세대 공통의 관심이나 공통적인 시각을 더욱 부각시킴으로써 세대

간의 공감과 이해를 확대시킬 수 있다.

② 서로 다른 세대들 사이의 공통성과 유사성을 발견하고 세대들 간에 공동체 의식을 배양하는 기회를 제공한다. 각 세대들이 갖고 있는 차이점보다는 전체 세대를 꿰뚫는 공통의 가치나 관점에 대한 이해를 확대하고, 하나의 공동체 안에서 여러 세대가 함께 학습함으로써 서로 다른 세대들 간의 유사성과 공통성을 발견하며, 세대 간의 배척과 경쟁보다는 세대를 아우르는 공동체 의식을 배양한다.

③ 다양한 세대에 속할 뿐 아니라 개인적 특성이나 직업, 학습경험, 생애경험 면에서도 각기 다른 사람 간의 폭넓은 상호작용의 기회를 제공한다. 이러한 다양한 사람들 간의 상호작용은 한 개인의 경험세계를 더욱 확장시켜 주고 인간에 대한 이해를 넓혀 줄 뿐 아니라, 인간과 사회를 바라보는 관점도 확장시킨다.

④ 서로 다른 세대 간의 의미 있는 상호작용을 통하여 다른 세대와도 폭넓은 대인관계망을 구축할 수 있으며, 청취 기술과 설명 기술 같은 대인관계의 다양한 기술들을 습득한다.

⑤ 서로 다른 연령집단이 갖고 있는 각자의 이점과 능력을 통하여 서로에게 도움을 줌으로써 젊은이는 그들의 힘과 첨단의 지식, 민첩성, 순발력, 재기발랄함 등을 통하여 노인 세대가 필요로 하는 도움을 제공할 수 있고, 노인은 다양한 경험과 종합적인 사고, 오랜 기간에 걸쳐 습득한 지혜와 기술 등을 통하여 젊은이를 돕는다.

⑥ 우리 사회에 만연한 연령에 따른 분리와 차별을 불식시킴으로써 세대갈등을 줄이고 세대 간의 화합을 증진시킨다.

(2) 젊은 세대에 대한 목적

젊은 세대는 세대공동체 경험을 통하여 다음과 같은 목적을 기대할 수 있다.

① 아직 젊은 세대가 경험하지 못한 인생의 시기, 즉 장년기와 노년기 같은

인생의 시기는 노인의 경험을 통하여 간접적으로 체험할 수 있다. 그리고 그런 간접체험을 통하여 다가올 미래에 대한 헛된 기대나 막연한 불안을 불식시킬 수 있음은 물론이고, 인생에 대한 시각을 확대하고 자신의 인생을 더 구체적으로 준비해 나갈 수 있다.

② 노인 세대로부터 인생의 다양한 경험과 지혜를 배울 수 있다. 노인의 젊은 날의 구체적인 경험과 거기서 얻은 교훈, 오랫동안 쌓아 온 지식과 전문성, 인생의 지혜와 노하우를 배울 수 있다. 그럼으로써 자신이 직접 경험하지 못한 것들을 간접적으로 경험하고 자신의 삶에서 그 의미를 반추해 볼 수도 있다.

③ 그 사회의 문화유산과 전통, 역사에 대한 좀 더 생생하고 바른 이해를 할 수 있다. 사회의 유산과 전통을 만든 주인공에게서 그에 대한 올바른 이해를 돕는 교육을 받을 수 있으며, 역사의 한가운데서 사건을 직접 경험한 역사의 산증인을 통해 책 속의 죽은 역사가 아닌 살아 있는 역사를 배우는 기회를 가질 수 있다.

④ 실생활에 대한 많은 경험과 전문성을 지닌 노인들을 통하여 교실학습에서 부족한 실제적이고 경험적인 지식을 얻을 수 있다.

⑤ 직접적이고 구체적인 노인과의 경험을 통하여 노인과 노화에 관한 정확한 지식을 습득하고 바람직한 태도를 형성할 수 있다.

(3) 노인 세대에 대한 목적

노인 세대는 세대공동체 교육을 통하여 다음과 같은 목적을 실현할 수 있다.

① 젊은 세대로부터 현재 사회의 변화에 대한 감각과 새로운 지식을 배운다. 그들이 한창 활동했던 시대와는 다른 현 사회의 변화된 내용과 새로운 지식을 젊은이들로부터 배울 수 있고 새로운 감각을 익히는 기회를 가질 수 있다.

② 젊은 세대와의 의미 있는 접촉을 통하여 미래에 대한 이상과 포부를 되찾을 수 있다. 오래 전에는 바로 노인 자신의 것이었지만 그동안 잊혔던 이상과 포부를 젊은이와의 접촉을 통하여 다시 일깨울 수 있다. 또한 젊은이와의 상호작용을 통하여 나이를 잊고 더욱 젊어질 뿐만 아니라 젊어지고자 하는 지속적인 노력을 기울일 수 있다.

③ 젊은이와의 상호작용 속에서 사회의 급속한 변화에 자연스럽게 접촉하게 하고, 그 변화를 체험함으로써 사회 변화에 더 잘 적응하고 대처해 나가는 방법을 배울 수 있다. 젊은이와의 구체적인 상호작용을 통하여 빠르게 변화해 나가는 사회에 적응하고 대처해 나가는 방법을 배움으로써 미래지향적이고 적응하는 삶을 영위해 나갈 수 있다.

④ 젊은이에게 노인들이 가진 경험과 지식을 전수하고 영향력을 미칠 수 있는 기회를 제공함으로써 자신의 새로운 역할과 가치를 발견할 수 있으며 자존감을 높일 수 있다.

2) 세대공동체 교육의 실천적 특성

일반적으로 세대공동체 교육 현장은 다음의 네 가지 특성을 지닌다.

(1) 확대된 교육

세대공동체 교육의 영역은 일정한 범위로 한정짓기 어렵다. 왜냐하면 세대공동체 교육이란 전통적인 의미에서의 한정적인 '교육'의 개념을 넘어서서 보다 넓은 의미의 교육, 즉 제도적으로 체계화된 형식적 교육을 넘어서 비형식교육은 물론이고 그보다도 더 넓은 의미에서의 지식의 증대나 의식의 전환 그리고 자아의 성장과 성숙을 가져올 수 있는 모든 활동으로까지 확대되는 개념이기 때문이다. 따라서 실천현장에서 적용할 수 있는 세대공동체 교육의 범위는 매우 광범위하다.

이와 관련하여 한정란(2005)은 아메스와 요우애트(Ames & Youatt, 1994)가

세대 간 상호작용의 수단이 되는 활동을 여가, 교육, 건강증진, 봉사, 개인적 발달의 다섯 가지로 제안했던 것을 수정하여 다음 네 가지로 재분류하였다.

① 여가(recreation, leisure): 여가는 그 자체로서 중요한 교육적 의미를 지닐 뿐 아니라 새로운 프로그램을 도입함에 있어 참여자들 간의 서먹하고 냉랭한 분위기를 부드럽게 해주는 매개체, 즉 일종의 '아이스 브레이커(ice breaker)'로서도 중요한 역할을 한다. 특히 다른 여러 세대들이 함께 참여하는 세대공동체 프로그램에서는 세대 간에 자연스러운 상호작용이 이루어지기까지 더 많은 시간을 필요로 하기 때문에 연령이나 다른 세대에 대한 고정관념을 깨뜨리고 라포(rapport)를 형성할 수 있도록 돕는 여가 프로그램의 역할이 더욱 중요하다. 또한 여가 프로그램의 경우에는 참여자들 간의 상반되는 이해관계의 개입이 비교적 최소화될 수 있다는 점에서, 전체 세대공동체 프로그램의 일부인 도입 프로그램으로서뿐 아니라 독립적인 세대공동체 여가 프로그램만으로도 세대공동체 교육의 효과를 충분히 거둘 수 있다.

② 교육(education) / 학습(learning): 교육과 학습은 더 이상 아동들에게만 중요한 것이 아니라, 노인을 포함해 모든 연령층에게 중요성을 갖는다. 가장 전통적인 세대공동체 교육 프로그램은 노인들의 교수기술에 대한 것과 노인들의 역사, 직업, 그리고 다양한 다른 분야에 관한 지식 등을 젊은 세대와 나누는 것이다. 또 반대로 젊은 세대가 노인 세대를 가르치는 프로그램도 일반화되어 있다. 예컨대, 젊은 세대들이 인터넷이나 휴대폰, 컴퓨터 등의 첨단기기나 정보화 기술을 가르치거나 외국어를 가르치는 프로그램들은 매우 일반화되어 있다. 또한 어느 한쪽의 일방적인 교수가 아닌 공통적으로 관심을 갖고 있는 주제에 대해 세대공동체가 함께하는 학습 프로그램도 가능하다. 예를 들면, 함께 제과제빵을 배우거나 책을 읽고 함께 토론하는 등의 공동 학습 프로그램이 이에 해당된다.

③ **봉사학습(service learning):** 봉사학습은 세대공동체가 공동의 목표를 가지고 젊은 세대와 노인 세대가 협력할 수 있도록 하는 훌륭한 수단이 될 수 있다. 최근에는 젊은 세대가 노인들을 일방적으로 '돕는' 이전의 프로그램들과는 달리, 노인들과 젊은 세대가 상호 도움을 주거나 젊은 세대와 노인들이 함께 지역사회나 특별한 요구를 지닌 사람들을 위해 돕는 방향으로 프로그램이 개발되고 있다. 젊은 세대와 노인들이 함께 지역사회 환경 개선을 위하여 봉사활동을 하거나 독거노인, 소년소녀 가장, 결손가정 자녀들과 같은 특정 대상들을 위해 봉사를 할 수도 있다.

④ **개인적 발달(personal development):** 세대공동체 활동을 통한 성취감이나 세대 간의 인간관계를 통한 우정과 존경 등은 참여자 개개인의 성장과 발달에 기여할 수 있다. 개인의 잠재력 계발과 자아의 성장은 연령에 관계없이 모든 인간이 공통적으로 갖고 있는 요구이자 목표다. 따라서 일차적인 목적을 개인적 발달에 두는 세대공동체 활동은 프로그램의 균형을 위한 중요한 요소다. 예를 들어, 어린이들과 노인들이 정기적으로 편지를 교환하고 우정을 나누는 세대공동체 펜팔 프로그램이나 어린이들이 노인 요양원을 정기적으로 방문하여 시간을 함께 보내는 프로그램, 양조부모 프로그램 등이 여기에 속한다.

이와 같은 프로그램들은 상호 배타적으로 진행되는 것이 아니다. 이들은 배타적일 수도 없고 또 배타적이어서도 안 되는 것들이다. 한 가지 활동은 어느 한 목적에만 기여하기보다는 여러 목적에 걸쳐 구성될 수도 있기 때문이다. 예컨대, 노인들과 젊은이들이 함께 전통 춤을 배우는 프로그램은 여가의 목적과 동시에 교육과 개인적 발달의 목적을 지닐 수 있다. 그리고 앞서도 언급했듯이 참여하는 학습자들의 연령과 관심 등의 다양성으로 인하여 세대공동체 프로그램은 위의 네 가지 중 어느 한 가지에 치중되기보다는 각 유목에 걸쳐 균형 있게 설계되어야 할 것이다.

(2) 학습집단의 다양성

세대공동체 교육의 학습집단은 여느 형식교육 및 비형식교육과는 다른 독특성을 지닌다. 세대공동체 교육에서의 학습집단은 다른 어떤 학습집단보다도 훨씬 더 다양하고 이질적이다.

우선 세대공동체 학습집단은 다양한 연령층의 학습자들로 구성되어 있기 때문에 연령의 다양성을 전제로 해야 한다. 유아들로부터 초등학생, 중학생, 고등학생, 대학생, 젊은 세대나 중년 그리고 노인들에 이르기까지 둘 이상의 다른 세대들이 한데 모여서 세대공동체 안에서 활동한다. 따라서 이러한 학습집단의 연령적 이질성을 염두에 두어야 한다.

또한 연령만큼이나 학습자 개개인이 처한 환경과 상황, 경험, 직업, 배경에서도 커다란 차이를 지니고 있다. 연령적인 차이는 단순히 역연령의 차이로만 그치지 않고, 그들이 살아온 시대와 경험 그리고 그로 인하여 현재 그들이 처하게 되는 여러 상황과 환경적인 차이를 초래한다. 그리고 개개인이 처한 상황과 배경의 다양성은 다시 그들이 갖는 시각이나 관점, 가치관의 다양성 만들어 낸다. 따라서 공통된 관심사를 가지고 모인 학습집단임에도 불구하고 세대공동체의 학습자들은 각기 다양한 관점과 해석을 가지고 주제에 접근해 간다는 점을 명심해야 한다.

(3) 상호작용의 어려움

세대공동체 집단의 학습자들은 서로 다른 이질성과 연령적 차이, 지위의 차이 등으로 인하여 서로 대등한 관계에서 상호작용하는 데 더 큰 어려움에 봉착할 수 있다. 세대공동체 학습의 참여자들은 서로 다른 연령, 사회적 지위, 역할, 학업 경험, 경제적 수준을 가지고 있으며, 그 차이는 어느 학습집단에서보다 더 클 것이다. 이와 같이 동일한 학습집단 내에서도 서로 다른 지위와 역할을 갖고 있기 때문에 학습자들 간에 대등한 관계에서의 상호작용에 어려움이 따를 가능성이 크다.

이러한 세대 간의 상호작용의 난점을 해결하기 위해서도 앞서 강조한 중간 세대의 중재자로서의 역할은 매우 중요하다. 때로는 교사로서, 때로는 가족의 중간에 낀 부모이자 자녀로서, 그리고 세대 간 활동의 코디네이터로서 중간 세대의 역할에 따라 세대 간 상호작용에서의 벽은 더 빨리 그리고 더 쉽게 깨질 수 있다.

(4) 교수자-학습자 관계의 독특성

세대공동체 집단에서는 교수자와 학습자 간의 관계가 일반적인 교육장면에서와는 많이 다르다. 일단 일반적인 교육장면에서와 같이 교수자와 학습자가 주종의 관계에 있지 않으며, 연령 면에서도 교수자가 학습자보다 반드시 연장자이지는 않다. 세대공동체 교육에서 대개 교수자는 양 세대의 학습자들 사이에 끼여 있는 중간세대이지만, 경우에 따라서는 오히려 교수자가 그 학급에서 가장 어린 연소자일 수도 있다. 인생의 경험과 지식 면에서도 교수자가 반드시 모든 면에서 우위에 있지는 않다. 어떤 영역에 대해서는 학습자 중 한 명인 노인이 교수자보다 더 많은 지식과 전문성을 갖고 있을 수도 있고, 때로는 교수자가 더 많은 지식을 가지고 학습자들을 가르치기보다는 학습자들 간의 상호작용을 촉진시키거나 관계를 조율하고 관리하는 역할에 만족해야 할 수도 있다.

따라서 기존의 권위적인 태도를 그대로 유지하고서 세대공동체 학습집단 속에 들어오는 교사는 성공하기 어렵다. 세대공동체 교육에서 교사는 가르치는 사람이기보다는 안내자나 조정자, 중재자의 역할을 하는 사람이 되어야 한다.

3) 세대공동체 교육 실천의 기본원리

한정란은 한준상 등(2000)에서 세대공동체 교육이 갖는 이러한 실천적 특성은 물론이고 우리나라의 여러 문화적 · 사회적 특성을 고려하여 한국형 세대공동체 교육의 실천적 틀을 다음과 같이 제안하였다.

(1) 개방성: 모든 세대에 대한 참여 기회 개방

세대공동체 교육의 실천이념으로서 개방성(openness)은 두 가지 의미를 지닌다. 첫째, 세대공동체 교육은 어느 특정 연령에 대하여만 열려 있는 것이 아니라, 모든 연령에게 열려 있다는 점에서 개방성을 전제로 한다. 따라서 세대공동체 교육은 그에 참여하는 모든 세대의 학습요구를 인정하고 그들을 수용함으로써, 다양한 학습의 요구를 지닌 서로 다른 세대들이 자신의 요구에 일치되는 학습기회를 찾을 수 있도록 하여야 한다. 둘째, 세대공동체 교육은 획일적 교육이나 특정 교과목이나 형식교육 장면에만 머무르지 않고 보다 다양한 학습요구에 부응하고자 한다는 점에서 개방성을 전제로 한다. 따라서 다양한 요구를 반영한 세대공동체 교육 프로그램을 개발, 제공하여야 한다.

이러한 세대공동체 교육의 개방성을 실현하기 위해서는 다음 세 가지의 실천적 방향이 제안된다.

① 각 세대와 세대공동체에 대한 이해의 확대: 세대공동체 교육의 개방성 확보를 위해서는 다양한 세대의 특성이나 요구에 대한 이해와 함께 어떤 공통의 목적을 갖고 형성되는 세대공동체 자체에 대한 이해가 확대되어야 한다. 이러한 이해와 연구 없이는 다양한 세대공동체를 만족시킬 수 있는 프로그램의 개발은 기대할 수 없다. 따라서 이러한 세대들에 대한 그리고 세대공동체에 대한 다양한 개인차와 특성 그리고 다양한 요구에 대한 명확한 구명이 전제되어야만 그들에 대한 프로그램의 개방성이 보장될 수 있다.

② 세대공동체 교육 프로그램 개발 및 제공 주체의 다양화: 세대공동체 교육의 개방성 확보를 위해서는 교육 프로그램의 개발과 제공의 기관과 주체가 보다 다양화되어야 한다. 사회교육기관 및 노인·성인 교육기관은 물론이고, 기업, 민간단체, 사회단체, 전문적인 연구집단, 지역사회, 종교기관, 개인 등 다양한 주체들이 다양한 목적과 방향, 프로그램 내용을 가지고 학습자들에게 다양하게 다가갈 수 있을 때 세대공동체 교육의 개

방성은 더욱 확대될 수 있다.

③ 세대공동체 교육 주체들 간의 협력과 홍보 확대: 세대공동체 교육의 개방을 위해서는 단일 교육 주체의 노력에서 더 나아가 다양한 주체들 간의 협조가 요구된다. 보다 효율적인 교육의 실천을 위해서는 중복되는 프로그램에 대한 투자를 가급적이면 피하고, 주체들 간의 상호 협력과 지원체제 그리고 관계망(network)의 구축에 노력을 기울여야 할 것이다. 구조화된 교육과정에 의해 통제되고 일사분란하게 시행되는 형식교육과는 달리, 다양한 장면과 상황 속에서 실천되는 세대공동체 교육에서는 무엇보다도 주체들 간의 협조와 정보교환을 위한 관계망과 통로가 중요할 수밖에 없다.

(2) 접근성: 교육기회의 확대와 참여의 보장

교육받을 권리에 대한 인식과 그 다양한 기회 보장에 대한 필요성은 이미 전 국가적으로 형성된 지 오래다. 그러나 사실상 아직도 경제적·사회적·신체적·물리적 이유들로 인하여 많은 경우에 그 참여를 제한받고 있는 것 또한 사실이다. 특히 학교교육처럼 의무적인 참여가 전제되어 있지 않은 평생교육 혹은 세대공동체 교육에서 접근성(accessibility)의 확보 문제는 매우 섬세하고 조심스럽게 다루어져야 할 부분이다.

접근성 확보를 위한 실천적 방안은 다음과 같다.

① 세대공동체 교육의 지원체제 확립: 모든 국민이 접근 가능한 세대공동체 교육의 구성을 위해서는 그 프로그램의 구성과 운영에 소요되는 충분한 인적·물적 자원의 확보가 우선되어야 한다. 세대공동체 교육에 소요되는 최종적인 비용은 직접적인 수혜자인 학습자들이 부담한다고 하더라도, 그 기반 비용은 보다 거대한 책임이 있는 기관에서 책임질 수밖에 없다. 따라서 세대공동체 교육을 위한 공간의 제공이나 정보망의 구축 혹은 인력의 양성과 공급 등은 정부나 지역사회 그리고 기업과 같은 거

대조직이 나서야 하는 부분이다. 이러한 부분에서 우선적으로 기본적인 체제가 확립되어야만 그 이후 다양한 단체나 조직 그리고 개인들의 참여를 기대할 수 있을 것이다.

② 소외집단에 대한 배려와 지원: 세대공동체 교육은 특히 다양한 집단의 참여를 전제로 한다. 따라서 세대공동체 교육에서는 연령뿐 아니라, 신체적 장애나 경제적 이유 그리고 그 밖의 물리적·심리적·사회적 이유들로 인하여 참여를 제한받아서는 안 된다. 여기서 말하는 참여의 평등이란, 모든 이들이 동등한 조건에서 참여를 허용받는 것 그 이상을 의미한다. 즉, 소득수준이나 경제형편에 따라 참여비용을 보전받을 수 있는 방안을 비롯하여, 신체적 장애를 가진 이들이 그 장애로 인하여 참여를 제한받지 않을 수 있도록 여러 교수방법적인 면에서부터 시작하여 이동방법에 이르기까지 다양한 지원책들을 포함한다. 그리고 더 나아가 지역적으로 불리한 위치로 인하여 참여가 제한되지 않도록 다양한 온라인망을 비롯한 지원방안들이 강구되어야 한다.

③ 노인 참여자에 대한 특별한 관심과 배려: 아무래도 여러 가지 이유로 인하여 세대공동체 노인교육에서 가장 불리한 입장에 처해 있는 이들은 노인들일 수밖에 없다. 연령 면에서도 고령일 뿐 아니라 경제적으로나 사회적으로도 취약한 입장에 처해 있는 경우가 많다. 따라서 세대공동체 교육에 참여하는 여러 참여자들 중에서도 특히 노인 참여자에 대한 각별한 관심과 배려가 요구된다. 예컨대, 사용되는 자료의 활자 크기라든가, 교실의 위치라든가, 활동이 이루어지는 시간대나 단위 시간의 크기라든가 모든 면에서 노인들에 대한 배려가 있어야 할 것이다.

(3) 공익성: 교육 결과의 공유

세 번째 원리는 공익성(sharing the results)이다. 세대공동체 교육의 수혜자는 노인, 아동, 청소년, 사회, 정부 중 어느 하나가 아니다. 이들 모두가 가장 중요한 수혜자가 될 수 있다. 앞서 설명했듯이 노인 참여자나 젊은 세대들은 세대공동체 교육으로부터 많은 이점을 얻을 수 있다. 뿐만 아니라, 정부나 지역사회는 지역의 발전과 국민의 복지 향상이라는 점에서 큰 혜택을 가질 수 있다. 또 기업도 경우에 따라 직원들의 교육이나 사기 진작과 같은 측면에서 혜택을 누릴 수 있다.

따라서 세대공동체 교육이 직접적인 참여자들하고만 관련된 것으로 오해되어서는 안 된다. 그리고 그 수혜자들의 공통된 이해를 구명해 내고, 그 요구에 맞는 교육 프로그램을 구성해 내며, 그 교육의 결과나 혜택이 고루 분배될 수 있도록 하는 노력이 요구된다.

(4) 통합성: 다양한 세대들 간의 통합

세대공동체 교육은 기본적으로 다양한 세대 혹은 연령집단들 간의 통합과 화합, 이해의 확대를 추구한다. 세대공동체 교육의 통합성(integration of genarations)은 역설적이게도 서로 간의 차이의 인정으로부터 나올 수 있다. 여기서 말하는 차이란 단순히 세대에 따른 차이, 연령에 따른 차이가 아니다. 그것은 개인들 간의 차이다. 세대공동체에 참여하는 학습자들은 서로 연령이 다르기 때문에 다른 것이 아니라, 개개인마다의 개성이 다르고 배경이 다르고 경험이 다르기 때문에 다른 것이다. 이러한 개개인의 차이에 대한 인식은 오히려 세대 간의 공통적인 공감대를 형성해 준다. 개인 간의 차이에 비하면 세대 사이의 차이는 오히려 문제 삼지 않아도 될 만큼 미미한 것일 수 있다.

또한 세대공동체 교육의 통합성은 세대 간의 공동체 의식과 공통적인 관심사를 매개로 접근될 수 있다. 서로 다른 세대들은 모두 인생의 한 과정을 살아가고 있다는 점에서는 공통적이다. 단지 서로 다른 시점을 경험하고 있을 뿐이며, 같은 시기에 다른 맥락들을 경험하게 된다는 점에서 차이가 있을 뿐이다. 그러나 다른 한편으로는 모두가 현재 이 사회가 안고 있는 여러 문제들과 쟁점들에 관련되어 있고, 본질적인 인간의 문제들에 관련되어 있다. 이러한 세대 간의 공통적인 관심사와 공통적인 문제의식은 그들이 한 공동체 속에서 교류할 수 있는 근거를 마련해 준다.

(5) 자존감: 세대 간 공동체 의식과 자기계발

마지막 원리는 자존감(selfhood)이다. 세대공동체는 지배와 의존, 명령과 복종의 관계를 떠나서, 상호 존중과 협력의 관계가 바탕이 되어야 한다. 전통적인 어른의 권위의식이나 장유유서의 개념, 그리고 노인과 젊은이 사이의 지배와 복종의 관계에서 벗어나, 세대공동체란 공통의 목표를 위한 공동체 조직이라는 인식과 함께 모두가 대등한 입장에서 참여한다는 인식이 중요하다. 우리나라에서 연령이라고 하는 기준은 다른 나라에서보다 더 중요하게 인식되어 왔다. 유교적 서열의식이 사람들의 의식 속에 뿌리 깊이 자리하고 있는 우리 사회에서 서로 다른 세대들이 한데 어울려서, 더군다나 동등한 입장에서 상호작용한다는 것은 매우 어려울 수밖에 없다. 따라서 가능한 한 연령적 특성을 부각시키기보다는 세대들 간의 공통적인 관심과 흥미, 경험 속의 공통적인 요소들에 더욱 초점을 맞추어야 할 것이다.

또 집단 간의 배타주의나 낯가림이 지양되어야 한다. 세대공동체란 서로 공통의 목적의식을 갖고 출발하는, 어떤 의미에서는 매우 동질적인 집단이다. 따라서 서로 다름에 대한 강조보다는 서로 같음을 지향해 가도록 유도되어야 하며, 서로 간의 벽을 허물고 더욱 가깝게 다가가려는 노력이 지속적으로 경주될 수 있도록 해야 한다.

4) 세대공동체 교육의 유형

세대공동체 노년교육은 학습, 레크리에이션, 이벤트나 활동, 봉사학습 등 여러 형태를 통하여 구체화될 수 있다. 그중 특히 세대공동체 봉사학습은 학습의 의미와 자원봉사의 의미 두 가지를 세대공동체 안에서 실현시키는 것이며, 서로 다른 세대의 참여자에게 세대공동체의 이점과 자원봉사의 대가 그리고 학습의 효과까지 가능하도록 하는 기회이기도 하다. 이러한 세대공동체 교육의 유형을 살펴보면, 크게 다음 네 가지 정도로 분류해 볼 수 있다.

(1) 학습 형태의 세대공동체 교육

가장 일반적인 세대공동체 교육은 학습 형태의 세대공동체라 할 수 있다. 학습 형태의 세대공동체는 다음 세 가지 형태로 구성될 수 있다.

첫째, 기존의 형식교육 활동 속에 노인이 교육적 자원으로서 참여하는 경우다. 대부분의 경우에 노인들은 교사나 보조교사의 역할로 참여하게 된다. 유아로부터 초중고생, 혹은 대학생이나 성인들의 수업에서 노인이 수업 전체를 이끌어 가는 교사로 참여하기도 하지만, 대부분의 경우 수업의 일부 내용을 맡아 가르치거나 교사의 수업을 돕는 보조교사로 참여하게 된다. 예를 들어, 전통지식이나 전통기술 혹은 역사나 직업기술, 생활기술 등과 관련된 수업에서 전문성을 가진 노인이 교사나 보조교사로 참여함으로써 학습효과를 높임과 동시에 학습자들로 하여금 노인 세대를 더 깊이 이해하고 대인관계를 확장하는 등의 효과를 기대할 수 있다.

둘째, 일차적으로 일반 성인 등 다른 연령층의 학습자를 대상으로 계획된 성인교육 프로그램에 노인 학습자들이 함께 참여함으로써 자연스럽게 세대공동체가 구성되는 경우다. 이 경우는 첫 번째 경우와 달리 노인들 역시 다른 세대 참여자들과 동등한 학습자의 역할로 참여하게 된다. 대학이나 대학원 같은 고등교육기관에서 노인 학습자가 일반 학생과 더불어 함께 수업에 참여하거나 일반 성인교육 프로그램에 노인이 함께 참여하는 경우가 여기에 해당한다. 노인 학습자들의 고등교육 참여는 우리나라에서도 이미 일부 대학에서 시행 중이며, 대부분 성인교육 프로그램에서는 연령의 제한을 특별히 두지 않는 경우가 많아서 사회적인 인식과 분위기 그리고 다른 세대의 동료 학습자들의 허용적인 태도만 담보될 수 있다면 이러한 형태의 세대공동체 교육은 얼마든지 확대될 수 있다.

셋째, 처음 프로그램 개발 당시부터 세대공동체 학습집단을 대상으로 프로그램이 계획되고 설계되는 경우다. 이러한 경우는 미리부터 세대공동체 교육의 장점을 극대화할 수 있는 방향에서 프로그램이 설계되기 때문에 각 세대의 참여자들이 최대의 학습효과를 기대할 수 있는 장점이 있다. 그러나 아쉽게도 아직까지 우리나라에서는 연구목적 외에는 이러한 프로그램이 본격적으로 시도되는 경우를 찾아보기는 어렵다.

(2) 활동 형태의 세대공동체 교육

레크리에이션이나 이벤트, 활동 등의 형태로 운영되는 세대공동체 교육은 비록 일회성일지라도 우리나라에서도 학교나 복지기관 등을 중심으로 일부 시행되고 있다. 학교의 소풍이나 체험학습, 운동회, 학예발표회 등의 행사에 조부모나 지역사회 노인들을 초청하거나 사회복지관이나 노인복지관, 장애인복지관 혹은 지역사회 등에서 1·3세대 간, 혹은 3세대가 함께하는 프로그램을 기획하는 경우가 여기에 해당한다. 이러한 활동 형태의 세대공동체 교육의 경우 참여자들에게 특별한 학습이나 평가에 대한 부담이 없기 때문에 심리적으로 자유로운 상태에서 세대 간에 상호작용이 가능하고 세대 간에 좀 더 가깝게 다가갈 수 있다는 장점이 있다. 그러나 대부분의 활동들이 일회적인 것에 머물러 있기 때문에 활동을 통한 태도 개선이나 인식 변화와 같은 지속적인 세대공동체 교육의 효과를 기대하기가 어렵다는 한계를 지니고 있다.

(3) 봉사학습 형태의 세대공동체 교육

마지막 유형은 다양한 세대들이 서로에게 제공하는 혹은 함께 협력하여 활동하는 다양한 세대공동체 자원봉사, 즉 봉사학습 프로그램이다. 이러한 세대공동체 봉사학습 프로그램의 범위는 매우 넓고 그 종류 또한 다양하다.

첫째, 가장 일반적인 형태는 노인들에게 젊은 세대가 찾아가 봉사활동을 하는 것으로, 주로 양로원, 요양원, 노인복지관, 경로당, 독거노인, 노인병원 등에 젊은 봉사자들이 찾아가 노인들에게 필요한 서비스를 제공한다. 이러한 형태의 봉사학습의 효과는 일차적으로는 노인들의 욕구를 충족시켜 주는 것이지만, 그 외에도 노인 대상자들을 통해 젊은 봉사자들이 인생에 대해 많은 것을 배우고 노인 세대와의 소통을 통해 대인관계를 확대하는 등의 학습효과를 얻을 수 있다.

두 번째 형태는 반대로 노인 봉사자가 젊은 세대에게 찾아가 봉사활동을 하는 것으로, 아동보육시설이나 유치원, 초중고교, 장애인시설, 모자보호시설 등에서 대상자들에게 필요한 서비스를 제공한다. 이런 봉사학습은 대상자들의 욕구를 충족시켜 주는 것은 물론이고, 노인들에게 봉사의 보람과 자기효능감과 자신감을 주고, 젊은 대상자들에게는 노인들의 지혜와 경험을 배울 기회를 제공한다.

마지막 형태는 젊은 세대와 노인들이 함께 지역사회에서 봉사학습에 참여하는 것이다. 이 형태는 앞의 두 가지 경우와 달리 젊은 세대와 노인 세대 중 어느 한쪽이 봉사자가 되고 다른 한쪽은 대상자가 되는 것이 아니라, 양 세대가 함께 지역사회 문제 해결에 협력하는 것으로 세대공동체 교육의 본래적인 의미에 가장 잘 부합되는 것이라 할 수 있다. 예를 들어, 지역사회 환경 보호나 주차질서 개선, 보행안전 개선, 저소득층의 주거환경 개선 등 다양한 지역사회 문제에 봉사하게 되어 각 세대들이 갖고 있는 장단점이 상호 보완을 이룸으로써 봉사는 물론이고 학습의 효과도 배가될 수 있다.

이상과 같은 다양한 유형의 세대공동체 교육 중 어떤 형태를 선택할 것인가는 환경과 참여자들의 특성, 가용한 자원, 유사 혹은 관련 프로그램 유무 등에 따라 결정될 수 있다.

5) 세대공동체 교육의 평가

일반적으로 세대공동체 교육의 효과는 세대 간의 서로에 대한 태도 변화를 통해 측정될 수 있다. 세대 간의 상호 태도를 측정하기 위해서는 앞서 소개한 연령집단 상호 간에 적용 가능한 한정란(2004a)의 척도가 적합하다.

그러나 세대공동체 교육의 효과를 평가하기에 앞서 모든 세대공동체 교육 프로그램이 의도한 대로 효과를 가져오는 것은 아님을 명심하여야 한다. 세대공동체 교육을 통하여 세대 간의 태도 변화나 노화에 관한 이해의 증가

같은 긍정적인 결과를 만들어 내기 위해서는 다음과 같은 몇 가지 전제조건
이 요구된다.

- 세대 간의 상호작용은 거기에 참여하는 모든 세대가 동등한 지위에서 이
  루어져야 한다. 즉, 노인과 어린 세대가 상호작용을 할 때 지배와 종속의
  관계에 근거한 만남은 세대 간의 갈등을 해소하는 데 별 도움이 되지 못
  한다. 대개 노인과 젊은 세대 간 관계는 가족 내 손자녀와 조부모 관계에
  그 근거를 두고 있다. 이는 노인과 젊은 세대 간의 관계를 가족 내 지위
  의 차이에 따른 지배와 종속의 관계로 특정함으로써 세대 간의 상호작용
  효과를 해칠 위험을 내포한다. 따라서 세대공동체 교육을 실시하면서 세
  대 간의 불평등한 지위로 인한 위험을 제거하고 평등한 관계에서 상호작
  용이 이루어질 수 있도록 하기 위해서는 사전에 참여자들에게 충분한 오
  리엔테이션이 필요하다.
- 세대 간의 만남은 상호 의존적이고 협동적인 관계에 근거해야 한다. 세
  대공동체 교육 안에서 세대들이 서로 경쟁적인 관계에 있거나 서로 분리
  되고 독립적으로 존재하게 된다면 세대 간 상호작용에 의한 긍정적인 효
  과는 기대하기 어렵다. 따라서 세대 간에 상호 협동하고 의존해야만 원
  하는 활동의 목표를 성취할 수 있는 프로그램을 설계하여야 할 것이다.
- 세대 간의 상호작용은 참여자들의 자발적인 의사에 의한 것이어야 한다.
  즉, 세대 간의 접촉이 이루어지는 상황이 강제적으로 부과된 상황이거나
  지나치게 구조화된 형식적인 것이어서는 안 된다. 이를 위해서는 세대공
  동체 교육을 실시하기에 앞서 참여자들에게 교육의 목적과 의의를 충분
  히 이해시킴으로써, 참여자들이 자발적이고 적극적으로 교육활동에 참
  여하도록 동기화하여야 할 것이다.
- 세대공동체 프로그램 활동의 내용이 세대 간의 편견이나 고정관념을 불
  식시키기에 충분한 것이어야 한다. 즉, 세대공동체 교육 프로그램에서
  다루어지는 내용과 활동들이 세대 간에 지니고 있던 오해나 편견을 불식

시킬 만큼 긍정적인 내용들로 구성되어야 한다. 따라서 세대 간 활동의 내용과 성격이 서로에 대해 가지고 있는 고정관념을 확인시키는 결과를 가져오지 않도록 주의하여야 한다.

- 세대공동체 교육을 통한 세대 간의 접촉이 참여하는 모든 세대에게 즐겁고 유익한 것이어야 한다. 세대공동체 교육의 목적은 모든 참여자의 복지를 향상시키는 것인 만큼, 교육에 참여하는 모든 세대가 즐겁게 받아들일 수 있고 또 각자 자신이 원하는 것을 얻을 수 있는 프로그램으로 구성되어야 한다.

- 세대공동체 교육 프로그램 참여에 앞서 각 세대에게 다른 세대에 대한 사전교육과 충분한 정보를 제공하여야 한다. 특히 젊은 세대에게 노인과 노화에 관한 더 많은 정보와 지식을 알려 주어야 한다. 노인에 대한 긍정적인 정보의 전달과 함께 세대 간 상호작용의 기회가 제공되었을 때 노인에 대한 태도는 개선된다(Dellman-Jenkins et al., 1994). 따라서 노화에 관한 통계나 인구학적 지식, 노화 과정과 노인에 관한 사실들을 알려 주고 오해를 없애는 노화에 관한 교육이 선행되어야 한다.

4. 세대공동체 교육의 사례

1) 국내 프로그램 사례

우리나라에서 세대공동체 교육은 이제 출발 단계에 있다. 아직 시작 단계이기는 하지만 몇 가지 사례를 소개하면 다음과 같다.

(1) 경북대학교 사회교육원의 명예학생과정

경북대학교 사회교육원에서는 중고령자와 관련한 평생교육의 차원에서 명예학생과정과 명예대학원생과정의 두 가지 과정을 개설하고 있다.

① 명예학생과정

명예학생과정은 지역사회 시민의 지적 욕구를 충족하고 지역사회 발전에 기여하며 대학과 지역사회의 연대의식을 강화하고자 하는 목적에서 1995년 처음으로 시행되었다.

명예학생은 매년 1월 하순에서 2월 초순에 연 1회 모집하며, 모집대상은 대구광역시 및 경상북도에 거주하는 50세 이상의 성인들로 학력 제한은 없다. 모집인원은 200~250명 정도로 서류전형을 원칙으로 하지만 지원자가 많거나 필요한 경우 면접전형도 병행한다. 수업기간은 3년, 재학기간은 수업기간의 1.5배인 4년 6개월로 한다. 명예학생 과정생들은 학부에 개설된 해당 학기 한 과목을 수강 신청하여 일반 학생과 같은 교실에서 같은 시간에 같은 교수에게서 수강한다. 단, 담당교수가 명예학생의 수강 불가를 통보한 과목은 제한한다. 그리고 학기를 달리할 때는 동일 과목을 중복하여 수강할 수도 있다. 수업일수 3/4 이상 출석자는 시험에 응시하지 않아도 C 학점 이상을 받을 수 있고 이수 학점이 30학점 이상인 자는 수료증을 받을 수 있다.

이 명예학생과정은 모두 무료로 이루어지고 있는데, 학생에게는 학교 내 제반시설을 이용할 수 있는 특전이 주어지고 명예학생증도 발급된다. 그리고 수료자들은 명예대학원생과정에 응시할 수 있는 자격이 주어진다.

② 명예대학원생과정

명예대학원생과정은 1998년에 설립되었고, 모집시기는 명예학생과정과 동일하며, 대상은 경북대학교 명예학생 수료자 또는 대구광역시 및 경상북도에 거주하는 50세 이상 고졸자다. 모집인원은 100명 정도이고, 서류전형을 원칙으로 하지만 지원자가 많거나 필요한 경우 면접전형도 병행한다.

수업기간은 2년이며, 이에 따른 재학기간은 그 1.5배인 3년이다. 이 과정의 학생은 별도로 개설된 매 학기 3개 과목(각 2학점씩 6학점)을 수강하며, 그 외 1개 과목은 학부에서 개설한 해당 학기 학과목을 신청하여 일반 대학생과 함께 수강한다. 명예대학원생의 학점은 수업일수 3/4 이상을 출석하고 만점의

60% 이상의 성적을 받을 때만 이수학점으로 인정되며, 이수 학점이 20학점 이상인 자는 수료증을 받을 수 있다.

명예대학원생들은 학내 제반시설 이용과 학생증 발급의 특전을 받을 수 있다.

(2) 자양종합사회복지관의 1·3세대 통합 프로그램 '동화' [1]

자양종합사회복지관에서는 다양한 1·3세대 통합 프로그램을 운영하고 있는데, 그중 2011년부터 2012년까지 운영했던 '동화(同化)'는 지역 내 요보호 노인들과 청소년들이 어우러지는 1·3세대 통합 프로그램이다. 서로 다른 세대 간의 공감대를 형성하고 동시대에 공존하는 세대 간의 친밀감을 향상시키는 것을 목적으로 한다. 프로그램은 주 중 1회는 노인들끼리 활동을 하고, 월 1회 주말을 이용하여 청소년과의 합동활동을 진행하였다. 노인들의 활동은 주로 그리기, 만들기, 조각하기 등의 미술활동이었으며, 청소년과의 합동활동은 짝꿍매칭, 친밀감 강화할동, 가족오락관(스피드퀴즈, 몸으로 말해요, 그림으로 말해요), 행복식탁 만들기(샌드위치, 주먹밥, 샐러드, 월남쌈), 나눔문화체험(나눔장터), 책 읽어 주는 짝꿍, 짝꿍과 노래자랑, 노인 인식개선 프로그램(우리가 생각하는 노인, 우리가 꿈꾸는 노인), 문화체험(국악뮤지컬 관람), 집단미술활동(소망나무 만들기) 등으로 특히 합동활동의 구체적인 내용은 청소년들이 스스로 기획하고 준비하도록 함으로써 참여도를 높였다.

(3) 서대문노인종합복지관의 'YO! LOVE' [2]

'YO! LOVE(Young-Old! Learn, jOin, Volunteer, crEate)'는 서대문구 지역 내 노인들과 시설 퇴소예정 청소년들의 공동활동을 통하여 노인들에게는 사회참여 활동을 통하여 생활만족도 및 자아통합감을 향상시키고 시설 퇴소예정

---

1) http://www.jayang.or.kr/ 2014. 4. 23. 접속.
2) http://www.sdmsenior.or.kr/ 2014. 4. 23. 접속.

청소년들에게는 사회에서의 정상적인 자립지원을 돕는 프로그램이다. 자원
봉사자로 활동할 노인들에게 기본소양 교육과 건전한 여가설계 및 노후설계
교육, 프로그램 관련 전문교육(청소년, 상담, 멘토링, 자립생활기술의 이해 등)을,
그리고 청소년들에게는 자립생활 기술(일상생활 기술, 자기보호 기술, 돈관리 기
술, 지역사회 자원 활용기술, 사회적 기술, 취업 및 직장 기술)에 관한 교육을 실시
한다. 그리고 노인과 청소년을 일대일로 결연을 맺어, 월 1회 지속적인 만남
을 통하여 멘토링을 실시한다.

2) 외국 프로그램 사례

우리나라보다 고령화를 일찍 맞이한 선진국들은 우리보다 앞서서 다양한
세대공동체 프로그램을 발전시켜 왔다.

(1) 템플 대학교 세대 간 학습센터의 세대공동체 프로그램[3]

템플 대학교(Temple University)의 세대 간 학습센터(Center for Intergenerational
Learning)에서는 1979년부터 다음과 같은 다양한 세대공동체 프로그램을 실
시하고 있다.

> **교육 분야 프로그램**

① 프로젝트 샤인(Project SHINE): 샤인은 이민자들의 사회통합을 돕기 위한
   프로젝트로 1985년 템플 대학교에서 처음 시작되어, 1997년부터는 31개
   대학과 16대 도시의 200여 개 인종 · 지역사회 · 종교 조직들이 함께 참
   여하는 대규모 프로젝트로 확대되었다. 현재는 1,000개 이상의 수업에
   서 학생들이 봉사학습으로 참여하고 있으며, 약 1만 명의 학생들이 약

---

3) http://templeigc.org/ 2014. 4. 16. 접속.

4만 명의 노인 이민자들을 위해 15만 시간 이상의 봉사활동을 하고 있다. 샤인 프로젝트에서 실시하고 있는 구체적인 프로그램은 다음 네 가지다.

- ESL(English as a Second Language)과 시민의식(Citizenship): 다양한 전공의 대학생들이 노인 이민자들에게 기본적인 영어, 미국 역사, 시민의식 등을 가르친다.
- 직업능력 개발(Workforce Development): 젊은 튜터들과 노인 자원봉사자가 한 팀이 되어 이민자들이나 난민들에게 ESL 수업과 직업기술을 교육하여 취업에 성공할 수 있도록 돕는다.
- 건강 문해(Health Literacy): 노인 이민자들이나 난민들의 건강 의사소통 기술(의사의 처방을 이해하고 만성질환을 관리하는 등 국가의 건강관리 체계를 이해하는 기능적 문해력)을 증진시키기 위한 활동에 전 연령의 봉사자들이 함께 참여한다.
- 시민참여(Civic Engagement): 노인 이민자들이 의미 있는 시민 역할 참여를 통해 주류사회에 기여할 수 있도록 다양한 시민서비스(civic service) 참여 기회를 제공한다.

② 경륜봉사(Experience Corps.): 전국적인 사업으로서 노인 봉사자들이 초등학생들의 읽기와 쓰기 기술 향상을 위해 주 15시간씩 그들을 지도한다.

③ 스택(Student Teach Adults Computer Knowledge: STACK, 노인컴퓨터교육): 6주간에 걸쳐 고등학생들이 노인들에게 일대일로 컴퓨터 훈련을 제공한다.

청소년의 긍정적 발달을 돕는 프로그램

① 연령을 뛰어넘어(Across Ages): 노인 멘토들과 중학생들이 짝을 이루어 학생들을 지역사회 봉사활동에 참여시키며 생활 기술을 가르친다.

② 우정을 이어요(Bridges): 영어를 사용하는 노인들이 이민자 아동에게 영어를 가르치고 우정을 나눈다.

③ 할머니, 부탁해요(Grandma Please): 맞벌이 가정의 자녀로 방과후에 돌봐 줄 사람이 없는 아동들에게 노인 봉사자들이 전화를 걸어 안전을 확인 해 준다.

④ 다섯 살부터 건강하게(Five & Fit): 아동기 비만을 방지하기 위하여 노인들 이 돕는다.

⑤ 준비하기(GEARUP): 노인들이 저소득층 중학생들이 2년제 혹은 4년제 대 학에 입학할 수 있도록 준비를 돕는다.

가족을 지원하는 프로그램

① 가족의 친구들(Family Friends): 노인들이 장애아가 있는 가정을 방문하여 도움을 제공하는 프로그램으로, 장애아로 인하여 휴식을 가질 수 없는 가족들에게 휴식의 기회를 제공해 준다.

② 킨 넷(Kin Net): 손자녀나 친척 아이들을 기르는 노인들을 위한 지지집단 이 활동을 제공하고 온라인으로 다양한 도움을 제공함으로써 손자녀 양 육을 돕는다.

③ 희망의 초원(Hope Meadows): 1984년에 시작된 '희망의 초원'이라는 계 획된 커뮤니티에서 제공하는 프로그램으로, 3~4명의 입양아동을 둔 가 정에 집을 무상으로 임대해 주고, 노인 봉사자들이 그 가정과 아동을 돕 는다.

노인을 돌보는 프로그램

① DOROT(히브리어로 '세대'를 뜻함): 젊은 봉사자들이 재가 노인을 돕는 프로그램이다.

② 휴식 서비스(Time Out): 대학생 봉사자가 아픈 노인을 돌보는 가정을 방 문하여 가족 대신 노인을 돌보고 가족에게 휴식 서비스를 제공한다.

아동을 돌보는 프로그램

① 나란히나란히(Side by Side): 노인과 젊은 양육도우미가 함께 아동 주간보호 서비스를 제공한다.

② 무지개 세대 간 아동케어센터(Rainbow Intergenerational Child Care Center): 쿠바 출신 여성 노인들을 시간제 교사로 고용하여 저소득층 가정의 자녀들을 돌본다.

지역사회를 바로 세우기 위한 프로그램

① 시민 행동 포럼(Citizen Action Forums): 사회 안전 개선, 젊은이들에 대한 폭력의 영향력, 헬스케어 개선, 환경 등 지역사회 문제 해결을 위하여 젊은이들과 노인들이 함께 참여하여 토의한다.

② 세대 간 해비타트 프로그램(Habitat Intergenerational Program): 세대가 함께 주거환경 개선 봉사에 참여한다.

노동력 개발을 위한 프로그램

① 헬스 커리어 파트너십(Health Career Partnership): 학교를 중퇴할 가능성이 높은 청소년들에게 간호조무사 훈련을 제공한다.

② 직업의 지혜(Workforce Wisdom): 은퇴 노인들에게 학교나 직업교육에 참여하여 젊은이들에게 직업에서 얻은 그들의 지혜를 전수하도록 한다.

역사와 문화의 전수 프로그램

① 구전역사 프로젝트(Oral History Project): 젊은이들이 노인들의 삶으로부터 배워서, 그것을 수필, 벽화, 연극 등으로 만들어 낸다.

② 역사 치유(Healing History): 나치의 집단학살 생존자들과 독일의 젊은이들 간의 구조화된 대화를 통하여 상호 이해를 증진시킨다.

(2) 미국 피츠버그 대학교 사회 · 도시연구센터의 세대통합 프로그램[4]

피츠버그 대학교(University of Pittsburgh)의 사회 · 도시연구센터(University Center for Social and Urban Research: UCSUR)는 1972년 설립되어 1978년부터 세대통합 프로그램(Generations Together)을 시작하여 미국 내에서도 매우 성공적인 세대공동체 프로그램으로 평가받고 있다. 세대통합과 관련된 다양한 연구 및 조사, 평가 활동을 하고 있으며, 외부 기관들과 연계하여 프로그램을 지원, 운영하고 있다.

① 학급문해 프로그램(classroom literacy program): AARP Experience Corps에서 훈련받은 노인 봉사자들을 활용하여 유치원부터 초등학교 3학년까지의 아동들의 문해기술을 향상시키기 위한 프로그램이다.

② 독서코치 프로그램(reading coaches program): AARP Experience Corps에서 훈련받은 노인 봉사자들이 일대일로 1학년부터 3학년까지 아동들의 독서능력을 지도하는 프로그램이다.

③ 활동적 노화 프로그램(active aging program): 노인 자원봉사자들의 건강하고 적극적인 생활방식을 지원하고 계속 봉사활동을 할 수 있도록 지원하는 프로그램이다.

(3) 미국 ESTA의 세대 간 예술 프로그램[5]

ESTA(Elders Share The Art)는 1979년에 뉴욕 시에 설립된 기구로 허드슨시니어센터(Hodson Senior Center)에서 독거노인의 삶을 연극으로 만드는 프로그램을 시작으로 오늘날 3만 명 이상의 청소년, 성인, 노인들이 참여하는 전국적인 프로그램으로 성장하였다. 뉴욕 시에서만 해마다 2,100명 이상이 ESTA 프로그램에 참여하고 있다.

---

4) http://www.ucsur.pitt.edu/generations_together.php 2014. 4. 16. 접속.
5) http://www.estanyc.org/core_programs/intergenerational_arts.php 2014. 4. 17. 접속.

ESTA의 다양한 프로그램 중 세대 간 예술(Intergenerational Arts) 프로그램은 세대 간의 이야기를 전수하는 데 초점을 둔 노인들의 시민참여(civic engagement) 프로그램이다. 공·사립학교, 사회복지관 등의 청소년 기관들과 시니어센터, 도서관, 박물관 등의 노인 관련 기관들 간의 협력관계를 통해 프로그램이 신행된다. 이 프로그램은 연극, 스토리텔링, 글쓰기 등의 예술활동을 통해 노인들과 어린 학생들을 연계한다.

(4) 미국의 세대연합 프로그램[6]

세대연합(Generations Incorporated)은 보스턴에서 1991년에 설립된 조직으로 매년 50개 기관, 1,000명 이상의 청소년과 노인이 참여하고 있다. 여기서는 세대 간 일대일 관계의 힘을 강조한다. 주요 프로그램은 다음 네 가지다.

① 학급문해 프로그램(classroom literacy program): AARP Experience Corps에서 훈련받은 노인 봉사자들이 저소득 지역 학교의 방과후 프로그램 등을 통하여 유치원부터 초등학교 3학년까지의 아동들을 대상으로 일대일 혹은 2~4명의 소그룹으로 그들의 문해기술을 지도한다. 유치원과 1학년은 일주일에 10시간, 2~3학년은 주 5시간씩의 지도를 받는다.

② 독서코치 프로그램(reading coaches program): AARP Experience Corps에서 훈련받은 노인 봉사자들이 일대일 멘토링 방식으로 1학년부터 3학년까지 아동들의 독서능력을 지도한다. 책과 관련된 재미있는 활동, 어려운 단어 살펴보기, 질문을 하면서 함께 책 읽기, 창의적인 글쓰기나 그림 그리기 활동 등의 세션을 각 30~45분씩 진행한다.

③ 여름방학 프로그램(summer school program): 여름방학을 이용하여 저소득층 유치원~3학년 아동들을 한 달 이상에 걸쳐 집중 문해 지도를 한다.

---

6) http://www.generationsinc.org/ 2014. 4. 16. 접속.

④ **활동적 노화 프로그램**(active aging program): 노인 자원봉사자들을 돕기 위한 프로그램으로, 그들의 건강하고 적극적인 생활방식을 지원하고 계속 봉사활동을 할 수 있도록 그들을 지지하고 지원한다. 활동내용은 다음과 같다.

- 커피클럽(Coffee Club): 세대연합의 직원들과 노인 봉사자들이 지정된 카페에서 한 시간 이상 커피나 차를 마시며 함께 소통한다.
- 북클럽(Book Club): 또래 봉사자들과 책에 대해 토론하면서 지적인 만족을 채우는 기회를 갖는다.
- 산책클럽(Walking Club): 봉사자들이 함께 경치 좋은 곳을 걸으며 소통의 기회와 동시에 건강을 유지한다.
- 공예가 있는 오후(Crafternoon): 대바늘뜨기, 코바늘뜨기, 리본만들기, 바느질 등을 하면서 봉사자들 간에 소통을 한다.
- 특강(Speaker Series): 매달 연사를 초청하여 다양한 주제에 대해 특강을 듣는다.
- 컴퓨터 수업(Computer Class): 이메일, 페이스북, 워드 등 컴퓨터 수업을 통해 봉사자들의 정보화기술을 향상시킨다. 컴퓨터 수업은 집단수업으로도 열리지만, 원할 경우 언제든 일대일 수업도 받을 수 있다.
- 키넥트(Kinect): 키넥트는 일종의 컴퓨터 비디오 게임으로, 가상 상황에서 볼링, 테니스 등의 운동을 즐길 수 있는 도구다. 키넥트를 통해 봉사자들이 신체적인 어려움 없이도 재미있는 운동을 손쉽게 즐길 수 있도록 돕는다.

⑤ **그 외 지난 프로그램들**: 이외에도 그동안 진행되었던 세대통합 프로그램을 살펴보면 다음과 같다.

- 점심시간 멘토(Experience Corps Lunchtime Mentors): 노인 자원봉사자들이 교사로부터 의뢰받은 문제를 지닌 초등학교 3~5학년생들을 주 1시간씩 주로 방과후나 점심시간에 만나서 재미있게 지내고 의미 있는 활동들을 진행한다
- 세대 클럽(Experience Corps Generations Clubs): 수용시설에서 생활하

는 아이들과 노인들이 파트너를 맺어 활동한다.

- 지역사회 봉사학습 활동(Specialized Community Service Learning Activitie): 노인 자원봉사자들과 젊은 세대들이 함께 지역사회 봉사학습 활동에 참여한다.
- 세대 간 연계 기술 프로젝트(Connecting the Generations Technology Project): 노인들에게 기본적인 컴퓨터 사용과 인터넷 사용을 훈련시키는 데 학생들을 활용하는 프로그램이다. 이를 통하여 노인들의 컴퓨터 교육 효과뿐 아니라, 학생들이 다른 세대의 사람들과 함께 일하고 의사소통하면서 그들을 이해하는 능력을 증대시킬 수 있으며, 자신의 컴퓨터 문해력과 비판적 사고기술을 향상시킬 수 있다.
- '미래의 별' 멘토링('Future Stars' Academic Mentoring): 노인 자원봉사자와 중학생이 일대일로 주 1회씩 만나서 숙제, 문제해결 기술, 직업진로 등을 지도하도록 하는 프로그램이다. 중학생은 노인의 도움을 받아 숙제를 해결하거나 공부에 도움을 받고 스스로 공부할 수 있는 능력을 키우며, 다양한 프로젝트 도구나 학습양식을 제공받을 수 있다.

(5) 미국 JCA의 헤이먼 인터에이지스센터 프로그램[7]

JCA(Jewish Council for the Aging)는 메릴랜드주 몽고메리 카운티(Montgomery County)에 1973년 설립되었다. JCA는 몽고메리 카운티와 프린스 조지스 카운티(Prince George's County)를 포함하여 수도 워싱턴 D.C. 및 그 주변에 거주하는 노인들을 돕기 위하여 활동한다. JCA에서는 유대인 노인들뿐 아니라 그 외 다른 노인들과 가족들, 노인을 돌보는 사람들 모두를 대상으로 서비스를 제공하고 있다. 그리고 세대 간의 연대 강화를 위하여 1986년 Austin Heyman에 의해 헤이먼 인터에이지스센터(Heyman Interages Center)가 창설되어, 그동안

---

7) http://www.accessjca.org 2014. 4. 24. 접속.

3만 명 이상의 아동과 노인들이 100개 이상의 학교와 50개 이상의 노인시설에서 프로그램에 참여해 왔다. 세부 프로그램은 다음과 같다.

① 그랜드리더스(Grandreaders): 학업을 잘 따라가지 못하는 초등학교 2학년 학생들을 대상으로 하는 문해교육 프로그램이다. 훈련받은 노인 봉사자들이 학생들의 읽기능력과 이해력을 향상시키기 위하여 돕는다.

② 큰소리로 읽기(Read Aloud): 노인 봉사자들이 유아원과 헤드스타트(Head Start) 교실에 찾아가 4세 아동들의 책 읽기를 지도한다. 자원봉사자들은 학생들이 책을 사랑하고 책에 흥미를 가질 수 있도록 돕는다.

③ 세대 간 가교(Intergenerational Bridges): 초 · 중 · 고교에 다니는 ESOL (English for Speakers of Other Languages) 학생들을 위한 멘토링 프로그램이다. 이 프로그램에 참여하는 많은 학생은 이민자들로, 이 프로그램의 목적은 그들이 미국 생활에 잘 적응하도록 돕고 그들의 영어기술을 개발하고 자존감을 높여 주는 것이다. 노인 자원봉사자들은 학생들과 매주 만나서 영어로 이야기를 나누고 책을 읽고 게임을 한다.

④ 프로젝트 쉐어(Project SHARE): 주간보호센터와 생활보조시설에 있는 건강이 좋지 않은 노인들의 삶을 더 풍요롭게 만들어 주는 프로그램이다. 유아원생부터 고등학생까지의 학생들이 노인시설에 방문해서 노인들과 게임, 공예, 음악과 댄스 프로그램 등을 함께한다. 특히 세부 프로그램 중 단장하기(Makeover Madness) 프로그램은 시설의 노인들을 토마스기술고등학교로 데리고 와서 학생들이 화장 서비스를 해 주고 노인들과 대화를 나누는 프로그램이다.

⑤ 연령을 넘어서 대화하기(Dialogues Across The Ages): 소집단으로 나뉜 고등학생들과 노인 봉사자들이 6~8주에 걸쳐 토론을 하는 프로그램이다. 매주 학생들이 선정한 관심 있는 주제나 현재 사건들을 토론 주제로 다룬다.

⑥ 노인 멘토(Mature Mentors): 포토맥(Potomac)에 있는 윈스톤 처칠 고등학

교(Winston Churchill High School)에서 특수교육을 받는 장애 고등학생들에게 노인 자원봉사자들이 학업과 인생에 대해 멘토가 되어 주는 프로그램이다. 자원봉사자들은 학생들에게 한 해 동안 목표를 정하고 계획을 세우며 학교생활에 적응해 갈 수 있도록 매주 만나서 지도를 한다.

(6) 일본의 코토엔[8]

일본의 사회복지법인 코토엔(江東園)은 1976년 설립된 일본 최초의 세대공동체 지역센터다. 1976년 유아원과 양로원 2개 시설이 공동체로 출발하여, 1991년 장애노인시설과 단기 노인요양시설이 결합됨으로써 4개 시설이 하나의 세대공동체 시설로서의 역할을 수행하고 있다. 아동과 노인은 미술과 공예시간을 함께하고 각종 이벤트에 공동으로 참여한다. 여기서는 체육시간과 운동경기, 무용, 음악, 산책 등의 공동 프로그램을 실시하고 있다.

(7) 일본 노인조직의 학교시설 활용

일본에서는 학교가 학생을 위한 시설일뿐만 아니라, 지역별로 노인을 위한 각종 프로그램과 서비스를 제공하는 곳이기도 하다. 노인인구의 증가와 출산율 감소로 학교가 아동들의 전유물이라는 사고에서 모든 연령대를 위한 학습시설이라는 인식으로 전환되고 있다. 따라서 학교 도서관, 체육관, 회의실 등이 성인을 위한 목적으로 활용되도록 개방되고 있으며, 세대 간 상호 교류를 위한 프로그램과 서비스가 제공되고 있다. 동경 분쿄 현의 초등학교에서는 노인의 날, 사생대회, 체육의 날 등의 행사를 만들어 노인이 학교시설을 활용하면서 아동과 함께할 기회를 제공하고 있다. 사생대회에서는 아동과 노인이 한 조를 이루어 그림을 그리고 입상작품을 시청에 전시하기도 한다.

---

8) http://www.kotoen.or.jp 2014. 4. 17. 접속.

제5부

노년교육의 전망과 과제

제15장 미래 사회의 변화와 노년교육의 과제

제15장

미래 사회의 변화와 노년교육의 과제

1. 노년교육의 자리

노년교육학은 노인과 노화에 관한 학제적 분야인 노년학으로부터 발전해 왔다. 특히 최근 들어 양적인 인구 고령화뿐 아니라 교육기회의 확대 및 경제 성장에 따른 고령인구의 질적인 성장에 힘입어 노년교육의 중요성이 더욱 강조되고 있다. 어떤 면에서 본다면, 최근 우리 사회의 변화 방향은 노년교육에 가장 유리하게 흘러가고 있다고 할 수 있다. 수명의 연장으로 인하여 노년교육의 대상인 고령인구가 크게 증가하고 있고, 개인의 삶에서도 노년기가 차지하는 시간과 비중이 증가함에 따라 노년교육에 대한 사회적 · 개인적 요구 또한 증대하고 있으며, 전생애에 걸쳐 학습기회가 보장되는 평생학습사회의 진전으로 노년교육 실천을 위한 기반이 갖춰져 가고 있다. 그러나 역설적이게도 '인구 고령화'와 '평생학습사회화'라고 하는 노년교육에 유리한 이 두 가지 변화가 오히려 노년교육을 사각지대로 몰아넣고 있다는 지적도 나오고 있다(한정란, 2008). 즉, 고령화의 중요성을 역설하면서 '노인복지'에 노년교육이 밀려나는 한편, 평생교육의 중요성이 강조되면서 '성인교육'의 그늘 속에 노년교육이 가려시고 있는 것이다. 결국 노년교육은 노인복지 속에서도, 그리고 평생교육 속에서도 제 자리를 찾지 못한 채 미아가 되어 버렸다(한정란, 2011a).

한정란(2008)이 한국노년학회 30년을 회고하며 평가했듯이 노년교육학은 그간 30년 동안 각 분야가 나름의 방식과 독자성을 유지하면서 한국노년학회 안팎에서 성장하고 변화해 오는 동안 제 자리를 찾지 못한 채 여전히 고전을 면치 못하고 있는 거의 유일한 영역이라 할 수 있다.

지금까지 우리나라 정부의 정책 우선순위에서는 물론이고 노인복지나 평생교육의 영역에서도 제자리를 찾지 못한 채 언제나 뒷전에 물러나 있어야 했다. 그러나 고령화로 인한 사회문제들을 해결하기 위하여 간헐적이긴 했지만 정부에서 노년교육에 대하여 관심을 보이기는 했다. 일례로 교육인적자원부(현 교육부)에서는 1999년 '교육발전 5개년 계획시안 분야별 세부 추진계획'에서 1,000억 원 투자라는 전례 없는 관심을 발표하기도 하였다. 그러나 결국 5년이 지난 지금까지도 노년교육 정책과 실천에서 괄목할 만한 성장은 찾아보기 어렵다.

노년교육의 자리는 과연 어디인가 하는 질문과 관련하여 아직까지 확고하고 명확한 답을 찾아내기는 어렵다. 평생교육 분야에서 노년교육을 연구하는 학자들 사이에서는 노년교육은 출생으로부터 사망에 이르기까지 전생애에 관련된 학습활동, 즉 평생학습의 관점에서 접근되어야 한다는 주장이 힘을 얻고 있지만, 실제로 노인복지 분야에서 노년교육은 노인복지 서비스의 중요한 한 영역으로 실천되고 있는 것이 현실이다.

1) 평생교육의 관점에서 본 노년교육

그동안 평생교육 분야에서 여러 학자들이 노년교육의 중요성을 역설하였다. 허정무(2000)는 성인교육으로서의 노인교육과 사회복지로서의 노인복지서비스는 상호 중첩되는 부분이 있을 수도 있음은 인정하면서도 이들은 근본적으로 서로 다른 성격의 것이어야 한다는 인식에 기초하여 노인복지서비스와 노인교육의 역할분담이 이루어져야 한다고 주장하였다. 신미식(2007)도 복지 위주, 인적자원개발 위주의 노인교육에서 벗어나 노인을 배움의 주체이자 삶의 주체인 평생학습자로 키워 내야 한다고 주장하였다. 독일 교육학의 담론분석을 통해 노인교육의 정체성을 제시하고자 한 박응희와 이병준(2009) 역시 노인교육의 문제를 교육학적으로만 바라볼 수는 없지만 지금까지 타 학문의 그늘에 가려졌던 교육학적 시각을 아무리 강조해도 지나치지 않다고 주장하였다. 이 밖에도 한정란(1995), 한준상(2002), 장미옥(2008) 등도 평생교육에 무게중심을 둔 노년교육을 강조하였다.

그러나 이러한 학문적인 주장과는 달리 현실 속에서 노년교육은 여전히 평생교육의 변방에 머물러 있다.

2) 노인복지의 관점에서 본 노년교육

노인복지 분야에서는 대체로 노년교육의 학문적 논의보다는 노인복지 및 교육 현장에서의 프로그램의 요구나 효과 등에 초점을 두고 논의가 진행되어 왔다(강영식, 박병관, 2008; 권중돈, 2005; 김병숙, 양옥남, 강인, 한은주, 원미희, 2005; 박성희, 2006; 성기원, 이연숙, 장윤정, 2005; 신복기, 성향숙, 김수영, 2006; 이가옥, 이미진, 이지영, 2006; 정여주, 2005; 정영미, 2009; 전영숙, 양희택, 2009; 최상민, 한정란, 2007).

실제 노인복지 실천의 최전방이라 할 수 있는 노인복지관에서 노년교육의 중요성은 빠르게 커져 가고 있다.

2. 노년교육의 특성

그렇다면 과연 노년교육학의 자리는 어디인가? 평생교육의 하위 영역인가, 아니면 노인복지의 하위 영역인가? 왜 노년교육만이 학문적으로나 실천적 측면에서나 유독 독자적인 제 자리를 매김하지 못한 채 배회하고 있는가? 그 이유는 다음 몇 가지의 단초로부터 찾을 수 있다.

1) 통합성

우선 인간의 발달단계 중 노년기가 갖는 '통합적 특성'에서 이러한 혼란이 야기된다고 볼 수 있다. 물론 이것이 그 전적인 이유가 되지는 못하겠지만, 적어도 가장 중요한 이유는 될 수 있을 것으로 확신한다. 노년기가 그 이전까지의 삶과 구분되는 중요한 특징의 하나는 '통합성(integrity)'이다(한정란 외, 2008). 노년기 이전까지의 삶에서는 개인 및 가족생활 영역, 경제적 소득 창출을 전제로 하는 직업생활 영역, 무보수성을 전제로 하는 자원활동 영역, 그리고 취미·여가활동 영역 간의 구분이 비교적 명확하게 이루어진다. 따라서 어느 한 가지 영역에만 몰두하여 거기서 큰 성취나 만족감을 얻으면, 비록 다른 영역의 삶이 거의 없거나 다른 영역에서 실패를 맛본다고 하더라도 스스로 느끼는 혹은 외부에서 평가하는 개인의 삶의 질에 거의 영향을 미치지 않는다. 왜냐하면 영역 간에 분리된 삶의 형태 속에서는 한 영역에서의 성공이 다른 영역의 실패를 모두 보상할 수 있기 때문이다.

그러나 노년에 이르면 삶의 방식이 달라진다. 주된 일자리로부터 은퇴함으로써 직업에서의 성취감이나 긴장감이 사라지게 되고, 자녀들이 출가하면서 자녀양육에 대한 부담도 사라진다. 직업에서의 경쟁과 성취감, 자녀양육의 책임감이나 가사의 부담 등이 사라진 노년기 삶은 직업이라고 하기에는 부족한 자원봉사 같은 월 20만 원의 노인 일자리, 부부만 남아 크게 부담을 갖지 않아도 되는 가사, 일부러 시간을 쪼개지 않아도 되는 대부분의 생활시간 동안 이루어지는 취미활동, 옛 직업에서의 성취감과 보람을 대신하는 자원봉사활동 등과 같이 생활의 각 영역이 뚜렷한 구분 없이 서로 유기적으로 연계되는 통합적 형태를 띠게 된다.

노년기의 이러한 통합적 특징은 노년기 교육활동과 여가활동 간의 경계를 희미하게 만든다. 노년기 교육이 주로 취업이나 자격 취득 등의 도구적인 목적보다는 활동 참여 자체에 의미를 두는 표현적 성격을 지니는 것도 이러한 이유에서 기인한다. 노인들은 교육 프로그램에 참여함으로써 여가활용과 지식의 습득, 사회참여, 건강 개선, 심리적 만족 등 다양한 노년의 욕구를 충족시키려 하기 때문에 군이 교육의 영역과 여가복지의 영역을 엄밀히 구분할 필요가 없을 뿐 아니라, 구분할 수도 없다.

2) 다양성

노년교육의 모호성을 초래하는 두 번째 이유는 노년기 삶의 '다양성(diversity)'에 있다(한정란 외, 2008). 노화 자체는 누구에게나 일어나는 보편적인 변화지만, 노화의 진행 속도나 노화로 인하여 나타나는 구체적인 결과들은 개인에 따라 매우 다르게 나타난다. 인간은 출생 당시 최소한의 유전적인 개인차만을 발현한 상태로 세상에 나오지만, 살아가면서 겪게 되는 경험의 차이, 학습의 차이, 습관의 차이, 생활양식의 차이 등은 오랜 시간 후에 개인들 간의 차이를 극대화하게 된다. 따라서 노년기는 인생의 어느 시기보다 더 개인차가 큰 시기라 할 수 있다. 노년교육은 어떤 이들에게는 노년의 여가를 채울 수 있는 가장 바람직한 수단이 되기도 하고, 어떤 이들에게는 직업 준비를 위한 수단이 되기도 하며, 또 어떤 이들에게는 그 자체가 삶의 보람이자 목적이 되기도 한다. 즉, 노년교육에 참여하는 학습자들이 갖고 있는 요구에 따라 그리고 노년교육을 제공하는 기관의 목적에 따라 노년교육이 갖는 의미는 다양할 수밖에 없다.

한편 이러한 노년의 다양성은 노년교육이 형식교육에서와 같이 틀 지어진 교육 안에 갇히기 어려운 이유가 되기도 하며, 그 어느 교육활동보다도 다양한 현장에서 노년교육의 활동들이 진행되는 이유가 되기도 한다. 실제로 현재 우리 사회에서도 노년교육이 진행되고 있는 현장은 노인요양시설, 노인병원, 실버타운, 자원봉사센터, 문화원, 노인복지관, 교회, 노인대학, 초중고와 대학, 그리고 다양한 평생교육시설에 이르기까지 매우 다양하게 펼쳐져 있다. 그런데 이러한 시설들 대부분이 그 일차적인 목적이 노년교육에 있는 것이 아니라 치료나 요양, 선교 등 다양한 목적을 가지고 있기 때문에, 노년교육은 때로는 평생교육의 테두리에서 또 때로는 복지의 테두리에서 진행될 수밖에 없다.

3) 학제적 속성

노년교육이 제대로 자리매김하지 못하는 세 번째 이유는 학제적 속성(interdisciplinarity)에 있다. 노년교육은 노년학이라고 하는 학제적 연구분야의 일부인 동시에 그 자체도 학제적인 속성을 지니고 있다. 즉, 어느 한 영역이나 한 분야에 국한되지 않고, 여러 분야나 여러 방법론을 넘나드는 특성 때문에 노년교육은 교육의 영역에만 한정될 수도 그렇다고 복지에 한정될 수도 없다. 이러한 노년교육의 특성은 과거 제도적 역사에서도 그대로 나타난다. 그동안 정부의 노년교육 정책 추진은 교육부와 보건복지부 사이에서 줄타기를 거듭해 왔을 뿐 아니라, 그 외에도 문화체육관광부와 여성가족부, 안전행정부 등 여러 부처들이 관련되어 있다. 문교부(현 교육부)에서 관장하던 노년교육 정책이 1987년 정부의 조직개편에 따라 노인교육관련 업무가 보건사회부(현 보건복지부)로 이관되었고, 다시 1996년 정부 조직개편에 따라 교육인적자원부(현 교육부) '평생교육국' 내 '평생학습 정책과'로 이관되었다. 하지만 아직도 실제 노년교육을 실시하는 많은 기관, 예컨대 사회복지관, 노인복지관, 노인교실 등은 노인복지 여가시설로 분류되어 보건복지부가 관장하고 있으며 보건복지부 내 노인지원과에서 실질적인 관련 업무를 담당하고 있어서 두 부처 사이에 역할 분담은 여전히 미해결 상태에 있다고 할 수 있다(한정란 외, 2011).

3. 노년교육의 현재

결코 짧지 않은 노년교육 역사에도 불구하고 아직까지 우리의 노년교육이 처한 현실이 초라하다는 사실은 깊은 반성을 필요로 한다. 이를 위하여 현재 우리 노년교육이 처한 문제점들을 살펴보면, 다음과 같이 요약될 수 있다.

1) 노년교육 정책의 부재

우리나라 노년교육의 가장 심각한 문제는 노년교육을 담당하는 부처가 확정되지 않은 상태에서 별도의 노년교육 정책 자체가 없었다는 점이다. 해당 부처의 혼란과 정책의 부재로 인해 노년교육이 그 본래적 기능과 역할을 제대로 수행하지 못한 것이 사실이다. 정부의 노년교육 정책 추진은 교육인적자원부와 보건복지부 사이에서 역할 분담에 대한 끊임없는 갈등을 빚어 왔다.

교육부와 보건복지부를 번갈아 오가며 어느 부처에서도 제 자리를 찾지 못하고 정책적 연속성이나 중요성도 보장받지 못한 채 산발적인 정책 추진으로 인하여 그나마 추진되었던 정책들마저도 실효를 거두지 못하였다. 보건복지부에서는 시설과 서비스에만 주력할 뿐 교육 프로그램 개발을 위한 지원은 간과하였고, 교육부에서는 형식교육 위주의 정책에 밀려 주목을 받지 못하였다. 결국 현재 시설은 보건복지부 산하에 있는데, 프로그램에 대한 지원은 교육부가 떠맡고 있는 형편이다.

2) 법령의 부재

현재 노년교육은 외형적으로는 「평생교육법」과 「노인복지법」에 의해 중복 관리되고 있으나, 사실상은 정확하게 노년교육을 지원하고 관리하는 법령이 부재한 상황이다. 「노인복지법」은 노인의 보건과 복지에 관한 사항을 규정한 법률로서, 실제로는 「노인복지법」의 어느 조항에서도 노인교육이나 노년교육 혹은 그와 유사한 어떤 개념에 대해서 전혀 언급하지 않고 있다. 단지 노인복지시설 중 한 유형으로 분류된 노인복지관, 노인교실, 경로당, 노인휴양소 등의 '노인여가 복지시설'에서 교양·취미생활, 사회참여활동, 정보교환, 여가활동, 그리고 일상생활 관련 학습을 하도록 규정하고 있을 뿐이다(한정란 외, 2011). 또 「평생교육법」의 법조문 어디에서도 학습대상으로서 노인이나 노년교육 관련시설에 대한 언급을 전혀 찾아볼 수 없다. 이와 같이 부처 및 법적 체계의 미비 등 제도적인 한계 역시 노년교육의 자리를 흔들리게 만드는 원인으로 작용하고 있다.

3) 재정적 지원 부족

노년교육을 관장하는 전담 행정부처의 부재는 노년교육 시설과 프로그램에 대한 재정적 지원 부족으로 이어진다. 보건복지부에서 관장하고 있는 노인교실, 노인복지관 등의 경우에는 정부에서 재정적 지원을 받고 있지만, 대부분이 운영비와 인건비 명목이고 실질적인 교육 프로그램을 위한 지원은 거의 이루어지지 않고 있다. 사정이 이렇다 보니 대부분의 복지관이나 노인교실 등에서 다양한 교육 프로그램을 개발하거나 프로그램을 풍성하게 만들기 위한 시도는 엄두조차 못 내는 형편이다. 그 밖의 민간 노년교육 시설의 경우에는 이렇다 할 재정적 지원이 거의 없는 형편이어서 그 사정은 더욱 열악하다.

아직까지 노인 자신이 교육 비용을 감당하기 어려운 상황에서 정부는 물론이고 기업이나 민간 단체의 재정적 지원도 부족하여 우리 노년교육의 양적 성장과 질적 발전을 모두 저해하고 있다.

4) 노년교육의 전문성 부재

전문성 부재는 노년교육이 고등교육 체제와 적절한 연계를 갖지 못함에서 기인한다. 아직까지 우리나라 대학 중 학부는 물론 대학원 과정에 노년교육 전공을 설치하고 있는 곳은 한 군데도 없으며, 노년교육 관련 전문서적도 개론서 몇 권 정도에 불과하다. 이러한 문제는 노인복지가 지금만큼 성장하는 데 사회복지학과와 노인복지학과, 사회복지대학원 과정 등의 설치 확대로 능력 있는 사회복지사들을 양산해 낸 것이 큰 몫을 했다는 점과 비교해 볼 때 심각한 문제가 아닐 수 없다.

한편, 평생교육의 전문성 제고를 위한 「평생교육법」에서는 그 대상에 특별한 제한을 두고 있지는 않다는 점에서 노인 학습자까지도 평생교육의 대상으로 다루고 있다고 확대 해석해 볼 수 있기는 하다. 하지만 「평생교육법」과 「평생교육법 시행령」 어디에서도 노년교육에 관한 명시적 항목은 찾아볼 수 없다. 단지 평생교육사 자격증 취득을 위한 이수 선택과목에 노인교육개론이 들어가 있는 정도에 불과하다. 또 배출된 평생교육사마저도 법적 구속력 부족으로 인하여 노년교육 시설에 거의 배치되고 있지 않은 실정이다. 예컨대, 노인복지관에서는 정원의 30% 이상을 사회복지사로 충원하고 있지만, 복지관 내 사회교육실에 평생교육사는 단 한 명도 없다.

또한 사회복지사 양성에서도 노년교육의 전문성은 배제되어 있다. 노인장기요양보험의 전면적인 실시로 인하여 사회복지관이나 노인복지관에서 노년교육의 중요성이 더욱 증가하고 있음에도 불구하고, 사회복지사 시험과목에는 물론이고 선택 수강과목에도 노년교육 관련 교과목은 전무한 형편이다. 따라서 현장에서 노년교육 관련 업무를 담당하는 사회복지사들의 노년교육 전문성을 담보하기 어려운 실정이다.

이에 교육부에서 2000~2004년에 걸쳐 '노인교육 전문가과정'을 지원하여 5년 동안 수백 명의 수료생을 배출한 바 있지만, 노년교육 전문가 배치에 관한 법적 근거 부족으로 과정을 수료하고도 실제로 노년교육 현장에 배치되지는 못하였다. 결국 노인교육 전문가과정은 노년교육에 관한 인식의 확산에는 어느 정도 영향을 미쳤을지 몰라도, 당초 이 과정의 목적이었던 노인교육 전문가의 현장 배치와 기존 전문가들의 재교육에는 부분적으로 실패하였다고 보아야 할 것이다. 더군다나 그마저도 2005년부터 지원이 중단되어 현재는 노년교육 전문가 양성 및 재교육을 위한 공식적인 프로그램이 없어진 상태다.

이러한 노년교육의 전문성 부족은 프로그램의 질적 저하와 내용의 다양성 부족 그리고 학습자의 만족도 저하에 직결된다.

5) 노년교육에 대한 관심과 인식 부족

아직까지도 우리나라에서는 노년교육을 '노인을 위한 교육'이라고 하는 좁은 의미로 인식하고 있으며, 노인복지 차원의 여가 프로그램 정도로만 인식하고 있는 것이 현실이다. 노년교육은 늙고 병들어서 할 일이 없고 사회에서 소외당한 노인에게나 필요한 것으로 여기거나 세월 좋고 시간 많은 노인들이 무료한 시간을 달래기 위하여 찾는 것으로 여기는 인식을 이제는 돌아보아야 할 때다. 이러한 노년교육에 대한 인식 부족은 노년교육 프로그램의 다양성을 해치고, 그 질적 수준을 떨어뜨리는 주요 원인으로 작용한다. 또한 향후 노년교육의 발전을 위한 노력마저 반감시킬 수 있다는 점에서 매우 심각한 문제라 하지 않을 수 없다.

이는 노년교육을 평생에 걸친 평생교육의 연속성 위에서 보거나 광범위한 노인복지에서 예방적이고 적극적인 복지의 시각에서 조명하지 못하고, 편협된 시각 안에 노년교육을 가두어 왔기 때문이다. 또한 이러한 그릇된 인식은 노인 및 노화에 관한 일반적인 사회의 인식과도 무관하지 않다. 여전히 우리 사회에서는 노인을 쓸모없고 무능하며 약한 존재로 보고 있으며, 그들의 잠재적인 인적자원으로서의 가치나 가능성에 대해서는 간과하거나 무시하는 경향이 널리 퍼져 있다.

노년교육 기관은 노인정이나 마을 경로당에서 화투나 장기만으로는 무료하여 기웃거리는 곳도, 공원이나 동시상영 영화관에 지친 노인을 위한 일시 보호소도, 무료 점심을 얻기 위한 식전 행사장이 되어서도 안 된다. 노년교육 기관은 나름대로 분명한 교육목적과 그에 적합한 교육 내용을 가지고 효율적인 교수방법을 강구하며, 계속적으로 새로운 프로그램을 개발해 나가는 엄연한 교육기관의 하나다. 노년교육은 노인의 지식과 기술을 최대한 활용하고, 그들이 능동적인 주체로서 사회에 참여하여 역동적으로 스스로의 삶을 발전시키고 이끌어 갈 수 있도록 도와주는 것이어야 한다.

6) 노인에 대한 부정적 고정관념과 편견

고령화 문제는 노인들만의 문제가 아니라 이 시대를 살아가는 모든 세대가 관련되며, 관심 있게 바라보고 그 해결과 바람직한 개선을 위해 함께 노력해 나가야 하는 문제다. 고령화가 우리에게 주는 더 큰 도전은 노인과 다른 세대의 관계를 어떻게 정립, 발전시켜 나갈 것인가 하는 점이다. 고령사회에서 세대 갈등을 극복하고 세대 화합과 사회 통합으로 나아가기 위해서는 무엇보다 연령차별의 그릇된 신화에서 벗어나야 한다. 특히 연령에 따른 분리 관행이 가장 일반화되어 온 분야인 교육 영역부터 그 틀을 깨려는 시도가 필요하다.

우리는 유사성보다 차이에서 더 많은 것을 배울 수 있다. 그런 면에서 세대 공동체는 연령, 시대적 · 사회적 경험, 개인적 경험, 지위와 역할의 차이를 통해 각 세대에게 많은 이야기를 들려줄 장이 될 수 있다. 우리는 차이에 익숙하지 않은데, 이를 부정하거나 서열로 받아들이는 것은 곤란하다. 우리 민족의 의식 속에는 예로부터 유교적 인륜과 도덕이 뿌리 깊이 자리하고 있다. 전통적으로 노인에 대한 공경과 극진한 봉양을 특별히 강조해 왔으며, 연령에 따른 서열과 예를 중시해 왔다. 그러나 어떤 면에서는 이러한 경로(敬老)와 장

유유서(長幼有序)의 전통이 서로 다른 세대들이 한 공동체 내에서 대등한 상호작용을 하는 데 장애요인으로 작용할 수도 있다.

이미 고령화는 현실이 되었다. 이미 우리 사회 안에는 한 세대가 아닌 서너 세대, 그 이상의 세대가 공존하고 있다. 고령화에 대응하여 우리는 제로섬(zero-sum) 경쟁을 해서는 안 될 것이다. 함께 학습하고 발전해 가는 것은 가족과 세대를 묶어 주고 관계를 강화할 수 있는 끈이다. 세대공동체를 통해서 세대가 함께 화합하고 협력해 나갈 때 우리는 고령화를 가장 지혜롭고 효과적인 방법으로 극복하고, 더 많은 것을 함께 얻고 함께 나누는 승리를 이룩할 수 있을 것이다. 또 노년교육은 노인학교라고 하는 한정된 공간에서 노인 학습자만을 대상으로 실천되는 활동이 아니라, 인간의 노화 과정과 사회의 고령화에 관련된 모든 세대가 어디서나 함께할 수 있는 활동이라는 점을 명심해야 할 것이다.

4. 노년교육의 미래

사회는 끊임없이 변화한다. 더군다나 현대에 와서는 과거 농경사회나 산업사회에 비하여 훨씬 더 빠른 속도로 변화하고 있다. 그야말로 사회의 변화 속도 자체가 변화하고 있는 것이다. 그리고 그 변화 내용 또한 매우 다양하고 변화무쌍해서 감히 변화를 예측하거나 감지하기조차 어려울 정도다. 그럼에도 분명하게 예측 가능한, 미래사회의 노년교육 환경에 영향을 미칠 변화들이 있다.

1) 베이비붐에서 시니어붐으로

'베이비붐(baby boom)'이란 출생률이 갑자기 급상승한 시기로서, 주로 전쟁과 같은 큰 재앙이나 사건 후에 발생한다. 전쟁 후에 출생률이 급증하는 원

인은 전쟁 중에 헤어졌던 가족이 재결합하였거나 미루었던 결혼이 집중되기 때문이기도 하지만, 다른 한편으로는 전후에 경제가 활성화되면서 혼인과 출산의 시기를 앞당기면서 출생률이 폭발적으로 증가하기 때문이기도 하다. 이 시기에 출생하는 출생동시집단(birth-cohort)인 베이비붐 세대는 수적인 우위와 함께 사회의 급격한 변화와 더불어 성장해 나가기 때문에 사회적·문화적으로 주도적인 역할을 하게 될 뿐만 아니라 사회의 경제적인 발전에서도 주역이 된다. '베이비부머(baby boomer)'라는 사회적 용어의 기원이 된 미국의 베이비붐 세대는 제2차 세계대전의 종전 다음 해인 1946년부터 1964년 사이에 태어난 약 7,600만 명의 출생동기 집단(birth cohort)을 지칭하며, 일본의 경우에는 좀 더 좁게 보아 1947~1949년 사이 출생률(약 806만 명)이 급증한 세대를 가리켜 덩어리라는 의미의 '단카이(だんかい, 團塊)' 세대라고 부른다.

우리나라의 경우에는 베이비붐 세대를 규정하는 데 있어 한국전쟁 종전 직후인 1955년을 기점으로 보는 데에는 이견이 없으나, 언제까지를 베이비붐으로 볼 것인가에는 이견이 존재한다. 크게 두 가지 견해로 나뉘는데, 하나는 1955년부터 1963년생까지를 1차 베이비붐으로 보고, 잠시 전체 출산아 수가 주춤했던 1964년부터 1966년까지를 제외하고, 다시 1967년부터 1974년생까지를 2차 베이비붐으로 보는 시각이다. 그러나 잠시 출산아 수가 주춤했던 1964~1966년 사이에도 실제 출산율 자체는 지속적으로 높은 수준을 유지하였을 뿐 아니라 전체 출산아 수의 감소가 실제로는 그 부모 세대 인구 수의 축소(1945년을 전후한 3년 정도, 즉 해방 전후 혼란기 동안에 출산율이 감소하였다)에 따른 것일 뿐 실질적인 출산율 저하는 일어나지 않았으므로 베이비붐에서 이 3년을 제외하는 것은 아무런 의미가 없다는 의견도 있다. 따라서 또 다른 의견으로 한정란(2011b)은 1955년부터 1974년생까지를 전체 베이비붐으로 보고, 이 기간을 둘로 나누어 1955~1964년생을 1차 베이비붐 세대로 그리고 1965~1974년생까지를 2차 베이비붐 세대로 분류할 것을 주장하였다.

베이비붐 세대를 어떻게 정의할 것인가에 관계없이 중요한 문제는 이들 베이비붐 세대가 노년층으로 빠르게 진입하고 있다는 점이다. 베이비붐 첫 주 자인 1955년생들이 만 65세에 이르는 2020년 이후부터 우리 사회는 노년층 의 급속한 증가로 이른바 '시니어붐(senior-boom)'을 맞이하게 될 것이다. 베 이비붐 세대는 한국전쟁 후 교육기회가 확대되던 시기에 성장한 세대로서 학 교시설 확대, 고등학교 평준화, 대학졸업 정원제 실시 등 매우 다양한 교육제 도 변화를 체험한 세대다. 그 결과 부모세대보다 더 높은 교육적 성취를 경험 하였다. 한편, 정치적 민주화와 경제적 성장과 풍요 그리고 외환위기 등의 경 제적 파산을 동시에 경험한 세대로서 높은 사회참여 의식과 경제의식을 가진 세대이기도 하다.

이렇듯 그 이전 세대와는 다른 특성을 지닌 베이비붐 세대의 노화로 그들 이 주도하게 될 미래 노년교육 환경은 큰 변화를 겪을 것으로 예측된다.

2) 평생학습의 사회적 · 개인적 기반 확대

고령화와 더불어 평생학습사회로의 질적 · 양적 확대는 미래 노년교육의 환경에 중요한 영향요인이 될 것으로 본다. 사회변화 속도의 급속한 변화로 인하여 이미 학교교육에서 얻은 제한된 지식만으로는 급변하는 시대에서 생 존하기 힘들게 되었다. 더욱이 고령화로 더 길어진 평생 동안의 삶과 직업활 동을 위해서도 평생에 걸친 학습의 노력이 더욱 중요해지게 되었다.

평생학습사회로의 변화는 필연적으로 학습기간의 연장을 가져온다. 과거에 는 개인의 일생 중 최대 16년 정도(초등학교 6년, 중학교 3년, 고등학교 3년, 대학 교 4년)면 충분했던 학습기간이 평생학습사회에서는 형식적인 학습기간 16년 외에도 그 전과 후에 걸쳐 거의 평생에 걸친 비형식적인 학습을 요구한다. 평 생학습사회화는 평생에 걸친 학습의 양적인 증가, 즉 학습기간의 연장을 의 미한다. 학습기간의 연장은 제한된 기간 내의 학습을 넘어서 기간의 제한이 없는 지속적인 과정으로의 학습을 의미한다. 이러한 지속적인 평생학습을 가 능하게 하기 위해서는 개인의 학습을 지원해 주는 평생에 걸친 다양한 학습

서비스가 제공되어야 할 것이다.

한편, 평생학습사회에서는 과거와 같이 형식교육이 중심이 되고 비형식적 교육은 단지 보조적인 역할을 수행하는 것이 아니라, 오히려 양적인 면에서는 비형식교육이 형식교육을 능가하게 된다. 또한 형식교육과 비형식교육이 엄격히 구분되지 않고 서로의 영역을 자유롭게 넘나들게 된다. 예컨대, 형식교육 기관인 대학에서도 형식교육인 학위과정과 비형식교육인 비학위과정이 공존하고, 비형식교육인 평생교육원에도 취미교양 과정뿐 아니라 학점은행제 같은 학위과정이 공존하게 된다. 나아가 개인의 평생에 걸친 학습은 구조화된 조직이나 기관을 통해서만이 아니라, 책이나 인터넷 등을 통해서도 학습자 개개인이 자기주도적으로 진행할 수 있다. 이와 같이 각 교육의 경계들이 모호해지면서 다양한 교육 프로그램들이 상호 경쟁과 또 때로는 협력을 통해 발전해 나가게 되는 학습의 다양성과 유연성 확대는 평생학습사회의 대표적인 특징이다. 따라서 향후 노년교육 역시 이러한 다양하고 유연한 평생학습 환경 변화에 대응해 나가야 할 것이다.

3) 정보화와 기술의 발달

정보기술의 발달은 가히 정보혁명으로 불릴 만큼 우리 삶의 시공간을 양적으로 확장시키는 동시에 질적으로도 변화시키고 있다. 인터넷과 모바일 기술의 발달은 말 그대로 언제나 어디서나 자유롭게 네트워크에 접속할 수 있는 '유비쿼터스(Ubiquitous)' 시대를 열었다. 또한 과학기술의 발달은 우리 생활환경을 첨단기기들로 채우고 있다. 이러한 정보화 및 과학기술의 발달은 학습환경에도 영향을 미쳐 정보 네트워크를 이용한 웹기반 교육의 발달은 물론이고 첨단 학습기기의 활용을 통하여 학습의 용이성과 효과성을 배가시키는 데에도 크게 기여하고 있다.

이와 같은 기술 발전에 따른 학습환경의 변화는 노년교육 환경의 변화에도 영향을 미칠 것이다. 예를 들어, 유비쿼터스 정보기술은 거동이 불편한 고령의 노인들에게도 그들이 원하는 학습 프로그램에의 접근이 가능하도록 만들수 있으며, 첨단 학습기기들은 학습내용에 접근하는 데 제약이 될 수 있는 신체적 노화로 인한 장애를 제거해 줄 수도 있을 것이다. 더군다나 베이비부머를 포함하여 미래의 노년층은 과거 노년층에 비해 정보환경에 훨씬 익숙한이들로 교체될 것이다. 따라서 앞으로의 노년교육은 빠르게 변하는 정보환경과 기술발전에 적응할 수 있어야 할 것이다.

5. 미래 노년교육의 과제

그렇다면 이러한 미래 노년교육 환경 변화에 부응하여 노년교육의 미래를위한 과제는 무엇인가? 다음에서는 미래 노년교육의 일반적인 과제와 우리나라 노년교육의 미래를 위한 과제로 나누어 살펴보고자 한다.

1) 미래 노년교육의 과제

Peterson(1983)은 미래 노년교육의 과제를 다음 일곱 가지로 제시하였다.

(1) 노인에 대한 고정관념의 문제

미래에도 여전히 노인에게 따라다닐 오명(汚名) 또는 고정관념을 어떻게해결할 것인가? 우리나라에서는 '노인' 이라는 용어가 부정적인 의미를 많이담고 있다는 비판과 함께 1998년 한국사회복지협의회는 '노인' 대신 노령인구를 표현할 호칭을 공모해 '어르신' 이라는 용어를 선정, 홍보한 적이 있다.그러나 정진웅(2013)은 '어르신' 이라는 용어는 호칭어(term of address), 즉 부름말이어서 노년에 대한 지칭어(term of reference), 즉 가리킴말인 '노인' 을대체하기에는 한계가 따른다고 주장하였다. 그는 오늘날 한국 사회에서 '노인' 이 기피의 대상이 되고, 또 노년의 호명이 문제시된 이유는 근본적으로 현대사회에서의 노년의 주변화 현상에 있다고 주장하였다. 즉, 노년의 호명 속에 배어 있는 문화적 차원에서의 차별적 시선이 문제라는 것이다.

한편, 폴리치와 밀리킨(Polizzi & Milikin, 2002)은 사용되는 용어에 따라 연령차별적인 평가가 어떻게 달라지는가를 알아보기 위해, 대학생들을 세 집단으로 나눠 동일한 척도에 지시문만 달리하여 노인에 대한 태도 척도를 실시하였다. 첫 번째 집단에게는 '늙은 남자(old men)'와 '늙은 여자(old women)'에 대해, 두 번째 집단에게는 '남자 노인(elderly men)'과 '여자 노인(elderly women)'에 대해, 그리고 세 번째 집단에게는 중립적인 용어를 사용하여 '70~85세의 남성(men 70~85 years of age)'과 '70~85세의 여성(women 70~85 years of age)'에 대해 각각 평가하도록 하였다. 그 결과, 세 번째 집단에서 노인을 가장 긍정적으로 평가한 반면, 첫 번째 집단에서 가장 부정적으로 평가한 것으로 나타났다. 이러한 결과를 놓고 폴리치와 밀리킨(2002)은 태도 척도나 지시문, 혹은 자료를 수집하는 과정 동안 연구자들이 사용하는 연령차별적인 언어나 기술이 노인에 대한 차별을 조장해 왔다고 주장했다.

그러나 노인에 대한 부정적인 평가는 단순히 어떤 호명을 사용하는가의 문제를 넘어, 정진웅(2013)의 주장처럼 노년에 대한 호명 자체의 문제보다는 사회에서 그 호명 속에 부여한 노년에 대한 차별적인 문화나 가치의 문제가 더 크다. 역사를 통해 기표 자체가 바뀌기도 하지만, 기표가 바뀌지 않고도 그 기표 속에 담긴 가치와 정서가 역사를 통해 변하기도 한다. '노인'을 '어르신'으로 높여 부른다고 해도 노년에 대한 우리 사회의 부정적인 편견과 태도 자체가 바뀌지 않는다면 그 포장만 바꾸는 것은 무의미한 일이 될 것이다.

또한 노인 스스로의 인식에도 문제가 많다. 대다수 노인이 자신의 능력에 대하여 부정적인 자기충족적 예언(self-fulfilling prophecy)을 가지고 있다. 종종 노인 자신이 노인에 대한 부정적인 고정관념에 가장 많이 얽매여 있는 경우를 발견하게 된다. 이렇게 노인 스스로 자신의 무능력을 믿는 것은 행동 면에서 덜 효과적이게 만들 뿐 아니라, 노인에 대한 부정적인 사회적 고정관념을 확인시켜 주는 결과를 초래한다(Woodruff & Birren, 1983). 따라서 노인에게 자신의 능력에 대한 자신감과 신뢰를 심어 주는 것이 노년교육학의 출발점이 되어야 할 것이다.

(2) 노년교육 재정 충당방법의 문제

노년교육의 재정을 누가 책임질 것인가의 문제에 대하여 결론 내리기는 쉽지 않다. 원칙적으로는 여타 성인교육과 마찬가지로 수익자 부담의 원칙에 따라 노인 학습자들이 비용을 부담해야 하겠지만, 자격증 취득이나 취업, 진학 등 확실한 학습의 효과를 입증하기 어렵고 따라서 수익성을 증명하기도 어렵다는 노년교육의 특성을 고려해 볼 때 수익자들의 부담에만 의존하여서는 노년교육의 질을 보장하기 어려운 측면이 있다. 또한 정부에서는 형식교육의 학습자들을 위한 재정지원에 주력하고, 기업은 근로자들을 포함한 성인교육 지원에 주로 관심을 보이는 반면, 연금수급에 생활을 의존하는 대다수 노인 학습자들이 자신을 위한 교육에 선뜻 높은 비용을 지불할 것으로 기대하기는 힘들기 때문이다. 특히 현재 우리나라 상황과 같이 아직까지 노년층 대다수가 경제적으로 취약하고 낮은 교육수준과 학습경험 부족으로 인하여 학습에 대한 욕구나 동기 자체가 상대적으로 부족한 경우에는 노년교육이 무상의 복지적 수단으로 인식되기 쉽다.

아직까지 우리나라에서는 노년교육을 복지의 영역으로 보아야 하는가, 교육의 영역으로 보아야 하는가에 대한 개념조차 모호한 상태에 있다. 노년교육을 복지의 영역이라고 본다면, 노년교육이 진행될 수 있는 시간과 공간 그리고 재정의 확보에서 좀 더 쉬울 수 있을지는 몰라도 노년교육을 통하여 우리가 기대할 수 있는 것은 노후생활의 안정과 건강 그리고 노후의 여가활용 정도에 불과할 것이다. 반대로 노년교육을 교육영역이라고 본다면, 노인이 주체가 되는 노년교육 그리고 노인을 인적자원으로 활용하기 위한 노년교육의 실현 가능성은 보다 높아질지는 모르지만, 형식교육의 시급성에 밀려 노년교육을 위한 충분한 시간과 공간, 재정을 확보하는 데에는 어려움이 따를 수밖에 없을 것이다. 이러한 갈등이 쉽게 해결되기는 힘들 것이다. 따라서 노년교육의 목적과 가치에 관한 충분한 사회적 논의를 바탕으로 노년교육의 다양한 대상과 목적, 학습 주제 및 내용에 걸쳐 정부와 기업, 민간 그리고 학습자 간에 다양한 방식의 재정 충당을 위한 협력이 이루어져야 할 것이다.

(3) 노년교육의 책무성 문제

노년교육이 안고 있는 본질적인 고민 중 하나는 어린 학습자들을 대상으로 하는 형식교육과 비교할 때 노년교육의 성과를 드러내 보이기가 어렵다는 점이다. 상급학교 진학률, 취업률, 자격 취득률, 시험성적 등으로 표출될 수 있는 형식교육의 성과와는 달리, 노년교육은 그 성과를 명확히 정의하기도 그리고 정의된 성과를 측정하기도 어렵다.

그럼에도 불구하고 노년교육학자 및 실천가들에게는 노년교육에 대한 관심과 재정 지원을 확대하기 위해 어떤 형식으로든 노년교육의 결과나 성과를 입증해 보여야 하는 책무성이 있다. 이를 위하여 노년교육의 목적과 목표, 역할과 성과의 재정립을 위한 연구와 더불어, 노년교육의 성과를 양적 혹은 질적으로 평가하고 측정하고자 하는, 그리고 나아가 개인과 사회에 대하여 노년교육의 성과와 필요성을 설득하기 위한 지속적인 연구 노력이 필요할 것이다.

(4) 다양한 매체의 활용

정보통신 기술 및 첨단 과학기술의 발달과 확산으로 노년교육에서도 다양한 매체의 사용이 증가할 것이다. 이제까지 노인은 정보통신이나 첨단과학의 발달과는 가장 거리가 먼 집단으로 여겨져 왔지만, 21세기 정보사회에서는 더 이상 노인을 정보통신의 사각지대에 버려 두지 않을 것이다. 특히 거동이 자유롭지 못한 노인들을 위한 원격 혹은 재택 교육 서비스의 제공과 정보통신 기술을 이용한 다양한 학습지원 서비스가 강구되어야 할 것이다. 따라서 노년교육학에서 사이버 교육과 매체의 활용 그리고 다양한 서비스 제공에 대한 연구가 요구된다.

(5) 노인 직업교육에 대한 관심

출산율의 저하로 기존의 생산연령층은 계속해서 감소하는 반면, 수명의 연장과 노년층의 건강수준 개선으로 고령 인력에 대한 새로운 관심은 더욱 증가하게 될 것이다. 또한 경로의식의 변화와 핵가족화 등 가족관계의 변화로 인하여 노후의 경제적 독립에 대한 요구가 증가하면서 노년층의 재취업 욕구가 커져 가고 있다. 평생직장 개념의 변화와 퇴직을 제2인생의 새로운 출발로 바라보는 시각도 증가하고 있어 고령자들을 위한 직업훈련 및 재취업 교육 프로그램에 대한 개인과 산업계의 관심은 더욱 증가할 것으로 보인다. 따라서 기존의 직업들에 대한 재검토와 함께 노인 대상의 다양한 직업의 개발, 그리고 노인들을 위한 직업 훈련 및 고용지원 프로그램에 대한 관심과 연구가 요구된다.

(6) 노년교육 대상의 다양화 문제

이제까지 노년교육학은 여러 가지 이유로 인하여 제한적인 학습자들, 즉 노인 학습자만을 그 대상으로 삼아 왔다. 특히 우리나라에서는 오히려 저학력의 여성 노인들이 주 대상이 되고 고학력의 남성 노인들은 노년교육 대상에서 소외됨으로써 노년층 내에서도 일부 계층만을 대상으로 이루어져 왔다. 그러나 미래에는 노인들의 전반적인 사회경제적 지위가 향상될 것임에 의심의 여지가 없다. 그와 동시에 노인의 지위와 특성, 그들이 처한 상황과 환경도 더욱 이질적이고 다양하게 변화될 것이다. 따라서 다양한 지위와 배경을 가진 노인 학습자를 어떻게 노년교육으로 유인할 것이며, 그들에게 무엇을 제공할 수 있을 것인가에 대한 연구가 필요하다.

(7) 우선순위의 문제

물론 이상의 여섯 가지 문제들 모두 중요하다. 그러나 이 모두를 동시에 실천에 옮긴다는 것은 거의 불가능하다. 따라서 무엇이 최우선이어야 하는가와 관련하여 우리 사회에서 사회적 · 학문적 합의가 먼저 이루어져야 할 것이다.

2) 한국 노년교육의 과제

마지막으로 향후 우리나라 노년교육 발전을 위하여 해결되어야 할 과제를 한정란(2007)과 한정란 등(2008)의 제안을 중심으로 살펴보고자 한다.

(1) 노년교육의 제도적 · 법적 정비

출생으로부터 노년기에 이르기까지의 전생애를 통한 평생학습 체제를 구축하기 위해서, 단기적으로는 노년교육의 제도와 법제를 정비하고 이를 위한 부처 간 역할 조정, 관련 법제 정비, 노년교육 시설 정비 등 구체적 과제들을 실천해 나가야 한다.

첫째, 보다 효과적인 노년교육 정책을 수립 · 실행할 수 있도록 하기 위해서는 부처 간 명확한 업무 분장과 각 부처 간의 긴밀한 협조체제 구축이 요구된다. 효율적인 업무의 추진을 위해서는 각 부처의 역할을 가능한 한 분명히 규정하는 것이 필요하다. 예컨대, 노인복지 여가시설에 대한 관리는 현행 시설에 대한 규정에 따라 보건복지부와 교육부로 이원화를 유지하되, 인력 관리를 포함하여 실질적인 행정적 · 재정적 관리 및 지원은 그 성격에 따라 건강과 복지 증진이 목적이 되는 부분은 보건복지부가, 그리고 지식 습득과 잠재력 계발이 목적이 되는 부분은 교육부가 주로 담당하도록 해야 할 것이다. 또한 부처 간 갈등을 최소화하고 노년교육 정책 추진의 전문성 및 효과성 제고를 위하여, 고령자의 교육, 복지, 보건, 여가 관련 정책을 조정하고 협의할 수 있는 각 관련 부처의 실무 책임자 및 분야별 전문가들이 참여하는 협의체를 구성할 필요가 있다.

둘째, 고령층을 위한 평생교육을 포함하여 전생애에 걸친 평생교육 및 노년교육의 필요성과 정의, 관련 시설의 설립과 운영, 프로그램에 대한 지원 등을 명문화하도록 「노인복지법」 「평생교육법」 등 관련 법령의 개정이 요구된다. 특히 노년교육의 개념이 법령에 명시되도록 하고, 그 역할과 시설 규정 등도 명확히 해야 할 것이다. 또 노년교육을 제공하는 다양한 형태의 시설들

을 모두 포함하도록 법적 근거를 마련하고, 이에 대한 재정적 · 행정적 지원
이 가능하도록 법령을 개정하여야 한다. 이를 위하여 노년교육시설협의체를
구성하여, 민간 시설을 포함하여 모든 노년교육 시설이 협의체에 등록케 하
고, 협의체를 통하여 프로그램 및 강사 풀(pool) 구성 등 실질적인 지원이 가
능하게 하여야 한다.

셋째, 고령자의 특성상 노년교육에는 복지적 측면과 교육적 측면이 서로
혼재될 수밖에 없다. 따라서 각 영역의 특성과 장점을 극대화하기 위하여 시
설 특성에 맞는 예산 지원 및 전문인력 배치를 의무화하여야 할 것이다. 중년
기 학습자의 경우에는 주로 시간적인 장애로 인하여 그리고 노년기의 학습자
는 주로 신체적인 장애로 인하여 교육의 접근성에 제한을 받게 된다. 특히 고
령층의 비율이 높은 농어촌의 경우 적절한 교통시설의 미흡으로 인하여 접근
성에 심각한 제한을 받고 있다. 따라서 이러한 접근성의 문제를 해소하기 위
하여 노년교육에 있어서 학습자 중심의 찾아가는 교육 서비스 제공이 요구되
며, 이를 위하여 지역사회에서 접근성이 용이한 경로당, 마을회관, 교회 및
사찰 등의 종교시설, 학교 등 다양한 시설과 연계하여 노년교육 프로그램을
운영할 필요가 있다.

(2) 노인에 대한 인식 개선

서로 다른 세대들이 동시대를 살아가면서도 가정 안에서나 사회에서 완전
히 분리된 삶을 살아가는 세대분리 사회에서 벗어나 세대통합 사회(age-
integrated society)로 나가기 위해서 노인에 대한 인식 개선이 요구되며, 이를
위하여 노인 이해교육과 고령사회 진로교육을 강화하는 등 구체적 실천과제
가 요구된다.

첫째, 노인 이해 교육이 강화되어야 한다. 고령화 문제는 현재 노인들만의
문제가 아니라 모든 세대의 문제다. 고령사회 및 초고령사회의 노인이 될 주
인공들은 바로 지금의 젊은 세대이며, 따라서 자라나는 세대들에게 노인을
이해하고 노화에 관한 올바른 인식을 갖도록 하는 일은 매우 중요하다. 이를

위하여 초 · 중 · 고등 정규학교 교육과정을 통하여 노인 이해 교육을 강화하도록 교육과정을 개정하고 일선 학교교사들에 대한 노화 관련 교육을 강화하여야 할 것이다. 또한 노인 이해 교육을 위한 다양한 교육자료 개발 및 보급이 요구된다.

또한 고령화 문제는 노인들만의 문제가 아닌 모든 세대가 관련된 문제라는 점에서 세대 공동의 노력이 요구된다. 향후 고령사회 및 초고령사회에 대비하기 위해서는 자라나는 아동 및 청소년 세대와 중노년 세대가 서로에 대하여 이해할 수 있도록 여러 세대가 함께할 수 있는 다양한 세대공동체 교육 프로그램의 개발 및 보급이 요구된다. 정책적 지원 못지않게 중요한 것이 국민 한 사람 한 사람의 노인 및 노화에 대한 올바른 태도와 인식이다. 따라서 고령화에 관한 일반 국민의 인식을 개선하고 올바른 이해를 확산시키기 위한 다양한 홍보가 병행되어야 할 것이다.

둘째, 고령사회에 대비한 진로교육이 강화되어야 할 것이다. 고령사회에서는 고령층을 고객으로 하는 고령친화산업이 급증할 것으로 예측된다. 따라서 고령층을 대상으로 하는 새로운 직업이 생겨날 뿐 아니라, 기존 산업에서도 고령층 고객의 상대적 증가로 인하여 고령층 고객을 대상으로 하는 새로운 서비스에 대한 수요가 증가할 것이다. 이에 고령친화 진로지도 프로그램의 개발과 더불어 기존 산업인력들에 대해서도 추가적인 노인 이해 교육과 고령층 고객을 위한 서비스 교육도 병행되어야 할 것이다.

(3) 노년교육의 전문성 강화

노년교육의 전문성을 확보하기 위해서, 노년교육 전문가 양성체제의 정비, 노년교육 전문가 배치 확대, 노년교육 연구 지원 확대 등이 필요하다.

첫째, 노년교육 전문가 양성 체계 구축이 요구된다. 노년교육의 전문성 제고를 위하여 우선 대학을 중심으로 하여 다양한 전문가 양성 프로그램 개발 및 개설이 요구된다. 또한 노년학 부전공 및 자격증 제도 운영과 대학원에 노년교육 전공 설치, 실무자 재교육 강화 등이 필요하다.

둘째, 노년교육 전문가 양성 및 배치 확대를 위하여, 일정 자격을 갖춘 노년교육 강사 및 전문가들에 대한 정보를 통합·관리하는 노년교육 전문가 풀(pool) 및 강사정보은행을 구축·운영하고, 노년교육 관련 시설에 노년교육 전문성을 갖춘 사회복지사나 평생교육사 배치를 의무화할 필요가 있다.

셋째, 고령화로 인한 변화에 따라 노년교육에 대한 학문적 관심이 증가하고 학습자들의 학습요구가 증가하고 있음에도 불구하고, 아직 노년교육 관련 학위과정이 설치된 대학 및 대학원은 전무한 상태다. 이는 향후 필요 전문인력의 원활한 수급을 저해하고 노년교육의 학문적 성장을 방해하는 결과를 초래할 수 있으므로, 대학원에 노년교육 전공 설치를 권장하고, 실천 중심 노년교육 연구 지원을 확대하여야 할 것이다.

(4) 노년기 삶의 질 제고

노년기 삶의 질을 제고하기 위해서 고령자 일자리 확대 및 직업교육 활성화, 고령자 고등교육 기회 확대, 퇴직준비 교육 활성화, 다양한 노년교육 프로그램 제공 등의 과제가 요구된다.

첫째, 고령화 문제를 최소화하고 고령화의 질을 향상시키기 위해서는 고령층이 의존적 인구가 아닌 활동적 인구가 되는 활동적 고령화를 실현할 수 있도록 해야 한다. 노년기까지 삶의 연속성을 유지하고 평생의 경험, 경력, 능력, 전문성을 활용할 수 있는 활동에 참여할 수 있도록 고령자들이 지닌 자원을 최대로 활용하여 사회적 효과를 극대화시킬 수 있는 일자리 및 자원봉사 분야의 개발과 그와 관련된 직능교육 및 자원봉사 교육 프로그램의 개발이 요구된다.

둘째, 학령기에 충분한 교육 기회를 갖지 못했던 고령층에게 고령자 특별전형의 확대, 고령자 명예학생제도 확대, 노년 평생교육 참여 실적의 대학 평가 반영 등을 통하여 고등교육 기회를 확대함으로써 노년의 삶의 질을 향상시키고 의미 있는 노년을 영위할 수 있도록 도와야 할 것이다.

셋째, 노년교육은 인생의 어느 시점(노년기)에 갑작스럽게 시작되는 것이 아니라, 전생애에 걸쳐 진행되는 계속적인 과정으로 이해되어야 한다. 즉, 노년교육은 아동기, 청소년기 그리고 성인기와 중년기, 노년기로 이어지는 전생애 과정에서 일어나는 것이기 때문에 노인에 관한 이해 교육, 퇴직준비 교육, 노인을 위한 교육 등이 상호 연계성을 갖고 이루어져야 한다. 이를 위하여 기업의 경영주 및 일반인들을 대상으로 한 퇴직준비 교육 중요성에 관한 홍보를 통한 기업의 퇴직준비 교육에 대한 인식 제고와 퇴직준비 교육에 대한 기업 인센티브제 도입 및 산학연계 활성화 등이 요구된다.

넷째, 기존의 민간 노년교육 프로그램을 보다 활성화하기 위하여 민간 노년교육 시설에 대한 국가 및 지방자치단체의 행정적·재정적 지원을 확대하고, 노년교육 시설의 등록을 의무화함과 동시에 시설에 대한 평가인증제를 도입하며, 민간 노년교육 시설에 대한 프로그램 및 교재, 교수매체 등의 지원도 확대되어야 할 것이다. 또한 어느 연령층보다 더 개인차가 가장 큰 고령층을 대상으로 하는 교육의 특성을 고려해 볼 때 현재 획일화된 프로그램의 문제를 해결하기 위하여 노년교육 프로그램 풀(pool) 구축, 소집단 활동 활성화, 자발적 학습 동아리 활성화 등을 통한 프로그램의 다양화 및 다변화가 요구된다.

참고문헌

21세기위원회(1992). 2020년의 한국과 세계. 서울: 동아일보사.

강영식, 박병관(2008). 노인의 욕구영역에 따른 노인복지관 노인교육프로그램의 선택 속성. 노인복지연구, 41, 327-351.

건강생활과학연구소 편(1999). 현대 노년학. 숙명여자대학교 출판부.

교육과학기술부(2012). 2012년 평생교육통계조사.

교육과학기술부, 평생교육진흥원(2008). 2008 평생교육백서.

교육과학기술부, 평생교육진흥원(2011). 2010년 평생교육백서.

교육인적자원부(2003). 평생교육백서.

교육인적자원부(2004). 평생교육백서 2004.

교육인적자원부(2006). 평생교육백서 2006.

교육인적자원부, 한국교육개발원(2007). 2007평생교육백서.

권중돈(2005). 노인에 의한 교육프로그램의 세대통합 효과에 관한 연구. 한국노년학, 25(2), 15-33.

김미혜(2008). 한국노년학의 복지 분야 연구동향: 1980년(창간호)부터 2008년(28권 제2호)까지의 논문을 중심으로. 한국노년학, 28(4), 733-752.

김병숙, 양옥남, 강인, 한은주, 원미희(2005). 고령사회를 대비한 노년준비교육 프로그램에 관한 연구. 한국노년학, 25(2), 229-244.

김성균(1990). 한국노인교육의 실태와 그 문제점에 관한 연구. 명지대학교 사회교육대학원 미간행 석사논문.

김신일(1999). 퇴직교원의 노후 준비를 위한 교육프로그램 개발연구. 교육부 교육정책연구과제 보고서.

김애순(2002). 성인발달과 생애설계. 서울: 시그마프레스.

김재인(1987). 후기성인의 사회교육적 학습참여와 생활만족도와의 관계탐구. 이화여자대학교 대학원 박사학위논문.

김종서(1982). 노인교육의 교육과정개발. 대한노인회.

김종서(1984a). 노인교육과정 개발. 유네스코한국위원회 (편), 노인문제와 노인교육에 관한 세미나 보고서 (pp. 236-240).

김종서(1984b). 학교와 지역사회. 익문사.

김태현(1994). 노년학. 서울: 교문사.

김향은, 정옥분(1992). 정년퇴직을 앞둔 중년 남성의 심리적 불안. 대한가정학회지, 30(2), 159-169.

김형수, 조병준 역(2003). 은퇴…조용한 혁명. 인천: 인천지역평생교육정보센터.

노년교육연구회 편(2012). 은퇴수업. 서울: 학지사.

노인들 '나는 노인 아니다'. (2008. 8. 7). 한국일보.

박석돈(2002). 노인교육프로그램의 효과성 평가. 복지행정논총, 12(1), 25-46.

박성희(2006). 노년기부부의 관계향상을 위한 교육 프로그램에 참가한 노년기부부의 학습과정에 대한 질적 연구. 노인복지연구, 31, 161-179.

박응희, 이병준(2009). 노인교육 담론에 대한 교육학적 탐구. 교육의 이론과 실천, 14(1), 21-38.

박재간, 임춘식(1983). 노인학교 노인교실의 현황과 대책에 관한 조사연구. 노인문제연구보고서 제6집. 서울: 한국노인문제연구소.

박정호, 김경희(2011). 1970년대 이전의 노인교육 발전과정 연구. 교육연구논총, 32(1), 1-28.

방하남, 어수봉, 유규창, 이상민, 하갑래(2012). 기업의 정년실태와 퇴직관리에 관한 연구. 한국노동연구원.

변순옥(1986). 노년기 교육의 이론과 정책에 관한 연구. 숙명여자대학교 대학원 석사학위논문.

변재관(2004). 고령사회에 대응하는 노인보건복지정책의 현황과 과제. 노인복지정책 자료집.

보건복지가족부(2018). 2018 노인복지시설 현황.

서울시립대학교 산학협력단(2009). 서울시 노인의 성 실태 조사와 건전한 성문화 확립을 위한 연구. 서울특별시.

성기원, 이연숙, 장윤정(2005). 예비노년층의 여가활동 현황 및 미래 욕구에 관한 연구. 한국노년학, 25(4), 131-146.

손의성, 한정란, 전수경(2018). 고령사회 인생3모작 설계를 위한 노인교실(노인대학) 교육 프로그램 개발 연구. 보건복지부.

손인수(1989). 한국 교육 사상사. 서울: 문음사.

신미식(2007). 평생교육으로서 한국노인교육의 발전방향: 노인교육담론을 중심으로. 평생교육학연구, 13(1), 1-24.

신복기, 성향숙, 김수영(2006). 성공적 노화를 위한 노인교육프로그램의 효과성 연구. 노인복지연구, 34, 313-336.

신효식, 이선정(2007). 퇴직한 남자 노인의 가족자원 및 관련변인이 생활만족도에 미치는 영향. 한국가족관계학회지, 12(2), 187-213.

오덕임(2006). 동화 속에 나타난 노인의 이미지. 한서대학교 대학원 석사학위논문.

오영희(2013). 노인의 건강실태와 정책추진방안. 보건·복지 Issue & Focus, 220. 한국보건사회연구원.

원영희, 김동배, 이금룡, 한정란(2002). 노인의 자원봉사활동이 중학생의 노인에 대한 태도에 미치는 영향. 한국노년학, 22(2), 131-146.

원영희, 한정란(2012). 교육복지 관점에서 본 노년기 교육의 문제점 및 개선방안. 平生教育研究, 18(4), 239-263.

유네스코 한국위원회(1984). 노인문제와 노인교육: 연구세미나 보고서.

윤민석(2010). 노년초월에 영향을 미치는 요인에 대한 탐색적 연구. 서울대학교 대학원 박사학위논문.

윤진(1985). 성인 노인심리학. 서울: 중앙적성출판사.

윤진, 조석미(1982). 『경산 노화사실인지척도』의 구성연구. 한국노년학, 2, 5-15.

이가옥, 이미진, 이지영(2006). 노인 휴대전화 교육프로그램 만족도 평가. 한국노년학, 26(4), 733-748.

이병준 외(1999). 21C 노령화사회를 대비한 노인교육 활성화 방안연구. 교육부 정책연구과제 보고서.

이소정, 정경희, 이윤경, 한정란, 유삼현(2008). 성공적인 제3기 인생준비를 위한 사회적 기반조성. 한국보건사회연구원 정책 보고서.

이승아(1998). 중년기 직장남성의 퇴직에 대한 태도와 퇴직 후 생활계획. 서울대학교 대학원 석사학위논문.

이정화, 이옥순(2007). 중년층의 노년기 교육에 대한 욕구분석: 성별 및 학력 차이를 중심으로. 한국노년학연구, 17, 85-104.

이혜연, 김기석(2009). 한국 노인교육정책의 전개와 특징. 한국노년학, 29(3), 935-951.

이홍직(1968). 국사 대사전. 서울: 지문각.

이화정(1998). 인식전환학습이론에 근거한 은빛노인대학의 사례연구. 중앙대학교 대학원 박사학위논문.

장미옥(2008). 우리나라 노인교육의 성과와 전망. Andragogy Today, 11(1), 57-83.

전영숙, 양희택(2009). 노인 부부의 공통 여가 인식 제고를 위한 교육 프로그램 개발과 효과성 연구. 노인복지연구, 43, 287-302.

정경희 외(2012). 2011년 노인실태조사. 보건복지부·한국보건사회연구원.

정여주(2005). 노인미술치료 프로그램개발을 위한 기초연구. 한국노년학, 25(1), 73-86.

정영미(2009). 중년층을 위한 웹기반 노년기 준비프로그램의 학습효과. 한국노년학, 29(3), 1025-1041.

정진웅(2013). 문화적 차원의 연령통합과 미디어. 2013년 제3차 고령사회포럼 '연령통합적 관점의 구현방안 모색' 발표 원고.

조해경(2002). 성공적 노화에 관한 연구: 노인들의 성인학습을 통하여. 연세대학교 대학원 박사학위논문.

최상민, 한정란(2007). 세대공동체 봉사학습 프로그램의 효과: 청소년과 시설노인을 중심으로. 한국노년학, 27(1), 163-178.

최성재(1992). 국민의 노후생활에 대한 전망과 대책에 관한 연구. 서울: 홍익제.

최종근(1987). 경노사상과 노인문제. 서울: 경원문화사.

통계청(2009a). 2009 사회조사.

통계청(2009b). 세계 및 한국의 인구현황.

통계청(2010a). 2010 고령자통계.

통계청(2010b). 2010 장래인구추계.

통계청(2011a). 2011 사회조사.

통계청(2011b). 장래인구추계: 2010년~2060년.

통계청(2012a). 2012 고령자통계.

통계청(2012b). 2012 한국의 사회지표.

통계청(2012c). 시도별 장래인구추계.

통계청(2012d). 2012 장래가구추계.

통계청(2012e). 2012 생명표.

통계청(2012f). 2012 사회조사.

통계청(2013a). 2013 고령자통계.

통계청(2013b). 가계동향조사.

통계청(2014). 2013 결혼 · 이혼 통계.

통계청. 생명표. (1990~2012 각년도).

통계청. 인구동향조사. (1990~2005 각년도).

평생교육진흥원(2010). 2009년 소외계층 평생교육 프로그램 지원 사업 운영결과보고서.

한국교육개발원(2018). 평생교육통계자료집.

한국사회복지관협회(2018). 2018년 12월 전국 사회복지관현황.

한국인터넷진흥원(2009). 인터넷이용실태조사.

한국인터넷진흥원(2010). 인터넷이용실태조사.

한국인터넷진흥원(2011). 인터넷이용실태조사.

한정란 외(2006). 세계의 노인교육. 서울: 학지사.

한정란(1994). 노인교육 교육과정 개발 실천 연구. 연세대학교 대학원 박사학위논문.

한정란(1995). 우리나라 노인교육의 가능성과 새로운 자리매김. 季刊 峨山, 춘계호, 27-31.

한정란(2000). 대학생들의 노인에 대한 태도에 관한 연구. 한국노년학, 20(3), 115-127.

한정란(2001). 교육노년학: 노인을 위한, 노인에 관한, 노인에 의한 교육. 서울: 학지사.

한정란(2002). 노인교육과 세대통합: 세대공동체 교육. 앤드라고지 투데이, 5(1), 91-107.

한정란(2004a). 연령집단에 대한 태도 척도 개발 연구. 한국노년학, 24(3), 159-172.

한정란(2005). 노인교육의 이해. 서울: 학지사.

한정란(2007). 고령사회 노년교육 체제 구축. 대통령자문 교육혁신위원회 정책과제 보고서.

한정란(2008). 창립 30주년 기념 논문: 한국노년학 30년을 통해 본 노년교육 관련 연구. 한국노년학, 28(4), 831-846.

한정란(2011a). 노년교육의 자리매김, 평생교육과 노인복지 사이. 한국평생교육학회 춘계 학술대회 발표자료집.

한정란(2011b). 베이비부머의 성공적 노후적응을 위한 교회의 과제. 샬롬복지원 세미나 자료집.

한정란, 김귀자(2004). 세대공동체 교육 프로그램의 효과 연구: 아동과 청소년에 관한 효과를 중심으로. 노인복지연구, 23(1), 157-177.

한정란, 김동배, 원영희, 이금룡(2001). 노인 자원봉사의 교육노년학적 의미. Andragogy Today, 4(3), 45-67.

한정란, 김성자, 김숙(2011). 노인 휴대폰활용교육의 효과. 평생교육 · HRD 연구, 7(2), 73-97.

한정란, 박성희, 원영희, 최일선(2008). 노인교육의 체계화 및 활성화 방안 연구. 보건복지가족부 정책연구보고서.

한정란, 박성희, 원영희, 최일선(2011). 한국 노인교육의 현황 및 발전 방안. Andragogy Today, 14(1), 121-149.

한정란, 안경실, 오병철(2010). 중년기 직장 남성의 직업에 대한 태도. 한국노년학, 30(2), 599-613.

한정란, 조해경, 박성희, 이경희, 이이정, 나항진, 이화정, 이호선, 김형수, 전수경(2006). 세계의 노인교육. 서울: 학지사.

한정란, 이금룡, 원영희(2006). 청소년과 노년 세대간 태도 분석: 상호지향성 및 중요도-실행도 분석모형을 기초로. 한국노년학, 26(2), 381-402.

한정란, 조해경, 이이정(2004). 노인 자서전 쓰기. 서울: 학지사.

한준상 외(1999). 21세기 한국노인교육의 장기정책 발전연구. 교육부 정책연구과제 보고서.

한준상 외(2000). 세대간 공동체 교육 프로그램 개발연구. 교육부 정책연구과제 보고서.

한준상(2002). 신고령사회 노인교육의 패러다임: 노인세력의 힘과 노인의 평생학습력. Andragogy Today, 5(1), 1-21.

허정무(1994). 교원의 정년퇴직 준비과정과 퇴직후 사회적응에 관한 연구. 한국교원대학교 대학원 박사학위논문.

허정무(2000). 권리로서의 노인교육: 인본주의적 노인교육철학. Andragogy Today, 3(4), 105-128.

허춘강(1997). 한국 노인교육 프로그램 평가에 관한 연구. 광운대학교 대학원 박사학위논문.

홍기형 외(1998). 한국형 노인교육 프로그램의 모델개발을 위한 연구. 교육부 정책연구과제 보고서.

황영희(2009). 고령사회에 대비한 대학개방을 통한 노인교육 연구: 프랑스·독일·영국 노인대
　　학 사례를 중심으로. 서울기독대학교 대학원 박사학위논문.

內閣府 編(2013). 2013 高齡者白書.

松井 政明, 山野井 敦德, 山本 都久(1997). 高齡者敎育論(Educational Gerontology). Tokyo: 東信堂.

日本 國立社會保障, 人口問題硏究所(2013). 2013 人口統計資料集.

Aday, R. H., McDuffie, W., & Sims, C. R. (1993). Impact of an intergenerational program on black adolescents' attitudes toward the elderly. *Educational Gerontology, 19*(7), 663-674.

Allport, G. W. (1937). *Personality: A psychological interpretation.* NY: H. Holt and Company.

Ames, B. D., & Youatt, J. P. (1994). Intergenerational education and service programming: a model for selection and evaluation of activities. *Educational Gerontology, 20*(8), 755-764.

Arguso Jr., V. M. (1978). *Learning in the later years.* NY: Academic Press.

Ashmore, R. D., & Del Boca, F. K. (1981). Conceptual approaches to stereotypes and stereotyping. In D. Hamilton (Ed.), *Cognitive processes in stereotyping and intergroup behavior* (pp. 1-36). Hillsdale: LEA.

Atchley, R. C. (1971). Retirement and leisure participation: Continuity or crisis? *The Gerontologist, 11*(1), 13-17.

Atchley, R. C. (1976). *The sociology of retirement.* Cambridge, MA: Schenkman.

Atchley, R. C. (1982). Retirement: leaving the world of work. *The Annals of the American Academy of Political and Social Science, 464,* 120-131.

Atchley, R. C. (1985). *The social forces and ageing.* Belmont, CA: Wadsworth.

Atchley, R. C. (2000). *Social forces and aging* (9th Ed.). Belmont, CA: Wadsworth.

Austin-Wells, V., Zimmerman, T., & McDougall, G. J. (2003). An optimal delivery format for presentations training older adults. *Educational Gerontology, 29,* 493-501.

Baltes, P. B., & Baltes, M. M. (1990). *Successful aging: Perspectives from the behavioral sciences.* Cam: Cambridge University Press.

Bassuk, S. S., Glass, T. A., & Berkman, L. F. (1999). Social disengagement and incident cognitive decline in community-dwelling elderly persons. *Annals of Internal Medicine, 131*(3), 165-173.

Beaver, M. L. (1983). *Human service practice with the elderly.* Englewood Cliffs, NJ: Prentice-Hall.

Bejaoui, A. (2004). A life-course approach to social policy. *Horizon, 7*(2), 82-84.

Bengtson, V. L., & Harootyan, R. A. (1994). *Intergenerational linkages: Hidden connections in American society.* NY: Springer Pub. Co.

Birren, J. E., & Schaie, K. W. (Eds.) (1990). *Handbook of the psychology of aging* (2nd ed.). NY: Van Nostran Reinhold Company.

Boss, R., Aldwin, C. M., Levenson, M. R., & Daniels, K. W. (1991). How Stressful is Retirement? Findings From the Normative Aging Study. *Journal of Gerontology: Psychological Sciences, 46*(1), 9–14.

Botwinick, J. (1984). *Aging and behavior* (3rd ed.). NY: Springer Publishing Company.

Brady, E. M. et al. (1989). Learning needs of the elderly: Perceptions among educators. *Educational Gerontology, 15,* 489–496.

Bringle, R. G., & Hatcher, J. A. (1996). Implementing service-learning in higher education. *Journal of Higher Education, 67*(2), 221–239.

Bromley, D. B. (1990). 노인심리학(*The psychology of human aging*) (김정휘 역). 서울: 성원사. (원전은 1985년 출간).

Butler, R. N. (1969). Age-ism: Another from bigotry. *The Gerontologist, 9,* 243–246.

Butler, R. N., Lewis, M. I., & Sunderland, T. (1991). *Aging and mental health: Positive psychosocial and biomedical approaches* (4th ed.). NY: Maxwell Macmillan International Publishing Group.

Butt, D. S., & Beiser, M. (1987). Successful aging: A theme for international psychology. *Psychology and Aging, 2,* 87–94.

Cicero, M. T. (2002). 노년에 관하여(*Senectute*) (오흥식 역). 궁리.

Clark, R. L., & Ogawa, Naohiro (1996). Human resource policies and older workers in Japan. *The Gerontologist, 36*(5), 627–636.

Cowgill, D. O. (1986). *Aging around the world.* Wadworth Publishing Co.

Crandall, R. C. (1980). *Gerontology: A behavioral science approach.* Massachusetts: Addison-Wesley Publishing Co.

Cross, K. P. (1981). *Adults as learners: Increasing participation and facilitating learning.* San Francisco: Jossey-Bass.

Dellmann-Jenkins, M., Fowler, L., Lambert, D., Fruit, D., & Richardson, R. (1994). Intergenerational sharing seminars: Their impact on young adult college sudents and senior guest students. *Educational Gerontology, 20*(6), 579–588.

Dench, S., & Regan, J. (1999). *Learning in later life: Motivation and impact.* DfEE Research report 183.

Dychtwald, D. (1999). *Age power.* NY: Tarcher Putnam.

Eisen, M. J. (1998). Current practice and innovative programs in older adult learning. In J. C. Fisher (Ed.), *Using learning to meet the challenges of older adulthood* (pp. 41-53). San Francisco: Jossey-Bass.

Erikson, E. H. (1963). *Childhood and society.* NY: Norton.

Erikson, E. H., Erikson, J. M., & Kivnick, H. Q. (1986). *Vital involvement in old age: The experience of old age in our time.* New York: Norton.

Feldman, N. S., & Sweeney, S. W. (1989). Lifelong education for lifelong needs. *Adult Learning, 1*(3), 14-17.

Ferguson, B. (2004). The Canadian seniors partnership: Its role, mandate, and achievements. A Paper presented to the Conference of College and University Retiree Associations of Canada.

Fieldhouse, R. et al. (1996). *A history of modern british adult education.* The National Institute of Adult Continuing Education, Leicester.

Filloque, J. M. (2001). Continuing education in the French higher education system. *Brest: Service Universitaire de Formation Continue,* 1-10.

Fishbein, M., & Ajzen, I. (1975). *Belief, attitude, intention, and behavior: An introduction to theory and research.* Reading Mass: Addison-Wesley Pub. Co.

Franks, L. J., Hughes, J. P., Phelps, L. H., & Williams, D. G. (1993). Intergenerational influences on midwest college students by their grandparents and significant elders. *Educational Gerontology, 19*(3), 265-272.

Gee, S., & Baillie, J. (1999). Happily ever after? An exploration of retirement expectations. *Educational Gerontology, 25,* 109-128.

Gibboney, R. (1996). Service learning and commitment to community: Exploring the implications of honor students' perceptions of the process two years later. *Nonprofit and Voluntary Sector Quarterly, 25,* 507-524.

Glendenning, F., & Battersby, D. (1990). Educational gerontology and education for older Adults: A statement of first principles. *Australian Journal of Adults and Community Education, 30*(1), 38-44.

Glendenning, F. (1985). What is educational gerontology?: North American and British definitions. In Glendenning, F. (Eds.), *Educational gerontology: International perspectives.* Burrell Row: Croom Helm Ltd.

Greenberg, C., & Power, S. M. (1987). Memory improvement among adult leaners. *Educational Gerontology, 13,* 263-280.

George, L. K. (1980). *Role transition in later life.* Cal.: Brooks/cole Pub co.

Guillemard, A. M. et al. (2003). 은퇴: 조용한 혁명(*La retraite: une révolution silencieuse*) (김형수, 조병준 편역). 인천: 인천지역평생교육정보센터. (원전은 2001년 출간).

Han, Jungran(2002). Undergraduate atudents' attitudes toward older persons in Korea. *Journal of ARAHE, 9*(1), 44–49.

Hanson, K., & Wapner, S. (1994). Transition to retirement: Gender differences. *International Aging and Human Development, 39*(3), 189–207.

Hareven, T. K. (Ed.) (1978). *Transitions: The family and the life course in historical perspective.* NY: Academic Press.

Harootyan, R. A., & Feodman, N. S. (1990). Lifelong education, lifelong needs: Future roles in an aging society. *Educational Gerontology, 16,* 347–358.

Harris, D. K. (1998). 노년사회학(*Sociology of aging*) (2nd ed.) (최신덕, 김모란 역). 서울: 하나의학사.

Harris, D. K., & Cole, W. E. (1986). 노년사회학(*Sociology of aging*) (최신덕 역). 서울: 경문사.

Havighurst, R. J. (1952). *Human development and education.* NY: David McCay Co. Inc.

Havighurst, R. J. (1961). Successful aging. *The Gerontologist, 1,* 4–7.

Hawkins, M. J. (1996). College students' attitudes toward elderly persons. Educational *Gerontology, 22,* 271–280.

Hayslip, Jr. B., & Goldberg-Glen, R. (Ed.) (2000). *Grandparents raising grandchildren.*

Henretta, J. C., Chan, C. G., & O'Rand, A. M. (1992). Retirement reason versus retirement process: Examing the reasons for retirement typology. *Journal of Gerontology: Social Sciences, 47,* 1–7.

Hicks, P. (2003). New policy research on population aging and life-course flexibility. *Horizon, 6*(2), 3–6.

Hooyman, N. R., & Kiyak, H. A. (2005). *Social gerontology: A multidisciplinary perspective* (7th ed.). Boston: Pearson.

Iversen, T. N., Larsen, L., & Solem, P. E. (2009). A conceptual analysis of ageism. *Nordic Psychology, 61,* 4–22.

Jarvis, P. (1983). *Adult and continuing education: Theory and practice.* Canberra: Croom Helm Ltd.

Jarvis, P. (1990). Trends in education and gerontology. *Educational Gerontology, 16,* 401–410.

Kasworm, C. E., & Medina, R. A. (1990). Adult competence in everyday tasks: A cross-sectional secondary analysis. *Educational Gerontology, 16,* 27–48.

Kertzer, D. I. (1983). Generation as a sociological problem. *American Review of Sociology, 9,*

125-149.

Kilty, K. M., & Behling, J. H. (1985). Retirement among professional workers. *The Gerontologist, 29*(5), 525-530.

Kirschstein, R. (2001). Perspectives on aging: Societal issues. *Journal of Rehabilitation Research and Development, 38*(1), S26-S29.

Kogan, N. (1961). Attitude toward the old people: The development of a scale and an examination of correlations. *Journal of Abnormal Psychology, 62*, 44-54.

Knowlew, M. A. (1970). *The modern practice of adult education: Andragogy versus pedagogy.* New York: Assocition Press.

Laslett, P. (1989). *A fresh map of life: The emergence of the third age.* Cambridge, MA: Harvard University Press.

Lawson, H. (Ed.). (1998). *Practice teaching? Changing social work.* Jessica Kingsley Publishers. United Kingdom.

Lemieux, A. (1995). The university of the third age: Role of senior citizens. *Educational Gerontology, 21*(4), 337-344.

Long, H. B. (1990). Educational gerontology: Trends and Developments in 2000-2010. *Educational Gerontology, 16*, 317-326.

Lowy, L., & Doolin, J. (1990). Multipurpose and senior centers. In A. Monk (Ed.), *Handbook of gerontological services* (2nd ed.). New York: Van Nostrand Reinhold Co. 377-399.

Lucile, R. M. (2007). *Demographic balance sheet 2006: A record natural increase.* Paris: Insee.

MacNeil, R. D., Ramos, C. I., & Magafas, A. M. (1996). Age stereotyping among college students: A replication and expansion. *Educational Gerontology, 22*(3), 229-244.

Mannheim, K. (1952). The problem of generations. In K. Mannheim (Ed.), *Essays on the sociology of knowledge.* London: RKP.

McClusky, H. Y. (1974). Education for aging: The scope of the field and perspectives for the future. In S. Grabowski & W. D. Mason (Eds.), *Learning for aging.* Washington, DC: Adult Education Association of the USA and ERIC Clearinghouse on Adult Education.

McClusky, H. Y. (1971). *Education: Background paper for 1971 White House conference on aging.* Washington, D.C.: White House Conference on Aging.

McClusky, N. G., & Borgatta, E. F. (Eds.) (1981). *Aging and retirement: Prospects, planning, and policy.* Beverly Hills: Sage Publications.

McPherson, B., & Guppy, N. (1979). Preretirement lifestyle and the degree of planning for retirement. *Journal of Gerontology, 34*, 254-263.

Merriam, S. B. (1993). The uses of reminiscence in older adulthood. *Educational Gerontology*, *19*, 441-450.

MoHong, S. H., & Keith, P. M. (1992). The status of the aged in Korea: Are the modern more advantaged? *Gerontologist*, *32*, 197-202.

Moody, H. R. (1985). Intergenerational Responsibilities: Aging and Social Policy in the 1980's and Beyond. In B. Kantor & G. Trzebiatowski (Eds.), *Social policy and the economics of aging*. OH: The Ohio State University.

Naleppa, M. J. (1999). Late adulthood. In E. D. Hutchison (Ed.), *Dimensions of human behavior: The changing life course*. Thousand Oaks, CA: Pine Forge Press. 257-288.

National Adult Education Professional Development Consortium (1998). *History of Adult Aduation Act*.

Neugarten, B. L. (1994). *The young-old and the ate-irrelevant society*. Reprinted from the proceedings of a conference entitled "The young-old: A new North American phenomenon", 1-12. Couching Institute, Toronto, Canada.

Neugarten, B. L., & Weinstein, K. K. (1964). The changing American grandparent. *Journal of Marriage and the Family*, *26*, 199-204.

Osgood, C. E., Suci, G. J., & Tannenbaum, P. H. (1957). *The measurement of meaning*. Illnois: Univ. of Illiniis Press.

Palmore, E. B. (1977). Facts on aging: a Short quiz. *The Gerontologist*, *17*, 315-320.

Palmore, E. B. (1988). *The facts on aging quiz*. NY: Springer Publishing Company.

Pedersen, L., & Harris, J. R. (1990). Developmental behavioral genetics and successful aging. In P. B. Baltes, & M. M. Baltes (Eds.), *Successful aging: Perspectives from the behavioral sciences* (pp. 359-380). New York: Cambridge University Press.

Peterson, D. A. (1980). Who are the educational gerontologists? *Journal of Educational Gerontology*, *5*(1), 65-77.

Peterson, D. A. (1983). *Facilitatinig education for older learners*. San Francisco: Jossey-Bass Publishers.

Peterson, D. A. (1990). A history of the education of older learners. In R. H. Sherron & D. B. Lumsden (Eds.), *Introduction to educational gerontology* (3rd ed., pp. 1-19). NY: Hemishere Publishing Corp.

Pinquart, M., Wenzel, S., & Sörensen, S. (2000). Changes in attitudes among children and elderly adults in intergenerational group work. *Educational Gerontology*, *26*, 523-540.

Polizzi, K. G., & Milikin, R. J. (2002). Attitudes toward the elderly: Identifying problematic usage of ageist and overextended terminology in reserch instructions. *Educational*

Gerontology, 28(5), 367-377.

Powers, W. G. et al. (1989). Senior citizens as educational resources. *Educational Gerontology, Educational Gerontology, 15*, 481-488.

Roos, N. P., & Havens, B. (1991). Predictors of successful aging: A twelve-year study of Manitoba elderly. *American Journal of Public Health, 8*, 63-68.

Rowe, J. W., & Kahn, R. L. (1987). Human aging: Usual and successful. *Science*, 237.

Rowe, J. W., & Kahn, R. L. (1997). Successful aging. *The Gerontologist, 37*(4), 433-440.

Ryff, C. D. (1989). Happiness is everything, or is it?: Explorations on the meaning of psychological well-being. *Journal of Personlality and Social Psychology, 57*(6), 1069-1081.

Sanders, G. F., Montgomery, J. E., Pittman, Jr. J. F., & Balkwell, C. (1984). Youth's attitudes toward the elderly. *Journal of Applied Gerontology, 3*(1), 59-70.

Schulz, R., & Heckhausen, J. (1996). A life span model of successful aging. *American Psychologist, 51*(7), 702-714.

Selman, G., & Dampier, P. (1991). *The foundations of adult education in Canada.* Toronto: Thompson Educational Publishers.

Sherron, R. H., & Lumsden, D. B. (Eds.) (1990). *Introduction to Educational Gerontology* (3rd ed.). NY: Hemishere Publishing Corp.

Shoemake, A. F., & Rowland, V. T. (1993). Do laboratory experiences change college students' attitudes toward the elderly. *Educational Gerontology, 19*, 295-310.

Streib, C. J., & Schneider, G. F. (1971). *Retirement in American society: Impact and process.* NY: Cornell University Press.

Swindell, R., & Thompson, J. (1995). An international perspective of the University of the Third Age. *Educational Gerontology, 21*(5), 429-447.

Tajfel, H. (1982). Social psychology of intergroup attitudes and behavior. *Ann. Rev. Psychology, 36*, 219-243.

Tajfel, H. (Ed.) (1978). *Differentiation between social groups.* London: Academic Press.

Tennant, M. C., & Pogson, P. (1998). 성인학습과 삶의 변화(*Learning and change in the adult year*) (황원철 외 역). 경남대학교 출판부. (원전은 1995년에 출간).

The President's Council on Bioethics (2005). *Taking care: Ethical caregiving in our aging society.* Washington, D.C.

Timmermann, S. (1998). The role of information technology in older adult learning. In J. C. Fisher & M. A. Wolf (Eds.), *Using learning to meet the challenges of older adulthood* (pp. 61-71). San Francisco: Jossey-Bass.

Tuckman, J., & Lorge, I. (1952). The influence of a course on the psychology of the adult on attitudes toward old people and older workers. *Journal of Gerontology, 43*, 400–407.

Turner, J. C. (1975). Social comparison and social identity: Some prospects for intergroup behavior. *European Journal of Social Psychology, 5*, 5–34.

UN (2013). *World population prospects* (The 2012 revision). N.Y.: United Nations.

U.S. Bureau of the Census (2004). *U.S. interim projections by age, sex, race, and Hispanic origin.*

U.S. Census Bureau (2010). *The older population: 2010.*

Vaillant, G. E. (2002). *Aging well.* NY: Brown and Company.

Whitehouse, P. J., Bendezu, E., FallCreek, S., & Whitehouse, C. (2000). Intergenerational community schools: A new practice for a new time. *Educational Gerontology, 26*, 761–770.

Wilder, D. (1978). Reduction of intergroup discrimination through individuation of the outgroup. *Journal of Personality and Social Psychology, 36*, 1361–1374.

Withnall, A. M. E., & Kabwass, N. O. (1989). Education for older adults. In C. J. Titmus (Ed.), *Lifelong education for adults* (pp. 319–322). New York: Pergamon Press.

Woodruff, D. S., & Birren, J. E. (Eds.) (1983). *Aging: Scientific perspectives and social issues* (2nd ed.). Cal: Brooks/Cole Publishing Company.

〈법률〉
교육과학기술부와 그 소속기관 직제 시행규칙
교육인적자원부와 그 소속기관 직제 시행규칙
노인복지법
노인복지법 시행규칙
보건복지가족부와 그 소속기관 직제 시행규칙
평생교육법
평생교육법 시행규칙

〈인 명〉

김재인 126
김종서 70

박응희 517
박재간 126

신미식 517

오덕임 353
원영희 163
이금룡 163
이병준 517
이화정 126

장미옥 517
정진웅 530

최성재 163

한정란 61
한준상 490
허정무 126
허춘강 126

Arenberg, D. L. 297
Atchley, R. C. 162
Austin-Wells, V. 305

Baltes, M. M. 179
Baltes, P. B. 179
Bellucci, G. 301

Bengtson, V. L. 267
Bianco, D. 324
Birren, J. E. 173
Blau, Z. S. 439
Blenkner, M. 219
Borgatta, E. F. 391
Boss, R. 437
Brim, Jr. O. G. 236
Bromley, D. B. 236
Butler, R. N. 311, 335

Cattell, R. B. 230
Cicero, M. T. 237
Cole, E. C. 331
Cole, W. E. 336

Dampier, P. 182
de Condorcet, M. 85
Dilman, V. 184

Erikson, E. 204

Feldman, N. S. 290, 420
Florio, C. 286
Franklin, B. 106
Freud, Z. 204

Galton, F. 55
Gardner, H. 226

Hall, G. S. 56

Hanson, K. 435
Harman, D. 186
Harootyan, R. A. 267
Harris, D. K. 336
Havens, B. 180
Havighurst, R. J. 180
Hayflick, L. 184
Hayslip, Jr. B. 271
Heckhausen, J. 180
Horn, J. L. 230
Hoyer, W. J. 301
Hughes, E. 421

Iversen, T. N. 336

Jarvis, P. 69

Kahn, R. L. 181
Keith, P. M. 272
Kertzer, D. I. 469
Kirschstein, R. 179
Knowles, M. 58
Knowlton, M. 324

Label, J. 61
Larsen, L. 336
Laslett, P. 95
Lengrand, P. 85
Levinson, D. J. 209
Lewis, M. I. 311
Long, H. B. 354

Lumsden, D. B. 110

Mannheim, K. 472
Maslow, A. 222
McClusky, H. Y. 223, 290, 391
McPherson, B. 256
Merriam, S. B. 311
Metchnikoff, E. 47, 55
Milikin, R. J. 531
Minot, C. 55
MoHong, S. H. 272
Moody, H. R. 288

Neugarten, B. L. 162, 180

Oser, G. T. 439
Osgood, C. E. 369

Palmore, E. B. 373
Pearl, R. 55
Peterson, D. A. 69, 290
Polizzi, K. G. 531

Powers, W. G. 394

Quetelet, L. A. 55

Reichard, S. 212
Robertson, E. A. 297
Roos, N. P. 180
Ross, J. W. 301
Rowe, J. W. 181
Ryff, C. D. 182

Sanders, G. F. 369
Schneider, G. F. 337, 439
Schultz, R. 180
Selman, G. 182
Shore, R. J. 271
Simmons, L. 222
Solem, P. E. 336
Stephens, R. C. 439
Streib, C. J. 337, 439
Sweeney, S. W. 290

Tajfel, H. 474
Terman, L. M. 169
Thomas, W. 55
Thompson, W. 438
Thorson, J. A. 223
Turner, J. C. 473

Uhlenberg, P. 246

Vaillant, G. E. 164, 169

Walters, J. 226
Wapner, S. 435
Waskel, S. A. 223
Wechsler, D. 229
Weinstein, K. K. 269

Yeo, G. 61

Zusman, J. 248

〈내 용〉

1 · 3세대 통합 한 세대 만들기 412
1세대 412
1차 기억 297
2차 기억 298
386세대 471
3세대 412
4050세대 381
4중고(四中苦) 442
Age UK 97
DNA 분자설 187
DNA 손상이론 185
DNA 수선설 185
educational gerontology 61
empowerment 273
ESTA 507
Gerontology 47

JCA 510
KDB 시니어브리지센터 459
KOICA 해외봉사단 414
LLIs 112
PLATO 114
RSIN 112
Senior Corps 415
U3A 86
U곡선 모델 262

가소성 169
가족관계 441
가톨릭서울시니어아카데미 154
가톨릭영시니어아카데미 155
강의법 303
강의식 교수법 303

개방대학 98
개방성 491
개인적 고령화 30
개인적 분리 244
개인적-양적 고령화 30
개인적-질적 고령화 33
개인차 170
격세대 가족 271
견학 309
결과가설 215
결속 267
결정화된 지능 230
경로당 129
경로당 노인대학 317
경륜봉사단 417
경제적 의존성 220

경제활동인구 24
경직성 219
경험의 성층화 472
경험학습 367
계속교육대학 94
고독고(孤獨苦) 36
고령노인 162
고령사회 38
고령인구 24
고령자 교실 116
고령층 28
고령친화산업 344
고령화 19
고령화 격차 42
고령화 문제 37
고령화 사회 38
고베시 실버칼리지 332
고부 265
고부관계 268
고부갈등 269
고정관념 474
공리주의 247
공민관 116
공상적 회상 311
공익성 493
공헌의 요구 224
과거 기억 232
'과정'으로서 퇴직 430
교육노년학모임 57
교육부 138
교육형 일자리 412
교차연결 이론 185
교환이론 247
구조적 결속 267
국가노인봉사단 415
국민연금공단 457
국제노년학회 56
규범적 결속 267
그레이 팬더스 249
그린라이프 서비스 462
금빛평생교육봉사단 142, 413
기능적 결속 267

기능적 문해 226
기대수명 22
기독교(개신교) 154
기층경험 472

남성성 217
내집단 474
내향 216
노년교육 63
노년교육연구회 58
노년교육학 48
노년기 욕구 221
노년기교육 277
노년부양비 24
노년사회학 48
노년사회학 이론 243
노년의 생성감 206
노년학 47
노년학 자격증 383
노령화지수 24
노성자각 166
노안 195
노인 일자리 사업 412
노인 중심의 원리 302
노인간호학 48
노인과 노화에 관한 교육 69
노인교실 129
노인교육 277
노인교육과정 시범운영 지원사업
    143
노인교육론 136
노인교육전문가 양성과정 139
노인대학 102, 149
노인문제 35
노인복지관 129
노인복지법 127
노인복지학 48
노인부양 부담 24
노인생애경력조언자 양성과정
    454
노인실태조사 338
노인심리학 48

노인에 관한 교육 71
노인에 대한 태도 척도 369
노인에 의한 교육 70
노인여가복지시설 129
노인을 위한 교육 69
노인의학 48
노인지도자대학 317
노인직 255
노인클럽 104
노인학교 152
노화 불안 450
노화 이론 183
노화사실 인지척도 373
노화에 관한 지식 373
노후설계서비스 454, 458
논리적 기억 232
놀이 상대 270
누락오답 215, 229
눈 굴리기 토의 308
능력 부여 273

다방향성 168
다세대 공동체 477
다양성 519
단기횡단적 방법 227
단순회상 311
단카이(だんかい, 團塊) 527
대리부모 270
대체이민 84
대한노인병학회 57
대한노인정신의학회 57
대한노인회 148
덕명의숙 125
델피 조사법 289
도구적 지원 268
도구적 교육 72
도도부현 121
독일 83
동기 284
동기가설 215
또래학습 310

렘수면 198
로드스콜라 학습 네트워크 326
로드스콜라 111
리씨움(Lyceum) 106

면담 353
명예대학원생 프로그램 319
명예학생제도 143, 319
목적지향 파트너 465
무위고(無爲苦) 36
무형식적 교육 73
묵상적 회상 311
문자적 문해 226
문해 226
미각 197
미국 83
미국노년학회 56
미국은퇴자협회 249
미래계획기억 234

반응시간 229
발달과업 208
발달적 과제 이론 207
발달적 내기 걸기 266
방어형 213
백악관고령화회의 108
버즈집단 토의 307
버클리 대학교 은퇴센터 464
베이비부머 109
베이비붐 64
베이비붐 세대 279
병고(病苦) 36
병리적 노화 174
보건복지부 138
보수성 219
봉사학습 367
부모-자녀 관계 265
부부관계 441
부편견 374
분노형 213
분리이론 244
불교 155

불안수준 236
블렌디드러닝 381
비렘수면 198
비인지적 특성 284
비진술기억 233
비형식적 교육 73
빈고(貧苦) 35
빈둥지 261
빈둥지 시기 165
빈둥지 시기 모델 261

'**사**건' 으로서의 퇴직 429
사회복지관 138
사회심리학 472
사회와해중세 모델 248
사회유리 244
사회적 경쟁 473
사회적 고령화 21
사회적 관계 441
사회적 노화 176
사회적 분리 244
사회적 와해 이론 248
사회적 의존성 220
사회적 정체성 이론 474
사회적-양적 고령화 21
사회적-질적 고령화 26
삶의 질 181, 411
상호 존중의 원리 301
상호 평가의 원리 313
생산성 206
생산연령인구 24
생애단계 470
생의 구조 210
샤토쿠아(Chautauqua) 107
서대문노인종합복지관 502
서울평생교육원 125
성격 284
성격적응 유형 212
성공적 노화 178
성숙형 212
성실프로그램 456
성인교육센터 93

세대 45
세대 간 477
세대 간 갈등 45
세대 간 공동체 477
세대 간 예술 프로그램 507
세대 위치 472
세대갈등 66
세대공동체 교육 71
세대관계 265
세대분리 사회 536
세대연합 508
세대통합 88
세대통합 사회 536
세포노화 이론(헤이플릭 세포설)
     184
셰퍼드센터 331
소외계층 평생교육프로그램 지원
     사업 143
속도검사 229
손상설 185
손상이론 185
수동성 218
수정확대가족 268
순편견 374
시각 195
시각적 기억 233
시간전망 214
시니어붐 526
시니어브리지아카데미 459
시니어사회공헌센터 461
시니어센터 107
시민대학 104
시민참여 415
시범 403
시정촌 116
신경내분비 이론(시상하부와 면역
     체계설) 184
신체적 노화 163
신체적 의존성 220
실버넷 운동 320
실버산업 344
실버인재센터 120

실수오답 215, 229
심리사회발달이론 204
심리적 노화 178

아카시 시립 고령자대학 333
압축적 고령화 37
애정적 결속 267
앤드라고지 58
양로연 255
양성화 217
양조부모 프로그램 416
어르신 530
에이지즘 335
엘더고지 61
엘더호스텔 111
여성성 217
역량검사 229
역연령 161
역할 변화 251
역할 없는 역할 35, 411
역할 이동 250
역할 전환 250
'역할' 로서의 퇴직 429
연령계층 이론 246
연령집단에 대한 태도 척도 369
연령차별 335
연소노인 162
영국 83
영속교육 86
영향력의 요구 224
예기적 사회화 447
예방적 74
예비대학과정 94
오아시스(Older Adult Service and
    Information Systems: OASIS)
    113, 328
외집단 474
요구조사 287
욕구 284
욕구위계 274
우울증 221
원거리형 270

원형 토의 307
월드프렌즈 414
유년부양 부담 24
유년부양비 24
유동성 지능 230
유소년층 28
유의미 학습의 원리 300
유인 314
융통성의 원리 300
은둔형 213
은퇴 후 학습 센터 112
은퇴연령 425
은퇴이론 244
의미기억 233
의미분화 척도 369
의존성 219
인구 고령화 63
인구구조 39
인생계절론 209
인생의 사계절 210
인생주기 관점 246
인생회고 311
인왕노인학교 126
인지적 특성 284
인지적 평형성 474
일본 83
일상생활 수행능력 337
일화기억 233
읽기 352
임의퇴직 431

자기계발 278
자기보조 298
자기주도 학습의 원리 299
자기지시적 59
자기충족적 예언 531
자기평가의 원리 313
자서전 쓰기 355
자아통합 206
자양종합사회복지관 502
자연퇴직 431
자원봉사 28

자조교육운동 91
자존감 495
자학형 213
장기종단적 방법 227
장서 265
장서갈등 269
장서관계 268
장수 54
장수촌 54
장수학원 121
재혼 264
저출산 41
적응적 특수화 203
적정화 181
전생애 발달 68
전환 368
절대 평가의 원리 313
접근성 492
접촉가설 475
접촉적 결속 267
정년 427
정년연령 425
정년제 164
정년퇴직(강제퇴직) 431
정보적 회상 311
정상적 노화 174
정서유발 수준 236
정서적 의존성 220
정서적 지원 268
정신적 의존성 221
정편견 374
제1기 인생 86
제2기 인생 86
제2의 인생 448
제3기 인생 86
제3기 인생 온라인 465
제3기 인생대학 378
제3기 클럽 89
제4기 인생 86
제로고지 61
조기퇴직 427
조망기억 234

조부모 역할 165
조부모-손자녀 관계 265
조심성 215
주된 일자리 424
죽음 364
준토(Junto) 106
중고령 노인 162
중장기자문단 414
지능 225
지혜의 원천 270
진술기억 233

참조집단 421
천주교 154
천주교 서울대교구 노인대학연합
회 152
청각 196
초고령사회 38
초록봉사대 411
초월적 요구 224
촉각 198
최근 기억 232
출산율 40
출생동시집단 170, 230
치료적 74
치료적 회상 311
친숙한 사물에 대한 애착 218
친족계보 470

코토엔 512
코호트 470
크로스링크 185

타자지시적 59
텔로미어 187
토의법 306
토의식 교수법 306

통각 198
통합성 494, 518
통합적 회상 311
퇴직 263
퇴직에 대한 태도 435
퇴직자경영인봉사단 417
퇴직전 협회 99
퇴직전문가 봉사단 414
퇴직준비 445
퇴직준비 교육 447
트라이고지 61

페다고지 58
평가 409
평균수명 22
평생교육 85
평생교육기관 136
평생교육법 127
평생교육사 136
평생교육원 151
평생학습관 155
평생학습사회 65
포스코 인재개발원 462
표현적 요구 224
표현적 교육 72
프라임칼리지 381
프랑스 83

하위문화 이론 249
학구 단위 148
학습능력 284
학습동아리 310
학습시간 238
학습자 중심 평가의 원리 314
학습자 중심의 원리 301
학제적 47, 520
학제적 접근 48, 170

한국고용정보원 456
한국교회노인학교 연합회 152
한국노년교육학회 58
한국노년학회 57
한국노인문제연구소 126
한국노인인력개발원 454
한국노화학회 57
한얼노인대학 125
합계출산율 40
합의적 결속 267
항렬 470
핵가족화 66
행동주의 247
행복마을(시아와세노무라[しあわ
せの村]) 332
행복설계아카데미 461
향유적 회상 311
헤이먼 인터에이지스센터 프로그
램 510
현대화 이론 245
현실적 집단갈등 이론 473
형식적 교육 64, 73
형식적 조부모 270
확신수준의 가설 215
환경적응의 요구 223
환류 289
활동이론 248
활성산소 186
활성산소 이론 186
황혼이혼 264
황화 195
회상 311
회춘 54
후각 197
희망제작소 해피시니어 461

저자 소개

한정란(Han Jungran)

〈학력〉
연세대학교 교육학과 및 동 대학원 교육학과 석 · 박사(Ph. D.)

〈경력〉
한국노년학회 부회장 및 편집위원장
한국성인교육학회 부회장
보건복지부 '저출산 · 고령사회정책실무위원회' 위원
대통령소속 '사회통합위원회' 세대분과 위원
한국노인인력개발원 연구심의위원
〈노년시대신문〉 금요칼럼 집필위원
충청남도 평생교육협의회 위원 등

〈현직〉
한서대학교 노인복지학과 교수
한국노년교육학회 회장
한국노년학회 이사
교육부 공공부문 인적자원개발 우수기관 인증위원회 위원
천주교 서울대교구 노인사목연구위원회 위원
국민연금공단 노후설계서비스 사업 자문위원
한국노인종합복지관협회 자문위원 등

〈주요 저서〉
『은퇴수업』(공저, 학지사, 2012)
『노년학 척도집』(공저, 나눔의 집, 2010)
『노년의 아름다운 삶』(공저, 학지사, 2008)
『세계의 노인교육』(공저, 학지사, 2006)
『노인교육의 이해』(학지사, 2005)
『현대노인복지론』(공저, 홍익재, 2005)
『노인자서전 쓰기』(공저, 학지사, 2004)

*홈페이지: http://www.kseg.or.kr

노인교육론
- 노인을 위한, 노인에 관한, 노인에 의한 교육 -
Educational Gerontology: For, about, and by older people

2015년 1월 15일 1판 1쇄 발행
2021년 9월 15일 1판 5쇄 발행

지은이 • 한 정 란
펴낸이 • 김 진 환
펴낸곳 • (주) **학지사**

　　　　04031 서울특별시 마포구 양화로 15길 20 마인드월드빌딩 5층

대표전화 • 02) 330-5114　　　팩스 • 02) 324-2345

등록번호 • 제313-2006-000265호

홈페이지 • http://www.hakjisa.co.kr
페이스북 • https://www.facebook.com/hakjisabook

ISBN 978-89-997-0574-8 93370

정가 **19,000**원

이 도서의 국립중앙도서관 출판시도서목록(CIP)은 서지정보유통지원시스템
홈페이지(http://seoji.nl.go.kr)와 국가자료공동목록시스템(http://www.nl.go.kr/kolisnet)
에서 이용하실 수 있습니다.
(CIP제어번호: CIP2014033465)

출판 · 교육 · 미디어기업 **학지사**

간호보건의학출판 **학지사메디컬** www.hakjisamd.co.kr
심리검사연구소 **인싸이트** www.inpsyt.co.kr
학술논문서비스 **뉴논문** www.newnonmun.com
원격교육연수원 **카운피아** www.counpia.com